제국과 포스트제국을 넘어서

공유된 기억과 조각난 기억

이 저서는 2017년도 정부(교육부)의 재원으로 한국연구재단의 지원을 받아 한림대학교 일본학연구소가 수행하는 인문한국플러스지원사업의 일환으로 이루어진 연구임 (2017S1A6A3A01079517).

03
한림일본학연구총서 II
포스트제국의 문화권력 시리즈

제국과 포스트제국을 넘어서

공유된 기억과 조각난 기억

小花

한림대학교 일본학연구소 편

차례

서문

1.

오늘날의 한일관계는 과거사와 관련된 문제로 귀결되는 경우가 많다. 해방 75년이 지난 지금까지도 식민자와 피식민자가 경험한 기억의 간극은 계속 유지되고 있다. 무엇보다 일제 식민지 경험과 극한에 달하는 전쟁의 참상을 겪은 우리는 강제병합과 침략전쟁을 일으킨 일본과는 상반된 입장에서 전쟁을 기억하고 있다. 그렇기에 우리는 지속적으로 진정성 있는 사죄를 요구하지만, 그 참혹한 상황을 만든 장본인인 일본은 '자학사관'이니 '종전'이니 하면서 우리의 요구를 회피하고 있다. 이렇게 상반된 기억을 가능하게 하는 것은 무엇일까. 분명 동시대의 사건이지만 전쟁을 기억하는 방식이 다르기 때문일 것이다.

기억은 기억하기의 과정을 통해 만들어진다. 이것이야말로 기억이 가지는 정치적 의미이자 기능이다. 사건은 경험을 통해 우리의 몸에 새겨지지만, 그에 대한 기억은 현실적인 상황과 목적에 따라 선택과 집중, 배제와 확대 등의 과정을 통해 구성되고 이용된다. 요컨대 기억은 지난 과거의 경험을 그대로 재현하는 것이 아니라 현재의 이해관계, 기대나 욕망을 따라 새롭게 만들어진다. 후지오카 노부카쓰, 니시오 간지, 혹은 고바요시 요시노리 등 일본의 '새로운 역사교과서를 만드는 모임'이 자학사관적 역사의 수정을 요구하며 급기야 스스로 새로운 역사교과서를 만든 것도 이러한 관점에서 특별한 주의가 필요하다.

모리스 알박스는 '집단기억'이라는 개념을 제시하고, '표준화'된 '사회적 기억'을 우리에게 환기시켰다. 동시에 승자의 기억으로 구성된 집단기억과 상반된 위치에 있는 '개인의 기억'의 의미를 조명했다. 경험을 바탕으로 한 기억은 한 사람만의 전유물일 수도 있지만, 그 기억은 시대나 문화 혹은 집단의 공유물로서 구성된 공적인 기억의 산물이기도 하다. 이 중 집단기억으로 존재하는 표준화되고 공유된 기억을 주목해야 하는 이유는, 그것이 집단 내 구성원의 기억의 한 부분을 차지함으로써 개별적이고 사적인 기억을 은폐하고, 때로는 사적인 기억의 망각을 초래하여 그의 현재적 삶에 영향을 미치기 때문이다.

요시미 요시아키를 통해 일본군의 적극적 개입이 드러난 위안부 문제는 1991년 김학순 할머니의 증언을 통해 세상에 알려졌다. 집단기억에서 망각되어 조각으로 존재하던 개인의 기억이 비로소 공론화되어 가시화된 것이다. 구석구석 체화(體化)된 전쟁의 기억을 안고 당당히 집단기억과 맞선 결과, 위안부 문제는 전후책임 문제로 발전되었고, 한 여성의 문제가 아닌 국가의 문제이자 민족의 문제로 승화되었다. 또한 이 문제는 남성성으로 상징되는 전쟁 앞에서 마이너리티로서 여성이 겪을 수밖에 없었던 시대적 현실을 젠더적 관점에서 재고하는 데에도 영향을 미쳤다.

일본은 수정된 교과서를 통해 자신들이 저지른 과거를 정의의 전쟁으로 부르고 자신들에게 불리한 역사는 배제한 채로 공적 기억을 만들어 내고 있다. 그 심중에는 필시 제국 일본 시절은 끝났지만, 그 시절을 그리워하는 제국적 향수가 배어 있다. 반면 한국은 식민지로서의 집단적 기억을 공유한다. 그러나 이 또한 한국이 구성해 온 공적 기억이라는 점에서 개인들이 가진 개별적이고 사적인 경험들과 그 기억들을 은폐 · 망각시킬 우려가 있다. 즉 개인들이 겪었던 다양한 식민지적 경험과 기억을 놓치고 선별된 기억만을 집중적으로 조명하는 것이다. 한국과 일본이 정치적 대척점에서 구성한 이 같은 공적 기억들의 간극은 과연 좁혀질 수 있을까? 당장 그 답을 찾을 수는 없을지라도 적어도 한일 양국이 제국을 넘어 포스트제국 시대의 미래지향적인 관계로 나아가기 위해서는, 양국의 공적 기억 간 대립 구도에 균열을 내는 것이 필요하다. 그리고 우리는 그 균열이 집단기억 속에서 은폐되고 망각된 개인들의 기억을 발굴하는 작업으로부터 시작될 것이라고 생각한다. 제국과 국가, 자본에 억눌려 은폐되고 왜곡된 개인의 조각난 기억들을 찾아내고, 체재와 폭력에 저항하는 사적 기억들을 공론화함으로써 공적 기억을 상대화·복수화하는 것이 필요하다. 물론 그 과정은 쉽게 이루어질 수 없다. 결코 동화될 수 없는 타자를 이해하기 위한 깊이 있는 고찰과 검증, 그리고 상상력을 총동원하는 것이 필요하다. 우리는 그러한 작업에 심혈을 기울일 것이며, 그것이 한일 양국뿐만 아니라 동아시아 전체가 제국을 넘어 포스트제국의 미래지향적인 관계로 나아가는 지름길이라고 믿는다.

2.

한림대학교 일본학연구소 HK+사업단 아젠다는 "포스트제국의 문화권력과 동아시아"이다. 지난 2019년 8월, 포스트제국의 문화권력 시리즈의 첫 번째 성과로 포스트제국에 있어 문화권력이 무엇인지, 그 실체론에 주목한 『문화권력 : 제국과 포스트제국의 연속과 비연속』을 간행하였다. 그리고 지금 그 세 번째 성과로서 사람의 기억에 초점을 맞춘 『제국과 포스트제국을 넘어서 : 공유된 기억과 조각난 기억』을 간행하게 되었다. 이 책은 일본제국의 시절, 아시아 침략과 제국의 내셔널리즘에서 보이는 공유된 기억을 들추어내고 거기에 저항하는 개별적이고 사적인 경험과 기억들을 발굴하는

데 주력했다. 또한 전후라고 하지만 아직도 끝나지 않은 전쟁을 체화하며 저항하는 사람의 기억을 중심으로 정치, 문학, 사회, 문화의 총 4부로 구성하였다.

먼저 제1부는 기억의 정치성에 초점에 맞춘 '욕망의 부활과 기억의 재생산(정치)'이다. **박진우 교수**의 「**'쇼와의 종언'과 천황의 전쟁책임 : 분출과 봉인의 상호작용**」은 1988년 9월 19일 쇼와천황의 중태 보도부터 1989년 1월 7일 사거(死去)할 때까지 기이할 정도의 '과잉자숙'의 사회적 분위기에 휩싸인 일본열도를 대상으로 하고 있다. 이 기간은 일본, 일본인에게 천황, 천황제란 무엇인가를 새삼 묻는 계기가 되었다. 쇼와의 종언을 계기로 천황제와 천황의 전쟁책임을 둘러싼 논의가 어떻게 전개되었는지, 그리고 그것이 내포하고 있는 문제점은 무엇인지를 당시 홍수처럼 쏟아진 천황제에 관한 언론보도를 중심으로 일본인의 천황제 인식과 전쟁책임에 관해 논하였다. **김현아 교수**의 「**샌프란시스코 강화조약 직후 국가와 야스쿠니신사의 연속성**」은 GHQ 점령하에서 국가와 단절된 입장이었던 야스쿠니신사가 샌프란시스코강화조약 직후 국가와 부분적인 관계를 형성해 가는 것에 주목하여 패전 전과의 연속성을 고찰하였다. 구체적으로는 첫째 GHQ가 '신도지령'을 통해 야스쿠니신사의 어떠한 정책을 관철하였으며 국가와 야스쿠니신사에 대한 대응은 어떠했는지, 둘째 '공무사'는 국가와 야스쿠니신사가 관계를 형성하는 데 어떠한 정당성을 부여했는지를 살펴보았다. 제국의 기억이 야스쿠니신사라는 문화권력에 의해 전후에 어떻게 재생산되는지에 주목하였다. **김웅기 교수**의 「**한국사회는 왜 조선적자(朝鮮籍者)의 정치적 다양성을 인식해야 하는가?**」는 여러 속성이 혼재하는 재일코리안 가운데 소수가 되어 버린 조선적자들 사이에서조차 정치적 다양성이 존재하며, 이 다양성을 전제할 경우 한국정부 및 사회 전반의 기존 인식이 변화되어야 한다는 점을 논하였다. 일본에서 '조선적자란 조선호적 편입자', 즉 한반도 출신자 중 어느 국적도 선택하지 않은 자를 가리킨다. '남도 북도 아니다'라는 정치적 주장이다. 그

러나 한국정부는 이들을 획일적으로 '한국 국적 선택을 거부한 자' 즉 친북으로 인식하고 있다. 재일코리안의 정치적 다양성을 보장하기 위해 실제로 한국사회가 그들의 입국문제에 어떻게 대응해야 하는지 인도적 접근에서 권리로서의 방안을 논하였다. **송석원 교수**의 「**부국강병에 대한 기억과 '정치'의 회복**」은 메이지유신 이후의 근대국가 형성기부터 일본의 국가 이상이었던 부국강병은 쇼와 군국주의 전시체제에서는 부국강병의 선후관계가 뒤바뀌어 강병제일주의가 지배적이었고, 패전 이후 미국은 강병의 가능성 차단에 점령정책의 역점을 두었으며, 요시다 시게루는 이에 동조하여 전후 일본의 국가 진로를 부국약병에 집약했음을 소개한다. 장기간에 걸친 경제 침체와 그로 인한 일본사회의 무기력함 역시 부국강병에의 회귀를 통한 강한 일본 건설 요구의 토양으로 작용하고 있다. 일본사회에서 현재 이루어지고 있는 부국강병에 대한 기억의 심층을 분석함으로써 이러한 기억이 장래 일본의 국가진로 구축과 연동되는 측면과 그 의의를 고찰하였다. **석주희 교수**의 「**전후 일본의 우익과 정치세력화**」는 일본의 '전후'에 대한 우익의 인식이 무엇인가를 밝히고자 하였다. 일본 우익은 전쟁에 대한 인식과 담론을 통해 일본의 '전후'를 재생산해 왔다. 야스쿠니 관련 법안과 원호법 제정, 메이지유신 1백 주년 등 전후 체제에서 우익은 끊임없이 담론을 형성하고 '국가'의 정체성에 관한 논쟁을 이어 갔다. 우익은 개인의 기억을 조작하거나 순응하면서 끊임없이 만들어진 역사를 재인식할 수 있게 되었다. 1989년 쇼와천황 죽음은 전쟁에 대한 우익의 인식을 새롭게 하였다. 그 외 1970년대 이후 신우익 계열의 일수회(一水会)에서 발행하는 『레콘키스타(レコンキスター)』를 분석함으로써 전후 비교를 통해 우익의 사상과 관점, 전전 '다이쇼 데모크라시'와 전후 민주주의에 대한 인식의 변화와 흐름을 논하고 있다.

제2부는 문학에서 보이는 '제국적 경험과 기억의 변용(문학)'이다. **서석배 교수**의 「**탈식민시대의 타자 길들이기 : 「현해탄」과 전후 일본의 민족문학 논쟁 (Taming the Postcolonial Other : *Genkainada* and the National Literature Debate** in Postwar Japan)」은 1953년 전후 일본에서 활동했던 한국인 작가 김달수가 완성한 당시의 소설 「현해탄」에 초점을 맞추고 있다. 1950년대 초 일본 좌파의 국민문학에 관한 지식인 간의 논쟁을 통해, 일제 식민주의에 대항한 두 한국 젊은이의 투쟁을 묘사한 이 소설은 일본 문학의 모범으로 여겨졌다. 일본 민족을 다른 아시아 민족과 일치시키려는 이러한 노력이 일본 국가 팽창주의의 희생물이기도 하다는 일본인들의 타자에 대한 일반적인 전후 인식에 대하여 고찰하였다. **박상현 교수**의 「**재구성에 의한 텍스트의 변용 : 번역본 『내가 넘은 삼팔선』을 중심으로**」는 번역 텍스트에서 원본 텍스트와 다른 모습을 발견하는 것이 흔히 있는 일임을 지적한다. 이런 변용은 번역자가 원본에 적극적으로 개입하여 원본 내용의 일부를 삭제하거나 원본에 없는 내용을 일부 추가함으로써 생기는 양상이다. 변용을 번역자 개인 차원에서 살펴볼 수도 있지만, 당대의 시대적 및 역사적 상황을 함께 고려했을 때 변용이 생긴 원인과 그 의미를 좀 더 합리적으로 볼 수 있다. 귀환(引揚)서사의 대표작인 후지와라 데이(藤原てい)의 『流れる星は生きている』(1949. 4)와 그 번역서인 정광현의 『내가 넘은 삼팔선』(1949. 11)을 비교하여 번역 텍스트의 변용과 그 의미를 논하였다. **조정래 교수**의 「**동북아 지역의 일본제국문화에 대한 인식과 수용**」은 대만 대중문화 속에 표현된 제국 이미지와 식민문화 연구, 즉 시각예술문화 속 대만인의 사상과 문화, 일본 제국주의에 대한 인식과 표현을 분석하였다. 핫타 요이치(八田與一) 관련 작품 속에 표현된 대만과 일본의 제국에 대한 인식 차이를 분석하고, 향수적 시선과 억압적 시선이 한 텍스트 구조에서 어떻게 교차하며, 아울러 공유된 문화환경과 공간의 경계를 구별하기 어려운 경험적 기억이 이미지를 통해 어떻게 표현되고 인식되었는지 살펴보았다. **성은영 교수**의 「**일본제국의 회색지대에서 : 무라야마 도모요시의 다양한 〈춘향전〉 각색**(In a Gray Zone of the Japanese Empire : Variations of *Ch'unhyangjŏn* by Murayama Tomoyoshi)」은 식민지 시대의 다양한 문화 제작에 한국의 고전 〈춘향전〉을

적용하기 위한 무라야마 도모요시의 고뇌와 그의 한국에 대한 인식에 중점을 두었다. 무라야마는 프롤레타리아 연극 운동을 이끌었던 일본인이다. 여러 편의 고전 〈춘향전〉을 제작한 무라야마의 부단한 노력에 대한 분석은 한국인과 제국 일본과의 모순된 협력을 보여 주는 회색 영역을 나타낸다. 무라야마는 한국 예술가들과 광범위하고 밀접한 관계였음에도 불구하고, 〈춘향전〉에 대한 그의 시도는 일본제국의 식민지 관행과 완전히 분리되지 않았다. 그러나 이러한 그의 시도는 식민지 이후 포스트제국에서 월경하는 문화적 유산을 남기고 있음을 고찰하였다.

제3부는 사회에서 보이는 '제국의 폭력과 기억의 연관도(사회)'이다. **이동훈 교수**의 「**재조일본인 간행 '발전사(發展史)'와 식민자 사회의 공유된 기억**」은 메이지 · 다이쇼 시기에 걸쳐 일본인들에 의해 간행된 조선 관련 문헌 중 재조일본인이 간행한 지역사 문헌을 연구 대상으로 삼고 있다. 특히 민간의 재조일본인 사회가 간행한 지역사 문헌을 '발전사'라는 하나의 독립된 성격의 자료군으로 분류하고 문헌적 성격과 기술 내용에 나타난 식민자들의 기억과 의식을 고찰하고자 하였다. 지역사 간행과 향토 연구를 축으로 하여 식민지 조선과 제국 일본을 아우르는 관점에서 문헌의 성격 및 특징을 살펴보았다. **이소희 선생**의 「**농촌개발운동의 기억 : 동원체제 속 농민들의 저항과 수용**」은 1970년대 새마을운동과 그 기원으로 지적되는 식민지 조선의 농촌진흥운동을 그 행위주체인 농민들의 기억을 통해 새롭게 고찰하였다. 동원체제하에서 이루어진 관 주도의 농촌개발운동 과정에서 보인 농민들의 전략적이고 선택적인 대응방식을 분석함으로써 제국과 탈제국 속 농촌발전을 일구어 온 농민들의 '자조적인 삶과 생활'을 고찰하였다. 이 연구는 마을사, 마을기록을 통해 두 운동을 경험한 농촌마을의 조직, 제도, 규범의 변화를 체계적으로 밝혀내고 그것이 탈제국 속 농민들의 삶에 어떻게 계승되고 기억되는지 통시적으로 분석하였다. 이를 통해 위로부터 공유된 기억만으로 엮어 낼 수 없는 농민들의 자조적인 농촌개발의 경험과 기억을 새롭게 제시하

였다. **김경옥 교수**의 「**후지코시 근로정신대의 기억과 오늘**」은 1944~1945년 후지코시 근로정신대의 기억에 관한 내용이다. 후지코시 근로정신대는 비록 1~2년이라는 짧은 기간 노동력으로 동원되어 일본에서 근로정신대로서 일했지만, 그 경험과 기억은 아직도 그들의 삶에 영향력을 끼치고 있으며, 현재는 위안부문제와 강제징용문제 등과 함께 한일 갈등의 중심이 되어 그 어떤 해결도 보지 못하고 있다. 식민지 조선과 일본에서의 경험이 해방된 조국과 민족에서 어떻게 기억되고 어떻게 정체성이 형성되었는지, 이주의 다양성, 젠더사의 입장, 사람의 이동과 기억이라는 측면에서 고찰하였다.

제4부는 '제국과 포스트제국의 기억의 경합(문화)'이다. **도노무라 마사루 교수**의 「**조선인 대중 연예인 배구자의 궤적 : 각광 속의 민족적 고투(朝鮮人大衆演芸人・裴亀子の軌跡：脚光のなかの民族的苦闘)**」는 1920~1930년대에 걸쳐 활약한 배구자에 관한 연구이다. 1920년대 전반 배구자는 노로(野呂亀子)라는 이름으로, 기묘한 재주와 춤 등으로 인기를 구가한 쇼쿄쿠사이 덴카쓰 일좌(松旭斎天勝一座)의 일원으로서 활동하였다. 그후 1920년대 말부터는 배구자로서, 조선의 노래와 춤으로 대중문화예술활동에서 흥행하고 조선만이 아니라 일본에서도 인기를 얻었다. 배구자의 활동과 그 의의, 그리고 기억에 관한 몇 가지 새로운 사료를 가지고 전시하의 조선관계의 연극, 대중예능의 이야기와 그것이 전후 어떻게 기억되었는지에 관해 논하였다. **박윤정 선생**의 「**근대 일본 퀘이커리즘의 기억 : 니토베 이나조로부터 전후 일본으로의 계승**」은 전전 및 전후의 일본의 정치가인 마에다 다몬(前田多門, 1884~1962)과 쓰루미 유스케(鶴見雄介, 1885~1973), 그리고 조다이 다노(上代たの, 1886~1982)라는 인물을 대상으로 근대 일본 퀘이커정신의 기억에 대해 고찰하였다. 먼저 공통 또는 교차하는 정치・사회활동을 했던 마에다와 쓰루미가 모두 만년에 동일하게 퀘이커신앙에 귀의하는 현상에 주목하여, 니토베를 시작으로 형성된 퀘이커정신이 내재적으로 기억되어 있다가 전후 일본으로 계승되었음을 살펴보았다. 그와 함께 여성고등교육과 평화운동의 선구자인 조

다이 역시 퀘이커신앙으로 방향 전환해 전후까지도 활동을 계속했음을 확인하고, 전전에는 단편적으로 나뉘어 있던 니토베의 퀘이커정신이 전후의 공유된 기억이 되기까지를 짚어 봄으로써 그 의미를 평가하였다. 마지막으로 **정충실 교수**의 「**1990년대 한국에서 일본영화 수용양상과 그에 대한 공포**」는 일본영화가 광범위하게 인기를 끌었으며 이후 일본영화가 개방되었던 1990년대 한국에서 VTR, PC통신 등 다른 미디어와 연관된 일본영화 수용양상과 일본영화 인기와 개방으로 인한 한국사회 내 불안감과 적대감의 표출, 그 이유에 대해 살펴보았다. 공포감과 적대감이 표출된 이유는 한국사회가 탈식민화하여 민족과 국가 정체성을 정립하지 못했고 젊은 대중이 일본영화 관람을 통해 국가권력과 지배층의 감시와 통제에서 벗어난다고 느꼈던 것에 있었음을 깊이 있게 고찰하였다.

제4부로 구성된 논고들을 통해 그동안 놓치고 있던 개별적이고 사적인 기억들을 발굴하고 재조명함으로써 제국을 넘어 포스트제국에서도 끊임없이 재생산되는 기억의 논리와 실체를 새롭게 재고할 수 있기를 바라마지 않는다.

2020년 6월

한림대학교 일본학연구소

HK연구교수 김경옥

제1부

욕망의 부활과 기억의 재생산(정치)

‘쇼와의 종언’과 천황의 전쟁책임

분출과 봉인의 상호작용

박진우(朴晋雨, Park Jin-Woo)

숙명여자대학교 일본학과 교수. 일본근현대사 전공.
전후 일본의 천황제와 역사인식의 관계성을 중심으로 연구하고 있다. 주요 저서로 『근대일본 형성기의 국가와 민중』(2003), 『21세기 천황제와 일본』(2006), 『천황의 전쟁책임』(2013), 『메이지천황』(2019) 등이 있다.

1. 서론

본 연구는 쇼와천황의 전쟁책임 그 자체를 논증하고자 하는 것이 아니다. 본 연구의 궁극적인 목적은 1988년 9월 쇼와천황의 중태 보도 이후부터 1989년 1월 7일 사망과 2월 24일 장례식에 이르기까지의 이른바 '쇼와의 종언'이라는 사태에 즈음하여 천황의 전쟁책임 문제가 어떻게 분출되었으며, 이에 대응하여 천황의 전쟁책임을 '봉인'하는 움직임이 어떻게 전개되었는가를 구체적으로 검토하고 그 문제점이 무엇인가를 검증하는 데 있다.

패전 후 쇼와천황의 전쟁책임 문제가 사회적으로 분출된 것은 크게 네 차례 있었다. 그 첫 번째 계기는 1945년 패전 직후부터 1952년 대일강화조약이 성립되는 과정에서 전개되었다. 전쟁책임에서 비교적 자유로웠던 일본공산당은 국가와 천황을 포함한 전쟁지도자의 책임을 철저하게 추궁했으며 그것은 전후 초기 좌익의 대중운동에도 중요한 기폭제가 되었다.[1] 한편 보수적인 지식인들은 천황제를 옹호하는 입장에서 '도의적 책임'을 강조하면서 천황의 '퇴위'를 주장했다. 그러나 천황의 전쟁책임을 선두에서 추궁하던 일본공산당은 점령군의 점령정책이 '역코스' 방향으로 전환하면서 급속하게 영향력을 상실했다. 천황의 '도의적 책임'을 묻는 목소리도 1952년 대일강화조약 발효 직후 중의원 예산위원회에서 이후 나카소네 야스히로(中曽根康弘)가 거론했지만 요시다 시게루(吉田茂) 총리의 '비국민' 발언으로

1 赤沢史朗(2000),「戦後日本の戦争責任論の動向」,『立命館法学』第274号, 137쪽.

묵살된 이후 더 이상 나오지 않았다.[2]

천황의 전쟁책임 문제가 두 번째로 분출된 것은 1971년 천황의 유럽 방문이 계기가 되었다. 특히 제2차 세계대전에서 일본의 침략으로 동남아시아의 식민지를 상실한 영국과 네덜란드에서는 구 포로 출신자들을 중심으로 격렬한 항의가 있었다. 그러나 천황의 방문에 항의하는 유럽에서의 실상은 일본 국내에서 천황의 유럽 방문을 '성공'으로 미화하는 대대적인 캠페인에 의해 가려져 버렸다. 세 번째 계기는 1975년 10월 31일 천황의 미국 방문 직후에 열린 기자회견에서 자신의 전쟁책임을 묻는 질문에 대하여 회피하는 발언을 하면서 분출되었다. 그러나 여기에서도 천황의 발언이 가지는 심각성, 무책임성에도 불구하고 천황의 전쟁책임 문제는 여론을 형성하지 못하고 잊혀 갔다.

그리고 네 번째 계기는 1988년 9월 19일 만 87세의 천황이 피를 토하고 쓰러진 이후부터 1989년 2월 24일 장례식을 치를 때까지의 이른바 '쇼와의 종언'에 즈음하여 일거에 분출되었다. 이는 이제까지 '봉인'되어 오던 천황의 전쟁책임 문제를 매듭지을 수 있는 절호의 기회였다. 천황제와 천황의 전쟁책임 문제를 둘러싸고 갖가지 논의가 이때만큼 활발하고 광범위하게 전개된 것은 전무후무하였다. 그럼에도 불구하고 천황의 전쟁책임에 대한 논의는 천황 미화의 대대적인 캠페인에 가려져 더 이상 심화되지 못하고 매몰되어 갔다.

이와 같이 패전 후 천황의 전쟁책임에 대한 논의가 분출될 때마다 그것이 더 이상 심화되지 않고 국민들이 의식 속에서 사라져 간 것은 '분출'에 대한 '봉인'의 반동이 강하게 작용하고 있었기 때문이다. 그 '봉인'의 주체는 실로 다양하다. 당사자인 천황은 물론이고 천황을 보필하는 궁내청은 가장 은밀하고 잘 보이지 않는 곳에서 갖가지 천황의 병상에 관한 정보를 독점

2 朝日新聞取材班(2006), 『歷史と向き合う 1 戰争責任と追悼』, 朝日新聞社, 126~128쪽.

하고 '신화'를 생산하면서 '봉인'에 주도적인 역할을 하고 있었다. 이에 더하여 자민당 정권과 보수정당, 매스미디어와 보수단체, 그리고 '행동대원'으로서의 우익 등은 천황의 전쟁책임에 대한 진지한 논의를 가로막고 천황을 평화주의자로 미화하는 역할을 하고 있었다. 이들이 만들어 내는 천황=평화주의자라는 '신화'는 천황의 중태 보도부터 사망과 장례식에 이르는 기간을 통하여 전례 없이 홍수처럼 쏟아졌으며, 그것은 이윽고 사회심리를 자극하고 '과잉자숙'이라는 유례없는 사회적인 현상을 일으키면서 문제의 본질을 희석하여 천황의 전쟁책임 문제를 '봉인'하고 있었다.

여기에서는 이러한 '쇼와의 종언'을 계기로 천황의 전쟁책임 문제가 어떻게 분출되었으며. 이에 대하여 천황의 전쟁책임을 '봉인'하는 작업이 어떻게 전개되었는지를 주로 당시의 매스컴 보도를 중심으로 살펴보고 그 특징과 문제점을 생각해 보고자 한다.

2. 'X-day' 상황과 '자숙' 현상

'쇼와의 종언'은 천황의 전쟁책임 문제의 '분출'과 '봉인'이 가장 격렬하게 충돌한 때이다. 정부와 여당, 매스컴은 하나가 되어 천황 찬미 일색의 분위기를 연출했으며, 천황의 전쟁책임 문제 분출에 대응하여 봉인, 은폐, 미화, 왜곡이 한층 다양하게 전개되었다. 여기에서는 먼저 천황의 '토혈(吐血)'로 'X-day' 상황이 시작되는 시점부터 국민의 일상까지 바꾸어 놓을 정도의 이례적인 '과잉자숙'의 천황 현상이 전개되는 실태를 개관해 보기로 한다.

1988년 9월 20일 궁내청이 천황의 '토혈'을 정식으로 발표한 이후 사망할 때까지 일본사회는 지극히 이례적인 현상들을 보이고 있었다. 그 두드러진 현상은 반드시 국민의 동의를 얻은 것이 아님에도 불구하고 과잉동조적인 압력에 의한 '자숙'이라는 형태로 나타났다. 병상 발표 당일부터 가장 먼저

'자숙'을 주도한 것은 자민당이었다.

자민당 국회의원 당 총무회에서는 '폐하의 쾌유를 기원하는 결의'를 제안했으며 자민당 내부의 '황실문제간담회'는 9월 21일 유지 모임에서 "위문 기장(記帳)에 관하여 국회의원만이 아니라 일반인도 기장할 수 있도록 정부와 자민당에 손을 쓸 것"을 결정했다. 같은 자민당 내부의 '국가기본문제동지회'에서도 9월 22일 총회에서 "전국의 도·도·부·현(都道府県)과 시·정·촌(市町村)에서도 기장이 가능하도록" 하는 의견을 정리하여 관방장관에게 제출했다.[3] 이러한 움직임의 결과 10월 초 전국 지방자치단체의 기장소는 신사까지 포함하여 무려 2천 개소에 달했으며 10월 6일까지 천황의 쾌유를 기장한 사람의 수는 전국에 약 433만 명에 달했다.[4] 매스컴은 연일 아침 일찍부터 황거 앞 광장에서 천황의 쾌유를 기원하면서 기장하는 장사진의 행렬을 시간대마다 뉴스 영상으로 흘려보냈으며 전국 각지에서 각종 행사를 중지·취소하는 '자숙' 현상이 두드러지기 시작했다.

'자숙' 현상의 영역은 전국 각지의 관광 축제, 지역진흥을 목적으로 한 축제, 대학 축제, 기업 축제, 민간기업이 주최하는 판촉행사와 상품 발표를 목적으로 한 행사, 프로야구 축승회, 학교와 지방자치단체의 가을 운동회, 각종 음악회, 텔레비전방송, 광고, 연회, 축하회, 연말연시의 관습, 사거 당일과 장례일의 휴업, 학교의 휴무, 관공서의 복상(服喪), 천황제에 대한 비판적 언론에 대한 억압 분위기 등과 같이 실로 다방면에 걸쳐 파급되었다. 광고에서는 '건강', '멋진 인생', '이윽고 그날이 왔습니다', '축하합니다' 등의 대사가 들어간 음성이 소거되었으며 연말연시 상점가에는 크리스마스 장식과 징글벨의 BGM이 모습을 감추었다.

'자숙'은 그야말로 여론형성과정에서 내재하는 동조압력에 의해 그 사회

3 『朝日新聞』 1988. 10. 4.字.

4 『朝日新聞』 1988. 10. 8.字.

적 보급이 촉진되었으며,[5] 이러한 분위기의 확산에 가장 중요한 역할을 한 것은 매스컴이었다. 먼저 텔레비전방송부터 보면 천황 중태가 발표된 9월 20일 이후 텔레비전 각사는 편집부터 제작부분까지 24시간 총동원체제 돌입했다. 재경 민방 5사를 보면 TBS 450명, 니혼텔레비(日本テレビ) 5백 명, 텔레비아사히(テレビ朝日) 5백 명, 후지텔레비(フジテレビ) 4백 명, 텔레비도쿄(テレビ東京) 180명의 스텝이 취재에 동원되었다.[6] 언제 끝날지 모르는 'X-day' 상황에 기자들의 '총동원체제'가 시작된 것이다. 황궁 경찰 조사에 의하면 9월 24일까지 황궁으로 들어간 보도 관계자는 연 36사 1,266명이며 보도 관계 차량은 962대가 되었다.[7]

9월 22일에는 재경 민방 5사의 편성국장회의가 열리고 최종적으로 천황이 사망하는 'X-day'에 특별편성 방송할 것에 합의했다. 그 합의 내용은 "붕어 발표의 시점이 오후 7시 이전의 경우 다음 날 방송 종료까지 광고가 없는 특별편성. 오후 7시 이후의 경우 2일 후의 방송 종료까지로 한다. 방송 종료는 최대 오전 5시 59분 59초까지로 하고 특별편성 시간이 종료하면 광고를 넣기로 한다"는 것이었다.[8] 민방 전체의 하루 광고 수입의 매상은 라디오를 포함하여 하루 40억 엔에 달하지만 'X-day' 상황에서 회사의 이익보다 천황의 죽음에 대한 '애도'를 우선한 것이다.

민방에 앞서 NHK는 9월 20일 새벽부터 24시간 방송체제에 들어가 오전 1시부터 6시까지 장중한 음악과 함께 황궁 니주바시(二重橋) 앞의 영상을 계속해서 흘려보내고 있었다. 또한 'X-day' 상황에 대비하여 민방보다 12시

---

5 亀ヶ谷雅彦(1993), 「自粛現象の社会心理」, 『学習院大学政治学研究科政治学論集』 第6号, 52쪽.

6 山口正紀(2019), 「天皇報道と記者立ち：メディアの自殺状況から抜け出すために」, 『週間金曜日』 第1215号, 35쪽.

7 「資料：天皇報道を振り返る / 天皇報道日誌」, 『新聞研究』 第451号(1989), 90쪽.

8 「蘇る『神格化』の回路 / 一億総自粛を『強制』したのは誰か」, 『朝日ジャーナル』 1988. 10. 14.字.

간 더 많은 72시간 특별편성 태세를 결정하고 1일째는 '폐하는 회상하며', 2일째는 '사요나라 쇼와', 3일째는 '신시대에 대한 전망'으로 각각의 테마에 맞는 프로그램을 언제라도 낼 수 있는 체제를 준비하고 있었다. 또한 통상 정규방송으로 복귀한 후에도 일주일 동안 연일 추도 특별프로그램을 짜고 1개월간 예능 · 가요 방송을 편성하지 않기로 결정했다.[9]

텔레비전방송 이상으로 '자숙' 현상의 분위기를 조성하는 데 중요한 역할을 한 것은 신문이었다. 천황 중태 보도 이후 며칠 간 일본의 3대 일간지가 제1면과 사회면을 장식한 헤드라인을 보면 단순한 객관적인 병상보도가 아니라 '심각', '우려', '충격', '애간장', '기도' 등과 같이 극히 감정적이고 자극적인 표현으로 마치 모든 국민이 애를 태우면서 천황의 쾌유를 기원하고 있는 것처럼 보도하고 있었으며 그 내용은 천편일률적으로 천황의 인품을 미화하면서 회복을 기원하는 것뿐이었다.[10] 예를 들면 『요미우리신문』은 9월 21일 사설에서 천황이 자신의 건강도 되돌아보지 않고 상징천황의 '공인'으로서의 역할을 다했다고 하면서 천황의 쾌유는 "우리 국민의 마음에서 우러난 바람"이라고 했다. 『아사히신문』도 같은 날 사설에서 "모든 국민이 지금 진심으로 폐하의 병상을 염려하고 있다"고 했으며 9월 23일 사설에서는 "천황은 작년의 수술 후에도 부담이 큰 것을 황태자에게 위임했을 뿐, 다시 일을 계속하셨다. 폐하의 자신의 입장에 대한 강한 책임감이 그렇게 만들었다고 전해지고 있다. 물론 그것은 감동적인 이야기다"라고 하여 천황을 훌륭한 인물로 미화했다.

'감동적'인 이야기로 지면을 구성하는 가운데 특히 주목되는 것은 천황을 '자애로운 군주'로 묘사하는 내용이다. 9월 28일자 『아사히신문』은 「모두가 걱정해 주어서 고마워 / 폐하가 말씀」이라는 머리기사에 궁내청 총무과장

9 앞의 기사.

10 後藤文康(1989), 「社説 · 論説にみる天皇報道」, 『新聞研究』 第454号, 47~49쪽.

이 당일 오후 0시 10분에 발표한 다음과 같은 내용을 싣고 있다.

> 후지모리 쇼이치(藤森昭一) 장관은 27일 오전 11시 10분부터 후키아게고쇼(吹上御所)에서 3~4분 간 천황폐하를 뵈었으며 천황폐하께서는 국민의 기장 등의 위문에 대한 말씀이 있었다. 장관이 폐하의 쾌유를 기도하는 국민들의 기장과 외국 원수들의 위로 전보에 대하여 보고하자, 폐하는 "모두가 걱정해 주어서 고마워, 잘 전해 주기 바란다"고 말씀하셨다. ……후지모리 장관은 궁내청 복도에서 기자단의 질문에 대하여 폐하가 연일 비가 내려 벼농사 영향을 걱정하고 계셨다는 것을 밝혔다. 장관에 의하면 기장 등에 관하여 보고 드리고 퇴실하려고 했을 때, 폐하가 "이보게" 하고 불러 세웠다고 한다. 폐하는 "비가 연일 내리고 있는데 벼농사 쪽은 어떤가" 하고 물으셨다. 장관이 "조금 좋지 않지만 전체적으로 보면 예년과 같습니다"라고 답하니 천황은 "아 그래, 그것 참 잘 됐군"이라고 말씀하셨다고 한다.

이 기사 내용을 보면 천황은 중태에 있으면서도 국민의 안위를 염려하는 그야말로 '자애로운 군주' 그 자체로 묘사되고 있다. 그런데 『마이니치신문』 칼럼에서는 이 부분을 극적으로 각색하여 더욱 감동을 자아내게 만든다. 9월 28일자 『마이니치신문』 석간 칼럼 「근시편편(近時片々)」의 전문 내용은 다음과 같다.

> "이보게" 하고 퇴출하는 궁내청 장관을 불러 세우고 "연일 비가 내리고 있는데 벼농사 쪽은 어떤가?" 하고 물으신 폐하. 중병의 병상에 있으면서 이 평정심, 이 훌륭함. 생각해 보면 전전(戰前), 전중(戰中)의 집단 히스테리, 그것은 폐하의 것이 아니라 우리의 것이었다.

이 짧은 문장에서도 '자애로운 군주'의 모습이 훌륭하게 묘사되어 있는 것에 놀라지 않을 수 없다. 이 문장을 읽은 대부분의 독자들은 감동하여서 천황에 대한 경애심과 존경심이 더욱 깊어질 것이다. 그러나 이 칼럼의 진정한 의도는 문장의 후반에서 "전전, 전중의 집단히스테리, 그것은 폐하의 것이 아니라 우리의 것이었다"는 부분이었다. 즉 전쟁책임은 천황에게 있는 것이 아니라 우리 국민에게 있다는 의미를 내포하고 있는 것이다.

신문은 또한 천황의 중태를 우려하는 일반 시민의 '목소리'도 천황을 미화하는 데 동원했다. 그 특징은 첫째로 "지금도 종전 후 폐하가 맥아더 원수에게 부탁하여 배급되었다고 하는 식빵을 생각해 냅니다. 우리도 고생했지만 폐하는 훨씬 더 고생하셨을 것",[11] "전쟁이라는 역사 속에서 무척 마음고생을 하시고 국민을 위해 쉬는 일도 잊고 진력하신 분입니다"[12] 등과 같이 천황은 국민을 위해, 국민과 함께 고생한 인물로 묘사하고 천황과 국민이 고난을 함께했다는 '일체감'을 조성하고 있는 점이다. 둘째로 "전후 이만큼의 평화를 구축해 주셔서 행복한 시대를 살았다고 생각합니다",[13] "전후의 일본은 폐하가 없었으면 큰일 났을지도 모른다. 평화롭게 왔던 것은 폐하의 덕분이라고 생각합니다"[14] 등과 같이 전후 일본의 평화와 번영을 구축한 천황의 이미지를 강조하고 있는 점이다. 셋째로 "전전, 전후의 어려움 속에서도 폐하의 모습을 마음의 양식으로 살아왔다. 일본의 활력을 위해서도 건강을 회복하시기 바란다",[15] "폐하는 이른바 일본인의 정신적인 '아버지'라고 생각한다"[16] 등과 같이 천황과 국민은 깊은 곳에서 연결되어 있으며 천황은 국민의 정신적 지주라는 것을 강조하는 점이다.[17]

11 『毎日新聞』 1988. 9. 24.字, 80세와 77세의 노부부.

12 『読売新聞』 1988. 9. 21.字, 67세 서도학원 경영.

13 『朝日新聞』 夕刊 1988. 9. 22.字, 53세 남성.

14 『読売新聞』 夕刊 1988. 9. 21.字, 71세 남성.

15 『朝日新聞』 夕刊 1988. 9. 22.字, 51세 회사원.

16 『読売新聞』 1988. 9. 23.字, 48세 남성.

이와 같이 국민과 고난을 함께한 천황, 전후 일본의 번영과 평화를 구축한 천황, 국민의 정신적 지주로서의 천황이라는 천황의 이미지는 연일 현장을 취재하는 기자들의 르포라는 형태로 수없이 대량생산되고 있었으며 그것은 천황의 전쟁책임을 부정하는 논거로서도 중요한 역할을 하는 것이었다.

한편 매일같이 같은 내용을 되풀이하는 천황 캠페인과 지나친 '자숙' 현상에 대한 비판도 동시에 분출되고 있었다. 먼저 종교단체, 시민단체, 노동조합 등이 행정기관에 대하여 '자숙'의 문제점을 제기하고 천황의 전쟁책임을 비판하는 성명을 발표하거나 천황제를 반대하는 집회를 개최했다. 특히 1970년대 베트남전쟁 반전운동을 주도한 작가 오다 마코토(小田実)와 천황제를 반대하는 역사학자 이로카와 다이키치(色川大吉)는 9월 28일 '일본은 이대로 좋은가 시민연합'을 결성하고 시부야역(渋谷駅) 미야시타공원(宮下公園)에서 연일 오후 6시 반부터 "천황의 전쟁책임은 지워지지 않는다", "원호는 필요 없다", "자치체가 기장소를 설치하는 것에 반대" 등의 구호를 외치면서 집회를 이어 갔다.[18]

10월에 접어들어서는 천황의 병상이 교착상태에 빠지면서 천황에 관한 보도 양이 서서히 감소하기 시작했다. 매일 수차례 텔레비전 화면에 자막으로 내보내는 천황의 맥박, 혈압, 체온, 수혈 량 등의 뉴스 속보도 일상화되어 국민들의 관심도 희박해지고 있었다. 그럼에도 불구하고 국민의 일상생활에 영향을 미치는 '자숙'은 계속되었다. 더구나 12월 5일 새벽 천황의 대량출혈로 궁내청이 초비상 상태에 돌입한 사실이 보도되자 '자숙'은 각종 정월 상품과 연하장, 망년회 등에까지 영향을 미치면서 해를 넘기고 있었다.

---

17 매스컴의 천황 미화보도에 대한 비판적인 분석은 山田敬男(1989), 「新聞報道における天皇キャンペーンの特徴と問題点」, 『歴史評論』 1989. 2号 및 稲木哲郎(1990), 「天皇報道の内容分析」, 『東洋大学社会学部紀要』 第27-1号 등 참조.

18 「市民団体や労組・学者ら / 自粛拡大で危機感訴える / 「元首」「儀式」「元号」「責任」でも議論」, 『朝日新聞』 1988. 10. 28.字.

이렇게 '자숙'이 확산되는 상황에 비례하여 천황제를 비판하는 목소리도 더욱 확산되고 있었다. 특히 메이지학원대학의 모리이 마코토(森井真) 학장과 교원 유지 60명 이상이 '천황 문제'의 터부를 비판하고 천황의 신성화, 절대화를 거부한다는 입장에서 11월 28일부터 '천황문제를 생각하는 1주간'을 정하고 집중강의와 심포지엄을 계속하여 사회적인 이목을 모았다.[19]

천황의 신성화를 거부하고 천황제를 비판적으로 논의하면 궁극적으로 천황의 전쟁책임 문제가 분출되는 것은 필연이었다. 지식인, 역사학자 등이 천황의 전쟁책임 문제를 본격적으로 논의하기 시작했으며, 정치권에서는 지방자치단체 곳곳에서 공산당 의원들의 천황의 전쟁책임 추궁으로 분규를 일으키고 있었다. 이러한 천황의 전쟁책임을 둘러싼 '분출'과 '봉인'의 충돌이 정점에 달한 것이 12월 7일 나가사키 시의회에서 모토지마 히토시(本島等) 시장의 천황의 전쟁책임에 관한 발언이었다. 다음은 이 문제를 다루기 전에 먼저 해외에서 천황의 전쟁책임에 대한 논의가 어떻게 전개되고 있었는지를 살펴보기로 한다. 그것은 해외에서의 시선을 통해서 국내에서의 천황보도 현상이 가지는 문제점을 더욱 정확하게 파악할 수 있기 때문이다.

3. '쇼와의 종언'에 대한 해외의 시선

해외에서의 천황 현상에 대한 비판적인 보도는 일본 국내에서의 천황 보도와 현저한 낙차를 보이고 있었다. 특히 일본과의 전쟁을 경험한 영국과 네덜란드, 그리고 일본의 침략과 식민지 지배를 경험한 중국, 한국, 기타 동남아시아 등에서의 천황에 관한 보도는 일본의 침략전쟁과 천황의 전쟁

19 「学長ら「タブー化」批判 / 明治学院大で「天皇問題」集中講義」, 『朝日新聞』 1988. 12. 3.字.

책임을 엄중하게 비판하는 것이었다.[20]

천황의 중태 뉴스가 해외 각지로 타전되었을 때 가장 먼저 천황의 전쟁책임을 추궁한 것은 영국의 대중지였다. 1988년 9월 21일 영국 대중지 『더 선(*The SUN*)』에서는 "Hell's Waiting for This Truly Evil Emperor"라는 헤드라인으로 병상의 히로히토를 슬퍼하는 두 가지 이유는 히로히토가 지금까지 살아 있다는 점, 그리고 그가 금세기 최대의 비열한 범죄에 대한 벌을 받지 않고 죽어 가는 점이라는 사설을 실었다.[21] 같은 날 『더 데일리 스타(*The Daily Star*)』에서는 "The Sinking Son of Evil"이라는 헤드라인으로 "히로히토는 대다수 사람에게 히틀러보다도 악질적인 학살자로 간주되었으나 죗값을 치르지 않고 면죄되었다"고 하면서 "수천 명의 연합국 병사와 그 가족에게 히로히토는 지금도 여전히 무자비한 악의 심벌"이라고 저주했다.[22] 두 신문은 발행부수가 각각 4백만 부와 1백만 부를 넘는 대중지였다.

영국 대중지의 천황에 대한 노골적인 비판에 대하여 일본정부는 즉각적으로 '봉인'에 들어갔다. 일본 외무성 동아국장은 9월 22일 "천황폐하의 병상을 둘러싼 오늘의 상황에서 이런 기사가 게재된 것은 폐하의 존엄에 대한 모독으로 받아들일 수밖에 없다"[23]고 했으며, 같은 날 주영 일본대사 지바 가즈오(千葉一夫)는 영국의 두 대중지에 항의문을 보냈다. 심지어 9월 28일 자민당 정조회장 와타나베 미치오(渡辺美智男)는 영국 대중지의 특파원이 일본에 있다면 국외로 추방시켜야 한다는 도를 넘는 발언까지 서슴지 않았다.[24]

---

20 해외에서의 천황 보도는 アジア民衆法廷準備会 編(1988~1989), 『海外紙誌に見る天皇報道 1~3』, 凱風社에 거의 망라되어 있다.

21 *The SUN* 1988. 9. 21〔アジア民衆法廷準備会 編(1988), 『海外紙誌にみる天皇報道』, 凱風社, 30쪽〕.

22 *The Daily Star* 1988. 9. 21〔アジア民衆法廷準備会 編(1988), 앞의 책, 31~33쪽〕.

23 「英大衆紙の天皇報道 / 誤認やどぎつい表現 / 日本大使館, 抗議へ」, 『朝日新聞』 1988. 9. 22.字.

24 『朝日新聞』 1988. 9. 27.字.

이와 같이 천황의 전쟁책임을 '봉인'하려는 시도는 오히려 역효과를 가져왔다. 영국 대중지는 23일자에서 1면을 할애하여 일본정부의 항의 내용을 소개하면서 반론을 게재하고 어느 쪽의 주장이 옳은지를 독자에게 묻는 '전화투표'를 실시했다. 24일 발표한 결과를 보면 『더 선』은 독자의 84퍼센트가, 『더 데일리 스타』는 독자의 93퍼센트가 지지를 표명하고 있었다.[25]

또한 28일자 『더 데일리 스타』는 와타나베 미치오의 발언에 대하여 "본지는 도쿄에 지국이 없다. 너저분하고 물가도 턱없이 비싼 도쿄에 살면서 원고를 보내오는 통신사 기자에게 의존하고는 있다. 거기는 세계에서 가장 따분한 뉴스밖에 없지 않은가"라고 비꼬았으며, 『더 선』은 30일자에 "천황에 대한 기사는 지나친 것이 아니다. 전시 포로의 고통은 체험하지 않으면 모르는 것. 나는 굶주려 돌멩이같이 말라 죽어 간 전우를 수없이 매장했다. 죄는 대가를 치러야 한다. 기사를 실어 주어 고맙다"는 내용의 독자 투고를 게재했다.[26]

영국의 저명한 저널리스트는 일본의 과잉반응에 대하여 "지금의 일본인을 보면 자신의 눈을 감고 나에게는 보이지 않는다고 떼를 쓰는 어린이처럼 보인다. 천황의 책임문제도 그렇다. 전쟁이 끝났을 때 일본을 점령한 미국의 장군(맥아더를 의미 — 인용자)에게 천황이 모두 자신의 책임이라고 말했다. 그 말이 틀렸다면 그것을 번복할 만한 증거를 보이는 것이 이치에 맞는 이야기가 아닌가"[27]라고 지적했다. 일본정부는 문제의 본질인 천황의 전쟁책임에 대해서는 그것을 부정하는 아무런 증거도 제시하지 않고 다만

25 「ロンドンの天皇報道：あの頃のヒロヒトを忘れるな」, 『朝日ジャーナル』 1988. 10. 27.字, 22쪽.

26 「蘇る『神格化』の回路 / 一億総自粛を『強制』したのは誰か」, 『朝日ジャーナル』 1988. 10. 14.字, 19쪽.

27 藤高明(1989), 「集団的な戦争責任隠しと指摘：海外での天皇報道と市民の反応④イギリス」, 『新聞研究』 第452号, 74쪽. 이 사설은 『朝日新聞』 1989. 1. 10.字에도 전문이 소개되었다.

천황의 '존엄을 모독'했다는 이유로 항의하고 있었던 것이다.

와타나베의 특파원 추방 발언에 대해서도 일본에 주재하는 외국특파원 협회에서 자민당 본부에 항의문을 제출했으며[28] 영국에서도 크게 보도되었다. 영국 런던에서 발행되는 중립 고급지 『더 데일리 텔레그래프(*The Daily Telegraph*)』는 28일자 국제면 톱기사에서 '천황 모욕에 보복의 목소리'라는 헤드라인으로 "일본에서는 헌법에 보장된 언론의 자유가 유명무실해지는 것 같다"고 지적했다.[29]

해외에서의 비판적인 천황 보도는 국내 언론의 자세와 너무도 대조적인 모습을 보이고 있음에도 불구하고 일본의 저널리즘은 해외에서의 천황의 전쟁책임 추궁이 가지는 의미를 왜소화하고 있었다. 9월 22일 『아사히신문』은 "영국 대중 언론은 21일 일제히 천황의 와병을 보도했지만 사실 오인과 천황의 전쟁책임을 비난하는 자극적인 표현이 있어 주영 일본대사관은 이에 대하여 항의하는 방향으로 검토를 시작했다"고 하면서 "한편 부수는 적지만 인텔리를 대상으로 하는 고급지는 사실관계를 중심으로 냉정하고 객관적으로 보도하고 있다"고 하여 영국 언론 모두가 천황의 전쟁책임을 비판하고 있는 것은 아니라는 점을 강조했다.

『아사히신문』은 9월 24일자에서도 영국의 두 대중지는 모두 예능인이나 가십기사를 화려하게 장식하여 대중에게 인기가 있는 타블로이드판이지만 인텔리가 보는 고급지는 그렇지 않다고 하면서 전 주일 영국대사 휴 코다치 경이 『아사히신문』의 인터뷰에서 "모든 책임 있는 영국 국민은 이러한 논조에 동조하지 않는다. 저속한 신문의 기사에 현혹되지 않기 바란다"고 한 말을 덧붙였다. 또한 런던대학 교수 등 유럽을 대표하는 일본연구자 10명이 연명으로 23일 고급지 『인디펜던트』에 투고한, "우리는 많은 증거로부

---

28 歴史科学協議会(1989), 『資料集天皇死去前後：1988. 1. 19～1989. 1. 31」, 9쪽(『赤旗』 1988. 10. 1.字).

29 「天皇陛下ご病気 海外の報道」, 『朝日新聞』 1988. 10. 1.字.

터 천황폐하는 이론상 신격화된 지위에도 불구하고 실제로는 군부의 '인질'이며, 전쟁 중에 천황폐하의 이름으로 자행된 잔학행위를 막을 힘이 없었다고 확신한다. 금후의 논의에 객관성과 양식 있는 태도를 요구한다"는 내용을 소개하고 있다.[30] 심지어는 황궁 앞에서 취재하는 영국의 텔레비전 프로듀서와 인터뷰하여 "영국 언론의 일부가 마음에도 없는 보도를 한 것을 좋지 않게 생각해요"라는 영국인의 호의적인 말을 전하기도 했다.[31] 또한 10월 13일에는 주영 일본대사관이 두 대중지의 보도와 관련하여 영국인들이 대사관으로 보낸 107통의 투서 내용을 분석하여 일본인 기자단에게 그 결과를 밝혔다고 하면서 대중지의 보도를 지지하는 내용은 31통으로 약 3할에 지나지 않으며 "천황의 병상에 이런 내용을 실은 것에 대하여 미안하다", "기사를 넘어서 영 · 일관계를 좋게 만들어 가야 한다"는 호의적인 내용이 약 7할을 차지했다는 내용을 보도하고 있었다.[32]

이러한 언론의 보도 자세는 영국에서 천황의 전쟁책임을 비판하는 언론은 일부의 수준 낮은 대중지에 지나지 않으며 인텔리층이 구독하는 고급지는 객관적으로 보도하고 있다고 하여 영국 국민 대다수의 의견을 대변하는 것이 아니라는 점을 강조하는 것이었다. 영국에서도 천황의 전쟁책임에 대한 의견이 나뉜다면, 일본의 저널리즘으로서는 당연히 왜 그런가를 탐구할 필요가 있음에도 불구하고 자신들의 목소리는 내지 않고 호의적인 입장에 있는 제3자의 목소리를 전달하고 있을 뿐이었다. 하물며 영국 대중지가 왜 천황을 비난하는 기사를 싣고 있는지에 대해서도 거의 외면하고 있었다. 당시 영국 BBC방송의 도쿄특파원 윌리엄 호슬리(William Horsley)는 『아사히신문』과의 인터뷰에서 영국 대중지 보도에 대한 일본정부의 항의에 대하

30 「天皇陛下ご病気に海外の目さまざま」, 『朝日新聞』 1988. 9. 24.字.

31 「若者は記帳にディスコに/祈る姿に驚き/関心あるけど……」, 『朝日新聞』 1988. 9. 26.字.

32 「英紙報道めぐる投書/多く親日的な内容」, 『朝日新聞』 1988. 10. 13.字.

여 "두 대중지가 지적한 본질적인 부분, 천황의 전쟁책임에 관해서는 한마디도 언급하지 않고 다만 기사의 내용이나 언어 표현이 존경과 예의에 어긋난다고 하여 항의하고 있다. ……일본에서는 서로 다른 것을 분명히 하는 것을 좋아하지 않는다. 그렇기 때문에 신문에도 다양성이 없다"고 하여 정곡을 찌르는 지적을 하고 있다.[33]

천황의 전쟁책임에 대한 비판은 단지 영국의 대중지만이 아니었다. 프랑스에서는 29일자 발매 주간지에서 "히로히토는 전쟁 범죄자인가"라는 제목의 4쪽 기사에서 천황은 "군대의 꼭두각시였는가. 식물 애호의 평화주의자인가, 아니면 전쟁책임자인가" 하고 되묻고 난징학살과 바탄 죽음의 행진, 진주만공격 등을 회고하면서 도쿄재판에서 모두 죄를 물었어야 한다고 주장했다. 한국에서는 30일 발매한 주간지 『일요신문』에서 "일본의 왕 히로히토, 그는 누구인가?"라는 제목의 특집에서 천황을 "36년간의 식민지 생활은 물론이고 지금의 남북 분단의 현실과도 불가분의 관계에 있는 용서할 수 없는 인물"이라고 비난했다.[34]

네덜란드에서는 외상이 27일 천황이 사망할 경우 일본으로 조문을 가겠다고 발언한 것을 계기로 전쟁희생자 단체가 이에 반대하여 어떤 고관도 파견해서는 안 된다는 긴급 성명을 발표했다. 또한 28일에는 이 문제를 다루는 국영 텔레비전 프로그램에 '1945년 8월 15일 기념재단' 대표가 출연하여 외상 파견 반대를 주장했다.[35] 호주의 유력 일간지 『더 시드니 모닝 헤럴드(*The Sydney Morning Herald*)』에서도 지면을 1면 이상 할애하여 천황의 전쟁책임 문제, 일본군의 포로에 대한 잔학행위 등을 보도하면서 "과거

33 「ホーズレーさん天皇陛下ご病状報道は/メディアの顔」, 『朝日新聞』 1988. 10. 23.字.

34 「天皇陛下ご病気 海外の報道」, 『朝日新聞』 1988. 10. 1.字. 이 밖에 당시 한국에서의 천황 비판에 대해서는 시사통신 서울지국장 服部健司(1989), 「昭和天皇に強い嫌悪感を示す」, 『新聞研究』 第452号, 64~66쪽 참조.

35 「天皇陛下ご病気 海外の報道」, 『朝日新聞』 1988. 10. 1.字.

의 무시무시한 일들이 마치 없었다는 듯이 일본인이 행동하는 것이 최대의 문제"라고 지적했다.[36] 호주는 도쿄재판 당시 천황 '히로히토'의 이름을 전범 리스트 7번째에 올릴 정도로 천황의 전쟁책임을 강하게 주장하던 국가였다.

해외에서의 천황의 전쟁책임에 대한 갖가지 비판을 '봉인'하기 위해 일본 외무성의 외곽단체 '재단법인 포린프레스센터(Foreign Press Center)'에서는 일본 주재 외국인 기자의 천황 현상에 대한 이해를 돕는다는 명분으로 3회 연속 설명회를 개최하고 일본 역사상 정치와 무관한 천황의 문화적 역할 등을 강조했다. 그러나 외국인 기자들의 질문은 대부분 천황의 전쟁책임 문제에 집중되었고 심지어는 이탈리아 기자의 "독일도 이탈리아도 전쟁에 관해서 논의하고 반성했지만 일본에서는 반성이 부족하다"는 지적까지 받았다.[37] 결국 천황의 전쟁책임을 '봉인'하려는 시도는 일본 국내에서의 천황 미화와 해외에서의 시선과의 사이에 얼마나 커다란 낙차가 있는지를 확인해 주었으며 일본정부와 자민당의 과잉반응은 해외 저널리스트들에게 '불가사의한 나라 일본'을 새삼 인상 지우는 결과가 되었다.[38] 해외 기자들의 취재는 단순한 천황의 병상 보도에 그치지 않고 천황의 전쟁책임을 인정하려 하지 않는 일본인의 의식구조와 일본사회의 권력 작용에 대한 분석이라는 범위까지 확대 · 심화되어 갔다.[39]

---

36 「豪州での反応 / 日本人の行動を見て保守化を憂慮する論調」, 『朝日新聞』 1988. 10. 28.字.

37 『朝日新聞』 1989. 10. 15.字.

38 「蘇る『神格化』の回路 / 一億総自粛を『強制』したのは誰か」, 『朝日ジャーナル』 1988. 10. 14.字, 19쪽. 와타나베의 발언은 결국 9월 30일 자민당 임원회의에서 과잉반응을 삼가도록 하자는 선에서 의견을 모았다.

39 北山晴一(1992), 「国際化社会と〈天皇の死〉」, 栗原彬 · 吉見俊哉 · 杉山光信 編, 『記録 · 天皇の死』, 筑摩書房, 296쪽.

4. 나가사키 시장의 천황의 전쟁책임 발언의 파장

천황 중태 발표 이후 일본 국내에서 천황의 전쟁책임 문제가 공적인 장에서 처음으로 분출된 것은 영국 대중지에서의 천황 비판보다 일주일가량 뒤떨어진 9월 28일 도쿄도의회에서였다. 도의회 대표질문에서 공산당의원 구리하라 시게루(栗原茂)가 스즈키 슌이치(鈴木俊一) 도지사에게 도민을 대표하여 기장한 것을 비판하고 '천황의 전쟁책임'을 언급한 것이 발단이 된 것이다. 구리하라의 발언에 대하여 자민당은 즉각 '불온당하다'고 반발하여 도의회는 중단되었다. 이후 29일 심야 재개된 도의회에서 자민, 공명, 민사클럽의 3파가 "구리하라의 발언은 천황폐하에 대한 중대한 비방으로 인도상 용납하기 어렵다"는 취지의 '문책결의안'을 제출하여 전례 없는 최초의 가결이 되었다.[40]

이후 전국 각지의 지방자치단체에서 자숙현상을 비판하고 천황의 전쟁책임을 추궁하는 공산당 의원과 이에 반발하는 보수파 사이에 분규를 불러일으켰으며,[41] 지방자치단체에서의 천황 쾌유 결의, 기장소 설치, 사망과 장례식에서의 대응 등을 둘러싼 대립과 혼란이 계속되고 있었다. 12월 7일 나가사키 시의회에서 공산당 의원의 질문에 대하여 모토지마 히토시 시장이 "천황에게 전쟁책임이 있다고 생각한다"고 발언한 것은 바로 그 연장선상의 도달점이었다.

이제까지 지방자치단체에서 천황 문제를 둘러싼 분규는 공산당이 '공격'하고 자민당이 선두에서 이를 '봉쇄'하는 형태로 전개되었지만 나가사키 시장의 발언이 커다란 파장을 불러일으킨 이유는 공산당의 '공격'에 대하여 자민당 소속의 시장이 '금기'를 깨트리고 천황에게 전쟁책임이 있다고 답변

40 「東京都議会「問責」を初可決 / 共産発言に自民など三会派賛成」, 『朝日新聞』 1988. 9. 30.字.

41 「地方議会の紛糾広がる / 自民, 共産封じに躍起」, 『朝日新聞』 1988. 9. 30.字.

했기 때문이었다. 나가사키 시장의 발언은 사회적으로 엄청난 파장을 불러일으키고 급기야 1990년 1월 18일에는 우익의 흉탄으로 자신의 목숨까지도 위태로운 지경에 이르렀던 것이다. 이는 곧 천황 문제는 여전히 일본의 '터부'라는 사실을 또다시 입증하는 것이었다. 당시 공산당 의원의 질문과 시장의 답변 내용은 다음과 같다.[42]

> 시바타 보쿠(柴田朴) 의원　나는 질문 속에서도 특히 피폭도시 나가사키에서 전 나카소네 총리의 천황은 평화주의자였다는 식의 논의를 들어 시장은 어떻게 생각하는지를 물은 것입니다. 역시 고노에 후미마로가 전쟁을 빨리 종결하기 바란다는 상주사건이라는 것은, 그것은 고노에 본인으로서는 천황에게 당시 상주한다는 것은 죽음을 결의한 상주라는 것입니다. 그러나 그것을 거부한 것은 천황이었던 것입니다. 나는 그것이 없었다면 아마도 나가사키, 히로시마의 원폭은 없었을 것이라고 생각하는데 그 점에 대하여 시장은 어떻게 생각하는가.
>
> 모토지마(本島) 시장　패전 후 43년이 지나면서 저 전쟁이 무엇이었는가 하는 반성은 충분히 있었다고 생각합니다. 외국의 여러 가지 기술을 보더라도, 일본의 역사가의 기술을 보더라도, 내가 실제로 군대생활을 하고, 특히 군대의 교육에 관계하고 있었는데, 그런 면에서 천황의 전쟁책임은 있다고 생각합니다. 그러나 일본인의 대다수와 연합국 측의 의사에 의해 그것이 면제되고 새로운 헌법의 상징이 되었다. 거기서 우리도 그 선에 따라서 해가야 한다고 그렇게 나는 해석하고 있는 바입니다.

모토지마 시장의 발언은 실로 엄청난 파장을 불러일으켰다. 12월 8일 자민당을 비롯한 보수파는 시장의 발언 철회 요구 결의안 제출했지만 각파가

---

42 「長崎市長発言の問答内容」, 『赤旗』 1988. 12. 19.字.

협의한 결과 만장일치를 보지 못하고 취하되었다. 그러나 이후에도 자민당의 시장 공격은 계속되어 12월 17일 모토지마 시장을 자민당 나가사키현연맹 고문에서 해임했다.

우익의 공격도 격화되었다. 12월 9일 우익 청년이 휘발유를 소지하고 시청사로 난입하다가 체포되었다. 12월 16일에는 우익 19개 단체의 70여 명이 25대의 선전차량으로 시위했으며, 12월 21일에는 전국적 동원으로 우익 단체가 나가사키로 집결했다.

전국 62개 단체의 260명이 85대의 선전차량에 분승하고 확성기로 '기미가요', '모토지마 지옥으로!', '모토지마 국적(國賊)' 등의 구호를 외치면서 시위했다. 심지어는 부인, 손자 등 가족에 대한 위협까지 계속되었다. 우익뿐만 아니라 보수단체도 시장을 공격했다. 원래 나가사키는 보수계 종교단체 '세이초노이에(生長の家)'의 본거지로서 원리운동계열의 움직임이 활발한 곳이었다. '세이초노이에'는 당시 종교계 최대의 우파조직인 '일본을 지키는 국민회의'에 깊이 관여하고 있었으며 그 산하에 있는 지방조직 '나가사키현민의회'가 '나가사키 시정을 쇄신하는 모임'을 결성하고 12월 22일 시장 규탄대회를 개최했다.[43]

한편 자민당과 우익, 보수단체의 움직임에 항의하여 모토지마 시장에 대한 지지도 확산되어 갔다. 먼저 나가사키시청 종업원조합이 지지를 표명했으며 12월 15일에는 이와마쓰 시게토시(岩松茂俊) 나가사키대학 교수 등 131명이 '나가사키시민 유지의 모임'을 결성하고 서명운동을 개시하여 1주일 사이에 약 1만 4천 명이 서명했다. 또한 '나가사키시민 유지의 모임'은 해가 바뀌고 천황이 사망한 하루 후인 1989년 1월 8일 '언론의 자유를 요구하는 나가사키현민의 모임 결성대회'를 개최하고 ① 발언은 역사적 사실에

---

43 石巻靖次(1989), 「天皇戦争責任発言が示したもの—本島発言の経過と反響」, 『マスコミ市民』, 34쪽.

입각한 타당한 것. 피폭도시 나가사키의 시장으로서 정당한 답변이다. ② 시장에 대한 갖가지 압력과 폭력적 위협, 협박에 깊은 우려를 느끼며 사상과 언론의 자유가 폭력에 의해 유린되는 것은 용납할 수 없다. ③ 국제사회에서 신뢰를 얻기 위해서는 침략의 역사를 반성하고 천황제와 천황의 전쟁책임에 관하여 자유롭고 광범위한 논의가 필요하다는 등을 내용으로 하는 성명을 발표했다.[44]

전국 각지에서도 '일본은 이대로 좋은가 시민연합', '일본전몰학생기념회' 등의 반전 그룹을 비롯하여 약 30개가 넘는 시민단체가 나가사키 시장의 발언을 지지하는 성명을 발표했다. 시장의 발언은 일반 시민들에게도 커다란 반향을 불러일으켰다. 1989년 3월 6일까지 나가사키 시장 앞으로의 편지, 엽서는 무려 7,323통에 달했다.[45] 투서를 보낸 사람은 대부분 50~60대의 연령층이며 투서의 구성 비율은 발언 지지와 격려가 95퍼센트(6,942통), 비판, 항의, 협박 등은 5퍼센트(381통)에 그치고 있었다.[46]

천황에게 '책임 있다'는 의견에서는 '전쟁 체험' 또는 '전쟁에 의한 상실 체험'과 '언론의 자유'에 관한 생각을 적은 편지가 대부분이었다. '전쟁 체험'에서는 주로 태평양전쟁에 대한 반성과 혐오를 바탕으로 천황의 이름으로 시작된 전쟁이며, 천황은 대원수, 최고지도자였기 때문에 전쟁책임이 있다는 의견이 많았다. '상실 체험'에서는 3백만에 가까운 전몰자를 낸 전쟁으로 전우, 양친, 재산 등을 잃었으며 그 책임은 천황에게 있다는 기술이 많았다. '언론의 자유'에 관한 의견은 기본적 인권, 특히 언론의 자유와 평등의 결여가 전쟁의 발생을 막지 못한 원인이었다는 것을 반성하고 천황제가

44 石巻靖次(1989), 앞의 논문.

45 나가사키 시장 앞으로의 편지는 책으로 편집·출간되었다〔径書房編集部(1989), 『長崎市長への七三〇〇通の手紙』, 径書房〕.

46 亀ヶ谷雅彦(1993), 앞의 논문, 94쪽.

이러한 권리를 억압했다고 주장하고 있었다.[47]

한편 '책임 없다'는 주장이 제시하는 논거는 대체로 다음과 같이 다섯 가지로 분류할 수 있다.[48]

첫째, 천황은 영국식 입헌군주제를 지향했기 때문에 실질적인 권력은 없었으며 군부와 여론에 책임이 있다.

둘째, 종전의 '성단'과 전국순행, 맥아더 회견에서 자신의 목숨을 던진 탄원을 들어 천황은 이미 도의적 책임을 다했다.

셋째, 전쟁책임은 국민 모두에게 있는데 그것을 천황에게만 추궁하는 것은 책임 전가이다. 천황에게 실질적인 권력이 없었는데 '불가항력'의 책임을 묻는 것은 극히 비겁하다.

넷째, 책임을 묻는 것은 일부 공산주의자와 사회주의자, 편향 매스컴의 소행이다.

다섯째, 공적 입장에 있으면서 자중이 부족하다. 천황이 병상에 있는 상황에서 발언의 시기가 나쁘다.

여기에서 셋째부터 다섯째까지는 '심정적인 논리'로 주장하는 경향이 강한데, 첫째의 천황은 입헌군주이며 책임은 군부에 있다는 주장과 둘째의 종전의 '성단', 전국순행, 맥아더와의 회견에서 도의적 책임을 다했다는 주장은 매스컴이 천황의 전쟁책임을 봉인할 때 종종 사용하는 상투적인 논리와 일치하는 부분이라 할 수 있다. 그만큼 매스컴의 역할이 국민들의 천황에 대한 인식에 중요한 영향을 미치고 있었던 것이라 하겠다.

'쇼와의 종언'에 즈음하여 천황의 전쟁책임 문제의 '분출'과 '봉인'의 충돌

47 亀ヶ谷雅彦(1993), 앞의 논문, 73~76쪽.

48 亀ヶ谷雅彦(1993), 앞의 논문, 75쪽의 분류를 재정리.

은 이윽고 1989년 1월 7일 천황의 죽음으로 절정에 달하게 된다. 그러나 천황의 전쟁책임을 추궁하는 목소리는 '봉인'과 '미화'의 대량생산 속에 매몰되어 국민적인 범위의 여론을 형성하지 못하고 서서히 망각되어 갔다. 다음은 천황 사망부터 장례식에 이르기까지 천황의 전쟁책임에 대한 '봉인'의 실태를 살펴보기로 하자.

5. 천황의 사거와 봉인·미화의 절정

천황이 사망할 때까지 꼬리표처럼 붙어 다니던 전쟁책임 문제가 분출될 때마다 이를 봉인하고 천황을 미화하는 주장의 주된 논거는 대체로 다음과 같이 여덟 가지로 정리할 수 있다. 먼저 과거의 전쟁에서 천황이 어떤 역할을 했는가에 대해서는 ①~④의 논거가 제시되고 있었으며, 천황이 사망한 이후에는 이에 더하여 ⑤~⑧의 내용들이 추가되었다.

① 입헌군주에 충실했기 때문에 군부의 독주를 막지 못했다.
② 국제협조주의를 지향했고 일관해서 전쟁을 막기 위해 노력한 평화주의자였다.
③ 국민의 고통을 차마 보지 못하고 종전의 결단(성단)을 내렸다.
④ 모든 책임은 자신에게 있다고 한 천황의 헌신적인 자세에 맥아더가 감동했다.
⑤ 격동의 시대에 국민과 고난을 함께하고 항상 국민의 행복을 위해 노심초사했다.
⑥ 전쟁에 지친 국민에게 용기를 불어넣어 주기 위해 전국을 순행했다.
⑦ 전후 국민통합의 상징으로서 일본의 번영에 공헌하고 국제친선에 노력했다.
⑧ 성실하고 겸허한 성격의 인품(성덕), 과학자 천황으로서 합리적 사고의 소유자였다.

이상의 내용들은 특히 천황 사망 직후 총리를 비롯한 정부 요인의 근화

(謹話)와 모든 매스컴이 동어반복으로 재생산하고 있었으며 그것은 천황의 전쟁책임을 '봉인'하고 국민들에게 평화주의자 천황의 이미지를 각인시키는 데 중요한 역할을 했다. 사실 전쟁에서의 천황의 책임을 부정하는 논거로 제시되고 있는 ①~③에 대해서는 이미 역사학의 실증연구에서 천황이 최고통수권자로서 전쟁에 주체적으로 임했다는 것이 입증되었다.[49] 또한 ④의 주장은 주로 『맥아더 회상기』가 만들어 낸 '신화'에 지나지 않는 것이며, 도요시타 나라히코(豊下楢彦)의 천황과 맥아더의 제1회 회견에 대한 세밀한 분석으로 그것이 한 편의 '멜로드라마'에 지나지 않는다는 것이 밝혀졌다.[50]

그럼에도 불구하고 현실은 학문적인 연구 성과를 완전히 무시하고 천황을 미화하는 대대적인 캠페인 속에 매몰시켜 버렸다. 특히 천황의 사망 직후 정치계, 언론계가 발표한 근화나 추도문 등은 놀랍게도 거의 같은 내용으로 천황의 전쟁책임을 '봉인'하고 천황의 '업적'을 미화하는 일체감을 보였다. 먼저 천황의 사망 당일 오전 8시 51분에 근화를 가장 먼저 발표한 '다케시타 노보루(竹下登) 총리 근화'부터 살펴보기로 하자. 근화의 내용에서 위의 여덟 가지 논거에 부합하는 내용에 대해서는 밑줄을 치고 앞의 번호를 붙였다.

---

49 이를 논증한 연구는 다수 있지만 특히 아래의 연구가 참고가 된다. 井上清(1975), 『天皇の戦争責任』, 現代評論社(岩波同時代ライブラリー로 1991년 복간) ; ねずまさし(1976), 『天皇と昭和史』, 三一書房 ; 藤原彰他(1984), 『天皇の昭和史』, 新日本新書 ; 千本秀樹(1990), 『天皇制の侵略責任と戦後責任』, 青木書店 ; 山田朗(1990), 『昭和天皇の戦争指導』, 昭和出版 ; 藤原彰 他(1991), 『徹底検証・昭和天皇「独白緑」』, 大月書店 ; 纐纈厚・山田朗(1991), 『遅すぎた聖断』, 昭和出版 ; 藤原彰(1991), 『昭和天皇の十五年戦争』, 青木書店 ; 大江志乃夫(1991), 『御前会議 : 昭和天皇15回の聖断』, 中公新書 ; 吉田裕(1992), 『昭和天皇の終戦史』, 岩波新書 ; 田中伸尚(1984~1993), 『ドキュメント昭和天皇 1~8』, 緑風出版 ; 山田朗(1994), 『大元帥・昭和天皇』, 新日本出版.

50 豊下楢彦(1990), 「天皇・マッカーサー会見の歴史的位置(上・下)」, 『世界』. 이후 豊下楢彦(2009), 『天皇・マッカーサー会見』, 岩波現代文庫, 제1장에 수록.

……그간 대행천황은 ⑤ 세계 평화와 국민의 행복을 오로지 기원하시고 매일같이 실천궁행해 오셨습니다. ② **본의 아니게 발발한 지난 대전**에서 ③ 전쟁의 참화에 고통 받는 국민의 모습을 차마 보지 못하신다는 결의에서 일신을 뒤돌아보지 않고 전쟁 종결의 영단을 내리신 것입니다. 이것은 ⑥ 전후 전국 각지를 순행하시고 폐허 속에서 손쓸 바를 모르는 국민을 위로하고 조국 부흥의 용기를 불어넣어 주신 모습과 함께 지금도 국민들의 마음속에 깊이 각인되어 있습니다.

이후 ⑦ 우리나라는 일본국헌법하에서 평화와 민주주의의 실현을 지향하여 국민의 끊임없는 노력에 의해 눈부신 발전을 이루고 국제사회에서 무거운 역할을 가지게 이르렀습니다. 이 또한 오로지 일본국의 상징이며 국민통합의 상징으로서의 그 존재가 계셨기에 가능했다는 느낌을 한층 더 강하게 품게 됩니다.

대행천황의 ⑧ 인자하신 마음, 공평무사하며 진지하고 성실한 모습에 접하여 감명을 받지 않은 자는 없습니다. 그 어성덕(御聖德)은 영구히 전해져 사람들의 마음속에 살아갈 것이라고 확신합니다…….[51]

여기에서 강조 표시를 한 '본의 아니게 발발한 지난 대전'이라는 부분이 가장 핵심적인 문장인데, 이 점에 대해서는 후술하기로 한다. 총리의 근화보다 약간 늦은 오전 8시 59분에 발표한 궁내청 장관 후지모리 쇼이치의 담화도 거의 같은 내용이다.

……대행천황께서는 ⑤ 미증유의 격동의 시대에 황위에 계시기를 62년, 항상 국민과 함께 있기를 마음에 새기고 ② 오로지 세계 평화와 국민의 행복을 기원하셨습니다…….

지난 ③ 대전의 종결에 즈음해서는 스스로의 몸을 던져 만세를 위해 태평시

51 歴史科学協議会(1989), 앞의 책, 34쪽.

대를 열고자 하는 결심을 하시고 ⑥ 혼란과 고난의 한가운데 있는 국민을 격려하고 ⑦ 평화국가로서의 국가의 재건의 대도를 밝히셨습니다.

오늘날 우리나라는 ⑦ 경제의 번영과 국민생활의 안정을 실현하고 평화국가로서 국제사회에 명예로운 지위를 차지하기에 이르렀습니다. 이 모든 것은 실로 대행천황의 뜻에 따른 국민의 부지런한 노력의 성과에 다름 아니라고 생각합니다.

대행천황의 ⑧ 겸허하게 일에 임하시는 모습, 성실하고 배려 깊은 인품은 국민이 경애하는 바이며 국민들 마음속에서 지워지지 않을 것이라고 믿고 있습니다…….[52]

총리와 궁내청 장관의 근화는 마치 입을 맞추기라도 한 듯이 같은 내용이라는 것을 알 수 있다. 두 근화는 공통적으로 전시 중의 역할에 관해서는 ②~③의 두 가지를 언급하여 천황은 전쟁에 반대한 평화주의자이며 국민의 고통을 더 이상 보지 못하고 종전의 '성단'을 내렸다는 점을 강조하고 있다. 그리고 전후의 역할에 관해서는 ⑤~⑧의 네 가지를 모두 언급하여 천황이 전후 일본의 번영과 평화에 얼마나 중요한 역할을 했는지를 한목소리로 강조하고 있는 것이다.

이 밖에도 중의원 의장, 참의원 의장, 최고재판소장관, 자민당, 민사당, 공명당 등의 근화에서는 특히 ⑤ 격동의 시대에 국민의 행복에 노심초사, ⑦ 일본의 평화와 번영 등을 강조하면서 전쟁에서의 천황의 역할에 관해서는 전혀 언급하지 않고 있었다. 사회당에서도 근화는 발표하지 않았지만 "이 시대에 각인된 과오의 역사는 내외에 커다란 희생을 강요하여 그 상처는 아직도 치유되지 않고 있습니다"라고 하여 천황의 전쟁책임 문제는 '봉인'한 채 애도를 표명했다. 유일하게 공산당만이 주권재민의 입장에서 천황 현상

52 歴史科学協議会(1989), 앞의 책, 35쪽.

을 비판하고 천황은 침략전쟁의 최대이자 최고의 책임자였다는 점을 강조하는 성명을 발표했을 뿐이었다.[53]

이상과 같이 천황의 죽음 직후 발표된 근화는 천편일률적으로 천황을 미화하는 데 중점을 두고 있었지만, 그 행간의 보이지 않는 것은 바로 천황의 전쟁책임을 '봉인'하고 있다는 점이다. 그것이 의도적으로 '봉인'되고 있었다는 것은 무엇보다도 다케시타 총리의 근화를 작성하는 과정에서 명백하게 드러나고 있다. 『마이니치신문』은 1월 7일 석간 2면 우측에 총리 이하 정부 요인들의 근화를 싣고 중앙에 "총리 '근화'에서 '천황에게 전쟁책임 없었다'는 정부 견해"라는 헤드라인으로 총리 근화에 대한 취재기사를 보도하고 있는데, 그 내용의 요지를 보면 다음과 같다.[54] 중요한 부분은 밑줄을 그었다.

> 7일 오전 임시각의에서 결정된 다케시타 총리의 '근화'는 제2차 세계대전에 관하여 '본의 아니게 발발한 지난 대전'이라는 표현으로 천황폐하의 전쟁책임을 부정한 위에 '전쟁의 참화에 고통 받는 국민의 모습을 차마 보지 못하신다는 결의에서…… 전쟁 종결의 영단을 내리셨다'고 전쟁 종결에서 천황폐하의 역할을 전면에 내세우는 내용이 되었다. 정부 소식통은 이에 관하여 천황폐하에게 전쟁책임이 없다는 인식을 나타낸 것이라고 말하고 있으며, ……총리의 '근화'는 천황에 대한 애도의 뜻을 표하는 정부 견해이며, 내각법제국 및 각 성 · 청과 조정한 후 최종적으로 각의 결정되었다. ……지난 세계대전과 천황폐하의 관계, 천황폐하의 전쟁책임에 대한 언급이 불가피하기 때문에 "종래의 국회답변 등 모든 자료를 철저하게 조사하여 문장을 만들었다"(정부 소식통)고 한다.
>
> 근화는 조의를 표한다는 성격도 있어 '대행천황은 오로지 세계의 평화와 국

53 歴史科学協議会(1989), 앞의 책, 37쪽.

54 「首相'謹話'で'天皇に戦争責任はなかった'との政府見解」, 『毎日新聞』 夕刊 1989. 1. 7.字.

민의 행복을 기념(祈念)하시고 매일같이 실천궁행해 오셨다'고 강조. 천황폐하의 개전책임에 대해서는 언급하지 않고 반대로 '본의 아니게'라고 천황폐하와 개전의 관계를 분리하는 것으로 전쟁책임을 부정하는 표현에 낙착을 보았다.

* * *

'근화'에 관해서 정부 소식통은 7일 오전 "천황폐하에게 전쟁책임이 없다는 인식을 나타낸 것인가"라는 기자의 질문에 대하여 "당연히 그렇다. 그렇기 때문에 전혀 언급하지 않았다"고 하여 총리의 '근화'가 천황폐하에게 전쟁책임이 없었다고 하는 내용이라는 것을 밝혔다.

이렇게 천황의 전쟁책임을 '봉인'하는 데 중점을 두고 작성한 '근화'의 배경에는 천황이 사망하기 바로 1개월 전인 12월 7일, 나가사키 시장의 천황에게 전쟁책임이 있다는 발언이 있었다.

위의 기사에서 말하는 정부소식통은 당시 관방부장관 이시하라 노부오(石原信雄)였으며 그를 중심으로 한 관료 시스템은 '천황에게 전쟁책임이 있다'는 모토지마 시장의 발언을 국가의 권위로 부정하지 않으면 안 된다고 생각하고 그것을 실행에 옮긴 것이 정부의 공식 견해로 발표한 총리의 근화였던 것이다. 당시 정부의 이러한 의도를 간파하고 보도한 것은 『마이니치신문』뿐이었다.

『아사히신문』과 『요미우리신문』은 '다케시타 총리가 천황폐하의 서거에 따른 근화를 발표', '천황폐하 붕어를 애도하는 다케시타 총리 근화의 전문'이라고만 보도하고 총리 근화의 의도가 천황의 전쟁책임을 부정하는 것이라는 의미 부여를 지면에서 배제했다. "전쟁책임을 부정하는 것인가"라고 『마이니치신문』의 기자가 질문했을 때 정부 소식통이 "당연히 그렇다"라고 단언한 것을 다시 회견장의 기자들이 모두 들었음에도 불구하고 그 정치적 의미를 보도하지 않은 것이다. 천황의 전쟁책임을 '봉인'하는 총리의 근화는 역사를 새로 만드는 '위조공작'에 다름 아니었지만, 대부분의 언론은 이

러한 '위조공작'을 용인 내지는 묵인한 것이다.[55]

그렇다고 『마이니치신문』이 선두에서 천황의 전쟁책임을 추궁한 것도 아니다. 일본의 3대 일간지의 천황 사망에 대한 추도 사설을 보면 '근화' 이상으로 노골적으로 전쟁에서의 천황의 역할을 왜곡·미화하고 있다는 것을 알 수 있다. 1월 7일 『아사히신문』과 『요미우리신문』의 석간 사설을 보면 천황이 전쟁을 피하기 위해 일관해서 노력했다는 점을 강조하고 입헌 군주라는 제약으로 인하여 군부의 독주를 막지 못한 것에 대하여 얼마나 고뇌했는지를 헤아리면서 천황의 전쟁책임을 봉인하는 데 중점을 두고 있었다.[56] 『마이니치신문』 1월 8일 조간 사설은 맥아더회상기의 신화를 마치 사실인 것처럼 인용하는 부분이 위의 사설과 다르지만 전반적으로 천황의 업적을 찬양하는 데에는 별 차이가 없었다.

사설 이외에도 천황의 죽음을 보도하는 주요 언론지의 기사는 거의 판에 박은 내용으로 지면을 장식하고 있었다. 재경 6개 신문의 1월 7일 석간 1면에 천황의 죽음을 보도한 헤드라인만 보면 다음과 같다.

『아사히신문』: '천황폐하, 붕어. 대량 토혈부터 111일', '격동의 쇼와 끝나. 87세, 역대 최장의 존재'

『요미우리신문』: '천황폐하, 붕어. 87세, 십이지장 주위의 암으로'

『마이니치신문』: "천황폐하 붕어. '십이지장 유두 주변 암'으로, 87세, 재위 최장, 62년 14일", '격동의 쇼와 끝나'

『닛케이신문』: '천황폐하, 붕어. 87세, 쇼와 끝나다. 십이지장 암으로', '재위·생애 모두 역대 최장'

---

55 門奈直樹(1989), 「天皇死去報道の思想：民衆にとって戦後の天皇制は何だったのか」, 岩波新書編集部 編, 『昭和の終焉』, 岩波書店, 94쪽.

56 『아사히신문』의 1월 7일 석간 사설에 대해서는 서경식이 세밀하게 분석하여 비판하고 있다. 徐京植(1989), 「第4の好機：昭和の終りと朝鮮」, 『世界』 참조.

『산케이신문』: "천황폐하, 붕어. 87세, '쇼와' 여기에서 끝나다. 종전의 성단, 전후 부흥의 기초로"

『도쿄신문』: '천황폐하, 붕어. 87세. 십이지장 암으로. 격동의 쇼와 지내시고. 재위 62년, 역대 최장'

마치 입을 맞춘 듯이 천황의 죽음을 '붕어'라는 절대 경어로 표현하여 전혀 색깔을 구분할 수 없을 정도로 공통된 내용의 지면을 구성하고 있다는 것을 알 수 있다.[57]

또한 각 신문은 2면 이하에서 쇼와시대의 사진, 연표, 해설 등으로 지면을 장식하고 있는데 그 내용을 보면 '격동의 시대', '천황폐하 파란의 87년', '평화의 상징', '인간 천황', '패전, 부흥, 평화, 번영' 등과 같은 동어반복을 하면서 '평화주의자 천황'을 강조하는 데 중점을 두고 있었다.

매스컴은 천황의 전쟁책임을 '봉인'하는 데 외국의 저명인사도 적극적으로 활용했다. 주일본 미국대사를 역임한 에드윈 라이샤워와 영국 대사를 역임한 휴 코다치 경은 그 단골손님이었으며 아키히토 황태자의 영어 가정교사였던 바이닝 여사도 등장시켜 천황을 미화하는 내용을 보도했다. 그들이 인터뷰 등에서 공통적으로 강조한 것은 천황은 전쟁과 무관하며 입헌군주로서의 자세로 일관했다는 점, 따라서 전쟁책임은 군부에 있으며 천황에게는 없다는 점, 그리고 쇼와천황의 '성단'으로 더 이상의 전쟁 비극을 막고 전후 일본은 평화와 번영을 누릴 수 있었다는 점 등이다.[58]

---

57 일본신문협회에 가맹한 82개사 가운데 당일 1면 톱기사에 '붕어'가 아닌 '서거'를 사용한 신문사는 『沖縄タイムズ』, 『琉球新報』 등의 5개사에 지나지 않았다.

58 「ライシャワ：元駐日大使が追悼文, 友人失い, 深い悲しみ/親しみやすさに敬服」, 『朝日新聞』 1989. 1. 8.字；「元駐日英大使ヒユー・コタッチ寄稿文. 事実直視を怠るな/天皇ご一家へのおくやみとともに」, 『朝日新聞』 1989. 1. 10.字；「時代の狭間で 天皇制・元号……文化人に聞く」, 『朝日新聞』 1989. 1. 11.字 「故陛下の素顔克明に・故入江侍従長の日記を公表」, 『朝日新聞』 1989. 1. 10.字, 석간.

이 밖에도 천황의 측근이나 천황을 가까이에서 접한 사람들의 증언을 통해서 '올곧고 상냥한 인품', '씨름을 좋아하는 평범한 인간성', '평화와 군축에 관심을 가지신 분', '맥아더와의 회견에서 헌신적인 자세', '종전의 결단', '국제친선에 노력' '국민의 경애심' '학자 천황' 등과 같이 똑같은 내용을 되풀이해서 양산하고 있었다.[59] 『아사히신문』은 시카고대학 이리에 아키라(入江昭) 교수의 천황제 존속에 대한 논의가 부족하다는 지적이나 미야모토 겐지(宮本顕治) 공산당 의장의 '전쟁책임을 일으킨 최고책임자'라는 주장도 소개하고 있지만, 이상의 내용에 비하면 빙산의 일각에 지나지 않는 것이었다. 또한 천황의 전쟁책임 문제를 다루는 경우에도 결론은 평화주의자 천황이라는 점에 무게를 두고 있다. 예를 들면 15회에 걸친 연재 시리즈 「쇼와에서 헤이세이로(昭和から平成へ)」의 3회에서는 "천황은 입헌군주라는 한계로 인하여 군의 폭주에 제동을 걸지 못했다", "천황이 평화를 위해 노력했다는 것을 의심하는 사람은 없다. 태평양전쟁 당시에도 개전 직전까지 전쟁 회피를 위해 노력하고 있다. 독주하는 군에 대한 노여움도 격렬했다"고 하면서 천황을 평화주의자로 미화하고 있었다.[60]

그렇다면 이러한 신문의 지면구성은 어떻게 이루어졌을까. 그 실태를 보면 천황 미화 일변도의 방송이나 기사가 반드시 기자들의 주체적인 취재로 이루어진 것은 아니라는 것을 알 수 있다. 『매스컴시민(マスコミ市民)』의 특집 「그때, 보도 현장은」을 보면 다음과 같이 기자들의 해방감, 환성, 박수 등의 사례들이 보고되고 있다.[61]

> 데스크의 한구석에서 들린 박수소리는 이런 해방적인 기분이 된 것은 전에

59 「学者天皇　納得ゆくまでお調べ」, 「亡き陛下の思い出：側近らが語る」, 「時期の区切り各界の声」, 『朝日新聞』 1989. 1. 8.字.

60 「昭和から平成へ」(三会), 『朝日新聞』 1989. 1. 11.字.

61 山口正紀(2019), 앞의 논문, 35쪽.

> 없었다. ……내가 천황 서거를 들은 직후에 생각한 솔직한 감상이다.

> 타사에서 들은 이야기인데 '천황 서거'의 일보가 들어온 황거 앞의 당번 기자들 사이에서는 환성과 같은 목소리가 들렸다.

또한 교토 신문노조가 천황 보도에 관한 긴급 설문조사에서 '매스컴의 천황 보도는 천황의 전쟁책임을 모호하게 하고 있다'는 비판에 대하여 어떻게 생각하는가를 물은 결과 '그렇다고 생각한다'가 51.7퍼센트, '그런 측면도 약간 있다'가 21.8퍼센트, '전쟁책임은 미묘한 문제이므로 일방적인 판단은 할 수 없다'가 14.3퍼센트였으며 '비판은 맞지 않다'는 2.7퍼센트에 지나지 않았다.[62] 천황 사망 직후 언론이 천편일률적으로 '천황폐하의 붕어를 애도'하는 기사를 실은 것은 이러한 기자들의 솔직한 감정을 덮어 버린 '작문'에 지나지 않는 것이었다.

이렇게 기자들의 의식과 실제 지면이 다른 이유는 'X-day' 지면이 이미 미디어의 소수 간부의 방침에 의해 미리 준비된 '예정 원고'로 만들어져 있었기 때문이었다. 실제로 천황 중태 이후의 일련의 자숙현상과 천황의 용태에 대한 무미건조한 과잉보도도 '예정 원고'의 기본선에 따라 전개되었다. '예정 원고'는 각 언론사에 따라 다르지만 적어도 10년 이상 전부터 편집 간부와 소수의 담당자에 의해 '밀실의 작업'으로 준비되고 있었다.[63] 그리고 '예정 원고'의 기본적인 논조는 '붕어'를 전제로 하여 천황에 대한 깊은 애도, 천황의 인격의 미화·찬미, '격동의 쇼와'의 회고와 천황의 노고, 입

---

62 山口正紀(2019), 앞의 논문, 34쪽.

63 교토 신문노조의 설문조사에서 병상보도와 X-day 지면 제작 과정에서 보도 자세 등에 대한 논의가 충분히 있었는가 하는 질문에 대하여 '거의 없었다' 65.3퍼센트에 비하여 '조금 있었다'는 21.8퍼센트, '충분히 논의했다'는 0퍼센트에 그치고 있었다[山口正紀(2019), 앞의 논문, 35쪽].

헌군주로서 불가능했던 개전 방지, 입헌군주의 제약을 넘어서 결단을 내린 종전의 '성단', 전후의 평화와 번영의 상징으로서의 공헌, 신천황에 대한 기대와 이를 중심으로 한 국민통합 등과 같이 거의 공통된 내용으로 궁극적으로는 천황의 전쟁책임을 '봉인'하는 데 중점을 두고 있었다. 천황 사망 직후 천황을 미화하는 보도가 홍수처럼 쏟아졌던 것도 이와 같이 미리 준비된 원고가 있었기 때문에 가능했던 것이다.

6. 해외에서의 천황 사거 보도

천황의 사망에 대한 해외에서의 보도는 여전히 일본과 커다란 낙차를 보였다. 1월 7일 천황의 사망 소식이 해외로 타전되자, 각국의 언론은 대부분 1면 톱기사로 이를 보도했다. 영국의 경우 '대전 중의 제국 태양신으로서의 흥망', '보다 위엄 있는 시대, 현대에서 동떨어진 세계를 살았던 천황을 회고'(『가디언』 1. 7), '오해받은 미카도', '원수에서 서로 존경하는 친구로', '침략, 패전 그리고 부흥을 지켜본 정신적 상징'〔『더 타임스』 1. 7〕 등과 같이 중립적인 입장에서의 보도가 많았지만 천황 중태 당시 가장 먼저 전쟁책임을 추궁했던 『더 선』은 '가지 마! 왕실에 노여움의 목소리', '히로히토의 장례식을 보이콧하라', '일본의 악의 군주에게는 한 방울의 눈물도 흘리지 않는다'(1. 9, 5~6면) 등과 같이 반감에 가득 찬 보도의 고삐를 늦추지 않았다.

한국에서는 '일제시대 숭배 강요 / 한국사의 악역', '창씨개명과 탄압의 상징', '히로히토 전쟁책임 피할 수 없어', '모든 침략전쟁의 최고 결정권자, 실권 없는 상징적 존재는 변명'(『동아일보』), '한민족사의 맥을 끊은 식민지 지배의 주역', '창씨개명, 징용 등 탄압', '한민족의 대표가 전범의 장례식에 갈 수 있는가'(『조선일보』) 등과 같이 식민지지배의 어두운 기억을 상기하면서 천황의 전쟁책임을 비판했다.

중국에서는 '일본의 조선 점령 36년 / 천황의 사죄 없어', '재위 중에 중국 침략전쟁 발동'(『인민일보』) 등의 헤드라인으로 보도했으며, 대만에서는 '침략전쟁의 책임은 지워지지 않아'(『중국시보』)라고 하여 일본의 중국 침략을 상기시키고 있었다. 동남아에서도 필리핀은 '히로히토의 죽음이 전시 중의 잔학행위의 기억을 돌이킨다'(『마라야』), '천황의 죽음이 아시아가 잊어 가고 있던 분노를 불러일으킨다', '히로히틀러를 잊지 마라'(『데일리 글로브』)고 했으며, 태국은 '아시아인의 잠든 분노를 일깨운 죽음'(『방콕 포스트』) 등과 같이 일본군의 잔학행위에 대한 기억을 되살리고 있었다.[64]

이 밖에도 뉴질랜드의 국방상은 히로히토의 죽음에 대하여 "일본의 군주는 제2차 세계대전 종료 후에 처형했어야 한다"고 하면서 "뉴질랜드가 어떤 형태로든 조의를 표명하는 것은 나로서는 지극히 불쾌한 일"이라고 하여 물의를 일으켰으며, 호주에서는 대부분의 "호주인들에게 히로히토의 죽음은 어떤 동정심도 일어나지 않을 것"이라고 하면서 히로히토의 '비도덕성'을 비난했다.[65] 네덜란드에서도 태평양전쟁에서의 일본군에 의한 전쟁범죄는 그의 이름으로 자행되었다고 하면서 전쟁에서 피해를 입은 대부분의 네덜란드인은 "가능하다면 그의 피를 마셔 보고 싶다(강한 증오심을 나타내는 네덜란드 특유의 표현)"고까지 생각한다고 하여 히로히토에 대한 저주와 증오심을 숨기지 않았다.[66]

해외 각지에서의 천황에 대한 비판은 2월 24일 장례식까지 이어졌으며, 각국 정부는 시민들의 항의에 직면하여 조문 사설을 보내는 것을 고민하지 않을 수 없게 되었다. 각국 정부는 일본의 국제사회에서의 경제적 지위를

---

64 이상은 共同通信社外信部(1989), 「海外主要紙の見出しにみる天皇報道」, 『新聞研究』第454号, 41～45쪽에서 인용.

65 *The New Zealand Herald* 1989. 1. 9～10 ; *The Canberra Times* 1989. 1. 10〔アジア民衆法廷準備会 編(1989), 『海外紙誌に見る天皇報道 2』, 凱風社, 36～38쪽〕.

66 *Leidse Courant* 1989. 1 .7〔アジア民衆法廷準備会 編(1989), 『海外紙誌にみる天皇報道 3』, 凱風社, 60쪽〕.

생각하면 조문 가지 않을 수 없는 입장이지만 국민의 반대에 부닥쳐 딜레마에 빠지게 된 것이다. 1월 8일부터 2월 24일까지 일본의 『아사히신문』에 보도된 해외에서의 천황 비판과 조문사절 반대에 관한 기사의 헤드라인만 추리면 다음과 같다.

1월 8일 : 전쟁책임에 하나의 초점 / 소련, 전 포로 등의 목소리도 방영 / 호주, TIMES가 엄격한 논평 / 영국, 우익의 움직임 지적 / 홍콩, 전쟁과 지배를 문제 삼아 / 한국

1월 9일 석간 : 중요 인물 파견에 반대 / 영국, 호주 총리 참례하지 않아, 천황비판 성명 / 미국 · 호주 · 캐나다의 그룹

1월 10일 : 전쟁책임을 부정한 총리의 근화에 반발 / 한국, 전쟁책임을 둘러싼 엄격함 / 천황 서거로 해외 매스컴

1월 11일 : 한국의 고 폐하 비판 / 중국에서 상세 보도

1월 13일 : 재한일본대사관에 학생이 난입 / 총리의 근화에 반발, 우노 총리에 대한 질문 '전쟁책임'에 집중 / 영국 언론

1월 16일 석간 : 고 폐하의 책임을 묻는 프로그램 방영 / 호주, '대통령 참석반대' 미국 신문에 의견 광고 / 중국계 단체

1월 20일 석간 : 천황을 둘러싼 논의 억압받는 일본 / 『워싱턴 포스트』

1월 26일 : 전쟁책임 둘러싸고 영국 내에서 논의 / BBC가 특별방송

2월 18일 석간 : 대통령 참례에 반대하여 히노마루 소각 항의 / 한국

2월 21일 : 역사왜곡에 이탈리아 언론도 반발

2월 21일 석간 : 전쟁체험 풍화를 경계 / 방일을 앞두고 서독 대통령, 다케시다 발언 전인대 상임위에서 비판 / 중국

2월 23일 : '침략'을 둘러싼 총리 발언 외국에서 비판 확산

2월 23일 석간 : 역사왜곡 용납 못해 / 총리 발언 문제로 중국 외무성이 담화, 프랑스 대통령의 참례 비판 / 『르몽드』가 투서 특집

2월 24일 : 모스크바 방송도 비난, 한국 언론 비판 계속

해외에서의 천황 비판은 일본 국내의 매스컴과 같이 천황 터부를 전혀 의식하지 않기 때문에 때로는 격렬하고 감정적이며, 또는 자극적이기도 하지만 그것은 곧 이러한 해외의 시선에 대하여 일본이 지나치게 무지하거나 둔감하다는 사실을 단적으로 보여 주는 것이기도 했다. 영국, 호주 등의 서구권에서는 악마, 괴물, 야만인 등과 같은 '멸칭'으로 천황을 불렀으며 심지어 히틀러와 히로히토를 합성하여 '히로히틀러'라는 조어까지 나타났다. 심지어 천황을 과학자, 생물학자로 미화하는 이미지도 "히로히토는 생화학 실험부대에 의해 희생된 적어도 2천 명에 달하는 전쟁포로의 생명에 직접 책임을 지고 있다"(프랑스 『르몽드』)거나, "폐하는 생전에 생물학을 애호하셨다지요?"(『한겨레』), "무솔리니, 히틀러, 스탈린, 프랑코 등이 죽은 후에도 오랫동안 수염을 기른 이 영감은 애용하는 돋보기를 손에 쥐고 물가의 고둥을 찾으면서 황궁의 정원을 산책하고 돌아다닌 것이다"(『더 데일리 스타』) 등과 같이 비꼬고 있듯이 해외에서는 오히려 부정적인 효과를 가져왔다.[67]

이와 같이 해외에서 천황을 보는 엄격한 시선에도 불구하고 일본은 천황의 장례식을 경제대국 일본의 위상을 과시하는 '조문외교'의 장으로 활용하고 있었다. 결국 천황의 장례식에는 수백 명의 국가원수와 원수급 사절이 조문을 왔으며, 이를 본 일본국민은 국제사회에서의 일본의 위상을 새삼 확인하고 자부와 긍지를 느끼기에 족했을 것이다. 그러나 실은 영국인 기자가 '히로히토 면죄의 의식(儀式)'이라고 했듯이 천황의 장례식은 천황의 전쟁책임을 최종적으로 '봉인'하는 장이 되었다.

이제까지 객관적인 자세를 견지하던 영국 『더 타임스』도 1월 8일자 사설에서는 천황의 전쟁책임을 언급하면서 그것이 봉인되어 가는 현상을 다음과 같이 지적하고 있다.

---

67 北山晴一(1992), 앞의 논문, 305~311쪽.

> 일본 이외의 세계의 대다수 사람들은 히로히토를 그의 이름하에서 침략전쟁이 자행되었다는 것만을 기억할 것이다. 대규모의 잔학행위는 서양과는 다른 아시아의 가치기준에 비추어도 야만적이었다. 다수의 사람들에게 그의 죽음은 애도의 심정보다도 고통에 가득 찬 기억을 불러일으킬 것이다. 그의 죽음을 기쁨으로조차 느끼는 사람도 있을 것이다…….
>
> 그런 의미에서 그의 죽음은 평화와 번영에 공헌하는 현재 일본을 받아들이기 어렵게 만드는 장해를 제거하는 일이 될지도 모른다. 히로히토를 전범 수용소 대신 궁전에서 연명한 '동양의 루돌프 헤스'로 간주하는 사람들이 있고, 일본의 소비재를 마구 팔면서 세계 재패를 노리는 교활한 '황화(黃禍)'의 이미지로 파악하기 쉽기 때문이다.
>
> 히로히토가 전후에도 계속해서 천황이었던 것은 일본인의 전쟁에 대한 죄악감을 경감하고 서독이 아직도 고민하고 있는 것과 같은 과거에 대한 구속에서 해방하게 만들었다. 히로히토 개인이 과한 역할에 관해서는 지금도 숨겨진 채로 있다. 서양의 눈으로 본다면 그것은 집단적인 책임은폐로 보인다.[68]

200년의 역사를 가지는 『더 타임스』가 천황의 전쟁책임 '봉인'을 '집단적인 책임은폐'라고 지적한 것은 영국 지식인의 생각을 대변하는 것이라 할 수 있으며, 이는 실로 일본인들이 깊이 되씹어야 할 고언이라 할 수 있을 것이다. 그러나 일본에서는 해외에서의 비판을 외면한 채 '쇼와의 종언'을 통해서 천황의 전쟁책임 '봉인'과 동시에 일본국민의 식민지지배와 침략전쟁에 대한 책임과 가해자의식도 망각되어 갔다. 평화주의자 천황의 '신화'는 지금도 대다수 일본 국민들 사이에 '상식'으로 정착하고 있으며, 그것은 과거의 '부의 역사'를 진지하게 반성하지 않는 일본의 역사인식과도 결코 무관하지 않는 것이다.

---

68 藤高明(1989), 앞의 글, 76쪽.

7. 결론

'쇼와의 종언'에 즈음하여 절정을 보였던 천황의 전쟁책임 '봉인'은 당시 작가 쓰노다 후사코(角田房子)가 "일본은 전쟁 중에 우리가 얼마나 비참했는가 하는 기억만이 계승되어 말하고 있다. 지금 국제화시대에도 우리가 타국에 대하여 무엇을 했는가 하는 시점은 여전히 희박한 채로 있다"[69]고 했듯이 일본의 침략전쟁과 식민지지배로 인하여 가장 다대한 피해를 입은 근린아시아를 완전히 무시하고 진행되었다.

'쇼와의 종언'은 공교롭게도 '냉전의 종언'과 동시에 진행되었다. 패전 후 천황이 전쟁책임을 면책받을 수 있었던 것은 냉전의 규정성이 강하게 작용하고 있었기 때문이며, 미국은 천황을 이용하여 일본을 자유주의 진영의 파트너로 삼기 위해 천황의 전쟁책임을 면책했던 것이다. 그런 의미에서 냉전체제 최대의 수혜자였던 천황이 냉전의 종언과 함께 역사의 무대에서 사라졌다는 것은 아이러니라 하지 않을 수 없다. 냉전으로 인하여 봉인되어 오던 천황의 전쟁책임은 '냉전의 종언'과 동시에 진행된 '쇼와의 종언'을 계기로 내외에서 일거에 분출되었으며, 이를 '봉인'하기 위한 갖가지 시도는 일본이 일으킨 전쟁으로 인한 근린 국가의 희생자, 피해자를 전적으로 무시하고 오로지 천황을 평화주의자, 훌륭한 인품, 국민의 상징으로 미화하는 것으로 귀결되었다.

천황의 죽음으로 쇼와가 끝난 후에도 천황의 전쟁책임을 '봉인'하는 작업은 계속되고 있다. 황위를 계승한 아키히토 천황은 부왕의 전쟁책임을 '봉인'하는 역할까지도 계승했다. 그는 쇼와천황은 평화주의자이며 입헌주의에 충실했다는 발언을 되풀이하면서 전쟁책임 문제에 대해서는 한마디도 언급하지 않고 황위를 물러갔다.

---

69 『朝日新聞』 1989. 2. 8.字.

천황의 전쟁책임을 '봉인'하는 일본정부의 입장도 변함이 없다. 1995년 전후 50년을 맞이하여 사회당의 무라야마 도미이치(村山富市) 총리는 이제까지 자민당이 정당화해 오던 식민지지배와 침략전쟁에 대하여 근린민족에게 고통을 주었던 사실을 인정하고 사죄를 표명하는 담화를 발표했다. 그러나 담화 발표 직후 천황의 전쟁책임에 대한 의견을 묻는 기자들의 질문에 대해서는 마치 예상이라도 하고 있었다는 듯이 "천황폐하가 오로지 세계평화를 기원하시고 전쟁종결의 영단을 내리신 것은 잘 알려진 사실이다. 담화에서 국책을 그르쳤다는 내용을 가지고 폐하의 책임을 운운할 생각은 없다"[70]고 하는 내용의 준비된 메모를 읽었다.

천황의 전쟁책임을 봉인하는 매스컴의 역할은 2000년대에 이후에도 계속되고 있다. 2000년 12월 도쿄에서 개최된 '국제여성전범법정'에서 '히로히토 유죄' 판결에 관한 NHK특집보도는 정치적 압력에 의해 봉인되었으며, 주요 일간지도 대부분 이를 축소 보도했다. 또한 2005년을 전후해서는 '전후 60년'을 배경으로 과거의 전쟁을 총괄하는 갖가지 기획이 시도되었으나 그 내용을 구체적으로 살펴보면 천황의 전쟁책임 문제는 명백하게 '봉인' 내지는 축소되고 있었다. 『아사히신문』에서는 2006년 4월부터 이듬해 3월까지 1년간 '역사와 마주하다'[71]라는 주제의 기획물을 연재했으나 그 가운데 천황의 전쟁책임을 다룬 것은 극히 일부에 지나지 않았다. 『요미우리신문』은 이에 앞서 2005년 8월부터 와타나베 쓰네오(渡辺恒雄) 주필의 제창으로 '전쟁책임검증위원회'라는 프로젝트팀을 설치하여 이듬해 8월까지 '검증 · 전쟁책임'이라는 기획물을 연재[72]했으나, 그것은 모든 책임을 도조 히데키

---

70 『朝日新聞』 夕刊 1995. 8. 15.字.

71 2006년 4월 30일부터 2007년 3월 1일까지 6부로 나누어 연재한 것으로, 아사히신문사에서 제1~3부는 『전쟁책임과 추도(戦争責任と追悼)』(2006), 제4~6부는 『과거의 극복과 애국심(過去の克服と愛国心)』(2007)이라는 제목의 단행본으로 출판했다.

72 読売新聞戦争責任検証委員会 編(2006), 『検証 · 戦争責任 I · II』, 中央公論新社.

(東条英機)를 비롯한 'A급 전범'과 군부에 전가하는 데 궁극적인 목적을 둔 것으로 실로 천황의 전쟁책임을 봉인한 결정판이라 할 수 있는 것이었다.

이와 같이 헤이세이 이후에도 천황의 전쟁책임은 계속 '봉인'되어 오고 있다. 금후 천황의 전쟁책임 문제가 다시 분출 가능성이 전혀 없는 것은 아니다. 천황의 전쟁책임 문제는 'A급 전범'이 합사되어 있는 야스쿠니신사와도 무관하지 않으며 천황의 야스쿠니신사 참배를 요구하는 우파들의 주장이나 총리의 야스쿠니신사 참배 등을 계기로 또다시 분출될 가능성은 미약하나마 남아 있다. 그러나 그런 계기가 분출할 때마다 이를 '봉인'하기 위한 평화주의자 천황의 '신화'는 계속해서 재생산될 것이다. 그런 의미에서 천황의 전쟁책임 봉인과 일본의 역사인식은 밀접하게 연결되어 있다고 하지 않을 수 없다. 쇼와가 끝나고 헤이세이의 30년을 지나 레이와가 시작된 지금까지도 천황의 전쟁책임은 '봉인'되고 있으며, 그것은 곧 일본이 여전히 과거의 '부의 역사'를 청산하지 않고 있다는 것을 여실히 말해 주고 있는 것이다.

이와 같이 천황의 전쟁책임에 대한 봉인과 미화가 계속되는 한 아시아 근린 국가와의 역사문제를 둘러싼 근본적인 극복은 어렵다고 하지 않을 수 없다. 그것은 천황의 전쟁책임 문제가 일본의 전쟁책임 문제에서 가장 핵심적인 부분을 차지하고 있기 때문이다. 따라서 아무리 일본정부가 전쟁책임을 인정하고 가해책임에 대하여 사죄와 반성을 표명해도 천황의 전쟁책임을 '봉인'하고 미화하는 한, 그것은 어디까지나 불완전한 전쟁책임이며 모호한 역사인식이 될 수밖에 없는 것이다.

샌프란시스코 강화조약 직후 국가와 야스쿠니신사의 연속성

김현아(金炫我, Kim Hyun-Ah)

한림대학교 일본학연구소 HK연구교수, 일본근현대사 전공.

일제의 식민정책을 통한 황국신민화의 실상 및 전전과 전후의 야스쿠니신사의 역할에 관심을 가지고 연구하고 있다. 주요 논문으로는 「호국신사와 전시기 민중동원 : 이바라키현호국신사(茨城縣護國神社)를 중심으로」(2014), 「전시기 경성호국신사의 건립과 전몰자 위령·현창」(2018) 등이 있다.

1. 머리말

일본은 패전과 함께 GHQ(연합군최고사령부)에 의한 점령이 시작되었다. GHQ는 군국주의를 연상시키는 모든 것을 근절한다는 목적하에 1945년 12월 15일 신도지령을 내렸다. 신도지령은 국가와 신도의 분리, 즉 정교분리로 야스쿠니신사와 군국주의의 밀착 관계를 단절시키기 위한 것이었다. 야스쿠니신사는 GHQ에 의해 국가와의 관계가 전면적으로 차단됨으로써 지금까지 국가로부터 받아 온 경제적 지원이 끊기는 처지에 놓이게 되었다.

이와 같은 상황 속에서 일본은 1946년 11월 3일 일본국헌법을 공포하고 다음 해인 1947년 5월 3일에 실시하였다. 헌법 제20조에는 어떠한 종교단체도 '국가로부터 특권'을 받거나 '정치상의 권력'을 행사할 수 없다는 정교분리의 원칙이 제시되어 있었다. 그런데 1951년 샌프란시스코 강화조약(이하 강화조약)이 성립되자마자 10월 18일 야스쿠니신사의 레이타이사이(例大祭)에 내각총리대신 요시다 시게루(吉田茂)를 비롯한 각료들이 6년 만에 참배하였다.

그리고 일본정부는 1954년 3월 26일 원호법 일부를 개정하여 공무사(公務死)의 범위를 확대하는 법률안을 통과시키고, 1956년에는 야스쿠니신사의 합사 사무를 추진하기 위해 '전몰자조사비' 명목으로 480만 엔의 국가예산을 편성하였다. 이와 관련하여 1956년 4월 19일에 후생성 귀환원호국장이 각 도·도·부·현(都道府県) 앞으로 「야스쿠니신사 합사 사무에 관한 협력에 대해서」라는 통지문서를 보냈다. 이러한 사실은 국가가 야스쿠니신사 합사 업무에 관여하기 시작했다는 것을 말해 주고 있다.

이러한 일련의 과정을 통해서 볼 때, 국가와 야스쿠니신사가 전전(戰前)과 같은 특별한 관계를 유지하는 것은 불가능했음에도 불구하고 강화조약 직후, 국가는 본격적으로 야스쿠니신사에 관여하기 시작했다는 것을 알 수 있다. 따라서 강화조약 직후의 국가와 야스쿠니신사가 어떻게 상호작용을 전개해 나갔는지 살펴볼 필요가 있다. 지금까지 야스쿠니신사에 관한 연구는 무수히 많이 수행되었으나 강화조약 직후의 야스쿠니신사와 국가의 관계를 패전 전과의 연속성에 주목하여 고찰한 연구는 소수에 불과할 뿐만 아니라 다양한 관점에서 구체적인 분석이 이루어지지 않고 있다.[1]

이상과 같은 사실에 주목하여 본 연구에서는 GHQ 점령하에서 국가로부터 완전히 단절되었던 야스쿠니신사가 강화조약 직후 일본국헌법하에서 다시 국가와 부분적인 관계를 형성하는 과정을 살펴봄으로써 패전 전과의 연속성이 어떤 맥락에서 나타나고 있는지를 고찰하고자 한다. 구체적으로는 첫째, GHQ가 '신도지령'을 통해 야스쿠니신사에 어떠한 정책을 관철하였으며 국가와 야스쿠니신사의 대응은 어떠했는지를 해명한다. 둘째, '공무사'는 국가와 야스쿠니신사가 관계를 형성하는 데 어떠한 정당성을 부여했는지를 살펴보고자 한다.

2. GHQ 점령하의 국가와 야스쿠니신사

일본은 항복문서에 서명하고 포츠담선언을 수락함으로써 GHQ의 점령

1 GHQ 점령하의 야스쿠니신사와 관련하여 渋川謙一(1967), 「占領下の靖国神社」, 『神道史研究』 第15巻 第5 · 6号 ; 鮫島慶章(2015), 「GHQの宗教政策 : 靖国神社改革を中心に」, 『史学論集』 第45号 ; 赤澤史朗(2017), 『靖国神社 : '殉国'と'平和'をめぐる戦後史』, 岩波現代文庫 등의 연구가 있다. 赤澤史朗(2015), 『戦没者合祀と靖国神社』,

관리하에 들어갔다. GHQ의 일본에 대한 통치방식은 지령이라는 형식의 간접통치를 취했다. 먼저 GHQ는 일본의 비군사화를 목표로 군사적 팽창주의의 근본적인 원인이 군국주의와 천황숭배가 결부된 국가신도(國家神道) 체제에 있다고 생각하고 이들의 무력화와 구조적 해체에 착수하였다.[2] 이러한 정책은 특히 야스쿠니신사에 대해 "군국주의적 사상과 과격한 국가주의적인 사고의 온상이며 근원이라는 인식을 국민에게 널리 인식시키는" 작용을 하였다.[3]

패전 후 GHQ에 의해 실시된 대일점령정책은 초기에는 군국주의 · 초국가주의를 타파한다는 방침을 내세우고 '정교분리'정책이 추진되었다. 이때 정교분리정책의 기본방침이 되었던 것은 1945년 12월 15일의 '국가신도 · 신사신도에 대한 정부의 보증, 지원, 보전, 감독 및 공포의 폐지에 관한 건' 소위 '신도지령'이었다.[4]

'신도지령'의 주된 요지는 ① 일본정부, 도 · 도 · 부 · 현청(廳), 시 · 정 · 촌 혹은 관공리(官公吏) 등은 공적 자격으로 신도의 보증 및 지원하는 것을 금지한다. ② 신도와 신사에 대한 공(公)의 재원으로부터 모든 재정적 원조 및 공적 요구의 도입을 금지한다. ③ 신도의 교의, 관례, 제식 등에 있어서 군국주의적 또는 과격한 국가주의적 '이데올로기'의 어떠한 선전 · 공포도 금지한다. ④ 이세대묘(伊勢大廟)에 관한 종교적 의식의 지령 및 관국폐사(官國幣社), 그 외의 신사에 관한 종교적 지령을 금지한다는 내용으로 되어 있다.[5]

①과 ②는 정교분리 원칙을 내세워 야스쿠니신사를 국가로부터 배제하

吉川弘文館의 연구는 강화조약 후의 전몰자의 합사 기준의 대립과 변천을 살펴보고 있다.

2 中野毅(1933), 「アメリカの対日宗教政策の形成」, 井門富二夫, 『占領と日本宗教』, 未来社, 38쪽.

3 日本遺族会(1962), 『日本遺族会十五年史』, 日本遺族会, 13쪽.

4 本康宏史(2002), 『軍都の慰霊空間』, 吉川弘文館, 143쪽.

5 日本遺族会(1962), 앞의 책, 13쪽.

고자 하는 의도를 엿볼 수 있다. ③은 야스쿠니신사가 군국주의의 표상으로서 전시기에 국민동원의 이데올로기로 작용하였다는 점에 주목하고 군국주의 사상을 근절하기 위한 수단으로 채택되었다고 볼 수 있다. ④는 지금까지 야스쿠니신사가 국가의 신사로서 군림했다는 인식하에 국가와의 연결고리를 차단하여 일반 종교와 동일시하는 것을 목적으로 하고 있다.

그리고 GHQ의 명령에 따라 일본정부는 '종교단체법'을 폐지하고 1945년 12월 28일에 '종교법인령'을 공포 · 실시하였다. 1946년 2월 1일 칙령 제70호에 의해 개정된 종교법인령이 시행 공포됨으로써 2월 2일에 야스쿠니신사는 종교법인으로 새롭게 출발하였다.[6] 이로써 야스쿠니신사는 '별격관폐사'로서의 사격을 상실하고 국가와의 관계도 사실상 분리되었다. 1946년 4월 1일에는 야스쿠니신사규칙을 정하고 '야스쿠니신사'라고 불렀다. 아래의 인용문은 야스쿠니신사와 GHQ의 교섭 비화를 기록한 내용으로 야스쿠니신사 곤구지(權宮司)인 요코이 도키히사(横井時常)가 당시의 야스쿠니신사가 처한 긴박한 상황을 구술한 것이다.

> …….
>
> 결국 신도지령에 기초한 GHQ의 신사정책의 기본방침은 국가와 신사를 분리하고 신사의 약체화를 꾀하는 것으로 제1단계의 시금석은 야스쿠니신사가 되었다.
>
> …….
>
> 야스쿠니신사의 경우에는 그러한 그들의 정책에 대해서 그다지 정면으로 대치하지 않고, 끝까지 황실과 야스쿠니신사의 관계를 호지(護持)할 수 있도록 하는 것을 기본방침으로 하였다. 하지만 국가와 신도의 분리가 지금 실시되었다 해도 머지않아 장래에는 적당한 좋은 계획이 설 것으로 생각하고 있었다.

6 靖国神社(1987),『靖国神社百年史 : 事歴年表』, 482쪽.

> 그러나 야스쿠니신사는 국가와 신사가 분리되는 것에는 그다지 연연하지 않았지만 황실과의 관계가 차단되는 것에 대해서는 신사 존립의 의의가 상실되고 그 존재도 무의미해진다고 필사적으로 생각했다.[7]

내용에서 알 수 있듯이 요코이 곤구지는 야스쿠니신사가 일개 종교법인이 되어 국가의 관리에서 벗어나는 것에는 큰 동요를 보이지 않고 있다. 하지만 '황실'=천황과의 관계가 단절되면 야스쿠니신사 그 자체만으로 존재하는 것은 아무런 의미가 없다고 우려하고 있는 마음을 들여다볼 수 있다. 야스쿠니신사가 메이지천황의 뜻에 따라 창건되었다는 것에 무게를 두고 끝까지 관철해 나가려는 숨은 의지를 파악할 수 있다. 하지만 야스쿠니신사가 일개 종교법인이 된 이상 천황과의 단절도 부득이해졌다.

그리고 1946년 9월에 야스쿠니신사와 GHQ 종교부의 번즈와의 교섭을 기록한 내용을 살펴보면, GHQ가 야스쿠니신사에 관심을 가지고 국내 통신의 검열과 유족 등의 동정을 계속 주시하고 있었다는 것을 알 수 있다.[8] 사건의 경위는 이렇다. 1946년 10월의 임시대제(臨時大祭)의 시행과 관련하여 야스쿠니신사 측에서 번즈에게 의견을 구했더니 "합사하는 제신 수는 발표해서는 안 된다"는 뜻을 건넸다. 야스쿠니신사 측은 제신 수를 발표하지 않으면 합사제를 거행해도 된다는 뜻으로 이해하고 다음 날 신문에 10월 17일, 18일 양일에 합사제를 거행한다는 내용을 발표했다. 이에 대해 번즈는 야스쿠니신사 측을 불러 "왜 합사제를 시행하는 내용을 발표했는가. 어제 합사제를 시행해서는 안 되며 제신 수도 발표해서는 안 된다는 뜻을 전

---

7 靖国神社やすくにの祈り編集委員会(1999), 『やすくにの祈り』, 産経新聞ニュースサービス, 168쪽.

8 国立国会図書館調査及び立法考査局(2007), 『新編靖国神社問題資料集』, 国立国会図書館；「靖国神社祭祀に関する靖国神社とGHQ宗教部との交渉顛末に関する件」(1946. 9).

달하지 않았느냐"고 대화에 없던 말을 했다.

이런 문제로 예정되었던 합사제는 취소되었다. 그뿐만 아니라 GHQ는 앞으로도 합사제는 해서도 안 되고, 유족에게 합사 통지를 보내는 것도 중지시켰다. GHQ의 이러한 강경한 태도에도 불구하고 일본정부는 야스쿠니신사 합사 사무를 계속 추진하였다. 그 중요한 문서는 1946년 10월의 '야스쿠니신사 합사 사무에 관한 건'이라는 통첩이었다. 이 통첩은 1946년 10월 복원청의 제2복원국 인사부장의 이름으로 각 지방복원국장 앞으로 발령된 것으로 패전 시까지의 전몰자는 1945년 10월 대초혼제에 의해 이미 합사되었다. 이에 대한 개개인의 인명 조사를 한다는 형식하에 합사 조사사무를 종래대로 속행한다는 내용을 담고 있었다.[9] 그러므로 이 통첩은 패전 후 야스쿠니신사는 일개 종교법인이 되었기 때문에 국가가 합사를 원조하는 것은 분명히 법에 저촉되는 행위임에도 불구하고 국가가 관여했다는 것을 사실화하는 문서로 파악할 수 있다.

이어서 일본정부는 1946년 11월 1일에 '공장(公葬) 등에 대해서'라는 통첩을 지방장관 앞으로 발령하였다. 이 통첩이 지향하는 바는 다음과 같다. ① 정교분리의 견지에서 앞으로 지방관공청 및 도・도・부・현, 시・정・촌 등의 공공단체는 공장, 종교적 의식 및 행사(위령제・추도식)는 그 대상 여하를 불문하고 거행해서는 안 된다. ② 관공청의 장(長) 및 직원은 공인으로서 참석해서는 안 된다. ③ 민간단체가 행하는 전몰자의 장의(葬儀), 위령제 등에 지방공공단체가 이를 원조하고 그 이름으로 경조의 뜻을 표명하는 것도 금지한다는 내용이었다.[10]

이 통첩으로 지방의 학교나 공공건물 등의 구내에 건립되어 있던 충혼비 등도 철거되었다. 그리고 유골의 전달식에 일반인이 참석하는 것은 물론이

9 国立国会図書館調査及び立法考査局(2007), 앞의 자료, 〔143〕 靖国神社合祀事務に関する件通牒(1946. 10).

10 日本遺族会(1962), 앞의 책, 13쪽.

거니와 전몰자 유골의 마중이나 장례 등에 교사가 학생, 아동을 인솔하고 참가하는 것도 금지되었다. 그만큼 이 통첩이 지방공공단체나 일반 국민에게 준 영향은 매우 지대하였다고 볼 수 있다. 특히 이와 같은 GHQ 정책에 대한 일본정부의 대응은 전전과는 달리 전몰자유족을 경원시하는 태도로 전몰자유족이 부당하게 사회적으로 백안시되는 원인을 제공했다.[11]

그런데 W. P. 우다드를 중심으로 한 민간정보교육국(Civil Information & Educational Section, CIE)의 종교과에서는 1950년 6월, '군국적 신사'에는 이 이상 큰 '개변(改變)'과 '제한'을 가하지 않고 현 상황 그대로 존속시킬 것을 결정하였다. 그 결과 GHQ가 가장 문제시하였던 야스쿠니신사와 호국신사에 대한 개혁은 그 존재형식에 큰 변화를 가하지 않았다. GHQ가 종교정책을 대폭으로 전환하게 된 결정적인 배경에는 한국전쟁의 발발에 대응하기 위해 서둘러 평화조약을 체결하는 것이 필요했기 때문이다.[12]

3. '공무사'에 의한 합사자 확대

1938년 국가총동원법의 공포 · 시행을 시작으로 국민을 전쟁에 동원하기 위한 칙령이 무려 7개나 발표되었다. 1941년의 아시아 · 태평양전쟁은 총력전체제였던 만큼 국민은 국가의 부름을 받고 전쟁에 동원되었다. 그러나 1942년 6월 5일, 미드웨이해전에서 연합군의 반격으로 패색이 짙어지고 후퇴하게 되면서 해외의 격전지에 있는 군인들에게 모든 공급이 차단되었다. 그 결과 전쟁터에서 싸우다가 죽은 것이 아니라 기아에 허덕이다 발생한 질병으로 사망한 자가 속출하였다. 이러한 다양한 죽음의 형태는 군인 · 군

11 日本遺族会(1962), 앞의 책, 13~14쪽.

12 本康宏史(2002), 앞의 책, 244쪽.

속이 아닌 많은 일반인이 전쟁에 동원되어 희생되었기 때문에 합사 대상자 선정에 많은 어려움이 수반되었다.

패전 전까지는 육군성이 합사 대상자를 선정하여 야스쿠니신사에 통보하는 형식을 취하였다. 패전 전의 야스쿠니신사 합사자 자격심사방침은 다음과 같다.

> 군인 · 군속 등 만주사변으로 1931년 9월 18일에서 1941년 12월 7일 사이에 사몰한 자, 중일전쟁으로 1937년 7월 7일부터 1941년 12월 7일 사이에 사몰한 자, 태평양전쟁으로 1941년 12월 8일 이후 사몰한 자로 아래에 해당하는 자를 합사한다.
>
> ① 전사 또는 전상으로 인해 사몰한 자
>
> ② 사변지에서 유행병(말라리아, 성홍열, 천연두, 콜레라, 발진티푸스, 장티푸스, 파라티푸스, 페스트, 회귀열, 이질, 유행성 뇌척수막염, 트리파노소마병, 흑열병, 황열병, 유행성출혈열 등)에 걸리거나 자기의 중대한 과실이 아닌 부상이나 질병에 걸려서 사몰한 자
>
> ③ 전지, 사변지 이외의 지역에서 전쟁에 의한 공무로 인해 상이를 입거나 질병에 걸리고 또는 피할 수 없는 재난으로 인해 사몰한 자
>
> ④ 사변지에서 자살한 자 등 정상 합사를 지당하다고 인정할 수 있는 자[13]

위의 내용에서 알 수 있듯이 ①과 ②는 전쟁터에서 싸우다 죽거나 전쟁으로 인한 부상이나 질병이 원인이 되어 사망한 자가 합사 대상이다. 그러나 ③은 전쟁터가 아닌 지역에서 공무로 인한 사망을 합사 대상으로 인정하고 있다. 공무라는 말의 사전적 의미는 '국가 또는 공공단체의 사무 또는

---

13 国立国会図書館調査及び立法考査局(2007), 앞의 자료, 〔77〕 昭和二十年七月靖国神社合祀者資格審査内規案(1945. 7) ; 〔78〕 靖国神社合祀者資格審査内規(1945).

공무원의 직무'이다. 이 뜻에서 군인 · 군속이 아닌 자라도 국가와 관계를 맺고 전쟁으로 죽은 자는 야스쿠니신사의 제신이 될 수 있다는 것을 유추할 수 있다. 하지만 이런 생각을 무색하게 하는 일이 있었다. 그것은 패전으로 GHQ의 점령이 시작되면서 육군성이 육해군의 해산을 눈앞에 두고 추계대합사제를 실시하려는 계획을 추진하면서 두드러졌다.

육군성은 야스쿠니신사에 합사되어 있지 않은 영령에 대해 지금 즉시 영령의 제신 수와 성명을 조사하여 합사하는 것은 도저히 불가능하다고 인식하고, 우선 군이 해산되기 전에 군으로서 최후의 봉사를 하고자 하는 열망으로 대합사제를 실시하려고 하였다. 육군성은 아시아 · 태평양전쟁은 총력전체제로 본토 또한 전쟁터였다는 특성을 고려하면 적의 전투행위로 인해 사망한 군인 · 군속만으로 한정하지 않고 전반적으로 합사하는 것이 적당하다는 이유로 해군성과 야스쿠니신사 그리고 궁내성에 합사 대상자의 범위를 아래와 같이 규정하고 의견을 물었다.

① 태평양전쟁 종결까지 전사, 전상사, 전병사(戰病死)한 자, 철도 · 선박의 용전투대원으로 근무 중 사몰한 자

② 군수공장 등에서 근무 중 사몰한 자

③ 태평양전쟁 종결 전후에 있어 우국을 위해 자결 또는 사망한 자

④ 적의 전투 행동으로 사몰한 일반 사람〔전재자(戰災者), 철도 · 선박 등에 승차 · 승선 중 조난당한 자〕[14]

해군성은 ①과 ②에는 동의하고 ③과 ④에 관해서는 이후에 개별적으로 논의하기로 하고 이번에 합사하는 것에 반대했다. 야스쿠니신사는 야스쿠

14 国立国会図書館調査及び立法考査局(2007), 앞의 자료, 〔105〕 靖国神社合祀等に関スル件(1945. 9. 21. 陸軍省).

니신사의 성격에 비추어 볼 때 제신 수와 성명이 분명하지 않으면 영령의 합사는 타당치 않다며 합사 그 자체를 부정했다. 궁내성은 제신 수와 성명이 불분명한 영령을 합사하는 것은 동의하기 어렵지만, 합동위령제를 실시하고 제신이 판명되는 대로 순차적으로 합사제를 실시하는 것은 타당하다고 인정했다. 그리고 앞으로도 야스쿠니신사의 본질상 ④를 합사 대상에 포함하는 것은 적합하지 않다는 의견을 제시하였다. 이러한 의견들을 수렴하여 성명과 제신 수가 명확하지 않은 채로 일괄 합사하는 것을 포기하고, 합사되어 있지 않은 영령들을 일괄 초혼전에 모셔 두고 순차적으로 제신 수와 성명을 조사하여 혼덴(本殿)에 합사하기로 하였다. 이러한 사실은 궁내성의 발언이 강하게 작용한 것을 알 수 있으며, 패전 직후에도 야스쿠니신사는 군의 신사라는 것을 부정하지 않고 있음을 확인할 수 있다.

이와 같은 의견들을 수렴하여 육군성은 연대구사령관에게 그 관내에 본적을 두고 있는 군인·군속 사망자 중 아직 합사되지 않는 자로, ① 전사·전상사자, ② 전지에서 병에 걸려 내지에 귀환 후 사몰한 자, ③ 전지 이외의 지역에서 전쟁에 관한 특종의 근무에 복역하고 이로 인해 상이를 입고 질병에 걸려 사몰한 자를 조사한 뒤에 신고표를 작성하여 육군성으로 제출하고 연대구사령부 해체 후에는 그 업무를 각각 지방기관에 이관하고 신고표는 육군성에 제출하라는 지시를 내렸다.[15] 여기에서 말하는 신고표는 '야스쿠니신사 미합사자 신고표'를 의미한다.

그러나 강화조약 이후 이러한 합사 방침은 동요를 보이기 시작했다. 그 이유는 1952년 11월 6일에 개최한 제4회 전국전몰자유족대회에서 "공무사의 범위를 확대하라"는 결의에 기인하고 있다. 그 결의 내용을 살펴보면, 전병사에 관해서는 법이 정하는 지역에서 법이 정하는 질병에 걸려 사망한

---

15 国立国会図書館調査及び立法考査局(2007), 앞의 자료, 〔115〕 別紙第一合祀資格者上申手続要領(1945. 10. 1).

자는 무조건 공무사로 인정하고, 아시아·태평양전쟁의 실상에 비추어 지역이나 질병의 여하에 상관없이 발병의 원인과 사망의 원인이 자기 과실이 아니면 공무사로 인정하도록 하라는 것이었다.[16] 야스쿠니신사 사헌(社憲)의 전문에 "순국한 사람들을 모신다"라는 표현이 있다. 이 말은 공무로 사망한 사람들을 모신다는 뜻으로 해석할 수 있다.

앞에서 언급한 전몰자유족대회의 결의 내용을 반영하듯, 종래 전병사로서 취급되지 않았던 뇌일혈, 심장마비, 협심증, 위궤양, 위암 등에 의한 병사 즉 자기의 중대한 과오나 불섭생 등의 원인이 아닌 전병사는 입영 후 1개월 이상 근무한 자에 대해 합사로 취급할 것을 결정했다.[17] 이렇게 합사를 추가하게 된 이유는 세 가지로 설명하고 있다. 첫째, 아시아·태평양전쟁에서 이런 질병으로 사망한 자가 이미 상당수 합사되었다. 둘째, 앞으로도 이러한 병사자가 계속해서 나올 것이 예상된다. 셋째, 전몰자유족 및 일반 국민도 전병사로 합사되는 것을 허락한다고 생각되기 때문이라고 했다.

위의 내용에서 언급하고 있는 질병들은 전투가 직접적인 원인이 되어 발생하는 질병이 아니다. 그렇다면 이러한 결정을 하게 된 배경은 어디에 있었던 것일까. 아시아·태평양전쟁의 일본군 전투상황의 특징은 보급이 단절되어 현지에서 식량부족에 의한 영양실조로 체력이 저하됨으로써 병에 대한 저항력도 약해져 말라리아, 아메바세키리(赤痢), 뎅기열 등에 의한 아사자(餓死者) 수가 전사자나 전상사자의 수를 웃돌았기 때문이다.[18] 이처럼 아시아·태평양전쟁은 전투로 인한 전사보다도 기아로 인한 질병이 원인이 된 전병사자가 상당수를 차지했다. 이 점에서는 국가도 책임을 인정하고 있었던 것으로 보인다.

---

16 日本遺族会(1953), 『日本遺族通信縮刷版(第一号~第三〇〇号)』(1953. 11. 1).

17 国立国会図書館調査及び立法考査局(2007), 앞의 자료, 〔178〕祭神合祀詮標準追加の件(1953. 9. 21).

18 藤原彰(2001), 『餓死した英霊たち』, 青木書店, 3~4쪽.

그리고 1953년 12월 8일의 제5회 전국전몰자유족대회에서 공무사의 범위를 확대하라는 결의가 있었다. 원호법 일부를 개정하는 법률안이 제19회 국회가 열린 1954년 3월 26일에 중의원을 통과하고, 4월 25일에 참의원을 통과함으로써 군인·준군인의 직무와 관련한 사망에는 조위금을 지급하게 되었다.[19] 조위금은 1937년 7월 7일 이후의 재직기간 내에 공무상 부상하거나 질병에 걸려 이로 인해 1941년 12월 8일 이후에 사망한 군인·군속 또는 군인·군속이었던 자의 유가족에게 지급되었다. 이처럼 조위금 지급 대상의 확대는 야스쿠니신사 합사자 수의 증가를 가져왔다.

또한 1957년에 야스쿠니신사의 합사자 수가 큰 폭으로 증가한 것은 지금까지 야스쿠니신사는 전지, 사변지 또는 전쟁과 관련하여 외지에서 사망한 자만을 합사 대상으로 제한해 왔는데, 1957년에 야스쿠니신사 합사 기준을 마련하여 군인·군속으로 내지 사망자인 경우도 ① 적의 공격으로 사망한 것이 확인된 전사·전상사자, ② 발병(부상)이 전지 혹은 사변지의 근무에 기인하여 발병(부상) 후 3년 이내의 사망자도 합사 대상에 포함했기 때문이다.[20] 이처럼 합사 기준의 확대는 아시아·태평양전쟁이 총력전체제로 전후방이 따로 없었다는 것을 대변하듯, 야스쿠니신사 합사자 수가 더욱 확대되는 결과를 가져왔다.

원호법은 계속 개정되어 군속과 준 군속의 범위가 확대되는 경향을 보였다. 1958년 3월 1일 원호법 일부를 개정하는 법률안이 정부 원안으로 제28회 국회에 제출되었고, 1958년 4월 24일에 성립하였다. 원호법에는 '준군속'의 규정이 있는데 '준군속'이란 실제로는 민간인이면서 '총동원업무' 등에 종사하고 있었던 자 또는 '육해군의 요청에 근거한 전투참가자'이다. 원호법의 준군속은 국가와의 고용 관계에 있었다고 인정되는 자로 그 유가족에게는

---

19 日本遺族会(1962), 앞의 자료, 85쪽.

20 国立国会図書館調査及び立法考査局(2007), 앞의 자료, 〔212〕 別紙 靖国神社合祀に関する資料並に基準の概要(1957. 6. 4).

조위금이 지급되었다.[21]

말하자면 민간인으로 원호법의 대상에서 제외되었던 자의 일부가 국가와의 고용 관계로 인정된 것이다. 따라서 원호법의 유족연금과 조위금의 대상자는 공무사로 인정됨으로써, 국가의 유족원호 기준에 따랐던 야스쿠니신사의 합사 기준도 변화되어 야스쿠니신사의 합사 대상자는 확대되었다. 강화조약 직후의 야스쿠니신사 합사 대상자는 원호법의 공무사로 인정된 군인·군속·준군속이었지만, 이후 원호법 개정으로 공무사로 인정되면서 합사 대상자가 되었음을 의미한다.[22] 이로써 국가총동원법으로 인해 희생된 자는 원호법으로 유족연금과 조위금을 받았으며, 아래에 해당하는 자가 야스쿠니신사에 합사되었다.

① 전지사망으로 제4조 제2항[23] 재정(裁定)이 끝난 자

② 공무재정이 끝난 자로 전쟁터에서 발병하고, 귀환 후 부대에서 사망한 자 및 재향 사망자로 발병 후 3년 이내에 사망한 자

③ 전투에 참여한 준군속

④ 원폭, 기타 적의 공격으로 사망한 자(학도동원, 여자정신대원)

⑤ 징용

⑥ 특공병기 훈련 중 사망자(공무사)[24]

---

21 赤澤史郎(2005), 『靖国神社』, 岩波書店, 97쪽.

22 田中伸尚(2002), 『靖国の戦後史』, 岩波新書, 38~39쪽.

23 구 은급법의 특례에 관한 건 제1조에 규정하는 군인 또는 준군인이 1941년 12월 8일 이후 전지에서의 재직기간 내에 부상 또는 질병의 발병 사실이 불분명한 때에는 제23조 제1호 및 제34조 제1항의 규정의 적용에 대해서는 공무상 부상 또는 질병에 걸린 것으로 간주한다〔제34조 제1항 : 1937년 7월 7일 이후에 재직기관 내에 공무상 부상하고, 또는 질병에 걸려 이로 인해 1941년 12월 8일 이후에 사망한 군인·군속이었던 자(1941년 12월 8일 전에 사망한 것이 1945년 9월 2일 이후에 인정된 자를 포함한다)의 유족에게는 조위금을 지급한다〕.

24 国立国会図書館調査及び立法考査局(2007), 앞의 자료, 〔227〕 別紙 : 合祀基準研究

이처럼 국가총동원법으로 인한 전몰자는 군인 · 군속 또는 준군속의 신분으로 야스쿠니신사에 합사되었다. 하지만 일반 전재자는 포함되지 않았다. 아시아 · 태평양전쟁이 총력전체제가 아니었다면 야스쿠니신사 합사자는 그렇게 많지는 않았을 것이다. 전몰자유족은 국가에 의해 동원되어 희생되었기 때문에 국가를 상대로 하여 그에 대한 응당한 보상을 요구했고, 국가는 이를 받아들여야만 했다. 전몰자유족의 입장에서는 국가를 위해 싸우다가 희생당한 것이므로 이것은 분명한 공무사라는 생각이 지배적이었다. 국가가 '공무사'로 인정하면 야스쿠니신사의 합사 대상자가 되었고, 그것은 야스쿠니신사 합사자의 확대로 이어지는 결과를 가져왔다. 이와 같은 사실에서 볼 때, 야스쿠니신사는 국가와의 계약관계를 통해 국가를 위해 죽은 자만이 합사되는 신사임을 확인할 수 있었다.

4. 후생성의 야스쿠니신사 합사 사무

패전 전의 합사 절차를 살펴보면, 각 부대장이 합사수속을 하는 것을 원칙으로 하고 ① 소속부대명, ② 관등명, ③ 성명, ④ 사망 장소, ⑤ 사망 구분, ⑥ 사망 연월일의 사항을 조사한 보고서를 육군성에 제출하면 육군성에서 심의한 후에 궁내성에서 수속하였다. 즉 부대장으로부터 신고된 자료를 육해군성에서 심사하고 천황에게 상주하여 재가(裁可)를 받아 합사를 결정했다.

그러나 패전 후 1945년 12월 연합군의 지령(AG○○○三G一E ; 内閣各甲三三○号) 및 1946년 2월 2일 칙령 제70호에 의해 야스쿠니신사는 일반신사와 마찬가지로 종교법인이 되었다. 야스쿠니신사는 1946년 2월 1일에 복원성

会記録(1957. 11. 6).

(復員省)의 관리를 떠났다. 따라서 1945년 11월 19일의 임시대초혼제 때 일괄 합사된 자의 인명 조사를 계속 복원기관에서 실시해야 하는지가 문제가 되었다. 그러나 복원청의 인명 조사는 복원업무와 관련되기 때문에 종전대로 인명 조사를 하였다.

합사 업무가 순조롭게 진행되고 있었던 1947년 9월 중순에 야스쿠니신사로부터 "이미 합사된 자 이외 아시아·태평양전쟁에서 사몰한 자를 새로이 합사하는 것을 GHQ로부터 금지당했다"라는 취지의 통보가 있었다.[25] 이러한 GHQ의 지령으로 레이지보(霊璽簿)에 기재되지 않은 채 합사된 제신과 패전 후 사망하여 합사되지 않은 영령의 합사가 중단되었다. 야스쿠니신사는 신도지령으로 국가의 관리에서 벗어난 이상 앞으로 제사를 유지·존속시켜 나가기 위해서는 전몰자유족에게서 존립기반을 찾아야만 했다. 그런데 전몰자유족과의 연결고리인 합사마저 중단시키는 상황이 발생했다. 즉 야스쿠니신사 제3조의 "본 신사를 신봉하는 제신의 유족, 그 외의 숭경자를 교화·육성"한다는 목적이 유명무실화되는 사태에 이르게 되었다. 왜 그런가 하면 전몰자유족과 전우의 경우에서는 육친과 동료 병사가 레이지보에 기재된 제신으로서 합사되어 있는지가 중요하다. 육친과 전우가 제신으로 합사되어 있지 않으면 일부러 야스쿠니신사에 굳이 참배하러 갈 이유가 없기 때문이다.[26]

이와 같은 사정으로 야스쿠니신사는 제신 개개인의 인명을 정확히 알 필요가 있었고, 육해군 입장에서도 합사를 중지한다는 것은 전몰자에게도 도의를 저버리는 일이라는 생각이 강하게 작용하였다. 따라서 제2복원국과 협의해서 합사 사무를 중단하고 생사 불명자, 사몰자를 구명하기 위한 작업이라는 구실 아래 각 지방 세화과(世話課)에 사몰자연명부 형식으로 미합

25 国立国会図書館調査及び立法考査局(2007), 앞의 자료, 〔150〕要旨(1947年末).

26 赤澤史郎(2005), 앞의 책, 91~92쪽.

사자의 보고를 요청해 이를 토대로 조사를 속행하게 되었다.

하지만 GHQ가 계속 야스쿠니신사에 대해 강경한 태도를 보인 것은 아니었다. 1949년 6월 3일자 야스쿠니신사의 사무일지에는 GHQ 종교과의 승인을 받아 외부에는 비밀로 하고 1945년 9월 3일 이후부터 1949년 5월 31일까지 사몰한 군인·군속을 합사대상자로 초혼하여 아이도노(相殿)에 모셨다고 기록하고 있다.[27] 그후에도 계속 임시초혼제가 거행되었던 것으로 볼 때 야스쿠니신사에 대한 GHQ의 경계심이 완화되었다는 것을 알 수 있다.

패전 후 새로운 헌법에 정교분리 원칙이 명기되어 있음에도 불구하고 국가는 야스쿠니신사의 합사 업무에 명실공히 관여하고 있었다. 이 사실을 입증하는 사례로서 국가가 야스쿠니신사 합사에 관여해야 하는지를 둘러싸고 국회에서 다음과 같은 의견이 있었다.

야스쿠니신사 합사 문제를 국가가 관여하는 것에 대해 1951년 11월 2일의 외무위원회에서 오기노 쓰토무(荻野勉) 문부사무관은 "패전 후 야스쿠니신사는 국가 관리를 떠났기 때문에 야스쿠니신사 자체로 합사를 하고 싶다면 자유롭게 언제라도 가능하다. 하지만 야스쿠니신사 합사에 정부가 관여하는 것은 현재 곤란한 상황이다"라고 말했다.[28] 오기노의 발언 내용으로 볼 때, 현재는 곤란한데 앞으로는 가능할지도 모른다는 것으로 해석할 수 있다. 분명히 헌법이 정교분리를 명기하고 있음에도 국회에서 개연성을 내포하는 듯한 발언을 했다는 점에서 문제의 심각성을 발견할 수 있다.

이 의견에 더욱 박차를 가하는 발언이 있었다. 기무라 주지로(木村忠二郎) 귀환원호청장관은 1952년 7월 30일에 열린 '해외동포귀환 및 유족원호에 관한 조사특별위원회'에서 "정교분리라는 헌법 원칙에 따라 야스쿠니신사

27 靖国神社(1983),『靖国神社百年史 資料編 上』, 293~294쪽.

28『国会会議録』参議院, 外務委員会 第3号(1951. 11. 2).

의 합사와 관련해서 국가가 자금을 지급하는 것이 금지되어 있어 야스쿠니신사가 직접 합사를 해야 할 상황에 있다. 헌법에 위반되지 않는 한도에서 원조해야 하므로 야스쿠니신사 측과 지금 상담하고 있다. 야스쿠니신사는 제신 명부를 빨리 작성해서 전몰자유족에게 합사 통지를 발송하고 싶어도 상당한 금액이 요구되기 때문에 하지 못하고 있다"고 말하고 있다.[29]

이와 같이 강화조약 직후 국회에서 야스쿠니신사 합사 문제가 적극적으로 논의되는 가운데 1953년 7월에 합사통지장을 유족에게 발송했다. 우선 1947년 4월 합사자 통지를 관계 유족에게 발송하기로 하고, 그후의 합사자에 대해서는 순차적으로 발송하기로 하였다.[30] 그리고 1945년 9월 2일까지 사몰한 군인 · 군속 등이 1945년 11월 19일 임시대초혼제 때 일괄 합사된 후 아직 레이지보에 기재되지 않았다. 야스쿠니신사 미합사자를 빨리 합사하기 위해 다음과 같은 요령으로 구체적인 안이 복원과에서 세화과로 하달되었다.

① 야스쿠니신사는 1945년 합사자 중 미통지자 및 1949년에서 1953년까지의 합사자를 야스쿠니신사 합사자명부에 기록하여 세화과에 통지한다.

② 세화과는 1938년 이후 사망하여 원호법의 유족연금과 조위금이 승인된 자 중에서 미합사자를 조사하여 종전의 합사기준에 해당하는 자는 제신명표를 만들어 야스쿠니신사에 송부한다.[31]

이처럼 국가가 제신명표를 만들어 야스쿠니신사에 보내면 제신명표대로

29 『国会会議録』衆議院, 海外同胞引揚及び遺家族援護に関する調査特別委員会 第19号(1952. 7. 30).

30 靖国神社(1987), 앞의 자료, 530~531쪽.

31 国立国会図書館調査及び立法考査局(2007), 앞의 자료, 〔181〕旧陸軍関係靖国神社合祀について(1954. 3. 15).

합사를 거행했다는 점에서 전시기와 연속성이 있음을 알 수 있다. 그리고 또 하나는 원호법에 따른 유족연금과 조위금이 승인된 자만 합사 대상으로 한 점이다. 즉 국가와 고용 관계에 있는 가운데 공무사한 자에 한정하여 합사를 인정하고 있으므로 국가와 야스쿠니신사와의 연관성을 다시금 확인할 수 있다.

마침내 1956년도에 '전몰자조사비'의 명목으로 480만 엔의 예산이 편성되고 야스쿠니신사 합사 사무의 상황을 협의하기 위해 귀환원호국의 이타가키 도루(板垣徹) 복원과장과 후생성본부 복원연락국장인 후와 히로시(不破博) 등이 야스쿠니신사를 방문했다.[32] 여기에서 합의된 내용은 신사가 보유하고 있는 합사완료명단을 각 현에 보내어 원부에 등록하도록 하자는 것이었다. 그리고 아직 작성이 안 된 것은 제1복원국과 야스쿠니신사가 분담해서 제작하기로 하였다. 이로써 강화조약 직후 논의되었던 국가의 야스쿠니신사에 대한 관여가 본격적으로 첫발을 내딛게 되었다.

1956년 4월 19일에는 후생성 귀환원호국장이 '원발 제3025호'로 '야스쿠니신사 합사사무에 대한 협력에 대해서'라는 통첩을 발령하였는데, 그 내용 안에는 사무 처리의 방침으로서 '야스쿠니신사 합사 사무 협력요강'이 첨부되어 있었다. '야스쿠니신사 합사 사무 협력요강' 제1항에는 '모든 복원업무 기관은 법령에 근거한 그 본연의 사무 한도에서 할 수 있는 한 야스쿠니신사 합사 사무의 추진에 협력한다'라고 적혀 있다. 제2항에는 '협력 사무의 처리는 이번 전쟁의 전몰자 대부분의 합사를 1956년도 이후 대략 3년 안에 완료할 것을 기준으로 한다'고 기록되어 있다.[33]

그뿐만 아니라 국가나 지방자치단체의 모든 기관이 '협력'하는 '합사 사

32 国立国会図書館調査及び立法考査局(2007), 앞의 자료, 〔182〕 政府予算戦没者調査費関連靖国神社合祀事務打合状況(1956. 1. 23).

33 赤澤史郎(2005), 앞의 책, 105~106쪽.

무'의 내용은 다음과 같다.[34] ① '전몰자의 신상 사항'에 관련하여 야스쿠니신사의 '조회'가 있을 경우는 관련된 모든 기관이 조사하고, '그 결과를 소정의 카드에 기입'한 후 야스쿠니신사 측에 전달한다. ② 야스쿠니신사는 '합사 때마다 합사자 명부를 귀환원호국 및 도·도·부·현에 보내고, 도·도·부·현이 합사통지서를 유가족에게 전달하도록 의뢰한다'. ③ '사무 처리 경비는 국고 부담으로 한다'. 여기에서 제신명표를 '소정의 카드'라고 하는 점은 야스쿠니신사에 국가가 관계하고 있음을 회피하려는 의도로 보인다.

그렇다면 국가가 야스쿠니신사 합사에 관여하는 것은 헌법 위반임에도 불구하고 꼭 해야 할 필연성이 있었던 것일까. 그 이유는 아시아·태평양전쟁으로 많은 군인과 국민이 죽었다는 사실이다. 이런 사실은 전몰자유족에게 자기들이 전쟁의 희생자라는 생각을 확고부동하게 하였고, 그 이면에는 국가는 반드시 보상해야 한다는 논리가 크게 작용하였다. 그 보상은 물질적·정신적 측면에서 전몰자유족들에게 제공되었고, 야스쿠니신사의 합사는 정신적 측면에서 보상이 이루어졌다고 할 수 있다. 정신적 측면에서 합사가 강조되는 이유는 전몰자유족들에게 제대로 유골을 전달하지 못했다는 점이 작용했다고 볼 수 있다.

1945년 4월에 필리핀 세부섬에서 전사한 가나가와현(神奈川県)의 어느 병사의 처에 의하면, 1948년 10월에 구청에서 엽서가 와서 갔더니 "만약 살아서 돌아오면 맨 먼저 이곳에 알려 주라"고 하면서 전사공보를 건네주었는데, 거기에 기록된 전사 날짜는 1945년 4월 10일로 이미 3년 반이나 지나서 전달된 공보였음에도 불구하고 확실한 것이 아니었다는 것이다.[35] 이처럼 국가는 전사공보를 하면서도 육친의 죽음에 대해 불확실했을 뿐만 아니

---

34 国立国会図書館調査立法考査局(1976), 『靖国神社問題資料集』, 国立国会図書館, 232쪽.

35 一ノ瀬俊也(2005), 『銃後の社会史』, 吉川弘文館, 181~182쪽.

라 유골을 받는 데 많은 시간이 걸렸으며, 나중에 전달되는 유골 상자는 빈 상자인 경우가 대부분이었다. 전시기와는 전혀 다른 전사자에 대한 국가의 이중적인 태도는 전몰자유족들의 불만을 초래했고, 전몰자유족들은 육친의 죽음은 국가에 의한 죽음임을 강조하면서 국가를 상대로 그에 합당한 처우를 요구하고 나섰다. 후생성의 합사 사무는 전몰자유족의 불만을 해소하기 위한 일환으로 야스쿠니신사와 협력하여 수행되었다.

5. 맺음말

본 연구에서는 강화조약 직후 야스쿠니신사와 국가의 관계에 주목하여 전몰자 합사를 둘러싸고 전전과의 연속성이 어떻게 나타나는지를 살펴보았다.

패전과 함께 GHQ의 점령이 시작되면서 야스쿠니신사는 국가라는 범주에서 이탈하여 GHQ라는 새로운 범주 안으로 들어가게 되었다. GHQ는 군국주의적인 요소를 불식시킨다는 기본방침 아래 '신도지령'을 발령하여 국가로부터 야스쿠니신사를 분리하는 이른바 '정교분리' 원칙을 내세웠다.

그러나 강화조약과 함께 야스쿠니신사는 다시 국가와 관계를 형성하게 되는데, 여기에서 주목할 점은 패전 전과는 또 다른 각도에서 국가와의 연관성을 갖는 데 있다. 그 이유는 일본국헌법 제20조에는 정교분리 원칙을 규정하고 있으므로 국가가 패전 전처럼 야스쿠니신사와 관계를 맺는 것이 불가능하기 때문이다. 그런데도 강화조약 직후 국회에서는 야스쿠니신사 참배를 둘러싸고 논쟁이 벌어졌으며, 이 논쟁을 시작으로 국가가 야스쿠니신사 합사자 문제에 본격적으로 관여하기 시작했다.

그 이유는 야스쿠니신사는 '순국'한 자만을 선별하여 제신으로 합사하고 있고, 야스쿠니신사의 합사자 선정은 국가의 승인이 필요하기 때문이다.

이 점에서 야스쿠니신사와 국가는 불가분의 관계에 있으며 패전 전과의 연속성이 유지되고 있음을 알 수 있다.

그리고 GHQ 점령 이후 야스쿠니신사는 자체적으로 합사제를 거행해 왔지만, 아시아 · 태평양전쟁으로 인한 전몰자 수가 많았음에도 불구하고 합사를 할 수 없었고 전몰자유족에게 합사통지장도 제대로 발송하지 못했다. 그 이유는 야스쿠니신사 단독으로 합사 업무를 진행하기에는 인력이 부족했고 재정적인 문제도 크게 작용했기 때문이다. 야스쿠니신사와 국가는 유골도 제대로 전달받지 못한 전몰자유족의 불만을 완화하기 위해 합사통지장을 발송하기로 하고, 국가기관이 나서서 합사 업무의 행정적 · 재정적 지원을 했다는 점에서 패전 전과의 연속성을 확인할 수 있다.

전몰자유족은 국가를 상대로 국가의 부름을 받고 전쟁에 나가 죽은 육친은 엄연한 '공무사'이니 '국가보상'으로서 유족연금과 조위금을 요구하고 나섰다. 그 결과 전몰자가 '공무사'로 인정되면서 원호법의 대상이 되어 유족연금과 조위금을 받게 되고 야스쿠니신사에 합사되었다. 게다가 국가총동원법으로 동원되어 전사한 민간인도 '공무사'로 인정하라는 전몰자유족의 요구를 국가가 수렴함으로써 원호법의 대상이 됨과 동시에 야스쿠니신사의 합사 대상자가 되었고 이는 다시 야스쿠니신사의 합사자 확대로 이어지는 결과를 가져왔다.

본 연구에서는 강화조약 직후의 야스쿠니신사와 국가의 관계에 대한 연속성을 살펴보았다. 그러나 후속연구에서는 시기를 좀 더 확대하여 구체적으로 분석하려고 한다. 또한 야스쿠니신사는 식민지지배하에 동원되어 전사한 한국인과 대만인이 합사되어 있으므로 동아시아적인 시각에서 고찰할 필요가 있다.

한국사회는 왜 조선적자(朝鮮籍者)의 정치적 다양성을 인식해야 하는가?*

김웅기(金雄基, Kim Woong-Ki)

홍익대학교 상경대학 글로벌경영 전공 조교수. 정치학 전공.

재외동포정책실무위원회 민간위원으로 활동하고 있으며 정책 대상으로서의 재일코리안이라는 관점에서 이들의 법적 지위와 민족교육에 주안점을 두고 연구하고 있다. 주요 논저로는 「조선적자의 다양성과 문재인 정부의 입국 허용 정책을 둘러싼 쟁점」(2018), 「재일코리안 민족교육을 둘러싼 정치성 : 1970년대 자주민족학급의 사례를 중심으로」(2019), "Outcomes of ROK's Misperceptions of Chōsen-seki Zainichi Koreans"(2020), 『誠心交隣に生きる : 負の歴史を超えて』(공저·2016), 『한일관계의 긴장과 화해』(공저·2019) 등이 있다.

1. 들어가며

해방 후에도 돌아오지 못한 동포들이 많습니다. 재일동포의 경우 국적을 불문하고 인도주의적 차원에서 고향 방문을 정상화할 것입니다.[1]

2017년 8월 15일 광복절 기념행사 석상의 문재인 대통령 연설 내용 중 일부다. 21세기에 이르러서도 국적 그리고 정치를 둘러싼 문제로 인하여 대한민국(이하 한국)으로 입국하지 못하고 있는 재일코리안[2]이 존재한다는 사실이 본고 논의의 출발점이다.

---

* 이 글은 필자의 논문 "Outcomes of ROK's Misperceptions of Chōsen-seki Zainichi Koreans"(『일본학보』 제122집, 한국일본학회, 2020)를 수정 · 가필한 것이다.

1 「〔전문〕 문재인 대통령 제72주년 광복절 경축사」, 『중앙일보』 2017. 8. 15.자.

2 본고에서는 일본에서 거주하는 한민족을 가리키는 여러 용어 가운데 '재일코리안'을 사용하기로 한다. 다양함과 동시에 갈등적인 정치적 속성들을 아우르는 데 있어 최선(best)의 대안이기 때문이다〔최상(most)이라고 주장하지는 않는다〕. 이때 '재일조선인'은 하부영역 중 한 집단을 뜻하게 된다. '재일조선인'이 역사적 존재, 즉 일제강점의 결과 일본으로 이주 · 정착하게 된 한민족 디아스포라라는 의미로 사용되는 데 대해서는 필자도 동의하는 바다. 그러나 오늘날 남북분단이 엄존하고 조선민주주의인민공화국(이하 북한) / 재일본조선인총연합(이하 총련) 지지라는 함의를 내포하고 있는 점 또한 부정할 수 없다. 한편 '재일코리안'은 일본사회에서 갈수록 거세지고 있는 '북(조선) 때리기'를 회피하기 위해 총련계 인사들 스스로가 사용하는 경우도 찾아볼 수 있다. 이 같은 상황을 종합해 볼 때, '재일조선인'을 총칭으로 사용할 것을 고집한다는 것은 일종의 정치적 선택으로 간주할 수 있다. 다만 전전 시기 및 총련 출범 이전 시기와 관련된 기술에 있어서는 본고에서도 '조선(인)'을 사용될 것이다.

조선적(朝鮮籍)이란 정확히는 국적이 아니다. 자세한 내용은 후술하겠지만 조선적이란 일본 식민지배의 잔재로 인하여 한때 모든 조선인이 갖게 된 일본 내 법적 지위며, 중국 조선족(朝鮮族)이나 조선민주주의인민공화국(이하 북한) 공민을 가리키는 것은 아니다. 구 식민지 조선 출신이라는 무국적 상태를 가리킴과 동시에 '국적미선택'이라는 함의도 함께 지니고 있다. 이러한 지위를 지금도 간직하고 있는 조선적자(朝鮮籍者)는 2019년 6월 현재 2만 8,975명[3]으로 일제강점기부터 일본에 거주해 온 조선인 및 그 후손을 가리키는 이른바 올드커머(old comer) 중 약 10퍼센트를 차지하고 있다.

한편 조선적자 개인의 의지와 상관없이 그 존재는 한국에서 정치적 리트머스종이 역할을 지니고 있다. '조선'이 상기시키는 북한에 대한 한국인 개개인의 인식을 확인하는 데 판단재료가 되고 있기 때문이다. 주지된 바와 같이 분단국가의 반쪽인 북한은 한국에게는 주적이며, 한국의 국시(國是)인 반공의식을 어떻게 받아들일 것인지에 관한 문제는 여전히 북한과의 휴전상태를 지속되고 있는 한국에게는 매우 민감한 이슈이다. 2020년 현재 집권 중인 문재인 정부는 진보정권이며, 이 정권의 대북 인식은 "북한/총련=대화·포섭의 대상"이다. 한편 전임자인 박근혜·이명박 정부는 보수정권이며, 국시 그대로 "북한/총련=주적(主敵)"이 대북인식의 근본이다.

본고의 논의에 있어 중요한 것은 진보-보수 간의 '대화·포섭 대상', '주적'이라는 차이가 아니다. '조선적=북한/총련'이라는 한국정부·사회가 공유하는 이념이나 신념을 초월한 인식이야말로 쟁점인 것이다. 일본에 사는 조선적자에게 있어 자신의 뿌리가 있는 한국과의 첫 번째 관계는 누구에게나 공통되게 한국 입국문제다. 문재인 대통령의 연설은 전임자 시절에 강화된 조선적자의 입국 제한을 대폭 완화할 것임을 밝힌 것이다. 보수정

3 在留外國人統計(2019),「國籍·地域別 在留資格(在留目的)別 在留外國人」.

권 시절인 지난 9년 동안에는 입국이 거의 봉쇄되어 있었다.

필자는 본고에서 이러한 조선적자에 대한 한국정부 및 사회의 인식으로 인해 이들을 포함한 재일코리안 총체가 얼마나 부정적인 영향을 받아 왔는지에 대해 논하고자 한다. 또한, 조선적자의 정치적 다양성이 어떻게 구성되어 있는지와 더불어 이러한 정치적 다양성의 존재를 제대로 한국 측이 인식하는 것이 왜 재일코리안의 정치적 제약으로부터의 해방과 문재인 대통령이 말하는 '인도주의적 차원'으로부터의 재일코리안정책 이행으로 이어질 것인지에 대해서도 함께 논의할 것이다.

본고의 구성은 다음과 같다. 서론에 이어 제2장에서는 조선적자에 대한 일본정부에 의한 처우가 역사적으로 어떻게 변화해 왔는지에 대해 개관할 것이다. 제3장에서는 조선적자 내부에 존재하는 국가관, 통일관 등의 다양성에 대해 논할 것이다. 특히 '남도 북도 아니다'라는 조선적자들 사이에서 공통된 신조의 내역이 속성마다 어떻게 다른지에 대해 검토할 것이다. 그저 검토일 뿐 어느 한 측의 조선적자 주장이 정당하다는 식의 평가나 다른 측을 비판하는 것을 목적으로 하지 않는다. 제4장에서는 한국정부 및 사회가 조선적이라는 것을 오늘까지 어떻게 인식하고 법적으로 규정해 왔는지에 대해 논할 것이다. 제5장에서는 지금까지 한국사회에 존재를 드러내지 않던 북한/총련과 무관한 조선적자가 한국의 온라인 민원시스템인 국민신문고를 통해 청원한 내용이 북한/총련과의 어떠한 관계성 혹은 친화성을 갖는 조선적자와 이들을 옹호하는 한국 시민운동의 주장과 어떻게 다른지를 비교·검토할 것이다. 그리고 결론 부분인 제6장에서는 다양한 조선적자의 주장에 대해 한국사회가 어떻게 인식하고 응답해 나가야 할 것인가에 대해 논할 것이다.

2. 일본정부에 의한 조선적자 처우의 역사적 변천

재일코리안사회는 남북분단으로 인한 심각한 정치적 대립이라는 광복 이래 지속적으로 앓고 있는 문제가 여전히 큰 비중을 차지하고 있다. 다소 완화되기는 했지만 오늘날에 이르기까지 동포끼리의 소통에 신경을 쓰지 않을 수 없다는 것이 특징이다. 이러한 정치적 긴장이 상존하는 재외동포 사회는 750만 명 재외동포사회 가운데 재일코리안이 유일하다. 즉 특수하고 예외적인 존재라고 할 수 있다. 이러한 재일코리안의 특징, 특히 본고의 논의 대상인 조선적자를 비롯한 올드커머 재일코리안의 특징을 정리하면 다음과 같다.

첫째, 상술한 바와 같이 정치적 자유가 남북 분단국가의 강한 영향으로 인해 크게 제한되어 왔다. 여기에서 자세한 언급을 하지는 않겠지만 남북 양측의 정치적 간섭으로 인해 동포들 간의 자율적인 교류는 죄다 저해되어 왔다. 둘째, 세대교체가 다른 재외동포에 비해 빠른 속도로 진행되고 있다. 중국 조선족이나 구 소련 고려인 등과 마찬가지로 한민족 이주사 중 비교적으로 조기에 이주가 시작했다. 현재 1.5세와 2세가 중심을 이루고 있는 재미코리안 등과는 확연히 다르다. 셋째, 권리에 의한 거주국(일본) 국적 취득이 불가능하다. 일본에서 출생해도 일본국적 취득이 불가능하며, 국적 취득의 유일한 방법은 민족정체성 포기를 수반하는 귀화가 유일하다. 따라서 6세대가 태어나고 있는 상황에 이르러서도 외국국적자, 즉 한국국적과 조선적으로 남아 있는 이들이 여전히 많다. 넷째, 한국의 재외동포 통계에서 유일하게 거주국(일본) 국적 취득자 즉 귀화자가 제외되고 있다. 여타 재외동포들이 현지 국적 소지와 무관하게 재외동포로 규정되는 것을 고려해 보면 대단히 모순적이다. 구 종주국 일본에 사는 재일코리안에게만 '민족=국적'이라는 이중잣대를 강요하고 있는 것이다.

오늘날 올드커머 재일코리안 중 약 90퍼센트가 한국국적을 갖게 된 계기는 1965년 한일 간 국교정상화다. 한국정부는 1951년부터 15년 동안 지속된 일본정부와의 외교교섭 시작부터 이들을 북한/총련으로부터 분리시킬 것을 목적으로 재일코리안이 자국민임을 강경하게 주장했다.[4] 재일코리안에 대한 일본국적 및 사회보장 부여를 피하고 싶어 하는 일본정부는 이 같은 한국 측 주장이 여간 반가운 일이 아니었다.

1952년 샌프란시스코강화조약에 의해 일본이 독립을 회복하자마자 즉시 일본 거주 조선인 등 구 식민지 출신자의 일본국적을 국적 선택 기회 없이 일방적으로 박탈했다. 이는 프랑스 거주 알제리아인 등 여타 열강들이 취한 정책과는 완전히 다른 것이다. 재일코리안을 외국인—당시는 남북한 양측과 국교가 존재하지 않았기 때문에 '비일본인'[5]이라는 뜻—으로 규정한 것은 재일코리안을 일본 참정권이나 복지수급권 등에서 배제하기 위한 근거로 기능했다.

그렇다고 한국정부가 재일코리안을 민족애와 동포의식으로 자국민으로 수용했던 것은 결코 아니다. 재일코리안에 대한 한국국적 부여에는 주권이 미치지 못하는 일본에서 최대한 정치적 감시와 통제를 가할 목적이 있었던 것이다. 한국은 1968년까지 경제적으로 북한에 비해 열세였으며, 재일코리안들 사이에서도 다수가 북한을 추종하는 총련의 영향 아래 있었다.

이러한 열세의 만회를 의도했던 한국정부/민단 그리고 반공의 뜻을 같이하는 일본정부는 1965년 한일기본조약의 부속조약 중 하나인 이른바 재일한국인협정에서 재일코리안의 일본(협정) 영주자격 부여 요건으로 한국국적 취득을 내걸었다. 이것이 세력저하로 직결된다는 위기감을 느낀 총련

---

4 협상과정을 자세히 살펴보면 한국 측 태도도 변동을 거듭한 것을 알 수 있다. 이 시기의 협상 전개과정에 대해서는 閔智焄(2019), 『韓國政府の在日コリアン政策：包摂と排除のはざまで』, クレイン 참조.

5 조선적의 자세한 탄생과정에 관해서는 鄭榮桓(2017), 「在日朝鮮人の「國籍」と朝鮮戦争(1947～1952年)：「朝鮮籍」はいかにして生まれたか」, 『PRIME』 第40巻, 36～62쪽 참조.

은 대대적인 반대운동을 벌이기는 했지만, 일본 거주권이 불안정했던 많은 재일코리안이 당시까지 소극적이던 한국국적 취득에 대거 나섰다. 이처럼 한일 간의 국교정상화는 재일코리안사회 내부의 세력 균형을 민단 우위로 변화시키는 역할을 맡았다고 할 수 있다. 이 한국국적으로의 변경 이전의 법적 지위가 본고의 주제인 조선적인 것이다.

조선적의 기원은 일본 통치하의 조선호적에 있다. 조선호적은 내지인(內地人), 즉 일본인을 대상으로 편제된 내지호적(內地戶籍)과는 별도의 조선인을 편제하기 위한 것이었으며, 호적 간 이동은 엄격히 통제되었다. 그 목적은 호적 차이를 근거로 일본인과 조선인을 법적으로 다르게 취급하는 데 있었다. 해방 후 일본정부는 조선인의 일본국민의 지위를 정지하는 한편, 1948년 외국인등록령에 의한 관리통제를 시작했다. 이때 조선인은 조선호적에 편제되어 있던 자라는 의미를 가진 조선적으로 등록되었다. 당시 일본은 남북한 양측을 승인하지 않고 있는 상황이었기 때문에 조선적이라는 일본 내 법적 지위의 함의란 '외국국적을 가진 자'가 아니라 '비일본인'이라는 것이었다.

한편 '조선'이 '조선민주주의인민공화국'을 연상케 한다는 이유로 조선적을 북한국적으로 인식하는 경향이 있지만, 양자를 동일시하는 것은 100퍼센트 올바른 이해가 아니다. 왜냐하면 상술한 바와 같이 조선적은 애초에 개개인의 정치신조와는 무관한 법적 지위이기 때문이다. 일본정부는 1950년부터 한국을 지지하는 조선인에 대해서는 외국인등록령상의 기재를 본인의 신청에 따라 '한국'으로 표기할 것을 허용하기 시작했지만, 당시 총련과 그 전신인 재일본조선인연맹(在日本朝鮮人聯盟, 朝聯)이 압도적으로 우세했기 때문에 그 수는 소수에 불과했다. 이러한 상황이 1965년까지 지속되었다.

한일 국교정상화를 거쳐 1990년대 초반 한일 양국 정부 간의 외교교섭을 통해 체결된 이른바 재일한국인 3세 협정은 1965년 이후 영주자격 대상에서 배제되어 온 조선적자에 대해서도 (특별) 영주자격을 부여할 수 있도록 정해진 것이 큰 특징이었다. 당시 한국은 보수 성향의 노태우 정권이었던 점을 의외라고 생각할 수도 있을 것이다. 1988년 서울올림픽을 성공리에 마치고 중국, 소련과의 국교정상화 과정이 진행 중인 데다가 재일코리안사회의 남북 경쟁에서도 승리했다는 심리적 여유가 반영된 듯하다. 일본 또한 버블경기가 절정에 달하고 있던 상황 속에서 인권의식이 그나마 고양된 것이 작용했던 것으로 이해할 수 있다. 이로써 조선적자는 굳이 한국국적으로 변경하지 않아도 일본 거주권을 안정시킬 수 있게 되었다.

하지만 21세기로 접어들자 바로 상황이 달라졌다. 2002년 9월 북 · 일 정상들에 의한 평양회담 석상에서 김정일 국방위원장은 북한 정보기관에 의한 일본인 납치를 시인하며 고이즈미 준이치로(小泉純一郎) 총리에게 공식 사과했다. 관계 개선을 바라던 김정일의 의도와는 정반대로 이것이 일본사회의 대북 여론 악화의 발단이 되어 오늘에 이르기 북한 때리기가 일본에서 거세지기 시작했다. 북한정부를 추종하는 총련 지지자들의 분노와 실망은 매우 컸으며, 구성원들의 대량이탈 현상과 조직력 약화를 초래했다. 총련 이탈자 중 다수가 조선적에서 한국국적으로 변경하는 한편, 한국에의 굴복을 싫어하는 일부 조선적자들은 아예 일본국적으로 변경, 즉 귀화를 선택한 사례도 적지 않았다.

이러한 과정을 거쳐도 여전히 올드커머 전체의 10퍼센트를 약간 밑도는 약 3만 명 정도가 조선적을 유지하고 있는 것이다. 총련계 재일코리안들은 조직 본체뿐만 아니라 조선학교, 금융기관, 예술단 등을 가진 자급자족적 커뮤니티를 형성함으로써 유대관계를 굳건히 유지해 온 측면이 있다. 그러나 상술한 바와 같은 정세 변화에 따라 총련이 산하 동포들의 생계문제를 지탱할 능력이 저하됨에 따라 그 규모도 축소했다고 볼 수 있다.

조선적을 고집하는 이들 중에는 북한 국가에 대한 소속감을 가진 사람에서부터 비판적이면서도 총련커뮤니티 자체와의 교류는 유지하는 자 등 온도차가 존재한다. 그러나 어쨌든 이들의 가치 중심에는 총련 커뮤니티의 핵심이념인 '조국통일'이 자리를 차지하고 있다. 즉 전성기에 비해 크게 위축했다고는 하지만 총련 커뮤니티의 강력한 유대는 오늘날에도 여전히 건재한 것이다.

그런데 통일을 총련 이념을 총련 커뮤니티의 전유물로 단정 짓는 것은 옳지 않다. 왜냐하면 후술하듯이 총련 특히 조선학교식 교육에 의거하지 않은 통일논리에 입각하여 정치적 선택의 발로(發露)로서 조선적을 유지하고 있는 이들도 적지 않게 존재하기 때문이다. 이처럼 소수의 조선적자들 사이에서도 각자의 신념과 가치, 정치적 인식 등에 있어서 차이가 존재한다. 제3장에서는 이 점에 대한 검토를 행하고자 한다.

3. 남북한과의 관계성을 통해 명확해지는 조선적자의 정치적 다양성

제2장에서 논의한 조선적자를 둘러싼 역사적 경위는 다음과 같이 요약할 수 있다.

해방 직후 일본국적자로서의 지위가 중지되고 1948년 외국인등록령에 의해 모든 조선인은 '비일본인'이라는 국민으로서의 권리로부터의 배제를 의미하는 법적 지위로서의 조선적을 갖게 되었다. 1965년 한일기본조약 체결에 따른 국교정상화에 따른 협정영주자격과 관련된 한국국적 취득 조항은 조선적 이탈 현상을 이끌었다. 1991년 한일 양측 정부 간의 외교교섭에 의해 영주자격 부여 대상이 조선적자로까지 확대됨에 따라 거주권 문제 때문에 굳이 조선적을 이탈해야 할 이유는 사라졌지만, 2002년 김정일 국방위원장에 의한 일본인 납치 사실 시인 및 공식사과에 따라 총련 커뮤니티가 크게 동요하여 조직 이탈과 조선적 포기 현상이 두드러졌다. 이에 따라 오늘날 조선적을 유지하고 있는 재일코리안은 올드커머들 가운데 10퍼센트를 밑돌게 되었다. 한편 이러한 총련 커뮤니티와는 무관한 조선적자들이 존재하는 것도 사실이다. 이들 또한 총련계 조선적자와 마찬가지로 조국인 한반도 통일을 원하며 그 신조를 자신의 법적 지위로 표현하고 있다.

이처럼 조선적자의 정치적 유형은 총련 커뮤니티와의 관계성에 의해 구분된다. 여기에서는 논의의 이해를 도모할 것을 목적으로 총련 커뮤니티와 조선학교식 교육에 의한 영향에 있어 많고 적음의 차이가 있다고는 하지만 어떠한 관계 및 친화력을 갖는다는 의미에서 '친북'으로 부르기로 하며, 이 같은 것을 아예 갖지 않은 조선적자를 편의상 '비북(非北)'으로 부르기로 한다. 전자가 열성적인 북한/총련 지지자만으로 구성되는 것이 아니라는 점을 강조해 둔다. 왜냐하면 예를 들어 총련 조직 및 그 커뮤니티가 생활곤궁자의 생계문제를 해결해 준 의리 때문에 관계를 끊을 수 없는 등의 사례도 포함되기 때문이다. 이처럼 규모가 축소했다고는 하지만 총련 커뮤니티를 배경으로 하는 '친북' 조선적자는 집단적이고 실존적이다.

이와는 대조적으로 '비북' 조선적자는 지극히 개별적이고 관념적이다. 김일성 일인독재체제와 그 대변자 한덕수(韓德銖) 총련 초대의장에 의한 지배에 반발하여 이탈한 1세 지식인들뿐만 아니라 이러한 사상이나 운동과는 전혀 다른 이유로 스스로 조선적을 선택한 2~3세들도 있기 때문이다. 그들은 일본사회에 활동의 발판을 가지는 한편, 총련 커뮤니티와는 관계성을 갖지 않은 것이 특징이다. 민족의 언어나 문화에 대해서도 거의 배울 기회조차 가진 적이 없고 성인이 된 후에 스스로 배움으로써 조선적 선택에 이르게 된 사례도 존재한다. 이들의 존재는 민족교육 기회와 언어적·문화적 배경을 교육받을 기회를 갖지 못하더라도 민족정체성의 형성이 가능하다는 점을 보여 주고 있다. 이들의 신조에 대해서는 후술할 것이다.

'비북' 조선적자의 존재가 한국사회에 알려지고 있는 것은 소설가 김석범(金石範)을 제외하고 지금까지 전무나 다름없다. 김석범마저도 '친북' 조선적자의 권리옹호를 목적으로 하는 한국 시민운동 등이 그 존재가 있다는 사실만을 언급하는 수준에 그치고 있다. 이런 점에서 한국 시민사회 또한 안보 또는 첩보 논리로 '내 편인가 적인가' 하는 이분법에 따라 재일코리안을 재단하는 한국정부와 마찬가지라는 것을 알 수 있다. '조선적='친북"으로 인식하고 있는 것이다.

이러한 양상은 민주화 이후도 변함없다. 문재인 정부는 인도적 견지에서 보수 성향의 전임자들에 의해 제한되어 온 조선적자의 한국 입국제한을 대폭 완화할 것을 상술한 연설을 통해 밝혔으며, 실제로 본고 집필 시점에서 입국 제한은 거의 해소되고 있다. 그러나 이 혜택을 누릴 수 있는 것은 한국사회에서 가시적 존재인 '친북' 조선적자로 국한된다. 존재조차 알려지지 않은 '비북' 조선적자에 대해서는 여전히 막혀 있는 상태가 지속되고 있는 것이다. 왜 이렇게 말할 수 있느냐 하면 한국정부가 조선적자를 어디까지나 '북'으로만 간주하며, 이 전제로 설계된 입국허용과 관련된 법체계를 유지하고 있기 때문이다. 제4장에서 논의하겠지만 그 제도란 남북교류협력에 관한 법률(이하 남북교류협력법)에 의거한 여행증명서에 의한 입국이다. '비북' 조선적자는 한국정치가 보수, 진보 어느 쪽에 기울든 이들의 정치적 신조를 굽히지 않는 한 한국 입국 기회로부터 계속해서 배제될 수밖에 없는 것이다.

이외에도 '비북' 조선국적자가 여행증명서 제도를 받아들이기 어려운 이유가 존재한다. 그것은 분단국가의 반쪽인 한국정부에 의해 여행증명서가 발행되기 때문이다. 재일 3세 시인이며, '비북' 조선적자 정장(丁章)은 다음과 같은 이유로 여행증명서를 사용하는 한국입국을 거부하고 있다.

> 남북통일의 신조에 따라 분단논리에 따를 것을 원하지 않는 저로서는 임시 여권(여행증명서) 사용을 거부할 수밖에 없으며, 따라서 (일본정부 발행) 재입국허가증 사용에 의한 입국을 촉구합니다. 저는 남북 양측의 국가를 공히 국가로 인정하고 있습니다. 그러나 동시에 남북 중 어느 한 측 존재만을 긍정적하

거나 부정하는 입장도 아닙니다[6](밑줄은 인용자. 이하 같다).

이처럼 정장이 여행증명서(임시여권) 사용을 거부하는 이유 중 가장 중요한 것은 '남북통일의 신조'에 의한 것이다. 즉 남북을 불문하고 분단국가 어느 한 측의 권위를 따르는 것을 '통일'에 어긋나는 일로 여기는 것이 그의 정치적 신조인 것이다. 이 점에서 불만을 호소하지만 궁극적으로는 여행증명서 사용을 받아들이고 있는, 바꾸어 말하면 국가로서의 권위를 가진 북한을 조국으로 여기는 것과 마찬가지로 한국정부의 권위 또한 수용하는 모양새가 되고 있는 '친북' 조선적자들과의 차이는 확연하다.

정장은 자신의 법적 지위인 조선적을 근거로 평생 살아온 일본정부가 발행한 재입국허가증, 즉 일본에 거주하는 외국인이 일본을 출국한 후 다시 입국할 것을 보장받는 증명서에 한국 입국비자를 발급해 줄 것을 주오사카 한국총영사관에 여러 번 신청해 왔다. 그는 한국을 '국가로 인정'하기 때문에 외국인을 대상으로 하는 비자를 요구하고 있는 것이지만, '남북 중 어느 한 측 존재만을 긍정적하거나 부정하는 입장'이 아니기 때문에 그 한 측에 포섭될 것을 의미하는 여행증명서 사용을 거부하고 있는 것이다. 그가 일본정부 발행의 재입국허가증 사용을 바라는 것은 그것이 한국에서 말하는 '친일'이 아니라 그가 일본에서 출생하여 평생을 살아온 사실로 근거하여 발급받을 수 있는 유일한 신분증명수단이기 때문이다.

다음으로 '친북' 조선적자에 의한 '남도 북도 아니다'라는 신조에 대해서도 검증이 필요하다. 한 조선적자는 다음과 같이 자신의 신조를 밝힌 바 있다.

나는 가난하고 보잘것없는 사람이지만 조선인으로서의 자부심을 가지며 굴

---

6 丁章(2016),「詩 南の領事館へ」,『抗路』第2號, 126쪽.

> 복하거나 눈치를 보는 일 없이 살아왔습니다. 이게 자랑스럽습니다. 조선인으로 태어나서 민족과 조국을 되찾으며 살아왔습니다. 조선적으로 있는 것은 별다른 이유가 있는 것이 아닙니다. 나중에 탄생한 한국의 국적으로 바꿀 필요는 없고 일본국적으로 바꾸다니 있을 수 없는 일입니다. 한국에도 미국에도 당당히 조선적으로, 조선민주주의인민공화국 국적으로 들어갔습니다. 내 자존심입니다. 또한 나는 공화국으로 사람을 내보내기도 했습니다. 나는 절대로 인생을 바꿀 수 없습니다.[7]

이처럼 조선적을 유지해 온 데 대한 자신의 신조를 밝힌 1929년생 '친북' 조선적자 2세 리실근(李實根)은 재일코리안의 북한에의 귀국(북송)사업에서 동포들을 설득하고 북한으로 송출하는 역할에 매진했던 총련 활동가다. 그후 북송된 동포들 중에 피폭자가 있다는 것을 알게 되자 이들의 치료문제에 대한 일본정부 책임을 촉구하는 한편, 일본 피폭자운동에서 재일코리안이 배제되어 온 것을 문제제기하기도 했다.

모든 '친북' 조선적자가 북한국적을 가지고 있는 것이 아니며, 오히려 북한 여권을 소지하고 있는 조선적자는 소수인 가운데 리실근은 총련 활동가로서 북한국적 소지를 공언하며 미국으로 입국한 최초의 인물이다. 그는 북·미 사이에 국교가 없기 때문에 조선적자로서 일본정부가 발행한 재입국허가서에 미국정부가 발행한 입국비자를 발급받아 미국으로 입국한 것으로 보인다. 필자가 알고 있는 한이기는 하지만 이후 조선적자의 미국 입국 시에는 이러한 형태가 취해지고 있기 때문이다. 한편 한국 입국 시에는 여행증명서를 발급받아 이를 받아들인 것으로 추정되는데, 이는 앞에서 언급한 바와 같이 한국정부가 남북교류협력법을 원용했다고 보는 것이 합리적이기 때문이다. 리실근이 말하는 "한국에도 미국에도 당당히 조선적으로,

---

7 中村一成(2017),『思想としての朝鮮籍』, 岩波書店, 179~180쪽.

조선민주주의인민공화국 국적으로 들어갔습니다"로부터는 '조선적=북한 국적'이라는 인식을 엿볼 수 있어 정장의 그것과는 크게 다르다.

이러한 인식 차이는 조선적자로서 조국의 통일과정에 어떻게 관여해 나갈 것인가를 둘러싼 인식에서도 나타나고 있다. 정장의 자세는 통일 과정에 관여하지 않으려 하는 '비북' 조선적자의 통일관[8]과 상통하며, 통일 과정에 적극적으로 참여하고 자신의 역할을 다하고자 하는 '친북' 조선적자와는 전혀 다른 것이다. 또한 상술한 바와 같이 그의 국가관은 민족교육기관이자 북한식 국민교육기관이기도 하는 조선학교식 교육을 받은 '친북' 조선적자의 '북은 조국, 남은 고향'이라는 인식과 역시 다르다. 이러한 차이는 유독 '비북' 3세인 정장만의 것이 아니다. 총련 조직과의 관계성을 가지다가 갈등을 겪은 후 이탈한 1세 문예인 정인(鄭仁)의 인식은 정장과 통하는 것이 있다. 정인은 조국에 대한 물음에 대해 다음과 같이 말하고 있다.

> 나는 역시 일단은 통일된 조국일 것 같다. 직설적으로 말하면 지금의 북한 정권에도 박근혜 정권에도 나는 귀속의식은 없지. 하지만 출신이 조선인이라는 것, 이건 틀림없다. 이러한 배경을 가진 사람은 실제로 있어. 있지만 국가 권력에의 귀속감은 없어. 굳이 말하면 자기 자신에게 귀속하고 있는 것이라고 밖에 말할 수 없어. 조선적으로 남아 있는 것도 이 때문이지.[9]

정인은 총련 조직에서 오랫동안 일하면서 시인 김시종(金時鐘) 등과 함께 총련 문예지 『진달래(チンダレ)』에서 활동하여 편집장을 역임한 인물이다. 그 과정에서 우리말을 구사하지 못하는 재일 2세들이 일본어로 문예활동을 하는 것을 총련으로부터 부정당하고 총련의 승인 없이 작품을 게재할 수

8 김웅기(2018), 「조선적자의 다양성과 문재인 정부의 입국 허용정책을 둘러싼 쟁점」, 『일본학보』 제114집, 201~202쪽.

9 中村一成(2017), 앞의 책, 110쪽.

없다는 정치적 개입에 반발하고 조직을 떠난 이른바 '『진달래』 논쟁'의 중심적 인물이다. 그는 북한 국가까지 개입하며 쇄도하는 비판을 받았음에도 불구하고, '본국'에 대한 종속을 끝까지 거부했다. 당시 재일코리안 지식인들이 일본 문단에서 문예활동을 하는 길이 막혀 있었기 때문에 정인 등의 행동은 '밥그릇', 즉 자신의 생존을 건 투쟁이었다.

이에 비해 조선학교의 모범적 졸업생이라고 할 수 있는 '친북' 3세 리정애(李正愛)의 통일관은 매우 명쾌하며 정인과는 대조적이다. 스스로를 '총련 동포'라고 부르는 한국 남성과 결혼한 그녀는 "우리 학교(조선학교)를 다닌 동포"이기에 "북도 남도 이해할 수 있으며 양측을 사랑할 수 있다"며 조선학교 졸업생들이야말로 조국통일의 과정에 기여할 수 있다는 강한 자부심을 나타내고 있다.[10] 조국에 살아본 경험이 있고 인적 교류를 실제로 경험한 1세와는 달리 3세가 되면 언어와 문화의 이해가 있는 조선학교 졸업생들이 한국사회와의 관계성을 구축할 개연성이 높은 것은 사실이다. 리정애의 인식으로부터는 이러한 조국과의 관계는 조선학교의 교육 없이 가질 수 없을 것이라는 인식을 엿볼 수 있다. 그러나 한편으로는 모든 교육과정을 일본 학교에서 수료하느라 조국의 언어와 문화를 배울 기회는커녕 조국 땅을 밟아 보지도 못하고 있는 정장과 같은 조선적자가 자신의 노력으로 통일의 신조를 찾게 된 것 또한 사실이다.

이 연장선상에서 '친북,' '비북' 양자 간에는 남북 분단국가를 둘러싼 국가관의 차이도 존재한다. '북은 조국, 남은 고향'이라는 '친북' 측 인식으로부터는 남측의 정통성에 대한 의의(疑義)라는 뉘앙스를 읽어 낼 수 있다. 따라서 이런 점에서 '남도 북도 아니다'라는 '친북' 조선적자의 자기인식은 '북에 속하면서 남에도 속하고자 한다'로 이해하는 것이 타당할 것이며 '친북' 조

10 리정애 · 임소희(2008), 「재일동포 리정애의 서울 체류기 : '우리학교'를 보셨나요?」, 『민족21』, 159쪽.

선적자의 정치적 비판 대상이 오로지 한국이라는 점이 이를 뒷받침하고 있다. 한편 남북 양측에 속하지 않은 채 등거리를 유지하며 통일 과정에도 개입할 의사가 없다는 점에서 '남도 북도 아님'은 '비북' 조선적자를 가리키는 수사(修辭)로 이해하는 것이 타당할 것이다.

그렇다고 해서 '비북' 측이 남북의 행방에 관심이 없는 것은 아니다. 오히려 양측에 대해 비판적이라는 데 특징이 있다. 제주4·3사건을 모티브로 하는 장편소설 「화산도」 집필에 평생을 바친 김석범은 다음과 같이 남북 양측에 대해 지극히 신랄한 비판을 쏟아 낸 적이 여러 번 있다. 그가 개인으로 살아오면서도 한국에서 발언권이 있는 것은 「화산도」가 사건의 희생자로서의 기억을 계승해 주는 역할을 함으로써 제주 사람들의 지지를 얻었기 때문이라고 할 수 있다.

> 북조선이 어디 사람 살 곳인가. 나는 남에 있었어도 죽었을 것이고, 북에 있었으면 총살당했을 것이다.[11]

> 이승만 정부는 대한민국 임시정부의 법통을 계승했다고 표방했지만 과연 친일파, 민족반역자 세력을 바탕으로 구성한 이승만정부가 임시정부의 법통을 계승할 수 있었겠습니까. 여기에서부터 역사의 왜곡, 거짓이 정면에 드러났으며 이에 맞선 것이 단독선거·단독정부 수립에 대한 전국적인 치열한 반대투쟁이 일어났고 그 동일선상에서 일어난 것이 4·3사건이었습니다.[12]

한편 총련에 속해 있으면서 평생을 바쳐 총련계 민족교육운동의 견인차 역할을 맡아 온 1928년생 1세 박종명(朴鐘鳴)은 2018년 사망할 때까지 남북

---

11 이문영(2016), 「정치적 협격을 당해 왔다」, 『한겨레 21』 제1106호.

12 「〔전문〕 제주4·3평화상 수상자 김석범 씨의 수상소감」, 『제주도민일보』 2015. 4. 2.자.

양측 땅을 단 한 번도 밟아 보지 못한 채 세상을 떠난 인물이다. 그를 '친북' 조선적자로 분류할 수 있겠지만 3세 리정애의 인식과는 상당한 괴리가 있다.

> 나는 첫째로 민족입니다. 남이냐 북이냐 혹은 총련이냐 민단이냐가 아니라 민족으로서 어떻게 해야 하는가를 생각해 달라고 젊은 사람들에게도 말해 왔습니다. 그 민족이 더 나은 방향으로 나아갈 수 있도록 나라를 형성케 한다는, 그 이념을 실제로 운영 · 전개하기 위해 정부가 있는 것입니다. 예를 들어 대한민국이라는 나라가 있습니다. 아직도 반공이 국시며 이념으로 표현되는 부분에는 문제가 있습니다. 실제로 군사독재정권이 지속되었지만 청년들이 엄청난 피를 흘려 그 수만의 희생 위에 민중의 힘이 한국을 민주주의 국가로 기본적으로 정착시켰습니다. 즉 한국에 있는 우리 민족의 상당 부분 사람들이 한국이란 어떤 국가이어야 할 것인가라는 한 점에서 민중의 생각을 실현할 수 있는 나라로 끌어올렸습니다. 이것이 훌륭합니다. 지금 정부(박근혜 정부 — 인용자)는 비판합니다만.[13]

적어도 민족교육운동을 실체로 체험해 온 1세들은 국가와 통일에 대해 다양한 견해를 가지고 있다는 것만은 틀림없다. 상술한 바와 같이 리실근처럼 조선적과 북한국적을 동일시하는 사례도 존재하기 때문이다. 이 점과 관련해서는 3세들 중에서도 북한 국가에 소속감을 가진 이들도 존재한다. 고등학교까지 조선학교에 다닌 역사학자 정영환(鄭榮桓)은 다음과 같이 자신의 신조를 주저하면서도 한국 언론에 밝힌 바 있다.

> 한국사회에서 조선적은 '남북 어느 쪽에도 속하지 않는 경계인'으로 이해되

---

13 中村一成(2017), 앞의 책, 70쪽.

> 고 있다. 물론 그런 이해가 잘못된 것은 아니다. "이 문제는 참 설명하기 어려운데…… (한동안 침묵) (한국의) 언론이나 진보 쪽에서 조선적을 남도 북도 아닌 사람들이라고 일단 규정을 해요. 그런데 제가 강조하고 싶은 것은 저는 '북이 아닌 것은 아니다'라는 거예요. 재일조선인들의 지난 역사를 보면 북과 여러 인연을 맺으며 살아왔고 나는 (고교까지) 조선학교를 다녔어요. 지금도 총련계 인권단체(재일본조선인인권협회)의 이사로 있어요. 내가 국가적인 정체성을 꼭 북에만 두고 있는 것은 아니지만 북도 인정을 할 수밖에 없어요. 지금까지 내가 스스로 선택해서 살아왔고 활동을 했는데 이를 부정하고 싶진 않습니다."[14]

그의 고백에는 일말의 모순도 없다. 이 인터뷰 기사는 그가 주오사카 한국총영사관으로부터 여행증명서 발급을 거부당한 데 대한 소송이 한국에서 진행 중이인 시점에 나왔으며, 판결에도 부정적인 영향을 미칠 수 있는 상황이었기에 매우 용기가 필요했을 것이다(실제로 대법원에서 최종패소).

지금까지 논의해 온 바와 같이 그동안 정설이 되어 왔으며 한국 시민운동 및 학계에서도 수용되어 온 조선적자의 '남도 북도 아니다'라는 자기인식은 상세하게 살펴보니 현실과의 괴리가 존재하는 것으로 확인되었다. '친북' 조선적자에 의한 '남도 북도 아니다'는 사실 '북에 속하면서 남에도 속하고자 한다'는 것이 정확하다. 또한 북한 여권 소지자 등 그 공민으로서의 입장을 분명히 하고 있는 '친북' 조선적자의 경우, '북에 속하면서 남에도 속하고자 한다'는 자세가 더욱 선명해진다. 그 반면에 많은 '친북' 조선적자들이 북한 국가가 발급하는 신분증명수단을 가지지 않는 것이 현실이다. 또한 한국에서도 여행증명서는 남북교류협력법에 의해 정해진 '외부(북한)에 속한 자'로서의 신분증명수단에 불과하기 때문에 이들이 스스로를 '남도 북

14 길윤형, 「조선적도 한국 입국도 끝내 포기할 수 없는 이유는」, 『한겨레』 2016. 7. 6.자 (http://www.hani.co.kr/arti/politics/defense/751112.html#csidx66d5311c58656bfa14d6ff95892272b, 검색 : 2020. 5. 17).

도 아니다'라고 인식하는 일 자체는 잘못도 아니고 어쩔 수 없는 측면이 있다. 그러나 통일관과 국가관을 고찰해 보니 이들 또한 '북에 속하면서 남에도 속하고자 하는' 존재임이 명확해진다. 한편 법적 지위나 국가관 등을 감안할 때 '남도 북도 아니다'에 해당되는 것은 '비북' 조선적자라는 것이 정확한 이해라고 할 수 있다.

이러한 검증은 '친북', '비북' 중 어느 한 측이 정치적 정통성을 지니고 있는지를 논하는 것을 목적으로 하지 않는다는 점에 유의하기 바란다. 조선적자 내부에 존재하는 정치적 다양성이 어떠한 것인지를 있는 그대로 제시하는 데 목적이 있는 것이다. 다양한 관점에 의한 주장의 여하를 불문하고 조선적자의 존재를 받아들이는 것, 한국정부에 대해 기존정책 변화를 요구하는 것이야말로 문재인 대통령이 말하는 조선적자 총체에 대한 인도주의 실현으로 이어지기 때문이다.

4. 한국은 조선적자를 어떻게 처우해 왔는가?

여기에서는 조선적자를 한국 법체계가 어떻게 다루고 있는지에 대해 검토해 볼 것이다. 결론부터 말하면, 조선적자의 한국 내 법적 지위는 한국국민이면서도 무국적이며, 외국인은 아니면서도 재외동포(재외국민 및 외국적동포)가 아니라는 모순투성이의 존재로 규정되어 있다.

조선적자는 일본에 이주 또는 출생한 존재이기 때문에 한국과의 관계는 입국문제로부터 시작된다. 조선적자의 한국 입국은 1975년 박정희 정부 시절 총련계재일동포 모국참묘단사업으로 시작되었다. 이 사업은 당시 중앙정보부 차관보를 거쳐 주오사카 총영사관 총영사로 부임한 조일제(趙一濟)의 아이디어에 비롯된 것이다. 일제강점기 일본에서 자란 그의 재일코리안에 대한 인식은 실제 체험에 근거한 첩보 전문가다운 것이라고 할 수 있다.

조갑제(趙甲濟)는 다음과 같이 그를 평가하고 있다.

> 그(조일제)는 18세 때 오사카에서 해방을 맞았던 재일동포 출신이었다. 동포사회의 생리를 잘 아는 그는 조총련이라고 해도 골수 공산주의자들은 소수에 불과하다고 판단했다. 더구나 北送교포가 9만 3천 명이나 되기 때문에 조총련이든 民團이든 在北동포와 인연이 없는 사람들은 거의 없었다. 이런 사정을 무시하고 조총련 가입자 30만 명을 전부 敵으로 돌리는 수사식 접근법에 의문을 가졌던 이가 趙총영사였다.
>
> 당시 對共수사기관들은 간첩수사 실적을 올리기 위해서 공항에서 그물을 치고 기다리고 있다가 북한 측과 연락이 있는 在日동포들을 사소한 건으로 연행하여 국가보안법 위반 혐의로 걸어 무리한 수사를 하곤 했다.[15]

여기에서 중요한 것은, 조일제가 말하는 '재일동포'가 조선적자가 아니라는 점이다. "사소한 건으로 연행하여 국가보안법 위반 혐의로 걸어 무리한 수사"의 희생이 된 것은 주로 모국수학으로 국내 대학과 그 준비 단계인 한국어교육기관에서 공부했던 한국국적의 재일코리안 2세 청년들이었다. 도쿄에 있는 조선대학을 정점으로 유치원부터 초·중·고에 이르기까지 학교교육체계를 정비한 총련을 대항하기 위해 1960년대 초 한국정부와 민단이 시작한 것이 모국수학사업이다. 적지 않은 한국국적 재일코리안 청년들이 대학 진학과 더불어 정체성 회복을 위해 모국으로 향했지만, 한국사회의 이방인인 데다가 한국사회의 인적 네트워크 또한 매우 희박했다. 이를 악용한 대공수사 당국에 의해 상당수가 간첩으로 조작되어 군사독재하의

15 조갑제, 「조총련 母國방문 기획 趙一濟 전 정보부 차장보 별세」, 『조갑제닷컴』 2018. 10. 21.자(https://www.chogabje.com/board/view.asp?C_IDX=80387&C_CC=BB, 검색 : 2020. 5. 17).

정치적 희생양 역할을 강요받은 것이다.

조일제는 자신의 오사카 경험을 바탕으로 "앞으로 재일동포를 연행할 때마다 내 허가를 받도록" 지시했다고 한다. 그는 이러한 수사가 엉터리임을 일찍이 알고 있었던 것이다. 재일코리안 청년들은 수사당국에 연행되어 구금, 고문, 강간을 당했을 뿐만 아니라 사형선고를 받아 구치소에서 수년 동안 24시간 수갑이 채워진 채 세월을 보낸 사람들마저 있었다. 또한 이러한 사정이 재일코리안사회에 알려지자 적지 않은 후배 재일코리안 청년들이 한국행을 포기했다. 국가폭력의 피해자들은 민주화 이후 재심청구를 하여 지금까지 35명 연속으로 무죄 판결을 받아 냈다. 그러나 이들의 인생은 금전으로 보상되는 것은 아니다.

보다 중요한 것은 이렇게 비총련계 재일코리안 중에서 조국과의 가교역할을 담당할 수 있는 능력을 갖춘 인재들이 대부분 사회에서 활약할 수 있는 기회를 잃었다는 점이다. 오늘날 한국사회에서 총련계 이외의 재일코리안의 존재가 가려지게 된 배경에는 이러한 사정이 있는 것이다. 거주국 일본에서 무권리의 외국인으로 살아가는 재일코리안사회가 일련의 간첩날조사건들로 인해 얼마나 심각한 타격을 입었는지에 대해 앞으로 더 많은 고찰이 필요할 것이다.

이러한 사실은 오늘날 한국 언론에서 재일코리안이라는 존재가 마치 총련계가 전부인 것처럼 보도되고 있는 상황과도 연관된다. 왜냐하면 조선적자가 개인 차원으로 한국을 방문하기 시작한 것은 한국이 민주화된 이후 시기인 2000년 6 · 15 남북공동선언이 기점이기 때문이다. 즉 그들이 한국사회와 관계를 맺기 시작한 것은 사상적 문제로 체포 · 구금될 우려가 사실상 소멸되고 안전한 상황이 확보된 이후의 일이다. 실제로 총련과의 연관성을 가진 이들의 오늘날 한국사회에서 자유로운 정치활동이 가능해진 상황은 민주화의 성과며, 환영해야 마땅한 일일지도 모른다. 그러나 조국에서 국가폭력으로 인해 희생되며 자기실현의 기회를 송두리째 날려 버린 수

많은 재일코리안 청년들의 존재를 떠올려 볼 때 어딘가 씁쓸한 마음을 금할 수 없는 것 또한 부정할 수 없다.

그러나 오늘날 한국에서 조선학교와 '친북' 조선국적자를 옹호하는 정치적 주장이 자유로워졌다고 해서 재일코리안 총체의 정치적 자유도가 높아진 것은 아니다. 상술한 바와 같이 조선적자의 한국 입국 시 필요한 여행증명서의 근거법은 남북교류협력법이며, 조선적자가 같은 민족임을 인지하면서도 외부인으로 규정되고 있기 때문이다. 고향 방문 정도의 단기체류를 '북'이라는 주홍글씨를 받아들이는 조건으로 허락할 뿐, 정치적 자유를 비롯한 시민권을 보장하는 것은 결코 아니다. 무엇보다 문제가 되는 것은 이 법이 한국정부가 제3장에서 살펴본 조선적자들 간의 정치적 다양성을 외면하고 "모조리 '북'"으로 간주하는 족쇄 역할을 하고 있다는 점이다. 동법 제10조에는 조선적자의 한국 왕래에 관한 다음과 같은 조항이 있다.

> 제10조(외국 거주 동포의 출입 보장) 외국 국적을 보유하지 아니하고 대한민국의 여권(旅券)을 소지하지 아니한 외국 거주 동포가 남한을 왕래하려면 「여권법」 제14조 제1항에 따른 여행증명서를 소지하여야 한다.

이 조항은 사실상 조선적자만을 대상으로 마련된 것이다. 이처럼 말할 수 있는 이유는 첫째 '외국국적을 보유하지 아니하고', 둘째 '대한민국의 여권을 소지하지 아니한', 셋째 '외국 거주 동포' 집단은 오늘날 사실상 조선적자가 유일하기 때문이다. 일제강점으로 인해 사할린으로 징용된 조선인들이 해방 후 고향인 한반도 남부로의 귀환을 원해 소련 또는 북한 국적 취득을 거부하느라 무국적자로 남았지만, 한 · 소 간의 국교가 정상화되어 왕래가 가능해지자 한국국적을 취득하는 사례가 늘어났다.

문제는 제10조가 왜 남북교류협력법에 포함되어 있느냐에 있다. 제10조의 조문은 모두 내국인의 북한과의 인적 교류나 투자 등에 관한 것이기 때문이다. 따라서 남북교류협력법은 한국정부가 조선적자를 "모조리 '북'"으로 간주하는 인식을 제도적으로 고착화시키고 있는 증거라고 할 수 있다. 즉 이 조항에 근거된 여행증명서 발급 신청자들을 북한/총련과 연루된 자로 획일적으로 취급한다는 것이다.

게다가 더 모순적인 것은, 한국정부가 다른 법률로 조선적자를 대한민국 국민으로 규정하고 있는 점이다. 제3장에서 거론한 '총련 동포' 리정애는 문재인 정부가 들어서기까지 내국인 남편과 결혼한 이후 한국 외교부에 의해 여행증명서 발급을 거부당해 왔다. 그는 2010년 한국 법무부에 외국인에게 발급하는 배우자비자를 신청한 적이 있다. 법무부가 신청을 각하할까 우려했지만, 외교부 영사과가 조선적자는 무국적자라고 거듭 설명해 왔기 때문에 비자를 발급받을 수 있을 것으로 기대했다고 한다. 그러나 법무부는 리정애가 한국국적 소지자인 것으로 판단하여 그의 신청을 기각했다. 그 근거가 된 것이 리정애의 아버지가 조선인이라는 사실이다.[16]

법무부의 판단을 근거로 리정애는 다음으로 외교부를 찾아가 한국여권을 신청했다. 그러나 외교부는 그의 요구를 끝까지 거부했다. 외교부는 조선적자를 대한민국 국민으로 해석하지만 여행증명서에 의해서만 식별이 가능하게 하는 시책, 즉 조선적자는 "모조리 '북'"이라는 등식을 고집하고 있는 것이다. 이러한 상황은 오늘날 문재인 정부가 조선적자의 한국입국 기회를 인도적 차원으로 보장할 것을 밝힌 이후에도 변화가 없다.

한국에서 이러한 상황에 대해 문제제기가 이루어지고는 있지만, 모두

16 오늘날 누가 한국인인가를 규정하는 법률은 헌법 제2조 제1항 '대한민국 국민의 요건은 법률에 따른다'(국적법정주의), 동조 제2항 재외국민 보호의무 규정 등이 해당되며, 그 뿌리는 남조선과도정부 법률 제11호 「국적에 관한 임시조례」 '조선인을 부친으로 하여 출생한 자는 조선의 국적을 가진다'에 있다. 고희려는 이를 "'최초의 한국국민' 규정의 결함'으로 규정하며 결국 일제가 제정한 조선호적이 근거가 될 수밖에 없다"고 주장하고 있다〔高希麗(2019), 「法的側面からみた朝鮮籍者：日本・韓国の立場から」, 日本移民学会発表資料(2019. 6. 30), 天理大学, 3쪽〕.

'친북' 조선적자의 주장을 대변하는 시민운동에 의한 것이다. 실제로 한국에 입국할 수 있는 조선적자가 사실상 '친북' 측으로 국한되어 왔기 때문에 시민운동이 이러한 형태가 된다는 것은 어떤 의미에서는 자연스러운 현상이라고 할 있을 것이다. 리정애의 한국 입국은 현재 가능해졌지만, 그것은 어디까지나 북한에 대해 융화적 태도를 취하는 문재인 정부에 의한 정치적 재량권 행사의 결과에 불과한 것이다.

보다 근본적인 문제는 이러한 주장이 조선적자뿐만 아니라 그들의 가족, 친척, 친구 등 어떠한 관계성을 가지지 않을 수 없는 여타 재일코리안까지 한국사회에서 북한/총련의 대변자인 양 인식되어 버릴 우려가 있다는 점이다. 여전히 거주국에서 남북이 공존하는 재일코리안은 재외동포 중 유일하게 한국 민주화의 긍정적 영향이 미치지 못하고 있는 존재며, 이는 민주화의 상징이라고도 할 수 있는 문재인 정부에서도 변함없다. '친북' 조선적자의 입장만을 대변하는 한국 시민운동은 그들의 한국 자유왕래를 촉구하다가 문재인 정부의 재량으로 문제가 풀리자 현재 소강상태가 되었다. 그러나 이러한 운동방식으로는 정권이 바뀔 때마다 정치적 재량에 따른 관용적 입국허용과 완전 봉쇄가 반복될 뿐이다. 즉 이들 또한 정부와 마찬가지로 인도주의적 관점이 아니라 어디까지나 정치적 접근으로 운동을 펼치고 있는 것이다. 한국 시민운동 또한 재일코리안 총체를 한국정치의 새장 안으로 가두어 버리는 역할을 무자각적으로 하고 있는 것이다.

한편 조선적자는 통일문제를 주관하는 통일부가 관할하는 남북교류협력법에서 일단 '외국거주동포'라는 용어로 상징되는 것처럼, 동족(同族)으로 인정되어 있는 것을 알 수 있다. 그러나 외교부가 관할하는 재외동포의 출입국과 법적 지위에 관한 법률(이하 재외동포법)에서는 조선적자를 재외동포의 정의와 이에 따른 법적 지위에서 배제하고 있다. 이와 관련되는 것은 동 법 제2조이며, 조문은 다음과 같다.

제2조(정의) 이 법에서 '재외동포'란 다음 각 호의 어느 하나에 해당하는 자를 말한다.

1. 대한민국의 국민으로서 외국의 영주권(永住權)을 취득한 자 또는 영주할 목적으로 외국에 거주하고 있는 자(이하 '재외국민'이라 한다)

2. 대한민국의 국적을 보유하였던 자(대한민국정부 수립 전에 국외로 이주한 동포를 포함한다) 또는 그 직계비속(直系卑屬)으로서 외국국적을 취득한 자 중 대통령령으로 정하는 자(이하 '외국국적동포'라 한다)

외교부가 조선적자를 무국적으로 간주하는 이유를 알 수 있을 것이다. 위의 두 가지 조항에 공통된 점은 '재외국민'이든 '외국국적동포'든 재외동포의 지위를 얻기 위해서는 국적이 필요하다는 것이다. 극단적으로 말해 재외동포법 제2조는 조선적자를 배제하기 위하여 의도적으로 설계되었다고 해도 과언이 아니다. 심지어 외교부가 발간하는 재외동포백서에 나타나는 재일동포 인구통계에는 조선적자가 포함되고 있는데도 말이다. 이 같은 재외동포 집단은 조선적자를 제외하고 오늘날 어디에도 없다. 이 상태가 지속되고 있는 데 대해 의도적인 것인지 무자각적인 것인지는 모르지만 이 문제를 방치해 놓는 한, 오늘날 문재인 정부가 주도하고 있는 '관용적' 조선적자 입국허용정책은 결코 인도주의적인 것이 아닌 것만큼은 확실하다.

여기에서는 조선적자와 연관되는 한국 법체계와 시민운동의 문제점을 검토함으로써 이들의 한국 내 지위가 '국민'이기는 하지만 '북'에 속한다는 함의를 지닌 '외국거주동포'로서 한국입국 기회가 열리고 있을 뿐, 거주권이나 시민권으로부터는 배제되고 있는 점을 확인했다. 게다가 조선적자들은 혈통적으로 한민족이면서도 '재외동포'로서의 지위를 갖지 못하고 있는 유일한 집단이다. 한국이 표방하는 민족애나 동포의식의 허구성을 드러내는 존재가 조선적자라고 할 수 있을 것이다.

여기에서 부각되는 것은 한국정부 및 시민운동이 공히 '친북' 조선적자의 존재만을 염두에 두며 정치적 재량의 영역에서만 인식해 왔다는 사실이다. 이러한 점들이 존재하는 현 상황에서는 문재인 대통령이 밝힌 '인도주의'는 허공을 향해 외치는 공론의 불과하다. 이 근저에는 제3장에서 논의한 조선적자의 정치적 다양성에 대한 의도적 혹은 무자각적 외면이 있다. 조선적자의 존재를 통해 한국정부나 시민사회가 얼마나 분단논리에 젖어 있는지를 이해할 수 있다. 민족을 날려 버릴 수 있을 정도로 분단의 힘이 강하다는 것을 새삼 확인시켜 준다. 인간 본연의 권리인 귀환권 문제가 수년마다 바뀌는 위정자의 정치적 재량권 앞에 놓아나고 있는 현실을 방치한 채 어떻게 '인도주의'를 실현하겠다는 것인지 도무지 이해할 수 없다.

5. 한국사회를 향한 '비북' 조선적자의 정치적 주장

여기에서는 한 '비북' 조선적자가 국민신문고에 올린 청원 내용을 살펴보고자 한다. '비북' 조선적자에 의한 그들의 입국문제에 대한 주장이 처음으로 한국을 향해 이루어졌다는 데 의의를 찾을 수 있기 때문이다. 그의 주장이 어떠한 내용이며 어떠한 대안을 담고 있는지를 검토해 나갈 것이다. 자세한 내용은 후술하겠지만 그가 제시한 대안이란 조선적자의 한국입국 문제를 둘러싼 문제가 정치적 재량권의 영역에 갇힐 것이 아니라 한국정치가 어떻게 기울든 인도적 차원에 의한 대응이 가능해지도록 하기 위한 방안이라 할 수 있다.

제3장에서 언급한 바와 같이 재일 3세인 '비북' 시인 정장은 대학까지 모든 교육과정을 일본 학교에서 마쳤으며, 그의 부모까지 포함하여 총련 커뮤니티와의 관계는 일절 없다. 한국어와 문화는 그가 다니던 오사카 교외 공립 초등학교에 설치된 클럽활동과 유사한 취급을 받는 민족학급에서 주

1시간 수업을 받은 것이 전부다.

지역사회에서 스스로의 노력으로 정체성을 되찾아 조선적이라는 법적 지위를 스스로 선택한 그의 작품 중에는 남북 분단국가와의 관계성에 관한 작품도 적지 않다. 남북 양측에 동일하게 거리를 두며 공히 비판적인 경우도 적지 않다. 세대와 배경은 다르지만 총련을 이탈하여 일본사회에서 민족과 통일을 주제로 문예활동을 펼쳐 온 '비북' 1세 지식인들과 상통한다. 분단 이전의 통일된 조선을 원하는 이들은 시바 료타로(司馬遼太郎)를 비롯한 일본 문예인들과의 교류를 통해 활동의 무대가 점차 열리기 시작했다.

'비북' 조선적자는 수적으로 소수다. 그러나 이들 대부분이 일본사회에서 표현 활동에 종사하고 있기 때문에 그 목소리는 결코 작은 것이 아니다. 소설가 김석범이나 시인 김시종 등이 대표적 인물이지만, 이들은 1948년 제주4 · 3사건의 영향을 직간접적으로 받다가 총련의 전신 조련과 민전에서 문예활동에 종사했으나 김일성 일인독재와 이를 지지하는 총련에 반대하여 이탈했다.

이들의 자기인식은 나라를 되찾지 못한 디아스포라, 여전히 떠돌아다니고 있는 이산민의 그것이다. 김석범은 다음과 같이 말한다.

> 저는 한국 국적도, 북한 국적도 가지지 않은, 한마디로 무국적자입니다. 구십 평생 서울과 제주를 합쳐 3~4년밖에 조국에서 살아보지 못한 디아스포라입니다. 이 사람이 오늘 여기 고향땅 위에 발을 디디고 서 있습니다. 남과 북으로 두 동강 난 반쪽이 아닌 통일 조국의 국적을 원하는 나에게는 '국적'으로 뒷받침된 조국이 없는 거나 마찬가지입니다. 원래 조국은 하나였으며 식민지 시절에도 남북은 하나였습니다.[17]

---

17 『제주도민일보』 2015. 4. 2.자.

이 내용은 2015년 제1회 제주4 · 3평화상 수상 스피치의 일부다. 이들 발언은 한국 보수층을 격노시켰다. 제주4 · 3사건의 재평가와 한국의 국가정통성에 대한 의문을 주장하는 김석범은 '친북'주의자로 검찰에 형사고발을 당해 문재인 정부가 들어설 때까지 한국 입국 길이 막혀 버렸다. 왜냐하면 박근혜 정부 시절 여권업무를 주관하는 외교부의 재량에 따라 여행증명서 발급을 거부당했기 때문이다. 그의 주장을 척추반응이라도 하듯 '친북'으로 인식해 버리는 사회구조가 한국사회에 존재한다는 것을 상징하는 사건이지만 실제로 그는 '북'을 옹호하는 것과는 가장 거리가 먼 인물이다.

이러한 고향을 왕래할 기회마저 막혀 버린다는 문제가 내국인에게는 결코 일어나지 않는다는 점에 주목해야 할 것이다. 1970년대 군사독재 시절과 마찬가지로 재일코리안에게는 안보와 분단 논리가 엄격하게 적용되고 있는 것이다. 누군가는 술자리에서 이 같은 말을 내뱉는다 할지라도 아무런 위협도 느끼지 않겠지만 일본에서 평생 살아온 90 넘은 노인에게는 말 한마디가 고향을 찾지 못하게 하는 빌미가 된다는 것이다. 이토록 '동포'의 본질에는 평등의식이 어디에도 없고 고압적인 것이다.

이와는 정반대 양상에 대해서도 언급해 두어야 할 것이다. 정장은 2019년 한국정부를 상대로 청원을 제기했는데 이 청원은 일본어로 작성[18]되었다. 그가 한국어 구사를 못하기 때문이다. 한국의 국민신문고는 구 종주국의 언어인 일본어를 비롯한 다언어로도 접수를 받을 정도로 굳이 국민이 아니더라도 외국인 등에 대해서도 열려 있다. 한국의 민주화 수준을 나타내는 하나의 현상으로 이해할 수 있다. 이하 그의 청원서 내용에 언급하면서 논의를 전개해 나가고자 한다.

먼저 정장은 자신의 지위에 대해 "저는 귀국 국민이 아닌 일본에 특별영

---

18 丁章(2019), 「韓國國民のみなさまへ：在外同胞の定義を改正するよう請願します」, 國民申聞鼓.

주하는 재일동포"라고 소개하면서 "남북 두 국가의 구성원도", "남북 어느 재일 조직 구성원이 된 것도 아닙니다"라고 자신의 정치성에 대해 밝히고 있다. 이는 '친북' 조선적자의 입장과는 확연히 다르다. 그 이유에 대해 정장은 "나의 의지에 따라 국적선택을 보류하고 있기 때문"이라고 한다.

다음으로 "국적선택을 보류"하는 이유 대해서는 "향후 제가 국적선택을 할 경우, 그 선택의 대상이 되는 국가는 남북 두 국가의 논의를 통해 합의될 민주적이고 평화적인 방법에 의해 성립될 통일국가라고 생각하기 때문"이라고 밝히고 있다. 이러한 국가관 또한 어느 한 측에 이미 속한 상태에서 다른 한 측과의 통일할 것을 지향하는 '친북' 측 국가관과 다르다고 할 수 있다. 남북 어느 쪽에도 속하지 않는 입장이라는 것이 결정적 차이이기 때문이다.

한편 여행증명서에 대해서는 "법적 근거가 남북 분단논리에 기초하고 있다"는 이유로 받아들일 수 없고 "자기의 지조(志操)를 굽혀서 이를 따를 수 없기 때문"[19]에 한국으로 입국하지 못하고 있는 것으로 이해할 수 있다. 제3장에서도 언급했지만 그가 원하는 것은 "일본 법무성 발행의 재입국허가서를 사용"하는 것이며, 거기에 한국정부가 발행한 비자를 발급받는 것이다. 즉 한국국민 범주 밖에서 한국정부의 정통성이나 권위를 인정한다는 것이다.

주오사카 한국총영사관이 그의 청원을 지금까지 네 차례 각하해 온 이유는 그가 가진 조선적을 "모조리 '북'"으로만 인식하며 여행증명서 사용만을 요구하기 때문이다. 정장이 여행증명서의 근거법인 남북교류협력법을 "법적 근거가 남북 분단논리에 기초하고 있다"고 지적한 것은 정확한 이해다. 게다가 리정애의 사례처럼 외교부는 조선적자를 '북'이라는 외부자로 몰아 놓고도 국민이라는 해석을 하고 있는 것이다. 그래야 여행증명서 제도를 고

19 丁章(2016), 앞의 시, 126쪽.

수할 수 있기 때문이다.

그래서 정장은 대안으로 재외동포법 개정을 청원한 것이다. 제4장에서 살펴본 바와 같이 재외동포법은 국적이 없는 조선적자에게 재외동포로서의 법적 지위가 부여되지 않도록 설계되어 있다. 이를 조선적자를 '의도적으로' 배제하기 위한 조치로 보아야 할지까지는 알 수 없지만, 한국국적이 있어야 가질 수 있는 '재외국민'이나 외국국적이 있어야 가질 수 있는 '외국국적동포'의 지위를 조선적자가 부여 받지 못한다는 점만큼은 확실하다. 이 같은 상황은 굳어져 버린 국민의식이나 1970년대보다도 후퇴해 버린 협량한 '민족애'가 반영된 결과로 볼 수 있을 것이다.

이러한 여건을 감안하여 정장은 "제가 '여행증명서'를 사용하여 귀국으로 입국하기 위하여 해외동포법의 정의 개정을 귀국에 대해 제안하고 싶다"며 동법 제2조에 조선적자를 전제로 하는 '무국적동포 또는 국적미선택 동포'를 재외동포 범주에 포함하도록 다음과 같이 제안하고 있다.

추가안

제2조 3. 대한민국의 국적을 보유하였던 자(대한민국정부 수립 전에 국외로 이주한 동포를 포함한다.) 또는 그 직계비속(直系卑屬)으로서 어느 국적도 취득하지 않고 (무국적상태로) 외국의 영주권을 취득한 자 또는 영주할 목적으로 외국에 거주하고 있는 자(이하 '국적미선택동포'라 한다.)

한국사회에 인적 네트워크가 없는 그가 이렇게 청원을 하는 목적은 "한 가정의 아버지인 저는 조부모의 땅을 온 가족이 함께 여행하고 싶다는 소박한 마음"을 이루어 내기 위해서다. 그리고 이러한 희망을 실현시키는 것은 "한국 헌법 제4조 '대한민국은 통일을 지향하며 자유민주적 기본질서에 입각한 평화적 통일정책을 수립하며 이를 추진한다'는 정신에도 결코 위배

되지 않는다"고 주장한다.

실제로 이와 유사한 주장 자체는 '친북' 조선적자를 지원하는 한국 시민운동 측에서도 제기되어 왔다. 그런데 문제가 되는 것은 반공 이데올로기가 강한 한국에서 이러한 주장이 '친북' 입장에서만 표명되어 옴으로써 원래 인도적 차원의 문제이어야 할 조선적자의 고향 방문 문제가 정치적 논쟁거리로 변질되어 반정부단체로 지정된 '총련 옹호'로 왜곡되어 버리는 데 있다. 이같이 볼 수 있는 것은 시민운동 측이 남북에 대해 중립을 유지하는 조선적자의 존재나 통일관을 인지하여 성찰했다는 흔적을 찾아볼 수 없기 때문이다.

시민운동 측은 또한 여행증명서 발급에 있어 정부 재량권의 근거인 여권법을 개정함으로써 정부의 재량권 여지를 제로에 가까운 수준까지 최소화할 것을 주장하고 있는데, 이는 주권국가로서의 기능 자체를 포기하라고 요구하는 것이나 다름없다. 이러한 요구는 대한민국의 정통성 자체에 의문을 제기하는 것과 같은 요구로 비칠 수 있기 때문에 실현 가능성은 없다고 보는 것이 타당할 것이다. 더군다나 총련 영향 아래 있었던 것으로 알려지고 있는 재일코리안(문세광)에 의해 박정희 대통령의 영부인 육영수 여사가 암살된 트라우마가 아직도 가시지 않은 상황에서는 과격한 요구가 아닐까 하는 생각마저 든다.

따라서 필자는 이러한 주장에 동의하지 않지만 만일 설득력을 갖게 하여 한국사회 전반의 지지를 얻고자 한다면 조선적자 내부에 존재하는 정치적 다양성을 있는 그대로 이해하며 다양한 입장을 수렴해 나갈 노력이 필요할 것이라 생각한다. 즉 정치적 재량권으로부터 지유로워지기 위해 정치를 직시하며 제대로 이해해야 한다는 것이다.

한편 정장의 청원은 재외동포법상의 재외동포 정의의 확대로 이어지는 주장이기 때문에 '친북', '비북'을 막론한 조선적자 공통의 이익에 기여할 수 있는 내용임을 알 수 있다. 즉 분단논리를 법적으로 고착화시키는 기능을 갖춘 남북교류협력법를 부정하며, 재외동포법으로 재외동포라는 법적 지위를 확보하고자 한다는 것이다. 모든 조선적자를 '북'이라는 꼬리표가 붙은, 핏줄만 한반도에 있는 반정부적 존재라는 정치적 족쇄로부터 해방시켜 줄 수 있는 방안이라는 점에서 조선적자 공통의 공익에 부합한다고 할 수 있다.

정장이 말하는 '무국적동포 또는 국적미선택동포'를 재외동포법에 추가하고 여행증명서의 근거법을 재외동포법으로 변경 또는 별도 법률로 규정하게 된다면 조선적자 개개인을 자동적으로 '북'으로 간주할 수 없게 된다. 즉 남북분단문제로부터 법적 지위를 갖춘 재외동포에 대한 처우문제로 패러다임이 전환되기 때문에 한국 정세가 보수가 되든 진보가 되든 자연스럽게 재량권의 폭은 축소될 수밖에 없다. 문재인 대통령이 말하는 인도주의를 진정 실현시키려면 이러한 복합적이고도 다층적 접근이 필요할 것이다.

6. 나가며

한국정부뿐만 아니라 그 사회가 재일코리안에게만 던지는 물음이란 "어느 쪽이야?"라는 것이다. 개인의 신조를 초면에 물어보는 무례하기 굳이 없는 행태는 여타 재외동포에게는 결코 행해지지 않는다. 민주화가 이루어진 대한민국의 높아진 시민의식도 분단의 현실 앞에서는 개인의 신조나 프라이버시 따위는 이토록 초라한 것이다.

그런데 1970~1980년대 이러한 물음은 재일코리안 청년들의 생사와 직결되는 문제였다. 사회적 몰이해와 고립이라는 약점을 잡혀 160명 넘는 청년들의 삶이 국가권력에 의해 송두리째 파괴당하고 말았다. 이렇게 비총련계 재일코리안은 조국과의 유대관계를 잃고 말았다. 재일코리안이 차별을 당하면서도 일본을 붙들 수밖에 없게 된 이유는 단순히 세대경과로만 귀결시킬 수 없는, 조국과의 부정적 관계 또한 영향을 미치고 있는 것이다.

오늘날 이 같은 역사나 다양한 정치적 속성을 지닌 재일코리안의 존재 따위는 마치 원래부터 존재하지 않았던 것처럼 한국 언론에서는 오로지 총련계 재일코리안에 대한 관심만을 나타내고 있다. 조선학교는 한국사회가 잃어 가고 있는 '민족'의 간절함을 상징하는 존재로 각광을 받고 있다. 이 같은 현상은 문재인 정부가 열정을 쏟아부어 통일문제에 임하고 있는 것과 궤를 같이하는 것으로 이해할 수 있다. 그런 한편으로 대다수 재일코리안이 왜 조선학교를 선택하지 않은지에 대한 문제의식은 찾아볼 수도 없으며, 있다고 해도 보수 여론에게 소비와 이용을 당할 뿐이다. 조선적자를 비롯한 재일코리안은 이토록 한국사회가 얼마나 분단논리에 젖어 있는지를 드러내 주는 존재인 것이다.

본고는 재일코리안, 특히 이들 가운데 10퍼센트에 불과한 조선적자들 사이에서도 이분법으로 재단할 수 없는 정치적 다양성이 존재한다는 점과 그 함의를 논의해 왔지만 한국사회에서 왜 이 같은 논의가 필요한지에 대해 문제의식을 느끼는 이들이 지극히 적다는 점을 안타깝게 생각한다. 이는 조선적자를 지원하는 한국 시민운동도 마찬가지며, 이들의 열정적인 운동에도 불구하고 결과적으로 '조선적='모조리 북''이라는 정치적 족쇄를 오히려 강화하는 측에 서 있다는 점을 지적하지 않을 수 없다.

여기에는 진보 아니면 보수의 이분법이 팽배한 한국정치의 성숙도, 즉 중도정치라는 제3의 선택지를 갖지 못하고 있는 상황도 영향을 미치고 있을 것이다. 남북 양측에서 간과되어 버리는 정장과 같은 '비북' 조선적자는 통일을 희구하면서도 남북 양측에게 중립적이라는 정치적 신조로 인해 한국으로의 입국을 이루어 내지 못하고 있는 존재지만 이 같은 신조가 족쇄가 되고 있는 상황이야말로 인도주의에 어긋나는 것이 아닐까? 왜냐하면 통일은 본래 남북 국가가 아니라 개개인이 주체가 되어야 하는 것이기 때문이다. 민주적이고 평화적인 통일을 주장한다면 그것은 국가를 위한 통일이 아니라 자유롭고 다양한 의사를 가진 개인의 복리를 위해 이바지해야 하는 것이 아닐까?

이를 실현하기 위해서라도 "조선적='모조리 북'"이라는 주홍글씨를 떼어 내는 일이 필요하다. 이를 필요로 하는 재일코리안과 지원하는 한국사회가 먼저 정치적 다양성을 인지하며 이 다양성을 전제로 새롭게 논리를 구축해 나가는 것이 필요하다. 그렇다고 해서 필자가 모든 조선적자를 '북'이 아니라고 논의해 온 것은 아니다. 현실적으로 '친북' 조선적자가 다수며 총련 커뮤니티가 소멸된 것도 아니다. 다만 '남도 북도 아니다'라는 그동안 조선적자를 설명하는 데 사용되어 온 표현에 대해 정확히 검토해 보는 것을 시작으로 조선적자의 정치적 다양성이 확실히 존재한다는 사실을 확인할 수 있다는 점을 논의한 것이다.

거듭 말하지만 '친북' 조선적자가 실제로는 '북에 속하면서 남에도 속하고자 한다'는 점을 들어 그것을 잘못으로 단죄하는 것이 본고의 목적이 아니다. 이러한 존재와 더불어 다른 존재, 즉 남북 양측에 속하지 않으며 중립적이고 비판적인 '비북' 조선적자라는 존재가 공존하는 것이 조선적자의 실체며, 이들 모두에게 입국 기회를 실현시켜 줄 수 있도록 한국정세가 어떻게 기울이든 제도적으로 보장되는 방안이 필요하다는 문제의식으로 도달하게 된 것이 본고의 집필동기다. 여기에서 보이기 시작한 것은 재일코리안이라는 존재가 그동안 정치이념을 초월한 그 총체를 위한 이익, 즉 공익(公益)이라는 개념을 가져 본 경험이 매우 적었다는 사실이다. 일견 공익으로 여겨져 왔던 많은 것들이 실체로는 조직이나 신조를 같이하는 자들끼리의 이익 즉 사익(私益)으로 귀결되는 경향이 있었던 것이다. 재일코리안에게 통일이란 먼 조국 땅에서만 일어나는 뜬구름 잡는 이야기도 아니며, 실은 각자가 삶을 이어 가고 있는 매우 가까운 곳에서 함께 사는 이웃의 존재를 헤아리는 일부터 시작할 수 있는 것이 아닌가 하는 생각이 든다.

부국강병에 대한 기억과 '정치'의 회복

송석원(宋錫源, Song Seok-Won)

경희대학교 정치외교학과 교수. 일본정치 전공.

일본정치사상, 비교정치, 디아스포라정치 등에 관심을 두고 연구하고 있다. 주요 논저로는 「사쿠마 쇼잔(佐久間象山)의 해방론(海防論)과 대서양관 : 막말에 있어서의 '양이를 위한 개국'의 정치사상」(2003), "The Japanese Imperial Mentality : Cultural Imperialism as Colonial Control : Chosun as Exemplar"(2018), 『한일관계의 긴장과 화해』(공저·2019), 『포스트제국의 문화권력 01 문화권력 : 제국과 포스트제국의 연속과 비연속』(공저·2019) 등이 있으며 역서로는 『일본문화론의 계보』(2007), 『폭력의 예감』(공역·2009), 『민족과 네이션』(2015), 『한림일본학신총서 7 두 개의 헌법과 일본인』(2020) 등이 있다.

1. 머리말

근대국민국가가 영토 내 국민들 사이의 '우리' 의식이 영토 밖 '그들'과의 대비 속에 강화되는 것을 바탕으로 한 강력한 내셔널리즘에 의해 추동되었다는 사실은 주지하는 바와 같다.[1] 국민국가를 기본 단위로 한 근대 국제관계는 권력정치(power politics)가 작동하는 영역에 다름 아니었다. '우리'와 '그들'의 첨예한 대립 속에 국가의 자립과 독립을 유지하기 위해서는 그것을 가능케 하는 힘의 확보가 필요불가결한 전제 조건이었다. 근대국민국가가 하나같이 부국강병(富國强兵)을 국책의 기초로 삼은 것은 그것이야말로 국가의 국가다운 이유로 여겨졌기 때문이다. 부국강병의 국가 전략은 권력정치에서의 경제력과 군사력의 상호규정성을 보여 준다. 경제력은 군사력을 뒷받침하고, 군사력은 경제력을 견인한다. 경제력이 더욱 확장되면 될수록 군사력은 신장하고, 이러한 군사력의 신장이 경제력을 더 한층 강화시킨다. 결국 군사력과 경제력은 한 덩어리가 되어 국제무대에서 국가의 진로를 개척하는 양륜(兩輪)으로 기능하게 된다. 따라서 안전보장의 필요에 의한 각국의 경제력 신장 정책이 19세기 말부터 20세기에 걸친 제국주의 시대를 초래한 원인[2]이라는 주장은 타당하다고 할 수 있다.

---

1 이러한 입장과 관련해서는 Gellner, Ernest(1983), *Nations and Nationalism*, Cornell University Press ; Anderson, Benedict(1983), *Imagined communities : Reflections on the Origin and Spread of Nationalism*, Verso 참조.

2 高坂正堯(1965), 『海洋国家日本の構想』, 中央公論社, 66쪽.

제2차 세계대전에 이르기까지의 국제정치는 군사력과 경제력이 결합된 부국강병이 각국의 국책으로 자리 잡아 권력정치를 뒷받침하는 양상으로 전개되었다. 그러나 고사카 마사타카(高坂正堯)가 지적하듯이, 제2차 세계대전은 군사력과 경제력의 관계 단절을 초래했다. 그것은 더 이상 전쟁이 정책 수행 수단으로 활용될 수 없게 되면서 경제권 확대와 유지를 위한 수단으로서의 군사력이 거의 의미를 갖지 못하게 되었기 때문이다.[3] 군사력은 억제효과 이상의 의미를 상실하게 되었다.

근대국민국가 형성시기부터 현대에 이르기까지의 일본의 진로도 대체로 이와 같은 양상으로 전개되어 왔음을 알 수 있다. 부국강병은 메이지유신 이후의 근대국가 형성기부터 일본이 목표한 국가이상이었다. 부국이 강병을 견인하고, 다시 강병이 부국을 보장하는 논리이다. 이른바 '흑선(黑船)'으로 상징되는 서구 열강의 강력한 무력 앞에 무기력하게 개국을 하게 된 일본으로서는 당연한 노정이라고 할 수 있다. 쇼와(昭和) 군국주의 시대의 전시체제에서는 메이지(明治)시기의 부국강병의 선후관계가 뒤바뀌어 강병제일주의가 지배적이었다. 따라서 패전 이후의 미국은 강병의 가능성 차단에 점령정책의 역점을 두었다. 비군사화와 민주화로 요약되는 미국의 대일 점령정책의 목표는 1946년 11월 3일에 공포(1947. 5. 3. 발효)된 일본국헌법의 제9조에서도 여실히 드러나고 있다. 제국헌법에 비해 주권재민, 평화주의, 인권존중의 3원칙을 전면에 내세운 일본국헌법은 전력의 불(不)보유, 전쟁방기(放棄) 등을 명언하고 있다. 일본은 이러한 일본국헌법체제 아래 국가의 성격을 전전의 전쟁국가에서 통상국가로 전환해 갔다. 통상국가 일본의 성공은 근대국민국가 시대의 군사력과 경제력의 결합에 의한 국가 운영 기본 틀의 부정 위에 성립한 것이기도 했다. 전후 일본의 국가진로를 통상국가로 설계한 것은 요시다 시게루(吉田茂)였다. 그러나 요시다의 부국약병

---

3 경제력 역시 군사력의 기초로서의 색채가 엷어졌다〔高坂正堯(1965), 앞의 책, 67쪽〕.

(富國弱兵) 정책의 시정을 요구하는 주의 · 주장은 그의 집권기부터 존재했을 뿐만 아니라 그 자신의 후계자들이 모인 자유민주당의 '당의 강령'에서조차 '헌법의 자주적 개정과 재군비'를 내세우고 있는 상황이다.

더욱이 냉전체제의 종결 이후 전후 세대가 정치와 논단[4]의 주류를 점차 독차지하면서 일본사회는 근대국민국가 시대의 부국강병에 대한 기억과 회귀, 환언하면 전후 쌓아 올린 군사력과 경제력의 분절을 다시 접합하려는 욕망이 현저히 나타나고 있다. 아베 신조(安部晋三) 정부에서의 개헌 추진은 이러한 제국적 욕망의 마지막 장을 장식할 터이다. 본고에서는 오늘날 일본정치에서의 주요 쟁점 가운데 하나가 된 개헌 논의를 소재로 제국일본 시대 부국강병에 대한 기억과 욕망이 부활하는 이유와 의미에 대해 살펴보고자 한다.

2. 요시다 시게루와 전후 일본

비군사화와 민주화를 중심으로 한 전후일본의 국가 진로는 제국일본에서 신생일본(the "new Japan")으로 탈바꿈하는 과정이기도 했다. 그러나 사실 새로움은 평범한 '일상'의 회복을 의미하는 것이었다. 제국일본 시기, 오로지 국민으로서의 삶만을 강요받았던 민중은 패전을 거쳐 비로소 생활자의 모습을 되찾게 되었다. 전후의 생활인으로서의 삶의 양상은 전전의 가치에서 보면 타락(墮落)[5]일 수 있었지만, 그러한 타락이야말로 진정한 '새로움'

4 1945년 이래 논단은 진보적 지식인들이 주류적인 위치를 차지해 왔으나, 1970년을 전후한 시기부터 『제군!(諸君!)』(문예춘추), 『정론(正論)』(산케이신문사), 『VOICE』(PHP 연구소) 등 보수파 논객들이 주로 기고하는 잡지가 연이어 창간되었다. 이에 관해서는 오쿠 다케노리(2011), 『논단의 전후사 1945~1970』, 송석원 옮김, 소화 참조.

5 坂口安吾(1946), 「墮落論」, 『新潮』 第43号.

이었다. 새로움은 미국과의 관계에서도 나타나, 미국은 제압해야 할 귀축(鬼畜)에서 본받아야 할 민주주의의 전범(典範)이 되었다. 때때로 유엔과의 관계 강화 및 아시아 중심의 외교가 강조되는 경우도 있지만, 실질적으로 전후 일본외교는 샌프란시스코강화회의와 미·일안보조약에 의해 대미외교가 기축으로 규정되었고, 그 이후에도 이러한 성격에는 큰 변화가 없다고 볼 수 있을 것이다.[6] 따라서 일본외교의 특징으로 종종 언급되는 반응형 외교(reactive diplomacy)[7]나 중견국 외교(middle power diplomacy)[8]에 대한 논의가 그 실제와 가능성을 둘러싼 학문적 논의는 차치하더라도 대미외교를 중심으로 입론(立論)되고 주장된 것은 사실이다.

그러나 여하튼 전후의 신생(新生), 즉 국가로서의 일본이 새롭게(new)[9]

---

6 점령을 벗어난 일본은 유엔 가입을 통해 국제무대에 재등장하면서 발표한 『우리 외교의 근황(わが外交の近況)』(1957)에서 '유엔중심주의, 자유주의제국과의 협조, 아시아 일원으로서의 입장 견지'라는 이른바 '외교 3원칙'을 내세웠다. 기타오카 신이치(北岡伸一)는 그동안 일본외교가 대미관계를 중심으로 전개되어 왔다는 점에서 이러한 외교 3원칙에 대해 기묘한 느낌을 받는 사람도 있겠지만, 일본이 놓인 지정학적 조건을 고려한 중요한 문제제기라고 하면서 보다 주의 깊게 재정의함으로써 향후 일본외교의 지도원리가 될 수 있을 것이라고 지적하고 있다[北岡伸一(2011), 「日本外交の座標軸 : 外交三原則再考」, 『外交』 第6号, 8~9쪽].

7 遠藤貢(2013), 「「反応」から「理念」へ : 対アフリカ外交」, 国分良成 編, 『日本の外交 第4巻 対外政策 地域編』, 岩波書店 참조.

8 添谷芳秀(2005), 『日本の「ミドルパワー」外交 : 戦後日本の選択と構想』, 筑摩書房 참조.

9 전후 3년 사이에 출판된 잡지명에 '신(新)', '아타라시이(新しい)' 등의 형용사가 들어간 것이 1백 개 넘었으며, '뉴(ニュー)'라는 영어를 사용한 잡지도 많았다. 일본에서 '새롭다'라는 의미를 표현할 때는 '아타라시이(新しい)'라는 일본어나 '신(新)'이라는 한자를 사용해 왔다. 메이지유신 이후 일본어에 영어, 독일어, 프랑스어 등의 표현이 일찍이 가타가나로 표기되어 사용되어 왔으나, 태평양전쟁 기간에는 적국(敵國) 언어인 영어의 사용은 금기시되었다. 그러나 패전과 미국의 일본 점령은 일본에서 영어 사용의 범람 현상을 초래했다. '새롭다'는 표현도 일본어 '아타라시이'나 한자어 '신'에 덧붙여 영어 "new"가 외래어를 표기하는 방법인 일본어 가타가나로 표기되어 적극적으로 사용되기 시작했다. 새롭다는 것을 의미하는 아타라시아, 신(新), new 등의 단어가 패전 이후 범람하는 것 자체가 그야말로 '새로운' 현상이라고 할 수 있다[ジョン・ダワー(2001), 『敗北を抱きしめて 上』, 岩波書店, 222~226쪽].

태어난다는 것은 메이지 일본의 극복을 바탕으로 한 새로운 국가건설을 의미한다. 일본에서의 메이지 시대는 근대국민국가 형성기이다. 페리(Matthew Calbraith Perry)가 일본을 방문했을 때 이끌고 온 미시시피(Mississippi)호와 서스케하나(Susquehanna)호[10]로 상징되는 서구의 거대한 함포외교 앞에 일본에서는 국가의 진로에 대해 개국(開國)과 양이(攘夷)의 상반된 입장의 충돌이 있었는데, 이 두 가지 방향을 결합한 것이 사쿠마 쇼잔(佐久間象山)의 이른바 '양이를 위한 개국'의 정치사상이었다.[11] 사쿠마는 국가 진로로서 양자택일의 가치로 인식되었던 개국과 양이를 각각 수단(개국)과 목적(양이)으로 결합시켰다. 개국과 이어진 서구화, 산업화의 과정은 분명 신생일본의 건설과정이었을 터였다. 모든 근대국민국가가 그러하듯이 메이지 시대의 국책 슬로건 역시 부국강병이었다. 개국을 통한 부국강병, 곧 수단을 획득한 다음의 국가적 과제는 양이라는 원래의 목적을 달성하는 것이었다. 쇼와 파시즘, 곧 군국주의를 바탕으로 하는 제국일본의 침략정책, 특히 태평양전쟁의 도발은 양이라는 목적을 달성하기 위한 결정이었다고 할 수 있다. 그런 의미에서 제국일본의 정치과정은 사쿠마 노선의 실천과정이었으며, 패전은 메이지유신 이후 90여 년 만에 유신 이래 준비해 온 부국강병을 통한 양이의 근본적인 좌절을 의미하는 것이었다. 따라서 패전 이후의 신생일본은 양이라는 목표를 버리고, 오히려 서양의 일원이 되는 것에 국가목표를 재설정하는 것을 의미했다. 메이지 시대의 서구화가 근대화, 문명화를 통한 국운의 개척을 목표로 한 것이었다면, 전후의 서구화는 미국화였다. 미국은 안보조약과 미군의 일본 주둔을 통해 헌법에서 전력의 보유

---

10 페리는 1853년 7월과 1854년 2월에 일본을 방문하는데, 그의 방일 당시의 기함이 각각 미시시피호와 서스케하나호였다.

11 이에 대한 구체적인 내용에 대해서는, 송석원(2003), 「사쿠마 쇼잔(佐久間象山)의 해방론(海防論)과 대서양관 : 막말(幕末)에 있어서의 '양이를 위한 개국'의 정치사상」, 『한국정치학회보』 제37권 제5호 참조.

금지와 전쟁 방기를 명확히 한 일본에게 안전보장을 제공했다. 그뿐만 아니라 미국은 일본경제에 거대한 시장을 제공함으로써 전후 일본이 통상국가로 성장할 수 있게 했다. 미국의 핵우산과 거대시장 제공은 일본으로 하여금 대미관계를 축으로 전후의 '새로운' 국가진로를 구축하게 하는 동인(動因)이 되었다.

전술한 바와 같이 전시체제에서 일본에 적대적인 세력인 영국과 미국은 귀축으로 규정되었다. 전후의 '새로운' 국가형성에서도 귀축은 쉽게 형성되었다. 근본적인 개혁이 시행된 점령 초기에는 군국주의자, 초국가주의자, 봉건분자 같은 존재가, 그후에는 공산주의자, 그리고 좌익에게 있어서는 미국제국주의자가 귀축, 즉 악마와도 같은 존재로 여겨졌다.[12] 전후 일본에 대해 논의할 때 '전후민주주의'라는 말이 자주 사용되곤 한다. 전후 일본에서 이 말은 보통명사가 아닌 고유명사로서 활용되었다. 전후민주주의는 전후의 신생일본이 전전의 봉건적 · 군국주의적 잔재를 제거하고 명실상부한 민주일본을 실현해야 한다는 의지를 집약해서 표현한 말이었다.

전후 일본정치 분석은 마루야마 마사오(丸山真男)의 논의를 중심으로 전개되어 왔다고 해도 과언이 아니다.[13] 전전 체제의 초국가주의의 특성을 예리하게 분석해 낸 그의 논의[14]는 상당한 설득력을 갖고 널리 인정되었던 것이 사실이다. 그러나 현대 일본사회의 특성 규명이 마루야마 논의로 완전히 이루어지는 것은 아니었다. 오히려 상당 부분이 마루야마 논의로는 해석하기 어려운 측면이 있기 때문이다. 마루야마의 논의가 주체로서의 개인 확립에 초점을 맞추고 있음에도 불구하고, 여전히 일본인들의 집단적 특성이 두드러지게 나타나고 있기 때문이다.[15] 더욱이 오늘날의 경제대국

12 ジョン・ダワー(2001), 앞의 책, 225쪽.

13 오쿠 다케노리(2011), 앞의 책, 67~74쪽.

14 丸山真男(1946), 「超国家主義の論理と心理」, 『世界』 第5号.

15 이러한 일본의 집단주의를 설명하는 데 이른바 '이에(家, イエ)'론 및 '동족론'이 널리

으로서의 성공 스토리는 도저히 마루야마 마사오적인 논의의 틀로는 이해하기 어려운 부분이 있다. 이와 같은 사실은 전후 일본의 이해를 위해서는 요시다 시게루의 전후 설계를 되돌아볼 것을 요청한다. 요시다 시게루는 전후 일본을 어떻게 설계했는가? 그에게 있어 '통상국가'는 무엇이었는가? 수단이었는가? 혹은 목표였는가? 이에 대해 규명하는 것은 요시다 설계도의 변화를 꾀하려고 하는 현대 일본정치의 개헌론 이해와도 맞닿아 있다고 할 수 있다.

요시다 시게루는 패전 직후인 1945년 8월 27일 하라다 구마오(原田熊雄)에게 보낸 편지에서 다음과 같이 말하고 있다.

> 마침내 올 것이 왔다. If the Devil has a son, surely he is Tojo. 지금까지 우리의 패배 방식도 고금동서 미증유의 성과라 할 만하다. 황국 재건의 기운도 자연히 여기에 있을 터이다. 군(軍)이라는 정치의 암 절개제거(切開除去), 정계 명랑(明朗), 국민 도의(道義) 앙양, 외교 일신(一新)해야 한다. 그뿐만 아니라 과학진흥, 미국 자본의 초치(招致)에 의한 재계 재건, 마침내 제국 진수(眞髓)를 한층 더 발휘하기에 이르면, 이번의 패전은 반드시 나쁘지 않으며, 비 온 뒤에 땅이 굳는 격이다. 여하튼 사태가 생각 밖으로 순조롭게 여기에 이른 것은 성단(聖斷)에 의한 전쟁 종결 때문이다. 용단이었다고 그저 감격할 뿐이다. 참으로 하늘이 아직 우리를 버리지 않았음이다.[16]

활용되기도 한다. 川島武宜(1957), 『イデオロギーとしての家族制度』, 岩波書店 ; 村上泰亮・公文俊平・佐藤誠三郎(1979), 『文明としてのイエ社会』, 中央公論社 ; 中根千枝(1967), 『タテ社会の人間関係』, 講談社 참조.

16 1945년 8월 27일 요시다 시게루가 하라다 구마오에게 보낸 편지내용이다. 白鳥令(2015), 「第二次大戦後日本における国家形成モデルの変遷と台湾の安全保障政策」, 中華民国国際関係学会, 『2015日本新防衛政策与東亜情勢国際研討会論文集』, 2쪽에서 재인용.

여기에서는 군부에 대한 반감, 패전을 오히려 일본 재건의 호기로 평가하는 태도, 미 · 일협조외교의 기본자세, 경제 우선의 가치관, 천황에의 경모(敬慕) 등이 잘 나타나 있다. 이것은 곧 신생일본의 진로를 일본 측에서 설계할 책임을 맡은 요시다의 전후 개혁의 목표 및 방향을 나타내는 것이기도 하다. 요시다에게 패전은 어쩔 수 없는 현실이며, 이러한 현실을 거꾸로 호기라고 발상을 바꿈으로써 전후 일본의 재건을 진행하고자 했다. 그는 메이지 태생으로 메이지 시대의 국가주의적 사상의 세례를 받은 사람으로 1946년 5월 22일 67세에 45대 일본 수상이 되어 1954년 12월 10일까지 2,616일간 패전 이후 일본의 국가 진로의 초석을 만드는 역할을 담당하게 되었다. 그는 정통 외교관 출신으로 가타야마 데쓰(片山哲) 내각과 아시다 히토시(芦田均) 내각의 약 1년 반 정도를 제외하고 점령기의 시작과 끝을 관리했다. 일본국헌법, 전범재판, 샌프란시스코강화회의와 미 · 일동맹관계 구축 등이 그의 수상재임 기간 동안에 이루어졌다.

요시다 정치를 전후 일본 민주주의와 연결하는 것은 분명 무리가 따른다. 그 자신 스스로를 민주주의의 신봉자라고 자임한 적이 없으며, 오히려 일본에 민주주의를 이식하려는 미 점령당국의 정책에 대해 회의적인 입장을 견지했다. 수상으로서의 요시다는 민주주의 원리에 투철한 정치인이라기보다는 존황주의자, 애국주의자, 엘리트주의자라고 할 수 있다. 요시다는 국체(國體)와 천황의 옹호, 구세력과 엘리트지배의 전통적 수단의 부활, 서방 국가 일원으로서의 일본의 국제적 지위로의 복귀 등에 자신의 정권의 주요 목표를 두고 있었다. 이와 같은 목표의 내용으로 보더라도 요시다가 전후 일본의 민주주의 확립에 제1차적 목표를 두고 있지 않음을 알 수 있고, 이와 같은 목표를 달성하기 위한 수단과 절차 역시 민주적 내용과는 거리가 있음을 알 수 있다. 실제로 요시다는 의회 운영과 정국 운영에서 독재적인 스타일의 정치인이었다. 의회 회의에서 반대파 의원을 향해 '바보〔바카야로(馬鹿野郎)〕'라고 말할 뿐만 아니라 "국회를 동물원, 의원을 원숭이

산의 원숭이"라고 말하는 등의 언행은 결코 그가 민주주의에 투철한 정치인은 아니었음을 입증하는 대표적인 사례라고 할 수 있다. 민주주의에 대한 이해가 그다지 높다고는 할 수 없는 인물이 전후 일본의 국가 진로를 설계했다는 점은 아이러니라고 할 수 있다. 그러나 여하튼 요시다는 전후 신생일본의 진로를 설계하는 역할을 떠맡음으로써 다우어(John Dower)가 지적하는 바와 같이, '뉴 저팬'과 '요시다 시대'는 동의어가 되었다.

패전을 일본 재건의 호기로 여긴 것은 비단 요시다만이 아니었다. 가토 에쓰로(加藤悦郎)의 만화 『선물 받은 혁명(贈られた革命)』[17]에서 보듯이, 일반인들도 일본의 패전과 미국의 점령을 일본에 민주주의를 한층 더 강화할 '하늘이 보내 준 선물(天降る贈物)'로 받아들였다. 일본에 선물을 보내 준 하늘은 다름 아닌 점령국 미국이었다. 미국은 일본을 두 번 다시 전쟁을 하지 않는 국가로 만들고자 했으며, 이를 헌법 규정으로 다루고자 했다. 이러한 미국의 이해관계는 군부에 비판적인 요시다 시게루의 입장과 매우 유사한 것이었다. 그러나 '선물'의 내용에 대해 요시다가 일반 일본인과 동일하게 인식한 것은 아니었다. 그가 생각한 일본 재건의 방향은 전면적이고 대폭적인 민주주의의 강화라기보다는 오히려 천황과 국체의 유지 및 경제제일주의의 견지였다. 나아가 이러한 목표를 달성하기 위해서는 무엇보다도 미국과의 견고한 협조관계의 구축이 필요하다고 그는 생각했다. 천황과 국체의 유지 및 경제제일주의의 달성, 미국과의 동맹관계 구축이 이루어진다면, 일본은 패전으로부터 이기는 것이라고 요시다는 생각했다.

첫째, 천황과 국체의 유지는 헌법 개정을 통해 확립했다. 비록 천황의 지위가 상징적 지위에 머물러 있게 되었지만, 여전히 국민통합의 중심적 역할이 기대되었다. 일본의 헌법 개정 과정과 그 내용에 대해서는 오늘날에도 많은 논의가 있지만, 요시다에게 헌법 개정은 천황제를 유지하면서 동

---

17 加藤悦郎(1946),『漫画・贈られた革命』, コバルト社.

시에 조속하게 독립을 달성하기 위한 방편이기도 했다. 오늘날 개헌을 주장하는 사람들의 주요 논거 가운데 하나가 현재의 일본 헌법이 일본 스스로가 만든 것이 아니라 점령군 총사령부가 헌법 초안을 만들어 강제한 것이라는 점이다. 그러나 요시다에 의하면, 점령군 총사령부가 헌법 초안을 만든 것도 사실은 세계의 공산주의가 세력을 확장해 가는 가운데 하루 속히 천황제 유지를 확정하려는 맥아더(Douglas MacArthur)와 총사령부의 의지가 담긴 것이었다.

둘째, 경제제일주의이다. 뒤에 더 자세히 언급하겠지만, 요시다는 군부에 대한 강한 반감을 배경으로 근대국민국가의 정형화된 국가발전 모델로서의 부국강병의 국가전략을 부국약병으로 대체했다. 점령 기간 내에 발생한 중국대륙의 공산화, 한국전쟁 등으로 냉전이 격화되면서, 미국의 초기 대일 점령정책은 크게 수정되어 미국이 공개적으로 재군비의 필요성을 언급하기도 했지만, 요시다는 시종일관 일본의 재군비에 부정적이었다. 미국의 거듭된 재군비 압박에 직면한 요시다의 대안은 '전력(戰力) 없는 군대' 경찰예비대를 만드는 것 정도였다. 스스로의 군대를 보유하지 않고 국가의 안전을 타국에 일임하는 방식을 전후 재건의 주요 목표로 내세운 요시다의 눈은 경제 재건을 향하였다. 물론 요시다가 군부를 혐오했을 뿐만 아니라 냉전 초기에 미국의 재군비 요구를 헌법 규정 등을 들어 반대 내지는 극히 제한적인 규모의 재무장 정도에 그치게 하기는 했지만, 그가 재군비를 원천적으로 부정했다고 보기는 어렵다. 경찰예비대가 보안대를 거쳐 자위대로 재편되는 일련의 과정이 그의 수상재임 시기에 이루어졌기 때문이다. 그럼에도 불구하고 요시다의 경제 재건이 재계의 구세력을 부활시키는 등 일본의 보수 본류의 토대를 굳건히 하면서 통상국가로 나아가게 하는 결과가 된 것은 사실이다.

셋째, 미국과의 협조관계 강화이다. 요시다는 쇼와 군국주의 시대에도 명백히 반군국주의의 자세로 일관했다. 그는 만주사변 이후의 이른바 혁신파 군부를 배외주의(排外主義)라는 열정(劣情)을 자극하여 그것을 정치적으로 이용한 점에서 혐오했다. 또한 일본이 영·일동맹에 대신해서 독일을 파트너로 설정한 것에 대해 시종 비판적인 입장을 표명했다.

……메이지 시대 이래 외교정책의 기조를 대(對)영미친선에 둔 데 대해, …… 다이쇼(大正) 시대 초부터 점차 이에 반감을 노골적으로 표명하는 자가 출현했다. 그리고 이들의 반영미감정도 이를 자세히 검토해 보면 단지 영미의 강대, 부유를 부러워하는 자, 국제외교계에서의 영미의 횡포를 증오하는 자, 기타 여러 가지 주장이나 근거에 입각한 자가 있어서 반드시 똑같은 것은 아니지만, 그 가운데 내가 보기에 국가를 위해 가장 나쁜 것은 자기들의 정치세력 확장에 이용하기 위해 이런 종류의 배외감정을 자극하는 자들이 나왔다는 점이다. 그 가장 대표적인 실례가 만주사변 즈음부터의 우리 군부의 양태이다. 당시의 우리 군부, 특히 육군 측의 반영미는 전술한 대로 여러 가지 이유가 있었겠지만, 가장 큰 이유의 하나는 우리 원로, 중신을 비롯한 당시의 지도층이 메이지 시대 이래의 친영미의 대도(大道)를 지키는 것에 반감을 품고 그들에 대항해서 자신들의 세력 신장을 도모하기 위해 반영미를 특히 강조했다는 점은 놓칠 수 없는 사실이다. ……그들이 범한 최대의 과오는 반영미의 극점(極點)으로 독일, 이탈리아와 제휴하기에 이른 것이다.[18]

이러한 인식의 연장선상에서 미국과의 관계를 기축으로 한 외교노선 정립은 뉴 저팬의 당연한 결과였다. 더욱이 아시아에 중국공산당 정권이라는 거대한 대륙세력이 존재한다는 점은 미국과의 관계 강화의 필요충분 요건을 이루는 것이었다. 중국공산정권과의 관계 혹은 소비에트와의 관계에 대해 호의적인 언설을 피력하는 세력에 대해서도 위의 문장에서와 마찬가지

18 吉田茂(1957), 『回想十年 第一巻』, 新潮社, 34쪽.

논리로 미국일변도외교 타파, 독립 완성 등을 들어 반미감정을 고무시키는 것 역시 자신의 정치세력 강화를 위한 배외감정 이용일 뿐이라고 일축한다.[19]

3. 일본국헌법과 부국약병

요시다 시게루는 전후 일본의 대외관계를 메이지 시대 이래의 전통적인 친영미 노선의 회복으로 정했다. 점령 당국이 다름 아닌 미국이라는 점에서 미국과의 협조노선 견지는 불가피한 일이기는 했지만, 요시다에게 미국의 존재는 일본에서 군부가 다시 등장하는 것을 막기 위한 안전판이었다. 실제로 요시다가 일본국헌법이 맥아더에 의해 만들어진 초안을 골격으로 탄생한 것이기는 하지만, "종래 근년의 전쟁은 대부분 자위권의 이름 아래 일어났다. 만주사변이 그러했고, 대동아전쟁(태평양전쟁)이 그러했다. ……따라서 우리나라에서는 어떠한 명의를 갖더라도 교전(交戰)권은 먼저 스스로 앞장서 방기함으로써 세계의 평화 확립에 공헌하겠다는 결의를 이 헌법에서 표명했다고 생각한다"[20]고 헌법 제9조에 포함된 전쟁 방기와 군대 부정의 사상을 진지하게 받아들이고 그 실현에 가치를 인정한 것은 사실이었다.

메이지 시대 이래의 부국강병의 국가노선이 패전으로 귀착되었다는 점에서 요시다가 신생일본의 국가진로 설계에서 가장 중요시한 것은 국가노선을 부국약병, 즉 통상국가로 전환시키는 것이었다. 부국약병을 토대로

---

19 吉田茂(1957), 앞의 책, 35쪽.

20 1946년 5월 22일의 국회에서의 요시다 답변. 白鳥令(2015), 앞의 논문, 3쪽에서 재인용.

한 통상국가 일본 건설이 패전 직후에 하라다 구마오에게 보낸 편지에서 밝힌 '황국 재건'의 정도(正道)라고 믿어 의심치 않았다. 패전이 '비 온 뒤 땅이 굳는 격'이 되기 위해서는 무엇보다도 '군(軍)이라는 정치의 암'을 절개해서 제거하는 것부터 하지 않으면 안 될 터였다. 요시다에게 일본국헌법은 '군이라는 정치의 암 절개 제거'에 대한 승리선언이라고도 할 수 있다.

그러나 경제제일주의에 의해 오로지 국부의 증진만을 목표로 하는 듯한 신생일본의 국가진로는 국제무대에서도 환영받지 못하고 국내에서도 다양한 문제에 직면할 가능성을 안고 있다. 실제로 고사카 마사타카는 요시다가 전후 재건으로 수행한 부국약병을 통한 경제제일주의의 길에 대해 그러한 통상국가는 밖으로는 사랑받지 못하고, 안으로는 퇴폐해 갈 수밖에 없다고 거듭 경고했다.

> 통상국가가 타인에게 해를 끼치는 일이 적은데도 미움을 받는 것은 교묘한 생활방식을 지니고 있기 때문이다. 통상국가는 전쟁을 하지 않거나 피하려고 한다. 그러나 평화를 만들기 위한 숭고한 노력도 하고 단지 보다 강력한 국가들이 만들어 내는 국제관계를 이용한다. 다른 한편 끊임없이 변동하는 국제정세에 교묘하게 대응하는 것은 사람들을 피곤하게 한다. 더욱이 그 대응이란 결국 타협이기 때문에 그것을 반복하는 가운데 자신들의 생활방식에 대한 확신을 상실할 위험이 있다. 여기에 통상국가로서 성공하여 풍요로워졌을 때 불가피하게 일어나는 퇴폐가 더해진다.[21]

요시다는 군비를 철폐하고 국방을 타국에 맡기는 과감한 개혁을 해서 군국주의에 의한 관념적 폭주의 위험을 제거했다. 천황을 '인간'화하여 급진적 내셔널리즘이 폭주할 위험도 동시에 제거했다. 또한 재벌해체, 농지개

---

21 高坂正堯(1981), 『文明が衰亡するとき』, 新潮社, 269쪽.

혁, 노동개혁으로 재벌이나 지주가 전횡할 위험도 제거함으로써 전 국민이 경제적으로 전체를 고려하는 일 없이 완전히 자유로 자신의 이익을 추구하도록 촉진했다. 요시다는 사람들이 배외적 심리를 버리고 경제활동에 매진하기만 하면 평화와 번영이 이루어질 것이라고 낙관하고 있었다.

그러나 이러한 요시다의 낙관이 전후 일본에서 배신되지 않은 것은 실은 요시다에게는 예상외로 이해 불가능한 것이었지만, 그가 증오한 종래의 내셔널리즘=국민적 연대감정이 회사주의적 노자(勞資. 노동과 자본)협조, 업계 질서, 중소기업 계열화, 농업 · 자영업 우대에 의한 소득정책적 조정(성실하게 노력한 경제 주체는 어떤 불리한 업종이어도 시장경제를 통해 보상받는다는 암묵의 룰)으로 질적으로 고도화하여 전화(轉化)해 갔기 때문이다. 고사카는 우리가 요시다에게 배워야 하는 것은 "그가 만든 체제가 아니라 그가 체제를 만들었다는 점이다"[22]라고 말한다. 그러나 아이러니하게도, '그가 만든 체제'가 요시다가 예상했던 것 이상으로 잘 작동하여 평화와 번영을 가져왔기 때문에 '그가 체제를 만들었다는 점', 즉 체제라는 것이 만들어지는 것이라는 점을 잊고 말았다. 이것은 풍요로움에 익숙해진 사람들이 그것을 그저 향수(享受)할 뿐, 그렇게 된 이유를 잊고 체제를 매일 떠받치는 의무에 태만하고 비정치화해 버렸음을 의미한다.

요시다 시게루가 그린 전후 일본의 국가상이 군사력과 경제력의 완벽한 분리에 의한 경제제일주의, 즉 부국약병의 길이라는 점은 명확하다. 그리고 시라토리 레이(白鳥令)가 지적하는 바와 같이, "부국약병 모델에 의한 일본의 전후 부흥은 한 나라가 군사대국이 되지 않은 채 경제대국이 될 수 있다는 것을 보여 주었다는 점에서 세계사에 대한 일본의 최대의 공헌인데, 동시에 이 부국약병 모델의 성공은 미소 양극체제의 국제사회에서 일본이 미국의 핵우산에 의해 보호받고 미 · 일안보조약에 의해 뒷받침되었다는 현

---

22 高坂正堯(1968), 『宰相吉田茂』, 中央公論社, 248쪽.

실 속에 비로소 가능했다"[23]고도 할 수 있을 것이다. 그러나 이미 앞에서도 지적한 바와 같이 요시다가 군사력에 대해 추호의 미련도 없이 부정했다고 보기는 어렵다. 주지하는 바와 같이 비군사화와 민주화를 점령정책의 양륜으로 해온 미국이 냉전의 도래와 함께 일본에 재군비를 요청하기 시작했고, 요시다의 일본은 초기의 강경한 반대 입장을 '전력 없는 군대'로서의 경찰예비대라는 허구를 만듦으로써 변화했다. 그뿐만 아니라 경찰예비대는 후에 자위대로 명칭이 바뀌면서 '전력을 갖춘 비(非)군대'라는 또 다른 허구로 대체되었다.[24]

4. 개헌론과 부국강병의 기억

'전력 없는 군대'나 '전력을 갖춘 비군대'라는 허구는 위헌론에 휩싸이게 된다. 사회당은 헌법 제9조에 맞추어 현실을 변경해야 한다며 자위대 위헌론을 앞장서 강력히 주장했다. '전후민주주의' 논자들이 압도하고 있던 논단에서는 지속적이고도 강력하게 호헌의 주장이 펼쳐졌다. 메이지 시대 감각을 가진 요시다가 메이지 시대의 국책이었던 부국강병을 부국약병으로 대전환시킨 일본국헌법을 만든 것도 아이러니이지만, 전후 보수 본류의 흐름을 만든 장본인인 요시다가 만든 헌법을 그와 정치적으로 적대했던 사회당을 비롯한 전후의 혁신 세력에 의해 옹호되었다는 사실 역시 아이러니라고 말할 수밖에 없다. 더욱이 요시다의 전후 노선에 대한 수정 요구가 바로 그가 이끈 정치 세력 속에서 출현했다는 점 역시 흥미롭다고 하겠다. 이로

23 白鳥令(2015), 앞의 논문, 6쪽.

24 자위대 창설을 둘러싼 미·일교섭에 대해서는, 宮澤喜一(1991), 『戦後政治の証言』, 読売新聞社, 85~91쪽 참조.

써 전후 일본정치는 안보절대의 보수와 헌법옹호의 혁신이라는 세계에서 도 유례를 찾을 수 없는 기묘한 상태 속에 전개되어 왔다.[25]

자유당과 민주당이 합당하여 1955년에 결성된 자민당은 '당의 사명'과 '당의 강령'에서 각각 개헌과 재군비를 추진한다는 점을 명확히 하고 있다.

> ……생각하건대 여기에 이른 일부의 원인은 패전 초기의 점령정책의 과오에 있다. 점령 아래 강조된 민주주의, 자유주의는 새로운 일본의 지도이념으로 존중하고 옹호해야 하지만, 초기 점령정책의 방향이 주로 우리나라의 약체화에 두어졌기 때문에 헌법을 비롯한 교육제도, 기타의 제 제도의 개혁에 즈음하여 부당한 국가 관념과 애국심을 억제하고 또한 국권을 과도하게 분열 약화시킨 것이 적지 않다. ……우리 당은 이와 같은 이념과 입장에 서서 국민대중과 서로 연대하여, 첫째 국민도의의 확립과 교육 개혁, 둘째 정 · 관계 쇄신, 셋째 경제자립 달성, 넷째 복지사회 건설, 다섯째 평화외교의 적극적 전개, 여섯째 현행 헌법의 자주적 개정을 비롯한 독립체제의 정비를 강력히 실행하여 국민의 부탁에 부응하고자 한다[26](당의 사명).
>
> 6. 독립체제의 정비
>
> 평화주의, 민주주의 및 기본적 인권존중의 원칙을 견지하면서 현행 헌법의 자주적 개정을 도모하고, 또한 점령 제 법제를 재검토해서 국정(國情)에 맞게 개폐(改廢)를 한다. 세계의 평화와 국가의 독립 및 국민의 자유를 보호하기 위해 집단안전보장체제 아래 국력과 국정에 상응한 자위 군비를 정비하여 주류 외국군대의 철퇴에 대비한다[27](당의 강령).

---

25 内田健三(1969), 『戦後日本の保守政治』, 岩波新書, 9쪽.

26 自由民主党(1987), 『自由民主党史 : 資料編』, 9~10쪽.

27 自由民主党(1987), 앞의 책, 10쪽.

이와 같이 보수가 현행 헌법, 그것도 다름 아닌 자신들이 만든 헌법을 개정하는 것을 당의 목표로 내세우고 있다는 점에서 일본의 보수는 이름은 '보수'이지만 그 이름대로 무언가를 '지키기'보다는 '공세'의 자세[28]로 일관하는 역설을 낳았다. 가와구치 아키히로(川口暁弘)는 보수 개헌의 논객으로 정치인 세 명 즉 하토야마 이치로(鳩山一郎), 기시 노부스케(岸信介), 나카소네 야스히로(中曾根康弘) 등을 들고 있다.

> 보수 개헌의 선봉은 하토야마 이치로다. 미소 양국은 임전태세에 있으며 상정되는 전쟁터는 일본이라고 생각한 그는 소련과의 국교정상화를 서두르는 동시에 헌법을 개정해서 군대를 가질 필요가 있다고 생각했다. 재군비를 위한 헌법 개정은 보수 개헌 주장의 기둥으로 계승되고 있다. 보수 개헌의 차봉(次鋒)은 기시 노부스케이다. 1953년 12월, 요시다 시게루의 요청으로 자유당의 헌법조사회회장에 취임했다. 요시다에게 잘 연구해 주기 바란다는 의뢰를 받은 기시는 요시다의 본심은 헌법 개정이었다고 추측했다. ……기시는 조국재건의 대업을 이루어 민족적 자신과 독립의 기백(氣魄)을 되찾기 위해서는 우리의 자유의사로 만들어진 헌법을 갖지 않으면 안 되며, 군비를 재건해서 조국을 우리 손으로 방위하는 것은 독립국으로서의 의무이자 권리라고 주장했다. 보수 개헌의 후방 부대로 나카소네 야스히로가 있다. 일본국헌법은 점령헌법, 맥아더 헌법이기 때문에 독립을 회복한 지금이야말로 자주헌법을 제정해야 한다고 주장했다. 나카소네는 여론 환기를 위해 헌법 개정의 노래를 작사하고 있다. 아케모토 교세이가 곡을 붙여 일본콜롬비아에서 1956년에 발매되었다.[29]

위의 가와구치의 언급은 보수 개헌론자들의 개헌 주장의 논리를 명확히

---

28 内田健三(1969), 앞의 책, 6쪽.

29 川口暁弘(2017), 『ふたつの憲法と日本人：戦前・戦後の憲法観』, 吉川弘文館, 292~294쪽.

보여 준다. 하토야마는 냉전질서 아래 일본이 미국일변도의 외교정책을 전면에 내세우는 것은 득책이 아니라는 입장에서 소련과의 관계정상화를 도모하여 냉전적 대립을 완화할 필요가 있는 동시에 장래 예견되는 전쟁에서 스스로를 지키기 위한 재군비의 필요성이라는 관점에서 개헌을 주장한다. 기시와 나카소네 역시 개헌을 요구하는 이유로 '자유의사로 만든 헌법'을 갖고자 한다는 점을 들고 있다. 일본국헌법이 점령 당시에 점령군에게 '강요된 헌법'이기 때문에 '자주헌법'을 마련했을 때 비로소 '민족적 자신과 독립의 기백'을 회복할 수 있다는 논리이다.[30] 이들은 현행 헌법이 강요된 헌법으로 진정한 의미의 '우리 헌법'이 아니라는 점은 헌법에 자주독립국가라면 당연히 갖추어야 할 국가방위 관련 조문이 빠져 있다는 점에서 결정적으로 드러나고 있다고 주장한다. 결국 자주헌법을 갖추기 위한 개헌의 주장은 자위대 합법화, 즉 '전력 없는 군대'나 '전력을 갖춘 비군대'라는 허구를 벗어 내고 '전력을 갖춘 군대'를 보유하는 것, 환언하면 현실적으로 존재하는 자위대에 헌법상으로 존재 근거를 마련해 줌으로써 '현실에 맞추어 헌법을 개정'해야 한다는 것으로 수렴될 수밖에 없다.

이처럼 자민당은 창당 당시부터 개헌정당을 자임했으나, 장기간 집권정당으로서의 위치에 있었음에도 불구하고 개헌을 이루지 못했다. 아니, 발의조차 한 적이 없다. 국민여론과 사회당을 비롯한 야당의 저항으로 의회 내 개헌 논의가 용이하지 않았기 때문이기도 하지만, 보다 현실적인 이유로는 조문을 '수정'(개헌)하기보다 조문의 '해석을 변경'(해석 개헌)하는 것이 개헌으로 얻을 수 있는 목적을 훨씬 간단히 달성할 수 있는 길이었기 때문일 것이다. 해석 개헌은 "우리의 정치운영의 고심은 전전(戰前)적 발상에 선

30 그러나 강요된 헌법이기 때문에 자주헌법으로 개정해야 한다고 주장하는 사람들은 현재의 일본국헌법이 제정되는 과정에 천황의 칙허가 있었고, 현대 일본 보수정치의 토대를 구축한 선배 보수정치인의 압도적 다수가 찬성했다는 '불편한 진실'을 외면한다〔川口暁弘(2017), 앞의 책, 295~296쪽〕.

구 정치인의 강권적 · 반동적 혹은 군국주의적 주장을 어떻게 설득해서 단념시킬 것인가에 있었다. 이를 위한 수단으로 국민감정의 반발, 혁신 세력의 저항 가능성을 때때로 이용해서 강경론을 억누르는 결정적 수단으로 한 것은 사실이다"라는 미야자와 기이치(宮澤喜一)의 증언[31]에서 알 수 있는 바와 같이, 자민당 내 강경 개헌론자들을 견제하는 데에도 유용했다.

해석 개헌의 주전장은 헌법 제9조, 특히 자위권에 관한 조문이었다. 헌법 제정 당시 국회답변에서 "자위권의 발동으로서의 전쟁도 교전권도 방기했다"고 명언한 요시다 자신이 이미 1950년 시점에서는 "국가가 있는 이상 자위권은 존재한다"고 미묘한 입장의 변화를 보인 바 있다. 더욱이 1954년 방위청장관 오무라 세이이치(大村清一)는 "자국에 무력공격이 가해졌을 경우에 무력행사를 하는 것은 헌법에 위반되지 않는다"고 답변하고 있다. 이어 1972년에는 정부의 국회제출 자료에서 자위권에 대해 "자위의 조치는 국민의 권리를 지키는 필요 최소한도의 범위에 그쳐야 하는 것으로 집단적 자위권 행사는 허용되지 않는다"고 해석했다. 1972년의 해석 개헌에 의해 자위권은 인정하지만, 적용 범위는 매우 제한되었다. 집단적 자위권 행사를 부정하고 있기 때문이다. 1991년에는 "정전협정 이후의 평화유지활동은 무력행사가 아니다"는 입장으로 해석을 변경하였다. 이로써 자위대 해외파병의 근거가 마련되었고, 실제로 자위대가 페르시아만에 파견되어 기뢰제거 임무를 수행하기도 했다. 동아시아 안보위기가 고조된 1997년에는 "후방에서 미군 지원은 가능하다"고 하는 해석 개헌을 통해 중국에 대한 견제를 명확히 표출했다. 2001년의 9 · 11테러로 미국의 글로벌 대테러전쟁이 벌어지는 가운데 "비전투지역에서 다국적군 지원은 가능하다"는 해석을 통해 미국과 보조를 맞추기도 했다.[32]

---

31 内田健三(1969), 앞의 책, 10쪽에서 재인용.

32 이상의 일본 내 자위권 관련 해석 개헌의 경과에 대해서는, 「'자위권 금지'부터 '집단적

이와 같이 자위권 관련 해석 개헌은 꽤 활발히 전개되어 왔다고 할 수 있는데, 자위권 관련 해석 개헌의 결정적 순간은 역시 2014년 7월 1일의 각의결정이라고 할 수 있을 것이다. 집단적 자위권을 용인했기 때문이다. 즉 2014년 7월 1일의 각의결정은 당시까지 행사할 수 없다고 해왔던 집단적 자위권에 대해 "일본을 둘러싼 안전보장 환경은 근본적으로 변해 복잡하고도 중대한 국가안전보장상의 과제에 직면했다"는 이유를 들면서 "일본에 대한 무력공격이 발생한 경우뿐만 아니라 일본과 밀접한 관계에 있는 타국에 대한 무력공격으로 국민의 생명, 자유 및 행복추구의 권리가 근저로부터 전복될 명백한 위험이 있고, 이를 배제하여 일본의 존립을 완수하고 국민을 지키기 위한 다른 수단이 없을 때 필요 최소한의 실력을 행사하는 것은 종래의 정부 견해의 기본적 논리에 기초한 자위를 위한 조치로서 헌법상 허용된다고 생각해야 한다고 판단하기에 이르렀다"[33]고 명언하고 있다. 아베 신조 정부는 2014년 7월의 각의결정 후속조치로 2015년 5월 이른바 안보법제를 의회에 제출했다. 의회에 출석한 헌법학자 3명이 모두 위헌이라고 답변했지만, 같은 해 9월에 안보법제는 의회를 통과했다. 이로써 일본은 '전쟁 가능한 나라'가 되었으며, 이를 위해 부국강병의 길을 되찾아 거침없이 진군할 수 있게 되었다. 그런 점에서 야당과 일부 시민사회가 이러한 안보법제를 '전쟁법제'라고 호칭한 것도 전혀 터무니없는 일은 아니었다고 하겠다.

헌법상의 규범을 의회의 심의를 거치지 않은 채 정부 각료들이 결정하는 것이 과연 타당한지에 대한 논의는 해석 개헌이 처음 시도될 당시부터 있었다. 해석 개헌이라고는 하지만, '해석'이라는 것이 실제로는 '확대 해석'을

자위권 행사'까지…… 일본 헌법 9조 변천사」, 『중앙일보』 2017. 8. 5.자.

33 「国の存立を全うし, 国民を守るための切れ目のない安全保障法制の整備について」, 『国家安全保障会議決定 閣議決定』 2014. 7. 1.

의미하는 것이었기 때문이다. 그러나 자위권 행사에 관한 '확대 해석 개헌'은 집단적 자위권을 허용한 2014년 7월의 각의결정으로 이미 한계상황에 직면한 것으로 보이며, 따라서 현재 이상으로 '확대 해석'하기 위해서는 지금까지의 '해석 개헌'이 아닌 정면으로부터의 '개헌' 그 자체가 필요해질 것이다. 아베 정부가 개헌을 기회 있을 때마다 주장하는 이유라고 하겠다.

5. 맺음말

전후 일본이 놀라울 정도의 경제발전을 성취한 반면, 요시다 시게루의 퇴진 이후 정치구조의 고정성, 개혁 불가능성, 리더십의 고갈 등에 시달리게 된 것은 요시다의 자유주의가 실은 일본 국민 안에서는 사적·개인주의적으로가 아니라 오히려 조직적·집단주의적·합의(consensus) 중시적으로 받아들여져 뿌리내렸기 때문이다. 요시다는 위로부터 사람들의 정치열을 깨우쳐 경제활동에서 개개인이 행복해지는 틀을 만들어 냈다. 그러나 사람들은 '안거낙업(安居樂業)'적으로 개인의 행복을 추구하기보다도 오히려 소속된 회사, 넓게는 일본경제 전체의 발전을 중시해 왔다. 요시다는 전쟁과 정복을 경제활동으로 대신하게 하려고 했으나, 사람들은 경제전쟁에 종사하며 시장 셰어의 확장을 목표로 했다.

사람들이 정치적 에너지를 경제에 쏟음에 따라 정치와의 관계는 경제적이게 되었다. 정치 영역과 경제계는 이익의 교환을 중심으로 서로 상호 침범하지 않게 되었다. 그 귀결은 본래의 정치 영역을 지배하는 가공할 정적(靜寂), 한결같은 현상유지주의이다. 요시다의 보수 본류 정치는 정통 상석에로 추대되어 그가 설계한 전후 신생일본의 개혁을 기도하는 것 자체가 터부시되었다. 요시다는 '지금은 아직' 헌법 개정의 시기가 아니고, '당분간' 재군비는 하지 않는다고 말하곤 했다. 개헌과 호헌의 첨예한 대립 속에 현실 정치의 세계에서는 양자 간의 정면충돌을 회피하는 동시에 양자를 어르고 달래는 형태로 추이해 왔다. 해석 개헌은 정치의 정적(靜寂)을 보증했지만, 현상 유지와는 일정한 거리가 있을 수밖에 없는 것이었다. 그럼에도 그것이 현상의 급변을 초래하는 것은 아니라는 점에서 현상유지, 즉 호헌을 주장하는 사람들을 만족시킬 수 있었다. 개헌을 요구하는 사람들에 대해서도 헌법상의 조문을 바꾸지는 못하지만, 현실의 기정사실을 축적함으로써 원하는 목표를 성취할 수 있는 길을 열어 주었다는 점에서 만족감을 느낄 수 있게 했다.

개헌의 주장은 재군비를 통한 부국강병의 기억을 불러오는 것이기도 하고, 그렇기 때문에 일본의 전후민주주의를 이끌었던 사람들, 혹은 그들의 성찰을 계승한 사람들은 여전히 부전론(不戰論) 혹은 반전론의 입장[34]에서 재군비 반대, 호헌 등을 강조한다. 그동안의 해석 개헌은 호헌론자와 개헌론자 모두를 부분적으로 만족시키는 것이기도 했지만, 그만큼 혹은 그 이상으로 불만족감을 느끼게 하는 동인이기도 했다. 더욱이 개헌론자에게 해석 개헌은 궁극적으로 호헌론자의 입장을 온존시키는 것으로 여겨져 개헌을 실현하기 위한 역량의 결집, 즉 의회 내 개헌 세력의 압도적 다수 형성과 개헌 찬성의 국민 여론의 조성에 역점을 두게 되었고, 이러한 일련의 과정을 앞장서 지휘하는 것이 아베 정부라고 할 수 있다.

그동안 통상국가의 길을 매진해 온 일본이 개헌이라는 정치적 이슈를 정면으로 마주하게 되는 것은 한편으로는 경제중심주의에서 '정치'의 복권을 의미하는 것이기도 하다. 앞에서도 언급한 바와 같이 탈정치화가 이루어진 결과, 일본 국민은 정치를 좀처럼 논하려 하지 않는 경향이 강했었고, 바로 이러한 점이 고사카 마사타카가 말하는 바의 "통상국가로서 성공해서 풍요로워졌을 때 불가피하게 일어나는 퇴폐"일 터이다. 이러한 퇴폐에서 벗어

34 藤原帰一(2001), 『戦争を記憶する：広島・ホロコーストと現在』, 講談社, 19~30쪽.

나는 길은 "체제를 만드는 것"은 다름 아닌 '나'라는 것을 자각하는 것이며, 그러한 주체로서의 자아의 확립이야말로 정치의 복권의 이유이자 결과여야 할 것이다. 정치의 복권이 재군비와 개헌을 둘러싸고 전개된다는 점이 현대일본정치의 실상이라고 하겠다.

전후 일본의 우익과 정치세력화

석주희(石珠熙, Suk Ju-Hee)

한림대학교 일본학연구소 HK연구교수. 정치학 전공.
주요 연구 분야는 일본의 시민사회, 정치문화, 전후 우익사이다. 주요 논문으로는 「일본 무라야마 담화의 상징성과 내재화의 간극 : 국내 사회 지지 단체-반대 단체의 세력화와 동학」(2015), 「전후 일본 우익의 복원과 정치사회적 배경 : 60년 안보투쟁과 사회운동」(2020), 「신우익의 등장과 '일상적 내셔널리즘'의 탄생」(2020) 등이 있다.

1. 서론

이 글은 전후 일본에서 등장한 우익의 정치세력화와 그 배경에 관한 것이다. 일본 우익에 관한 문제는 한국과 중국을 비롯한 인근 국가와의 관계에 지대한 영향을 미친다는 점에서도 중요하다. 물론 일본 내에서 우익은 소규모 집단으로 제한된 공간에서 활동하고 있다. 역사수정주의와 교과서 문제, 식민지 지배를 둘러싼 우익의 활동과 주장에 대해 일본 내 여론도 호의적인 것은 아니다. 그러나 우익을 단순히 일본 내 소수의 의견이나 예외적 사례로 간주하기에는 국내외에 미치는 정치적 영향력이 적지 않다. 따라서 일본의 우익의 정치세력화와 정치활동 그리고 그 배경에 대하여 면밀히 살펴볼 필요가 있다.

이 글에서는 주로 전후 민주주의 체제 내에서 일본의 우익은 어떻게 결집할 수 있었는지 그리고 전후 우익의 정치활동은 어떻게 이루어졌는가 하는 것에 주목하고자 한다. 일본 우익은 전후 법제도적 · 사회적으로 활동이 제한된 상황에서 조직을 만들고 활동을 재개했다. 일본에서 우익은 1960년 안보투쟁을 통해 청년 중심의 우익운동을 확대하였으며 1970년대에는 본격적으로 선거에 참여하는 등 입법과정에 참여하였다.

전후 우익은 보수에 반발한 혁신세력에 대한 대항운동을 통해 성장할 수 있었다. 전후 일본에서는 노동과 환경, 평화 등 다양한 사회적 요구가 분출되면서 대규모 노동운동이나 시위가 발생했다. 혁신을 이끌었던 사회당과 공산당은 우익의 주요 공격의 대상이었다. 1952년 샌프란시스코 강화조약 이후 구우익인사들이 정치에 복귀하게 되고 본격적으로 냉전구도가 시작하자, 일본 우익은 반공산주의를 중요한 슬로건으로 내세우며 정치투쟁을 시작했다. 이 시기 우익이 주장하는 바는 반미주의, 메이지헌법의 부활, 천황 중심의 정치체제의 확립이었다.

한편 우익은 극단적 테러를 내세우는 폭력성향의 집단에서 점차 잘 정비된 시민단체로서 형태를 갖추어 나갔다. 이는 일본이 전후 민주주의 체제를 확립해 나가는 과정에서 볼 수 있다. 혁신세력에 대한 정부의 규제가 강화되는 가운데 우익은 조직적 성장을 이루어 나갔다.

전후 우익은 1955년 자민당 중심의 보수 체제가 형성되는 가운데 새로운 정치행위자로 등장했다. 일본의 사회운동은 1960년 안보투쟁을 기점으로 쇠퇴했으며 이른바 정치의 계절이 종결했다. 반면 전후 우익은 테러나 상해, 자살과 같은 극단적인 행동도 서슴지 않았으며 더욱 활발한 활동을 이어 나갔다. 1970년대 이후에는 우익운동이 점차 조직적으로 안정화되면서 운동방식에도 변화가 나타났다. 기존의 혁신세력과 같은 대규모 풀뿌리 조직을 구상하거나 폭력보다는 연구회, 강연, 주간지 발간, 선거 참여 등 합법적으로 운동했다. 이처럼 우익은 일본의 사회운동과 정치투쟁이 전반적으로 쇠퇴하는 가운데 정치활동을 강조하며 조직을 갖추고 연구회나 모임을 추진하는 등 전후 일본 사회 내에 자리하고 있다.

전후 일본 우익의 정치세력화에 대해 기존연구에서는 반공산주의에 대한 정부와 점령당국의 정책변화와 1960년대 혁신계 사회운동에 대한 대항으로 등장했다고 보았다. 1950년대 이후 미소 대립 냉전구도와 한국전쟁으로 인한 공산세력에 대한 대항세력이 필요했다. 우익이 반공산주의를 내세우자 일본의 정부당국과 이해가 일치했다는 것이다. 이 글에서는 기존 연구자들과 마찬가지로 혁신에 대한 우익의 대항을 중요한 배경으로 둔다. 이를 토대로 전후 시기별로 우익의 조직과 활동의 변화를 관찰하면서 정치적인 영향력과 세력을 형성하게 된 배경을 제시한다. 이를 통해 일본 우익이 전후 일본 사회에서 어떤 의미를 가지는지 전체적인 맥락에서 이해할 수 있다. 우익은 천황을 중심으로 국가 혁신과 같은 상징적이고 형이상학적인 목적을 추구하기 때문에 기존의 물질적인 이해관계나 이익을 추구하는 사회운동과 이익집단의 논리만으로는 설명하기 어렵다. 더군다나 일본과 같이 전쟁이나 혁명으로 급작스럽게 민주주의로 전환된 국가에서 전통을 내세우는 우익단체가 어떤 정치적 의미를 갖는지 논의하는 것은 중요한 문제이다. 이 글에서는 전전 일본의 제국주의가 우익이라는 요소를 통해 어떻게 전후 일본사회에 이어지게 되었는지 그리고 그 변화는 무엇인지에 대한 전체적 맥락과 흐름을 이해할 수 있을 것이다. 이를 통해 전후 일본에서 우익의 정치활동과 영향력에 대해 검토하고, 제한적이지만 포스트 제국주의에 남아 있는 제국주의의 유산과 변용을 고찰할 수 있을 것이다.

2. 전후 우익과 일본사회

1) 전후 우익

이 글에서 우익은 전후 일본사회에서 등장한 특정한 정치적 성향을 지닌 집단을 말한다. 일반적으로 우익은 정치적 성향에서 좌익 혹은 좌파의 대칭에 자리하며 보수보다 좀 더 극단적 성향을 지닌 이데올로기를 말한다. 호리 유키오는[1] "우익은 근대화에 대한 안티테제로서 보수파의 정치적 태도를 가리킨다. 19세기 중반 이후 좌익이 국제공산주의 운동세력을 대표하자 우익은 이것에 대한 반혁명 혹은 반동세력을 대표하였으며 제국주의 파시즘 등을 우익으로 불렀다. 우익은 체계화된 이론이 부재하며 이념도 각

1 堀幸雄(1991),『右翼辞典』, 三嶺書房.

각 주장하는 바가 다르다. 그 가운데 우익은 공통적으로 인류의 보편적 이념, 즉 개인의 자유와 평등을 부정하고 국가에 중심적 가치를 두고 있다"고 설명했다. 또한 "광신적 배외주의, 쇼비니즘 등 국가에 대한 과도한 충성심과 사회주의와 공산주의에 대한 과도한 적개심을 갖는다. 이들은 민족적 사명을 강조하고 현상 타파나 쿠데타를 지향하며 좌익에 대한 전위"를 강조한다고 보았다.

이케다 사토시(池田諭)는 "공산주의자, 사회주의자와 같이 유신을 추구하며 실천적이고 혁명적인 성격을 가진다"고 말하며 일반 민중에 대해 우익은 "천황을 제외한 국민에 대해서는 자유와 평등의 가치를 중시한다"고 보았다.[2] 다른 연구에서 일본 우익은 "좌익에 대항하는 행위자로 다이쇼 쇼와 초기에 등장한 사회운동 중 일본주의를 내세우는 국가주의 운동을 하는 개인을 지칭한다"고 설명했다.[3] 본 연구에서 우익세력은 우익성향의 인사들로 구성된 정치단체, 정치세력, 자발적 조직 및 결사체를 말한다. 우익세력은 성립 시기를 기준으로 전전 우익과 전후 우익으로 구분할 수 있다. 기존연구에 따르면 전전 우익을 중심으로 형성된 순정우익과 폭력단체로부터 전환된 의협계 우익, 신좌익에 대항하는 신우익으로 나누는 것이 보편적이다.[4]

일본 우익은 천황을 유일한 절대적 통치자로 규정하고 천황 중심의 국가체제를 상정한다. 개인의 자유나 이익보다는 국가를 우선한다는 점에서 애국주의와도 맥락을 같이한다. 다른 한편으로 '국가'라기보다는 천황을 국가의 존립을 위한 유일무이한 절대적 존재로서 최고통치자로 상정하는 국가를 의미한다. 이는 "천황이 존재함으로써 국가와 국민이 있다는 인식이 일

---

2 池田諭(1985),『日本の右翼』, 大和書房, 17~18쪽.

3 警備実務研究会(1989),『右翼運動の思想と行動』, 立花書房.

4 高木正幸(1996),『右翼 : 活動と団体』, 土曜美術社出版販売, 18~26쪽.

본 우익의 특징"이라는 인식과도 같다.[5]

2) 우익과 정치공간

1960년 혁신세력이 중심이 된 대규모 안보운동으로 우익세력이 결집하고 혁신세력의 쇠퇴로 사회에서 우익이 차지하는 공간이 확대되었다. 정치적 수단으로 폭력보다는 제도를 택함으로써 소수 중심의 폐쇄적인 정치집단에서 대중과 정치가를 향한 사회단체로 변화하였다. 이러한 변화를 토대로 우익세력의 정치적 자본이 증가함으로써 1970년대 이후 우익성향의 정치단체가 점차 정치적인 영향력을 가지게 되었다고 보았다.

정치공간은 다양한 층의 사회운동이 접하는 공간들의 집합이다.[6] 사회에 형성된 공간은 정치적이고 전략적이다. 공간은 역사적이고 자연발생적인 것으로 정치적인 과정이며 이데올로기적이다. 정치공간은 일반적으로 시민사회와 국가의 법률적이고 제도적인 공간을 의미한다. 또는 항의나 전쟁과 같은 다양한 이벤트들로 정치적이 되거나 정치적 행위의 목적이 되는 특정한 공간을 의미한다. 경우에 따라 이 두 가지를 지칭해서 사용한다. 정치공간은 정치가, 지식인, 사회운동 등 정치와 관련된 행위자들 간 블록에 의해 형성된 공간이다. 정치공간은 국가에 의해 미리 형성된 것이 아니라 사회적 · 정치적 이벤트들이 연속하는 개방적이고 열린 공간으로 이해할 수 있다.[7]

기존의 국가 중심적 시각에 따르면 정치공간은 고정되거나 국가로부터 결정된 것으로 가정한다. 정치공간에서 중요한 점은 사회 내 정치공간이

5 일본 우익에 대한 연구를 수행해 야스다 고이치는 "천황이 존재함으로써 국가와 국민이 있다는 인식이 일본 우익의 특징"이라고 설명했다〔安田浩一(2018), 『右翼の戦後史』, 講談社, 35쪽〕.

6 Doucette, Jamie(2013), "The Korean Themidor : On Political Space and Conservative Reactions," *Transactions of the Institute of British Geographers*, 38(2), p.300.

7 Doucette, Jamie(2013), 앞의 논문, pp.300~1.

국가나 제도적으로 발생하는 것이 아니라 관련된 사회세력 간의 상호작용을 통해 사회 내에서 스스로 형성된다는 것이다. 이러한 점에서 정치적 공간의 형성에 있어 논쟁적인 이슈를 둘러싸고 국가에 저항하는 사회세력과 이러한 사회세력에 대항하는 반대세력 간의 반응(reaction) 혹은 반발(backlash)이 중요한 변수이다.

이 글에서는 전후 일본 우익의 복원과정을 시기별로 구우익의 붕괴, 우익의 투쟁과 우익의 투쟁, 정치세력화로 제시한다. 첫 번째 시기인 1945~1952년까지 등장한 구우익은 미점령정책에 의해 대부분 붕괴되었다. 이 시기 우익은 조직의 대부분이 해체되었으며 활동을 위한 자원이나 정치엘리트와의 연계가 잘 드러나지 않았다. 일본 정부의 강력한 규제로 단체를 설립하기 어려웠으며 기존에 정치운동을 이끌던 조직이나 세력은 대부분 해체되었다. 두 번째 시기인 1952~1959년 사이에 등장한 우익은 투쟁적인 성격이 강하게 나타났다. 이 시기 우익은 조직을 동원하는 능력은 크지만 정치엘리트와 약한 연계를 보였다.

세 번째 시기인 1960~1969년까지 일본 우익은 혁신계 사회운동에 대항하기 위해 결집했으며 조직적 확대가 이루어졌다. 이 시기 우익은 혁신계 사회투쟁에 대항하며 반공산주의와 혁신세력으로 결집했다. 1960년 안보투쟁 이후 사회운동은 이른바 '일상으로부터의 저항'으로 빈번하게 나타났다. 이러한 혁신계 운동이 불거질수록 우익이 결집하는 등 전후 우익이 복귀하는 데 결정적이었다. 네 번째 시기인 1970~1979년까지 우익의 정치도구화가 발생했다. 이 시기 우익은 조직 동원 능력이 향상되었으며 보수 정당의 정치엘리트와 밀접한 연계가 보였다. 우익성향의 정치가와 후원회를 중심으로 정치가들과 긴밀하게 연대하며 정치적 동원을 위한 강력한 조직이나 멤버십, 자금을 보유했다. 천황주의를 내세우며 정치엘리트에게 사상적 기반을 제공하던 우익은 스스로 권력을 갖기보다는 정치엘리트가 지닌 정치력에 의존했다.

3. 전후 우익의 복원과정

1) 전전 우익의 붕괴(1945~1952)

1945년 전쟁 직후 1952년까지 우익은 조직이 붕괴되고 구우익세력의 정치활동이 제한되었다. 미점령 당국은 전쟁과 관련된 우익 인사를 공직에서 추방했다. 천황의 인간선언과 신도의 해체는 우익에 충격을 야기했다. 그러나 우익이 남은 인사들을 중심으로 조직을 재건하고 모임을 개최했다. 전전 세력을 중심으로 전국 우익지도자가 결집하고 구국간담회를 통해 규슈구국협의회, 관서애국전선협의회, 유신운동관동협의회 등이 구국운동 전국협의회를 결성했다. 1950년에는 한국전쟁과 냉전으로 반공주의가 대두되면서 미점령당국의 정책이 급격하게 변화했다. 1952년 7월 샌프란시스코 강화조약을 발표하면서 대부분의 구우익세력이 복귀되었다. 그뿐만 아니라 정계 보수파와 전전 재계세력, 자본가들이 각종 위원회와 단체를 통해 정치활동을 시작했다.[8] 1951~1952년에 조직된 우익단체는 약 2,540개로 단기간에 많은 수의 우익이 결집했다. 이 시기에 결성된 우익조직은 대부분 전전 우익의 인사들을 중심으로 성립되었으며 현대 일본까지 그 맥락을 유지하고 있다. 이 시기 일본의 우익은 전전의 제국주의와 반사회주의, 국체사상을 기반으로 국가주의가 성립된 것으로 볼 수 있다.[9]

한편 일본사회에서는 1951년 샌프란시스코 강화조약과 미·일안보조약 조인을 둘러싸고 정치투쟁이 이어졌다. 우익은 이 틈에서 일본이 미국으로부터 본격적인 독립을 해야 한다고 주장했다. 1953년 3월 신병대 사건의

8 이웅현(2017), 「전후 일본 보수인맥의 태동 : 역코스기를 중심으로」, 『동북아역사논총』 제57호, 408쪽.

9 김채수(2008), 『일본우익의 활동과 사상연구』, 고려대학교출판부, 285쪽.

중심인물인 마에다 도라오(前田虎雄)가 사망하자 이 틈에서 우익은 조직 간 연대를 시도했다.[10] 1953년 9월 구국운동구국전국협의회를 설립하고 "운동 간 연락, 협력운동을 통해 사상의 통일을 실현하고 하부조직의 대동단결을 추진"한다는 내용의 성명서를 발표했다. 유신운동관동협의회를 결성하고 "일본민족의 역사와 전통에 기반하여 긴박한 일본 국내외 정체에 대해 사상, 정치, 경제, 문화, 국방 등 일절 철저 혁신을 단행하는 국민적 정치력을 확립"하고 "독립과 혁신을 위한 순일한 국민적 정치력의 결집"을 추진했다.[11] 대동연맹동지회 및 협화당, 팔천모사, 구 흑룡계의 적화방지단은 1952년 전전 우익단체를 기반으로 조직을 만들고 약 8년 간 우익전선에서 통일운동을 했다. 1953년 6월 13일 유신협의회는 규슈구국협의회, 전관서 애국전선협의회, 유신운동관동협의회로 발전했으며 추모회를 계기로 구국운동전국협의회를 만들었다. 대동연맹동지회 및 협화당, 팔천모사, 구 흑룡계의 적화방지단도 전전 우익단체를 재결성하고 1952년부터 약 8년간 우익전선의 통일운동에 참여했다.

2) 투쟁하는 우익의 등장(1952~1959)

1950년대 국제정세는 미소 대립과 냉전구도, 중화인민공화국 성립, 한반도 전쟁 등 공산주의와 민주주의 간 대립이 극심해졌다. 일본 국내에서도 새로운 변화들이 발생했다. 구정치세력에 대한 규제가 완화되었으며 공직에서 추방된 주요 우익인사들이 복귀했다. 다른 한편으로 일본 사회에서는 노동조합과 교조, 학생이 주도하는 평화와 안보, 환경, 민주주의를 둘러싼 사회 대투쟁이 전개되었다. 경찰직무수행법과 근무평가제도 강화를 통해

---

10 木下半治(1977), 『日本右翼の研究』, 現代評論社, 220쪽, 316쪽.

11 木下半治(1977), 앞의 책, 173~174쪽.

정부에 대항하는 교원을 통제하는 한편, 경찰의 권한을 확대했다. 일본정부의 통제와 혁신계 사회운동의 발발은 전후 일본사회의 조직과 운동을 재편했다. 이 같은 상황이 1960년 안보투쟁까지 약 8년 간 지속되면서 일본사회는 이른바 '정치의 계절'로 불리는 대규모 정치투쟁이 발생했다.

이 가운데 일본 우익은 전후 일본사회에 복귀할 수 있었다. 1952년 샌프란시스코 조약으로 미국의 대일점령정책에 변화가 생기자 일본에서도 구체제 인사들에 대한 제도들이 일부 수정되거나 완화되었다. 미국이 점령 초기에 시행한 개혁과 역행한 전후 민주주의 노선이 수정되는 이른바 '역코스(reverse course)'가 이루어진 것이다. 이로써 제국주의 세력이 정치적 공간에 복귀했으며 제국주의의 부활을 모색하는 조직과 단체가 등장했다. 일본의 재군비에 찬성하는 단체들이 결성되었으며 이들은 주로 소농형태 농민, 도시 저소득층, 중소 영세기업 노동자의 지지를 받았다.

이 시기 1955년 체제 아래에 놓인 우익은 크게 두 가지 특징을 가진다. 첫째는 자민당을 중심으로 한 산업 데모크라시, 재계, 관료, 농협과 연계된 우익세력이다. 1952년 자민당은 국내외 공산주의 세력에 대항하여 관련 법안을 재검토하고 헌법 개정을 추진했다. 1955년 55년체제로 불리는 이른바 보수와 혁신 정당 간 1과 2분의 1 정당제가 성립되자 자민당 중심의 정치적 보수화가 더욱 거세졌다. 하토야마 내각은 헌법 개정, 재군비 실현을 위해 소선거구제를 도입했으나 실패했고 다른 한편으로는 헌법조사회를 설치했다.

다음으로 반미주의를 내세우고 일본의 자립을 내세우는 우익이다. 기시 수상은 기본적으로 자주헌법을 제정하고 재군비를 통해 미국으로부터 독립한 일본을 구상했다. 기시 내각에서 전전의 우익세력도 활동을 재개할 수 있었다. 이들은 국수주의를 내세우며 일본의 전통을 지키는 슬로건을 내걸고 일본의 자주헌법, 적극적 재군비를 주장했다. 기존의 우익단체도 야쿠자, 폭력단 등이 운영한 단체를 합법적으로 위장하기 위해 반공주의와 국수주의를 내세우며 건전한 정치단체의 형태로 바꾸어 나갔다. 자유당 등도 사회주의, 공산주의 운동을 방해하기 위해 폭력단을 동원하여 우익단체를 조직하고 1960년 안보 시민데모에 활용했다.

3) 혁신에 대항하는 우익(1960~1969)

1960년대 등장한 이케다 내각은 경제성장을 최우선 정책으로 두었다. 이케다 내각은 민중투쟁의 긴장국면을 해소하기 위해 '관용과 인내의 저자세'를 슬로건으로 내세우고 경제계획인 국민소득배증계획을 발표했다. 이케다 내각은 60년 안보투쟁 이후 사회적 반발에 대한 규제제도를 만들었다. 대대적인 사회적 반발을 야기한 미·일안보조약을 비롯한 헌법 개헌을 추진하지 않겠다고 선언했다. 미·일안전보장을 둘러싼 보수와 혁신 간 대립도 1960년 안보투쟁 이후 경제중심의 국가정책으로 약화되었다. 이케다 내각에서는 사회의 대규모 시위나 저항을 통제하기 위한 수단으로 정치폭력방지법과 대학관리법을 추진했다. 1961년 6월 3일 자민당은 사회당의 거센 반발과 국민의 반대에도 불구하고 정치적 폭력행위 방지법안을 제출하여 동법안을 체결했다. 이처럼 자민당이 치안 관련 입법을 서두른 것은 이례적인 것으로 60년 안보투쟁의 반발에 대한 대항적인 성격이 강했다. 그러나 결국 참의원에서 통과하지 못하고 1년 뒤 폐지되었다. 1960년 안보에서 핵심저항세력인 각 대학교와 대학생 조직에 대한 조치로 대학관리법(이하 대관법)을 추진했다. 대관법은 국가가 직접 대학을 관리하는 제도로 대학의 자치적인 운영을 제한하고 문부대신의 권한을 강화했다. 이외에도 일본정부는 형법, 형사소송법, 비밀보호법, 스파이법의 부활, 국방성 설치, 경찰의 강압체제 강화, 파업규제법의 확대, 교과서 국정화, 소선거구제 개정, 자위대 및 경찰의 권한을 확대했다.

그러나 국가의 강압적인 통제에도 불구하고 사회운동은 지속되었다. 1960년

안보투쟁부터 전공투는 대규모 학생운동까지 안보와 외교, 헌법 문제를 둘러싼 정치운동이 이어졌다. 1962~1964년까지 학생운동은 안보투쟁 이후 패배감으로 침체되었다. 1960년대 대규모 사회운동이 감소했으나 학생운동이나 노동운동, 시민운동 등 중소 규모의 저항으로 이어졌다. 일례로 '베트남에 평화를! 시민연합'(ベトナムに平和を!市民連合. 일본어 발음으로 축약하여 '베헤렌'이라고도 부른다)을 중심으로 한 베트남 반전운동, 공해반대주민운동, 환경운동 등이 발생했으며 시민 자발적인 참여운동도 다수 발생했다. 1960년 안보투쟁 이후 사회운동은 전반적으로 다소 침체되었으나 1965년 이후 베트남 반전운동과 전학공투회의(全學共鬪會議. 이하 전공투) 등 학생을 중심으로 대규모 투쟁이 발생했다. 특히 1968년은 세계적으로 발생한 신좌파 계열의 학생운동과 맞물려 학생 주도로 대규모 저항운동이 발생했다.

1960년대 말에는 현재 지배 시스템에 대한 저항이 더욱 거세졌다. 1970년대 초까지 전공투, 산리즈카 투쟁, 반공해운동 등 사회저항운동이 이어졌다. 이 시기에는 풀뿌리 공동체 성격의 운동이 전국적으로 발생했다. 지역 커뮤니티를 중심으로 다양한 사회운동이 발생했으며 도시 노동자보다는 지역, 빈민 중심의 사회운동이 나타났다.

한편 전후 일본에서 우익운동은 1960년 안보투쟁 이후 본격화되었다. 1960년 안보투쟁에서 우익은 대중의 정치참여를 독려하며 민족통일전선을 촉구했다. 우익은 보수 정치가와 연대하여 공산당, 일본교직원조합(이하 일교조), 총평을 비난하고 테러 등의 방식으로 공격했다. 이전까지의 우익운동은 구우익 즉, 기존의 정치가나 군인, 우익사상가를 중심으로 한 소규모의 폭력적 방식의 대항이었다면 새로 등장한 우익운동은 구체제에 대한 반발이 중심이 되었다. 1960~1965년까지는 혁신세력에 대한 우익의 테러가 집중적으로 나타났다. 이 시기 사회당 당수인 아사누마 이네지로(浅沼稲次郎) 암살 사건과 중앙공론 사장 사택 습격사건이 발생했다. 국방성 설치 및 방위청 승격 문제, 교육 정상화와 일교조 타도, 북방영토탈환, 반공 등의 문제에 대해 우익단체가 관여했으며 학생들의 참여를 촉구했다. 1968년에는 우익 계열의 학생단체와 기성우익단체가 반공활동을 했으며 1970년에는 전후 최대 우익학생 조직인 전국학생자치체연락협의회(전국학협)을 조직했다.

1966년 생장의 집(生長の家)에 의해 나가사키대학의 '민족파' 학생들이 대학자치회선거에서 승리면서 나가사키 대학생협회의(이하 나가사키학협)가 결성되었다. 각 대학에서 '민족파' 학생이 전일본학생자치회총연합회(이하 전학련)이 주도하여 학생협회운동을 했다. 전국 각지의 대학이 전국적으로 투쟁하는 가운데 나가사키학협 성립 후 규슈지구, 간사이지구, 시코쿠지구, 주코쿠지구 및 도쿄 등 민족파 학생들은 전국적인 학생협회를 조직했다. 1960년 안보투쟁 이후 본격적으로 우익운동이 발생했다.[12] 1960년대에 생겨난 우익단체들은 혁신세력의 집단적인 움직임에 대한 대항으로 결집하며 전국적으로 반공주의 투쟁을 하는 전선을 구축했다. 우익세력은 혁신세력의 대대적인 반발로부터 지배세력을 보호하기 위하여 경찰이나 자민당 일부 국회의원과 연계하여 비공식적인 방식으로 도왔다.[13]

생장의 집은 1968년 7월 도쿄에서 학생회전국총연합을 설립하고 70년 안보에 대한 투쟁을 결의했다. 이 같은 학생 중심의 우익단체 가운데 가장 핵심적인 역할을 한 단체는 생장의 집에서 결성한 학생회전국총연합회이다. 기관지 및 인쇄물에 "천황을 중심으로 민족의 생명을 지키고 존황사상과 호국원리로 일본의 정기를 지켜야 한다. 일본 정신, 선조, 천황, 우리를 결합해야 한다"고 주장했다.[14] 이들은 안보뿐 아니라 북방영토 및 오키나

---

12 俵義文(2016),『日本会議の全貌：知られざる巨大組織の実態』, 花伝社, 16~17쪽.

13 안보조약 개정 시 우익단체에서 동원한 인원은 약 8만~9만 명으로 비용은 1억 2,300만 엔을 지급했다는 기록이 남아 있다〔荒原朴水(1974),『大右翼史』, 大日本一誠会出版局, 913쪽〕.

14 歩平 · 王希亮(2015),『日本の右翼：歴史的視座からみた思潮と思想』, 明石書店, 355쪽.

와 반환, 핵조약 반대, 헌법개정 지지를 주장했다.[15] 학생회전국총연합은 전국대학연합원리연구회를 중심으로 홋카이도에서 오키나와까지 전국적으로 252개 학생회 및 회원 2,750명으로 조직했다. 이들은 전학련을 반동세력으로 규정하고 공산주의에서 근본적으로 혁신세력을 제거해야 한다고 주장했다. 일본청년회의(1967. 2. 11. 결성)는 혁신세력뿐 아니라 정부에 대해서도 비난했다.[16]

전국학협은 생장의 집 전국총연합회(이하 생학연)에서 취지와 방침은 생장의 집의 영향을 받았다. 특히 황국사관 등은 전통 우익으로 이들이 발행한 기관지, 인쇄물에서 "반요일계 천황이 그 중핵으로 민족생명은 여기에 결집했다. 존황양이사상으로 또는 호국의 원리가 되어 일본 정기를 지켜왔다. 민족의 생명을 부정하는 세력과 공산혁명에 대해 단호하게 타도했다. 우리는 일본 민족이 지키는 문화와 전통을 승계를 발전했다. 이것이 진정한 의미의 '방위'다"라고 말했다.[17]

4) 우익의 정치세력화(1970~1979)

1970년대는 자민당 중심의 정치체제가 안정적으로 유지되는 가운데 기존의 우익과 구분되는 신우익이 등장했다. 1970년대 우익운동은 신우익을 중심으로 반공산주의를 적극적으로 내세웠다. 민족파 학생운동의 경험을

---

15 이들이 주장하는 바는 구체적으로 다음과 같다. 첫째 북방영토반환과 이를 통한 동포의 총결집, 둘째 오키나와 반환을 위한 결집, 셋째 핵확산방지조약 조인 반대, 넷째 식민지 포츠담 헌법상쇄, 다섯째 학생운동 시정 전 국민과 전 학우 결집, 여섯째 1970년 안보수호에 대한 전 국민 결집, 일곱째 미소 제국주의 얄타체제 파기, 여덟째 폭력적인 학생운동 시정 등이다〔社会運動研究会 編(1961), 『右翼運動事典』, 恒文堂, 1230쪽〕.

16 社会運動研究会 編(1961), 앞의 책, 1242쪽.

17 堀幸雄(1993), 『戦後の右翼勢力』, 勁草書房, 73쪽 ; 歩平 · 王希亮(2015), 앞의 책, 355쪽.

바탕으로 형성된 신우익은 얄타 · 포츠담체제의 타파를 주장했다. 얄타 · 포츠담체제는 미국과 소련의 양 강대국에 의해 만들어 것으로 반천황 · 반민족주의적인 것으로 보았다. 전후에 형성된 안보와 헌법, 정당, 신좌익, 기성우익, 문화는 얄타 · 포츠담체제의 유산이라고 비난했다. 기존의 우익운동은 자체의 독자적인 사상체계가 없었으며 천황주의를 제외하고 각기 다른 사상과 노선을 추구했다. 반면 신우익은 얄타 · 포츠담체제에 대한 반대노선을 확실히 내세우며 기존의 우익과 차별을 두었다.

1970년대 우익은 2백 개 단체로 증가했으며 우익단체에 가입한 수는 총 12만 명에 이르렀다.[18] 우익은 대도시를 중심으로 형성되었으며 농촌은 적다. 1970년대는 우익세력이 학생운동에서 혁신세력을 넘는 성과를 획득한 중요한 시기이다. 1950년대 민청, 전학련 중심의 학생운동, 1960년대 제2차 학생운동 세력이 약화되었다. 반면 우익세력은 학비상승 반대에 대한 투쟁, 대학관리법 투쟁에서 전국 888개 대학 총 180만 명 학생이 시위에 참여했다. 이들은 공산주의를 반대하고 부패로 붕괴한 대학을 재구축해야 한다고 주장했다. 또한 학생들을 동맹으로 가입시키고 전국학원조직을 확대하고 전국학생협의회연합을 형성했다.

이처럼 1970년대 신우익은 반공산주의를 내세우며 헌법개정과 자주국방, 천황중심주의 사상을 강조하였다.

4. 결론

전후 일본은 국가를 재건하는 과정에서 사회정당, 시민단체, 활동가, 조

18 우익세력의 규모는 단체를 어떻게 보는가에 따라 다르다. 이 글에서는 『警察白書』를 기반으로 우익단체를 파악하고 있다.

직, 이념이 난립하고 국가 내 헤게모니를 장악하려는 격렬한 투쟁이 나타났다. 또한 강력한 중앙집권체제에서 느슨한 지배체제로 전환하면서 중앙과 지방 사이의 긴밀한 연계가 와해되었다. 지역은 중앙과의 연대를 필요로 했으며 이를 위해 다양한 정치·사회조직을 결성했다. 이 가운데 전후 일본 사회에서는 국가가 제도적으로 우익세력의 복귀를 허용하고 개인 혹은 정당, 기업이 자본을 공급하면서 정치엘리트와, 기업, 종교계가 결합한 전후 우익조직이 등장했다. 사회로부터는 붕괴된 전통적 방식의 가치관이나 천황제, 국수주의가 우익을 통해 복원되었고 점차 제도적인 영역까지 발전해 나갔다. 이 과정에서 소수정예의 분산된 조직과 폭력적인 방식보다는 풀뿌리운동이나 조직 연대, 통일운동 등 기존과는 다른 우익이 등장하며 정치세력화를 이루었다.

이 글에서는 전후 우익이 정치적인 세력을 형성할 수 있던 요인에 대해 다음과 같이 설명했다. 우선 사회운동의 차원에서 전후 일본 사회는 국가와 사회, 신체제와 구체제, 사회 내 갈등 가운데 이에 대한 반발로서 우익운동이 등장했다. 우익운동은 메이지유신과 같은 전전체제에 대한 기억, 문학이나 소설을 통한 대중문화, 천황주의와 같은 상징을 기반으로 하며 기존 사회운동에 대한 대항운동으로 확대되었다. 국가에 대한 사회의 반발은 보수 중심으로 형성된 국가에 대해 다양한 사회적 요구들이 분출되면서 대규모 노동운동이나 평화 시위가 발생했다. 이 같은 반발은 전후 국가가 약화되고 사회가 해체된 상황에서 목격할 수 있다. 조직적 측면에서는 민주주의 체제와 구 시민단체의 결합 가운데 우익이 결성되었다. 민주주의 체제가 형성되자 사회 각 영역에서 단체들이 조직되었다. 이들 대부분 혁신 혹은 사회주의 계열의 단체들이었으나 일부 우익 세력들이 단체를 형성했다. 제도적 차원에서 사회통제법을 통해 혁신계 운동에 대한 규제가 강화된 반면, 우익은 국가의 제도적 보호 혹은 관리아래 조직을 안정적으로 운영해 나갔다. 대학 관리, 대규모 시위 통제 등을 통해 국가가 사회운동의 확산 및 발발을 저지시켰다. 1960년대 이후 일본 전체의 사회운동이 약화되며 혁신세력이 쇠퇴하는 가운데 지배정당이 포괄정당이 될수록 우익은 안정적으로 세력을 결집할 수 있었다.

패전 후 전후 일본에서는 정치적 · 사상적으로 중요한 변화가 발생했으나, 이것이 일본 제국주의의 완전한 해체라고 보기는 어렵다. 우익과 같은 특정 집단을 통해 일상적인 내셔널리즘(everyday nationalism)을 형성하거나 일반 시민 가운데에도 전전 유산의 관습이나 언어와 행동, 전통과 문화가 유지되기 때문이다. 우익과 같은 민족주의 단체를 통해 제국주의의 유산으로서 천황과 민족, 일본의 역사와 전통을 둘러싼 논쟁은 일본 사회에서 지속될 것으로 보인다.

제2부

제국적 경험과 기억의 변용(문학)

탈식민시대의 타자 길들이기

「현해탄」과 전후 일본의 민족문학 논쟁

서석배(徐碩培, Suh Serk-Bae)

캘리포니아 어바인대학 교수, 한국근대문학 전공

현재 한국 현대문학과 현대사에서의 희생에 대한 주제로 책을 쓰고 있다. 논저로는 "The Location of 'Korean' Culture : Ch'oe Chaesŏ and Korean Literature in a Time of Transition"(2011), ""Oh Jesus, Now Here with Us" : Literary Christology in 1970s and 1980s South Korea"(2018), "A False Martyr's Wager : Yi Kwangsu and Colonial Collaboration"(2019), *Treacherous Translation : Culture, Nationalism, and Colonialism in Korea and Japan from the 1910s to the 1960s*(2013) 등이 있다.

이 논문은 재일교포 작가 김달수의 1953년 소설 「현해탄」이 전후 일본에서 좌파 지식인들에 의해 어떻게 받아들여졌는가를 논하는 것이다. 많은 좌파 지식인은 소설 속에 묘사된 두 젊은 한국 남성의 식민주의에 대한 항거를 일본 민족주의 문학의 본보기로 평가했다. 그들은 이 소설이 당시 급속하게 확대되는 냉전 상황에서 미국의 영향 아래에 놓인 전후 일본 국민에게 적절한 의의를 갖는다고 생각했다. 몇몇 주목할 만한 예외를 제외하면 이 소설에 대한 일본 좌파 지식인들의 평가는 전후 일본 민족주의의 재정립 과정에서 일본인들이 다른 아시아 국가들과 동조하려는 그들의 갈망을 잘 보여 주었다.

1950년대에 다수의 좌파 지식인들은 일본을 미국의 지배 치하에서 억압받는 국가로 보았고 전후 일본의 민족주의를 다른 아시아 국가, 특히 그들이 식민주의로부터 국가를 해방시킨 모범 사례로 간주하는 중국과 한국의 민족주의와 동조시키고자 했다.[1] 이런 동조는 식민주의 기간 일본 통치에 대한 중국·한국인들의 투쟁과 미국 헤게모니에 대한 전후 일본의 저항의

1 1945년 일본의 패전 이후 좌파와 서구지향적인 진보적 지식인들이 민족주의를 폄하하거나 무시했다는 일반적인 견해에도 불구하고, 일본의 좌파 지식인들은 전후 미국의 지배에 대항하여 일본인들을 집결시키기 위해 민족주의에 의지했다. 마루야마 마사오와 오쓰카 히사오 등 서구지향적인 지식인들도 일본인들의 현대적인 주체성을 형성하기 위해 일본의 민족주의를 재정립하고자 노력했다〔小熊英二(2002), 『民主と愛国』, 新曜社〕. 전후 일본의 민족주의 담론에 대한 영어로 된 세부 정보는 Koschmann, J. Victor (1996), *Revolution and Subjectivity in Postwar Japan*, University of Chicago, pp.203~30 ; Igarashi, Yoshikuni(2000), *Bodies of Memory*, Princeton University Press 참조.

연관성에 기반을 둔 것이었다. 쉽게 말하면 이 동조는 일본 치하의 아시아 국가들과 미국의 헤게모니 하에 놓인 일본이 공유한 것으로 상정되는 식민성에 기대고 있다. 말할 필요도 없이 식민성 측면에서 이 세 국가를 동일시하는 것은 그들의 구체적인 역사적 경험에 대한 추상화를 통해서만 상상이 가능하다.

이 논문의 핵심 부분은 일본과 한국 간의 동조를 위한 이런 시도가 일본 지식인들의 「현해탄」 비평에 어떻게 반영되었는지 검토하는 것이다. 다시 말하면 이 논문은 이 문학비평들을 일본인들의 식민지 팽창주의와의 관계를 모호하게 하고 일본 민족주의를 침략사상에서 해방사상으로 변모시킨 전후 일본 담론의 구체적 사례로 간주한다. 이 논문은 특히 과거 일본의 식민지배를 받은 사람들에 대한 일본 좌파의 공감을 아시아 국가들과의 동조에 대한 그들의 상상의 수단으로 간주한다.[2] 이 공감은 일본이 전후 시대에 미국의 영향에 예속된 국가가 되었다는 그들의 인식에 의해 촉발되었다. 최종적으로 이 논문은 한국에 대한 일본 좌파의 공감이 전후 일본에서 일본 민족주의를 재정립하려는 노력에 이용된 방식을 비판한다. 이런 맥락에서 공감은 자신이 타자와 동일한 방식으로 생각하고, 느끼고, 행동한다고 상상하는 자아의 의지능력을 의미하며, 이는 자아와 타자 간의 유사성을 원인으로 하고 또한 유사성을 위한 것이다. 간추려 말하면 공감은 자아가 타자와 동등하다는 추정의 의도성과 관련되어 있다.

공감의 문제는 탈식민시대 세계에서 식민지배를 받은 자와 식민지배자 간의 화해 문제와 연관된 것이다. 윤리적인 태도는 자아와 타자 간의 여러

---

2 나는 '공감'이라는 용어를 후설의 현상학에서 쓰인 것보다 더 좁은 의미로 쓴다. 후설에게 공감은 타자에 대한 주체의 경험적 인식을 의미한다. 따라서 공감은 일반적으로 상호주관성을 위한 필수적인 능력이다. 반면에 내가 이 논문에서 쓰는 공감이라는 용어는 자아와 타자 간의 근본적인 차이를 축소하려는 성향을 나타낸다. 공감에 대한 더 상세한 내용은 Husserl, Edmund(1969), *Cartesian Meditations*, Martinus Nijhoff ; Smith, A. D.(2003), *Husserl and the Cartesian Meditations*, Routledge 참조.

차이점에도 불구하고 타자에 대한 자아의 관심이 지속되는 것일 터이다. 에마뉘엘 레비나스(Emmanuel Levinas)가 상기시켜 주는 것처럼 타자의 다름(alterity)은 자신이 타자에게 미치는 피해에 대해 끊임없이 성찰하도록 자아를 내몰고 결과적으로 윤리적이 되어야 한다는 타자의 요구에 취약하게 만든다.[3] 나는 서로의 유사성을 전제로 한 공감보다는 자신들과 피식민자들의 차이에 대한 인식에 기반을 둔 과거 피식민자들에 관한 관심만이 과거 식민지배자들의 화해 제스처를 탈식민시대의 정의에 적절한 것으로 만들 수 있다고 주장한다. 과거 피식민자와 과거 식민지배자 간의 식민주의 경험상의 차이점에 대한 역사적 인식은 화해의 가능성을 높이는 데 반드시 필요하다. 최종적으로 이 논문은 과거를 기억하기 위한 우리의 노력에서의 이러한 차이점을 지적하는 레비나스의 종말론적 역사를 간략하게 논하면서 결론을 맺는다.

1. 다케우치 요시미와 일본의 식민주의 과거와의 타협

1940년대 후반과 1950년대 초반에 동아시아와 일본에서의 정치적 변화는 일본의 좌파 지식인들로 하여금 민족주의의 틀 안에서 일본의 혁명을 상상하도록 몰아가고 있었다. 일본 좌파의 눈에 공산당의 중국 장악은 중국 민족주의의 승리였고 한국전쟁은 한국 국민의 반제국주의 투쟁을 반영하는 것으로 보였다. 한반도에서 전쟁이 치열해지면서 공산 군대와 맞서 싸우는 미국의 전쟁 노력에서 일본의 전략적 중요성이 급속하게 커져 갔다. 많은 일본 지식인은 일본 내 미국 주둔군의 증가로 인해 일본이 미국의 실제 식민지나 다름없어졌다고 생각했다. 1950년대 초 일본이 샌프란시스

3 Levinas, Emmanuel(1969), *Totality and Infinity*, Duquesne University Press.

코조약에 서명했을 때[4] 일본은 이미 해당 지역에서 미국의 귀중한 군사기지가 되어 있었다. 미국의 요구에 대한 일본정부의 순응은 중국 공산당의 국민당 정부에 대한 승리나 미국이 이끄는 유엔군에 대항한 북한의 집요한 투쟁과 극명한 대조를 이루었다. 민족주의는 일본 지식계의 전면에 대두했다. '민족'은 또한 일본의 문학 기득권층에서도 가장 유행하는 주제가 되었다. 예를 들면 일본문학협력회는 '민족문학'을 1951년 회의의 주제로 채택해 논의했다. 일본 지식인들은 전후 일본에서 미국의 헤게모니에 대응하기 위해 민족주의로 방향을 바꾸면서 전쟁 전과 전쟁 사이 기간의 민족주의와 그것이 과거 일본이 주변 국가들에 가한 침략에 끼친 영향을 받아들여야 할 필요성을 느꼈다.

다케우치 요시미는 전쟁 전과 전쟁 사이 기간의 민족주의 문제에 정면으로 맞서고자 시도한 최초의 전후 지식인 중 하나였다.[5] 그는 민족주의를 국수주의와 구별하고 후자만을 비난하는 것은 무의미하다고 주장했다. 그의 견해에 따르면 일본의 좌파 혁명운동은 민족주의가 사회혁명과 단단히 결합된 중국의 경우와 달리 민족주의와의 연결에 실패했다는 것이다.[6]

---

4 샌프란시스코 강화조약은 태평양 지역에서 일본의 점령과 제2차 세계대전을 종식시키기 위해 1952년 일본과 미국, 그리고 소련, 인도, 버마, 유고슬라비아를 제외한 연합국들이 서명한 조약이다. 조약의 조건에 의해 과거 식민지들에 대한 일본의 영토 소유권은 공식적으로 취소되었다.

5 이 글은 1951년 6월 "문학"에 처음으로 발표되었다〔竹内好(1972), 「近代主義と民族の問題」, 『戦後文学論争 下巻』, 番町書房, 109~114쪽〕.

6 다케우치의 견해는 일본 민족주의가 반제국주의 및 반체제 투쟁을 뒷받침하는 혁명사상이 된 다른 아시아 민족주의와 다르다는 마루야마의 주장과 일치한다. 마루야마에 따르면 중국의 민족주의는 아래에서부터 솟아나 지배력을 유지하기 위해 제국주의 세력과 협력한 전통 엘리트를 무너뜨렸다. 반면 일본의 민족주의는 국가를 현대화하기 위해 서구의 기술과 과학을 받아들인 전통 엘리트에 의해 위에서부터 동원되었다. 결과적으로 일본 민족주의는 일본을 제국주의 열강으로 변모시키는 데 기여하고 국수주의가 되었다. 따라서 일본의 민족주의는 다른 아시아의 민족주의와 달리 "순결을 잃었다"〔Maruyama, Masao(1969), "Nationalism in Japan : Its Theoretical Background and

다케우치는 또한 일본 민족주의와 일본의 다른 아시아 국가들과의 관계 간에 중요한 연관성을 도출했다. 그는 일본 지식인들이 침략 전쟁에 대한 공정한 책임을 져야 한다는 인식이나 의지가 없기 때문에 민족주의에 대해 고민하지 않고 무시해 버렸다고 주장했다. 그는 민족주의를 무시하는 것은 일본의 과거 침략에 대해 누가 책임을 져야하는지의 문제를 회피하는 것이라고 생각했다. 전쟁 직후 일본 지식인들의 민족주의에 대한 비난은 자신이 일본 국민의 일원이고 일본 침략전쟁에 대한 책임이 있음을 인정하기를 꺼리는 태도를 암시했다. 다케우치는 아시아 국가들을 상대로 한 전쟁이 일본이라는 국가의 이름으로 자행되었기 때문에 민족주의의 부정은 전쟁 책임으로부터 자신을 면죄하는 것에 해당된다고 보았다. 역사적 책임을 받아들이는 유일한 방법은 전쟁 전과 이후의 일본 민족주의 간의 연속성을 인정하는 것이라고 그는 주장했다.

이후에 발표된 일련의 글을 통해 다케우치는 계속해서 국민문학의 정립을 촉구했다.[7] 그는 문학계를 국민들과 유리된 지식인들의 파벌주의 공동체로 비판하고 문학의 대중화를 요구했다. 그의 글은 일본 지식인들로부터 많은 반응을 촉발시켰고 민족문학에 대한 논쟁이 일본의 문학 기득권층 전체에 퍼지면서 정치와 문학의 관계, 문학의 자주성, 문학의 포퓰리슴, 모더니즘의 문제 등에 대한 토론을 불러일으켰다.[8]

1950년대의 일본 지식인들은 '국민문학'이라는 용어에 연관된 낙인을 잘 알고 있었다. 1930년대와 1940년대에 많은 일본 지식인은 근대주의의 횡포

Prospects," in Ivan Morris, ed., *Thought and Behanviour in Modern Japanese Politics*, Oxford University Press, p.137]. 이 글은 1951년에 최초로 발표되었다.

7 민족문학 논쟁에 참여한 이들은 '국민'과 '민족'이라는 용어를 모두 같이 썼다. 그러나 전후 일본의 정통적인 문학사에서 이 논쟁은 '국민문학론'이라고 불린다.

8 本田修吾(1992), 『物語戦後文学史(中)』, 新潮社, 220~249쪽 ; 前田愛(1978), 「国民文学の行方」, 『思想の科学』 第6次, 30~36쪽.

에 의해 변화하는 사회 가치에 맞서 문화적 정체성을 유지하기 위해 민족문학이 필요하다는 데 동의했다. 그들은 무엇이 민족문학을 이루는가에 대한 열띤 토론에 참여했다. 중일전쟁(1937~1945)이 계속되고 미국과 영국을 상대로 한 전쟁(1941~1945)이 발발하면서 토론에 참여한 많은 인사는 정부의 전쟁 선전에 발맞추어 민족문학을 지지하기 시작했다. 이에 따라 다수의 전후 일본 지식인들은 민족문학을 국가의 정치적 목적을 위한 저술의 사상적 동원으로 파악했다.[9] "일본의 근대와 국민문학"이라는 제목의 원탁 토론에서 히라노 겐은 국민문학이라는 용어가 전쟁의 기억을 상기시킨다고 발언하고 더 좋은 용어가 없는지 질문했다. 오다기리 히데오와 다카쿠라 데루 같은 좌파 지식인들은 일본인을 집단으로 나타내기 위해 '국민' 대신 '민족' 또는 '인민'이라는 용어를 사용했다. 이렇게 1950년대에 국민문학에 대한 다케우치의 요구에 응답한 사람들은 국민과 민족주의로부터 전쟁의 낙인을 씻어 내고자 분투했다. 예를 들면 학술지 '인민문학'과 연관된 좌파 지식인들은 전후의 민족주의를 사람들로부터 자발적으로 일어나는 민족 독립에 대한 요구로 파악하고 이를 국가 이데올로그들에 의해 위로부터 강요되던 전시의 민족주의와 구별했다.[10]

좌파 지식인들은 자신을 전쟁 전과 전시의 일본 민족주의로부터 분리하고 그것은 진실한 민족주의가 아니라 일본 국민을 억압하기 위해 이용된 지배 이데올로기라고 주장했다. 그 주장의 의미는 식민지배를 받은 아시아 사람들뿐 아니라 일본 국민도 일본의 전쟁 전, 전시 민족주의의 희생자라는 것이었다. 이렇게 일본 좌파 지식인들은 일본 국민의 이름으로 자행된 잔학한 행위의 책임으로부터 자신과 일본 대중을 암암리에 면죄했다. 더

9 堀田善衛・伊藤整・竹内好・花田清輝・平野謙(1953), 「日本の近代と国民文学」, 『新日本文学』 第8巻 第12号.

10 安部公房・梅崎春生・新島繁・猪野謙二・西郷信岡(1952), 「日本文学の中心課題は何か」, 『人民文学』 第3巻 第10号.

나아가 그들은 아시아 민족주의를 일본 민족주의자들이 미국 제국주의에 대항하고 전시 일본의 국수주의를 치유하는 과정에서 모방해야 할 본보기로 여겼다. 그러나 일본 민족주의의 재정립을 위해서는 일본과 아시아, 일본과 미국의 역사적 관계에 대한 재해석이 필요했다. 미국과의 관계에서 식민성을 제기함으로써 지식인들은 일본인들을 식민주의의 족쇄로부터 해방되기 위해 분투한 아시아인들과 동일시했다. 그뿐만 아니라 그들은 일본 국민을 일본정부의 하위주체로 묘사했다. 이와 같이 자신들의 민족주의에 대한 관점을 전쟁 전의 우파 민족주의와 차별화하려고 시도하는 과정에서 일본 좌파 지식인들은 식민지 팽창에 대한 일본 국민의 책임을 모호하게 만들었다. 그들이 생각한 민족문학은 미국 제국주의, 그리고 미국에 아부하며 복종하는 반동적인 일본정부에 저항하는 일본 국민의 투쟁에 기여하는 것이었고, 일본 식민주의에 관련된 자신들과 일본 국민의 역할을 직시하는 것은 아니었다.

그렇지만 동시대인들과 달리 다케우치 요시미는 자신의 독자들에게 민족문학에 대한 전쟁 전과 전후의 논쟁의 연속성에 관심을 가지도록 끈질기게 촉구했다. 분명히 1950년대에 민족문학을 촉구한 좌파 지식인들과 1930~1940년대에 민족문학 논쟁에 참여한 지식인들은 모두 문학 기득권층이 국가를 위한 문학을 내놓지 못한 것으로 보고 이를 비판했다. 전후 일본에서 좌파 지식인들이 미국 주둔군의 정치적·군사적 존재를 직면하고 느낀 위기감은 일본의 전통이 서구와 환유적으로 연관된 근대성에 밀려 사라지고 있다는 전쟁 전 및 전시의 우려와 맥을 같이했다. 하지만 우리의 탐색에 더 잘 들어맞는 논리는 민족문학에 대한 전쟁 전과 후의 논쟁은 모두 일본의 식민주의 역사와 관련된 교점을 갖는다는 다케우치의 의견이다. 다케우치는 자신의 경우에는 일본 국민을 자신이 속한 집단으로 껴안는 것이 일본이 일본 국민의 이름으로 아시아의 이웃들에게 자행한 일을 인정하는 첫걸음이라고 선언했다.

2. 「현해탄」과 한국인 타자 마주하기

전후 민족문학 논쟁이 지속되면서 여러 정치 · 문화 진영에 속한 지식인들은 민족문학의 다양한 측면들을 강조하고 나섰다. 공산당의 주류 관점을 대변하는 '인민문학' 그룹은 국가의 정치적 해방을 위한 문학을 역설하고 근대 일본문학을 부르주아문학으로 비판했다. 구라하라 고레히토를 비롯한 나이 많은 좌파 지식인들이 이끄는 신일본문학회는 민족문학의 토대로서 메이지 시대 이후의 근대 일본문학 전통의 부흥을 지지했다.[11] 반면에 나가즈미 야스아키 같은 비판자들은 일본의 작가와 시인들을 향해서 근대 일본문학이 활기를 되찾게 하기 위해 고전 일본문학의 전통을 다시 찾아가라고 촉구했다.[12] 그러나 토론에서 민족문학에 대한 다양한 견해가 제시되었음에도 불구하고 참가자들은 구체적으로 민족문학이 어떤 형식을 취해야 할지에 대한 의견의 일치를 보지 못했다.

1954년에 이르자 민족문학 논쟁은 추진력을 잃고 교착상태에 이른 것으로 보였다. 이때가 바로 「현해탄」이 일본 문학비평가들의 관심을 모은 시점이었다. 작가인 김달수(1919~1997)는 한반도가 전쟁에 휩쓸린 시기인 1952~1953년 이 소설을 문학지인 『신일본문학』에 연재했다.[13] 그는 소설의 후기에서 자신은 미국이 이끄는 유엔군에 대한 북한의 맹렬한 저항에서 영감을 받아 일본 식민주의에 맞선 한국 국민의 투쟁에 대한 소설을 쓰게 되었다고 밝혔다.

이 소설은 한국의 두 청년인 서경태와 백성오를 둘러싸고 벌어지는 이야기이다. 일본의 가난한 한국 출신 이민 가정에서 자란 경태는 기자가 되어

---

11 각각 1952년 6월, 1953년 9월, 1954년 9월에 발표되었다〔蔵原惟人(1967~1976), 『蔵原惟人評論集』 全十巻, 新日本出版社〕.

12 永積安明(1952), 「文学遺産の受け付きについて」, 『文学』 第12巻 第3号.

13 이 소설은 1954년 지쿠마쇼보(筑摩書房)에서 낱권으로 출간되었다.

한국으로 돌아가 경성, 즉 지금의 서울에서 가장 큰 신문사에 입사하려 한다. 한국인인 그는 일본의 주요 신문사에서는 일자리를 얻을 희망이 별로 없다. 그는 한국에 대해 잘 알지 못하고 한국말을 잘하지 못하기 때문에 '반일본인'이라는 불편한 처지에 처한다. 한국으로 떠나기 전 그는 일본인 여자친구인 오오이 기미코와 헤어진다. 그는 그녀를 몹시 사랑하지만 기미코의 애정이 순수한 사랑인지 아니면 피식민자에 대한 동정일 뿐인지 확신할 수 없다. 경태는 서울에 가족이나 가까운 친척이 없기 때문에 도쿄에서 만난 성오의 집에 묵는다. 하지만 그는 한국의 총독부가 운영하는 일본어 신문사인『경성일보』에 취직하고 난 뒤 자신의 길을 간다.

또 다른 주인공인 성오는 부유한 엘리트 가정 출신이다. 그의 아버지는 식민지 한국의 13개 도에서 유일한 한국인 도지사를 역임했다. 성오는 도쿄 유학 중 마르크스주의 독서회에 잠깐 참여했다가 투옥된 뒤 대학을 중퇴했다. 그는 서울의 가족에게 돌아와 은둔하다가 자신을 감시하는 한국 경찰인 이승원으로부터 일본 식민주의 통치에 맞선 한국 국민의 투쟁사를 듣게 된다. 이승원은 일본 총독부의 경찰이면서 지하 항일조직과도 연관이 있는 인물이다. 이승원을 통해 성오는 항일조직에 가입한다. 성오는 항일운동에 참여하면서 영숙이라는 처녀에게 끌리는데, 고인이 된 영숙의 아버지는 항일조직의 지도자였다. 계급의 차이를 넘어 성오는 영숙에게 청혼하고 이것이 그의 아버지의 분노를 산다. 그리고 사실은 이승원이 일본 경찰의 삼중 첩자였음이 드러난다. 그는 직접 연줄이 없는 모든 저항조직원을 체포하기 위해 자신이 아는 조직원에게 성오를 소개한 것이다. 성오는 다른 조직원들과 함께 체포되어 고문을 당한다. 한편 경태는 식민지배하의 한국 국민의 곤경을 목격하고 일본 식민주의에 맞서 싸우는 용감한 한국인들을 만나면서 식민지 사회에서 성공하려는 자신의 욕망이 이기적이고 부질없음을 깨닫는다. 이야기는 경태가 감옥에 있는 성오를 찾아가면서 끝난다.

이 소설은 다양한 일본 비평가들에 의해 좋은 평을 받았다. 상당히 많은 좌파 지식인이 이 책을 일본 민족문학의 모델로 칭송했다. 이 소설은 일본 식민주의에 맞서 분투하는 두 한국 청년을 중심으로 한 것이었기 때문에 이것을 일본 민족문학의 모델로 삼는 것은 한국과 일본의 관계를 재설정하지 않고는 불가능한 일이었다. 분명히 일본 지식인들은 일본과 미군의 관계를 한국에서의 일본 식민주의의 역학에 투영했다. 이런 투영은 전후의 일본이 실제로 미국의 식민지나 마찬가지이며 일본인들은 식민지배를 받는 국민이라는 인식에 근거한 것이다. 일본 국민의 식민성은 좌파 지식인 사이에서 과거 식민지배를 받은 한국인들에 대한 공감을 불러일으켰다. 그들의 공감은 한편으로는 전후 시대의 일본인들을 일본 식민지배하의 한국인들과 동조시키고, 또 한편으로는 제국주의 일본을 미국과 동조시켰다.[14] 따라서 전후 일본과 한국 간의 새로운 동조는 과거의 제국주의 일본과 미국 제국주의의 사실상의 식민지인 전후 일본의 단절을 수반했다.

"국민문학의 문제 : 현해탄에 관하여"라는 제목으로 히라바야시 하지메가 쓴 이 소설의 평론은 일본 민족문학과 관련된 전후 일본과 식민지 한국의 동조를 위한 좌파 지식인들의 이러한 주장의 좋은 예이다.[15] 히라바야

14 한국의 문학 비평가인 조정민은 「현해탄」에 대한 일본 좌파 문학비평가들의 담론에서의 한국인과 일본인의 동조에 대해 해석했다. 그는 "한국인들이 일본의 강요로 맺은 결속"은 일본인을 또다른 식민주의 지배, 즉 미 제국주의의 희생자로 표현한 것과 같은 맥락이라고 지적한다. 그렇지만 그의 논의는 강요된 결속에 대한 문제화에 국한되었다{趙正民(2003), 「戦後日本の「国民文学論」と金達寿『玄海灘』連帯づけられた「弱者」像と戦後ナショナリズム」, 『日語日文學』 第19卷 第5号, 173~185쪽}. 이 논문에서 나는 민족문학 논쟁의 초기에 다케우치 요시미나 나카노 시게하루 같은 일본 지식인들은 일본의 식민주의 침략사에 대응하려 노력했지만 이후 토론이 지속되면서 이런 시도가 사라졌다고 주장하고자 한다. 「현해탄」에 대한 나카노 시게하루와 다케이 데루오의 글을 주의 깊게 읽고 나서 나는 한국인과 일본인을 동조시킨 일본 좌파의 주장이 일본 지식인들에 의해 강요되었을 뿐 아니라 과거 피식민자의 다름에 대한 무감각을 나타냈기 때문에 문제시된다는 의견을 제시한다.

15 平林一(1955), 「国民文学の課題, 玄海灘をめぐって」, 『国民文学の課題』, 岩波書店,

시는 민족문학이라는 이슈가 지식인들이 일본 국민의 위치를 억압자에서 피억압자로 이동시키는 위기의 와중에 부상했다는 의견을 제시했다. 그는 민족문학 논쟁이 교착상태에 빠졌고 이를 진척시킬 통일된 이론이 없다고 주장했다. 그에게 「현해탄」은 이 난관을 빠져나갈 방법을 제시하는 가치 있는 작품이었다. 그의 견해에 따르면 이 소설은 일본 사람들에게 외국의 지배에 국가의 독립을 빼앗기는 것이 무엇인지 보여 주는 것이었다. 그는 이 작품이 두 한국 청년, 서경택과 백성오의 이야기를 짜넣어 식민지 한국의 가혹한 현실을 생생하게 묘사했기 때문에 일본 독자들이 깊은 감명을 받았다고 주장했다. 그는 일본인들이 평화와 독립을 성취하기 위해 미 제국주의에 맞서 싸우는 임무를 짊어지려 하는 상황에서 식민지배하의 삶을 이해하는 것이 중요하다는 의견을 제시했다.

히라바야시는 계속해서 근대 일본문학에서는 「현해탄」같이 국가의 독립 문제를 다룬 문학작품이 나온 적이 없다고 주장했다. 그는 두 주인공이 한국 국민을 발견함으로써 그들의 자율적 주체성에 눈을 뜬 방식을 집중적으로 분석했다. 그는 피식민자에 의한 자율적 주체성의 재형성은 근대성의 급격한 득세만을 통해서는 불가능하다고 주장했다. 또한 이것은 오직 「현해탄」에 묘사된 국가의 자주성을 위한 투쟁을 통해 자신의 국가를 직면함으로써 성취할 수 있다고 강조했다.

「현해탄」을 일본 민족문학과 동조시키려고 노력한 대부분의 좌파 지식인들과 달리, 문학 비평가 다케이 데루오는 이런 시도들을 철저하게 비판했다.[16] 이 소설에 대한 그의 비평은 전후 지식인이 일본인들에게 과거 피식민자의 완전한 다름을 직면하도록 촉구한 보기 드문 사례 중 하나였다. 다케이는 식민주의의 역사적 경험에서의 차별성에서 기인하는 과거 피식

168~177쪽.

16 武井昭夫(1954), 「虛構性と記録性」, 『新日本文学』第9巻 第3号, 88~99쪽.

민자의 다름을 조명했다. 다케이에게 있어 이런 다름은 이제 일본인들은 미 제국주의 지배하에 억압받는 사람들이라는 근거에 기반을 둔 한국인과 일본인 간의 연대를 통해 길들여질 수 없는 것이었다. 다케이는 이 책의 제목인 '현해탄'에서 강력한 은유를 찾아냈는데, 현해탄은 일본이 한국에 대한 식민주의 침략을 개시한 통로이며 따라서 한국의 식민주의 경험으로 인한 치유되지 않은 상처를 나타내는 것이었다.

다케이는 이 소설을 높이 평가했지만 멜로드라마적인 통속성이라는 용어를 붙여 비판도 놓치지 않았다. 그는 특히 김달수가 경태와 기미코 간의 로맨스를 다룬 태도를 비난했다. 앞에 잠깐 설명한 것과 같이 경태는 자신의 식민주의적 열등감 때문에 한국으로 떠나기 전 기미코와 결별한다. 다시 말해서 경태는 기미코의 자신에 대한 애정이 순수한 사랑인지 아니면 피식민자에 대한 식민지배자의 동정인지 판단할 수 없다. 그렇지만 기미코에 대한 그의 욕망은 식민지 사회에서 성공하려는 결심으로 변형되고, 이는 그가 한국인으로서의 민족의식에 눈뜨면서 사라진다. 다케이는 김달수가 경태와 기미코의 관계를 더 발전시켜 두 사람이 함께 일본 제국주의에 맞서 싸우다가 기미코가 한국과 일본 국민 간의 깊은 분열에 의해 무너지는 결말을 냈어야 한다고 주장했다. 이렇듯이 다케이는 경태와 기미코의 행복한 결합으로 상징될 법한 한국인과 일본인의 결속을 당연한 것으로 받아들이지 않았다. 오히려 그는 작가가 그들의 관계를 더 진전시켜 일본의 한국 식민통치에 의해 유발된 한국인과 일본인 간의 결코 해소될 수 없는 간극을 철저하게 드러냈어야 한다고 따졌다.

다케이는 현재의 일본을 피식민자로 상정하고 한국인과 일본인들의 차이를 모호하게 하려는 모든 시도를 배격했다. 그는 식민주의 침략에 대한 반성을 거부하는 일본의 태도가 전후 일본에서 다양한 방식으로 드러난다고 지적했다. 그는 이런 거부가 일부 일본 정치인들이 독도/다케시마 관련 영토 논쟁에서 일본에 군사력이 없어 한국인들이 감히 일본을 얕잡아

본다고 불평하면서 한국에 대한 경멸을 표시할 수 있는 원인을 제공한다고 말했다. 또한 그는 자기반성의 결여가 정치 영역에만 국한되는 것이 아니라고 주장했다.

자신의 주장을 문학계로 돌리면서 그는 다케다 시게타로의 단편 「낙동강」의 예를 들었다. 이 이야기는 「현해탄」과 마찬가지로 태평양전쟁 막바지를 배경으로 하며, 의식 있는 지식인 유형인 일본 군인의 관점에서 펼쳐진다. 젊은 한국 청년들이 이 군인이 소속된, 한국의 대구에 주둔한 일본제국육군 보병부대에 징집된다. 그들은 지역 주민들의 도움으로 탈영한다. 소설 말미에 무대는 갑자기 전후 일본으로 건너뛴다. 화자는 영화를 보러 간다. 영화 시작 전에 한국전쟁에 대한 뉴스가 나온다. 화자는 스크린에서 행군하는 남한 병사들 위로 일본 제국군의 한국 병사들의 이미지를 떠올리지 않을 수 없다.

다케다는 남한 병사들을 일본 제국군대의 한국인 피식민 병사들과 동일시했음이 분명하다. 여기에서 암시된 추정은 남한 병사들이 미 제국주의의 지배를 받는 병사들이라는 것이었다. 다케이는 다케다가 한국전쟁에 참전한 남한 병사들에게 일본 제국군대의 한국 병사들을 중첩시킨 것을 비판했다. 그는 다케다가 일본 제국군을 위해 싸우도록 강요받은 한국 식민지 병사들의 현실을 왜곡했다고 지적했다. 다케이는 「낙동강」을 한국 국민의 슬픔과 분노에 대한 일본 문학의 무감각을 보여 주는 사례로 기록했다.

다케이는 「현해탄」에 대한 논의로 다시 돌아가서 일본인은 과거에 한국인의 고초에 대한 책임이 있을 뿐 아니라 계속되는 한국인의 고난에도 여전히 연루되어 있다고 주장했다. 그는 한국전쟁 중에 한국인을 폭격한 미군 폭격기들은 일본에 있는 공군기지에서 날아간 것이라는 사실에 대한 관심을 촉구했다. 다시 말해서 다케이는 일본인들에게 전후시대에도 그들은 침략자, 즉 미 제국주의의 편에 서 있다는 사실을 환기시켰다. 이에 따라 다케이는 동아시아에서 미 제국주의에 맞선 한국인과 일본인들의 동조를 당연한 것으로 여기는 일본 좌파 지식인들의 안일한 태도에 비판의 초점을 맞추었다. 그에게 「현해탄」은 일본 민족문학의 본보기로서가 아니라 일본 독자들에게 전후 일본 국민의 정체성을 피억압자로 재형성하는 것으로는 동일시할 수 없는, 한국인들의 철저한 다름을 상기시켜 주는 텍스트로 읽혀야 하는 소설이었다. 이 다름은 명백히 한국인과 일본인의 식민주의에 대한 역사적 경험의 차이에서 나오는 것이며 일본인 자아를 과거 피식민 타자가 제기하는 식민주의 침략의 책임으로부터 풀려날 수 없게 하는 것이다.

앞에 언급된 것처럼 대다수의 좌파 지식인들은 두 종류의 이른바 '피억압' 국민 간의 동질성을 근거로 일본인들을 과거 피식민자들과 동조시키려고 시도했다. 이 과정에서 좌파 지식인들은 전후 민족주의를 민족 독립의 진보적인 사상으로 정의했고 이를 전쟁 전과 전시의 국수주의적 침략과 분리시켰다. 나카노 시게하루는 전쟁 전과 전후 민족주의의 연속성에 주의를 기울인 소수의 좌파 지식인 중 하나였다. 일본 낭만주의 문학으로 돌아가라는 다케우치의 촉구에 대한 답변으로 나카노는 「제2문학계 / 일본 낭만파 등에 대하여」라는 글을 발표했다.[17]

이 글에서 나카노는 '문학계'와 '일본 낭만파'[18] 같은 반동적인 학술지들이 전시에 왜 젊은이들에게 그렇게 인기있었는지에 대한 이해가 반드시 필

17 처음에 片岡良一 編(1952), 『近代日本文学 4』, 河出書房에 발표되었다〔中野重治(1997), 『中野重治全集 21』, 筑摩書房, 241~254쪽〕.

18 일본 낭만파는 동일한 제목의 문학지를 중심으로 모인 문학계 지식인들의 그룹이었다. 이 그룹에는 야스다 요주로, 가메이 가쓰이치로, 나카타니 다카오가 포함되었다. 이 문학지는 1935년에서 1938년까지 출간되었다. 그룹의 멤버 중 다수는 근대문학과 문화에 비판적이었고 일본문학 전통의 부흥에 관심을 가졌다. 『문학계』는 주요 문학지 중 하나로 1933년 10월에 창간되었다. 창간 발기인에는 고바야시 히데오, 가와바타 야스나리, 하야시 후사오 등이 있었다. 이 문학지는 1942년에 "근대주의의 극복"이라는 제목의 원탁 토론을 후원했고 이 토론에는 니시타니 게이지, 고바야시 히데오, 가메이 가쓰이치로, 하야시 후사오, 가와카미 데쓰타로 같은 저명 지식인들이 참가하여 근대주의 개념을 어떻게 고민할지에 대해 논의했다.

요하다고 주장했다. 그는 그것이 필요한 이유가 전후 환경에서 이와 유사한 민족주의에 대한 애착이 나타나고 있기 때문이라고 말했다. 그는 전후 일본의 평화와 국가 독립에 대한 요구가 외국인 혐오와 부르주아 민족주의로 쉽게 흘러갈 수 있다고 경고했다. 나카노 시게하루는 제국주의 과거에 대한 전후의 민족주의적 향수를 감지했다. 그는 이 향수가 일본이 제국주의 열강에서 식민지 종속국가로 전락했다는 일반적인 인식에서 유래했다고 추론했다. 미 제국주의에 대한 반대와 평화에 대한 요구는 전후 일본에서 분명히 정당화되는 목표라고 그는 말했다. 그는 그렇지만 외국 제국주의 열강에 맞서 제국주의로 되돌아가려는 욕망을 부추기는 데 대해서는 경고했다. 그는 독자들에게 일본 낭만파가 '민족'이라는 문제를 가지고 씨름하기는 했지만 점차 배외주의, 민족주의의 편에 서게 되고 결국 국수주의로 흐르게 되었음을 상기시켰다.

그러나 그는 민족주의를 완전히 배격하지는 않았다. 오히려 그는 의식적으로 일본의 민족주의를 재정립하여 미국의 지배로부터 일본인을 해방시키는 데 기여할 수 있도록 노력했다. 이 과정에서 그는 과거 피식민자들의 철저한 다름을 지워 버렸다. "피억압 민족의 문학"이라는 제목의 글에서 그가 쓴 「현해탄」에 대한 논의는[19] 과거 피식민자의 철저한 다름의 삭제를 잘 보여 준다.[20]

그 글의 시작 부분에서 나카노는 자신이 피억압 민족들의 문학이라는 주제에 대해 많이 알지 못한다고 고백한다. 그는 사과하는 어조로 독자들에게 일본 국민을 피억압 민족으로, 일본문학을 피억압 민족의 문학으로 논하는 것을 이해해 달라고 부탁한다. 그러나 그의 변명은 일본문학을 피억

19 中野重治(1997), 앞의 책, 315~333쪽.

20 최초에는 竹内好 他編(1954), 『岩波講座文学 3 世界文学と日本文学』, 岩波書店에 발표되었다.

압 민족의 문학으로 방향 전환하기 위한 전제에 불과하다. 나카노는 일본인들이 과거에 억압을 하는 입장이었고 그들의 문학이 억압자의 것이었음을 인정하면서도 그들이 억압자에서 피억압자로 바뀌었고 따라서 피억압자의 문학이라는 주제에 대한 논의가 필요하다고 강조한다.

나카노는 김달수가 쓴 「현해탄」의 후기에서 다음 구절에 주목한다. 김달수는 다음과 같이 썼다.

> ……내 조국인 한국은 내가 이 소설을 쓰는 동안 극심한 전쟁에 휘말려 있었다. 우리 인민군은 잘 싸웠다. 처음부터 끝까지 그들은 세계 최고의 군사력을 자랑하는 미 제국주의 군대가 이끄는 유엔군에 대항하여 참으로 훌륭하게 전투에 임했다. 그래서 나는 이것(「현해탄」)을 직접 볼 일본인들에게 제국주의 지배하에 조국의 독립을 잃은 피식민자의 상황이 어떠한지 보여 주고자 했다. 오늘날의 일본인에게는 이것을 이해하는 일이 가장 급박한 임무가 되어야 한다.

나카노는 이 구절에서 김달수가 오늘날의 일본인을 독립을 잃은 피식민자로 명확하게 규정했다고 지적한다. 다케이 데루오 역시 「현해탄」에 대한 논평에서 이 구절을 다루었는데, 그것은 일본인들에게 전후 일본 국민에 대한 김달수의 관점을 그대로 받아들이기보다는 일본의 식민주의 과거를 반성하라는 촉구였다. 나카노는 다케이의 말을 인용하면서도 한국인들의 다름에 대한 그의 주장의 과격한 측면을 희석시켰다. 나카노는 다케이가 일본인들에게 이제까지의 일본인의 모습을 받아들이는 동시에 현재의 피억압자로서의 일본인의 모습을 이해하도록 촉구하는 것이라고 주장한다. 따라서 다케이는 일본인들이 전후 시대에도 여전히 침략자의 편에 있다고 강조했지만, 나카노는 현재 일본인의 모습을 피억압자로 받아들이기 위해 다케이의 주장을 왜곡했다.

나카노는 현재의 일본인들이 일본 제국주의 지배의 세부적인 역사를 배우는 것이 시급하다고 주장했다. 그는 일본인이 일본 식민주의 역사로부터 충분한 교훈을 배우지 못했기 때문에 의회에 미·일안보조약(1951)을 철회하도록 압박하지 않았다고 말했다. 그의 발언에 따르면 일본인들은 구로다 히사오 의원이 미·일안보조약을 1910년의 한일합방을 이끈 한일의정서(1904)에 비유했을 때 많은 일본인이 어리둥절해했다고 한다. 나카노는 곧바로 이제 일본인들은 두 조약 간의 이런 비교의 타당성을 확신하고 있다고 덧붙였다.[21] 그는 독자들에게 이후에 일본과 한국 간에 체결된 일련의 조약들을 상기시킴으로써 미·일안보조약이 일본 식민화의 첫걸음이 될 수도 있음을 시사했다. 그는 국내 폭동을 진압하기 위한 일본정부의 요청이 있을 경우 미군이 들어올 수 있다는 이 안보조약의 제1조에 특별히 주목한다. 그는 이 조항이 "대한제국 왕실을 보호하고 그 영토를 외부 침입 또는 국내의 난동으로부터 보호하기 위해" 일본정부가 임의로 어떤 조치도 취할 수 있도록 규정한 한일의정서의 제4조에 상응한다고 보았다.

나카노는 이런 유사점에도 불구하고 일본인들은 과거 일본이 한국을 강압적으로 식민화한 것과 동일한 방식으로 미국이 일본을 강압하고 있는 현실을 '육감적으로' 느끼지 않으며 그 이유는 다수의 일본인이 그들이 아시아 여러 국가에 한 일을 알지 못하기 때문이라고 추론했다. 그는 일본인들은 왜 다른 아시아 국가들이 계속해서 일본을 향해 씁쓸한 감정을 가지고 있는지 이해하지 못하며, 이는 부분적으로 일본인들이 일본의 침략사에 대해 무지하기 때문이라고 보았다.

여기에서 우리의 관심을 끄는 것은 나카노 시게하루가 일본의 식민주의 과거에 대한 기억의 중요성을 강조하면서 쓴 '육감적으로'라는 단어다. 나카노의 의견으로는 일본인들이 아시아에서의 일본 식민주의 역사를 주제

21 러일전쟁 이후 1904년 1월에 일본은 한국 정부에 의정서 서명을 강요하여 한반도에서의 일본의 정치·군사행동을 법적으로 정당화하는 근거를 마련했다. 이것은 1910년 한일합병을 향한 첫 번째 법적 조치였다.

상으로 아는 것만으로 일본에 대한 아시아인들의 불만을 충분히 깨우치기는 어렵다. 일본인은 전쟁 전과 전시의 일본 식민주의와 전후 시대의 미국 제국주의의 유사성을 '육감적으로' 이해해야 한다는 것이다. 이 '육감적' 이해는 일본에 대한 불만을 품고 있는 아시아 국가들을 향한 공감에 해당한다. 일본인을 피억압자로 보는 그의 견해는 지적인 단계뿐 아니라 신체적인 단계에서도 작용한다. 쉽게 말하면 자신이 억압받는다고 생각하는 것으로는 충분하지 않고, 피억압자임을 감각적으로 느껴야 한다는 것이다.

나카노는 메이지 시대의 민족주의와 제국주의 간의 공통점을 상기시켰다. 그는 메이지 민족주의가 한국(조선)의 문제, 청일전쟁, 러일전쟁 등과 관련하여 정당화되었지만 일본 민족주의의 주요 목표는 일본의 방식으로 서구 제국주의를 대체하는 것이었다고 주장했다. 제국주의 열강의 위선에 대한 레닌의 비판을 인용하면서 나카노는 일본 대중의 반서구제국주의 정서가 일본 스스로의 제국주의와 국내의 반봉건주의(semi-feudalism)에 대한 저항으로 발전하는 데에는 실패했다고 주장했다. 그는 일본을 반서구 민족주의가 반봉건 투쟁과 밀접히 연관되어 발전한 중국과 대비했다. 나카노의 말에 따르면 중국, 한국 같은 나라에서는 반제국주의 투쟁이 외국 제국주의자들과 협력한 기존의 엘리트 체제 권력에 대한 저항과 연결되어 발전했다는 것이다.

나카노는 모든 식민지와 모든 피억압자 속에서 문학은 노동자의 삶을 자유롭게 하고 민족의 해방을 돕는 데 기여해 왔다고 주장한다. 그는 이러한 나라에는 해방을 위한 사람들의 투쟁으로부터 유리된 문학 기득권층이나 문학계가 없다고 강조했다. 그는 일본인들이 피억압 국가의 문학에서 정치와 문학을 결합시키는 방법을 배워야 한다고 촉구했다. 나카노는 중국인들이 일본 제국주의뿐 아니라 중국 군부에 대항해 싸움으로써 민족의 해방을 이루었다고 주장하는 다케우치 요시미를 인용하면서 일본 작가들이 일본 국민만이 아니라 피억압국 국민들의 슬픔, 분노, 상처를 내면화하지 못했다고 비판했다. 그는 일본 작가들이 일본 국민과 연계해서 일본의 노동자들에게 뿌리를 둔 문학을 만들어 내야 한다고 주장했다. 그는 문학이 자국의 노동자들에게 기반을 두었을 때에만 피억압자에 대한 이국적 정취나 낭만화에서 자유로워지고 인류에 의해 보편적으로 인정받을 수 있다고 말했다.

간단히 말하면 나카노는 일본인들을 피억압자의 위치에 놓기 위해 노력했다. 그의 관점에서 이런 자리매김을 위해서는 일본의 과거 식민주의 지배와 일본에서의 미국의 헤게모니 사이의 유사점에 대한 인정이 필요하다. 다시 말하면 일본은 아시아에서 자국의 영향력을 극대화하기 위해 전후 미국이 이 지역에서 한 것과 동일한 식민지배 방식에 의지했다. 따라서 일본의 과거를 받아들이는 것은 일본인을 피억압자로 새롭게 규정하는 것과 맞아떨어진다. 나카노의 이론에서 일본의 식민주의 과거에 대한 인정은 일본인이 과거 피식민자들의 철저한 다름을 직면해야 한다는 강요로 이어지지는 않는다. 이는 오히려 과거 피식민자들의 철저한 다름을 상쇄시키는데, 이 다름은 실상 일본인들에게 그들이 동아시아에서의 미국의 헤게모니에 결탁하고 일본의 식민침략에 공모했음을 깨닫게 하는 역할을 할 수 있었을 것이다.

3. 피식민자의 다름과 종말론적 역사

식민주의 지배 구조에 맞선 싸움에서 피식민자와 식민지배국의 사람들 간의 연대를 구축하는 것은 분명히 꼭 필요한 일이다. 그렇지만 이런 연대는 두 집단의 지울 수 없는 차이점의 인정을 전제로 해야 한다. 이 논문의 첫 부분에 언급된 것과 같이 레비나스의 윤리학은 우리가 진실한 화해를 시도하는 과정에서 과거 피식민자와 과거 식민지배자의 차이가 얼마나 중요한지 이해할 수 있도록 돕는다. 레비나스는 자아는 자신과 타자의 차이를 인정해야 한다고 주장한다. 그렇지 않으면 자아는 타자와 관계를 맺으면서 자신이 타자를 완전히 이해할 수 있다고 믿게 된다. 레비나스는 이것이 윤리적이지 않다고 보았는데, 그 이유는 자아가 자신과 타자를 동일한 선상에 놓고 타자를 상대로 자신의 정당성을 공식화할 위험이 있기 때문이다. 그는 윤리적이 되기 위해 자아는 타자를 자신의 위에 놓고 자신의 정당성에 대해 타자가 의문을 제기할 수 있도록 허용해야 한다고 주장했다.

피식민자와 식민지배자 간의 관계에 이를 적용하면, 자아가 타자의 다름에 끊임없이 주의를 기울여야 한다는 이 까다로운 요구는 식민지배가 근거를 두고 있는 마니교적 세계관으로 오해될 위험이 있다. 그러나 식민지배자와 피식민자 간의 차이에 대한 윤리적 관심은 인종, 민족, 문화, 언어 또는 국적을 전제로 한 어떠한 본질주의적 동일시와도 무관하다. 이 차이는 오히려 피식민자를 철저히 식민지배자와 구별하고 피식민자를 차별하는 식민지배의 역사에서 유래한다. 이 차이는 과거 피식민자의 다름을 구성한다. 과거 식민지배국의 사람들은 의식적인 결탁 여부와는 무관하게 자신이 필연적으로 연루된 과거 식민침략에 대해 철저히 뉘우쳐야 한다.

누군가 역사를 옹호하기 위해 내가 레비나스 윤리학을 소환한 것의 타당성에 의문을 제기한다면 그것도 충분히 일리가 있다. 분명히 레비나스는 다양한 개인적 경험을 '일관성 있는 담론'으로 종합하는 역사에 대해 비판적이었다.[22] 그에 따르면 역사에서 개인은 자신의 목소리를 빼앗기며 '제3자'로서만 제시된다. 따라서 역사에 대한 판단은 궐석재판이다. 개인들의 알려지지 않은 고난에 대해서는 관심이 주어지지 않는다. 정의를 지키기 위해 개인은 자신의 재판에 출석해서 스스로 증언을 하고 필요하면 사과를 해야 한다. 사람은 끊임없는 윤리적 경계를 통해서만 자신의 주체성을 증

22 Levinas, Emmanuel(1969), 앞의 책, pp.242~3

명할 수 있다. 타자와 자신의 윤리적 관계를 기반으로 한 주체성의 확립에 대한 논리적이고 연대순의 우선순위는 존재하지 않는다. 일본인들이 그들의 식민주의 과거를 받아들이기 위한 전제조건으로 3백만 명의 일본인의 죽음을 애도함으로써 회개의 주체성을 형성해야 한다는, 일본 민족주의를 지지하는 주장과 달리, 레비나스의 윤리학에서 주체성은 타자에 대한 윤리성으로 나타나며 동일성의 정체성으로 구체화되지 않는다.[23]

그러나 우리는 각자 죽음의 폭력을 겪을 수밖에 없기 때문에 무기한으로 증언할 수는 없다.[24] 죽은 이들의 목소리는 그들이 남긴 작품(works)을 통해서만 들을 수 있다. 작품들은 죽은 이들보다 오래 살아남은 이들의 해석에 의해 평가된다.[25] 따라서 과거는 승리자, 역사의 생존자에 의해 전용되고 그들을 위해 소비된다.[26] 개인은 자신을 전체성으로부터 분리해 주는 자신의 내면성 속에서만 역사의 전체화로부터 자유로울 수 있다.[27] 내면성은 개인에게 그의 주체성을 부여한다.[28] 결과적으로 레비나스는 타자와의 윤리적 관계가 역사를 넘어 이루어진다고 주장하는 것으로 보인다.[29]

그러나 나는 에마뉘엘 레비나스가 과거를 이야기하는 윤리적인 방법의

---

23 일본 문학비평가인 가토 노리히로가 저술한 「패전후론」은 이웃 국가들에 대한 일본의 과거 침략을 받아들이기 위한 전제조건으로서 일본 국민의 주체성 확립을 촉구한 대표적인 사례이다. 이 글에서 가토는 일본이 전쟁 중에 한 행동에 대해 아시아 국가들에게 진실한 사과를 하기 위해서는 첫째, 일본인들이 전쟁 중에 희생된 3백만 명의 일본인들에 대한 애도를 통해 국민적 정체성을 형성해야 한다고 주장했다. 이렇게 형성된 일본인의 집단적 정체성만이 일본 침략에 의한 아시아 희생자들에 대한 진실한 사과의 주체가 될 수 있다고 가토는 말한다[加藤典弘(1995), 「敗戦後論」, 『群像』 第50巻 第1号, 252~294쪽].

24 Levinas, Emmanuel(1969), 앞의 책, p.242.

25 Levinas, Emmanuel(1969), 앞의 책, pp.227~8.

26 Levinas, Emmanuel(1969), 앞의 책, p.228.

27 Levinas, Emmanuel(1969), 앞의 책, p.55.

28 Levinas, Emmanuel(1969), 앞의 책, p.57.

29 Levinas, Emmanuel(1969), 앞의 책, p.52.

가능성을 배제하지 않는다고 주장하려 한다. 역사는 보이지 않는 개인들의 슬픔과 상처에 대해 냉담하다. 하지만 역사 밖에 있는 보이지 않는 자들은 우리가 그들을 타자(우리에게 그들을 윤리적으로 대하도록 명령하는 낯선 자들)로서 과거로부터 초대할 때 역사 안에 있는 우리에게 모습을 드러낼 것이다. 우리가 우리의 이익을 위해 그들의 다름을 전용하고, 길들이고, 사육하기를 멈출 때 우리는 역사에서 물러나게 된다. 그때 역사에 대한 심판에서 개인의 목소리를 빼앗을 죽음에 대한 공포는 그 자신이 타자의 다름을 압살할지도 모른다는 우려로 변한다.[30] 그 순간 윤리적 역사의 가능성이 등장하며, 이것이 레비나스가 말하는 종말론이다.

종말론은 과거의 일들을 미래와 연관 지어 이야기하지 않는다. 현재에 대한 정당화를 돕기 위한 특정한 방식으로 과거의 일들을 표현하지도 않는다.[31] 종말론에서 각 개인은 자신을 변명할 기회를 부여받는다. 개인들의 과거 경험에 대한 두서없는 이야기는 역사의 목적론적 서술을 위해 희생되지 않을 것이다. 그렇지만 종말론적 심판은 개인에게 그가 하고 싶은 말을 모두 하도록 허락하지 않는다. 타자의 다름은 종말론에서의 개인의 자유보다 중요하다.[32] 종말론에서 역사의 전체성은 무너지고 개인의 차이는 부각되어 개별적 존재가 역사의 전체성이 아우를 수 없는 무한성을 가진다는 사실이 드러난다.[33]

그렇다면 우리는 어떻게 '종말론적 역사'를 창조할 수 있는가? 기억을 통해 가능하다고 레비나스는 말한다. 과거의 사람들이 겪은 슬픔과 상처는 반드시 기억되어야 한다. 그러나 이런 기억은 현재의 생존자들의 이익을

30 Levinas, Emmanuel(1969), 앞의 책, p.224.
31 Levinas, Emmanuel(1969), 앞의 책, p.23.
32 Levinas, Emmanuel(1969), 앞의 책, pp.22~3.
33 Levinas, Emmanuel(1969), 앞의 책, p.23.

위해 과거의 주름살을 다림질해 펴는 것을 목적으로 해서는 안 된다.[34] 기억은 현재에 기억하는 사람의 내면에서 과거를 내면화하는 것이 아니다. 과거를 기억함으로써 종말론적 역사학자는 참을성 있게 과거 사람들의 한숨과 중얼거림이 비록 두서없고 불합리하다 해도 여기에 귀를 기울인다. 개인들의 과거 경험의 모든 세부사항을 왜곡 없이 기억하는 것은 불가능할 수밖에 없다. 하지만 역사학자는 그 임무의 불가능성에도 불구하고 타자의 요청에 응하여 기억을 위한 노력을 해야만 윤리적이다.

레비나스의 통찰력은 우리를 과거 피식민자와 과거 식민지배자 간의 화해의 가능성으로 이끈다. 종말론적 역사는 과거 식민지배자들이 과거 피식민자들의 윤리적 요구를 계속 듣고 응답할 수밖에 없게 하는 역할을 한다. 이 요구에 응답하는 것만이 우리가 전후 일본의 민족문학 논쟁 문제, 즉 자신의 희생자들과의 공감적 동조를 통해 과거 식민지배자들의 집단적 정체성을 정화하는 것을 피할 수 있는 유일한 방법이다.

---

34 Levinas, Emmanuel(1969), 앞의 책, p.56.

Taming the Postcolonial Other

Genkainada and the National Literature Debate in Postwar Japan

This paper discusses the ways in which the Zainich writer Kim Talsu's 1953 novel *Genkainada* was received by Japanese leftist intellectuals in postwar Japan. Many of the leftist intellectuals held the novel's depiction of two young Korean men's struggles against colonialism as a model for Japanese national literature. They considered the novel relevant to the postwar Japanese nation, which was under the U.S. influence in the rapidly developing Cold War context. With few notable exceptions, many of the Japanese leftist intellectuals' reviews of the novel attested to their desire to align the Japanese with other Asian nations in their reformulation of postwar Japanese nationalism.

In the 1950s, many leftist intellectuals viewed the Japanese as the oppressed nation subject to U.S. dominance and wanted to align postwar Japanese nationalism with the nationalism of other Asian countries, especially China and Korea, which they regarded as the exemplary cases of national liberation from colonial rule.[1] The alignment rested on the association of the Chinese and

1 Despite the common view that leftists and western-oriented liberal intellectuals had either denigrated or ignored nationalism since the Japanese defeat in 1945, it was leftists who resorted to nationalism in order to mobilize the Japanese against the U.S. domination in Japan after the war. Western-oriented intellectuals such as Maruyama Masao and Ōtsuka Hisao also endeavored to reformulate Japanese nationalism so that

Korean peoples' struggles against Japanese rule during the colonial period with the Japanese nation's resistance to American hegemony in the postwar period. In brief, the alignment hinged on coloniality supposedly shared by the Asian nations under Japanese rule and the Japanese nation under American hegemony. Needless to say, the equation between the three nations in terms of coloniality could be imagined only through the abstraction of their concrete historical experiences.

The main part of this paper is to examine how such attempts at alignment between Japan and Korea was reflected in Japanese intellectuals' reviews of the novel *Genkainada.* In other words, the paper takes the literary reviews as a concrete case of the postwar Japanese discourse that obfuscated the Japanese people's implication in colonial expansionism and reconfigured Japanese nationalism from the ideology of aggression to that of liberation. The paper especially tackles the Japanese leftists' empathy toward the peoples formerly colonized by Japan as the vehicle for their imagining of the alignment with the Asian nations.[2] This empathy was evoked by their understanding that the Japanese were the subjugated nation under U.S. influence in the postwar period. In the end, the paper criticizes the way in which Japanese leftist empathy toward Korea works in their efforts to reformulate Japanese nationalism in

---

it would help generate modern subjectivity among the Japanese. Oguma Eiji, *Minshū to Aikoku*, Tokyo : Shinyōsha, 2002. For more information about postwar Japanese discourse on Nationalism in English, see Koschmann, J. Victor (1996), *Revolution and Subjectivity in Postwar Japan*, Chicago : University of Chicago : 203-30 ; Igarashi, Yoshikuni (2000), *Bodies of Memory*, Princeton : Princeton University Press.

2 I use the term "empathy" more narrowly than in Husserlian phenomenology. For Husserl, empathy refers to the subject's experiential awareness of the other. Empathy is thus the essential faculty for intersubjectivity in general. In contrast, the term empathy I employ in this paper indicates the tendency to curtail the radical difference between the self and the other. For more information about empathy, see Husserl, Edmund (1969), *Cartesian Meditations*, Hague : Martinus Nijhoff ; Smith, A. D. (2003), *Husserl and the Cartesian Meditations*, London : Routledge.

Postwar Japan. In this context, empathy refers to the self's volitional capacity to imagine that it thinks, feels, and behaves the same way as the Other does because of and in favor of the similarity between the self and the other. In short, empathy bears on the intentionality of assuming the self to be on a par with the Other.

The question of empathy is relevant to the issue of reconciliation between the colonized and the colonizers in the postcolonial world. The ethical stance would be that the self's concern for the Other would persist despite the differences between the self and the Other. As Emmanuel Levinas reminds us, the alterity of the Other subjects the self to constant reflection on the harm he does to the Other and thus makes him vulnerable to the call from the Other to be ethical.[3] I argue that only a concern for the former colonized people, based on their recognition of the differences between themselves and the colonized rather than an empathy premised on their similarities, can make the former colonizers' gesture of reconciliation relevant to postcolonial justice. Historical awareness of the differences between the former colonized and the former colonizers in their experiences of colonialism is imperative to raising possibility of reconciliation. In the end, the paper concludes with a brief discussion of the Levinasian eschatological history that points us to those differences in our endeavors to remember the past.

1. Takeuchi Yoshimi and Coming to Terms with Japan's Colonial Past

In the late 1940s and early 1950s, political developments in East Asia and Japan were pushing Japanese leftist intellectuals to imagine Japanese revolution

3 Levinas, Emmanuel (1969), *Totality and Infinity*, Pittsburgh : Duquesne University Press.

in the framework of nationalism. In the eyes of Japanese leftists, the Communist takeover of China was a victory of Chinese nationalism and the Korean War represented the anti-imperial struggle of the Korean nation. As the war in the Korean peninsula escalated, the strategic importance of Japan for the U.S. war efforts against the Communist forces was exponentially growing. Many Japanese intellectuals believed the ever-expanding presence of American military forces in Japan had turned the country into a virtual colony of the U.S. By the time Japan signed the Treaty of San Francisco in the early 1950s,[4] Japan had already became an invaluable military base for American forces in the region. The Japanese government's compliance with the demands of the U.S. was in sharp contrast to the Chinese Communist Party's victory over the Guomindang government and North Korea's tenacious fight against the U.S.-led U.N. forces. Nationalism came to the fore in the Japanese intellectual scene. "Ethnic nation" or "folk" (*minzoku*) became the most fashionable topic in the Japanese literary establishment as well. For example, Nihon Bungaku Kyōryokukai (the Japanese Literature Cooperative Association) discussed "Minzoku Bungaku" (ethnic national literature) as the theme for its 1951 conference. As Japanese intellectuals turned to nationalism to cope with the U.S. hegemony in Postwar Japan, they felt it necessary to come to terms with prewar and interwar nationalism and its implication in Japan's own aggression toward its neighboring countries in the past.

Takeuchi Yoshimi was one of the first postwar intellectuals who attempted to confront the problem of prewar and interwar nationalism.[5] Takeuchi argued

---

4 The San Francisco Peace Treaty was signed by Japan and the U.S. and other allied nations except for Soviet Russia, India, Burma, and Yugoslavia in 1952 to conclude the Occupation of Japan and World War II in the Pacific. Under the terms of the treaty, Japan's territorial claims to its former colonies were officially relinquished.

5 Takeuchi Yoshimi (1972), "Kindaishugi to Minzoku no Mondai," *Sengō Bungaku Ronsō*, 2 vols., eds., Ōkubo Tsuneyo et al. Tokyo : Banchō Shobō : 109-14. The

that it was meaningless to separate nationalism from ultra-nationalism and to denounce only the latter. In his view, the Japanese leftist revolutionary movement failed to engage with nationalism, unlike in China, where nationalism was inexorably tied to social revolution.[6]

Takeuchi also drew a significant connection between Japanese nationalism and Japan's relationship with other Asian countries. He claimed that Japanese intellectuals dismissed nationalism rather than struggling with it because they were unaware, or unwilling, to take their fair share of responsibility for the aggressive war. In his view, to dismiss nationalism would be to avoid the question about who should be held responsible for Japan's aggression in the past. The Japanese intellectuals' initial denunciation of nationalism after the end of the war pointed to their reluctance to admit that they were also members of the Japanese nation and accountable for Japan's war of aggression. Since the war against the Asian nations was executed in the name of the Japanese nation, the denial of nationalism was tantamount to absolving oneself from war responsibility, according to Takeuchi. The only way to come to terms with the historical responsibility was to acknowledge the continuity between prewar and postwar Japanese nationalism, he argued.

In the series of ensuing articles, Takeuchi continued to call for the

---

article was originally published in *Bungaku* in June, 1951.

6 Takeuchi's observation is consistent with Maruyama's argument that Japanese nationalism is different from Asian nationalism, which became the revolutionary ideology behind anti-imperial and anti-establishment struggles. According to Maruyama, nationalism in China welled up from below to topple the traditional elite who cooperated with imperial powers in order to maintain their dominance. In contrast, Japanese nationalism was mobilized from the top by the traditional elite who adopted western technology and science to modernize their country. Consequently, Japanese nationalism helped transform Japan into an imperial power and turned into ultra-nationalism. Thus, Japanese nationalism, unlike other Asian nationalism, "lost its virginity," Maruyama 1969 : 137. This article was originally published in 1951.

establishment of national literature (*kokumin bungaku*).[7] He criticized the literary world as a parochial community of intellectuals alienated from the people and called for the popularization of literature. His articles provoked numerous responses from Japanese intellectuals and the debate on national literature spread all over the Japanese literary establishment, generating discussions about the relationship between politics and literature, the autonomy of literature, populism in literature, and the problem of modernism.[8]

Japanese intellectuals in the 1950s were well aware of the stigma attached to the term "national literature" (*kokumin bungaku*). During the 1930s and 1940s, many Japanese intellectuals agreed that Japan needed national literature to help maintain a cultural identity in the face of changing social values due to the tyranny of modernity. They engaged in heated discussions over what constituted national literature. As the Sino-Japanese War (1937-45) continued and the war against the U.S. and Britain (1941-45) broke out, many of those participating in the discussion began to advocate nationalistic literature in tune with government war propaganda. Consequently, many postwar Japanese intellectuals saw national literature as the ideological mobilization of writing for the political purposes of the state.[9] In a round-table discussion entitled "Nihon no Kindai to Kokumin Bungaku" (Japan's Modernity and National Literature), Hirano Ken remarked that the term *kokumin bungaku* brought back wartime memories and asked whether there wasn't a better term. Such leftist intellectuals as Odagiri

7 Participants in the national literature debate used both *kokumin* and *minzoku*. However, in the standard literary history of postwar Japan, the debate is called *kokumin bungakuron* (debate on national literature).

8 Honda Shūgo (1992), *Monogatgari Sengo Bungakushi (Chū)*, Tokyo : Shinchōsha, 220-49 ; Maeda Ai, "Kokumin Bungaku no Yukue," Shisō no Kagaku (October 1978) : 30-6.

9 Hotta Yoshie, Itō Sei, Takeuchi Yoshimi, Hanada Kiyoteru, and Hirano Ken, "Nihon no Kindai to Kokumin Bungaku," *Shinnihon Bungaku* (December 1953).

Hideo and Takakura Teru used such terms as *minzoku* (ethnic nation) or *jinmin* (people) instead of *kokumin* to indicate the Japanese collectively. Thus, those responding to Takeuchi's call in the 1950s for national literature endeavored to cleanse nation (*kokumin*) and nationalism (*minzokushugi*) of the wartime stigma. For example, leftist intellectuals associated with the Journal *Jinmin Bungaku* (*People's Literature*) distinguished postwar nationalism as a call for national independence arising voluntarily from the people, as opposed to wartime nationalism, which they said had been imposed from top down by state ideologues.[10]

The leftist intellectuals dissociated themselves from prewar and wartime Japanese nationalism, saying it was not genuine nationalism, but rather a ruling ideology used to oppress the Japanese people. The implication was that not only colonized Asian peoples but also the Japanese people themselves were the victims of Japanese prewar and wartime nationalism. Consequently, the Japanese leftist intellectuals implicitly exonerated themselves and the Japanese masses from any responsibility for the atrocities committed in the name of the Japanese people. Moreover, the leftist intellectuals looked to Asian nationalism as a model for Japanese nationalists to emulate in standing up to American imperialism as well as in remedying the ultra-nationalism of wartime Japan. Reconfiguring Japanese nationalism, however, required reimagining the historical relationship of Japan to Asia and to the U.S. By posing a coloniality in relation to the U.S., the intellectuals conflated the Japanese with Asian peoples who had strived for liberation from the shackles of colonialism. Furthermore, the intellectuals cast the Japanese people as subalterns to the Japanese government. Thus, while attempting to differentiate their vision of nationalism from the prewar rightwing nationalism, Japanese leftist intellectuals

---

10 Abe Kōbō, Umezaki Haruo, Niijima Shigeru, Ino Kenji, and Saigō Nobuoka, "Nihon Bungaku no Chūshin Kadai wa Nanika," *Jinmin Bungaku* (October 1952).

obfuscated the Japanese people's own responsibility for colonial expansion. Their vision was of a national literature that would contribute to the Japanese people's struggles against American imperialism, and the reactionary Japanese government which was sycophantically obedient to the U.S., not one that would face up to their own and the Japanese people's role in Japanese colonialism.

Unlike his contemporaries, however, Takeuchi Yoshimi tenaciously insisted that his readers attend to the continuity between the prewar and postwar debate on national literature. Certainly, both leftist intellectuals calling for national literature in the 1950s and those engaging in the national literature debates in the 1930s and 1940s criticized a literary establishment that, in their view, failed to produce literature catering to the nation. The sense of crisis Japanese leftist intellectuals felt in the face of the political and military presence of the U.S. in postwar Japan also dovetailed with the prewar and wartime concern that Japanese tradition was losing to a modernity metonymically associated with the West. What is more pertinent to our explorations, however, is Takeuchi's suggestion that both the prewar and postwar debates on national literature intersected in relation to Japan's own colonial history. Takeuchi proclaimed that for him, embracing the Japanese nation as his own was the first step to acknowledging what Japan had done to its Asian neighbors in the name of the Japanese nation.

2. *Genkainada* and Facing the Korean Other

As the postwar national literature debate continued, intellectuals in different political and literary camps put stress on different aspects of national literature. The *Jinmin Bungaku* group, representing the mainstream views of the Communist Party, emphasized literature for the political liberation of the nation and denounced modern Japanese literature as that of the bourgeois. The Shin

Nihon Bungakukai (the Association of New Japanese Literature), led by such old leftist intellectuals as Kurahara Korehito, advocated the revival of the tradition of modern Japanese literature since the Meiji period as the foundation of national literature.[11] On the other hand, critics like Nagazumi Yasuaki urged Japanese writers and poets to revisit the legacy of classical Japanese literature in order to rejuvenate modern Japanese literature.[12] However, despite the various views of national literature proposed in the debate, there was no consensus among the participants about what national literature should be like in a concrete form.

By 1954, the national literature debate had lost momentum and seemed to have reached an impasse. It was at this point that the novel *Genkainada* was spotlighted by Japanese literary critics. The author, Kim Talsu (1919-97), serialized the novel from 1952 to 1953 in the literary journal *Shin Nihon Bungaku,* as war raged across the Korean peninsula.[13] Kim wrote in the novel's afterword that North Korea's fierce fight against the U.S.-led U.N. forces inspired him to write a novel about the Korean people's struggles against Japanese colonialism.

The novel revolves around two young Korean men, Sŏ Kyŏngt'ae and Paek Sŏngo. Kyŏngt'ae, a journalist who grew up in a poor Korean immigrant family in Japan, goes back to Korea, hoping to work for the biggest newspaper in Keijō, the present-day Seoul. Being a Korean, he does not have much prospect for a job at a major newspaper in Japan. Since he does not know much about Korea and cannot speak Korean fluently, he is stranded in the uncomfortable position of being "half-Japanese." Before leaving for Korea, he breaks up with

11 Kurahara Korehito (1967-79), *Kurahara Korehito Hyōronshū*, 10 vols., Tokyo : Shin Nihon Shuppansha.

12 Nagazumi Yasuaki, "Bungaku Isan no Uketsugi ni Tsuite," *Bungaku* (March 1952).

13 The novel was published as a single-volume book by Chikuma Shobō in 1954.

his Japanese girlfriend, Ooi Kimiko. Even though he loves her very much, he is not sure whether Kimiko's affection for him stems from genuine love or mere sympathy for a colonized man. Because Kyōng-t'ae has no family or close relatives in Seoul, he stays with Sŏngo, who he met in Tokyo. However, Kyōng-t'ae goes his own way after being hired by *Keij'ō Nippo*, the Japanese-language newspaper run by the colonial government in Korea.

Sŏngo, the other main character, comes from a wealthy and elite family. His father used to be the only Korean governor of one of the 13 provinces in colonial Korea. Sŏngo dropped out of college in Tokyo after a brief involvement in a Marxist reading group landed him in jail. He came back to his family in Seoul and remains secluded until he hears the history of the Korean nation's struggles against Japanese colonial rule from Yi Sŭngwon, a Korean police detective in charge of spying on him. Yi is in the Japanese colonial thought police, but he also is connected to an anti-Japanese underground group. Through Yi, Sŏngo joins the anti-Japanese resistance group. As Sŏngo gets involved in the anti-Japanese activities, he becomes attracted to his maiden, Yŏng-suk whose deceased father happens to have been a resistance leader. Across the class divide, Sŏngo proposes to Yŏng-suk, to his father's indignation. As it turns out, Yi is a triple agent for the Japanese police. He introduced Sŏngo to his contact linked with the resistance group to round up all the members whom Yi did not have any direct contact with. Sŏngo is arrested along with other members of the group and tortured. Meanwhile, Kyŏngt'ae comes to realize that his desire for success in colonial society was selfish and useless as he witnesses the predicament of the Korean nation under colonial rule and meets courageous Koreans fighting Japanese colonialism. The story ends with Kyŏngt'ae about to visit Sŏngo in prison.

The novel was well-received by a wide range of Japanese critics. Quite a few leftist intellectuals hailed it as a model for Japanese national literature. Since the novel focused on two young Korean men struggling to cope with

Japanese colonialism, positioning it as a model for Japanese national literature would not be possible without reconfiguring the relationship between Korea and Japan. Evidently, the Japanese intellectuals projected the relationship between Japan and the U.S. military onto the dynamic of Japanese colonialism in Korea. The projection rested on the perception that postwar Japan was a virtual colony of the U.S. and the Japanese were the colonized people. The coloniality of the Japanese people aroused empathy toward the formerly colonized Koreans among the leftist intellectuals. Their empathy, in turn, aligned the Japanese of the postwar period and Koreans under Japanese colonial rule on the one hand and imperial Japan and the U.S. on the other.[14] The new alignment between postwar Japan and Korea thus entailed severing old imperial Japan from postwar Japan, a virtual colony of American imperialism.

Hirabayashi Hajime's review of the novel, entitled, "Kokumin Bungaku no Mondai- *Genkainada* o Megutte" (the Issue of National Literature over *Genkainada*) exemplified such leftist intellectuals' argument for alignment between postwar

14 Cho Chŏng-min, a Korean literary critic, has explicated the alignment between Koreans and the Japanese in Japanese leftist literary critics' discourse on *Genkainada*. Cho points out that "the solidarity into which Koreans were coerced by the Japanese" was in collusion with the representation of the Japanese as the victims of another colonial domination, i.e. American imperialism. However, Cho's discussion is limited to the problematization of the coerced solidarity. Cho Chŏng-min, "Sengo Nihon no "Kokumin Bungakuron" to Kim Talsu *Genkainada*-Rentaitsukerareta "yowamon"zō to sengo nashonarizumu," *Ilŏilmunhak* (May 2003) : 173-85. In this paper, I argue that from the beginning of the national literature debate, such Japanese intellectuals as Takeuchi Yoshimi and Nakano Shigeharu endeavored to cope with the history of Japanese colonial aggression even though it came to disappear from the debate as it continued. By attentively reading Nakano Shigeharu and Takei Teruo's essays about *Genkainada*, I also demonstrate that the Japanese leftists' alignment between Koreans and the Japanese was problematic not only because it was coerced by the Japanese intellectuals but also because it was callous to the alterity of the former colonized.

Japan and colonial Korea in relation to Japanese national literature.[15] Hirabayashi observed that the issue of national literature arose in the midst of a crisis as intellectuals shifted the position of the Japanese people (*minzoku*) from oppressors to the oppressed. He argued that the national literature debate had become bogged down in a deadlock and there was no unified theory to advance it. For him, *Genkainada* was valuable because it offered a way to break through the impasse. In his view, the novel showed the Japanese people what is like to lose national independence to foreign rule. He argued that Japanese readers were deeply moved by the novel because it vividly depicted the harsh reality of colonial Korea by weaving in the stories of the two young Korean men, Sŏ Kyŏngt'ae and Paek Sŏngo. He suggested that it was important to understand life under colonial rule as the Japanese sought to shoulder the task of fighting American imperialism in order to achieve peace and independence.

Hirabayashi went on to argue that modern Japanese literature had produced no literary work that tackled the issue of national independence as *Genkainada* did. He concentrated his analysis on how the two main characters opened their eyes to their autonomous subjectivity by discovering the Korean nation. He argued that the reconstitution of the autonomous subjectivity by the colonized man is impossible through the sudden rise of modernity (*kindai teki nariagari*) only. He stressed that it is achieved only by encountering one's nation through struggles for national autonomy as described in *Genkainada*.

In contrast to the majority of leftist intellectuals who endeavored to align *Genkainada* with Japanese national literature, the literary critic Takei Teruo offered a radical critique of such attempts.[16] His review of the novel was one

15 Hirabayashi Hajime (1955), "Kokumin Bungaku no Kadai, Genkainada o Megutte," *Kokumin Bungaku no Kadai*, ed. Nihon Bungaku Kyōkai, Tokyo : Iwanami, 168-77.

16 Takei Teruo, "Kyokōsei to Kirokusei," *Shin Nihon Bungaku* (March, 1954) : 88-99.

of the rare moments in which postwar intellectuals urged the Japanese people to face the radical alterity of the former colonized. Takei illuminated the alterity of the former colonized, resulting from their differentiation in the historical experience of colonialism. For Takei, such alterity could not be tamed through solidarity between Koreans and Japanese on the basis that the Japanese were now the oppressed people under American imperial domination. Takei found a powerful metaphor in the book's title, *Genkainada*, the Sea of Genkai, the exit through which Japan had set out to launch colonial aggression onto Korea, and therefore the unhealed wound of the colonial experience in Korea.

Even though Takei evaluated the novel highly, he criticized what he termed its melodramatic vulgarity. He especially assailed Kim's treatment of the romance between Kyōng-t'ae and Kimiko. As briefly described above, Kyōng-t'ae breaks up with Kimiko before leaving for Korea because of his colonial inferiority complex : i.e., Kyōng-t'ae cannot tell whether Kimiko's affection for him is genuine love or the pity of the colonizer for a colonized man. On the other hand, his desire for Kimiko transforms into a determination to succeed in colonial society which fades when he finally wakes up to the Korean national consciousness. Takei argued that Kim should have developed the relationship between Kyŏngt'ae and Kimiko further so that the couple would fight together against Japanese imperialism up to the point when Kimiko might be truly overwhelmed by the deep schism between the Korean and the Japanese peoples (*minzoku*) in the end. Thus, Takei did not take for granted solidarity between Koreans and the Japanese which would be symbolized by the happy unity between Kyŏngt'ae and Kimiko. Rather, he demanded that the author should have developed their relationship further to the radical revelation of the unbridgeable interstice between Koreans and the Japanese caused by Japan's colonization of Korea.

Takei rejected any attempt to position the present-day Japanese as the colonized and thus to obfuscate the difference between Koreans and the

Japanese. He pointed out that Japan's refusal to reflect on its colonial aggression was manifested in various ways in postwar Japan. He observed such refusal enabled some Japanese politicians, in the territorial dispute over Tokto / Takeshima, to express their contempt of Korea by complaining that even Koreans dared look down on Japan because it did not have military forces. And he argued that the lack of self-reflection was not limited to the political realm.

Shifting the argument to the literary world, he raised the example of Takeda Shigetarō's short story "Rakudōgawa" (Nakdong River). The story, like *Genkainada,* is set in the very late stage of the Pacific War and is told from the perspective of a Japanese soldier of the conscientious intellectual type. A group of young Korean men are conscripted into the Japanese imperial army infantry unit stationed in Taegu, Korea where he served. They escape with help from local people, however. Toward the end, the story flashes forward to postwar Japan. The narrator goes to see a movie. The program opens with a newsreel about the Korean War. The narrator cannot help superimposing the Korean soldiers in the Japanese imperial army onto the South Korean soldiers marching on screen.

Takeda obviously equated the South Korean soldiers with the Korean colonial soldiers of the Japanese imperial army. The implied assumption was that the South Korean soldiers were the colonial army of American imperialism. Takei criticized Takeda's superimposition of the Korean soldiers in the Japanese imperial army on to the South Korean soldiers in the Korean War. He pointed out that Takeda distorted the reality (shinjitsu no sugata) of the Korean colonial soldiers, who were coerced into fighting for the Japanese imperial army. Takei scored "Rakudōgawa" as an example of Japanese literary insensitivity to the sadness and anger of the Korean people.

Returning to his discussion of *Genkainada*, Takei argued that not only were the Japanese responsible for Koreans' predicament in the past, the Japanese were still complicit in the ongoing suffering of Koreans. He called attention to the fact that it had been from airbases in Japan that American bombers had flown to bomb Koreans during the Korean War. In other words, Takei reminded the Japanese that even in the postwar period, the Japanese were on the side of the aggressors i.e., American imperialism. Thus, Takei aimed his criticism at the complacency of Japanese leftist intellectuals who took for granted the alignment between Koreans and the Japanese in opposition to American imperialism in East Asia. For Takei, *Genkainada* should be read not as a model for Japanese national literature but as a text to remind the Japanese readers of the radical alterity of Koreans which the Japanese cannot appropriate for the postwar reconstitution of the Japanese national identity as the oppressed people. This alterity certainly derives from the historical difference between Koreans and the Japanese in their experiences of colonialism and keeps the Japanese self vulnerable to the call from the formerly colonized Other to be responsible for the colonial aggression.

As mentioned above, the majority of leftist intellectuals attempted to align the Japanese with the former colonized peoples on the basis of the sameness between the two purported "oppressed" peoples. In the process, the leftist intellectuals identified postwar nationalism as the progressive ideology of national liberation and dissociated it from prewar and wartime nationalist aggression. Nakano Shigeharu was one of the few leftist intellectuals attentive to the continuity between prewar and postwar nationalism. In response to Takeuchi's call for revisiting the Japan Romantic School, Nakano published an article entitled "Daini 'Bungakukai' / 'Nihon Romanha' nado ni Tsuite" (On the Second Literary World, the Japan Romantic School and etc).[17]

17 Nakano Shigeharu (1997), *Nakano Shigeharu Zenshū*, 29 vols., Tokyo : Chikumashobo, 21 : 241-54. Originally published in *Kindai Nihon Bungaku*, ed. Kataoka Yōshikazu, vol. 4 (Tokyo : Kawadeshobo, 1952).

In the article, Nakano argued that it was imperative to understand what made such reactionary journals *Bungakukai* and *Nihon Romanha*[18] so appealing to young people during wartime. It was imperative, he said, because a similar affection for nationalism was emerging in the postwar climate. He warned that the demand for peace and national independence in postwar Japan could easily drift into xenophobia and bourgeois nationalism (*minzokushugi*). Nakano sensed in postwar nationalism nostalgia for the imperial past. He reasoned the nostalgia stemmed from the general perception of the nation's downfall from imperial power to a colony and subordinate state. Anti-U.S. imperialism and a demand for peace were certainly justifiable goals in postwar Japan, he said. Nonetheless, he warned about encouraging a growing desire to return to imperial power in reaction to a foreign imperial power. He reminded his readers that even though the Japan Romantic School wrestled with the problem of ethnic nation (*minzoku*), it ended up siding with anti-foreignism, nationalism (*minzokushugi*), and finally, aggressive imperialism.

Nonetheless, he did not reject nationalism altogether. On the contrary, he conscientiously attempted to reformulate Japanese nationalism so that it could contribute to the liberation of the Japanese from American domination. In the process, he erased the radical alterity of the former colonized. Nakano's discussion of *Genkaidana* in his article entitled "Hiappaku Minzoku no

18 Nihon Romanha was a group of lōerary intellectuals who gathered around the literary journal of the same title. Its members included Yasuda Yojūrō, Kamei Katsuichirō, and Nakatani Takao. The journal was in print from 1935 to 1938. Many members of the group were critical of modern literature and culture and interested in the revival of the Japanese literary tradition. *Bungakukai* was one of the leading literary journals founded in October 1933. Its founding members included Kobayashi Hideo, Kawabata Yasunari, and Hayashi Fusao. The journal sponsored the round-table discussion entitled "Overcoming Modernity" in 1942, at which such prominent intellectuals as Nishitani Keiji, Kobayashi Hideo, Kamei Katsuichirō, Hayashi Fusao, and Kawakami Tetsutarō engaged in discussion on how to struggle with the notion of modernity.

Bungaku" (The Literature of the Oppressed Peoples)[19] demonstrates well the erasure of the former colonized's radical alterity.[20]

As the article begins, Nakano confesses that he does not know much about the topic of the literature of oppressed peoples. In an apologetic tone, he begs for the readers to indulge him in discussing the Japanese people (*nihon minzoku*) as the oppressed people and Japanese literature as the oppressed people's literature. His excuses are, however, just a pretext to reorient Japanese literature as the oppressed people's literature. Although Nakano concedes that the Japanese used to be the oppressors and their literature was that of the oppressors, he stresses that the Japanese have changed from the oppressors to the oppressed and therefore such a topic as the literature of the oppressed needs to be discussed.

> Nakano focuses on a passage he quotes from the afterword of Kim Talsu to the novel *Genkainada.* Kim wrote;
>
> … my country, Korea, was at fierce war while I was writing it. Our people's army of Korea fought well. From the beginning to the end, they magnificently fought against the UN forces led by the army of American imperialism that boasted of the world's greatest military prowess… Thus, to the Japanese who would directly receive it (*Genkainada*) I intended to show what it was like being a colonized man under imperial rule, who had lost the independence of his country. It should be the most urgent task for the Japanese of these days to understand it.

Nakano points out that in the passage, Kim clearly identified the present-day Japanese as the colonized who lost their independence. Takei Teruo in his review of *Genkainada* also discussed the same passage in order to urge the

---

19 Nakano (1997), 21 : 315-33.

20 Originally published in Takeuchi Yoshimi, ed., Iwanami Kōza Bungaku vol.3 (Tokyo : Iwanami Shoten, 1954).

Japanese rather to reflect on Japan's colonial past than to accept Kim's view of the postwar Japanese nation at face value. Although Nakano quotes Takei's discussion, he, nevertheless, curtails the radical aspect of Takei's insistence on the alterity of Koreans. Nakano contends that Takei urges the Japanese not only to come to terms with the positionality of the Japanese of the past (*ima made no nihonjin no sugata*) but also to understand the positionality of the present-day Japanese (*nihonjin no konnichi no sugata*) as the oppressed people. Thus, although Takei stresses that the Japanese are still on the side of aggressors even in the postwar period, Nakano stretches Takei's argument in order to naturalize the positionality of the present-day Japanese as the oppressed people.

Nakano argues that it is urgent for the present-day Japanese people to learn the detailed history of Japanese imperialist rule. He argues that the Japanese did not press the Diet to revoke the U.S.-Japan Security Treaty (1951) because they did not learn enough from the history of Japanese colonialism. According to Nakano, many Japanese people were perplexed when a Diet member Kuroda Hisao compared the U.S.-Japan Security Treaty with the Japan-Korea protocol (1904) that led to the annexation of Korea by Japan in 1910. Nakano quickly adds that now, the Japanese are convinced of the plausibility of such a comparison between the two treaties.[21] By reminding the readers that the series of treaties between Japan and Korea following the protocol paved the way for colonizing Korea, Nakano implies that the U.S.-Japan Security Treaty might be the first step toward the colonization of Japan. He pays special attention to article 1 of the U.S.-Japan Security Treaty stipulating that the U.S. military forces may be called in at the request of the Japanese government to quell internal riots. He finds the article parallels article 4 of the Japan-Korea protocol,

21 In the wake of the Russo-Japanese war, Japan forced the Korean government to sign a protocol agreement which provided the legal justification for Japanese political and military actions in the Korean peninsula in January 1904. It marked the first legal step toward the annexation of Korea in 1910.

which allowed the Japanese government at its discretion to take any measure "to protect the imperial house of Korea and the territorial integrity of Korea from external aggression or internal disturbances."

Nakano reasons that despite the parallels, the Japanese do not "bodily" (*nikukantekini*) feel the reality in which the U.S. is forcing Japan into the same mode of colonization as Japan coerced Korea into in the past because many of them are not aware of what they did to other Asian nations. He reasons that the Japanese do not understand why other Asian nations continue to feel bitter toward Japan, partly because the Japanese are ignorant of the history of Japanese aggression.

What catches our attention here is the word "bodily" that Nakano uses to emphasize the importance of remembering Japan's colonial past. For Nakano, knowing thematically the history of Japanese colonialism in Asia is not good enough to enlighten the Japanese about the Asian people's grievances against Japan. The Japanese should "bodily" grasp the parallels between Japanese colonialism during the prewar and wartime periods and American imperialism during the postwar period. This "bodily" grasping constitutes empathy toward Asian nations who hold up their grievances against Japan. His positioning of the Japanese as the oppressed does not only operate on the level of intellect but also on the somatic level. Put simply, it is not good enough that you think you are oppressed ; you must feel you are the oppressed.

Nakano harks back to the overlap between Meiji nationalism and imperialism. He argues that even though Meiji nationalism was justified in regard to the Korean problem (*chōsen mondai*), the Sino-Japanese War, and the Russo-Japanese War, the main goal of Japanese nationalism was to replace Western imperialism with the Japanese variety. Quoting Lenin's criticism of the hypocrisy of colonial powers, Nakano argues that the sentiment of anti-Western imperialism among the Japanese masses failed to evolve into struggles against Japan's own imperialism and domestic semi-feudalism. He contrasts Japan with China, where anti-Western nationalism has developed hand in hand with anti-feudal struggles. According to Nakano, in countries like China and Korea, anti-imperial struggles were linked to those against the established power of the elite who collaborated with foreign imperialists.

Nakano argues that in all the colonies and among all the oppressed peoples, literature has served to liberate the life of the working people as well as to foster national liberation (*minzoku kaihō*). He emphasizes that in those countries, there is neither a literary establishment nor a literary world divorced from the people's struggles for liberation. He urges the Japanese to learn from the literature of the oppressed nations how to unite politics and literature. Quoting Takeuchi Yoshimi, who argues that the Chinese people achieved national liberation by fighting against the Chinese war lords as well as against Japanese imperialism, Nakano criticizes Japanese writers for failing to internalize the sadness, anger, and pain of the oppressed nations as well as those of their own people. He insists that Japanese writers should connect with the Japanese nation and produce literature rooted in the working people of Japan. He argues that only when literature is anchored in the working people of a nation, it will be free of any exoticism and romanticization of the oppressed and universally appreciated by humanity.

In short, Nakano endeavors to position the Japanese as the oppressed people. In his view, such positioning makes it necessary to recognize the parallels between Japan's past colonial domination and American hegemony in Japan. In other words, Japan resorted to the same mode of colonial domination to maximize its influence in Asia as the U.S. is unleashing in the region after the war. Thus, coming to terms with Japan's past coincides with the new positionality of the Japanese as the oppressed people. In Nakano's schema, the recognition of Japan's colonial past does not entail forcing the Japanese to face the radical alterity of the former colonized peoples. It rather neutralizes the radical alterity of the former colonized, which will awaken the Japanese to their collusion with American hegemony in East Asia as well as their complicity in Japan's colonial aggression.

3. The Alterity of the Colonized and Eschatological History

Certainly, it is imperative to build solidarity between the colonized and the people of the colonizing country in their fight against the structure of colonial domination. However, such solidarity should be premised on the recognition of the inerasable difference between the two. As mentioned in the beginning of this paper, Levinas's ethics helps us understand the importance of the difference between the formerly colonized and the former colonizer in attempts at genuine reconciliation. Levinas insists that the self should uphold the other's difference from itself. Otherwise, the self ends up believing it can fully understand the other's intention when engaging with the latter. This is not ethical for Levinas because the self risks placing itself and the other on the same plane and confirming its legitimacy vis-à-vis the other. To be ethical, Levinas argues, the self should hold the other above itself and let its legitimacy vulnerably be called into question by the other.

If applied to the relationship between the colonized and the colonizer, this exacting demand on the self to constantly be alert to the alterity of the other might risk being mistaken for the Manichean world view on which colonial domination itself relies. However, the ethical attention to the difference between the colonizers and the colonized does not involve any essentialist identification premised on race, ethnicity, culture, language, or nationality. The difference rather originates in the history of colonial domination, which vigilantly differentiates the colonized from the colonizers and discriminates against the former in favor of the latter. The difference constitutes the alterity of the former colonized. The people of the former colonizing country must be vigilant in repenting of the past colonial aggression in which they were inevitably implicated, regardless of whether they consciously colluded with it or not.

One might justifiably question the validity of my invocation of Levinasian ethics in defense of history. Certainly, Levinas is critical of history which totalizes different individual experiences into "a coherent discourse."[22] According to Levinas, an individual in history is deprived of his own voice and presented only "in the third person." Thus, the judgment of history is a trial in absentia. It is inattentive to the unseen sufferings of individuals. To uphold justice, the individual should be present at his trial not only to give his own testimony but also to apologize if necessary. Only through constant ethical vigilance can a person confirm his subjectivity. There is no logical and chronological priority granted to the constitution of subjectivity over one's ethical relationship with the Other. In contrast to such an argument in support of Japanese nationalism that the Japanese should form their subjectivity of repentance by mourning three million Japanese deaths as the prerequisite to coming to terms with their colonial past, in Levinasian ethics, the subjectivity emerges to be ethical with the Other, not to reify the identity of sameness.[23]

We cannot, however, testify indefinitely because each of us is subject to the violence of death.[24] The voices of the dead can be approached only through

---

22 Levinas (1969), 242-3.

23 The Japanese literary critic Katō Norihiro's essay *Haisengoron* (a Thesis on the Defeat in the War) is an exemplary case to call for the constitution of the Japanese national subjectivity as the prerequisite for coming to terms with Japan's past aggression toward its neighboring countries. In the essay, Katō argues that in order to extend a genuine apology to Asian nations for what Japan did during the war, first, the Japanese should form a national subjectivity through the course of mourning for the three million Japanese killed during the war who were also the victims of the war. Only the Japanese collective identity thus formed can be the subject of a genuine apology to Asian victims of the Japanese aggression and, Katō suggests. Katō Norihiro, "Haisengoron," *Gunzō* 50(1) : 252-94.

24 Levinas (1969), 242.

their works. The works are vulnerable to the interpretations of those who survive the dead.[25] Thus, the past is appropriated by and consumed for the victors, the survivors in history.[26] An individual can be free from the totalization of history only in his interiority, which separates him from the totality.[27] Interiority gives an individual his or her subjectivity.[28] Consequently, Levinas appears to argue that the ethical relationship with the Other takes place beyond history.[29]

Nevertheless, I argue that Levinas does not completely rule out the possibility of an ethical way of recounting the past. History is callous to the sorrow and pain of individuals, which are not visible. However, the invisible which is outside of history will manifest itself to us who are within history when we welcome those from the past as the Other, strangers who order us to be ethical to them. When we stop appropriating, taming, and domesticating their alterity for our benefit, we step out of history. Then, an individual's fear of death that will deprive him of his voice in the judgment of history turns into the concern that he himself might murder the alterity of the Other.[30] At that moment, emerges the possibility of ethical history, which Levinas calls eschatology.

Eschatology does not narrate past events in relation to the future. It does not frame them in a certain way so that they can serve to legitimize the present.[31] In eschatology, each individual is given a chance to speak for herself. The erratic and incoherent stories of individuals' past experiences will not be

25 Ibid., 227-8.

26 Ibid., 228.

27 Ibid., 55.

28 Ibid., 57.

29 Ibid., 52.

30 Ibid., 224.

31 Ibid., 23.

sacrificed for the teleological narrative of history. Their sighs and murmurs will be listened to. However, the eschatological judgment does not allow an individual to speak whatever he wants. The alterity of the Other is paramount over one's freedom in eschatology.[32] The totality of history breaks down, and the difference of an individual stands out, in eschatology, revealing that an individual being has an infinity which the totality of history cannot encompass.[33]

Then, how can we create "eschatological history"? Through memory, says Levinas. It is imperative to remember the sorrow and pain of those of the past. However, such remembrance should not be aimed at ironing out the wrinkles of the past for the benefit of the survivors in the present.[34] Memory is not to interiorize the past within one who remembers in the present. By remembering the past, the eschatological historian patiently lends an ear to the sighs and murmurs of those from the past even though they are incoherent and unreasonable to him. Certainly, it is impossible to remember all the details of individuals' past experiences without distortions. However, the historian is ethical only when he endeavors to remember in response to the call from the Other, despite the impossibility of the task.

The insight of Levinas directs us toward the possibility of reconciliation between the former colonized and the former colonizers. Eschatological history serves to keep the former colonizers vulnerable and responsive to the ethical call from the former colonized. Only through responding to the call can we avoid the problem of the national literature debate in postwar Japan, the sanitization of the former colonizers' collective identity through empathetic alignment with their victims.

---

32 Ibid., 22-3.

33 Ibid., 23.

34 Ibid., 56.

재구성에 의한 텍스트의 변용

번역본 『내가 넘은 삼팔선』을 중심으로

박상현(朴相鉉, Park Sang-Hyun)

경희사이버대학교 일본학과 교수. 역사지역문화학(일본문화학) 전공.
한국인 연구자로서 향후 일본학을 어떻게 연구하고 보급할 것인가에 많은 관심으로 가지고 있다. 주요 논저로는 「천황에 충성을 다짐하는 병사(防人)의 노래」(2004), 『제국일본과 문화권력 2』(공저·2014), 『0416』(공저·2014), 『일본문화의 패턴』(2017) 등이 있다.

1. 서문

1950년 4월 8일자 『자유신문』에는 「限界極히不明確 文化發展에 支障不少, 日書籍飜譯禁止 後 오는것은」이라는 제목의 글이 실렸다. 일본 서적 번역 금지 조치를 비판하는 글이었다. 그 근거는 크게 두 가지다. 하나는 현재 일본의 문화수준이 우리보다 높다는 것이고, 다른 하나는 금지 조항이 명확하지 않다는 것이다. 그런데 이 기고에서 흥미로운 점은 1949년 말부터 1950년 4월까지 일본 서적 10여 권이 번역되었는데, 이 가운데 최고의 베스트셀러가 후지와라 데이(藤原てい)의 『流れる星は生きている』(이하 『흐르는 별은 살아 있다』)를 우리말로 옮긴 『내가 넘은 三八線』(이하 『내가 넘은 삼팔선』)이라는 것이다.[1] 후지와라 데이의 『흐르는 별은 살아 있다』는 1949년 4월에 출간되었고, 『내가 넘은 삼팔선』은 1949년 11월에 번역되었다. 원본과 번역본 사이에 시간차가 크게 나지 않는다. 1949년 11월이 광복 이후 5년도 되지 않은 시점이었다는 것을 고려한다면 이 시기에 일본인 작가의 작품이 번역되었고, 또한 그것이 당대 베스트셀러[2]가 되었다는 점은 주목할 만하다.

잘 알려져 있는 대로 후지와라 데이의 『흐르는 별은 살아 있다』는 일본에서 귀환 서사문학의 전범이 되는 책이다. 후지와라 데이에게 귀환은 갑자기

1 『자유신문』 1950. 4. 8.자.

2 당시 한국 독자들은 태평양전쟁 패전 후 귀환(引揚)했던 일본인의 모습에 적지 않은 관심과 호기심이 있었고, 그것이 번역본 『내가 넘은 삼팔선』을 베스트셀러로 만들었다고 생각한다.

닥친 재난과 같은 것이었다. 그런 의미에서 『흐르는 별은 살아 있다』는 재난문학에 들어갈 수 있다. 그리고 이 수기문학은 그녀가 남편인 후지와라 히로토(藤原寛人)와 이별한 후 어린아이 셋을 이끌고 만주의 신경(新京)을 출발하여 개성과 서울 그리고 부산을 거쳐 규슈(九州)의 하카타항(博多港)으로 귀국하는 여정에 관한 이야기다. 여기에는 귀환 중에 후지와라가 체험한 상상을 초월한 고초, 그것을 이겨 낸 모성애, 그리고 귀환 중에 체험하고 목격한 일본인의 비인간성과 더불어 몇몇 조선인의 따뜻한 인정이 탁월하게 묘사되어 있다.[3]

그런데 후지와라 데이의 『흐르는 별은 살아 있다』뿐만이 아니라 그 번역서인 정광현의 『내가 넘은 삼팔선』에 관한 연구는 한국과 일본에서 그리 활발히 진행되지 않았다. 한국은 국치의 역사를 망각하고 싶었기 때문에, 일본은 과거사를 기억하고 싶지 않았기 때문이었다고 판단된다.[4] 얼마 되지 않은 선행연구이지만 한국에서는 1985년에 양평이 『베스트셀러 이야기』에서 『흐르는 별은 살아 있다』에 관해 가볍게 언급했고, 이후 엄기현, 김예림, 박상현 · 미네자키 도모코 등이 이에 관한 학술논문을 발표했다.[5] 일본에서는 최근에 와다 무라키치(和田邑吉), 스에마스 도모히로(末益智広) 등이 연구

3 박상현 · 미네자키 도모코(2019), 「진명인 번역본 『38도선』의 저본 연구 : 저본 확정의 의미」, 『일본근대학연구』 제64집, 149쪽.

4 박상현 · 미네자키 도모코(2019), 앞의 논문, 148쪽.

5 임기현(2010), 「해방공간에서의 잔류 일본인 귀환 문제 : 『잔등』, 『압록강』, 『요코이야기』, 『흐르는 별은 살아 있다』를 중심으로」, 『한국언어문학』 제72집 ; 김예림(2010), 「'배반'으로서의 국가 혹은 '난민'으로서의 인민 : 해방기 귀환의 지정학과 귀환자의 정치성」, 『상허학보』 제29집 ; 김예림(2011), 「포스트콜로니얼의 어떤 복잡한 월경적 연애에 관하여 : 구식민지와 구제국 그리고 기억-기록의 정치학」, 『서강인문논총』 제31집 ; 김예림(2012), 「종단한 자, 횡단한 텍스트 : 후지와라 데이의 인양서사, 그 생산과 수용의 정신지」, 『상허학보』 제34집 ; 박상현 · 미네자키 도모코(2018), 「후지와라 데이 연구의 문제점 : 서지학적 측면에서」, 『근대일본학연구』 제60집 ; 박상현 · 미네자키 도모코(2019), 앞의 논문.

성과[6]를 공표했다. 이와 같은 선행연구가 있었음에도 후지와라 데이의 『흐르는 별은 살아 있다』를 완역한 것은 아니지만 완역에 가깝게 우리말로 옮긴 정광현의 『내가 넘은 삼팔선』을 본격적으로 논한 글은 아직 없다. 번역학적 접근이 없었던 것이다. 그러다 보니 정광현 번역본이 『흐르는 별은 살아 있다』를 어느 정도 발췌한 번역본인지조차 알려져 있지 않다.

이 글에서는 정광현 번역본이 어느 정도 발췌 번역되었는지 검토한다. 또한 번역 과정에서 삭제된 혹은 추가된 부분도 살펴본다. 그리고 이런 발췌 번역과 편역(編譯)이라는 재구성에 의한 텍스트의 변용을 검토함과 동시에 변용이 발생하게 된 당시의 사회적 분위기도 살펴본다.

2. 『흐르는 별은 살아 있다』의 목차와 구성

후지와라 데이의 『흐르는 별은 살아 있다』의 목차를 표로 정리하면 뒤의 〈표 1〉과 같다.

서문부터 살펴보자. 서문은 소설가 오사라기 지로(大佛次郎)가 썼다. 그는 『흐르는 별은 살아 있다』가 개인 체험을 기록한 기록문학이며 휴먼다큐멘터리라고 하면서 인간에게 희망을 주고 있다고 평했다. 그리고 이 수기문학에는 자식에 대한 어머니의 사랑, 일본 국토에 대한 집착, 일본인의 에고이즘, 일본인에 대한 조선 농부의 애정이 그려져 있다고 말했다.[7] 이런 언급은 『흐르는 별은 살아 있다』의 주제를 가리키는 것이기에 중요하다.

6 和田邑吉(2014), 「太平洋戦争の中の中学生：「食糧増産」と「須坂地下壕作戦」・「長野地方空襲」付信州小説鑑賞「大日向村」「流れる星は生きている」「満州勤民行」」, 『須高』; 末益智広(2018), 「藤原てい『流れる星は生きている』・『灰色の丘』をめぐる「引揚げ」の記憶」, 『千葉大学大学院人文公共学府研究プロジェクト報告書』.

7 藤原てい(1949), 『流れる星は生きている』, 日比谷出版社, 1~2쪽.

〈표 1〉『흐르는 별은 살아 있다』의 목차와 구성[8]

<table>
<tr><th colspan="3">『흐르는 별은 살아 있다』</th></tr>
<tr><th colspan="2">序文</th><th>大佛次郎</th></tr>
<tr><td>第一部</td><td>涙の丘</td><td>駅までの四粁, 別離, 無蓋貨車, 終戦の日, 夫との再会, 南下しょうか, 新しい不安, とうもろこしの皮, 夫よ何処へ, 涙の丘の上, ダイヤモンド・ダスト, 泣かない児, 流れる星は生きている, いまぞこいしき, 氷の日時計, 氷を割る音, オンドルの煙, 虐待餓死</td></tr>
<tr><td>第二部</td><td>教会のある町</td><td>丘の下へ, 墓場から来た男, 歯型のついた芋, 結婚の申込み, 白い十字架, 確定的な愛の因子, 春風に反抗する, 石鹸売りの先生, 議論を食べて生きている夫婦, 乞食と同じもの, 発狂した女, けがされた人形, ゲンナージの黒手袋, 温飯屋の手伝い, むら雲しぼりの訪問着,[9] 二人の子供と一人の子供, 引揚げの機運動く, 三百円儲けた話, 団体の分裂</td></tr>
<tr><td>第三部</td><td>魔王の声</td><td>親書の秘密, 赤土の泥の中をもがく, 凍死の前, かっぱおやじの禿頭, 二千円証文を書く, 市邊里につく, 川を渡るくるしみ, 死んでいた老婆, 三十八度線を突破する, アメリカ軍に救助される, 恨みをこめた小石, 気違いの真似をした法学士, コンビーフの缶詰, 貨車の中の公衆道徳, 百円紙幣を出す手品, 釜山にて, 肥った藤原と瘠せた藤原, 魔王の正体, 四千円の仮持参人, 上陸の日, 上陸第二日, 博多から諏訪へ, あゝ遂に両親に抱かれて</td></tr>
<tr><td colspan="2">跋</td><td>和達清夫</td></tr>
<tr><td colspan="2">あとがき</td><td>藤原てい</td></tr>
</table>

본문은 3부 구성이다. 「제1부 눈물의 언덕(涙の丘)」은 1945년 8월 9일에서 1946년 1월 말 사이에 일어난 일을 적고 있다. 주된 장소는 신경 곧 지금의 중국 창춘(長春)과 북한의 선천(宣川)이다. 제1부는 '역까지 4킬로미터(駅までの四粁)', '이별(離別)' 등 총 18절(節)로 되어 있다. 「제2부 교회가 있는 마을(教会のある町)」은 1946년 2월 10일경에서 8월 1일 오전까지 벌어진 일을 기

8 원본대로 제시하기에 목차와 구성은 우리말로 옮기지 않는다. 하지만 논문 전개상 번역이 필요할 때는 우리말로 옮겨 인용한다.

9 목차에는 '고적운 무늬의 나들이옷(むら雲しぼりの訪問着)'이 있지만 이에 해당하는 내용이 원본의 본문에는 없다. 또한 1949년 이후 『흐르는 별은 살아 있다』는 후지와라에 의해 몇 차례에 걸쳐 다시 집필되었지만 이 부분은 어디에도 없었다. 출판 과정에서 실수로 이 제목이 목차에 들어간 것 같다. 따라서 본고에서는 앞으로 이것에 대해서는 언급하지 않는다. 덧붙여 밑줄 등과 같은 강조 표시는 인용자가 한 것이다. 이하 동일.

록하고 있다. 장소는 선천과 평양이다. 제2부는 '언덕 아래로(丘の下へ)', '무덤에서 온 남자(墓場から来た男)' 등 총 19절로 이루어져 있다. 「제3부 마왕의 소리(魔王の声)」는 1946년 8월 1일 오후부터 1946년 9월까지의 기록이다. 평양 도착 이후 시변리, 38선, 의정부, 부산을 거쳐 일본으로 귀환하기까지 겪은 여정이 그려져 있다. 제3부는 '편지의 비밀(親書の秘密)', '붉은 진흙 속에서 발버둥치다(赤土の泥の中をもがく)' 등 총 23절로 되어 있다.

발문(跋)은 기상학을 전공한 지구물리학자인 와다치 기요오(和達清夫)가 썼다. 당시 그는 중앙기상대장으로 근무하고 있었다. 발문 제목은 "끝이 좋으면 모든 것이 좋다 : 후지와라 데이 부인 처녀작 출판을 축하하며"다. 그가 발문을 쓰게 된 것은 후지와라 가족과의 인연 때문인 것 같다. 와다치 기요오는 후지와라 데이의 남편과 만주의 중앙기상대에서 함께 근무한 적이 있는 사이였다. 평소 잘 알고 지내는 관계였다는 것이다. 귀국 후에는 같은 동네에서 살고 있는 이웃사촌이기도 했다.

와다치 기요오는 발문에서 『흐르는 별은 살아 있다』에는 인간이 가지고 있는 순수한 사랑의 아름다움과 의지의 강인함 그리고 힘의 위대함이 있다고 했고, 또한 패전 후의 일본 재건에 희망을 주는 메시지가 담겨 있다고도 했다. 그의 언급은 『흐르는 별은 살아 있다』의 주제, 그리고 이 수기문학에 대한 독자 반응을 알 수 있다는 점에서 중요하다.

저자 후기(あとがき)에는 『흐르는 별은 살아 있다』의 집필 배경과 독자에 대한 저자의 바람이 나와 있다. 후지와라는 무사귀환을 위해 자신과 세 자녀가 노력했던 나날을 잊고 싶지 않았기에 이 수기소설을 쓰게 되었다고 적고 있다. 그리고 이 기록이 현재 괴로운 생활 속에서도 앞으로 나아가려는 일본인에게 조금이라도 참고가 되기를 희망한다고 밝혔다.[10]

결국 서문과 발문 그리고 저자 후기에서 알 수 있는 것은 다음과 같다.

---

10 藤原てい(1949), 앞의 책, 316~318쪽.

첫째, 『흐르는 별은 살아 있다』에는 인간이 가지고 있는 순수한 사랑의 아름다움과 의지의 강인함 그리고 힘의 위대함이 나타나 있다. 달리 말하면 자식에 대한 어머니의 사랑, 일본 국토에 대한 집착(휴먼다큐멘터리[11]), 일본인의 에고이즘, 일본인에 대한 조선 농부의 애정이 드러나 있다. 둘째, 후지와라는 자기 자신의 이야기가 패전 후 여러모로 힘든 생활을 보내고 있는 일본인에게 조금이라도 희망이 되기를 바라고 있고, 또한 발문을 쓴 와다치 기요오도 독자를 대표하여 이 작품이 패전 후 일본 재건에 힘쓰는 사람들에게 희망의 메시지를 주고 있음을 말하고 있다.

3. 『내가 넘은 삼팔선』의 목차와 구성

『흐르는 별은 살아 있다』의 번역본 『내가 넘은 삼팔선』의 목차와 구성은 뒤의 〈표 2〉와 같다.

"소개하는 글"은 역자인 정광현이 썼다. 광복 후 얼마 지나지 않은 당시의 시대 분위기에서 일본책을 번역하여 출간한다는 것은 남다른 작업이었을 것이다. 그것은 그가 "나는 부끄러움도 없이 일본책을 번역해 내놓는 만용(蠻勇)과 무지(無智)를 솔직하게 고백하지 않을수 없다"[12]라고 고백하는 부분에서 잘 느껴진다.

그런데 정광현이 부끄러움을 느끼면서도 후지와라 데이의 『흐르는 별은 살아 있다』를 우리말로 옮긴 이유는 무엇이었을까? 그는 『흐르는 별은 살

11 '일본 국토에 대한 집착'은 역경 속에서도 일본으로 귀환하려는 후지와라의 강인한 의지를 말한다. 그런 의미에서 '일본 국토에 대한 집착'은 휴먼다큐멘터리라고 부를 수 있다.

12 정광현(1949), 『내가 넘은 삼팔선』, 수도문화사, 1쪽. 『내가 넘은 삼팔선』에 보이는 맞춤법은 지금과 다르지만 원문 그대로 인용한다. 이하 동일.

〈표 2〉『내가 넘은 삼팔선』의 목차와 구성

『내가 넘은 삼팔선』		
소개하는 말		鄭廣鉉[13]
권하는 말		全弘鎭
제1부	눈물의 언덕	停車場까지의 十里길, 離別, 無蓋貨車, 終戰되던 날, 男便과의 再逢, 南쪽 下할가?, 새로운不安, 私製金庫, 男便이여 어데로, 눈물의 언덕 위, 흐르는 별은 살아 있다, 어름의 햇시계(日時計), 虐待餓死
제2부	禮拜堂 있는 풍경	언덕 아래로, 墓地에서 온 사나이, 白色의 十字架, 確定的인 사랑의 因子, 春風에 拒逆하다, 비누장사의 先生님, 言爭만 하는 內外, 비렁뱅이와 같은 사람, 發狂한 女人, 더럽혀진 人形, '겐나-지'의 검정장갑, 탕판집 고용살이, 撤退, 三百圓 남긴 이야기, 團體의 分裂
제3부	魔王의 소리	親書의 秘密, 진흙 속에서 허덕이다, 疆屍直前, 二千圓짜리 證書, 市邊里에 닿다, '풀'자리잠, 내를 건너다, 再逢, 三十八度線을 突破하다, 내가 본 美軍, 미친 흉내를 낸 法學士, 콘 비-프의 통조림, 貨車 안의 公衆道德, 百圓짜리를 끄내는 妖術, 釜山에서, 살찐 藤原과 야윈 藤原, 魔王의 正體
삽화[14]		鄭玄雄

아 있다』를 우리말로 번역한 것은 거기에 드러나 있는 모성애와 더불어 사느냐 죽느냐라는 극한 현실 속에서 드러나는 사람들 간의 추악과 애증을 느꼈기 때문이고, 그 느낌을 한국 독자에게 전달하고 싶었기 때문이다.[15] 다시 말하면 정광현은 『흐르는 별은 살아 있다』를 '일본인 작가'인 후지와라의 작품으로 읽은 것이 아니라 삶과 죽음이라는 경계에 선 사람들의 보편적인 작품으로 읽고 있다. 정광현이 읽어 낸 『흐르는 별은 살아 있다』의 주제의식은 앞에서 이미 언급한 오사라기 지로와 와다치 기요오의 지적과 다르지 않다.

13 번역본의 원래 표기를 존중하여 본고에서는 번역본에 나오는 한자(漢字)와 맞춤법 등을 그대로 인용한다. 이하 동일.

14 번역본에는 원본에 없는 삽화가 다수 실려 있다. 한국 독자의 이해를 돕기 위한 시각적 조치였다.

15 정광현(1949), 앞의 책, 1~3쪽.

"권하는 말"은 당시 합동통신사 편집국에서 근무했던 전홍진이 썼다. 당시 사회 분위기에서 "권하는 말"을 쓰는 것도 쉬운 일은 아니었을 것이다. 그는 "권하는 말"에서 사람의 진면목은 그가 곤경에 처해 있을 때 드러난다고 말한다. 그러면서 『흐르는 별은 살아 있다』에는 귀환이라는 곤경 속에서 일본인들이 그들의 추악한 모습과 애정을 생동감 있게 보여 주고 있다고 지적한다. 그리고 이런 군상(群像)에서 '사람'의 모습을 발견할 수 있고, 그것이 독자들에게 참고가 될 것이라고 말한다. 한편 패전 후 귀환하는 일본인의 뒷모습도 알 수 있다고 적고 있다.[16]

본문은 3부 구성이다. 「제1부 눈물의 언덕」, 「제2부 예배당 있는 풍경」, 「제3부 마왕의 소리」로 이루어졌다. 「제1부 눈물의 언덕」은 '정거장까지의 십리길', '이별' 등 총 14절로, 「제2부 예배당 있는 풍경」은 '언덕 아래로', '묘지에서 온 사나이' 등 총 15절로, 「제3부 마왕의 소리」는 '친서의 비밀', '진흙 속에서 허덕이다' 등 총 17개 절로 각각 되어 있다.

번역본 『내가 넘은 삼팔선』은 원본 『흐르는 별은 살아 있다』의 본문 내용과 대체적으로 동일하다. 제1부는 1945년 8월 9일에서 1946년 1월 말 사이에 신경과 선천에서 일어난 일을 적고 있다. 제2부는 1946년 2월 10일경에서 8월 1일 사이에 선천과 평양에서 벌어진 일을 쓰고 있다. 제3부는 1946년 8월 1일 오후부터 1946년 9월까지의 기록으로 일본의 하카타항 상륙 직전까지의 일을 기술하고 있다. 하지만 『내가 넘은 삼팔선』은 『흐르는 별은 살아 있다』의 완역이 아니라 발췌 번역이다. 따라서 자세하게 들여다보면 내용이 다소 다르다. 예컨대 『내가 넘은 삼팔선』의 제3부는 '마왕의 정체'로 끝나지만, 『흐르는 별은 살아 있다』는 '마왕의 정체' 이후 다음과 같은 5개의 절이 더 있다. '4천 엔을 맡다(四千円の仮持参人)', '상륙일(上陸の日)', '상륙 이틀째(上陸第二日)', '하카타에서 스와로(博多から諏訪へ)', '아아 드디어

16 정광현(1949), 앞의 책, 5~8쪽.

부모님 품으로(あゝ遂に両親に抱かれて)'이다. 다시 말하면 번역본에는 하카타항 상륙 직전에서 후지와라 데이의 부모님이 계시는 고향까지의 여정이 빠져 있다.

이와 같이 번역본은 원본을 번역했지만 완역이 아니다. 발췌 번역본이다. 그렇다면 정광현은 『흐르는 별은 살아 있다』를 우리말로 옮기면서 어떤 부분은 번역했고 어떤 부분은 삭제했을까?

4. 발췌 번역에 의한 텍스트의 재구성

『내가 넘은 삼팔선』은 발췌 번역본이다. 김예림이 「종단한 자, 횡단한 텍스트 : 후지와라 데이의 인양서사, 그 생산과 수용의 정신지」에서

> 『내가 넘은 삼팔선』은 1949년 일본어 원본을 중간중간 발췌하여 옮긴 것이다. 즉 완역본은 아닌 것이다. 저자의 후기, 오사라기 지로(大佛次郎)의 서문을 비롯하여 몇몇 절들을 번역에서 제외했고 특히 조선 땅을 벗어나 일본으로 돌아간 주인공이 다시 가족을 만나기까지를 기록한 마지막 4개 절[17]도 모두 빠져 있다.[18]

고 지적하듯이 말이다.

그렇다면 정광현은 『흐르는 별은 살아 있다』에서 어떤 부분을 번역하고, 어떤 부분을 번역하지 않았을까?

---

17 4개 절이 아니라 5개 절이다[박상현 · 미네자키 도모코(2018), 앞의 논문, 168~169쪽].
18 김예림(2012), 앞의 논문, 196쪽.

〈표 3〉 두 텍스트의 목차와 구성 비교

	『흐르는 별은 살아 있다』	『내가 넘은 삼팔선』	
*序文	大仏次郎	소개하는 말	鄭廣鉉
		권하는 말	全弘鎭
第一部 涙の丘	駅までの四粁	제1부 눈물의 언덕	停車場까지의 十里길
	別離		離別
	無蓋貨車		無蓋貨車
	終戦の日		終戰되던 날
	夫との再会		男便과의 再逢
	南下しょうか		南쪽 下할가?
	新しい不安		새로운 不安
	**とうもろこしの皮		** 私製金庫
	夫よ何処へ		男便이여, 어데로
	涙の丘の上		눈물의 언덕위
	*ダイヤモンド・ダスト		
	* 泣かない児		
	流れる星は生きている		흐르는 별은 살아 있다
	*いまぞこいしき		
	氷の日時計		어름의 햇시계(日時計)
	* 氷を割る音		
	*オンドルの煙		
	虐待餓死		虐待餓死
第二部 教会のある町	丘の下へ	제2부 禮拜堂 있는 風景	언덕 아래로
	墓場から来た男		墓地에서 온 사나이
	* 歯型のついた芋		
	* 結婚の申込み		
	白い十字架		白色의 十字架
	確定的な愛の因子		確定的인 사랑의 因子
	春風に反抗する		春風에 拒逆하다

	石鹸売りの先生		비누장사의 先生님
	議論を食べて生きている夫婦		言爭만 하는 內外
	乞食と同じもの		비렁뱅이와 같은 사람
	発狂した女		發狂한 女人
	けがされた人形		더럽혀진 人形
	ゲンナージの黒手袋		'겐나-지'의 검정장갑
	温飯屋の手伝い		탕판집 고용살이
	* 二人の子供と一人の子供		
	** 引揚げの機運動く		** 撤退
	三百円儲けた話		三百圓 남긴 이야기
	団体の分裂		團體의 分裂
第三部 魔王の声	親書の秘密	제3부 魔王의 소리	親書의 秘密
	赤土の泥の中をもがく		진흙 속에서 허덕이다
	凍死の前		殭屍直前
	* かっぱおやじの禿頭		
	二千円証文を書く		二千圓짜리 證書
	市邊里につく		市邊里에 닿다
	川を渡るくるしみ		*** '풀'자리잠
			내를 건느다
	** 死んでいた老婆		** 再逢
	三十八度線を突破する		三十八度線을 突破하다
	** アメリカ軍に救助される		** 내가 본 美軍
	* 恨みをこめた小石		
	気違いの真似をした法学士		미친 흉내를 낸 法學士
	コンビーフの缶詰		콘 비-프의 통조림
	貨車の中の公衆道徳		貨車 안의 公衆道德
	百円紙幣を出す手品		百圓짜리를 끄내는 妖術
	釜山にて		釜山에서

	肥った藤原と瘠せた藤原		살찐 藤原과 야윈 藤原
	魔王の正体		魔王의 正體
	* 四千円の仮持参人		
	* 上陸の日		
	* 上陸第二日		
	* 博多から諏訪へ		
	* あゝ遂に両親に抱かれて		
* 跋	和達清夫	삽화	鄭玄雄
* あとがき	藤原てい		

* 원본에 있는 절이 번역본에서는 빠진 곳에 '*'를 붙였다. 언뜻 보면 절의 이름이 달라 내용이 다른 것 같지만, 사실은 내용이 같은 곳에 '**'를 붙였다. 원본에 없는 절이 번역본에서는 추가된 곳에 '***'를 붙였다.

우선 서문과 발문 그리고 저자 후기가 번역본에는 빠져 있다. 앞에서 이미 언급했듯이 오사라기 지로와 와다치 기요오는 『흐르는 별은 살아 있다』에서 후지와라의 자식에 대한 사랑, 일본 국토에 대한 집착(휴먼다큐멘터리), 일본인의 에고이즘, 일본인에 대한 조선 농부의 애정을 읽고 있다. 또한 이 작품에는 패전 후 일본 재건에 힘쓰는 사람들에게 주는 희망의 메시지가 담겨져 있다고 말하고 있다. 한편 저자 후기에는 『흐르는 별은 살아 있다』의 집필 동기와 패전 후 여러모로 힘든 생활을 보내고 있는 일본인에게 이 소설이 조금이라도 희망이 되기를 바라는 저자의 바람이 들어 있다. 그런데 번역본만 보아서는 한국 독자는 이와 같은 내용을 전혀 알 수 없다.

다음으로 본문 내용이다. 원본 제1부에는 '다이아몬드 더스트(ダイヤモンド・ダスト)', '울지 않는 아이(泣かない児)', '지금 그립다(いまぞこいしき)', '얼음 깨는 소리(氷を割る音)', '온돌방 연기(オンドルの煙)'가 있는데, 번역본에는 이것들이 모두 빠져 있다. 또한 원본의 제2부에 있는 '잇자국이 난 감자(歯型のついた芋)', '청혼(結婚の申込み)', '두 아이와 한 아이(二人の子供と一人の子供)'

도, 제3부에는 있는 '갓파 모양의 대머리 아저씨(かっぱおやじの禿頭)', '한이 맺힌 작은 돌(恨みをこめた小石)', '4천 엔을 맡다', '상륙일', '상륙 이틀째', '하카타에서 스와로', '아아 드디어 부모님 품으로'도 번역본에는 각각 빠져 있다. 결국 원본의 본문은 총 59절로 이루어져 있는데, 그 가운데 총 15절이 번역 과정에서 삭제되었다. 약 25.42퍼센트가 빠진 것이다. 정광현은 원본에서 약 74.58퍼센트만 번역했다는 말이다. 적지 않은 부분이 삭제된 채 번역되었다고 말하지 않을 수 없다.

한편 원본에 없는 내용이 번역본에서 추가된 것도 있다. 번역본 『내가 넘은 삼팔선』의 제3부에는 '풀'자리잠이라는 절이 있지만, 원본 『흐르는 별은 살아 있다』에는 그 내용이 없다.[19]

김예림은 다음과 같이 말했다.

> 『내가 넘은 삼팔선』은 1949년 일본어 원본을 중간중간 발췌하여 옮긴 것이다. 즉 완역본은 아닌 것이다. ……전체적으로 고려해 보면 절의 선택이나 생략에 어떤 특별한 의도가 있어 보이지는 않는다. 원본의 세세한 에피소드들을 줄이고, 국내시장을 염두에 두어 일본을 배경으로 하는 이야기들을 생략한 정도로 파악할 수 있을 듯하다.[20]

그러나 정말 그렇게 보아도 무방한 것일까?

지금부터 정광현이 번역 과정에서 뺀 15개의 절이 어떤 내용이고, 반면에 추가한 1개의 절이 어떤 내용이었는지를 자세히 살펴보자.

먼저 빠진 부분이다. 번역본 제1부에는 원본에 있는 '다이아몬드 더스트', '울지 않는 아이', '지금 그립다', '얼음 깨는 소리', '온돌방 연기'가 빠져 있다.

---

19 이에 대한 상세한 설명은 추후에 할 예정이다.

20 김예림(2012), 앞의 논문, 196쪽.

'다이아몬드 더스트'는 추운 겨울 이야기가 주(主)를 이루고 있다. 해당 부분을 인용하면 다음과 같다.

> 한번 내리기 시작하면 좀처럼 멈추지 않았던 미세한 눈은 하늘에 떠 있는 듯이 시야를 가리고 있었다. ……세빙(細氷)이라고 하는데, 남편에게서 들어서 알고 있었다. '다이아몬드 더스트'라고도 부르는데 너무나 아름다운 이름이어서 기억하고 있다.[21]

'울지 않는 아이'는 계모에게 미움을 받는 아이 이야기다.

> 다미오(民男)는 사람의 눈을 피해 먹을 것을 뭐든지 먹어 치웠다. ……이 아이에게 귀여운 데란 단 한 군데도 없었다. 어른을 깔보는 듯한 눈으로 힐끗힐끗 보는 태도가 가장 불쾌했다. 게다가 이 아이가 우는 것을 들은 적이 없다. 이 아이 손을 보면 온통 꼬집힌 상처로 빨갛게 부어 있었다. 이 정도로 계모에게 꼬집혀도 왜 울지 않는 것일까? 우리는 다미오에 대한 동정보다도 학대에 대한 인도적 항의의 마음을 아즈마다(東田) 씨에게 가지고 있었다.[22]

'지금 그립다'는 모성애 이야기다.

> 아이들은 발이 차기에 잠잘 수 없는지 사키코(咲子)와 마사히코(正彦)는 번갈아 가며 울었다. 나는 6개의 다리를 내 몸으로 덥혀 주었다. 아이들의 다리를 나의 가슴과 배로 감싸서 가만히 한참 있으면 조금씩 아이들의 발이 따뜻해진다. 이윽고 아이들이 조용히 잠자는 숨소리를 낸다. 그러나 내 등은 얼음처럼

---

21 藤原てい(1949), 앞의 책, 65쪽.

22 藤原てい(1949), 앞의 책, 67쪽.

얼어붙어 추위 때문에 등뼈가 아프다. 아이들은 자지만 나는 잘 수 없다. …… 이런 밤이 계속된다.[23]

'얼음 깨는 소리'도 '지금 그립다'와 같이 모성애 이야기로 되어 있다.

나는 한밤중에 일어나 얼음을 깨야 했다. ……아침이 되면 얼음의 반 정도가 녹아 있었다. 남은 뜨거운 물이 조금이라도 있으면 거기에 물을 넣어 얼음을 녹여서 기저귀를 세탁했다. ……'만약 내가 병이라도 나면' 하는 상황을 생각해봤다. 야월 대로 야윈 세 아이가 내가 누워 있는 앞에서 잠자코 앉아 있는 모습이 떠올라 흠칫 놀란다. 내가 병에 걸린다는 것은 아이 세 명의 죽음을 뜻했다.[24]

'온돌방 연기'는 온돌방을 서로 차지하려는 일본인의 에고이즘 이야기다.

나는 매일 밤 얼음을 깨어 물을 만들고, 아이를 안고 따뜻하게 해주고는 나 자신은 추워서 울고 있었다. 그런데 옆에 있는 온돌방에서는 따뜻하게 지내는 사람들이 있었다. ……온돌방을 차지하고 있는 사람들은 온돌방에 쓸 연료비는 자신들이 부담하니 이 방을 독차지할 권리가 자신들에게 있다고 주장했다. ……오에(大江) 씨는 노인이기에 허리가 좋지 않다는 이유로 온돌방으로 이주하는 데 성공했다. 사키야마(崎山) 씨가 어떻게 이 방에 들어왔는지 그 이유는 특히 없다. ……그녀는 온돌방으로 이사하는 날 아무 말 없이 짐을 싸더니 온돌방으로 들어와 방 중앙을 차지해 버렸다.[25]

23 藤原てい(1949), 앞의 책, 73쪽.
24 藤原てい(1949), 앞의 책, 79~81쪽.
25 藤原てい(1949), 앞의 책, 82~83쪽.

번역본 제2부에는 '잇자국이 난 감자', '청혼', '두 아이와 한 아이'가 빠져 있다. '잇자국이 난 감자'는 귀환의 고난 속에서 죽어 간 남편과 죽은 아이의 이야기로 되어 있다.

> 다이치(大地) 씨의 장례식을 위해 우리는 아침 일찍 언덕으로 올라갔다. 다이치 씨의 모습은 하룻밤 사이에 변해 있었다. 멋진 순모 양복으로 갈아입혀진 다이치 씨는 얼굴에 흰색 천이 씌워져 있었다. 이 외딴집에서 홀로 죽은 남편과 함께 있었던 아내의 다부진 모습에 감탄했다. ……배급이 쌀에서 잡곡으로 되면서부터 소화불량에 시달리는 아이들이 많아졌다. 혼다(本田) 씨의 아이인 겐(健)도 눈에 띄게 여위었고, 결국에는 폐렴까지 걸렸다. 게다가 눈 깜짝할 사이에 열이 났고, 숨을 거두었다.[26]

'청혼'은 중국인 야채장수가 열다섯 살 남짓한 일본 소녀에게 청혼하는 이야기다.

> 4월도 반 정도 지난 어느 날 오후였다. 항상 오는 중화민국 사람인 야채장수가 옷을 잘 차려입고 왔다. 중국어를 잘하는 기모토(木本) 씨가 그를 맞이했다. ……일단 밖으로 나간 기모토 씨는 좀처럼 보이지 않던 긴장된 얼굴을 하고 다이치 씨 앞으로 왔다. "부인, 저 사람이 세이코(せい子)와 결혼하고 싶다고 하네요." "저 사람이?" 다이치 씨는 놀란 표정을 지었다. "야채장수가요?" "네!" 다이치 씨는 기겁한 듯이 기모토 씨의 얼굴을 봤다. ……"기모토 씨! 사양한다고 말해 주세요."[27]

---

26 藤原てい(1949), 앞의 책, 111~112쪽.
27 藤原てい(1949), 앞의 책, 117~118쪽.

'두 아이와 한 아이'는 갓 태어난 아기의 죽음 이야기다.

사키야마 씨는…… 일곱 살인 이치로(一郎)와 다섯 살인 지로(次郎) 그리고 막 태어난 갓난아이를 기르고 있다. ……사키야마 씨의 갓난아이는 태어난 이후 조금도 자라지 않았다. 단지 안색이 어두컴컴하고 젖을 먹을 때만 희미한 소리를 냈다. "사키야마 씨! 젖이 나오지 않죠." "네, 저는 예전부터 젖이 잘 나오지 않았어요. ……"그럼 젖이 부족하겠네요." "그래요. 하지만 어쩔 수 없잖아요." "국물의 웃물이라도 먹여 보면 어때요." 사키야마 씨는 몸을 돌려 나를 보더니 분명하게 말했다. "어차피 살기 어려울 아이를 조금 더 연명시키는 것이 무슨 의미가 있죠." ……아침에 일어나 보니 갓난아이는 바람이 그치듯이 죽어 있었다.[28]

번역본 제3부에는 '갓파 모양의 대머리 아저씨', '한이 맺힌 작은 돌', '4천 엔을 맡다', '상륙일', '상륙 이틀째', '하카타에서 스와로', '아아 드디어 부모님 품으로'가 빠져 있다. 내용을 정리하면 다음과 같다.

'갓파 모양의 대머리 아저씨'는 귀환 중에 죽어 간 남편 이야기(a)와 자기만 살겠다고 후지와라를 속인 대머리 아저씨의 에고이즘 이야기(b)다.

(a) "닛타 씨, 어떻게 하실 거예요?" 나는 닛타 씨 부인에게 말을 걸어 보았지만 닛타 씨는 몸을 조금도 움직이려 하지 않았다. "후지와라 씨, 저는 남편의 최후를 보고 나서 갈게요." 부인은 파랗게 부어오른 닛타 씨의 얼굴을 무릎에 올려놓았다. 나는 마지막 작별인사를 할 생각으로 가까이 가서 "닛타 씨!" 하고 외쳤다. ……1년 남짓 함께 생활했던 닛타 씨가 여기에서 비장한 최후를 맞이

28 藤原てい(1949), 앞의 책, 179~181쪽.

하다니.[29]

(b) 마을을 나왔는데 세 대의 소가 끄는 앞서 가는 수레를 만났다. 살펴보니…… 가장 뒤쪽 수레에서 갓파 모양의 대머리 아저씨가 담배를 피우고 있었다. 나는 끓어오르는 분노를 참을 수 없었다. “나를 잘도 속였네!” 담뱃불로 자연스럽게 알게 된 대머리를 향해 수레 위에서 퍼부었다. “뭐라고? 속였다요? 건방지게. 뭐를 하든 내 마음이지.” 대머리는 피우던 담배를 멈추고 나에게 응수했다. “나만 좋으면 된단 말이지!” 나는 남자 말투로 응대했다.[30]

‘한이 맺힌 작은 돌’은 후지와라의 극심한 고생 이야기(a), 자기만 살기 위해 후지와라의 어린 차남을 산속에 내팽개친 대머리 아저씨의 에고이즘 이야기(b), 모자의 죽음 이야기(c)다.

(a) 의사는 내 발바닥을 보고는 “응” 하고 말했다. “이건 너무 심하네요. 용케도 걸을 수 있었네요.” 의사는 나를 수술대에 눕히고는 핀셋으로 살 속에 들어있는 돌을 꺼내기 시작했다. 작은 돌을 핀셋으로 잡았고, 그것을 금속 용기에 버릴 때마다 찰그랑찰그랑하는 소리가 났다. 점점 안쪽으로 핀셋이 들어가면 불에 달군 젓가락으로 찔리는 듯한 통증을 느꼈다.[31]

(b) “마사히코, 이제 울지 마라. 울면 할머니 집에 돌아갈 수 없어.” 마사히코에게 이렇게 말하면서 기어가는데 앞에서 잰걸음으로 다가오는 남자가 있었다. 이런 경우 나는 되도록 얼굴이 보이지 않도록 했다. 지나가던 남자는 “뭐야! 여편네야” 하면서 가던 길을 멈추었다. ‘여편네야’라는 말이 몹시 거슬렸기에 올려다보니 갓파 모양의 대머리였다. ……“뭐야, 도쿠시마(徳島) 씨네요. 일전

29 藤原てい(1949), 앞의 책, 217~218쪽.
30 藤原てい(1949), 앞의 책, 218~219쪽.
31 藤原てい(1949), 앞의 책, 253~254쪽.

에는 대단히 고마웠어요. 마시히로(正広)를 산속에 버려 주셔서"라고 비아냥거렸다.[32]

(c) 마사히로가 트럭에 타자, "형아" 하고 마사히코가 다가왔다. 지로도 함께 타고 있었다. "그리고 그 트럭 가장 뒤편이었어요. 길에 갓난아이를 업고 죽어 있던 아이 어머니를 발견했어요."[33]

'4천 엔을 맡다'는 돈과 관련한 법학사의 에고이즘(a)과 하카다항 상륙의 기쁨 이야기(b)다.

(a) 법학사였다. "어머님, 잠시 말씀 나눌 수 있을까요?" '또 왔구나' 하고 나는 생각했다. "'4천 엔을 맡아 주세요. 그럼 사례로 4백 엔과 부인이 국가로부터 받을 4백 엔을 합쳐 총 8백 엔을 드리지요'라는 말이지요." "야! 부인은 머리가 좋네요. 사실 그렇습니다. 같은 고향이라는 인연도 있고 하니 부탁드리고 싶습니다만."[34]

(b) "마사히로, 마사히코! 내일 상륙해요. 그리고 기차를 타고 할머니 댁으로 돌아가는 거예요." 나는 양손으로 두 아이를 껴안고 이런 이야기를 할 수 있는 기쁨에 볼이 빨갛게 될 정도로 기뻤다."[35]

'상륙일'은 일본 도착 이야기다.

일본의 땅끝은 흰색 콘크리트로 빛나고 있었다. 처음으로 밟은 일본 땅을 내 발바닥의 통증으로 느꼈다. ……우리는 여기에서 귀환(引揚)증명서를 교부

32 藤原てい(1949), 앞의 책, 255~256쪽.
33 藤原てい(1949), 앞의 책, 256쪽.
34 藤原てい(1949), 앞의 책, 288~289쪽.
35 藤原てい(1949), 앞의 책, 290쪽.

받았다. 나는 작고 별 볼 것도 없는 한 장의 종잇조각을 일 년 남짓한 고생에 대한 표창장으로 생각하며 감사히 받았다.[36]

'상륙 이틀째'는 돈과 관련한 법학도의 에고이즘 이야기다.

그 행렬을 무심코 보고 있는데 그 행렬 속의 한 남자가 홱 하니 등을 돌렸다. 그 동작이 너무나도 부자연스러워 주의하여 보니 바로 법학사였다. "앗!" 나는 법학사에 다가가 상의를 붙잡았다. "후지타(藤田) 씨! 드디어 찾았네요." 딴 곳을 보고 있던 법학사는 비로소 알아차렸다는 듯이 "아아, 부인이셨네요. 오랫동안 찾아다녔습니다"라며 천연덕스럽게 말했다. ……"기다릴 필요는 없을 것 같은데요. 제가 맡긴 돈을 돌려주세요." ……법학사는 홱 뒤를 돌더니 바스락바스락 종이 소리를 내면서 "그럼 4백 엔입니다"라고 하면서 내 손에 일본돈 1백 엔 지폐 넉 장을 건넸다.[37]

'하카타에서 스와로'는 귀환 여성에 대한 조선인의 성폭력(a)과 조국에서 느끼는 일본인의 인정미 이야기(b)에 관한 이야기다.

(a) 이토자키(糸崎)에서 날이 밝았다. 외식권으로 감자 도시락을 샀다. 아이들은 만족한 듯하다. 오카야마(岡山)에서 올라탄 사람이 배 두 개를 아이들에게 주었다. 그리고는 함구하고 있던 귀환 이야기를 꼬치꼬치 묻기 시작했다. "여자는 심한 일을 당했다면서요." 기분 나쁜 눈빛으로 캐는 듯이 내 얼굴을 쳐다봤다. 나는 이 남자가 듣고 싶은 것을 잘 알고 있었다.[38]

---

36 藤原てい(1949), 앞의 책, 292~293쪽.
37 藤原てい(1949), 앞의 책, 294~297쪽.
38 藤原てい(1949), 앞의 책, 300쪽.

(b) 나고야(名古屋)에 도착한 것은 밤 9시경이었다. 중앙선으로 환승할 때였다. 역 앞에 내리자마자 학생 몇 명에게 둘러싸였다. 그러고는 내가 들고 있던 짐을 대합실까지 들어 주었다. "어머님! 아이가 아픈 듯하네요." 의학을 전공하고 있는 학생도 있어서 사키코에게 주사를 놓아 주었다. 주사 효과로 사키코는 안색이 좋아지고 작은 소리를 내며 울었다. ……나고야에서 받은 감격은 예전에 경험했던 다른 그룹의 학생에 대한 좋지 않은 생각을 바꾸게 해주었다.[39]

'아아 드디어 부모님 품으로'는 그리운 가족과의 상봉 이야기다.

나는 건강하신 부모님과 남동생 그리고 여동생을 보자 갑자기 눈앞이 어질어질해져서 도저히 서 있을 수가 없었다. ……"이젠 됐다! 이젠 됐다!" 나는 마음속으로 이렇게 말했다. 눈앞의 것이 점점 희미해지는 것을 느꼈다.[40]

정광현은 원본을 번역하면서 방금 살펴본 것과 같은 내용을 삭제했다. 그것을 정리하면 다음 〈표 4〉와 같다.

〈표 4〉 번역 과정에서 생략된 절(소제목)과 그 내용

	절(節)	내용
제1부	다이아몬드 더스트	추운 겨울이야기
	울지 않는 아이	계모에게 미움받는 아이 이야기
	지금 그립다	모성애 이야기
	얼음 깨는 소리	모성애 이야기
	온돌방 연기	온돌방을 서로 차지하려는 일본인의 에고이즘

39 藤原てい(1949), 앞의 책, 301쪽.

40 藤原てい(1949), 앞의 책, 309~310쪽.

제2부	잇자국이 난 감자	귀환의 고난 속에서 죽어 간 남편과 귀환 중에 죽은 아이의 이야기
	청혼	중국인 야채장수가 열다섯 살 남짓한 일본 소녀에게 청혼하는 이야기
	두 아이와 한 아이	갓 태어난 아기의 죽음 이야기
제3부	갓파 모양의 대머리 아저씨	(a) 귀환 중에 죽어 간 남편 이야기
		(b) 자기만 살겠다고 후지와라를 속인 대머리 아저씨의 에고이즘 이야기
	한이 맺힌 작은 돌	(a) 후지와라의 극심한 고생 이야기
		(b) 자기만 살기 위해 후지와라의 어린 차남을 산속에 내팽개친 대머리 아저씨의 에고이즘 이야기
		(c) 모자의 죽음 이야기
	4천 엔을 맡다	(a) 돈과 관련한 법학사의 에고이즘 이야기
		(b) 하카다항 상륙의 기쁨 이야기
	상륙일	일본 도착 이야기
	상륙 이틀째	돈과 관련한 법학사의 에고이즘 이야기
	하카타에서 스와로	귀환 여성에 대한 조선인 성폭력
		조국에서 느끼는 일본인의 인정미 이야기
	아아 드디어 부모님 품으로	그리운 가족과의 상봉에 관한 이야기

앞에서 인용한 적이 있지만 김예림은 정광현이 번역하면서 삭제한 부분은 크게 두 군데라고 말한다. 하나는 '원본의 세세한 에피소드'이고, 다른 하나는 '국내시장을 염두에 두어 일본을 배경으로 하는 이야기'이다.

첫째, 김예림은 자신의 글에서 '원본의 세세한 에피소드'가 구체적으로 어떤 내용을 가리키는지 명확히 밝히지 않았다. 그래서 그 실체를 알기 어렵지만 예컨대 '다이아몬드 더스트', '울지 않는 아이'(이상 제1부)와 '청혼(제2부)은 여기에 포함될 수 있다고 생각한다. '다이아몬드 더스트'는 추운 겨울 이야기이고, '울지 않는 아이'는 계모에게 미움받는 아이 이야기이고, '청혼'은 중국인 야채장수가 일본 소녀에게 청혼하는 이야기이기 때문이다.

둘째, 김예림은 '국내시장을 염두에 두어 일본을 배경으로 하는 이야기'에 대해서도 명시하지 않아 그 내용을 알기 쉽지 않지만 예를 들면 하카다항 상륙의 기쁨 및 그리운 가족과의 재회 이야기에 관한 '4천 엔을 맡다'의 (b), '상륙일', '아아 드디어 부모님 품으로'(이상 제3부)는 여기에 들어갈 수 있다.

하지만 이와 같은 김예림의 지적, 곧 '원본의 세세한 에피소드'와 '국내시장을 염두에 두어 일본을 배경으로 하는 이야기'만으로는 번역 과정에서 빠진 부분을 충분히 설명할 수 없다고 본다. 여기에 포함되지 않은 내용이 있기 때문이다. 즉 번역본을 자세히 살펴보면 휴먼다큐멘터리, 모성애, 일본인의 에고이즘, 일본인에 대한 조선인의 애정 등 『흐르는 별은 살아 있다』의 주제를 구성하는 이야기가 삭제되어 있다는 것을 알 수 있다. '반복'되는 주제의식이 삭제되어 있다. 휴먼다큐멘터리는 후지와라의 극심한 고생 이야기가 나오는 '한이 맺힌 작은 돌'의 (a)(제3부)에, 모성애는 '지금 그립다', '얼음 깨는 소리'(이상 제1부)에, 일본인의 에고이즘은 '온돌방 연기'(제1부), '갓파 모양의 대머리 아저씨'의 (b), '한이 맺힌 작은 돌'의 (b), '4천 엔을 맡다'의 (a), '상륙 이틀째'(이상 제3부)에 각각 잘 드러나 있다. 그리고 이런 이야기가 번역본에는 삭제되었다.

삭제된 것은 '반복'되는 주제의식뿐만이 아니다. 정광현은 귀환 도중에 죽어 간 일본인 죽음, 조국에서 느끼는 일본인의 인정미, 귀환 중인 일본 여성에 대한 조선인의 성폭력에 대한 내용도 삭제했다. 귀환하는 과정에서 객사한 일본인은 '잇자국이 난 감자', '두 아이와 한 아이'(이상 제2부), '갓파 모양의 대머리 아저씨'의 (a), '한이 맺힌 작은 돌'의 (c)(이상 제3부)에, 귀환 여성에 대한 조선인의 성폭력과 조국에서 느끼는 일본인의 인정미는 '하카타에서 스와로'(제3부)에 각각 나타나 있다.

몇 번 언급했지만 김예림은 정광현이 원본을 번역하면서 '원본의 세세한 에피소드'와 '국내시장을 염두에 두어 일본을 배경으로 하는 이야기'를 삭제했다고 지적했다. 방금 살펴본 반복되는 주제의식이 나타난 내용이 삭제된 것은 넓게 보면 '원본의 세세한 에피소드'에 포함될 수도 있다. 그러나 정광현이 원본에 나오는 귀환 도중에 사망한 일본인 이야기, 귀환 중인 일본 여성에 대한 조선인의 성폭력, 조국에서 느끼는 일본인의 인정미에 관한 내용을 번역본에서 '삭제'한 부분은 김예림이 지적한 그 어느 쪽에도 포함되지 않는다. 이런 '삭제'에는 광복 후의 반일 민족주의라는 당시의 사회 분위기가 작용했다고 봐야 하지 않을까?

귀환 중에 죽은 일본인 이야기는 그것이 사실이기는 하지만 그 내용을 반복적으로 번역하기에는 껄끄러운 내용이다. 일본인이 가해자에서 피해자로 바뀌게 되어, 결국 번역본이 피해자 일본인을 묘사하는 텍스트로 전도(顚倒)될 수도 있기 때문이다. 또한 귀환 중인 일본 여성에 대한 조선인의 성폭력 관련 내용은 후지와라가 그린 조선인의 따뜻한 인정미와 배치(背馳)하여 동일 텍스트에 두기 어려운 내용이다. 그리고 귀환자가 조국인 일본에서 느끼는 일본인의 인정미를 그대로 번역하는 것도 가해자인 일본인이 따뜻한 인정을 가진 일본인으로 뒤바뀌기에 그대로 번역하기에 곤란하다. 따라서 김예림의 말대로 정광현의 번역본에 보이는 삭제에 '어떤 특별한 의도가 있어 보이지는 않는다'고 한마디로 단정하기 어렵다. 그런 부분도 있었겠지만 당시의 시대적 상황에서 의식적 혹은 무의식적인 '삭제'도 함께 이루어졌다고 보아야 한다고 생각한다.

5. 편역에 의한 텍스트의 재구성

한편 '삭제'와 달리 원본에는 보이지 않는 내용이 번역본에는 '추가'되었다는 것도 번역본에 당시의 시대적 상황이 고려되었다는 판단을 가능하게 한다. 번역본 제3부에 수록되어 있는 "'풀'자리잠"이 그것이다. 제3부에 수록되어 있는 "'풀'자리잠" 전후의 절을 제시하면 다음과 같다.

市邊里에 닿다 — '풀'자리잠 — 내를 건너다 — 再逢–三十八度線을 突破하다

그렇다면 "'풀'자리잠"은 어떤 내용일까? "'풀'자리잠"에는 북쪽 조선인 농가의 도움, 38선의 월경(越境)과 미군의 의미, 원제목인 "흐르는 별은 살아 있다"에서 '흐르는 별' 곧 유성(流星)이 무엇을 상징하고 있는가에 관한 내용이 나온다.

먼저 북쪽 조선인 농가의 도움에 대해서다.

> 시변리를 떠나던날밤에는 큰 소낙비가 나리었다. 소도 못갈정도로 퍼붓는비에 우리의 앞은 다만 암담할 뿐이었다. 할수할수 없이 달구지를 멈추고 하루밤 잘자리를 그 근처집 소오양깐으로 택하였다. 그옆 토끼장에선 흰토끼가 밤새도록 달그락달그락 소리를 낸다.[41]

위 인용문에 나와 있듯이 후지와라 가족은 시변리를 떠나는 밤에 큰 소나기를 만나게 되고, 어떤 농가의 외양간에서 하룻밤을 보내게 된다. 인용문에는 명확히 드러나 있지 않지만 그들이 외양간에서 잠잘 수 있었던 것은 조선인 농부의 배려가 있었기 때문이다.

다음으로 38선의 월경과 미군의 의미에 대해서다.

> 어린것들을 걸려서라도 三十八도선까지 가지 않으면 안되게되었다. 三十八도선을 넘으면은 미국군대가 있다. 그곳까지만 간다면 우리들은 구원을 받을수있다는 말을 듣고있다.[42]

41 정광현(1949), 앞의 책, 205쪽.

42 정광현(1949), 앞의 책, 207~208쪽.

여기에서 알 수 있는 것은 38선을 넘으면 미군을 만날 수 있고, 그러면 살 수 있다는 것이다. 그들에게 38선의 월경과 미군과의 만남은 살 수 있다는 희망을 뜻했다.

마지막으로 '흐르는 별' 곧 유성의 상징에 대해서다. 아래 인용문에서 알 수 있듯이 유성은 남편을 상징했다.

> 이제것 넘어온 고원(高原) 저-쪽으로 별똥(流星)한개가 빗겨 사라진다. 나는 저 별들을 볼때마다 지난해 가을 언덕위에서 작별한 남편을 생각하게 된다.[43]

그렇다면 번역본에 있는 "'풀'자리잠"은 정광현의 창작인가? 여기에서 주목하고 싶은 것은 번역본인 『내가 넘은 삼팔선』이 출간되기 전인 1949년 9월에 진명인이 잡지 『민성』에 번역하여 게재한 「38도선」이라는 작품이다. 이것은 후지와라 데이가 1949년 2월에 일본 잡지인 『탑(塔)』에 발표한 「삼십팔도선(三十八度線)」을 우리말로 번역한 것이다. 그런데 「38도선」에는 흥미롭게도 "'풀'자리잠"이라는 소제목이 있다.

그럼 진명인 번역본인 「38도선」의 "'풀'자리잠"과 정광현 번역본인 『내가 넘은 삼팔선』의 "'풀'자리잠"에 나오는 주요 부분을 비교해 보자. 여기에서는 바로 앞에서 살펴본 '북쪽 조선인 농가의 도움', '38선의 월경과 미군의 의미', '유성의 상징'에 대한 내용을 비교해 본다.

〈표 5〉의 진명인 번역본에 보이는 "'풀'자리잠"과 정광현 번역본에 보이는 "'풀'자리잠"을 비교해 보면 표현에 약간의 차이는 있지만 그 내용은 같다고 볼 수 있다. 따라서 후지와라 데이의 『흐르는 별은 살아 있다』에 나오지 않았던 "'풀'자리잠"이라는 내용은 정광현이 창작한 것이 아니라 진명인 번역본 「38도선」에 실렸던 "'풀'자리잠"을 참고하여 정광현이 그것을 『내가 넘은 삼

43 정광현(1949), 앞의 책, 209쪽.

〈표 5〉 진명인본 "'풀'자리잠"과 정광현본 "'풀'자리잠" 비교

'풀'자리잠[44]		'풀'자리잠[45]
북쪽 조선인 농가의 도움	시변리를 떠나던날밤에는 큰 쏘낙비가 나리었다. 소도 못갈정도로 퍼붓는비에 우리의 앞은 다만 암담할 뿐이었다. 할수 없어 달구지를 멈추고 하루밤 잠자리를 그 근처집의 소오양깐으로 택하였다.	시변리를 떠나던날밤에는 큰 소낙비가 나리었다. 소도 못갈정도로 퍼붓는비에 우리의 앞은 다만 암담할 뿐이었다. 할수 없이 달구지를 멈추고 하루밤 잘자리를 그 근처집 소오양깐으로 택하였다.
38선의 월경과 미군의 의미	어린것들을 걸려서라도 三十八도선까지 가지않어서는 안되게되었다. 三十八도선을 넘으면은 미국군대가 있다. 그곳까지만 간다면 우리들은 구원받을수있다는 말을 듣고있다.	어린것들을 걸려서라도 三十八도선까지 가지 않으면 안되게되었다. 三十八도선을 넘으면은 미국군대가 있다. 그곳까지만 간다면 우리들은 구원을 받을수있다는 말을 듣고있다.
유성의 상징	유성(流星)이 이제것 넘어온 고원(高原) 저-쪽으로 빗겨 사라진다. 나는 저 유성을 볼때마다 지난해 가을 언덕위에서 작별한 남편을 생각하게 된다.	이제것 넘어온 고원(高原) 저-쪽으로 별똥(流星)한개가 빗겨 사라진다. 나는 저 별들을 볼때마다 지난해 가을 언덕위에서 작별한 남편을 생각하게 된다.

팔선』에 추가했다고 생각할 수 있다. 정광현이 편역을 했다는 말이다.[46] 실제로 정광현은 『내가 넘은 삼팔선』의 역자 서문에 해당하는 '소개하는 말'에서

44 진명인(1949), 「38도선」, 『민성』, 65쪽.

45 정광현(1949), 앞의 책, 205~209쪽.

46 하지만 반드시 그렇다고 단정 짓기도 어렵다고 생각한다. 왜냐하면 "'풀'자리잠"이라는 소제목이 들어간 원본 『흐르는 별은 살아 있다』가 있기 때문이다. 1949년 4월에 나온 초판과 1949년 5월에 출간된 『흐르는 별은 살아 있다』에는 없었던 "'풀'자리잠(草のしとね)"이 1976년에 중앙공론사(中央公論社)에서 출간된 『흐르는 별은 살아 있다』의 제3부에는 들어 있다. 따라서 1949년 6월 이후부터 1976년 사이에 나온 『흐르는 별은 살아 있다』에 "'풀'자리잠"이 수록된 원본이 있을 수 있고, 정광현은 그것을 번역했을 수도 있다. 그렇다면 『내가 넘은 삼팔선』에 들어 있는 "'풀'자리잠"은 '편역'의 결과가 아니라는 말이 된다. 이런 추측이 가능하기 위해서는 1949년 11월 이전에 나온 원본 가운데 "'풀'자리잠"이 들어간 것이 있어야 한다. 『내가 넘은 삼팔선』이 1949년 11월에 번역되었기 때문이다. 하지만 아직까지 1949년 11월 이전에 나온 원본에 "'풀'자리잠"이 들어간 것을 찾지 못했다.

> 나는 지난여름 일본서 나온『塔』이란 잡지에서『후지와라 데이』(藤原 貞) 여사가 쓴『흐르는 별은 살아 있다』의한 토막-三十八도선을 넘는 대목을 읽었다. 가슴이 뜨끔함을 느꼈다.[47]

라고 밝히고 있다. 그는 진명인의「38도선」의 존재를 알고 있었다.

다만『탑』에 발표된「삼십팔도선」[48]과 일본어 단행본『흐르는 별을 살아 있다』는 동일한 텍스트가 아니라고 한다. 박상현 · 마네자키 도모코는 「진명인 번역본『38도선』의 저본 연구 : 저본 확정의 의미」에서「삼십팔도선」과『흐르는 별은 살아 있다』를 면밀히 분석한 후, 이 텍스트들은 주제의식은 같지만 세세한 내용 면에서는 차이를 보이는 다른 텍스트라고 지적했다.[49]

6. 나가며

지금까지 살펴보았듯이 정광현은 원본『흐르는 별은 살아 있다』를 우리말로 옮기면서 '원본의 세세한 에피소드', '국내시장을 염두에 두어 일본을 배경으로 하는 이야기'를 뺐다. 하지만 그것만이 아니었다. 그는 번역 과정에서 반복되는 주제의식, 곧 휴먼다큐멘터리, 모성애, 일본인의 에고이즘 등과 같은 이야기를 삭제했다. 또한 가해자인 일본인이 피해자로 부각될 수 있는 이야기, 귀환 여성에 대한 조선인의 성폭력 관련 이야기도 삭제했다. 한편 원본에는 없는 내용인 귀환하는 후지와라 일본인에 대한 북쪽 조선인

47 정광현(1949), 앞의 책, 2쪽.

48 A4로 4쪽 정도의 분량이다.

49 박상현 · 미네자키 도모코(2019), 앞의 논문, 147~166쪽.

농가의 도움, 38선의 월경과 미군의 의미, '흐르는 별'의 의미는 추가했다. 다시 말하면 이런 삭제와 추가로 번역본 『내가 넘은 삼팔선』은 원본 『흐르는 별은 살아 있다』의 주제를 공유하면서도 가해자인 일본인이 지나치게 피해자로 비치지 않는 텍스트로, 동시에 가해자인 일본인에게 인정을 베푸는 조선인이 부각될 수 있는 텍스트로 재구성되었다. 텍스트에 변용이 발생한 것이다. 그리고 이와 같은 재구성에 의한 텍스트의 변용에는 반일 민족주의라는 당시의 사회적 분위기가 작용했다고 생각된다.

동북아지역의 일본제국문화에 대한 인식과 수용*

조정래(趙正來, Jo Jeong-Rae)

한림대학교 중국학과 교수. 동양미학·예술사 전공.

주요 논저로는 『中國文化的樂趣』(共著 · 2009), 『東西藝術與美學』(共著 · 2007), 「宋代山水畫的發展和文人審美意識」(2011), 「中國薩埵太子本生古事壁畫的藝術形式和圖像敘事研究」(2016), 「中國古代藝術的圖像敘事和視覺文化研究」(2016) 등이 있다.

1. 서론

대중예술 연구는 근본적으로 작품을 어떻게 볼 것인가를 탐색하는 과정이며 그에 관한 서술이라 생각한다. 작품에 대해 체계적인 사고와 새로운 시각으로 접근할수록 거기에서 더 많은 것을 발견하고 읽어 낼 수 있다. 동일한 작품을 감상하고도 독자나 관객마다 다양한 반응을 보이듯, 대중예술을 연구하는 방법도 다양하며 각 연구자 나름의 논리 근거와 가치관을 주장한다. 대중예술의 연구방법론은 작품을 이해하는 이러한 여러 가지 다양한 시각과 해석이다.

본문은 일본 토목건축가인 핫타 요이치(八田與一, 1886~1942)의 삶과 관련된 연구이며, 그를 소재로 한 만화·애니메이션 작품, 즉 이시구로 노보루(石黑昇)의 애니메이션 〈팟텐라이(八田來)〉(2009)와 미야조에 이쿠오(宮添郁雄)의 만화 〈핫타 요이치(八田與一)〉(2011) 작품 속에 나타난 과거 일본 제국주의의 표상과 인식에 대해 살펴보았다. 즉 핫타 요이치를 주제로 한 만화·애니메이션에 나타난 제국의 이미지 연구이다. 핫타 요이치는 대만 우산터우댐(烏山頭水庫)과 자난(嘉南) 관개시설 건설자로, 대만 및 동아시아 수력발전계획을 세웠으며, '자난 관개수로의 아버지(嘉南大圳之父)'라는 칭호와

---

* 이 논문은 2017년도 정부(교육부)의 재원으로 한국연구재단의 지원을 받아 한림대학교 일본학연구소가 수행하는 인문한국플러스지원사업의 일환으로 이루어진 연구임(2017S1A6A3A01079517). 『만화애니메이션연구』 제57호(2019. 12. 31), 27~56쪽에 발표된 논문이며, 해당 편집위원회의 동의를 얻어 수록함을 밝힌다.

함께 천수이볜(陳水扁) 총통으로부터 대만 농업분야의 공헌을 인정받아 국가 표창도 받았다.[1] 이와 비슷한 한국의 대표사례는 조선총독부 산림과에 근무하며 산림녹화와 한국민예 연구에 공헌을 한 아사카와 다쿠미(浅川巧)가 있다.

본 연구는 핫타 요이치와 그의 삶이 현재의 대중문화에서 어떤 이미지로 표현되고, 대만과 일본인에 의해 어떻게 문화적으로 재생산되고 소비되어 왔는지를 살펴보았다.[2]

1980년대 후반까지 핫타 요이치는 사실상 대중의 담론과 기억에서 벗어나 있었다. 만화·애니메이션에 나타난 핫타 요이치의 서사적 표현은 대만 일치시대(日治時代)[3]에 대한 다양한 기억이며, 작품 속에 등장하는 시각 이미지의 분석은 근현대사에 대한 두 시각, 즉 향수 혹은 억압에 대한 고찰이고, 대중매체 속에 표현된 동아시아 근현대사의 이해와 식민지시대의 문화적 인식이라 할 수 있다. 일본 토목건축가인 핫타 요이치가 역사적으로 어떤 사람인지와는 별개로 그를 소재로 한 콘텐츠와 이미지의 생산은 대중적

---

1 그 외 타이베이 하수도공정(臺北下水道工程), 가오슝 항만계획(高雄港規劃), 타이난 상수도공정(臺南水道工程), 타오위안 관개수로공정(桃園大圳工程), 일월담 수력발전댐(日月潭水力發電水庫) 조사, 다자계곡 더지댐(大甲溪德基水庫) 조사 등 일치시대 대만 근대화의 주요 토목공정과 설계에 참여하였다.

2 선행연구와 관련 한국에서의 핫타 요이치 주제 연구는 『한림일본학』에 실린 시미즈 미사토(清水美里)의 「映像作品における八田與一表象」(2019)이 유일하며, 대부분 사학 분야에서 일본 역사교과서 문제와 관련된 내용만 다루어지고 있다. 일본제국 이미지와 관련된 연구는 『일본어문학』에 실린 김경리의 「메이지 20년대 '제국일본'의 이미지 고찰」(2009, 『일본문화연구』)에 실린 한현석의 「일제침략기 사진그림엽서로 본 천황가의 이미지와 제국주의 선전」(2018) 등이 있다.

3 중국 대륙은 대만일치시기(台灣日治時期), 대만은 일본시대(日本時代), 일치시대(日治時代), 일거시대(日據時代), 일본통치시기(日本統治時期), 일본식민통치시기(日本殖民统治时期) 등으로 표기한다. 당시에는 한자로 일본제국령 대만(日本帝國領臺灣), 일치대만(日治臺灣), 대만(臺灣) 일본어로는 일본통치시대의 대만(日本統治時代の台湾) 혹은 일거대만(日据台湾)으로 표기하였다〔楊選華(2008), 「關于日據台灣時期"皇民化運動"若幹問題的探討」, 『福建師範大學學報』 第2期, 138~142쪽〕.

소비과정을 통해 새로운 의미가 추가되었음을 보여 준다.

나아가 본 연구는 일본 제국주의 문화에 관한 연구에서 문헌학적 연구를 넘어 이미지를 활용한 새로운 연구 방법론으로 대만 대중문화의 산물로서 문학적 서사와 도상 그리고 제국주의적 시각문화의 특징에 대한 인식을 높이는 계기가 될 것이다.

2. 대만과 일본제국문화

1895년 5월 일본은 마관조약(馬關條約)을 근거로 대만을 병합하고, 6월 17일 정치를 개시하는 전례(臺灣始政典禮)를 거행한 이래, 51년간 오랜 식민 통치를 시행하였다. 통치정책의 본질은 근대화를 표방한 동화정책이었으며, 점차 황민화(皇民化) 정책을 강화하였다. 식민통치정책의 목적은 일·대융합(日臺融合), 일시동인(一視同仁)을 주장하며, 대만은 일본영토의 일부로서, 대만인을 일본의 이해관계와 함께하는 양순한 황국신민(皇國臣民)의 양성이었다. 식민행정은 총독 중심의 전제주의 체제였으며, 지방은 일반 행정사무도 병행하는 경찰제 중심의 관치주의 행정이었다.

이를 바탕으로 토지와 인구조사, 조세개혁, 은행건립과 금융제도 개혁, 전매제도 확대, 교통·운수환경 개선, 발전소 건립, 제당업 진흥정책 등을 통한 일본의 국고보조가 필요 없는 식민지 자본주의 경제체제가 이루어졌으며, 일본 자본기업 진출의 길을 열었다. 또한 '농업대만, 공업일본' 정책하에 농업연구기관과 조직을 설립하고 관개수리시설을 확대하여 대만의 녹색혁명을 주도하였다. 특히 쌀과 제당업 중심의 가공업을 발전시켜 일본 국내의 수요에 부응하였다. 하지만 1930년대 이후 일본의 침략전쟁의 군수품 생산기지와 남진을 위한 보급기지로 확장하고 일본 국내 중공업의 부담을 줄이고자 대만의 공업화가 진행되어 전형적인 반농반공(半農半工)의 사회로 변모하였다.

이러한 식민지 대만의 사회변화는 총독부 중심의 하향식 정책주도에 의해 이루어졌으며, 지배와 피지배 관계의 특수한 환경 속에서 진행되었다. 특히 식민지배 이후 대만과 대륙 간의 왕래는 엄격히 제한되었으며, 농업 중심의 경제인구가 1920년 이후 상공업 중심으로 크게 증가하면서 근대적 상공업사회로 전환되기 시작하였다. 당시 공무직이나 자유업은 일본인 위주였지만, 신장제도(紳章制度)를 활용한 대만 지식인이나 부유층의 행정과 치안조직 참여 등 상류사회 형성을 통해 식민정책의 지지와 협력을 얻었다.[4]

교육적 측면에서는 총독부의 국가주의 사조와 현대화정책 아래 교육은 대만인을 일본화하고 사회를 변화시키는 중요한 수단이었다. 하지만 일본인 · 대만인 · 원주민 등 세 시스템으로 구성되었고, 일본인의 소학교와 달리 대만인은 일본어 교육과 초급기술 교육의 공학교(公學敎) 중심 식민동화교육이었다. 동화정책 이후 일본어 사용 대만인에 한해 소학교 교육이 허가되었으며, 중학교의 증설과 농 · 공 · 상 중심의 직업교육이 실시되었다. 특히 고등 식민교육을 받은 사람과 유학한 지식인들의 생활문화는 일본과 매우 흡사했고 교육적 영향력이 컸으며, 일정 정도 근대화된 식민사회로 변모해 갔다. 예로 단발 유행, 요일 및 표준시 시행, 보건위생 및 준법질서 관념확립 등이다. 하지만 1930년대 이후 황민화 교육이 시행되고 일본어를 생활화하였으며, 창씨개명 및 일본종교인 신도교(新道敎)를 권장하였고, 『대만문예(臺灣文藝)』(1934) 중심의 황민문학과 『대만민보(臺灣民報)』 주도의 『대만신문학(臺灣新文學)』(1935)이 공존하기도 하였다. 문화예술교육은 1923년 대만 총독부 타이중사범학교(臺灣總督府臺中師範學校)를 중심으로 대부분 일본인 교사에 의해 기초적인 교육이 이루어졌으며, 미술의 경우는 디자인 위주의 도안이나 실용그림 위주였다. 당시 이시카와 긴이치로(石川欽一郎)와 시오쓰

4 張勝彦 外(1996), 『臺灣開發史』, 國立空中大學印行, 201~257쪽.

키 도호(鹽月桃甫)의 교육적 영향이 컸으며 대만 향토풍경을 즐겨 하였다. 대만인 대표작가는 천청보(陳澄波), 리스차오(李石樵) 등이 활동하였다. 관련행사로 1935년 일본의 대만지배 40주년을 기념하여 대만박람회가 개최되었고, 1938년 일본주도의 대만총독부미술전람회가 개최되었지만 대부분 일본화나 서양화풍이 주류였다.[5]

영화는 1907년 다카마쓰 도요지로(高松豐次郎)의 〈대만실황소개(臺灣實況紹介)〉 제작을 시작으로 대만 전역에 영화관이 생겨났으며, 1925년 대만영화연구회에 의해 대만의 첫 영화 〈수지과(誰之過)〉(1937년 상영)가 제작되었다. 식민시대 대표적 대만영화는 1938년 제작된 제일영화제작소(第一映畫製作所)의 〈망춘풍(望春風)〉이다. 1930년대 영화와 방송산업의 발전으로 대중가요와 음반산업도 출현하였다. 당시 처음 상업적으로 성공한 노래는 영화배경음악으로 사용된 류칭샹(劉清香)의 〈도화읍혈기(桃花泣血記)〉이다.

건축분야는 1901년 타이베이에 일본 식민의 상징인 대만신사(臺灣神社)가 지어졌고, 이후 1908년 대만횡단철도 개통을 기념하여 지어진 국립대만박물관, 1919년 타이베이성을 허물고 성 정중앙에 세운 대만총독부 청사, 이어서 1922년 타이베이공매국(臺北公賣局), 1938년 대만은행 등 유럽 고전양식의 건물이 건립되었다. 일본식 건물로는 1936년 타이난무덕전(臺南武德殿), 1938년 타오위안신사(桃園神社) 등이 있다.

3. 핫타 요이치와 만화 · 애니메이션 〈핫타 요이치〉

핫타 요이치는 이시카와현(石川縣) 가나자와시(金沢市) 출신으로, 1910년

5 歷史種子教師團隊(2018), 『歷史 · 臺灣史』, 「日本統治時期社會文化的變遷」, 信望愛文教基金會, 1~15쪽(https : //www.learnmode.net/course/25375 學習吧 官方課程).

도쿄제국대학 공학부 토목과를 졸업한 뒤 대만총독부 내무국 토목과 토목공정사(土木工程師)로 활동하였다. 그의 대표적 업적은 대만 자난 관개수로 시스템을 설계했고, 우산터우댐 건설과 자난평야 농지개량을 통해 대만 농업발전에 큰 공헌을 하였다.

자난평야는 비가 적고 일조시간이 길며 대형 관개수로가 없어 초기 농경작 대부분은 날씨 변화에 의존하였다. 특히 태풍이나 홍수 및 토질의 염분 함유 때문에 제한된 재배작물의 종류와 생산량도 타이베이나 타이중의 반에도 못 미쳤다.

이 때문에 그는 1917년 총독부에 관디엔 관개수로계획(官佃溪埤圳. 자난 관개수로의 초기 명칭)을 제출하였고, 이듬해 자난 지역 관개시설 적합성 조사를 하고 건설계획을 보고하였다. 하지만 건설규모와 비용이 타오위안 관개시설 공정에 비해 4배나 높았기에 일본 대장성(大藏省)으로부터 너무 이상적이고 조사가 부족하다는 비난과 함께 기각당했다. 하지만 1918년 일본 본토의 쌀 파동으로 정부의 태도가 변화하면서 대만 자체 예산에서 건설하는 조건으로 허가되었다. 1919년 관디엔 공공관개수로건설조합(公共埤圳官佃溪埤圳組合)을 설립하고, 핫타 요이치 주도하에 80여 명의 기술자가 현지 측량과 설계공정에 참여하였다. 1920년에 비로소 자난 관개수로 설계와 공정계획이 완성되었으며, 핫타 요이치는 그 핵심공정인 우산터우댐 건설의 책임을 담당하였다. 1920년 9월 정식으로 댐 공정을 착공하였으며, 관개수로를 정비하고 타이난, 자이(嘉義), 윈린(雲林) 지역까지 배수가 가능하게 하였다. 핫타 요이치는 1921년 관직을 사직하고 자난 관개수리시설조합(嘉南大圳水利組合) 감독과 공사 실무과장을 겸임하였으며, 거주지를 임시로 자이로 옮겼다. 1922년에는 우산터우 출장소(烏山頭出張所) 소장을 맡았고 우산터우 숙소가 완공되면서 온 가족이 이사를 왔다. 핫타 요이치는 댐 건설을 위해 외국의 댐 건설공법을 조사·연구하였으며 실제 미국, 캐나다, 멕시코 등 현지답사를 하였다. 그해 우산령(烏山嶺) 터널공사 중 가스사고로 50여

명의 사상자가 발생했다.[6] 1924년 다시 공사가 재개되면서 미국의 사력댐(rockfill dams) 전문가인 조엘 저스틴(Joel D. Justin)을 초청하여 댐 축조 가능성을 평가하였다. 하지만 당국의 반대와 안전의 이유로 안전반물다짐공법(Semi-hydraulic fill method)으로 댐을 시공하였다. 이는 당시 유일한 습식 저수댐이었으며, 미국과 독일에서 댐 건설을 위해 현대화된 대형 토목기계를 들여왔다.[7] 증기동력의 토목공정기계, 굴삭기, 양수기, 운송기관차 등을 이용하여 7년 만인 1929년 우산령을 통과하는 길이 3078m, 직경 8.5m의 대형 수로터널을 완성하였으며, 1930년 4월 당시 아시아 최대규모인 자난 관개수로 시스템을 완성하였다. 이 공정에서 134명의 일본과 대만 근로자가 순직하였는데, 핫타 요이치가 직접 비문을 작성하여 순공비(殉工碑)를 세웠다. 우산터우댐은 높이 56m, 표고 166.66m, 폭 9m, 길이 1,273m였으며, 저수면적이 13㎢, 저수량은 1억 5천만t으로 당시 아시아 최고이며, 세계 3번째 규모의 댐이었다. 관개수로 총 길이는 1만km이며 배수로는 6천km로 자난평야 15만ha의 농지에 물을 공급하였다. 이로 인해 농지가 개량되었으며, 약 60만 농민이 혜택을 받았고 매년 쌀과 사탕수수 등 생산량이 8만 3천t에 이르렀다. 불모지인 자난 땅을 댐과 크고 작은 관개수로를 건설해 비옥한 농경지로 변화시켰다.[8]

핫타 요이치는 자난 관개수로를 완성한 후, 1937년 타이베이 대만총독부 토목과 수리계 계장으로 재임되어 전국토지계량계획과 다자계곡 발전계획(大甲溪發電計畫)을 세웠으며 더지 저수지(德基水庫)를 건설하였다. 1940년

6 宮添鬱雄(2011), 『八田與一』, 南一書局, 157쪽. 사고로 인해 자난 관개수리시설 조합원 반수가 해촉되었지만 책임자 처벌은 없었으며, 1924년 공사를 재개하였다.

7 陳正美(2011), 「嘉南大圳設計者八田技師」, 『嘉南大圳與八田與一』, 臺南市政府, 410~419쪽.

8 吳文星(2000), 「八田與一對臺灣土地改良之看法」, 『臺灣師大歷史學報』 第28期, 159~170쪽. 그림은 嘉南大圳・伊達スケッチ(http://blog.mushanavi.com/mimi/?S=38605, 2019. 10. 28).

하이난(海南) 농림조사단장을 맡아 전력과 수리사업 조사를 맡기도 하였으며, 그 이듬해 일본과 한국 및 중국 동북지역 저수지 조사를 진행하였다. 그리고 토목수리 전문인력 양성을 위해 1930년 대만수리협회를 조직하고, 타이베이에 토목측량 기술원양성소(土木測量技術員養成所)를 건립하여 전문 기사를 교육하였으며, 잡지 『대만수리(臺灣水利)』를 발간하기도 하였다. 그는 대만 관개시설 건설에 수많은 발자취를 남겼지만, 태평양전쟁 중 타고 있던 배가 격침되어 비운의 죽음을 맞이하였다.

이와 같은 핫타 요이치의 삶과 업적을 2009년 이시구로 노보루가 애니메이션 〈팟텐라이〉(일본 北國新聞社와 虫製作公司 합작)를 제작하였으며, 2011년 미야조에 이쿠오는 만화 〈핫타 요이치〉(平良隆久 劇本)를 발간하였다.[9] 이 두 작품은 식민지 대만의 기억의 흔적을 실제로 재구성하고 있으며, 문학적 서사와 시각 이미지를 통해 재현하였다.

애니메이션 〈팟텐라이〉의 내용은 핫타 요이치가 농사짓기 어려운 광활한 불모지인 자난평원에 관개시설을 건설하기 위해 지역주민의 협조를 구하지만 적대시 당한다. 하지만 주인공인 톈원(添文)과 일본인 신이치(进一)는 관개수로공정의 중요성과 핫타 요이치의 사업에 대한 열정을 이해한 후, 의기투합하여 수리공정사의 꿈을 향해 나아가는 친구가 된다. 그런데 어느 날 공사현장에서 갑자기 폭발사고가 일어나면서 많은 사상자가 발생하였는데, 그중 신이치의 아버지도 있었다. 이러한 암담하고 처참한 가운데 근로자의 희생이 헛되지 않도록 핫타 요이치는 굳은 의지를 가지고 대만인과 협력하

---

9 그 외 中華電視公司에서 핫타 요이치 일대기를 다룬 연속극 〈水色嘉南〉(2006)을 제작하여 客家電視台에서 방영하였으며, 핫타 요이치 부부를 백학으로 묘사한 가무극 〈千鷺之歌〉(2011), 潘茂涼이 작곡한 〈烏山頭水庫第一讚〉(2010), 施政廷이 제작한 일러스트북 『烏山頭水庫和八田與一的故事』(2015) 등 다양한 형태로 제작되었다. 嘉南農田水利會가 제작한 핫타 요이치 조각상(1981)과 더불어 부인 핫타 도요키(八田外代樹) 조각상(2013)도 제작되었다.

여 중요한 수리공정을 끝까지 완성한다.[10]

만화 〈핫타 요이치〉의 내용은 애니메이션과 대동소이하지만, 과학기술공사의 사장 아들 쑨허룽(孫河龍)과 농가의 딸 린메이취안(林美泉)이 우산터우댐을 찾게 되는데, 관리소 고문인 천원리우(陳源流)와의 대화를 통해 토목기사 핫타 요이치의 생애와 더불어 우산터우댐 건설의 어려움을 극복하고 마침내 완성하게 되는 일련의 과정을 회상적 수법으로 소개하였다. 책의 말미에는 학습자료관을 두어 핫타 요이치와 당시 시대상황을 사진과 함께 조명하였고 우산터우댐 건설과정을 사진으로 도해하여 설명하였다. 그리고 핫타 요이치의 딸 핫타 아야코(八田綾子)의 회고록과 핫타 요이치 연표도 함께 실었다. 만화의 기획과 구성이 학습교재의 성격이 강하다.

애니메이션 〈팟텐라이〉의 배급사인 화잉엔터테인먼트(華映娛樂股份有限公司)는 역사적인 사실에 근거해 재현했으며, 정치적 의도는 크지 않고, 애니메이션에서 핫타 요이치의 정신을 선양하려 하였다고 선전하였다.[11] 또한 내용에서 핫타 요이치의 댐건설이 지배와 피지배의 관계라기보다는 국제적인 시각에서 이루어진 것이라고 하였으나, 실상은 그다지 사실에 충실한 것은 아니며, 제국주의적 식민지배에 대한 시각을 다소 희석시키는 면이 있다.[12] 어린이를 의식해 제작한 작품이고 일본 문화청과 가나자와 시가 제작 후원하고 현지 언론과 경제계 및 시민단체가 추진하였으며, 지역 출신의 가수 히토토요(一青窈)가 주제곡 〈받아들여서(受け入れて)〉를 부른 것을 보면 어느 정도 영향이 있었으리라 추측된다. 히토토요는 일본 대중가

10 이와 비슷한 내용의 한국의 사례로는 아사카와 다쿠미(浅川巧)를 소개하는 일본영화 〈백자의 사람 : 조선의 흙이 되다(道～白磁の人～)〉(2011)가 있다.

11 「台灣歷史動畫電影〈八田與一〉本週五在台上映」, 『GNN新聞』 2009. 11. 10.字(https://gnn.gamer.com.tw/detail.php?sn=40439, https://skyfilms.pixnet.net/blog/category/1414444).

12 시미즈 미사토(2018), 「식민지연구의 논점 : 인프라와 공공」, 포스트제국의 문화권력과 동아시아 강연회(2018. 12. 7).

요 가수이자 배우이지만, 부친 옌휘민(顏惠民)은 대만 일치시대 대만인이며, 모친은 핫타 요이치의 고향인 이시카와현 사람이다. 그리고 일본판 원작에서의 언어는 일본과 대만 구분 없이 공통된 일본어였으나, 대만 상영작에서는 일본인의 대화는 북경어로 더빙되어 대만인의 현지어와 구분한 점도 주목할 만하다.

만화 〈핫타 요이치〉의 대만 번역본 홍보를 위한 설명의 경우에서도, 대만에 동양 최대의 댐을 건설하고 일본 토목기술의 발전에 큰 영향을 미친 일본인 토목기사의 이야기이며, 일본인과 대만인을 구별하지 않고 노동자를 소중히 여기는 위대한 기술자 핫타 요이치의 생애와 그 업적을 그린 학습만화이다. 하타 요이치는 대만 교과서에도 등장한 가장 존경받는 일본인 중 한 명으로, 매년 위령제에 대만 총통이 참석하며, 1930년에 완공된 우산터우댐과 관개시설은 현재까지도 여전히 작동하고 있고, 현지 사람들에 의해 소중히 관리되고 있다고 소개하였다.[13] 우산터우댐이 대만과 일본 우호의 상징인 만큼 책의 출판은 당시 대만과 일본의 조어도 문제와도 무관하지 않아 보이며, 대만인이 일본인 핫타 요이치의 공적을 잘 배우기를 원하는 바람도 비쳐진다.[14·15]

만화·애니메이션의 서사 중심인 핫타 요이치의 댐 건설은 대만에 곡창지대와 풍부한 수자원을 제공했으며, 대량의 쌀과 사탕수수 생산이 가능하게 하였다. 당시 인도네시아가 사탕수수 생산의 압도적 지위를 생각한다면,

---

13 みやぞえ郁雄 まんが・平良隆久 シナリオ・許光輝 監修(2011), 『小学館版学習まんが・八田與一』, 小學館(https://www.shogakukan.co.jp/books/09227151, http://www.twsgk.com.tw/service_hatta_yoichi.html).

14 「八田與一を描いた漫画が日台で発売」, 日本李登輝友の会 台北事務所(2011. 6. 29)(https : //twoffice.exblog.jp/15921189/).

15 Hirsch, Max(2009. 11. 19), "When Taiwan-Japan Relations Run Afoul, There's Always Hatta Yoichi," Kyodo News(https://www.japantimes.co.jp/news/2009/11/19/national/when-taiwan-japan-relations-run-afoul-theres-always-hatta-yoichi/#.Xab3LeR7k6Y).

두 작물은 일본에서만 소비될 수밖에 없기에 일본을 위한 댐 건설이라 평가가 지배적이며, 핫타 요이치의 공헌과 함께 댐 건설 목적이 일본의 침략전쟁을 위한 군량미 생산과 대만의 식민지화라는 비판이 있다.[16]

이와 관련하여 2017년 우산터우댐 부근에 놓인 핫타 요이치의 동상 머리 부분이 훼손되기도 하였다.[17] 하지만 자난 관개수로와 댐은 식민지시대 대만 근대화의 상징으로서, 전후 대만의 부흥과 근대화의 측면도 간과할 수는 없다. 일본의 침략과 식민지배는 사실이지만 과거의 일을 적대시하거나 원한을 가질 필요는 없으며, 역사적 사실로 기억한다면 충분하다. 당시의 목적이 대만인을 위한 건설이 아니었더라도 현대인이 그 자원을 누리면 그걸로 충분하다는 의견도 있다.[18] 기본적으로 대만인의 인식은 정치적 시각과 거리를 두며, 식민통치 아래 대만 근대화의 기초를 다진 것은 객관적인 사실로 인정하면서도 그 기간이 피눈물의 역사임을 기억하려는 경향이 있다. 사실 매년 열리는 핫타 요이치 추도회와 강연회 등 일본 식민시대를 그리워하며 우산터우를 기억하려는 대만인도 적지 않다.[19]

심지어 대만 총통 마잉주(馬英九)는 〈팟텐라이〉 특별상영회에 참석하여 핫타 요이치의 지난 업적을 찬양하기도 하였다.[20] 이와 비슷한 소재의 작품으로, 1931년 일치시대를 배경으로 제작된 대만영화 〈KANO〉(2014)는 한

16 王敏(2017. 5. 8),「八田与一追思会前发生推挤冲突群众痛斥台当局媚日」,『环球网』(https://taiwan.huanqiu.com/article/9CaKrnK2yCZ).

17 鄭仲嵐(2017. 4. 17),「台水庫技師銅像遭砍頭仇日仇中對抗延續?」, BBC中文(https://www.bbc.com/zhongwen/trad/chinese-news-39624977).

18 任孤行(2012. 8. 28),「達人專欄：嘉南大圳之父, 電影動畫八田與一」,『巴哈姆特電玩資訊』(https://home.gamer.com.tw/creationDetail.php?sn=1720204).

19 八田網 http://seed.agron.ntu.edu.tw/hatta/；李文生(2019. 5. 9),「感念八田與一水利建設造福民眾　嘉南農田水利會辦追思會」,『臺灣好新聞』(http://www.taiwanhot.net/?p=706493).

20 楊思瑞(2009. 11. 4),「紀念嘉南大圳之父馬英九盛讚貢獻」,『大紀元』(http://www.epochtimes.com/b5/9/11/4/n2711868.htm).

인 · 원주민 · 일본인으로 구성된 대만 자이농림학교(嘉義農林學校) 야구대표팀의 고시엔(甲子園)대회 출전 이야기이다.[21] 당시 일본인을 주축으로 한 야구팀은 제국문화의 상징인 고시엔 대회에서 준우승하였다. 장소가 대만 지아이임에도 영화 대사 대부분 일본어로 진행되며, 같은 시기 반일감정의 한국영화와는 달리 일본인과의 관계를 상당히 친근하게 묘사하였다. 영화 가운데에도 핫타 요이치가 등장하며 자이 관개수로 공정의 업적을 신화적으로 찬양한다. 특히 〈KANO〉 극작가 웨이더성(魏德聖)은 1931년이 대만이 가장 아름다웠던 시기이며, 일본이 중국에 진출한 가장 위대한 이유는 야만과 하등한 지나인을 구제하고 진보된 삶을 주기 위함이라고 언급하였다.[22] 이는 대만인의 지역정서와 더불어 일치시대 이후 국민당 정부의 정치적 영향[23]

21 한국의 경우 1916년 중앙기독교청년회(WMCA)야구단이 처음 고시엔대회 출전을 원하였지만 조선총독부의 거부로 무산되었으며, 1923년에 비로소 휘문고 야구단이 본선에 참가하였다. 당시 상대는 만주 다롄상업학교(大連商業學校)였다. 대만의 경우 타이베이 중심의 북부지방은 대만인들의 야구 참여를 제한했던 반면, 상대적으로 농업 중심의 빈곤한 남부지방에서는 야구 참여를 허가하였다. 1923년 7월 31일자 『오사카 아사히신문』 조선판에서는 휘문의 조선지부 예선 우승에 대해 "조선인 학교가 우승하고 국내 동서 각지의 우승 학교와 쟁패전에 참가하는 것은 조선(통치)문제를 윗선에서 보기에도 의미 있는 일이다", "(일본과 조선)화합의 윗선에서 바라본, 휘문이 나루오 구장의 본 무대에서 사투하는 일은 이례적으로 받아들여진다"라고 하였는데, 당시 대만 자이농림학교 야구대표팀의 고시엔 준우승은 매우 큰 사건이었다. 이는 일본제국의 우월주의와 전략적 식민지배와 관련이 있어 보인다〔최문규(2018. 9. 5), 「휘문, 대만 다롄상업과 고시엔서 첫 대결, 그 결과는?」, 뉴스톱(http://www.newstof.com/news/articleView.html?idxno=918) ; 謝岱穎(2018. 8. 21), 「傳奇片 : 農校橫掃甲子園 金足農重現87年前KANO奇蹟」, 『蘋果日報』(https://tw.video.appledaily.com/hot/20180821/1414668/)〕.

22 林金源(2014. 2. 12), 「時論 : KANO腐蝕台灣主體性」, 『中時電子報』(https://www.chinatimes.com/newspapers/20140212000501-260109?chdtv). 〈KANO〉는 1944년 清水宏 감독 李香蘭 주연의 영화 〈사욘의 종(サヨンの鐘)〉에 비유되기도 하며, 2015년 일본에서도 상영되었다(https://newtalk.tw/news/view/2014-02-27/44810).

23 蔡錦堂(2007), 「跨越日本與國民黨統治年代的臺灣人之日本觀」, 『臺灣文獻』, 8~11쪽.

과도 관련이 있어 보인다.

4. 일본제국의 시각 표상과 기억 : 향수와 억압

본문은 일치시대의 대표적 인물인 핫타 요이치의 매체적 표현에 나타난 일본인의 제국적 이미지와 기억에 대한 표상적 부호를 통한 그들의 인식을 살펴보려 하였다. 제국이미지의 표상적 부호의 전달방식과 운용 및 표현유형을 기호학 이론 특히 찰스 모리스(Charles William Morris)의 부호의 의미적 생성이론을 빌려 전개하였다.

먼저 직접 대상을 지시(connotation)하는 기호(sign)와 간접적으로 지시하면서 그 의미는 직접적으로 지시(denotation)하는 상징(symbol)과 구별되어야 한다. 그림과 사진과 같은 감성적 이미지도 일종의 상징으로서, 그것을 구성하는 각 감성요소 사이에서 일정한 관계를 형성하며 이 관계구조에 의해 대상을 재현한다. 그러므로 본문에서 제시된 만화·애니메이션은 작가가 대중과 감성적으로 관계된 커뮤니케이션 수단이며 의미를 담은 상징체계로 기호적 작용이 존재하는 예술형식이다.

예컨대 작품에 나타난 형상이 어떻게 기호화되고 시각적 표상으로 생성되는지를 살펴볼 필요가 있다. 작품의 기호화와 표상화 과정은 기호 매체, 감상자, 지시 대상의 일련의 상호관계 가운데 형성된다. 즉 물리적인 작품의 내용이 매개하는 직접적 지시 형상은 대중의 작품 감상 행위를 통해 해석되고 기호화되어 수용된다. 해석된 시각적 도상은 기호적 가치특성을 내포한 미적 대상으로 인식되어, 보편화적 수용 과정을 통해 의미적 표상으로 재생성된다. 이는 작품 속에서 보인 이미지는 감상자와의 소통 가운데 선택되고 이해되어 의미적 매개수단으로 작용하기에 미적 가치의 속성을 지닌 그 본연의 존재적 의미를 가진다. 그러므로 작품 속에 작가가 제시한 미적 가치의 속성을 내포한 이미지의 지시적 의미는 중요하며 표상화된 형상에서 그 의미적 해석을 읽어 내는 것은 매우 중요하다.[24] 이는 작품이 이미지의 특성을 지닌 미적 기호로서 가치를 내재하고 있다는 의미이다.

1895년 일본이 대만을 점령한 이후, 정치적 · 사회적인 변화와 더불어 외래의 자극은 대만의 식민지 생활방식과 사회환경의 변모와 더불어 특수한 문화적 양식을 만들어 낸다. 당시를 묘사한 예술작품에서 나타난 이미지의 내재적 특수성은 일본제국과 관련된 식민지 대만의 시각적 표상이다. 지배자의 시선에서는 대만의 과거는 전근대적이며, 현재는 선진문화를 수용하여 봉건적인 면을 극복해야 하고, 미래는 일본과 동일한 근대화된 사회적 · 경제적 · 문화적 환경을 추구해야 했다. 따라서 일본지배 이전 시기의 대만의 부정적인 측면을 강조하는 동시에 식민지 대만의 발전적 비전을 이미지와 함께 보여 주어야 했다.

핫타 요이치 이야기의 배경이 되는 시기는 일본이 동화정책을 시행한 중기단계(1918~1937)와 황민화정책을 시행한 말기단계(1937~1945)에 걸쳐 있다. 특히 우산터우댐 건설과 관련된 중기단계는 문관 총독이 내지연장주의 정책을 시행했으며, 대만인에게 일본 식민지 국민으로서 전통적 일본정신을 강요했던 시기이다. 더불어 일본 식민정치의 성과를 선양하기 위해 다양한 문화정책이 시행되어, 동화정책 아래 유입된 일본문화는 선진과 과학이라는 기치 아래 주류문화로 성장하였다. 이는 핫타 요이치 작품 속에서 등장한 이미지의 형상에서도 반추해 볼 수 있다. 기호적 의미 혹은 상징적 의미의 도상적 시각에서 외연과 내연의 제국적 이미지의 표현방식에 대해 살펴보면 다음과 같다.

24 조창연 · 이주영(2016), 『기호학과 미학』, 커뮤니케이션북스, 63~74쪽.

1) 제국 이미지의 외연

제국 이미지의 외연(denotative)은 몇 가지 요소에서 발견된다. 첫째, 식민지 대만의 농촌 특색인 농업생산과 관련된 생활방식이나 환경 즉 우마차, 수레, 물소, 돼지 등 가축과 메마른 농토, 만두와 죽의 소재는 일본의 식민지 농업경영의 성과 선양의 비교 대상으로 등장한다. 둘째, 식민지 대만의 자연환경 특색인 열대 지역의 식물과 광선 및 색채 등의 부호를 통해 남국의 정취를 전달하며, 야자수, 사탕수수, 바나나, 수박, 홍차, 말라리아 등의 이미지로 표현된다. 셋째, 식민지 대만의 전통 생활양식과 민족정취는 얼후(二胡), 전통 민요, 민남식 가옥, 도우화(豆花), 화조주(花雕酒), 장례와 상여, 인형극의 이미지로 표현된다. 넷째, 식민통치 대만의 정치 및 지리 특색은 당시 건축양식을 통해 표현되며, 제국 이미지의 범위나 개체들 즉 당시 특수한 건물의 지시적 재현이다. 식민통치기구인 대만총독부 건물은 일본제국 통치의 상징이며, 대만신사는 일본 천황과 식민통치의 정신적 상징으로 대만은 일본영토의 최남단이고 제국의 남진을 의미한다. 즉 사면이 바다인 대만열도와 전원풍광은 일본 국토의 최남인 지리적 위치를 은연중에 나타내며 영토임을 상징한다. 다섯째, 포장된 넓은 도로와 전깃줄로 엮인 도시풍경은 식민통치 대만의 도시화와 근대화를 의미하며, 중대한 토목공사와 건설 등의 이미지는 일본의 식민지 지배의 성과를 상징한다. 이는 측량기, 굴착기, 증기 운송차 등 토목기계와 자동차, 기차, 비행기, 대형선박, 발전소 등을 통해 강조된다. 일본에서 전해진 물건이나 문화를 통해 근대화된 생활양식을 반영하기도 하는데 전화기, 전기, 중절모, 교복, 양복, 소파, 야구, 하모니카, 퀴닌(quinine) 등이 대표적 이미지이다.

이는 일본제국의 식민지정책의 선도, 통치권력과 업적선양, 식민지로서 지위를 공고히 하는 부호적 성격이 강하며, 특히 애니메이션 〈팟텐라이〉에서 대만의 낙후된 자난은 곤경과 비문명의 공간으로 암시되지만, 일본 가나

자와의 추억과 대비시켜 일본을 행복, 낙원의 도시로 상징화하고 있다. 일본인의 마음의 고향이라 할 수 있는 일본 동요 〈고추잠자리(赤とんぼ)〉(1921)가 배경음악으로 사용되었고, 얼후 연주의 대만 민요 〈우야화(雨夜花)〉는 일치시대 1934년 유행한 대중적 노래이지만,[25] 1938년 일본인에 의해 성전(聖戰)을 위한 군대 행진곡 〈영예의 군부(譽れの軍夫)〉로 개작되어[26] 대만인의 전쟁 참여를 독려하였다. 일본인들도 〈우야화〉 노래를 좋아하였는데 1942년 일본곡 〈비 내리는 밤의 꽃(雨の夜の花)〉로 번역되어[27] 그들의 비애적 문학 정서를 담기도 하였다. 이런 연유로 국민당 정부에 의해 금지곡으로 선정되기도 하였으나, 1981년 덩리쥔(鄧麗君)에 의해 다시 불렀다.

2) 제국 이미지의 내연

대만 식민통치시대를 배경으로 등장하는 시각이미지는 그 시대의 특수한 사회적 환경이나 제국의 시대적 정황을 반영한다. 비록 대부분이 평범한 대만의 자연 색채나 풍경 이미지이지만 여기에서 어렵지 않게 내연적 의미(connotative)를 읽어 낼 수 있다. 일본과 다른 대만의 산물과 환경, 문화와 생활의 특수성은 식민통치 권력의 여러 부호적 의미를 만들어 낸다. 식민통치의 농업생산 위주의 대만의 사회적 환경을 강조함으로써 '농업대만', '공업일본'이라는 대비적 이념과 식민지 대만의 농업경영의 정책적 우수성과 성과를 전달하는 시각화의 일면이다. 그러한 대만 특유의 자연지리와 인문 환경의 시각적 부호는 당시 대만 식민정책의 주도와 개발의 성과 선양이라는 매개로서 정치적 목적을 내재시키기도 한다. 나아가 식민지로서의 대만

25 雨夜花, 雨夜花, 受風雨吹落地, 無人看見, 每日怨慼, 花謝落塗不再回.

26 紅色彩帶, 榮譽軍夫, 多麼興奮, 日本男兒.

27 花在下著雨的夜裡綻放著, 被風吹著, 一片片掉落下來, 白色花瓣, 被浸溼成雨滴, 任憑風吹, 一片片掉落下來.

이라는 형상을 확실히 하고 일본의 대만 식민지배를 현실화하려 함이다.[28]

특히 일본 국토의 일부로서 식민지 대만이라는 제국적 이미지의 내연은 건축물을 통해 잘 드러난다. 이는 제국이미지 개념의 형식적 표현을 이루는 내재적 내용, 즉 건물에 담겨진 제국성의 상징적 이해이다. 대만 총독부 건물은 그 대표적 상징으로, 당시 고전적인 건축 디자인 설계는 20세기 재료와 기술의 발전과는 무관하게 유리보다는 영구성이 강한 석재를 선호하였다. 유리가 약한 재질이라는 인식도 있지만, 그 투명성은 전체주의적 정치와 함께 격리 혹은 은둔적 경향과 맞지 않았다. 총독부 건물의 창은 도로에서 높은 곳에 설치하거나 회랑을 두어 직접 내부를 볼 수 없게 시선적 차단거리를 두어 설계하였으며, 또한 곡선보다는 사각형의 각진 형태와 대칭형 구조로 무게감을 더하여 엄중한 위엄성을 강조하였다. 애니메이션 이미지에서도 대만총독부 건물 주위로 높은 붉은 담장을 쌓아 시각적인 위압감과 함께 일반인의 접근을 차단하고 있다. 대만은 일본제국이 19세기 유럽으로부터 배운 식민지 정책과 건축 설계의 실험장 같은 공간이었지만, 새로 출현한 단순하고 개방적인 모던 양식은 그들의 이념과 혹은 그들을 드러내는 개방적 양식과 상충되었다고 보인다. 그리고 당시 가장 인기 있었던 붉은색의 훈련용 비행기 제니JN-4와 교육용 모형항공기 및 많은 건설기계와 장비가 등장하는데, 1930년대 항공보국(航空報國)을 외치며 비행기 헌납운동과 국민학교부터 항공교육을 실시한 사실을 연상시킨다. 대만은 전쟁준비를 위한 중요한 항공교육 및 훈련기지였으며, 실제로 항공교육을 위해 핀둥(屛東) 육군비행장을 외부에 개방하였다.[29] 이는 대만이 전쟁을 위한 일본국 최남단의 군수물자 전략 지역임을 의미한다.

---

28 姚村雄(2008), 「日治時期美術設計的'台灣圖像'符號分析」, 『設計學報』 第1卷, 72~77쪽.

29 曾令毅(2007), 「日治時期臺灣的學生航空教育」, 『臺灣文獻』 第58卷 第3期, 49~54쪽.

3) 제국 이미지의 재생산

통치자의 특수한 식민지 환경을 활용한 이미지 부호의 운용은 동시공존, 상호영향을 통해 정책의 선전, 정부산업의 촉진, 식민통치의 성과 찬양 및 피지배자의 교화와 계몽의 매개적 도구로 활용되기도 하였다. 대만 농작물과 전통건축을 일본의 현대화된 중공업과 생산시설을 시각적으로 대비시켜 일본통치의 높은 권위와 기세를 암묵 중에 드러내며, 제국주의 세력의 확장과 침략의 웅대한 기상을 선전하려는 정치적 의미가 강하다. 일본인의 시각에서 대만은 또 다른 타자로서 이미지를 형상화하려 했으며 그들은 식민지를 문명화 혹은 일본화해야 하는 의무자로서 대만인의 정서와 문화를 이해하려 하였다. 이러한 가운데 일본과 대만 문화 간의 심리적인 거리가 있음을 발견되며 그러한 타자의 형상이 여러 부호로 상징화되었으리라 본다. 타자의 시선으로 텍스트화된 이미지는 자신을 재규정하는 과정이지만, 공동체 구성원인 대만인은 단일의 식민환경으로 인식하여 일본 국민으로 거듭나야 하는 의무가 수반되었다.

이는 고스란히 핫타 요이치 소재의 만화·애니메이션에서도 나타난다. 즉 현대 일본인의 식민지 대만에 대한 기억과 제국주의적 동경이 작품 속에 내재되어 향수와 억압의 상호 범주 속에 타자화되어 상징적 이미지로 재현되었다. 예를 들면 애니메이션에서의 토목건축사업으로서 우산터우댐과 여러 건축물, 항공, 철도, 항만, 도로 등의 시각 이미지는 사라져 버린 제국의 위대함과 친근함의 표상이며 일본인에 의한 향수적 시각이라면 피지배인의 시각에서 식민지시대에 대한 삶의 체험방식과 서사는 근현대문화사의 억압적 측면이라 할 수 있다. 사실 현대 일본애니메이션 가운데 〈팟텐라이〉처럼 대만을 묘사한 경우는 거의 없으며 일본 만화가가 그려 낸 대만의 이미지는 이국적 낭만과는 거리가 있다. 구베 로쿠로(久部緑郎)가 그린 『라면요리왕(ラーメン発見伝)』(1999) 4권의 일본과 대만 면(麵) 승부 편에 등장하는 대만

이미지는 중국 대륙식의 궁궐과 당풍(唐風)의 복식 및 부채를 들고 치파오(旗袍. 만주족 의상)를 입은 여인으로 표현되었다. 다카하시 쓰토무(高橋ツトム)의 만화 〈지뢰진(地雷震)〉(1992)에 표현된 대만 이미지도 대륙의 궁전식 묘당으로 표현되었다. 그 외 바바 다미오(馬場民雄)의 『무지개 라면(虹色ラーメン)』(2004) 16권에 등장하는 인스턴트 라면의 아버지인 안도 기요후쿠(安藤清福)는 원래 대만 자이 사람으로 본명은 우바이푸(吳百福)이다.

여기에서 살펴보면 일치시대 일본인의 시각에서 그려진 대만은 이국적 풍경으로서 대만이나 근대화된 일본 식민지의 이미지이지만, 전후 일본인이 바라본 대만은 오히려 전형적인 중국 대륙의 이미지이다. 이는 대상자의 연령과 시대 경험의 차이가 있지만, 전후 일본사회의 정치적 분위기와도 관련이 있어 보이며, 침략자로서 대만을 식민화한 역사적 기억을 지우고 싶은 마음이 공존하였으리라 본다. 또한 이후 대만 장제스(蔣介石) 정부의 일본에 대한 소외정책으로 시행된 일련의 학교 내 일본어 사용 금지, 출판물 및 영상 등 일본문화 금지, 일본 관광객 금지 등과도 관련이 있다.[30] 그 기억은 제국주의에 대한 향수적 회귀를 의미할 수도 있지만, 현대화와 시민의식의 자각에 따른 억압된 역사에 대한 정신적 충격일지도 모른다.

5. 결론

시각적 표현은 어떤 경우이든 소통 가능한 것만의 전달이 아니라 동시에 소통 불가능한 것의 상징이기도 하다. 그러므로 대상의 표의를 정확하게 전달 못하고 상징적 언어로 모호하게 이해되기도 한다.

근대화과정에서 자기정체성에 깊은 상처를 입고 공식적인 삶과 개인의

30 이 정책은 1990년대 리덩후이(李登輝) 정부 이후 완화되었다.

삶 사이에 깊은 단절을 겪었던 대만인들에게 국가(제국)가 행하여 온 정치와 문화적 활동은 개인의 의식 속에 수용화되지 못한 혹은 인정하기 싫은 또 다른 자아를 인식하게 되는 계기이거나 혹은 합리적인 주체보다 사회적 타자에게 기대는 요인일 수도 있다. 개인의 자각을 통해 문화적 주체로서 제국시대의 현실을 객관화한다는 것은 그들의 삶과 의식을 전면적인 변화를 주도하는 것이며 변화는 새로운 시작을 의미하지만, 이는 쉽지 않기에 시각적 상징이나 은유로 표현되기도 한다.

동일 주제의 핫타 요이치 이야기는 서로 다른 매체적 시각 경험을 가지고 식민지 대만에 대한 기억의 흔적을 재구성한 것이다. 물론 서사적 구성과 역사적 사실의 재현 사이에 거리감은 존재하지만, 제국과 식민지에 대한 일본인의 타자화 과정 속에 나타난 무의식의 기억으로서의 시각적 이미지의 현현은 많은 의미를 내포한다. 물론 애니메이션이나 만화 속에 등장하는 대만 자난댐의 아름다운 경관은 식민지시대 제국의 위대함과 따사로운 자애의 흔적을 보여 줌으로써, 그 이미지 너머 억압된 식민지의 근대화와 대만인의 상흔과 치유에 대한 담론의 기회마저 묻혀 버리고 만다. 이는 대만인의 문화적 정체성을 팰림프세스트(palimpsest) 속의 원문처럼 여러 층으로 중첩된 기억과 시간이 무의식의 이면에 내재되어 있으면서도 같은 시대에 공존하는 대만인들과 지각적 혹은 공간적 거리를 두어 철저히 기억 속에서 지우려는 일종의 억압일지도 모른다.

또한 작품의 시각 이미지와 함께 서사적 전개에서 과거를 이해하는 방식을 통해 제국과 로컬 사이의 복합적인 상호관계에 대해 살펴보며, 제국시대 압도적인 일본의 문화역량 앞에 로컬 대만인들은 어떻게 그들과 마주하였는지 혹은 그들의 식민지에 대한 기억의 보존과 표상에 대해 살펴보는 매우 흥미로운 일이다. 이는 어느 정도 대만인으로서 가진 비애적인 제국시대에 각인된 상흔의 발현이다. 이는 다양하고 복잡한 형태로 나타난다. 일치시대 이후 대만인은 국가와 혈연중심의 민족적 공동체 인식이 일치하지 않았다.

즉 대만인은 일본과 하나의 국가라는 현실을 인식하며, 일본국 국민으로서 존재했지만 그들의 마음속에는 문화적으로 한민족(漢民族)이라는 상상의 공동체적 개념요소가 자리하고 있었다. 실제 중화민국의 국민정부는 대만을 일본의 영토로 인정했으며, 타이베이에 총영사관을 설치하였다. 또한 대만 전통문화의 계승을 중요하게 생각했지만, 대만의 미래적 발전을 위해 일부 지식인들은 일본 식민통치를 반대하지 않았으며, 서방 근대문명의 내재적 가치를 언급하기도 하였다. 즉 이성적인 근대화 실천과 감성적인 민족정서의 투영이란 서로 분리된 것은 아니었다.

일치시대의 상징적 이미지로서 식민지 풍경과 연계된 철도건설, 수리건설, 서구문물의 등장 그리고 황민화 교육을 통해 제국의 통치행위나 의도를 표현하기도 한다. 이는 대만인에게 근대화된 제국의 도시와 몽롱한 자연풍경의 아름다움을 통해 식민화의 정당성을 강요한다. 이는 아이러니하게도 애니메이션 〈팟텐라이〉의 마지막 장면인 대만 남도의 아름다운 저수지 풍경을 부감적 시각에서 파노라마 기법으로 표현한 것은 과연 우연의 일치였을까. 이는 관찰자의 시점을 빌려 재현한 제국이 추구했던 이상적인 식민지의 한 경관이다. 작품 속에 표현된 대만 국토 이미지는 대상 지역에 관한 자연 풍경뿐만 아니라 정체성과 관련된 가치를 드러내는 심상적 지리 공간(imagined geographical space)을 만들고자 하는 작가의 의도가 보인다. 이와 같이, 과거와 현재의 낯선 경계를 허무는 방식은 이 이미지와 연계된 미적 상상력을 통한 감정이입을 통해 이루어지며, 아직 그들의 관념 속에 존재하는 미완의 과제인지도 모른다.

일본제국의 회색지대에서

무라야마 도모요시의 다양한 〈춘향전〉 각색

성은영(成恩暎, Seong Eun Young)

윌리엄스대학(Williams College) 초빙 조교수. 재일코리안 역사 및 문화, 동아시아 언어문학 전공.

식민지 시기 이후 재일코리안을 중심으로 이루어진 문화 교류에 관심을 갖고 연구를 하고 있다. 주요 논문으로 「終戦直後における在日朝鮮人の文化活動：在日本朝鮮人連盟によるオペラ『春香』の企画を中心に」(2010) 등이 있다.

1. 서론

무라야마 도모요시(村山知義, 1901~1977)는 일본 프롤레타리아 연극운동의 주요 인물로, 1920년대부터 극작가, 연출가, 예술가, 소설가로 폭넓은 예술작품에 참여했다. 무라야마는 1920년대에 조선 문화에 관심을 갖게 된 이후 조선과 관련된 문화 제작에 참여했으며, 그중에서도 특히 조선의 대표적인 고전 〈춘향전〉을 연극, 오페라, 무용극, 영화 등 다양한 버전으로 제작을 시도했다. 이 글에서는 일제 식민통치 시기에 이루어진 다양한 〈춘향전〉 연출에 대한 무라야마의 전략을 살펴보고자 한다. 식민 통치 시기에 다양한 버전의 〈춘향전〉을 제작하려는 그의 지속적인 시도는 조선인과 일본인 사이의 경계선에서의 소통을 조명한다.

당시 일본은 제국주의 전개를 위해 공산주의 운동가들을 통제하고 억압하려 했다. 무라야마를 포함한 일본 프롤레타리아 운동가들은 타협과 저항 중 하나를 선택해야 했다. 여기서 타협은 정부당국에 협력하는 것을 의미한다. 다양한 버전의 〈춘향전〉을 제작한 무라야마의 다각적인 전략은 일본제국의 회색지대 내에서 식민지배국 국민이자 억압받는 좌파운동가라는 양면적인 그의 위치를 반영한다.

무라야마와 조선의 관계에 대한 이전의 연구들은 식민지 시대에 조선 문화에 대한 작품을 제작하는 그의 의도를 긍정적으로 평가하거나 아니면 부정적으로 평가하는 이분법적 경향을 보인다. 이준식은 무라야마가 조선문화와 관련된 작품을 제작하는 것은 "그가 조선인에 대한 애정"을 갖고 있기 때문이라고 주장한다.[1] 또한 국경을 초월한 무라야마의 조선 민족문화에 대한 이해는 우리에게 "조선문화와 일본문화 사이의 진정한 연대를 확립하는 방법"을 가르쳐 준다고 주장한다."[2] 하야시 고지도 또한 식민지 시대에 "무라야마는 조선문화와 문학에 관심이 있었으며, 조선인들에 대해 깊이 공감하고 있었다"고 주장한다.[3] 이에 반해 문경연은 식민지 시대 무라야마와 조선 지식인 간에 이루어진 여러 좌담회를 살펴보고 제국과 식민지 사이의 분열로 인해 제국과 식민지 국민 사이에 소통은 불가능하다고 강조한다.[4] 이러한 이전의 연구들은 대부분 일본 신협극단이 1938년 제작한 연극 〈춘향전〉을 분석한 것이다.[5] 그러나 무라야마는 신협극단의 〈춘향전〉을 연출했을 뿐만 아니라 식민지 시대와 그 이후에 〈춘향전〉을 소설, 무용극, 오페라로도 제작했다.[6] 따라서 조선문화 제작에 대한 그의 참여를 평가하기 위해서는 식민지 시대 작품뿐만 아니라 해방 이후 작품에 대해서도 탐구해 볼 필요가 있다.

〈춘향전〉에 대해 여러 버전의 작품을 제작하려는 무라야마의 엄청난 노

---

1 이준식(2009), 「무라야마 도모요시의 진보적 연극운동과 조선문화 사랑」, 『역사비평』 第88호, 280~302쪽.

2 이준식(2009), 앞의 논문, 300~301쪽.

3 林浩治(1997), 「村山知義と朝鮮」, 『戦後非日文学論』, 新幹社, 117쪽.

4 문경연(2010), 「1930년대 말〔신협〕의 〈춘향전〉 공연 관련 좌담회 연구」, 『우리어문연구』 제36호, 471~504쪽.

5 이러한 이전 연구들 이외에도, 白川豊의 「張赫宙作戯曲〈春香伝〉とその上演(1938年)」과 도노무라 마사루(外村大)의 「朝鮮民族にとっての一九三八年・新協劇団『春香伝』」 또한 신협의 〈춘향전〉 제작에서의 무라야마의 역할을 고찰한다〔白川豊(1995), 「張赫宙作戯曲〈春香伝〉とその上演(1938年)」, 『植民地期朝鮮の作家と日本』, 大学教育出版 ; 外村大(2018), 「朝鮮民族にとっての一九三八年・新協劇団『春香伝』」, 『在日朝鮮人史研究』, 29~48쪽〕.

6 梁仁實은 무라야마 도모요시의 〈춘향전〉 영화 제작과정을 고찰한다〔梁仁實(2013), 「1930年代日本帝国内における文化「交流」: 映画『春香伝』の受容を中心に」, 『立命館言語文化研究』 第24巻 第2号, 55~72쪽〕.

력은 조선인들과 일본제국 양측 모두와의 모순된 협업을 통해 이루어졌다. 새뮤얼 페리는 연구서에서 식민지 조선인의 삶을 묘사하려는 일본 공산주의 작가들의 한계를 보여 준다.[7] 페리는 그들의 작품이 일본제국의 지배적인 문화적 형태와 필연적으로 연결될 수밖에 없는 한계가 있음에도 불구하고, 일본 공산주의 작가들은 국경을 넘어 조선인의 경험까지 포함하여 계급 분석을 확대하는 가능성에 기여했다고 주장한다. 페리의 통찰력은 일본 식민지배 시기의 회색지대에서 무라야마의 활동을 이해하는 데 도움이 된다. 1930년대 후반 무라야마 도모요시의 〈춘향전〉 연극은 전쟁동원을 위해 조선인들을 동화시키려는 일본정부를 지원하는 데 이용되었다. 그러나 무라야마는 또한 조선인 작가들, 제작진, 예술가들과 함께 협업하면서 〈춘향전〉을 다양한 장르의 작품으로 제작할 때 식민 지배를 당하는 입장인 조선인 관객의 감정에 대해서도 숙고했다. 1938년 〈춘향전〉 연극을 연출할 당시 무라야마는 각본가 장혁주(1905~1998)에게 유치진의 대본에 나오는 연회 장면을 포함할 것을 제안했다. 왜냐하면 그는 조선인 관객에게 이 장면이 〈춘향전〉에서 가장 중요한 부분임을 이해했기 때문이다. 또한 무라야마는 자신과 비슷한 경력을 가진 일본인 주인공의 내적 갈등에 관한 소설을 출판하기도 했다. 이 소설은 주인공의 조선 여행 묘사를 통해 무라야마가 제작한 〈춘향전〉에 대한 조선인들의 반응을 그가 얼마나 민감하게 느끼고 있는지를 생생하게 보여 준다. 이 소설에서 무라야마는 특히 일본어로 된 〈춘향전〉 연극을 관람할 때 조선인 관객들이 조선어에 대한 애착 때문에 느끼는 불편한 감정을 상세하게 기술한다. 또한 무라야마가 1930년대 후반에서 1945년까지 조선어로 된 〈춘향전〉 영화와 오페라를 제작하려고 노력했다는 점도 주목할 만하다. 그 시기는 일본제국이 궁극적으로 조선문화를 말살시키는 '창

---

7 Perry, Samuel(2014), *Recasting Red Culture in Proletarian Japan : Childhood, Korea, and the Historical Avant-Garde*, University of Hawai'i Press.

씨개명'과 같은 동화정책을 시행하던 때였다. 따라서 이러한 상황을 감안할 때 무라야마의 계획이 성공하는 것은 사실상 불가능한 것이었다.

조선인 예술가들과 밀접하고 폭넓은 관계를 맺고 있었음에도 불구하고 무라야마의 〈춘향전〉 해석은 일본의 식민지배 강화에 이용될 수 있을 정도로 간혹 모호한 경우가 있었다. 그러한 시도는 작품 제작까지 이어지지 않는 경우도 있었기 때문에 일본 식민통치가 종식된 후에 잊혔다. 이 글은 다양한 버전의 〈춘향전〉을 제작한 무라야마의 의도를 명확하게 하기 위해 그의 활동 기록을 추적한다. 이를 통해 제국의 압력과 그가 느끼는 식민지 조선인에 대한 공감 사이에 존재하는 주변부에서의 그의 양면적인 입장에 대해 조명한다. 무라야마는 식민지 조선인들의 감정을 공유했지만, 일본제국의 식민지배 행태에서 자신을 분리할 수는 없었다. 그럼에도 불구하고 무라야마는 식민지배가 끝난 후, 새로운 오페라 버전의 춘향전을 제작함으로써 재일조선인과 관계를 재구축하였다.

2. 무라야먀의 조선문화와의 만남(1928~1938)

신협의 연극 〈춘향전〉이 무라야마 도모요시가 연출한 최초의 〈춘향전〉 각색이었다. 장혁주가 각색한 이 작품은 1938년 일본과 조선에서 공연되었다.[8] 이 연극을 제작하면서 무라야마는 장혁주에게 각색을 요청하며 "조선 고전문학에 오랫동안 관심을 가지고 있었고, 일본에서 무대에 올려 보고자

8 〈춘향전〉 연극은 일본에서는 도쿄·오사카·교토에서, 조선에서는 경성·평양·대전·전주·군산·부산·대구에서 공연되었다〔「劇団ニュース」, 『月刊新協劇団』 1938. 4, 1쪽 ; 秋田雨雀(1938), 「朝鮮巡廻公演を終えて(演劇通信)」, 『テアトロ』 1938. 12, 33쪽〕.

하는 열망을 가지고 있었다"고 자신의 의도를 밝혔다.[9] 그의 "오랫동안"의 관심은 1920년대 후반에 시작되어 약 10년의 기간에 걸친 것이었다. 1928년 3월 일본에서는 공산당에 대한 대탄압이 일어났다. 당시 전위예술가동맹(前衛芸術家同盟)의 일원이었던 무라야마는 탄압의 영향에서 벗어나기 위해 아타미로 피신했다.[10] 아타미에 머무는 동안 그는 "노동자, 특히 조선인을 위한 작은 식당"을 가게 되었다.[11] 무라야마는 자서전에서 이 식당에서 조선인과의 만남으로 조선에 대한 관심을 갖게 되었다고 언급한다.

> 나는 (그 식당에서) 처음으로 조선의복을 입은 젊은 여성을 보았다. 아직 일본어를 모르는 그녀가 부르는 (조선 민요) 〈아리랑〉과 〈도라지〉를 들었다.
>
> (조선은) 일본에 의해 식민지가 되고, (조선인들은) 일본인으로부터 호된 일을 당하고, 특히 간토대지진 때 대학살을 당했다. 이 사람들에게 나는 정복자의 한 사람으로서 큰 죄책감을 느껴 어떻게 해서든지 (그들에 대한) 친애의 정을 나타내려고 했다. 그 당시 나는 로맨틱한 감정, 심지어 성적인 흡착력을 느낄 정도였다.
>
> 나중에는 특별한 애착으로까지 발전한, 조선이라는 나라와 조선인에 대한 나의 관심의 시작은 이때였다고 생각한다.[12]

무라야마는 조선인의 "정복자"였고 식민지배를 받는 조선인에 대해 죄책감을 느꼈지만, 그는 또한 프롤레타리아 문화운동의 지도자로서 일본정부에 체포될까 우려했다. 정복자인 동시에 일본제국에서 억압받는 사람이

---

9 『朝鮮公論』誌記者(1938), 「村山知義氏と語る朝鮮・朝鮮人・春香伝」, 『朝鮮公論』 1938. 3, 74쪽.

10 村山知義(1972), 「演劇的自叙伝 59」, 『テアトロ』 1972. 6, 128쪽.

11 村山知義(1972), 앞의 글, 129쪽.

12 村山知義(1972), 앞의 글.

라는 이러한 모순된 입장은 그의 다양한 〈춘향전〉 작품 연출에 반영되어 있다.

무라야마가 조선에 관심을 갖기 시작한 1920년대 후반 일본에서는 조선의 프롤레타리아 문화운동이 일어났다.[13] 특히 1927년에 조선프롤레타리아예술가동맹(이하 KAPF) 도쿄 지부가 설립되었고, 그 당시 무라야마는 일본프롤레타리아문화연맹(이하 KOPF) 산하 일본프롤레타리아연극동맹(이하 PROT) 집행위원장이었기 때문에 일본에서 프롤레타리아운동에 참여한 조선인들과 지속적으로 대화할 수 있었다.

KOPF의 재일조선인 회원에 대한 무라야마의 의견은 1930년대 초 조선의 연극운동에 대한 그의 인식을 반영한다. 1931년 11월 KOPF 회원들은 KOPF에 합류하고자 하는 재일 좌파 조선인으로 구성된 동지사(同志社)를 어떻게 다룰 것인지 논의했다.[14] 1919년 레닌이 설립한 코민테른(Communist International)은 일국일당주의 원칙을 도입했다. 이 원칙을 근거로 KOPF 회원들은 "일본 내에서 일본 예술과 조선 예술의 통일된 전선 형성 원칙을 유지하면서 일본 내 두 개의 다른 민족 조직을 두는 것은 이론적으로 불가능하다"고 주장했다.[15] KOPF 회원들은 동지사를 대신해서 조선협의회(朝鮮協議会)를 설립할 것을 제안했다. 그러나 무라야마는 "민족은 독자적인 문화단체를 가질 자유를 가져야 한다"고 주장했다.[16] 또한 그는 "동지사가 KAPF의 지역지

---

13 仁木愛子(1983), 「1920～30年代在日朝鮮人の演劇運動」, 『在日朝鮮人史研究』 1983. 9, 29～38쪽.

14 1929년 KAPF 도쿄 지부가 해산된 이후 설립된 무산자사(無産者社), 도쿄조선프롤레타리아연극연구회(東京朝鮮プロレタリア演劇研究会) 등에 소속되었던 재일조선인들은 1931년 11월 동지사를 설립했다[公安調査庁(1953), 『在日本朝鮮人の概況』, 145～154쪽].

15 公安調査庁(1953), 앞의 책, 153쪽.

16 村山知義(1932), 「プロットの新方針と新組織の其後の展開」, 『プロット』 1932. 1, 14쪽.

부가 되어야 한다"[17]며, 그 이유를 조선인은 일본에서 독자적인 문화적 대중적 조직을 가질 필요가 있기 때문이라고 밝혔다.[18] 무라야마 의견의 핵심에는 재일조선인 연극운동은 일본의 프롤레타리아 문화운동과 구별되어야 한다는 신념이 있었다. 왜냐하면 "(조선인의) 프롤레타리아 문화운동과 관련된 조선의 정치적 · 경제적 상황은 일본의 상황과는 다르기"[19] 때문이다. KOPF 내에 동지사가 있어야 한다는 필요성을 무라야마가 인식하고 주장했음에도 불구하고 KAPF는 조선인 회원들에게 해산 명령을 내렸다. 그 대신 조선협의회가 KOPF 내에 설립되었다.

1932년 5월 무라야마는 프롤레타리아 문화운동 억압정책으로 체포되었다.[20] 1933년 12월 석방된 후,[21] 그는 1934년 3월 도쿄지방법원에서 재판을 받는 동안 마르크스주의를 포기했다고 선언했다.[22] 그러나 무라야마는 이 시기에 대해 "어떠한 정치적인 운동에도 참여하지 않겠다고 결정했음에도 불구하고 마르크스주의에 대한 나의 신념을 결코 저버리지 않았고, 연극운동에 대한 의지를 가지고"[23] 있었다고 회상했다. 따라서 당시의 전향은 위장이었다고 할 수 있다.

프롤레타리아운동에 대한 억압 속에서도 조선문화에 대한 관심을 유지하고 있었던 무라야마는 1934년 9월 일본 신협극단을 조직했다. 그는 1934년 12월 「조선의 연극을 위하여」라는 에세이를 발표했다.[24] 이 에세이에서 무

17 村山知義(1932), 앞의 글.

18 公安調査庁(1953), 앞의 책, 153쪽.

19 公安調査庁(1953), 앞의 책.

20 「徹底的な大弾圧にプロ文化連盟壊滅」, 『東京朝日新聞』 1932. 4. 11.字.

21 村山知義(1941), 「手記(1)」, 司法省刑事局, 『思想資料パンフレット特輯極秘 · 新協劇団関係者手記』, 1쪽.

22 村山知義(1941), 앞의 글, 7쪽.

23 村山知義(1941), 앞의 글, 8쪽.

24 村山知義(1934), 「朝鮮の演劇のために」, 『テアトロ』 1934. 12, 9쪽.

라야마는 1934년 10월에 열린 태풍과 홍수 피해를 입은 재일조선인을 위한 음악과 춤 축제에 대한 기억을 언급한다. "(조선인) 관중의 뜨거운 환희"를 떠올리며 그는 "불타는 것과 같은 민족문화에 대한 그들의 열망은 충족되어야 한다"고 주장한다.[25] 또한 그는 1935년 7월 공동 회의를 조직함으로써 좌파운동 억압 속에서 일본 내 몇몇 조선인 극단이 활동을 계속할 수 있는 방법을 찾도록 도왔다.[26]

1920년대 후반 조선문화에 관심을 갖게 된 무라야마는 특히 프롤레타리아 연극운동을 통해 재일조선인들과 관계를 쌓았다. 또한 최승희 무용공연과 같이 일본에서 조선인이 제작한 문화행사를 관람했고, 일본에 있는 한 조선인 마을에 관한 소설을 출판하기도 했다.[27] 이러한 활동을 통해 무라야마는 점차 민족문화에 대한 조선인들의 갈증을 발견하게 되었고 조선의 문화와 관련된 작품활동을 시작했다.

3. 무라야마와 신협극단의 연극 〈춘향전〉

조선의 고전 〈춘향전〉은 일제강점기에 이광수와 같은 조선 작가들에 의해 자주 개작되었다. 다양한 〈춘향전〉 각색 중에서 신협의 연극은 일본정부의 동화정책에 포함된 최초의 작품이었다. 무라야마는 "가장 조선다운 방식"으로 〈춘향전〉을 제작하려는 의도를 가지고 "조선인과 일본인 모두를 대상관객으로" 정했으며,[28] 1938년 2월 제작진인 안영일, 니키 도쿠진과 함께 처

25 村山知義(1934), 앞의 글, 7~10쪽.

26 公安調査庁(1953), 앞의 책, 167쪽.

27 村山知義(1939a), 「朝鮮のわが友へ」, 『京城日報』 1939. 1. 13.字.

28 村山知義(1938a), 「演出者の言葉」, 『テアトロ・パンフレット第7輯 : 春香伝』 1938. 3, 7~9쪽.

〈그림 1〉 1938년 2월 조선 극단 호화선 방문 당시 단체사진
(의자에 앉은 인물 좌측부터 니키 도쿠진, 무라야마, 안영일, 홍해성)

* 출처 :『月刊新協劇団』1938. 3. 8.

음으로 조선을 방문했다.[29] 10여 년 동안 재일조선인 문화활동에 관심을 가져온 무라야마는 이 여행으로 조선에 대한 이해가 더욱 깊어졌으며, 조선의 조선인들로부터 도움을 받을 수 있었다.[30]

〈춘향전〉 팸플릿에서 무라야마는 제작진과 조선 방문 당시 "조선인들은

29 村山知義(1939a), 앞의 글.

30 예를 들어 송석하(민속학자), 유치진(작가), 심영(배우), 홍난파(작곡가), 이경태(음악가), 안석영(영화감독), 김영승(음악가), 김석규, 이통백, 최남주(조선영화사 사장), 이채명(조선영화사 임원)이 그들의 조선여행을 안내했다[村山知義(1938a), 앞의 글, 10쪽].

우리가 조선을 올바르게 이해할 수 있기를 바라면서 프로그램을 만들어 안내하고 설명했다"고 언급한다.[31] 또한 일본에서는 재일조선인들이 연극 〈춘향전〉 제작에 참여했다. 무라야마에 따르면 "(조선인) 무용수 배구자, 소설가 김시창(김사량)과 (조선인) 학생예술좌 회원들이" 도쿄의 〈춘향전〉 리허설에서 도움을 주었다.[32] 신협극단의 조선인 단원 안영일은 무라야마가 전체 제작 과정을 이끄는 동안 특히 〈춘향전〉 기획에 중요한 역할을 했다.[33]

또한 도노무라 마사루는 무라야마가 연극 〈춘향전〉 제작을 결정한 것은 조선문화에 관심이 있었기 때문이기도 했지만 신협극단이 공산주의와 관련이 없다는 것을 일본정부에 확신시켜야 했기 때문이라고 주장한다.[34] 1938년 1월 신협극단 단원 스기모토 료키치가 여배우 오카모토 요시코와 함께 소련으로 도망가는 일이 발생했다. 이 사건 이후 무라야마는 극단이 소련과 관련이 없다는 사실을 증명하기 위해 경찰에 출두하도록 소환되었다. 무라야마가 도사카 야스지와 한 인터뷰를 인용하며,[35] 도노무라는 무라야마가 극단이 일본정부에 협력하고 있음을 보여 주기 위해 〈춘향전〉을 제작했다고 밝히고 있다.[36] 일본정부는 전시동원 체제에서 조선인의 협력을 유지하기 위해 동화정책의 일환으로 일본인에게 조선의 문화를 소개했다. 〈춘향전〉을 통해 일본 관객에게 조선의 고전을 소개하려는 무라야마의 계획은 일본정부의 동화정책에 부합하는 것이었다.

그러나 무라야마의 춘향전 제작 목적은 일본정부의 목적과 완전히 일치하지는 않았다. 일본정부는 일본인 관객만을 위한 〈춘향전〉의 중요성을 인

---

31 村山知義(1938a), 앞의 글, 10쪽.

32 村山知義(1938a), 앞의 글.

33 外村大(2018), 앞의 논문, 35쪽.

34 外村大(2018), 앞의 논문, 36쪽.

35 戸坂康二(1961), 『対談日本新劇史』, 青蛙房, 241쪽 ; 外村大(2018), 앞의 논문, 36쪽.

36 戸坂康二(1961), 앞의 책 ; 外村大(2018), 앞의 논문.

식했지만, 무라야마는 조선인 관객들에게 어떻게 받아들여질 것인지도 고려했다. 〈춘향전〉을 제작할 때 무라야마는 민족문화에 대한 조선인의 강한 열망을 알고 있었다.[37] 무라야마는 일본의 제국주의 정책에 따라 일본인 관객에게 조선 문화를 소개하기 위해 신협극단이 〈춘향전〉을 무대에 올렸음을 인정했지만, 그는 또한 "신협극단이 일본의 조선인 관객에게도 〈춘향전〉을 보여 주고자 하는 의도를 가지고 있었다"고 언급했다.[38] 그러나 일본정부는 이 〈춘향전〉 연극이 조선인들에게 어떤 영향을 미칠지에 대해서는 주목하지 않았으며, 일본 극단인 신협이 일본인에게 조선의 문화를 전했다는 사실만 지속적으로 강조했다. 일본정부의 정기 간행물인 『조선』에 실린 연극 〈춘향전〉에 대한 리뷰 역시 "조선의 옛 문화와 관습에 대해 잘 모르는 독자들"만을 위해 쓰였다."[39]

무라야마는 일본정부의 동화정책 아래에서도 자신의 언어와 문화를 지키려고 노력하는 조선인들에게 공감했기 때문에 1930년대 후반 조선인들에게 민족문화를 제공하는 것을 목표로 했는데, 이는 일본정부의 정책에서 벗어난 것이었다. 그러나 그는 또한 연극 〈춘향전〉이 아이러니하게도 제국주의 정책을 지원할 수 있다는 사실도 알고 있었다.

4. 영화, 무용극, 오페라 〈춘향전〉(1938~1945)

1938년 연극 〈춘향전〉을 무대에 올린 이후 무라야마는 〈춘향전〉을 영화, 무용극, 오페라로 제작할 계획을 세웠다. 각 장르를 위한 각색은 언어와 대

37 『朝鮮公論』誌記者(1938), 앞의 글, 74쪽.
38 村山知義(1938b), 「朝鮮との交流」, 『東京朝日新聞』 1938. 9. 15.字.
39 辛兌鉉(1938), 「春香伝上演を観て」, 『朝鮮』 1938. 12, 61쪽.

상 관객과 관련하여 각기 다른 계획을 가지고 진행되었다. 무라야마는 연극 제작 과정에서 조선의 고전문학을 일본어로 번역하는 것에 저항하는 조선인의 감정을 확인했다. 그는 〈춘향전〉을 다양한 장르로 각색하려는 계획 중에서 무용작품만을 1940년대에 무대에 올릴 수 있었으나, 이 작품도 일본군 위문공연용으로 이용되었기 때문에 일본 제국주의 정책에 부합하는 것이었다.

1938년 일본에서 연극 〈춘향전〉 공연을 마친 후 그는 영화 제작에 착수했다. 1938년 5월 그는 "조선영화사가 제작할 영화 〈춘향전〉"을 준비하기 위해서 조선을 다시 방문했다.[40] 무라야마는 1939년 영화 촬영을 시작해서 1940년 봄까지 완성할 계획이었다.[41] 그의 영화 연출은 신협극단에서 했던 연극 연출과는 달랐다. 특히 무라야마는 조선과 일본을 넘어 대상 관객을 확대하는 것을 목표로 영화 대본을 썼으며, 대본의 목표를 다음과 같이 설명했다.

> 장혁주는 일본 관객을 대상으로, 유치진은 조선 관객을 대상으로 각본을 썼다. 그러나 나는 조선인, 일본인 그리고 나아가 외국인을 대상으로 할 작정이다.[42]

그는 "외국인"을 관객으로 포함시킨 세 가지 이유로 비용 회수, 조선 영화 산업 발전, 컨텐츠의 보편성을 제시한다.[43] 무라야마에 따르면, "조선의 자부심"인 〈춘향전〉이 국가와 국경을 넘어 더 많은 관객에게 닿을 수 있는 내

---

40 村山知義(1938c), 「『春香伝』余談」, 『京城日報』 1938. 5. 31.字.

41 村山知義(1939b), 「春香伝(シナリオ)：朝鮮映画株式会社のために」, 『文學界』 1939. 1, 141쪽.

42 村山知義(1939b), 앞의 글, 140쪽.

43 村山知義(1939b), 앞의 글.

용을 담고 있기 때문에 그의 대본을 "해외 관객"을 대상으로 한 것이었다.[44]

또한 신협의 연극 〈춘향전〉과는 달리, 무라야마는 "조선인 배우들이 연기하는 조선어로 된 영화 제작"을 시도했다.[45] 따라서 대본은 조선어로 번역되었고, 일본 상영 시 일본어로 더빙하려는 구상이었다.[46] 연기자의 언어와 민족성 측면에서도 이 영화는 일본에서 일본인 배우들이 공연했던 연극 〈춘향전〉과는 다르다. 물론 신협극단 소속 조선인 배우가 일부 연극에 출연하기는 했지만 말이다. 무라야마는 수필에서 〈춘향전〉 영화 제작 목적을 다음과 같이 밝혔다.

> 우선 이 영화를 최대한 조선의 영화로 만들고 싶었다. 둘째, 〈춘향전〉은 완전히 조선의 것이기 때문에 조선만의 특성을 철저히 유지하고 싶었다. 셋째, 조선어로 된 이 영화가 어떠한 결점도 없이 〈춘향전〉의 이상을 예술적으로 가장 충족시킬 수 있을 것이라 생각했다.[47]

그는 연극 〈춘향전〉을 "가장 조선다운 방식"으로 만드는 것을 목표로 삼았지만, 가부키의 에스프리(esprit)와 조선의 연기 스타일을 결합시켰다. 그러나 무라야마는 연극을 무대에 올리는 과정에서 조선의 고전을 일본어로 공연하는 것에 대한 조선인들의 비판적인 반응을 이해할 수 있게 되었다.

흥미롭게도 1939년 9월 완성된 무라야마의 소설 「단청(丹青)」은 조선인 관객에 대한 그의 생각을 보여 준다.[48] 「단청」은 무라야마가 조선에 관해

44 村山知義(1939b), 앞의 글.
45 村山知義(1939b), 앞의 글.
46 村山知義(1939b), 앞의 글.
47 村山知義(1939b), 앞의 글.
48 무라야마는 1939년 10월 중앙공론(中央公論)에서 「단청」을 출판했다. 9월을 언급한 것은 그가 「단청」에서 "1939년 9월"로 썼기 때문이다. 「단청」은 『메이키(明姫)』에 포함

쓴 소설집 『메이키(明姫)』에 포함되었다.[49] 「단청」에서 주인공 미도리카와는 유명한 시나리오 작가로 조선영화사가 기획한 영화를 위해 조선으로 초대된다. 영화사 사장 김홍식은 미도리카와에게 "가장 조선다운 영화를 만들지 않는다면, 아무 의미가 없다"고 말한다.[50] 김 사장은 조선을 처음 방문한 미도리카와를 양반의 집, 토막민 부락, 술집 등으로 데리고 다니며 조선을 소개한다. 조선에 머무르는 동안 미도리카와는 그에 대한 조선인들의 불신, 비판, 기대에 대해 알게 된다. 이 소설에서 무라야마는 특히 조선인들을 만나는 과정에서 일본인으로서 미도리카와가 느끼는 내적 갈등을 묘사한다.

주인공 미도리카와의 경력은 무라야마 자신의 경력과 비슷하다. 또한 소설 속 미도리카와의 일부 대화 내용은 그의 수필에 나온 부분을 다시 쓴 것이다. 따라서 이 소설을 분석하면 식민지 시대에 조선에 관심을 가진 일본인에 대한 조선인의 인식을 무라야마가 어떻게 해석했는지 알 수 있다. 영화 〈춘향전〉을 감독함에 있어 무라야마가 어떤 의식을 가졌는지 명확히 하기 위해 무라야마가 「단청」에서 신협극단의 연극 〈춘향전〉에 대한 조선인의 반응을 어떻게 묘사했는지 살펴볼 것이다. 무라야마는 주인공과 조선의 관계를 다음과 같이 묘사한다.

> 미도리카와는 특히 여러 가지 이유로 조선을 좋아했다. 그는 예술 공부를 위해 일본에 유학 온 조선인 청년들을 보살폈고, 일본에 있는 조선인 극단을 지원했으며, 조선의 문화운동에 깊은 관심을 보였다. 이러한 활동은 10년 동안

되어 있다[村山知義(1948c), 『明姫』, 郷土書房, 125쪽].

49 村山知義(1948c), 앞의 책. 이 책은 다음 소설들로 구성되어 있다. 「或るコロニーの歴史」(1936. 5), 「金君見舞」(1935. 8), 「丹青」(1939. 9), 「明姫」(1946. 3), 「日本人たち」(1946. 6).

50 村山知義(1948a), 「丹青」, 『明姫』, 郷土書房.

> 계속되었다. 따라서 그가 조선인들로부터 사랑받고 주목받는 것은 당연한 일이었다.[51]

조선에 관심을 가지고 10년 동안 조선인 예술가들과 관계를 쌓아 온 미도리카와를 위해 조선인들은 "일본인 미도리카와가 조선을 완전히 알 수 있도록" 하기 위한 계획을 준비한다.[52] 미도리카와는 이러한 노력을 "그들의 조국과 민족에 대한 강한 애정"이라고 묘사한다."[53]

그러나 여행 중에 미도리카와는 조선인과 자신의 생각에 차이가 있다는 사실에 직면한다. 한 장면에서, 주인공은 조선인들과 조선의 고전문학 번역에 대한 토론을 벌인다. 출판사에서 조선 고전문학 전집 출판을 계획하는 조선인들을 만나게 된 미도리카와는 이 전집을 일본어 번역본으로도 출판할 것을 제안한다. 그는 "전혀 알려지지 않는 것보다 불완전하더라도 알려지는 것이 낫다"라고 생각했다.[54] 그러나 조선인들은 "조선 고전문학만큼은 안 된다. 그것은 모독이다"라고 응수하며,[55] "조선인의 특정한 감정에는 조선말로만 표현될 수 있는 것이 있다"고 주장한다.[56] 주인공의 말을 통해 무라야마는 그가 조선 고전문학의 번역에 반대하는 조선인들의 논리를 "말에 대한 애착"으로 해석하고 있음을 보여 준다.[57] 또한 미도리카와의 서술에서 언어는 문학 연구가들이 논하는 "정치나 유용성의 개념"과는 구별된다.[58] 그러나 미도리카와는 "언어는 피를 통해 밀착하여 사람들 안에 강하게 살아

---

51 村山知義(1948c), 앞의 책, 75쪽.
52 村山知義(1948c), 앞의 책, 78쪽.
53 村山知義(1948c), 앞의 책.
54 村山知義(1948c), 앞의 책, 103쪽.
55 村山知義(1948c), 앞의 책.
56 村山知義(1948c), 앞의 책.
57 村山知義(1948c), 앞의 책.
58 村山知義(1948c), 앞의 책.

있다"고 주장한다.[59] 무라야마는 이 토론을 신협극단의 〈춘향전〉에 대한 조선인의 반응과 연결시킨다. 조선 고전을 일본어로 번역하는 것에 대해 "치열한 토론"을 벌인 후, 한 조선 여성이 미도리카와에게 다음과 같이 말한다.

> 번역에 대한 우리 입장이 너무 불합리하다고 생각하실 겁니다. 그렇죠? 그러나 저는 여전히 조선의 고전문학을 번역하는 것은 모독이라고 생각해요. 한편으로는 (조선은) 문화도 없다고 생각하는 사람들에게 "이것 좀 봐라"라고 따지고 싶습니다. 하지만 다른 한편으로는 "적어도 이것만은 (지켜야 한다)"는 생각이 들면서 훌륭한 고전문학을 한 점의 오점도 없이 꼭 안고 있고 싶습니다. 그래서 신협극단의 〈춘향전〉을 보았을 때, 한편으론 기쁘면서도 "〈춘향전〉은 그런게 아니야!"라고 외치고 싶었습니다.[60]

무라야마는 「단청」에서 자신이 연출한 신협극단의 〈춘향전〉을 이용해서 조선 고전문학이 일본어로 번역된 연극을 보았을 때 조선인 관객이 느끼는 이중적인 감정에 대해 묘사했다. 특히 그러한 감정의 기저에는 모국어가 "소멸되고 있는" 상황에 처한 조선인의 "슬픔"이 있다고 설명했다.[61] 일본어 번역본에 대한 이러한 조선인의 인식에 대해 무라야마가 에세이에서도 같은 내용을 썼다는 점은 주목할 만하다. 「조선문학에 관하여」라는 에세이에서 그는 조선 고전의 일본어 번역에 반대하는 조선 작가와 비평가들에 대해 다음과 같이 설명하며 그의 생각을 나타내고 있다.

> (반대 의견을) 생각해 보면, 그것은 단순한 이론적인 번역 부정론이 아니라

---

59 村山知義(1948c), 앞의 책.

60 村山知義(1948c), 앞의 책, 104~105쪽.

61 村山知義(1948c), 앞의 책.

> 점차 소멸되고 있는 (그들의) 모국어에 대한 애정과 집착에 찬 불굴의 의지이다.[62]

요약하자면 무라야마는 그가 제작한 일본어 버전 〈춘향전〉에 대한 조선인의 불편함을 모국어에 대한 "그들의 애정"으로 해석했다.

무라야마는 조선인 배우가 출연하는 조선말로 된 영화 〈춘향전〉을 제작함으로써 모국어에 대한 조선인의 애착에 응답했다. 그가 일본어로 쓴 대본을 출판하면서 그는 영화 〈춘향전〉 연출에 대한 그의 생각을 다음과 같이 설명했다.

> 현재 이러한 아이디어는 아직 (저의) 희망이자 꿈일 뿐입니다. 이것이 결국 실현될 수 있을지 아무도 모릅니다.[63]

이러한 그의 말을 생각해 보면, 무라야마는 그의 계획이 이루어질 수 있을지 확신하지 못했다. 아무것도 결정된 것이 없는 상황임에도 불구하고 그는 꾸준히 영화제작을 준비했다. 예를 들어 무라야마는 춘향이 역을 연기할 여배우를 선택하기 위해 제작진과 함께 평양을 방문했다. 에세이에서 그는 비록 그 이름이 기억나지 않지만 "몇몇 기생을 인터뷰했고 마침내 한 명을 선택했다"고 언급한다.[64] 그는 주인공 춘향 역에 적합한 배우를 찾을 수 없었기 때문에 평양까지 갔다고 말했다.[65] 『모던일본』에서 기생 왕성숙은 무라야마와의 인터뷰를 다음과 같이 회상한다.

---

62 村山知義(1940b), 「朝鮮文学に就て」, 『文學界』 1940. 5号, 161쪽.

63 村山知義(1939b), 「春香伝(シナリオ) : 朝鮮映画株式会社のために」, 『文學界』 1939. 1, 140쪽.

64 村山知義(1949), 「『春香伝』演出手帳」, 『音楽藝術』 1949. 2, 32쪽.

65 村山知義(1948b), 「『春香伝』随想」, 『歌劇「春香」パンフレット』 1948. 11, 4쪽.

사회자 무라야마씨는 영화에서 춘향 역을 할 배우를 찾기 위해 (평양에) 왔지요?

왕성숙 그렇습니다. 두 번째 방문에는요. 그래서 이복화를 무라야마 씨에게 소개하기 위해 집까지 데려갔는데…… 유망하다며 마음에 들어 했습니다. 하지만 (그가) 이복화를 훌륭한 여배우로 훈련시키는 것이 힘들 수도 있겠다고 생각하며 걱정하는 듯 보였지만, 그는 또한 열심히 노력한다면 3개월 내에 그녀를 (영화에) 잘 녹아들게 할 수 있을 거라고 자신했습니다…….[66]

이복화가 춘향 역에 최종적으로 선정되었는지는 확실하지 않다. 그러나 이 인터뷰는 무라야마 도모요시가 실제로 조선인 배우들과 함께 조선어 영화 제작을 준비했다는 사실을 명확히 보여 준다. 몽룡 역할에는 도쿄에서 주로 활동하던 조선인 무용수 조택원이 선정되었다.[67] 그러나 이 계획은 영화사의 재정 문제로 인해 취소되었다.[68] 1939년 1월 영화촬영을 시도했을 당시 무라야마는 "이 영화를 위해 열심히 작업하는 동안 나는 조선을 알기 위해 더 많은 노력을 할 것이다. 내 필생의 사업이 여기에 감추어진 것 같다"는 흥미로운 코멘트를 남겼다.[69]

그러나 그가 쓴 〈춘향전〉 영화 대본은 일본의 식민지배로 막을 내린 조선왕조를 비판함으로써 일본이 내세우는 식민지배의 정당성을 뒷받침할 가

66 「平壌妓生内地名士を語る座談会」, 『モダン日本』 1939. 11, 245쪽.

67 石井漠(1939), 「我が朝鮮交友録」, 『モダン日本』 1939. 11, 236쪽.

68 村山知義(1948b), 앞의 글, 4쪽. 김사량은 1940년 8월 무라야마가 치안유지법으로 검거되는 것이 〈춘향전〉 영화의 미완성에 영향을 주었을 가능성을 지적하였다[김사량(2016), 「재일조선인 연극운동의 전개과정과 공연방식 연구」, 서울대학교 대학원 박사학위논문, 237쪽].

69 村山知義(1939a), 앞의 글.

능성이 있었다.[70] 대본의 중간부분에서 무라야마는 특히 몽룡의 시각을 통해 한양의 풍경을 묘사한다. 몽룡은 남원 부사였던 부친 이준상이 국왕의 비서기관인 승정원으로 발령받았기 때문에 한양에 오게 되었다. 이준상은 남원 백성들에게 매우 존경받는 인물이었으며, 그가 한양으로 떠날 때 백성들은 그의 "선정(善政)"를 기리기 위해 기념비까지 세울 정도였다.[71] 한양에 도착하자마자 이준상은 정승 윤여공의 집을 찾아간다. 이 장면에서 "거짓이 없는" 자로 알려진 이준상은 아들 몽룡이 과거시험을 통과하게 해달라고 윤정승에게 은밀하게 부탁하고 윤정승은 그의 청탁을 수락한다.[72] 무라야마는 부패한 관행이 조선사회에 예외없이 흔하게 퍼져 있음을 보여 주는 이 은밀한 만남 장면을 몽룡과 윤정승의 아들 윤기승의 대화로 연결한다. 거리를 걸으면서 윤기승은 조선왕조가 한양 성곽을 수리하기 위해 백성들을 얼마나 착취하고 있는지에 대해 이야기한다. 그는 청나라와 왜나라가 쳐들어와도 "(한양을) 지키기 위해 남아 있을 사람이 없기" 때문에 이들의 침략으로부터 조선을 지킬 수 없을 것이라 주장하며 진행 중인 성곽 수리를 냉소적으로 평가한다.[73] 또한 윤은 특히 현 정부는 "무능한 사람들"로 가득 차 있다면서 비판을 가한다.[74] 그는 관료들은 "질투와 권력욕"에 사로잡혀 당파싸움을 계속하고 있으며 이것이 현 정부의 상태라고 주장한다.[75]

흥미롭게도 무라야마는 변학도의 실정을 몽룡의 아버지에 대한 질투와 권력욕의 결과로 표현한다. 남원 부사로 새로 부임한 변학도는 그 자신을 전임자인 이준상과 비교한다. 변학도는 이준상에 대해 하인에게 다음과 같

70 村山知義(1939b), 앞의 글, 139~190쪽.
71 村山知義(1939b), 앞의 글, 161쪽.
72 村山知義(1939b), 앞의 글, 165쪽.
73 村山知義(1939b), 앞의 글, 167~168쪽.
74 村山知義(1939b), 앞의 글, 167쪽.
75 村山知義(1939b), 앞의 글, 168쪽.

이 말한다.

> "이준상이 싫다! ……나는 그에게 원한을 가지고 있지. 속한 당파는 같지만 그에 대한 미움은 절대 사라지지 않아…… 같은 해 과거 급제를 했는데, 그가 나보다 항상 뛰어났기 때문에 나는 그보다 못한 대접을 받았지. 사람들은 빨리 성공했다고 나를 부러워할지 몰라도, 이준상은 항상 나보다 한 발 앞서 있어. 그게 나는 마음이 들지 않아. 이준상 때문에 난 항상 불만족스러운 상태야."[76]

이 장면은 〈춘향전〉 작품에서 당대의 부패한 지배계층을 일반적으로 표현한 인물인 변학도를 윤기승이 몽룡과의 대화에서 비판했던 전통적인 조선 지배계층의 특징을 구현한 관료로 묘사하고 있다. 그렇게 함으로써 무라야마는 이 대본이 현재의 일본 식민지 관료들을 비판하는 풍자로 해석되는 것을 막는다. 이러한 선택은 일본정부가 무라야마와 조선인 제작진의 활동을 주시했던 사회적 상황을 반영한 것일 수 있다. 그러나 전통적인 조선 정치 지도자들에 대한 무라야마의 비판적인 묘사는 조선의 정치제도가 내부적으로 심각한 문제를 가지고 있었고 따라서 개혁의 대상이 되었어야 했다는 것을 암시한다. 이러한 측면에서 무라야마의 〈춘향전〉 대본은 일본의 식민지 건설 합리화를 위한 특정 요소를 포함하고 있다.

그럼에도 불구하고 무라야마의 대본은 또한 다르게 해석할 수 있는 여지가 있다. 무라야마는 당파적인 관료들이 운영하는 정치 체제를 바로잡고자 하는 몽룡과 윤기승과 같은 젊은 인물의 의지를 자주 강조하는데, 이는 조선의 희망적인 발전을 의미한다. 윤정승이 장원을 뽑을 수 있는 권한을 가지고 있지 않았는데도 몽룡은 과거시험에서 장원급제한다.[77] 이 장면은 몽

76 村山知義(1939b), 앞의 글, 172쪽.

77 村山知義(1939b), 앞의 글, 168쪽.

룡이 윤정승의 도움으로 과거에 급제하지 않았음을 보여 준다. 따라서 이 대본에서 나라의 미래가 젊은 조선인 지도자들의 능력과 노력에 달려 있는 것으로 보인다. 또한 무라야마의 대본에는 윤기승이 아버지에게 그가 쓴 작별의 시를 읽어 주기를 부탁하는 장면이 포함되어 있다.[78] 윤기승은 새로 취임한 간바쿠(천황의 섭정) 미나모토 요시무네를 예방하기 위해 일본으로 떠나는 신청천(申青泉)을 위해 시를 썼다.[79]

윤의 묘사에 따르면, 신은 그의 "노모" 곁을 떠나고 싶지 않았지만 상사의 명령으로 일본에 갈 수밖에 없는 상황이었다.[80] 신은 이 상황을 그의 인생에 피할 수 없는 "저주"로 여긴다.[81] 다른 〈춘향전〉 텍스트에서는 보기 힘든 이러한 색다른 일화는 조선인들이 일본의 식민지배를 어떻게 이해했는지에 대한 무라야마의 해석을 반영한 것일 수 있다. 즉 다시 말해 조선과 일본 사이의 정치적인 연관성을 보여 주는 듯한 이 장면은 그들의 쇠퇴한 조국과 헤어져야 하는 조선인들의 슬픔을 나타내기 위한 새로운 공간을 만들어 준다.[82]

그의 "필생의 사업"과 연결된 조선에 대한 무라야마의 관심은 조선어 영화제작 계획이 실패로 끝났음에도 불구하고 계속되었다. 그는 새로운 프로젝트를 시작했다. 바로 오페라 〈춘향전〉을 만드는 것이었다. 다카기 도로쿠와 함께 작업했던 이 새로운 기획은 영화 〈춘향전〉 제작이 실패한 시점에 시작되었다.[83] 다카기에 따르면, 그는 신협극단의 〈춘향전〉에서 몇몇 가극

78 村山知義(1939b), 앞의 글, 166~167쪽.

79 村山知義(1939b), 앞의 글, 166쪽.

80 村山知義(1939b), 앞의 글, 166~167쪽.

81 村山知義(1939b), 앞의 글.

82 가공의 인물 신청천에 대한 이 장면을 위해 무라야마가 조선 고전 「심청전」에서 일부 요소를 차용했을 가능성이 있다.

83 村山知義(1948b), 앞의 글, 4쪽.

적 요소를 발견하고는 무라야마에게 오페라를 위한 각본 집필과 연출을 요청했다.[84] 그러나 다카기가 "쇼와 14년과 15년(각각 1939년과 1940년)에" 처음 세 막의 작곡을 시작했지만 전쟁 중 악보가 다 타버렸기 때문에 오페라로 제작되지 못했다.[85]

오페라를 완성하지 못한 무라야마는 그후 〈춘향전〉을 무용극으로 각색하는 것을 도왔다. 그는 1940년 1월 히비야공회당에서 조택원이 공연한 무용극을 연출했다. 조택원은 무라야마의 연출로 완성된 새로운 무용극 〈학〉과 〈춘향전조곡〉을 선보였다.[86] 그는 다카기와 무라야마에게 〈학〉의 제작을 부탁했다.[87] 이 요청을 수락한 후 다카기는 "봄", "여름", "가을", "겨울" 네 개의 장으로 구성된 교향악을 작곡했다.[88] 그러고 나서 무라야마는 학의 삶을 보여 주는 무용극을 연출했다.[89] 다카기의 작품은 중앙교향악단이 연주했으며, 조택원은 이시이바쿠무용연구소 소속 무용수 1백여 명과 함께 〈학〉을 공연했다.[90] 그러나 조택원에 따르면, 〈학〉은 1년에 걸쳐 제작되었지만 "예술작품으로서는 성공적이지 않았다".[91]

한편 무라야마가 연출한 또 다른 무용극 〈춘향전조곡〉은 비록 "〈학〉의 보충 작품으로 공연되었음"에도 불구하고 매우 성공적이었다.[92] 6개의 모음곡

84 高木東六(1948), 「オペラ『春香』について : 作曲家の言葉」, 『歌劇「春香」パンフレット』 1948. 11, 1쪽.

85 高木東六(1948), 앞의 글.

86 「조택원 신작무용 : 〈학〉, 〈춘향전〉 공연」, 『동아일보』 1940. 1. 7.자.

87 조택원(1973), 『가사호접 : 창작무용 반세기』, 서문당, 175쪽 ; 村山知義(1949), 앞의 글, 31쪽 ; 村山知義(1940a), 「芸能祭に魁けて・新春1月の賑わい」, 『朝日新聞』 1940. 1. 9.字.

88 高木東六(1948), 앞의 글, 1쪽.

89 조택원(1973), 앞의 책, 176쪽.

90 조택원(1973), 앞의 책, 175쪽.

91 조택원(1973), 앞의 책, 175~177쪽.

92 조택원(1973), 앞의 책, 178쪽.

으로 구성되는 〈춘향전조곡〉 원안을 제안한 것은 무라야마였다.[93] 〈춘향전조곡〉은 식민지배 시기 중 일본, 조선, 중국에서 공연되었다. 조선에서는 1940년 4월과 6월에 "조택원의 신무용 작품 〈춘향전〉 공연"에서 이 작품이 공연되었고,[94] 조선 공연 이후 중국의 베이징, 지난, 칭다오, 장자커우에서 "일본제국 군인을 위한 위문 목적"으로 공연되었다.[95]

5. 일제 식민 통치 말기 무라야마의 조선 체류

1940년 8월 경시청은 신협극단을 "사회주의사상을 기반으로 한 극단"으로 규정하고 "자진해산"을 명령했다.[96] 무라야마는 다른 좌파 극단 소속 예술인들과 함께 체포되었다.[97] 2년간의 수감생활 후 무라야마는 1945년 조선으로 건너갔다. 그는 "조선으로 탈출한 것이었다"고 말했으며,[98] 다음과 같이 상황을 설명한다.

> 당시 우리 같은 사상범은 보호관찰소의 감시를 받았고, (우리의) 모든 행동은 보호사(保護司)의 감독을 받았다. 전쟁은 점차 치열해졌고 일본 상륙작전도 예상되었다. 군당국이 우리를 투옥할 것이라는 소문이 법원과 보호관찰소에서 흘러나왔다. ……우리가 자발적으로 군수공장의 징용노동자로 지원하여, 직공

93 村山知義(1949), 앞의 글, 32쪽.

94 조택원(1973), 앞의 책, 209쪽.

95 조택원(1973), 앞의 책, 216~217쪽.

96 「『新協』と「新築地」解散：当局の勧告で自発的に」, 『朝日新聞』 1940. 8. 24.字.

97 司法省刑事局(1941), 『思想資料パンフレット特輯極秘・新協劇団関係者手記』, 司法省刑事局；「新協劇団小史：舞台写真の理解のために」, 新協劇団 篇, 『新協劇団二十年：舞台写真と劇団小史1934-1954』, 新協劇団, 5쪽.

98 村山知義(1949), 앞의 글, 31쪽.

> 으로 일하면서 동시에 전쟁 수행에서 선전 목적의 연극을 만들면 좋겠다는 계획으로 보호관찰소에서 회의가 열리기도 했다. 그러한 임무를 도저히 나는 참을 수 없었다.[99]

사상범으로 관찰 대상이 된 무라야마는 일본을 떠나기로 결정했다.[100] 1945년 3월 그는 조선총독부 경무국 산하 조선연극문화협회 일원으로서 조선으로 건너갔다.[101]

조선에 있는 동안 무라야마는 조택원의 집을 포함하여 세 곳의 조선인 가정에 머물렀다.[102] 무라야마에 따르면, 그는 조선에 머무는 동안 어떤 일본인과도 교류하지 않았으며 일본 음식도 먹지 않았다고 한다.[103] 흥미로운 점은 무라야마가 조선어 버전 오페라 〈춘향전〉을 제작하려는 시도를 포기하지 않았다는 사실이다. 그는 조택원과 두 명의 작곡가 현제명, 김성태와 함께 오페라 〈춘향전〉을 공동 기획했다.[104] 그들은 조선어로 된 오페라를 제작하여 1945년 9월에 무대에 올리는 것을 목표로 했다.[105] 이 계획을 위해 무라야마는 대본을 썼고, 시인 장명암이 조선어로 번역했다.[106] 1945년 8월까지 대본의 번역이 완성되었다. 김성태는 두 막에 대한 음악을 작곡했고, 조택원은 프롤로그 안무를 만들었으며, 배우들은 1막과 2막을 연습했다.[107]

---

99 村山知義(1947c), 「朝鮮の文化人へ」, 『亡き妻に』, 櫻井書店, 166~167쪽.

100 村山知義(1947c), 앞의 글, 167쪽.

101 村山知義(1947c), 앞의 글.

102 村山知義(1947d), 「朝鮮の婦人 : 東京放送局からの放送原稿」, 『亡き妻に』, 櫻井書店, 148쪽.

103 村山知義(1950), 「朝鮮での八 · 一五」, 『世界』 1950. 8, 66쪽.

104 조택원(1973), 앞의 책, 226쪽.

105 村山知義(1950), 앞의 글, 66쪽.

106 村山知義(1947c), 앞의 글, 167쪽.

107 村山知義(1947a), 「去年のけふ」, 『亡き妻に』, 櫻井書店, 187쪽 ; 조택원(1973), 앞의 책, 226쪽.

〈표 1〉 오페라 〈춘향전〉 제작진

역할	이름
각본	무라야마 도모요시
감독	
세트	
음악	김성태
지휘자	현제명
오케스트라	경성후생악단
안무가	조택원
무용수	조택원무용연구소

* 출처 : 村山知義(1949), 「『春香伝』演出手帳」, 『音楽藝術』.

〈표 2〉 오페라 〈춘향전〉 출연진

등장인물	배우
춘향	김천애 김자경
몽룡	김인범 이학상
월매	고영희
향단	류경손
방자	최봉진 정영재
사또	신막

* 출처 : 村山知義(1949), 「『春香伝』演出手帳」, 『音楽藝術』.

오페라 〈춘향전〉은 5막으로 구성되었다. 무라야마는 다섯 개의 막을 나누어 이틀에 걸쳐 공연하는 것으로 기획했다. 첫날은 1막과 2막을, 두 번째 날에는 후반부 세 개의 막을 공연하는 방식이었다. 그는 이러한 공연기획 의도를 다음과 같이 설명했다. "이는 오페라의 상식을 깨는 것이지만, 조선인들이 조금이라도 더 많은 부분의 〈춘향전〉을 보고 싶어 할 것이라고 생각했다. 극단도 이 의견에 대찬성했다."[108] 무라야마의 설명은 오페라 〈춘향전〉의 대상 관객이 대부분 조선인이었다는 점을 명확히 보여 준다. 제작진도 무라야마를 제외하고 모두 조선인들로 구성되었다. 그러나 아이러니하게도 일제 식민지배가 종식되었을 때 이 조선어로 된 오페라 제작을 "일시적으로 중단"해야 했다.[109] 무라야마는 따르면, "해방을 맞은 조선인들은 새로운 정치 · 문화 조직뿐만 아니라 새로운 국가를 건설하기 위해 긴급한 조치를 취해야 했다."[110] 그러나 무라야마가 설명했듯이 그것은 단지 일시적인 중단이었다. 5년 후 이 프로젝트는 현제명이 작곡한 또 다른 버전의 오페라 〈춘향전〉과 연결되었으며, 현제명의 오페라 〈춘향전〉은 1950년 조선에서 초연되었다.

무라야마는 1945년 12월 조선을 떠나기 전까지 일본 식민통치 종식 후 새로 조직된 극단 전선의 첫 번째 연극공연 제작을 도왔다. 전선은 PROT와 제휴를 맺었던 조선학생예술좌의 전 회원들이 설립한 극단이었다. 그들은 니콜라이 고골의 〈검찰관〉을 전선의 첫 번째 작품으로 무대에 올렸다. 무라야마는 허집과 함께 공동 연출을 맡았으며 의상과 소품 제작에도 도움을 주었다.[111]

6. 일본제국의 몰락 이후

1945년 12월 19일 무라야마 도모요시는 일본으로 돌아왔다.[112] 그는 1945년

108 村山知義(1949), 앞의 글, 32쪽.
109 村山知義(1949), 앞의 글, 31쪽.
110 村山知義(1949), 앞의 글.
111 村山知義(1947b), 「朝鮮 · 終戦前夜」, 『亡き妻に』, 櫻井書店, 179쪽.
112 村山知義(1947e), 「風俗時評(その一)」, 『亡き妻に』, 櫻井書店, 65쪽.

3월부터 12월까지 9개월 동안의 조선 체류 경험을 "일본의 패망과 조선의 독립으로 인한 격변의 시기에 조선인의 활동을 면밀하게 관찰할 수 있었다"는 점에서 "1백만 분의 일의 기회"였다고 표현했다.[113] 그는 또한 조선에 머무는 동안 조선에 대해 더욱 강한 유대감을 쌓았다고 언급했다.[114] 무라야마는 에세이에서 조선 체류에 대해 다음과 같이 회상한다. "나는 조선에 귀화하여 이 (조선) 사람들과 함께 일하고 싶다고 생각할 정도였다."[115] 이 말은 일본 식민제국 일원으로서의 그의 위치를 초월하여 조선인들에게 친밀감을 느끼고 있음을 의미한다.

일본으로 돌아온 무라야마는 1948년 재일조선인들과 함께 오페라 〈춘향〉을 제작했다.[116] 그가 쓴 일본어 버전의 오페라 대본은 국제무대를 겨냥하여 영어로 번역되었다. 이러한 협업은 식민시대 이후 조선인들이 신협극단의 〈춘향전〉에 대해 어떻게 평가하고 있는지 보여 준다. 일본제국 몰락 후 재일조선인들은 한때 동화정책의 일환으로 여겨졌던 이 연극에 대하여 다시 평가했다. 오페라 〈춘향〉을 준비하면서 재일본조선인연맹(조련)은 식민지배 시기에 공연되었던 신협극단 연극 〈춘향전〉의 좋은 "성과"에 주목했다.

> 신협극단은 연극 〈춘향전〉 공연으로 그 정도의 성과를 올린 것은 분명 연출자 무라야마 도모요시 덕분이다. 조선을 잘 아는 일본 문화계 인사 중 무라야마가 조선을 가장 잘 알고 조선인을 가장 많이 사랑한다. 조선에 대한 그의 지

113 村山知義(1947c), 앞의 글, 166쪽.

114 村山知義(1947e), 앞의 글, 68쪽 ; 村山知義(1947c), 앞의 글, 168쪽.

115 村山知義(1947c), 앞의 글, 168쪽.

116 오페라 〈춘향〉에 대해서는 필자의 논문 「終戦直後における在日朝鮮人の文化活動：在日本朝鮮人連盟によるオペラ『春香』の企画を中心に」, 『年報地域文化研究』(2010, 第14号)에서 자세히 다루고 있다.

> 속적인 애정이 연극 〈춘향전〉에 생기를 불어넣었다. 그후 그는 조선을 몇 차례 방문하였으며, 전쟁이 끝났을 때도 조선에 머물렀다. 그 정도로 그는 조선에 몰두했다. 그리고 그는 〈춘향전〉을 세계적인 수준의 예술작품으로 만들기 위해 오페라 〈춘향〉의 대본을 집필했다. ……조선에 대한 그의 깊은 애정이 이를 가능하게 했다.[117]

조련은 신협극단의 〈춘향전〉을 오페라 〈춘향〉의 제작과 연결 지으며 무라야마의 "조선에 대한 애정"을 강조했다. 식민지배 시기에 일본정부가 신협의 〈춘향전〉을 동화정책의 좋은 예로 만들기 위해 상당한 노력을 기울였음에도 불구하고, 재일조선인들은 신협극단의 공연 이후 일본에서 조선의 고전 〈춘향전〉이 큰 인기를 얻게 된 "성과"를 상기하며 신협의 연극 〈춘향전〉을 긍정적으로 재평가했다.

또한 1945년 조선에서 무라야마가 연출한 〈춘향전〉의 또 다른 오페라 버전은 해방 후 조선에서 조선인 작곡가가 쓴 최초의 오페라 제작에 영향을 미쳤다. 현제명의 오페라 〈춘향전〉은 1950년 5월 20일부터 6월 1일까지 국립극장에서 최초로 공연되었다. 1950년 버전 오페라 〈춘향전〉과 1945년 버전 오페라에 참여했던 제작진, 출연진은 중복되는 부분이 있다. 다시 말해 1950년 오페라 버전 〈춘향전〉은 1945년 버전의 〈춘향전〉을 제작했던 사람들이 대부분 참여해 제작되었다. 1945년 버전 〈춘향전〉은 한 번도 무대에 오르지 못했다.

〈표 1〉과 〈표 2〉에서 볼 수 있듯이 오페라 〈춘향전〉은 김성태가 작곡했고 무라야마가 대본을 썼으며, 이 대본은 1945년 조선어로 번역되었다. 1950년 버전 〈춘향전〉은 현제명이 작곡했고 이서구가 대본을 썼다.

---

117 李殷直(1948), 「オペラ春香伝の上演について」, 『朝連中央時報』 1948. 9. 17.字.

〈표 3〉 오페라 〈춘향〉 제작진

역할	이름	소속
음악	다카기 도로쿠	
감독 대본 무대	무라야마 도모요시	신협극단
지휘	우에다 진	도호음악협회
안무	구니 마사미	구니마사미무용연구소
코러스 지휘	도미타 요시스케	후지와라가극단
오케스트라	도호교향악단	도호뮤직소사이어티
코러스	후지와라오페라	후지와라가극단
무용수	구니마사미무용연구소	
조명	시노키 사부	신협극단 전 단원
무대 감독	마쓰오 데쓰지	신협극단
조감독	니노미야 스이치	(미상)
제작자	허남기	조련

* 출처 : 『歌劇「春香」パンフレット』1948. 11.[118]

〈표 4〉 오페라 〈춘향〉 출연진

등장인물	배우
춘향(소프라노)	오타니 레이코 다카야나기 후타바
몽룡(테너)	김영길(나가타 겐지로) 와시자키 료조
향단 : 춘향의 몸종 (소프라노)	다키타 기쿠에 난바 지쓰코
월매 : 춘향의 모 (알토)	사토 요시코 마루야마 키요코

118 소속은 팸플릿에 포함되지 않았다.

방자 : 몽룡의 몸종 (바리톤)	후지 노리아키 다카기 기요시
사또 : 남원 부사 (바리톤 또는 베이스)	아키모토 세이치
허 봉사 : 점쟁이 (바리톤 또는 베이스)	무라오 고로

* 출처 : 『歌劇「春香」パンフレット』 1948. 11 ; 曹龍達 編(1948), 『随筆春香伝』, 19쪽 ; 『オペラ「春香」ピアノ・スコア』 1947. 10, 1쪽.

따라서 1950년 버전은 1945년 버전의 〈춘향전〉과는 다른 것이었다. 그러나 1950년 버전의 제작진과 출연진은 1945년 버전과 동일하다. 1945년 김성태, 현제명과 함께 오페라 〈춘향전〉을 공동 기획했던 조택원은 비록 1945년에 오페라 〈춘향전〉 공연은 무산되었지만 "얼마 후 거의 동일한 멤버들이 모여 현제명이 작곡한 (또 다른 버전의) 〈춘향전〉을 몇 차례에 걸쳐 훌륭하게 무대에 올렸다"고 회상했다.[119] 따라서 해방 후 공연된 조선 최초의 오페라는 1945년 오페라 〈춘향전〉 공연을 이미 기획했던 제작진과 출연진이 대부분 참여해 제작한 것이었다. 1945년 버전 오페라 제작에 깊이 관여했던 무라야마는 1950년 한국에서의 오페라 제작에는 참여하지 못하였지만, 1948년 일본에서 재일조선인과 함께 오페라 〈춘향〉을 제작했다.

7. 결론

무라야마 도모요시는 일본으로 이주한 조선인들, 특히 식민지배 기간 동안 프롤레타리아운동에 가담한 노동자계층의 조선인들을 지원했다. 그러나

119 조택원(1973), 앞의 책, 226쪽. 조택원은 1950년에 미국에 거주하고 있었기 때문에 오페라에 참여할 수 없었다.

동시에 1938년 일본어 버전의 〈춘향전〉과 같은 그의 작품은 그가 조선인 관객에 대해 공감하고 있었음에도 불구하고 일제의 식민정책을 강화하는 위험성을 가지고 있었다. 그는 또한 조선인 예술가들과 협업하여 일본어가 아닌 언어로 된 몇 가지 버전의 〈춘향전〉을 제작하려고 시도했다. 그러나 조택원의 〈춘향전조곡〉을 제외하고는, 다양한 버전의 〈춘향전〉을 제작하고 조선인 관객을 위해 조선어로도 번역하겠다는 그의 계획은 정치적 · 재정적 · 사회적 상황에서 비롯된 여러 문제로 인해 실현되지 못했다.[120] 이러한 제작 실패로 인해 다각도로 이루어졌던 복잡한 무라야마의 활동이 세상에서 잊히게 되었지만, 그의 미완성 프로젝트들은 조선과 일본의 제작자, 예술가, 제작진 사이의 소통이라는 유산을 남겼으며, 조선과 일본에서 식민지시대 이후 초국가적 문화의 새로운 흐름을 가져왔다.

120 조택원은 1940년대 후반에 미국에서 〈춘향전조곡〉을 공연했다[조택원(1973), 앞의 책, 264쪽].

In a Gray Zone of the Japanese Empire

Variations of *Ch'unhyangjŏn* by Murayama Tomoyoshi

1. Introduction

Murayama Tomoyoshi (1901-1977) was a leading figure in the proletarian theater movement in Japan. From the 1920s, Murayama was associated with a wide range of artistic works as playwright, theater producer, artist, and novelist. Since the onset of his interest in Korean culture in the 1920s, Murayama was involved in cultural productions in relation to Korea. Specifically, he attempted to produce plays, operas, a dance piece, and a film to present the Korean folktale *Ch'unhyangjŏn*. In this essay, I examine his strategies to direct each version of *Ch'unhyangjŏn* under Japanese colonial rule. Murayama's continual attempts to create various versions of *Ch'unhyangjŏn* during the colonial period illuminate the marginalized interactions between Koreans and Japanese. At the time, Japan sought to control and suppress communist activists for its imperial project. Japanese members of the proletarian movement, including Murayama, had to choose either to compromise, which meant cooperation with the authorities, or to resist from the 1920s through the 1940s. Murayama's manifold strategies of producing different versions of *Ch'unhyangjŏn* reflect his ambivalent position of being both a colonizer and an oppressed leftist figure within a gray zone of the Japanese empire.

Previous studies regarding the relationship between Murayama and Korea tend to evaluate his intention to produce works vis-à-vis Korean culture in the colonial period either positively or negatively. Yi Chun-sik argues that Murayama produced the works in relation to Korean culture because of "his love for Koreans."[1] Yi further insists that Murayama's understanding of ethnic Korean culture across borders teaches us "how to establish a true solidarity between Korean culture and Japanese culture."[2] Hayashi Kōji also asserts that "Murayama was interested in Korean culture and literature, deeply sympathizing with Korean people" during the colonial period.[3] On the contrary, Mun Kyŏng-yŏn highlights "the impossibility of communication between the colonizers and the colonized" due to "the split between the empire and the colony," examining several discussions between Murayama and Korean intellectuals during the colonial period.[4] These previous studies mostly analyze the play *Ch'unhyangjŏn* produced by the Japanese theater company Shinkyō in 1938.[5] Murayama, however, not only directed Shinkyō's play, but also made a novel, a dance piece, and operatic works of the Korean folktale

1 Yi Chun-sik, "Murayama Tomoyosi ŭi chinbojŏk yŏn'gŭk undong kwa Chosŏn munhwa sarang," *Yŏksa pip'yŏng*, no.88 (August 2009) : 280-302.

2 Ibid., 300-301.

3 Hayashi Kōji, "Murayama to Chōsen," in *Sengō Hi-Nichi bungaku ron* (Tokyo : Shinkansha, 1997), 117.

4 Mun Kyŏng-yŏn, "1930-yŏndae mal Shinhyŏp ŭi Ch'unhyangjŏn kongyŏn kwallyŏn chwadamhoe yŏn'gu," *Uri ŏmun yŏn'gu* 36 (2010) : 471-504.

5 In addition to the previous studies, Shirakawa Yutaka's "Chang Hyŏkchu saku gikyoku *Ch'unhyangjŏn* to sono jōen (1938)" and Tonomura Masaru's "Chōsen minzoku ni totte no 1938 nen Shinkyō gekidan *Ch'unhyangjŏn*" also examine Murayama's role in producing Shinkyō's *Ch'unhyangjŏn*. Shirakawa Yutaka, "Chang Hyŏkchu saku gikyoku *Ch'unhyangjŏn* to sono jōen (1938)," in Shirakawa Yutaka, *Shokuminchi ki Chōsen no sakka to nihon* (Tokyo : Daigaku Kyōiku Shuppan, 1995) ; Tonomura Masaru, "Chōsen minzoku ni totte no 1938 nen Shinkyō gekidan *Ch'unhyangjŏn*," *Zainichi Chōsenjin shi kenkyū* no.48 (October 2018) : 29-48.

during and after the colonial period.[6] Thus, it is necessary to explore his works not only in the colonial context, but also in the postcolonial period in order to evaluate his involvement in the production of Korean culture.

Murayama's enormous efforts to produce multiple pieces of the folktale were made by his contradictory collaborations with both Koreans and the Japanese empire. In *Recasting Red Culture in Proletarian Japan*, Samuel Perry shows the limitations of Japanese communist writers portraying the lives of colonial Koreans.[7] Perry argues that despite the limitations of their works, which were ineluctably linked to the dominant cultural modes of the Japanese empire, Japanese communist writers contributed to the possibility of expanding class analysis to include the experiences of Koreans across the borders. Perry's insight helps us understand Murayama's activity in a gray zone under Japanese colonial rule. During the late 1930s, Murayama's play *Ch'unhyangjŏn* was used to support the Japanese government that attempted to assimilate Koreans for war mobilization. However, Murayama also reflected on the emotions of the Korean audience members as the colonized when he produced his variations of *Ch'unhyangjŏn*, collaborating with Korean writers, crew, and artists. When Murayama directed his own version of the 1938 play, he suggested that the scriptwriter Chang Hyŏk-chu (1905-1998) include the banquet scene of Yu Ch'i-jin's script because Murayama understood that the scene was the highlight of the folktale for Korean audiences. Furthermore, he published a novel written about the internal conflict of a Japanese protagonist, whose career path is similar to that of Murayama. Through portraying the

---

6 Yang In-sil examines the production process of the film *Ch'unhyangjŏn* by Murayama Tomoyoshi. Yang In-sil, "1930 nendai Nihon teikoku nai ni okeru bunka 'kōryū' : eiga '*Ch'unhyangjŏn*' no juyō o chūshin ni," *Ritsumeikan gengo bunka kenkyū*, vol.24, no.2 (2013) : 55-72.

7 Samuel Perry, *Recasting Red Culture in Proletarian Japan : Childhood, Korea, and the Historical Avant-Garde* (Honolulu : University of Hawai'i Press, 2014).

protagonist's trip to Korea, this novel vividly shows Murayama's sensitivity to the reaction of Koreans to his producing of *Ch'unhyangjŏn*. In the novel, Murayama particularly delineates the uneasiness of Korean audience members at the Japanese-language theatrical version of the folktale due to their attachment to the Korean language. It is also noteworthy that Murayama also tried to make a Korean-language film and opera of *Ch'unhyangjŏn* from the late 1930s to 1945. In that period, Japan enforced its assimilation policies, such as "the name-changing campaign" (*sōshi kaimei*), which would ultimately annihilate Korean culture. Given the situation, the achievement of Murayama's plans was virtually impossible.

Despite his close and broad connection with Korean artists, his interpretation of *Ch'unhyangjŏn* was occasionally ambiguous enough to enhance Japanese colonization. Such attempts were forgotten due to the failures of his production after the end of Japanese colonial rule. This essay tracks the records of Murayama's activity to clarify his intention of creating various versions of *Ch'unhyangjŏn*. In doing so, it sheds light on Murayama's ambivalent positioning within the marginal spaces found between the pressure of the empire and his empathy with the colonized.

While Murayama shared the feelings of the colonized, he was not able to separate himself from the colonial practices of the Japanese empire. Nevertheless, Murayama continued to rebuild his relationship with Korean immigrants in Japan, producing a new operatic version of *Ch'unhyangjŏn* after the collapse of the Japanese empire.

2. Murayama's Encounter with Korean Culture (1928–1938)

Shinkyō's play *Ch'unhyangjŏn* was the first adaptation of *Ch'unhyangjŏn* that Murayama directed. This piece, which was written by Chang Hyŏk-chu, was staged in Japan and Korea in 1938.[8] While producing this play, Murayama clarified his motivation to ask Chang to write the play as follows : "I have been interested in classical Korean literature for a long time and had aspirations to stage it in Japan."[9] His "long time" interest spanned about ten years, starting in the late 1920s. In March 1928, the great oppression against the Communist Party took place in Japan. Murayama, who was a member of the Alliance of Vanguard Artists (*Zen'ei geijutsuka dōmei*) at that time, went to Atami to escape from the influence of the oppression.[10] During his stay in Atami, he visited "a small restaurant for laborers, especially Koreans."[11] In his autobiography, Murayama mentions that his encounter with Koreans at this restaurant aroused his interest in Korea :

> I saw a young woman who wore Korean clothes for the first time 〔at the restaurant〕. I heard 〔the Korean songs〕 *Arirang* and *Toraji*, from her who did not yet know Japanese.
>
> They were colonized by Japan, confronted hardships because of the Japanese, and were even massacred in that way during the Great Kantō Earthquake. I, as a conqueror (*seifuku sha*), felt great guilt towards the people and intended to show a special sense of affection 〔for them〕 somehow. At the moment, I felt a romantic, even sexual degree of attachment (*seiteki na kyūchaku ryoku*).
>
> I think that this moment was the beginning of my interest in — and, at a later

---

8 It was staged in Tokyo, Osaka, and Kyoto, Japan and in Kyŏngsŏng, P'yŏngyang, Taejŏn, Chŏnju, Kunsan, Pusan, and Taegu, Korea. "Gekidan nyūsu," *Gekidan Shinkyō gekidan* (April 1938) : 1 ; Akita Ujaku, "Chōsen junkai kōen o oete," *Teatoro* (December 1938) : 33.

9 "Murayama Tomoyoshi shi to kataru Chōsen, Chōsenjin, *Ch'unhyangjŏn*." *Chōsen kōron* (March 1938) : 74.

10 Murayama Tomoyoshi, "Engeki teki jijoden 59," *Teatoro* (June 1972) : 128.

11 Ibid., 129.

time, my special attachment to — the country and the people of Korea.[12]

While Murayama was "a conqueror" of the Korean people and felt guilty towards the colonized, he was also afraid of his arrest by the Japanese government as a leader of the proletarian cultural movement. Such a contradictory position — as both a conqueror and an oppressed person in the empire — is reflected in the varied directions of his *Ch'unhyangjŏn* pieces.

In the late 1920s — when Murayama became interested in Korea — the Korean proletarian cultural movement in Japan arose.[13] Specifically, in 1927, the Tokyo branch of KAPF (Korea Artista Proleta Federatio) was established. At that time, Murayama was the Chairman of PROT (Japana Proleta Teatra Unio) under the control of KOPF (Japanese Federation of Proletarian Cultural Organization, or Federacio de Proletaj Kultur-Organizoj Japanaj) ; thus, he was able to continue communicating with Koreans who were involved in the proletarian movement in Japan.

Murayama's opinion on an ethnic group of Zainichi Korean members in KOPF reflects his perception of the Korean theater movement in the early 1930s. In November 1931, the KOPF members discussed how they would deal with Dōshisha which consisted of Zainichi Korean leftists who wanted to join KOPF.[14] The Comintern (Communist International), an organization established by Lenin in 1919, introduced the principle of the one-party system within a given country. By drawing on this principle, the KOPF members argued that

---

12 Ibid.

13 Niki Aiko, "1920-30 nendai Zainichi Chōsenjin no engeki undo," *Zainichi Chōsenjin shi kenkyū* (September 1983) : 29-38.

14 Zainichi Koreans who belonged to Musansha-sha, Tokyō Chōsen puroretaria engeki kenkyū kai, et cetera, which were founded after the Tokyo branch of KAPF was dismissed in 1929, established Dōshisha in November 1931. Kōan chōsachō, *Zai-Nihon Chōsenjin no gaikyō* (August 1953), 145-154.

"it was theoretically impossible for us to have two different ethnic organizations in the country while keeping a principle of forming a united front of Japanese and Korean arts in Japan."[15] The KOPF members suggested that a council of Korea (Chōsen kyōgikai) should be established in place of Dōshisha. However, Murayama contended that "an ethnic nation (*minzoku*) should have freedom to establish a cultural organization of its own nation."[16] He further insisted that "Dōshisha should be a local branch of KAPF"[17] because "Koreans needed to have their own cultural and mass organization ... in Japan."[18] At the heart of Murayama's opinion was the conviction that the Zainichi Korean theater movement should be distinguished from the Japanese proletarian cultural movement because "the political and economic situations in Korea related to [Koreans'] proletarian cultural movement are different from those in Japan."[19] Despite Murayama's recognition of the necessity of Dōshisha in KOPF, KAPF ordered for the Korean members to disband. Instead, a council of Korea was established within KOPF.

In May 1932, Murayama was arrested because of the suppression of the proletarian cultural movement.[20] After he was released in December 1933,[21] he declared his abandonment of Marxism (*tenkō*) during his trial at the Tokyo District Court in March 1934.[22] However, Murayama reminisced about this

15 Kōan chōsachō, *Zai-Nihon Chōsenjin no gaikyō* (August 1953), 153.

16 Murayama Tomoyoshi, "Purotto no shin hōshin to shin soshiki no kongo no tenkai," *Purotto* (January 1932) : 14.

17 Ibid.

18 Kōan chōsachō, *Zai-Nihon Chōsenjin no gaikyō* (August 1953), 153.

19 Ibid.

20 "Tettei teki na dai danatsu ni puro bunka renmei kaimetsu," *Tokyo Asahi shinbun*, April 11, 1932.

21 Murayama Tomoyoshi, "Shuki," in *Shisō shiryō panfuretto tokushū gokuhi : Shinkyō gekidan kankeisha shuki*, ed. Shihōshō keijikyoku. March 1941, 1.

22 Ibid., 7.

period as follows : "Even though I decided not to be involved in any political movement, I never changed my belief in Marxism and was willing to continue theater movements."[23] Therefore, the conversion at the time was a disguise.

Under the oppression of the proletarian movement, Murayama, who still maintained his interest in Korean culture, formed the Japanese theatrical company Shinkyō in September 1934. He published his essay, "Chōsen no engeki no tame ni" (For Korean theater), in December 1934.[24] In this essay, Murayama mentions his memory of an October 1934 music and dance festival for Zainichi Koreans who were affected by storm and flooding. Reflecting on "the 〔Korean〕 audiences' raptures," he insists that "their craving, which is like burning, for ethnic culture must be fulfilled."[25] In addition, he helped several Korean theatrical organizations in Japan search for a way to continue their activities under the suppression of leftist movements by organizing a joint meeting in July 1935.[26]

After becoming interested in Korean culture in the late 1920s, Murayama built relationships with Zainichi Koreans, especially through the proletarian theater movement. He also visited cultural events that were produced by Koreans in Japan, such as Ch'oe Sŭng-hŭi's dance performances, and even published a novel, entitled "Aru koroni no rekishi" (A history of a colony), which was about a Korean village in Japan.[27] Through such activities, Murayama gradually discovered Koreans' thirst for ethnic culture and began to relate his works to Korean culture.

23 Ibid., 8.

24 Murayama Tomoyoshi, "Chōsen no engeki no tame ni," *Teatoro* (December 1932) : 9.

25 Ibid., 7-10.

26 Kōan chōsachō, *Zai-Nihon Chōsenjin no gaikyō* (August 1953), 167.

27 Murayama Tomoyoshi, "Chōsen no waga tomo e," *Keijō nippō*, January 13, 1939.

3. Murayama and Shinkyō's Play *Ch'unhyangjŏn*

The Korean folktale *Ch'unhyangjŏn* was frequently interpreted by Korean writers, such as Yi Kwang-su, during the colonial period. Among the diverse adaptations of this Korean folktale, Shinkyō's play was the first production to be incorporated in the assimilation policy, *naisen ittai*, by the Japanese government. Murayama targeted both "Koreans and Japanese as the audience members" with the intention of producing *Ch'unhyangjŏn* "in the most Korean way."[28] Thus, Murayama visited Korea with his staff, An Yŏng-il and Niki Dokujin, in February 1938 for the first time.[29] This trip allowed Murayama, who had been interested in Zainichi Korean cultural activities for about ten years, to deepen his understanding of Korea. Moreover, he was able to gain support from Koreans in Korea.[30]

In the pamphlet of the play, Murayama mentions that when he went to Korea with his staff, "Koreans made a program, guided 〔them〕 and explained in the hope of helping 〔them〕 correctly understand Korea."[31] Furthermore, in Japan, Zainichi Koreans participated in producing the play. According to Murayama, "〔Korean〕 dancer Pae Ku-ja, novelist Kim Si-ch'ang (Kim Sa-ryang), and the members of the 〔Korean〕 Student Art Theater" helped them

---

28 Murayama Tomoyoshi, "Enshutsusha no kotoba," *Teatoro panfuretto : Ch'unhyangjŏn* (March 1938) : 7-9.

29 Murayama Tomoyoshi, "Chōsen no waga tomo e," *Keijō nippō*, January 13, 1939.

30 For example, Song Sŏk-ha (archeologist), Yu Ch'i-jin (writer), Sim yŏng (actor), Hong Nan-p'a (composer), Yi Kyŏng-t'ae (musician), An Sŏg-yŏng (film director), Kim Yong-sŭng (musician), Kim Sŏk-ku, Yi Tong-baek, Ch'oe Nam-ju (The President of the Korean Film Company), Yi Chae-myŏng (An executive of the Korean Film Company) guided them in Korea. Murayama Tomoyoshi, "Enshutsusha no kotoba," *Teatoro panfuretto : Ch'unhyangjŏn* (March 1938) : 10.

31 Murayama Tomoyoshi. "Enshutsusha no kotoba," *Teatoro panfuretto : Ch'unhyangjŏn* (March 1938) : 10.

〈Figure 1〉 Murayama posed for a group photograph when he visited the Korean theatrical company Hohwasŏn in Korea in February 1938. Sitting in chairs from left to right are Niki, Murayama, An, and Hong Hae-sŏng. *Gekkan Shinkyō gekidan*, no.35, March 8, 1938.

during rehearsals for the play in Tokyo.[32] An Yŏng-il, a Korean member of Shinkyō, especially played a crucial role in planning the play, while Murayama led the whole process of the production.[33]

Moreover, Tonomura Masaru argues, Murayama decided to produce the play not only because he was interested in Korean culture, but also because he needed to convince the Japanese government that the Shinkyō company was not connected to communism.[34] In January 1938, Sugimoto Ryōkichi, a member of the Shinkyō company, eloped with Okamoto Yoshiko, an actress,

32 Ibid.

33 Tonomura Masaru, "Chōsen minzoku ni totte no 1938 nen Shinkyō gekidan *Ch'unhyangjŏn*," *Zainichi Chōsenjin shi kenkyū* no.48 (October 2018) : 35.

34 Ibid., 36.

to the Soviet Union. After the incident, Murayama was summoned to appear before the police in order to attest that the theater company was not connected to the Soviet Union. Citing Murayama's interview with Tosaka Yasuji,[35] Tonomura reveals that Murayama produced the play to show the company's cooperation with the Japanese government.[36] The Japanese government introduced Korean culture to the Japanese as a practice of *naisen ittai* to maintain Korean cooperation within the wartime mobilization system. Murayama's plan to introduce the Korean folktale to Japanese audiences through the play was in line with the government's policy of *naisen ittai*.

However, Murayama's purpose in producing *Ch'unhyangjŏn* was not completely identical to that of the Japanese government. While the Japanese government recognized the significance of the play only for its Japanese audiences, Murayama considered its acceptance by Korean audiences as well. When Murayama produced the play, he was conscious of Koreans' strong desire for their ethnic culture.[37] Even though Murayama acknowledged that the Shinkyō company staged the play in accordance with Japan's imperial policy — to introduce Korean culture to Japanese audiences — he also mentioned that "〔the Shinkyō company〕 intended to bring the play to *Korean* audiences from Japan."[38] However, the Japanese government did not pay attention to how the play would impact Koreans. They consistently emphasized that the Japanese theater company Shinkyō presented Korean culture to the

---

35 Tosaka Yasuji, *Taidan : Nihon shingeki shi* (Seiabō, 1961), 241, quoted in Tonomura Masaru, "Chōsen minzoku ni totte no 1938 nen Shinkyō gekidan *Ch'unhyangjŏn*," *Zainichi Chōsenjin shi kenkyū* no.48 (October 2018) : 36.

36 Ibid.

37 "Murayama Tomoyoshi shi to kataru Chōsen, Chōsenjin, *Ch'unhyangjŏn*," *Chōsen kōron* (March 1938) : 74.

38 Murayama Tomoyoshi, "Chōsen to no kōryū," *Tokyo Asahi shinbun*, September 15, 1938, italics mine.

Japanese. A review of the play *Ch'unhyangjŏn* published in *Chōsen*, the Japanese government's periodical, was also written only for "the readers who were not knowledgeable about the old culture and customs of Korea."[39]

Murayama aimed to provide ethnic culture to Koreans in the late 1930s, which deviated from the government's policy, because he sympathized with Koreans who tried to keep their language and culture under the assimilation policy. However, he was also aware that the play *Ch'unhyangjŏn* could ironically support the imperial policy.

4. A Film, a Dance Piece, and Operas of *Ch'unhyangjŏn* (1938–1945)

After staging the play in 1938, Murayama planned to create a film, a dance piece, and operas of *Ch'unhyangjŏn*. Each adaptation was produced with different plans with regard to language and targeted audiences. In the process of producing the play, Murayama ascertained the emotions of Koreans who resisted the Japanese translation of classical Korean literature. Of his plans to make various adaptations of *Ch'unhyangjŏn*, Murayama only achieved the staging of a dance piece in the 1940s ; however, this piece was also performed to console Japanese soldiers, thus serving the imperial policy.

After finishing the performance of the 1938 play *Ch'unhyangjŏn* in Japan, he set about making a film. In May 1938, he visited Korea again to prepare "the film *Ch'unhyangjŏn* which would be produced by the Korean Film Company (*Chōsen eiga-gaisha*)."[40] Murayama planned to shoot the film in 1939

---

39 Sin T'ae-hyŏn, "*Ch'unhyangjŏn* jōen o mite," *Chōsen* (December 1938), 61.

40 Murayama Tomoyoshi, "*Ch'unhyangjŏn* yodan," *Keijō nippō*, May 31, 1938.

and complete it by the spring of 1940.[41] His direction of the film was distinguishable from that of Shinkyō's play. Specifically, Murayama wrote the script for the film, aiming to broaden the targeted audiences beyond the Koreans and Japanese. Murayama described his goal of writing the script as follows :

> While Chang Hyŏk-chu's script targeted Japanese audiences, Yu Ch'i-jin wrote 〔his〕 script for Korean audiences. However, I intend to target Japanese, Korean and, furthermore, foreigners.[42]

He lists three reasons for including "foreigners" as spectators : recovering the costs, developing Korean cinema, and the universality of the content.[43] According to Murayama, his script targeted "overseas audiences" because *Ch'unhyangjŏn*, "a pride of Korea," contains content that would resonate with a broader audience beyond nations and borders.[44]

Moreover, in contrast to Shinkyō's *Ch'unhyangjŏn*, Murayama attempted to "create a Korean-language film with Korean actors 〔and actresses〕."[45] Thus, the script would be translated into Korean ; in Japan, it would be revoiced in Japanese.[46] In terms of the language and ethnicity of the performers, this film was also different from Shinkyō's play, which was staged in Japanese and performed by Japanese actors and actresses — even though some Korean members of the company also performed in the play. In his essay, Murayama

41 Murayama Tomoyoshi, "*Ch'unhyangjŏn* (shinario) : Chōsen eiga kabushikigaisha no tame ni," *Bungaku kai* (January 1939) : 141.

42 Ibid., 140.

43 Ibid.

44 Ibid.

45 Ibid.

46 Ibid.

clarified his purpose in making the film as follows :

> First of all, I wanted to make this film a *Korean* film as much as possible. Secondly, I wanted to make *Ch'unhyangjŏn*, which is completely Korean, thoroughly retain its Koreanness. Thirdly, I thought that it (the Korean-language film) could satisfy the ideal of the folktale artistically without a fault.[47]

Murayama combined Kabuki's *esprit* and Korean styles of acting even though he aimed to make the play *Ch'unhyangjŏn* "in the most Korean way." However, in the course of staging the play, he developed his understanding of Koreans' critical responses to the Japanese-language performance of the Korean folktale.

Interestingly, Murayama's novel "Tansei," which was completed in September 1939, mirrors his consciousness of Korean audiences.[48] "Tansei" was included in *Meiki*, the collection of his novels written about Korea.[49] In "Tansei," the protagonist Midorikawa, who is a famous screenwriter, is invited to Korea for a film planned by a Korean film company. Kim Hong-sik, the Chairman of the film company, tells Midorikawa : "If we don't make a film that is *the most Koreanized* (*mottomo Chōsen teki na eiga*), there is no point in making it."[50] Kim takes Midorikawa, who is visiting Korea for the first

47 Ibid.

48 Murayama Tomoyoshi published "Tansei" from Chūō kōron in October 1939. I mentioned September because he wrote "September 1939" in "Tansei," which was included in *Meiki*. Murayama Tomoyoshi, *Meiki* (Tokyo : Kyōdo Shobō, June 1948), 125.

49 Murayama Tomoyoshi, *Meiki* (Tokyo : Kyōdō Shobō, 1948). This book consists of "Aru koroni no rekishi" (May 1936), "Kimu kun mimai" (August 1935), "Tansei" (September 1939), "Meiki" (March 1946), and "Nihonjin tachi" (June 1946).

50 Murayama Tomoyoshi, "Tansei," in *Meiki* (Tokyo : Kyōdo Shobō, 1948), italics in the original.

time, to the houses of the *yangban* class, villages of the lower classes (*domakumin no buraku*), a local bar, and so on, to introduce him to Korea. While staying in Korea, Midorikawa becomes aware of the distrust, criticism, and expectations that Koreans have of him. In this novel, Murayama particularly portrays Midorikawa's internal conflict as a Japanese figure in the process of meeting Koreans.

The career path of Midorikawa is similar to that of Murayama. Furthermore, several instances of Midorikawa's dialogue in the novel rephrase portions of Murayama's essays. Thus, an analysis of this novel shows how Murayama interpreted Koreans' perceptions of a Japanese figure who was interested in Korea during the colonial period. In order to clarify Murayama's consciousness in directing the film *Ch'unhyangjŏn*, I examine how Murayama described Koreans' reactions to Shinkyō's play *Ch'unhyangjŏn* in "Tansei." Murayama delineates the protagonist's relationship with Korea as follows :

> Midorikawa has loved Korea, in particular, for many reasons. He has taken care of young Korean men who came to Japan to study the arts, supported theater companies that Koreans organized in Japan, and shown deep interest in cultural movements in Korea. Such things have continued for ten years. Therefore, it was natural for him to be loved by and gain attention from Korean people.[51]

The Koreans arrange a plan for Midorikawa, who is interested in Korea and has built relationships with Korean artists for ten years, to "make the Japanese man thoroughly know Korea."[52] Midorikawa describes their efforts as "their strong love toward their land and people."[53]

---

51 Ibid., 75.

52 Ibid., 78.

53 Ibid.

However, during the trip, Midorikawa confronts the gaps between the thoughts of Koreans and his own. In one scene, the protagonist debates translations of classical Korean literature with Koreans. At a publishing company, Midorikawa meets some Koreans who plan to publish the series of classical Korean literature. Midorikawa suggests that they not only publish the series in Korean but also translate it into Japanese. In his mind, "it would be better to be known despite its incompleteness than not to be known at all."[54] However, the Koreans react by saying, "Nobody should translate classical Korean literature 〔because〕 it is a profanation."[55] They contend that "certain Korean emotions can be expressed only in Korean."[56] Through the protagonist's words, Murayama demonstrates his interpretation of their logic, which resists the translation practices of classical Korean literature, as "their attachment to language" (*kotoba ni taisuru aijō*).[57] Moreover, in Midorikawa's narrative, language is distinguished from "the idea of politics or utility," which literary scholars discuss.[58] However, Midorikawa argues that "language adheres to people through blood and strongly lives 〔in them〕."[59] Murayama connects the debate to the Korean reactions to Shinkyō's play *Ch'unhyangjŏn*. After "the fierce debate" on translating classical Korean literature into Japanese, a Korean woman tells Midorikawa :

> You probably think that our position on translation is awfully unreasonable, right? But I still think that translating classical Korean literature is a profanation.

54 Ibid., 103.
55 Ibid.
56 Ibid.
57 Ibid.
58 Ibid.
59 Ibid.

> On the one hand, I want to confront people who think that 〔we〕 don't have culture with 〔classical literature〕, saying, "look at this." On the other hand, I want to just embrace the excellent classical literature without a stain, thinking that "〔I need to keep〕 this at least." So, when I watched Shinkyō's *Ch'unhyangjŏn*, on the one hand, I was glad. On the other hand, I wanted to exclaim : "*Ch'unhyangjŏn* is not that!"[60]

In "Tansei," by using Shinkyō's *Ch'unhyangjŏn*, which he directed, Murayama portrayed the dual emotions that Korean audiences had when they encountered a Japanese translation of classical Korean literature. Especially, he described that the foundation of the emotion was "the sadness" of Koreans who faced the situation where "the Korean language ... was perishing."[61] It is noteworthy that Murayama wrote the same content in his essay about the Koreans' perception of the Japanese translation. In his essay "Chōsen bungaku ni tsuite" (About Korean literature), Murayama implied his response to the Korean writers and critics who were opposed to translating Korean literature in Japanese by explaining :

> When I think about 〔the opposition〕, it is not a mere theoretical denial of translation (*hon'yaku hitei ron*) but 〔their〕 attachment to a gradually perishing language and tenacity in agony.[62]

To sum up, Murayama interpreted the uneasiness of Koreans at the Japanese-language version of *Ch'unhyangjŏn* that he produced as "their attachment" to the Korean language.

---

60 Ibid., 104-5.

61 Ibid.

62 Murayama Tomoyoshi, "Chōsen bungaku ni tsuite," *Bungaku kai* (May 1940), 161.

Murayama responded to their attachment to the language by producing the film *Ch'unhyangjŏn* in Korean using Korean actors and actresses. Publishing the script, which he wrote in Japanese, he elucidated his idea of directing the film : "At this moment, these ideas are yet 〔my〕 *hope* and *dream*. No one knows if they will be achieved in the end."[63] Given his comment, Murayama was not confident of the achievement of his plan. Despite the indefinite situation, Murayama steadily prepared to make the film. For example, Murayama visited P'yŏngyang with his staff in order to choose an actress for Ch'unhyang's character. In his essay, Murayama mentions that he "interviewed several *kisaeng* and finally chose one" even though he forgot her name.[64] According to him, he went to P'yŏngyang because he could not find a proper person for the role of the heroine.[65] In *Modan Nippon*, Wang Sŏng-suk, *a kisaeng*, reminisces about Murayama's interview.

> MODERATER. Murayama came 〔to P'yŏngyang〕 to find an actress to play Ch'unhyang in the film, right?
>
> WANG SŎNG-SUK. Right. It was his second visit. I took Yi Pok-hwa to the house to introduce her 〔to him〕. He was impressed, saying that "she ... is promising." However, he seemed to worry, thinking that it could be hard 〔for him〕 to train her to be an outstanding actress. Nevertheless, he was also confident of excellently incorporating her 〔into the film〕 in three months if they worked hard ... [66]

63 Murayama Tomoyoshi, "Ch'unhyangjŏn (shinario) : Chōsen eiga kabushikigaisha no tame ni," *Bungaku kai* (January 1939) : 140, italics in the original.

64 Murayama Tomoyoshi, "*Ch'unhyangjŏn* enshutsu techō," *Ongaku geijutsu* (February 1949) : 32.

65 Murayama Tomoyoshi, "*Ch'unhyangjŏn* zuisō," *Kageki Chun Hiang panfuretto* (November 1948) : 4.

66 "Pyonyan kisen naichi meishi o kataru zadankai," *Modan Nippon* (November 1939) : 245.

It is unclear if Yi Pok-hwa was finally chosen as Ch'unhyang. However, this interview clarifies that Murayama actually prepared for the Korean-language film to be produced with Korean actors and actresses. For Mongnyong's role, Cho Taik Won (Cho T'aek-wŏn), a Korean dancer who had performed mainly in Tokyo, was selected.[67] However, this plan was canceled because of the film company's financial difficulties.[68] In January 1939, when Murayama attempted to film it, he made an intriguing comment : "While I work hard for the film, I will make more of an effort to know Korea. I feel that my *lifework* is buried in it."[69]

However, his script for the film possibly supported the legitimacy of Japanese colonial tutelage by criticizing the Korean dynasty, which was ended by Japanese colonial rule. In the middle part of the script, Murayama specifically portrays the landscape of *Souru* (Seoul) through Mongnyong's perspective.[70] Mongnyong comes to Seoul because his father Yi Chun-sang, who was the local governor in Namwŏn, has been assigned to a position at the Royal Secretariat (*Sŭngjŏngwŏn*). Yi Chun-sang was highly respected by the local residents in Namwŏn to the extent that they erected a monument to the memory of his "good government" when he left for Seoul.[71] Soon after

---

67 Ishii Baku, "Waga Chōsen kōyū roku : Sai Shōki to sono hoka," *Modan Nippon* (November 1939) : 236.

68 Murayama Tomoyoshi, "*Ch'unhyangjŏn* zuisō," *Kageki Chun Hiang panfuretto* (November 1948) : 4 ; Kim Sa-ryang points out that it might have been canceled because Murayama was arrested in August 1940. Kim Sa-ryang. "Chaeil Chosŏnin yŏngŭk undong ŭi chŏngae kwajŏng kwa kongyŏn pangsik yŏngu." (Ph.D. dissertation, Seoul National University, 2016).

69 Murayama Tomoyoshi, "Chōsen no waga tomo e," *Keijō nippō*, January 13, 1939, italics mine.

70 Murayama Tomoyoshi, "*Ch'unhyangjŏn* (shinario) : Chōsen eiga kabushikigaisha no tame ni," *Bungaku kai* (January 1939) : 139-90.

71 Ibid., 161.

arriving in Seoul, Yi Chun-sang visits the Minister Yun Yŏ-gong's house. In the scene, Yi, who was known as "a genuine governor," secretly asks Yun to pass his son Mongnyong on the state examination ; Yun accepts his request.[72] Murayama connects this scene of the clandestine meeting, which indicates that corrupt practices are quite common in the society without exception, to the conversation between Mongnyong and the Minister's son Yun Ki-sŭng. Walking on the street, Yun Ki-sŭng talks about how the Chosŏn dynasty has exploited the people to repair the ramparts surrounding Seoul. He cynically evaluates the ongoing repair of the ramparts, asserting that they cannot shield Korea from the invasions of the Qing dynasty and Japan because "there is no one who will stay there to protect 〔the capital〕."[73] Furthermore, Yun especially criticizes the current government, which consists of "inefficient people."[74] He argues that the factional officials are continually occupied with "jealousy and lust for power," which define the status of the current government.[75]

Interestingly, Murayama frames Pyŏn Hakto's misgovernment as a result of his lust for power and jealousy of Mongnyong's father. Pyŏn, who was the newly appointed local governor in Namwŏn, compares himself to the former governor, Yi Chun-sang. Pyŏn tells his servant about Yi as follows :

> "I hate Yi Chun-sang! ... I have a grudge against him. Even though he is also a member of my faction, my grudge never disappears ... We passed the state examination in the same year. However, I played second fiddle to 〔him〕 because he was always superior to me. People might envy me for my rapid success.

---

72 Ibid., 165.

73 Ibid., 167-8.

74 Ibid., 167.

75 Ibid., 168.

However, Yi always stays a step ahead. It makes me uncomfortable. My mind is not satisfied all the time because of him."[76]

This scene depicts Pyŏn, who generally represents the current corrupt ruling class in *Ch'unhyangjŏn* pieces, as a governor who embodies the characteristics of the traditional *Korean* ruling class that Yun condemned in his conversation with Mongnyong. In doing so, Murayama prevents this script from being interpreted as an allegory of the criticism of current Japanese colonial officials. This choice might reflect the social circumstance whereby the Japanese government kept an eye on the activities of Murayama and his Korean staff. However, Murayama's critical portrayal of the traditional Korean political leaders implies that Korea had serious internal problems within the political system, which should have been reformed. In this regard, the script contained certain aspects for rationalizing Japanese colonization.

Nevertheless, Murayama's script is also open to a different interpretation. Murayama frequently highlights the willingness of young characters, such as Mongnyong and Yun, to correct the political system operated by the factional officials, which connotes a hopeful development of the nation. Despite the fact that the Minister had no authority in choosing the top candidate, Mongnyong won the top place, which proves that Mongnyong did not pass the examination by favor of the Minister.[77] Thus, the script seems to emphasize that the future of the nation depends on the ability and efforts of young Korean leaders. Furthermore, Murayama includes a scene where Yun Ki-sŭng tries to ask his father to edit his poem of farewell.[78] Yun wrote the poem for Sin Ch'ŏng-ch'ŏn who would go to Japan for a courtesy visit to

76 Ibid., 172.

77 Ibid., 168.

78 Ibid., 166-7.

the newly inaugurated Kanpaku (Regent to the Emperor), Minamoto Yoshimune.[79] According to Yun's description, even though Sin was unwilling to leave his "aged mother," a senior envoy forced him to go to Japan.[80] Sin considers the situation to be an inevitable "curse" on his life.[81] This unconventional anecdote, which is rarely seen in other *Ch'unhyangjŏn* texts, may reflect Murayama's interpretation of how Koreans understood Japanese colonization. In other words, the scene, which seems to show the political connection between Korea and Japan, creates a new space for presenting the grief of Koreans for their separation from their old nation.[82]

Murayama's interest in Korea, which was linked to his "lifework," did not cease despite the failure of the plan to produce a Korean-language film. He began a new project : making an opera of *Ch'unhyangjŏn*. His new project, which he worked on with Takagi Tōroku, began at the point when he failed to film *Ch'unhyangjŏn*.[83] Takagi composed the 1948 opera *Chun Hiang*. According to Takagi, he requested that Murayama direct and write a script for an opera as he discovered several operatic aspects in Shinkyō's *Ch'unhyangjŏn*.[84] However, even though Takagi started composing the first three acts "in Shōwa 14 and 15 (1939 and 1940)," he could not present the opera because the score was completely burnt to ashes during the war.[85]

79 Ibid., 166.

80 Ibid., 166-7.

81 Ibid.

82 It is possible that Murayama may have borrowed elements from the Korean folktale *Simch'ŏngchŏn* for this scene about the fictional character Sin Ch'ŏng-ch'ŏn.

83 Murayama Tomoyoshi, "*Ch'unhyangjŏn* zuisō," *Kageki Chun Hiang panfuretto* (November 1948) : 4.

84 Takagi Tōroku, "Opera *Chun Hiang* ni tsuite : Sakkyokusha no kotoba," *Kageki Chun Hiang panfuretto* (November 1948) : 1.

85 Ibid.

After failing to complete the opera, Murayama helped adapt *Ch'unhyangjŏn* into a dance piece. Murayama directed a dance presentation that was performed by Cho Taik Won in January 1940 at the Hibiya Public Hall. Cho presented his new dance pieces, *Hak* (or *Tsuru*, Crane) and *Ch'unhyangjŏn chogok* (or *Ch'unhyangjŏn kumikyoku*, the *Ch'unhyangjŏn* dance suites), under the direction of Murayama.[86] Cho requested that Takagi and Murayama produce *Hak*.[87] Accepting Cho's request, Takagi composed symphonic music, which consisted of four chapters : "Spring," "Summer," "Fall," and "Winter."[88] Murayama then directed a dance piece that portrays the life of a crane.[89] Takagi's work was played by the Central Symphony Orchestra (Chūō kōkyō gakudan) ; Cho performed *Hak* with about a hundred dancers from the Ishii Baku Dance Research Center (Ishii Baku buyō kenkyūjo).[90] However, according to Cho, *Hak*, which was developed over the course of one year, "was not successful as an artistic work."[91]

Meanwhile, *Ch'unhyangjŏn chogok*, another dance piece directed by Murayama, was extremely successful even though "it was performed as a supplementary work to *Hak*" for his dance presentation.[92] It was Murayama who proposed the original plan of *Ch'unhyangjŏn chogok*, which consists of

---

86 "Cho Taik Won sinjak muyong : *Hak, Ch'unhyangjŏn* kongyŏn," *Tonga ilbo*, January 7, 1940.

87 Cho Taik Won, *Kasahojŏp : Ch'angjak muyong pansegi* (Seoul : Sŏmundang, 1973), 175 ; Murayama Tomoyoshi, "*Ch'unhyangjŏn* enshutsu techō," *Ongaku geijutsu* (February 1949) : 31 ; "Geinōsai ni sakigakete : Shinshun 1 gatsu no nigiwai," *Asahi shinbun*, January 9, 1940.

88 Takagi Tōroku, "Opera *Chun Hiang* ni tsuite : Sakkyokusha no kotoba," *Kageki Chun Hiang panfuretto* (November 1948), 1.

89 Cho Taik Won, *Kasahojŏp : Ch'angjak muyong pansegi* (Seoul : Sŏmundang, 1973), 176.

90 Ibid., 175.

91 Ibid., 175-7.

92 Ibid., 178.

six suites.[93] *Ch'unhyangjŏn chogok* was performed in Japan, Korea, and China during the colonial period. In April and June 1940, Cho performed this dance piece in Korea at "Cho Taik Won's New Dance Piece : *Ch'unhyangjŏn* Performance."[94] It was also performed in Beijing, Jinan, Qingdao and Zhangjiakou, China "to entertain the imperial soldiers" (*kōgun imon*) after the performance in Korea.[95]

5. Murayama's Stay in Korea around the End of Japanese Colonial Rule

In August 1940, the Metropolitan Police Department ordered the Shinkyō company "to voluntarily dissolve the organization," defining the company as "a theater company based on socialist ideas."[96] Murayama was arrested, along with those who had belonged to other leftist theater companies.[97] After he was imprisoned for two years, Murayama moved to Korea in 1945. Murayama stated that he "was escaping to Korea,"[98] explaining the context as follows :

> At that time, we, thought criminals (*shisō hannin*), were observed by the

93 Murayama Tomoyoshi, "*Ch'unhyangjŏn* enshutsu techō," *Ongaku geijutsu* (February 1949) : 32.

94 Cho Taik Won, *Kasahojŏp : Ch'angjak muyong pansegi* (Seoul : Sŏmundang, 1973), 209.

95 Ibid., 216-7.

96 "Shinkyō to Shintsukiji kaisan : Tōkyoku no kankoku de jihatsu teki ni," *Asahi shinbun*, August 24, 1940.

97 *Shisō shiryō panfuretto tokushū gokuhi : Shinkyō gekidan kankeisha shuki*, ed. Shihōshō keijikyoku. March 1941 ; Shinkyō gekidan, *Shinkyō gekidan nijyūnen : Butai shashin to gekidan shōshi* (Shinkyō Gekidan, publication date unknown), 5.

98 Murayama Tomoyoshi, "*Ch'unhyangjŏn* enshutsu techō," *Ongaku geijutsu* (February 1949) : 31.

> 〔Thought Criminal〕 Protection and Supervision Centers. All of 〔our〕 actions were under the supervision of a guidance officer. The war gradually became fierce and amphibious landing operations in Japan were even expected. The rumor that the military authorities would put us into a prison together had leaked out from the courts and the Protection and Supervision Centers ... The Protection and Supervision Centers had meetings in order to discuss 〔how they would〕 make us volunteer to become conscripted workers at war plants. 〔In the plan,〕 we were supposed to be workers while staging plays for propaganda purposes in war practices. The task would be intolerable for me.[99]

Labeled a thought criminal, Murayama decided to depart Japan.[100] In March 1945, he went to Korea as a member of the Association for Korean Theater and Culture (Chōsen engeki bunka kyōkai) under the Police Affairs Bureau in the Governor-General of Korea.[101]

While in Korea, Murayama stayed at three Korean families' houses, including Cho Taik Won's house.[102] According to Murayama, he neither associated with other Japanese nor ate Japanese cuisine in Korea.[103] Interestingly, Murayama did not abandon his attempt to produce another Korean-language operatic version of *Ch'unhyangjŏn*. The opera *Ch'unhyangjŏn* was co-planned by Cho and two Korean composers, Hyŏn Che-myŏng and Kim Sŏng-t'ae.[104] They aimed to produce a Korean-language opera and stage it

---

99 Murayama Tomoyoshi, "Chōsen no bunkajin e," *Naki tsuma ni* (Tokyo : Sakurai Shoten, 1947), 166-7.

100 Ibid., 167.

101 Ibid.

102 Murayama Tomoyoshi, "Chōsen no fujin : Tōkyō hōsōkyoku kara no hōsō genkō," *Naki tsuma ni* (Tokyo : Sakurai Shoten, 1947), 148.

103 Murayama Tomoyoshi, "Chōsen de no 8.15," *Sekai* (August 1950) : 66.

104 Cho Taik Won, *Kasahojŏp : Ch'angjak muyong pansegi* (Seoul : Sŏmundang, 1973),

in September 1945.[105] For this plan, Murayama wrote the script ; Chang Myŏng-am, a poet, translated it into Korean.[106] By August 1945, the translation of the script was completed ; Kim Sŏng-t'ae also wrote two acts of the music ; Cho arranged the choreography for the prologue ; actors practiced the first two acts.[107]

TABLE 1. The crew of the opera *Ch'unhyangjŏn*

Role	Name
Script	Murayama Tomoyoshi
Director	
Setting	
Music	Kim Sŏng-t'ae
Conductor	Hyŏn Che-myŏng
Orchestra	Kyŏngsŏng Welfare Orchestra
Choreography	Cho Taik Won
Dancers	Cho Taik Won Dance Research Center

Source : Murayama Tomoyoshi, "*Ch'unhyangjŏn* enshutsu techō" (1949).

TABLE 2. The cast of the opera *Ch'unhyangjŏn*

Character	Actor/Actress
Ch'unhyang	Kim Ch'ŏn-ae Kim Cha-gyŏng
Mongnyong	Kim In-bŏm Yi Hak-sang

226.

105 Murayama Tomoyoshi, "Chōsen de no 8.15," *Sekai* (August 1950) : 66.

106 Murayama Tomoyoshi, "Chōsen no bunkajin e," *Naki tsuma ni* (Tokyo : Sakurai Shoten, 1947), 167.

107 Murayama Tomoyoshi, "Kyonen no kefu," *Naki tsuma ni* (Tokyo : Sakurai Shoten, 1947), 187 ; Cho Taik Won, *Kasahojŏp : Ch'angjak muyong pansegi* (Seoul : Sŏmundang, 1973), 226.

Wŏlmae	Ko Yŏng-hŭi
Hyangdan	Ryu Kyŏng-son
Pangja	Ch'oe Pong-jin Chŏng Yŏng-jae
Satto	Sin Mak

Source : Murayama Tomoyoshi, "*Ch'unhyangjŏn* enshutsu techō" (1949).

The opera comprised five acts ; Murayama planned to separately stage the five acts over two days—the first two acts on the first day and the latter three acts on the second day. Murayama elucidated his intention as follows : "Even though it would be against conventional operatic customs, 〔I thought that〕 Koreans would want 〔to see〕 *Ch'unhyangjŏn* as expansive and detailed as possible. The company also completely agreed with this opinion."[108] Murayama's description clarifies that the target audience of the opera was mainly Koreans. The crew consisted of Koreans except for Murayama. However, ironically, they had to "temporarily suspend" the production of the Korean-language opera when Japanese colonization ended.[109] According to Murayama, "the liberated Korean people had to take urgent steps toward building a new nation, as well as new political and cultural organizations."[110] However, as Murayama described, it was only a temporary suspension of the project. Five years later, this project was linked to another version of the opera *Ch'unhyangjŏn* composed by Hyŏn Che-myŏng, which premiered in Korea in 1950.

Murayama helped produce the first theater performance of the theater company Chŏnsŏn, which was newly organized after the end of Japanese

108 Murayama Tomoyoshi, "*Ch'unhyangjŏn* enshutsu techō," *Ongaku geijutsu* (February 1949) : 32.

109 Ibid., 31.

110 Ibid.

colonial rule, until he left Korea in December 1945. The theater company Chŏnsŏn was established by the former members of the Korean Student Art Theater Company (Chosŏn haksaeng yesuljwa), who were affiliated with PROT. They staged Nikolai Gogol's *The Government Inspector* as Chŏnsŏn's first performance. Murayama co-directed this performance with Hŏ Chip and helped the crew make costumes and props.[111]

6. After the Fall of the Japanese Empire

On December 19, 1945, Murayama returned to Japan.[112] Murayama designated his nine-month stay in Korea — from March to December 1945 — as "a one-in-a-million chance" (*senzai ichigū no kikai*) in that "〔he〕 was able to closely observe Koreans' activities during the upheaval due to Japan's defeat and Korea's independence."[113] He mentioned that while in Korea, he built "a stronger sense of connection to Korea than before."[114] In his essay, Murayama recalls his stay in Korea as follows : "I thought that I even wanted to be naturalized in Korea and work with these 〔Korean〕 people."[115] This statement implies his sense of intimacy with Koreans, transcending his

111 Murayama Tomoyoshi, "Chōsen : Shūsen zenya," *Naki tsuma ni* (Tokyo : Sakurai Shoten, 1947), 179.

112 Murayama Tomoyoshi, "Fūzoku jihyō (sono ichi)," *Naki tsuma ni* (Tokyo : Sakurai Shoten, 1947), 65.

113 Murayama Tomoyoshi, "Chōsen no bunkajin e," *Naki tsuma ni* (Tokyo : Sakurai Shoten, 1947), 166.

114 Murayama Tomoyoshi, "Fūzoku jihyō (sono ichi)," *Naki tsuma ni* (Tokyo : Sakurai Shoten, 1947), 68 ; Murayama Tomoyoshi, "Chōsen no bunkajin e," *Naki tsuma ni* (Tokyo : Sakurai Shoten, 1947), 168.

115 Murayama Tomoyoshi, "Chōsen no bunkajin e," *Naki tsuma ni* (Tokyo : Sakurai Shoten, 1947), 168.

position as a Japanese colonizer.

After returning to Japan, Murayama produced the opera *Chun Hiang* with Korean immigrants in Japan in 1948.[116] Murayama wrote the Japanese version of the libretto, which was translated into English to stage it internationally. This collaboration represents Koreans' postcolonial interpretation of Shinkyō's *Ch'unhyangjŏn*. Korean immigrants in Japan reinterpreted the play, which was once regarded as the art of *naisen ittai*, soon after the collapse of the Japanese empire. Preparing the opera *Chun Hiang*, the League of Koreans in Japan (Chae Ilbon Chosŏnin ryŏnmaeng, or Zai-Nihon Chōsenjin renmei, also known as Chōren), which initiated the production of the opera, paid attention to the "good results" of Shinkyō's performance during the colonial period.

> The Shinkyō company obtained such good results 〔from the play *Ch'unhyangjŏn*〕. It is definitely indebted to Murayama Tomoyoshi, the director 〔of the play〕. Of Japanese cultural figures who understand Korea well, Murayama knows Korea and loves Koreans the most. His continuous affection for Korea itself gave vitality to 〔the play〕 *Ch'unhyangjŏn*. After 〔the performance〕, he went to Korea several times and stayed there even when the war ended. To that extent, he devoted himself to Korea. He then wrote 〔his〕 *Ch'unhyangjŏn* as the libretto of the opera *Chun Hiang* in order to make *Ch'unhyangjŏn* a world-class work of art (*sekai teki na geijutsu*) ... His deep affection for Korea made it possible.[117]

Chōren highlighted Murayama's "affection for Korea," connecting Shinkyō's

---

116 For detailed analysis of the opera *Chun Hiang*, see, e.g., Eun Young Seong, "Shūsen chokugo ni okeru Zainichi Chōsenjin no bunka katsudō : Zainihon Chōsenjin renmei ni yoru opera *Chun Hiang* no kikaku o chūsin ni," *The Komaba Journal of Area Studies*, 2010, Vol.14 : 196-217.

117 Yi Ŭn-jik, "Opera Ch'unhyangjŏn no jōen ni tsuite," *Chōren chūō jihō*, September 17, 1948.

Ch'unhyangjŏn to the production of the opera *Chun Hiang*. Korean immigrants in Japan reevaluated Shinkyō's performance despite Japan's considerable efforts to interpret it as an exemplification of *naisen ittai* during the colonial period, positively recalling the "results" of Shinkyō's play, from which the Korean folktale gained popularity in Japan.

TABLE 3. The crew of the opera *Chun Hiang*

Role	Name	Affiliation
Music	Takagi Tōroku	
Director **Libretto** **Setting**	Murayama Tomoyoshi	The Shinkyō Company
Conduction	Ueda Jin	The Toho Music Society
Choreography	Kuni Masami	The Kuni Masami Dance Research Center
Chorus Conduction	Tomita Yoshisuke	The Fujiwara Opera
Orchestra	Toho Symphony Orchestra	The Toho Music Society
Chorus	The Fujiwara Opera	The Fujiwara Opera
Dancers	The Kuni Masami Dance Research Center	
Lighting	Shinoki Sabu	A former member of the Shinkyō company
Stage Director	Matsuo Tetsuji	The Shinkyō company
Assistant Director	Ninomiya Shūichi	(unknown)
Producer	Hŏ Namgi	Chōren

Source : *Kageki Chun Hiang panfuretto* (November 1948).[118]

Moreover, another operatic version of *Ch'unhyangjŏn*, which was directed by Murayama in Korea in 1945, influenced on the production of the first opera written by a Korean composer in Korea after liberation. Hyŏn Che-myŏng's opera *Ch'unhyangjŏn* premiered at the National Theater of Korea from May 20 through June 1, 1950. The cast and crew who participated in the 1950 opera version of *Ch'unhyangjŏn* overlapped with the list of those who

118 Affiliation was not included in the pamphlet.

participated in the 1945 opera version. In other words, the 1950 opera version of *Ch'unhyangjŏn* was produced mainly by those who produced the 1945 version of *Ch'unhyangjŏn*, which was never performed.

TABLE 4. The cast of the opera *Chun Hiang*

Character	Actor/Actress
Chun Hiang (Soprano)	Ōtani Reiko Takayanagi Futaba
Mong Yong (Tenor)	Kim Yŏng-gil (Nagata Genjirō) Washizaki Ryōzō
Hyang Dan : Chun Hiang's maid (Soprano)	Takita Kikue Nanba Chizuko
Weol Mai : Chung Hiang's mother (Alto)	Satō Yoshiko Maruyama Kiyoko
Bang Za : Mong Yong's attendant (Baritone)	Fujii Noriaki Takagi Kiyoshi
Saddo : Magistrate of Nam-Won (Baritone or Bass)	Akimoto Seiichi
Heo Bong-sa : Fortune teller (Baritone or Bass)	Murao Gorō

Source : *Kageki Chun Hiang panfuretto* (November 1948) ; *Zuihitsu Ch'unhyangjŏn*, ed. Cho Yong-dal (1948), 19 ; *Piano Score of the Opera Chun Hiang* (October 1947), 1.

As shown in Table 1.1 and 1.2, the opera *Ch'unhyangjŏn* was composed by Kim Sŏng-tae, with a libretto by Murayama, which was translated into Korean, in 1945. The 1950 version of *Ch'unhyangjŏn* was composed by Hyŏn Che-myŏng, with a libretto written by Yi Sŏ-gu. Thus, the 1950 version was different from the 1945 version of *Ch'unhyangjŏn*. However, the cast and crew of the 1950 version aligned with those of the 1945 version. Cho Taik Won, who had co-planned the opera *Ch'unhyangjŏn* with Kim Sŏng-tae and

Hyŏn Che-myŏng in 1945, recalled that even though the opera could not be performed in 1945, "after a while, almost the same members wonderfully staged 〔another version of〕 *Ch'unhyangjŏn*, which was composed by Hyŏn Che-myŏng, several times."[119] Therefore, the first Korean opera after liberation was produced mainly by the cast and crew who had already planned to perform the opera *Ch'unhyangjŏn* in 1945. Even though Murayama did not participate in the production of the 1950 *Ch'unhyangjŏn*, Murayama, who was deeply involved in producing the 1945 operatic version, created the opera *Chun Hiang* with Korean immigrants in Japan in 1948.

7. Conclusion

Murayama supported Korean immigrants in Japan, especially those in the working class, who were affiliated with the proletarian movement during the colonial period. At the same time, his work, such as the 1938 Japanese-language version of *Ch'unhyangjŏn*, embodied the risk of enhancing Japanese colonialism despite his consideration of Korean audiences. Murayama also attempted to create several non-Japanese language versions of the Korean folktale in collaboration with Korean artists. With the exception of Cho Taik Won's *Ch'unhyangjŏn chogok*, however, his plans to make different adaptations of the Korean folktale, which were supposed to be translated into Korean as his sincere response to his Korean audiences, failed due to difficulties stemming from political, financial, or social circumstances.[120] Even though

119 Cho Taik Won, Kasahojŏp : *Ch'angjak muyong pansegi* (Seoul : Sŏmundang, 1973), 226. In 1950, Cho could not participate in the opera because he was living in the United States.

120 After the end of Japanese colonial rule, Cho performed *Ch'unhyangjŏn chogok* in the United States in the late 1940. Cho Taik Won, *Kasahojŏp : Ch'angjak muyong*

the failures of the productions buried the complexity of Murayama's activity in oblivion, the incomplete projects left a legacy of the interactions between Korean and Japanese producers, artists, and crew, determining a new flow of postcolonial transnational culture in Korea and Japan.

---

pansegi (Seoul : Sŏmundang, 1973), 264.

제3부

제국의 폭력과 기억의 연관도(사회)

재조일본인 간행 '발전사(發展史)'와 식민자 사회의 공유된 기억

이동훈(李東勳, Yee Dong-Hoon)

계명대학교 국제학연구소 전임연구원. 일본근대사 · 한일관계사 전공
재조일본인사를 비롯 메이지 다이쇼 시기 일본 지역사에 관심을 가지고 있다. 주요 논저로는 『在朝日本人社会の形成 : 植民地空間の変容と意識構造』(2019), 「일본인 식민자 사회가 바라본 3.1운동: '재조일본인'의 '조선소요'(朝鮮騷擾) 인식」(2019) 등이 있다.

1. 머리말

메이지 말부터 다이쇼 시기에 걸쳐 다양한 형태의 조선 관련 출판물이 일본인에 의해 간행되었다. 출판물의 성격은 조선사정, 이주안내, 지역요람, 지역사 등 다양했다. 이 자료들 중 조선지지(地誌)는 식민지 시기 지역 상황을 파악할 수 있는 중요한 역사학·민속학적 자료이다. 이 자료들은 식민지 시기 연구의 진전과 함께 주목받기 시작하여 1980년대 후반부터 영인본이 다수 간행되었다.[1] 여기에 최근 지역사와 도시사 연구가 활발해지면서 일본인들이 남긴 조선지지에 대한 관심이 높아지고 있다.

지금까지 조선지지는 일본인의 조선과 조선인에 대한 인식을 보여 주는 자료로 이용되어 왔다. 하지만 출판물의 성격에 관한 충분한 검토가 이루어지지 못했다. 특히 지역사 간행물은 일본인이 기술한 조선의 지역사라는 서술 주체가 문제시되었으며, 기술 내용에 나타난 조선과 조선인에 대한 차별의식과 멸시관은 식민자의 시선을 상징했다. 특히 한국 학계에서 재조일본인들이 간행한 지역사 자료의 한계점을 지적하는 경향이 강했으며 자료로서의 가치는 낮게 평가되었다. 사료의 성격에 대한 구체적인 논의보다 사료비판이 앞서는 양상을 보인 것이다.

조선지지의 대부분은 지역요람 혹은 이주안내서로서의 성격을 지니고 있

1 한국의 대표적 간행물로는 『한국지리역사풍속지총서』, 경인문화사(1989~2005), 일본에서는 『韓国併合史研究資料』(1995~2015), 龍渓書舎가 있다.

으며 지역 현황을 제공하는 서적이라는 이미지가 강하다. 지금까지 조선지지에 관한 연구 또한 이러한 점에 주목하는 경우가 많았다. 이 자료들을 통해 일본인의 조선 · 조선인관을 살펴보고 만한(滿韓)이주론 및 조선농업이주론에 대한 분석이 이루어졌다.[2] 하지만 같은 조선지지라고 하더라도 간행 목적과 내용을 보면 간행물에 따라 상당한 차이를 보인다. 우선 일본에서 간행된 것과 조선 내에서 간행된 것 그리고 일본에 거주하는 일본인이 집필한 것과 조선에 거주하는 일본인이 집필한 것 사이에는 하나의 자료군으로 묶을 수 없는 상이점을 발견할 수 있다. 이 글에서는 조선지지 중 조선에 거주하는 일본인이 간행한 간행물의 성격을 살펴보고 간행 목적과 기술 내용을 살펴보고자 한다.

재조일본인이 간행한 조선지지 중 지역사(지방사) 자료의 성격과 관련해서는 '조선총독부 방침에 협조하는 목적에서 재조일본인이 간행한 것'이라는 평가가 일반적이다.[3] 이러한 평가는 일부의 조선지지, 이를테면 1920년대 중 · 후반 이후 간행된 '부사(府史)'[4]에는 해당하지만 이 장에서 다루는 재조일본인 간행의 '발전사(發展史)'와는 거리가 있는 평가이다. 후술하겠지만 '발전사'는 총독부에 대한 일본인 사회의 반발이 토대가 되어 출판된 경우가 적지 않았기 때문이다. '발전사'는 관청 간행물과는 달리 민간인 혹은 민간단체가 간행한 것으로 재조일본인 사회의 형성 과정을 고찰하기에 중요한

---

2 함동주(2009), 「1900년대 초 일본의 조선관련 서적 출판과 식민지 조선상」, 『근현대 일본의 한국인식』, 동북아역사재단 ; 최혜주(2012), 「개항 이후 일본인의 조선사정 조서와 안내서 간행」, 『韓國民族運動史硏究』 제73호 ; 최혜주(2013), 「1900년대 일본인의 조선이주 안내서 간행과 조선인식」, 『韓國民族運動史硏究』 제75호 ; 최혜주(2014), 「1900년대 일본인의 조선사정 안내서 간행과 조선인식」, 『韓國民族運動史硏究』 제81호.

3 최혜주(2011), 「일제강점기 재조일본인의 지방사 편찬활동과 조선인식」, 『史學硏究』 제103호, 163쪽.

4 예를 들어 木浦府 編(1930), 『木浦府史』 ; 仁川府庁 編(1933), 『仁川府史』 ; 京城府 編(1934), 『京城府史 第1巻』 ; 京城府 編(1936), 『京城府史 第2巻』 ; 大邱府 編(1943), 『大邱府史』.

단서를 제공한다. 간행물 명칭은 '발전사', '발전지(發展誌)', '발달사(發達史)', '개항사(開港史)' 등 다양하나 본 논문에서는 하나의 자료군으로 새롭게 분류하고 '발전사'로 통칭하기로 한다(이하 인용부호는 생략).

이러한 발전사의 성격을 살펴보기 위해서는 같은 시기 일본의 상황을 살펴볼 필요가 있다. 일본 본토의 지역사와 함께 메이지·다이쇼 시기 지방의 향토 연구에 대한 동향 파악이 필요하다. 당시 일본에서는 홋카이도를 중심으로 발전사가 다수 간행되었으며 지역마다 향토 연구가 활발하게 이루어졌다. 이 자료들에는 홋카이도 개척과 이주사가 기록되어 있다. 이 글에서는 일본의 동향을 참고하면서 역사 자료로서 발전사의 성격을 고찰하고자 한다.

또한 발전사 기술을 통해서는 식민 과정에서 일본인들이 겪은 기억과 이를 기초로 형성된 의식구조를 추출할 수 있다. 조선인에 대한 타자의식과 자신들의 정체성에 대한 자아의식이 스며들어 있기 때문이다. 이러한 측면에서 이 글에서는 조선지지 중 발전사의 서술 내용을 통해 재조일본인 사회 내에 공유된 기억과 의식구조를 살펴보고자 한다.

2. 조선지지의 성격과 분류

조선지지의 성격은 총독부가 편찬한 요람, 소책자로 발행된 안내기를 제외하면 간행물의 성격은 크게 '번창기(繁昌記)', '안내기(案內記)', '발전사'로 분류할 수 있다. 이 자료들은 간행물로서의 성격이 중첩되는 부분이 적지 않다. 간행물 성격에 대한 개괄적인 분류법으로 조선지지 중 거류지 역사나 거류민 '자치' 단체 사업에 관한 기술이 비교적 많은 경우 발전사로 분류하는 방법을 취했다.

첫 번째로 '번창기'라는 자료군이다. 번창기의 기원은 에도시대 덴포(天保)

〈그림 1〉 조선신보사가 1903년 발간한 『인천번창기』 표지

〈그림 2〉 원산상업회의소가 1914년 발간한 『원산안내』 표지

연간에 간행된 데라가도 세이켄(寺門靜軒)의 『에도번창기(江戶繁昌記)』로 거슬러 올라간다. 번창기는 막말부터 메이지 시기에 걸쳐 유행한 한문체의 간행물이다. 전통적인 지지와는 다르게 지역 사회의 풍속과 세태를 유머러스하게 기록한 것으로[5] 메이지 유신 이후 급변한 도쿄의 모습을 묘사한 핫토리 세이이치(服部誠一)의 『도쿄신번창기』가 대표적인 간행물이다.[6] 이후 이를 모방한 간행물이 도쿄, 오사카 등 전국에서 간행되었다.[7] 19세기 후반에

5 메이지 시기 번창기는 지리 관련 서적이 아니라 소설로 분류되었다. 新稲法子(1999), 「繁昌記物の研究序説」, 『兵庫大学短期大学部研究集録』 第32号.

6 服部誠一(撫松)(1874), 『東京新繁昌記』, 山城屋政吉 ; 熊倉功夫(1990), 「解説」, 『日本近代思想大系 23 風俗 · 性』, 岩波書店, 490쪽.

7 高見沢茂(1874), 『東京開化繁昌誌』, 天籟書屋 ; 萩原乙彦(1874), 『東京開化繁昌誌』,

이르러 번창기의 성격은 변화를 보이는데 유머러스한 간행물에서 지역 정보를 다루는 '안내기' 형태로 변모하게 된다. 이후 번창기는 세태 풍속물이 아니라 지역 자료로서의 성격이 강해지게 되며[8] 이 과정에서 번창기 유행은 메이지 30년대(1897~1906) 전후에 끝나게 되는데, 번창기가 유행한 시기에 일본 내에서 출판된 간행물은 44권 확인된다.[9]

재조일본인이 간행한 조선지지 중 번창기라는 제목을 포함하고 있는 간행물은 3권 확인된다.[10] 이 자료들은 모두 1900년대 이후에 간행된 것으로 이 중 『인천번창기』는 유일하게 거류민 사회의 세태 풍속을 유머러스하게 묘사한 점에서 본래의 번창기에 가까운 서술 형태를 보이고 있다. 그 외 『마산번창기』와 『경성번창기』는 안내기로 변모한 시기의 간행물로 구성과 서술 내용으로 구분하면 안내기로 분류할 수 있다. 이 자료들은 앞에서 언급한 일본의 44권 번창기 문헌에는 포함되어 있지 않다.[11]

두 번째 자료군은 '안내기'이다. 안내기는 지역 현황과 이주 정보를 제공하려는 목적에서 출판된 서적이다. 러일전쟁을 전후하여 한반도에 대한 관심이 높아지는 가운데 도쿄와 오사카의 출판사를 중심으로 조선안내기가 다수 출판되었다. 간편하게 휴대 가능한 콤팩트한 사이즈의 가이드북 형태였다. 일본인 거류지에 일본인이 경영하는 인쇄소가 생긴 이후에는 한반도에서도 안내기가 출판되었다. 대부분은 일본인이 경영하는 지역 신문사가 조선의 지역 사정을 일본에 소개하려는 목적에서 출판하는 경우가 많았다.

万青堂；石田魚門(1877), 『方今大阪繁昌記』；奥沢信行(1877), 『大阪繁昌雑記』；小沢重三郎(1883), 『富山繁昌記』；高須墨浦(1884), 『函館繁昌記』.

8 熊倉功夫(1990), 앞의 글, 490쪽.

9 網島聖(2010), 「明治後期地方都市における商工名鑑的「繁昌記」の出版：山内實太郎 編『松本繁昌記』を事例に」, 『史林』 第93巻 第6号.

10 小川雄三 編(1903), 『仁川繁昌記』, 朝鮮新報社；諏方武骨(1908), 『馬山繁昌記：慶南志稿』, 耕浦堂；岡追助(1915), 『京城繁昌記』, 博文社.

11 新稲法子(1999), 앞의 논문, 135~136쪽에 소개된 번창기 일람 참조.

이 자료들 중 진남포신보사에서 간행한 『진남포안내기』에는 "진남포에 관한 모든 사항을 망라하여서 이를 읽으면 진남포에 대해 알 수 있도록 했다"는 간행 목적이 명시되어 있다.[12] 또한 전라북도 이리와 군산을 소개하는 안내기를 보면 "널리 사회에 (조선이) 유망하다는 사실을 알리기 위해"[13]라는 구절과 "우리 동포 다수의 이주를 장려하고…… 군산을 소개하여 널리 그 진가를 내외에 알리기 위함에 있다"[14]라는 기술이 보이는데 이를 통해 안내기의 간행 목적을 가늠할 수 있다. 북한 지역을 소개하는 안내기의 "내지 이주민을 유치하여 북선(北鮮) 개척을 계획하는 것은 진정으로 긴급을 요한다"[15]라는 서술을 통해서도 간행 배경을 엿볼 수 있다. 기본적으로 안내기는 지역 현황을 일본에 소개하는 것이 간행 목적이었으며, 더 나아가 일본인의 조선 이주를 촉진시키는 것에 궁극적인 목적이 있었다.

1915년 '시정오년기념조선물산공진회' 개최에 즈음하여서도 안내기 성격의 책자가 다수 간행되었다.[16] 지역의 명승고적과 관광지를 소개하는 등 관광 책자의 성격도 있었지만, 지역 현황과 정보를 제공하면서 일본인의 이주를 유도하려는 의도에서 간행된 것이었다.

세 번째 종류는 이 글에서 다루는 '발전사'이다. 발전사는 주로 거류민 사회의 연혁과 '자치' 단체의 사업 내용을 기록한 간행물이다. 지역 현황 소개

---

12 鎮南浦新報編輯部 編(1910), 『鎮南浦案内記』, 鎮南浦新報社, 「例言」.

13 山下英爾 編(1915), 『湖南寶庫裡里案内 : 附近接地事情』, 惠美須屋書店, 「緒言」.

14 군산이사청 이사관이었던 아마노(天野喜之助)가 쓴 서문이다. 三輪規 · 松岡琢磨 編(1907), 『富之群山』, 群山新報社.

15 国井天波(1916), 『大清津港』, 元山毎日新聞社, 「序」.

16 岡庸一 編(1915), 『馬山案内』, 馬山商業会議所馬山協賛会 ; 酒井政之助 編(1915), 『華城の影』, 酒井出版部 ; 始政五年記念共進会開城協賛会 偏(1915), 『開城案内記』; 始政五年記念朝鮮物産共進会慶尚南道協賛会(1915), 『慶尚南道案内』, 秀英舎 ; 始政五年記念朝鮮物産共進会群山協賛会 編(1915), 『群山案内』; 忠清南道庁 編(1915), 『忠清南道案内』, 湖南日報社 ; 始政五年記念朝鮮物産共進会全羅北道協賛会(1915), 『実業手引草』, 全北日々新聞社 등.

가 상당 부분을 차지하는 등 안내기와 성격이 겹치는 부분이 적지 않다. 이러한 발전사의 특징을 파악하기 위해서는 같은 시기 일본에서 간행된 같은 종류의 간행물을 살펴볼 필요가 있다. 메이지 말부터 다이쇼 시기에 걸쳐 일본에서도 『요코하마발전사(横浜發展史)』, 『홋카이도발전사(北海道發展史)』, 『유바리발전사(夕張發展史)』, 『하와이일본인발전사(布哇日本人發展史)』 등의 간행물이 출판되었다.[17]

이 발전사들을 살펴보면 홋카이도 이주사와 일본인들의 해외 이주사가 주요 내용이었다. 그중에서도 홋카이도 발전사에는 집단 이주의 역사와 이주마을이 형성되는 과정이 기술되어 있다. 『유바리발전사』에는 지역에 탄광이 개발되어 탄광촌이 형성되는 역사를 주로 다루고 있다. 다른 발전사인 『히가시카와무라발전사(東川村発達史)』는 그 서문에서 "개발 초기부터 현재에 이르는 마을의 개황"을 기술하는 것이 간행의 주된 목적임을 밝히고 있다. 또한 개척에 힘쓴 '유식자 및 원로'의 약력이 소개되어 있다.[18] 주목할 수 있는 점은 식민지 조선과 홋카이도에서 간행된 발전사에 나타난 공통점과 이것이 의미하는 점이다. 홋카이도 발전사의 간행 목적은 이주자의 개척 과정을 후세에 기록으로 남기는 것에 있었다. 이러한 점에서 보면 제목에 들어간 '발전'은 이주민 사회의 성장을 의미하는 것으로 초기 이주자들의 개척 정신을 찬양하고 기념하는 것에 발전사 간행의 의도가 있었음을 알 수 있다.

---

17 堤葦狭穂(1909),『横浜発達史：開港五十年記念』, 横浜発達史発行所；北島似水(栄助) 編(1910),『佐世保発達史 上巻』, 谷口書店；二宮惟一(1910),『深川村発達史』；藤崎常治郎(1910), 『東川村発達史』；及川徳兵衛(1911), 『北海道発達史』；大泉真泉・荒川荊城(1914),『士別発達史』, 士別発達史編纂事務所；小国梧城(1915),『夕張発達史』, 小林近江堂；稲葉君山(1915),『満洲発達史』, 大阪屋号出版部；森田栄(1915), 『布哇日本人発展史』；冨本岩雄(1915), 『在米和歌山県人発展史』；木野清一郎(1917),『南北満洲露領邦人発展史』, 北満洲社.

18 藤崎常治郎(1910), 앞의 책,「自序」.

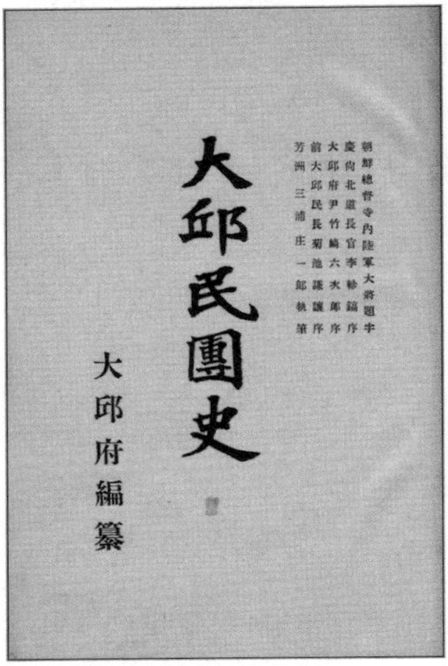

〈그림 3〉 1914년 대구부가 편찬한 『대구민단사』 표지

한편 '번창기', '안내기', '발전사' 등의 간행물로서의 성격은 집필자의 면면을 통해서도 파악할 수 있다. 번창기와 안내기를 쓴 인물의 이력을 살펴보면 신문·잡지의 기자나 저술업이 많았다. 발전사의 경우도 마찬가지로 기자도 있었지만 거류민단체에 관여한 인물이나 장기간 조선에 체류하여 거류지의 역사를 잘 아는 인물이 많았다. 예를 들어 『경성발달사(京城發達史)』와 『평양발전사(平壤發展史)』를 집필한 사람은 그 지역 거류민단에서 근무했던 자들이며 『목포지(木浦誌)』와 『대구민단사(大邱民團史)』를 집필한 사람은 해당 지역에 오랫동안 거주한 자로 지역 역사와 현황에 밝은 사람이었다. 이러한 집필자의 이력은 번창기와 안내기가 영리 목적의 간행물이라는 점과 이들과는 다르게 발전사는 비영리 목적에서 출판된 간행물이었다는 점과 연관되어 있다.

발전사의 경우 거류민들이 단체를 구성하여 편찬한 예도 있었다. 대개의 경우 거류민단체 사업에 직접 참여했던 인물, 거류지 역사를 잘 아는 인물, 언론 기자 등이 참여하는 형태였다. 『목포지』를 펴낸 목포사편찬회는 목표거류민단 민장 및 회계, 목포상업회의소 서기장, 목포신보사 주필로 구성된 모임이었다.

또한 『일선교통사(日鮮交通史)』를 편집한 부산 갑인회는 전(前) 부산거류민단 의원으로 구성된 단체였다. 그 서문에는 "이러한 중요한 역사를 지닌 부산민단은 시대 흐름과 법령 하나로 인해 자치권을 빼앗기게 되었다. ……부산 갑인회는 이 유지를 계승하여 보조금 전부를 들여 부산사 편찬을 기획" 하게 되었다는 간행 경위가 서술되어 있다.[19] 거류민단 해체 후 거류민단체의 역사를 후세에 전하기 위해 거류민단 의원이 직접 집필에 나선 결과 간행된 것이었다. 즉 영리를 목적으로 한 것이 아니라 기념 사업 형태의 출판이었던 것이다.

아울러 집필자들이 관청 소속이 아닌 민간인 중심이었다는 점도 특징적이다. 향토 연구를 주도한 인물이 소학교 교원이었던 일본의 사정과 비교했을 때 조선에서는 『인천향토자료조사사항(仁川鄕土資料調査事項)』을 제외하면 교원의 관여는 확인되지 않는다. 다소 극단적인 사례이기는 하나 "원래 무학으로 글쓰기와는 인연이 없었던" 인물이 집필한 간행물도 확인되며,[20] 특히 발전사의 경우 관청 주도의 아카데미즘과는 관련 없는 일반인들이 집필자였다. 발전사를 집필한 인물은 전문적인 집필가가 아닌 저술 경험이 없는 일반인이 상당수를 차지했던 것이다.

3. 발전사 간행의 배경과 내용 구성

이렇듯 민간인 사회가 중심이 되어 간행된 발전사의 출판 과정을 살펴보면 크게 세 가지 출판 배경을 찾아볼 수 있다. 첫 번째는 개항 기념 사업의 일환으로 간행된 발전사이다. 개항장에서 출발하여 성장한 지역에서는 개항 기념물로서 발전사 간행이 기획되었다. 대표적인 자료로 『인천개항이십오년사(仁川開港二十五年史)』와 『목포지』를 들 수 있다.[21] 『목포지』 서문을

19 釜山甲寅会(1915), 『日鮮通交史：附釜山史』古代記, 「序」.

20 三輪如鉄(1911), 『朝鮮大邱一斑』, 杉本梁江堂, 「大邱一斑発行之理由」 부분 4쪽.

21 小川雄三 編(1903), 앞의 책；加瀨和三郎(1908), 『仁川開港二十五年史』, 玉鳴館；仁川開港二十五年記念会 編(1908), 『仁川開港二十五年史』；木浦誌編纂会 編(1914),

보면 “반도에서 우리 제국의 지반이 점점 확실해짐에 따라 개항 이래 십 수 년간 시민들의 고군분투의 역사”를 남기고자 했다는 편찬 경위가 기록되어 있다.[22] 이 기술을 통해서는 개항지로 출발한 식민도시에서 개항 시점이 지역사의 기점으로 강하게 인식되고 있는 점을 확인할 수 있다. 인천에서도 ‘한국병합’ 이전부터 개항 20주년 및 25주년을 기념하는 행사가 있었고 그때마다 간행물이 출판되었다.

둘째 ‘한국병합’을 계기로 한 발전사 간행이다. 『경성과 내지인(京城と内地人)』에는 “조선병합은 이미 이루어졌으며 그들과 우리의 교류는 빈번해졌다. 이러한 시기에 우리 내지인의 과거와 현황을 소개하는 책이 없다는 점은 큰 유감”이지 않을 수 없다며 긴급 출판을 결정하게 된 경위를 밝히고 있다.[23] 아울러 ‘한국병합’ 직후 출판된 『병합 후의 인천』을 홍보하는 신문 광고면을 보면 “현재와 과거의 인천에 대해서 그리고 미래의 인천에 대해서 알고 싶다면 이 책을 보는 방법 외에 다른 방도 없다”는 문구를 확인할 수 있다.[24] 또한 평양거류민단 민장은 ‘한국병합’을 “조선의 첫 번째 유신(維新)”으로 높게 평가하면서 각종 기념사업을 계획했으며 그중 하나가 발전사 편찬이었다는 점을 밝히고 있다.[25] 이렇듯 ‘한국병합’이라는 시대적 사건은 발전사 간행을 자극하는 요인이 되었으며, 이를 계기로 지역의 연혁을 소개하

『木浦誌』.

22 원문은 다음과 같다. “日露戦役の後, 半島に於ける我帝国の地歩愈々確実と為るや, 爾来市民の経営も亦た漸く整頓の域に移り, 其土着的決心を発揮して永久的画策を進むると共に本港発展の歴史を尊重し, 明治四十年の開港第十周年に当りては朝鮮各地に未だ曾て見ざる所の公会堂を建設し以て之を記念とせり. 而して大正元年其十五周年に達するや, 時流に投ぜず最も真面目なる記念事業を択ばんとの議起り. 遂に本会を公設して開港以来市民十数年間に於ける苦戦奮闘の事暦を編述することと為れり.” 木浦誌編纂会 編(1914), 앞의 책, 「木浦誌刊行の由来」.

23 川端源太郎(1910), 『京城と内地人』, 日韓書房, 「例言」.

24 『朝鮮新聞』 1911. 3. 3.자, 1면, 광고란.

25 平壌民団役所 編(1914), 『平壌発展史』, 民友社, 71쪽.

고 이주 정보와 지역 현황을 제공하는 서적 출판이 급증했다.[26]

세 번째는 거류민단 해산이 배경이 된 발전사 간행이다. 『원산발전사(元山發展史)』 서문에는 "민단법이 폐지되고 새로운 제도가 시행되어 지금까지의 자치제도는 소멸됨에 따라 그 시설과 운영 실적을 영원토록 전하고 우리 일본인들이 반도에서 겪은 분투의 역사가 흔적도 없이 사라져 버리는 것을 염려하여……"라는 기술이 보인다.[27] 거류민단이 해체되고 이로 인해 거류민 '자치'의 역사가 끝난 것이 발전사 간행의 배경이 되었다는 말이다. 또한 『평양발전사』에는 간행의 경위에 대해 "민단제 철폐 시기가 이윽고 다가오자 이러한 때에 연혁과 발전의 역사를 기술·편찬하지 않으면 평양(의 역사)도 결국 사라져 다시 이를 수집하기가 어려워질 것이라는 건의가 이루어져 바로 만장일치로 이를 가결"한 점을 기술하고 있다.[28] 이렇듯 발전사 간행의 배경에는 거류민단이 해체되면서 거류민 이주의 역사를 기록으로 남기려는 의도가 있었다.

다른 지역사에도 이러한 간행 목적은 확인된다. 『대구민단사』는 대구거류민단이 시작한 사업을 이후 대구부청이 이어받아 간행한 것이다. 대구부윤이었던 다케자키 로쿠지로(竹崎六次朗)는 서문에서 "(거류민단법) 폐지 이전 일본인의 필사적 노력은 오랫동안 기억해야 한다"고 말하며 민단사 간행의 의의를 밝혔다.[29] 아울러 앞에서 다룬 『일선교통사』도 거류민단 해체가

26 예를 들어 川端源太郎(1910), 앞의 책 ; 元山每日新聞社 編(1910), 『東朝鮮一名元山案内』, 元山每日新聞社 ; 鎭南浦新報編輯部 編(1910), 『鎭南浦案内記』, 鎭南浦新報社 ; 岡本嘉一(1911), 『開城案内記』, 開城新報社 ; 桑原秀雄(1911), 『併合後の仁川』, 朝鮮新聞社 ; 田口春二郎(1911), 『最新朝鮮一班』, 日韓書房 ; 三輪如鉄(1911), 『朝鮮大邱一斑』, 杉本梁江堂 ; 平井斌夫 · 九貫政二(1911), 『馬山と鎭海湾』, 濱田新聞店 ; 山道襄一(1911), 『朝鮮半島』, 日韓書房.

27 高尾新右衛門 編(1916), 『元山発展史』, 啓文社, 「序文」.

28 平壌民団役所 編(1914), 앞의 책, 「例言」.

29 大邱府 編(1915), 『大邱民団史』, 秀英舍.

간행의 배경이 된 사례이다.

이렇듯 거류민단 해체가 일본인들의 발전사 간행을 이끌어 낸 경위는 일본에서의 정촌사(町村史)와 군사(郡史) 간행과 일맥상통한다. 메이지 시기 자연적으로 형성된 자연촌의 합병을 통해 행정촌이 탄생했는데 그 과정에서 정촌사 발간 붐이 일어났다. 여기에 1921년 군제(郡制) 폐지 때에도 비슷한 형태로 군사 혹은 군지가 다수 간행되었다. 합병되어 없어지게 된 지역의 주민들이 지역 연혁을 기록으로 남기려 했던 것인데, 정촌사와 군사 간행이 유행한 배경에는 일본정부의 합병 방침에 대한 민중 사회의 반발이 있었다. 이와 마찬가지로 재조일본인들이 발전사 간행을 기획하게 된 것도 총독부 방침에 대한 반발과 이의 제기가 그 배경에 있었음을 알 수 있다.

지금까지 살펴본 것처럼 발전사 간행의 배경에는 개항 기념, '한국병합', 거류민단 해체라는 요인이 있었다.[30] 그중에서 거류민단 해체는 재조일본인 사회에서 장기간 유지되어 온 '자치'의 종말을 의미하는 것이었고 그 역사를 후세에 남기려는 일본인들이 비영리적인 목적에서 발간한 것이 발전사라는 자료군이었다. 따라서 발전사는 비매품으로 제작되는 경우가 많았다. 이렇듯 비영리적인 발전사의 성격은 다른 조선지지와 구별되는 특징 중 하나이며, 이는 발전사를 독립적인 하나의 자료군으로 분류하는 이유이기도 하다.

다음으로 발전사의 기술 방식과 구성을 살펴보기로 한다. 기술 방식은 시기순과 항목별 방식으로 분류할 수 있다. 시기순으로 기술하는 방식은 『원산발전사』와 『경성발달사』가 대표적인 예로 거류민단체의 사업과 거류지에서 일어난 사건 · 사고를 연도순으로 기술하는 방식이다. 그 외 대부분의 발전사는 항목별 기술 방식을 택하고 있다. 이는 자치, 교육, 위생, 산업 등 항목별로 지역 현황을 기술하는 형식이다.

---

30 그 외 시 · 구개정의 완성을 기념하여 간행된 발전사인 『忠州発展誌』의 예도 있다.

〈표 1〉『김천발전사』 구성과 내용

장 구성	구성 내용
제1장 김천 내지인사회 발전의 경로	· 일본인회 조직 · 대구이사청 설치 이후 김천 · 한국병합 후의 김천
제2장 김천군의 연혁	
제3장 김천군의 행정구역과 지세 및 기후	
제4장 김천군 토지	· 김천군의 토지 가격
제5장 교육	· 공립심상고등소학교 연혁 · 김천공립보통학교 연혁
제6장 신사 및 종교	· 신사 · 일본 불교 · 니시혼간지 포교소 · 진언종 포교소
제7장 위생 및 소방	· 위생조합 · 소방조합
제8장 사법 및 경찰	· 대구지방법원 김천지청 · 김천헌병분대
제9장 산업	· 농업, 임업, 잠업
제10장 교통 및 운수	· 김천에서 각 지역까지의 거리 · 김천역
제11장 상업	· 곡물집산 상황 · 김천의 경제적 위치
제12장 재정	· 지방비 · 학교조합비
제13장 관공서	
제14장 기타	· 애국부인회원 · 김천의 신문사
제15장 금융	· 조합 및 회사 · 조선식산은행 김천지점 연혁 · 김천지방의 대부업 · 김천지방 금융조합 연혁
제16장 통신	· 우편, 전신, 전화
제17장 면적 및 인구	· 내지인 본적별 인구 · 내지인 직업별 인구
제18장 공업	· 공장 · 직물 · 광업
제19장 김천의 조합들	· 김천군 지주조합 · 김천군 가마니생산조합
제20장 김천의 큰 상점과 농장 목장	· 마쓰마에(松前)상회 김천출장소 · 이케다(池田)과수원
제21장 명승지	· 금오산과 채미정 · 금릉천과 과하주
부록	· 김천 주요 사업자 안내 · 김천의 인물 소개

발전사의 구성은 지역의 역사와 거류민단체의 연혁을 중심으로 지역 현황을 소개하는 내용으로 되어 있다. 앞의 조선지지 분류에 따르면 안내기와 겹치는 구성이라는 점을 알 수 있다. 하나의 예로 『김천발전지(金泉發展誌)』의 구성을 보면 앞의 〈표 1〉과 같다. '김천의 내지인 발전 경과'로부터 시작하여 김천의 교육, 종교, 산업을 소개하는 형태이다. 일본인 사회가 중심으로, 김천군 연혁과 명승지를 소개하는 일부분을 제외하면 조선인 사회에 대한 기술은 매우 적다는 점도 발전사에 공통적으로 나타나는 특징이다.

이러한 발전사 기술 내용과 구성은 식민지도시 유형에 따라 차이를 보인다. 우선 개항장에서 발전한 식민지도시 중에서 인천을 살펴보면 이 지역에서 발전사 간행은 시기적으로 이른 편이며 개항을 기념하는 형태로 간행되었다. 1892년에 간행된 『인천사정(仁川事情)』은 재조일본인이 간행한 최초의 조선지지라 볼 수 있다.[31] 저자인 아오야마(青山)는 "해외에서 간행된 최초의 일본어 서적"이라며 자부심을 드러냈는데, 당초 일본에 있는 가족과 친구에게 배부할 생각이었으나 수요가 있을 듯하여 출판에 이르게 된 경우였다. 또한 인천 소재의 신문사인 조선신보사에서 편찬한 『신선일본사정(新選日本事情)』과 『인천번창기』는 인천항을 대내외에 소개하는 것을 목적으로 간행된 안내기였다.[32] 인천항에서 신문사 설립이 일렀던 만큼 지역 안내기 간행도 빨랐던 것이다. 그후 개항 25주년을 맞아 간행된 『인천개항이십오년사』는 안내기가 지닌 특성과 함께 발전사의 성격도 아울러 가지고 있는 간행물이었다.

이후 1915년 '시정오년기념조선물산공진회' 개최에 즈음하여 공진회에 제출된 『인천향토자료조사사항』은 내용과 구성 면에서 발전사에 속하는 간행

---

31 青山好惠(1892), 『仁川事情』, 朝鮮新報社.

32 薬師寺知朧 · 小川雄三 編(1898), 『新撰仁川事情』, 朝鮮新報社 ; 小川雄三 編(1903), 앞의 책.

물이었다. 인천공립보통학교 교장을 포함한 교원들에 의한 향토 연구의 성과물로 소학교 교원이 향토연구를 주도한 점은 일본과 동일했다. 거류지 역사가 상대적으로 길었던 인천에서 향토 연구가 상당히 진전을 보인 점을 엿볼 수 있다.

두 번째로 잡거지 형태의 식민지도시에서 간행된 발전사는 조선인과의 조우 및 이문화 접촉을 다룬 기술 내용이 특징적이다.[33] 『경성발달사』를 보면 동학농민전쟁 시기에 조선인 '폭도'들이 경성으로 몰려들 것이라는 소문을 접하고 수비병을 만들어 야간에 조선인의 일본인 거류지 진입을 금지하거나 영사관의 허가 없이 조선인이 일본인 가옥에 숙박하는 것을 금지한 일화가 소개되어 있다.[34] 『평양발전사』에는 "다른 거류지와는 달리 수만 명의 한국인 사이에 노약자, 여성, 어린아이를 포함 겨우 2백 명에 지나지 않는 동포들이 여러 장소에 떨어져 잡거"했던 거류 초기 상황이 묘사되어 있다.[35] 또한 일본인과 조선인 사이에는 충돌이 끊이지 않는 상황이었으며 "살벌한 분위기가 거리에 감도는 형세"였다는 기술도 보인다. 이에 따라 평양의 거류민 총대가 다른 거류지와 비교해서 곤란한 점이 많다며 일본 공사에게 경관 파견을 요청한 일화도 소개하고 있다. 이렇듯 잡거지 형태로 형성된 지역의 발전사에는 조선인 사회와의 접촉 및 충돌에 관한 기술을 군데군데에서 확인할 수 있다.

세 번째로 신시가지 형태의 식민지도시에서 간행된 발전사에는 일본인에

---

33 하나의 예로 대구를 다룬 발전사에서는 타 지역과 비교해 잡거지 대구가 다른 점을 다음과 같이 기술하고 있다. ① 왕조의 수도나 개항지가 아닌 점, ② 한국인과 잡거하고 있어 빈번하게 접촉이 일어난다는 점, ③ 정치적인 혜택이나 무역상의 이점이 아닌 이유에서 일본인들이 거주해 온 점, ④ 거류민 사회가 상인 중심이 아니라는 점, ⑤ 농업을 경영하는 자가 많은 점, ⑥ 배후지에 광대한 군 지역이 있어 배면(背面) 도시 발전의 가능성이 높은 점. 大邱府 編(1915), 앞의 책, 24쪽.

34 京城居留民団役所 編(1912), 『京城発達史』, 98쪽, 109쪽.

35 잡거지 평양의 상황에 대해서는 平壌民団役所 編(1914), 앞의 책, 38쪽.

의한 시가지 '개척'과 관련된 서술이 눈길을 끈다. 예를 들어 『대전발전지(大田發展誌)』에는 경부선 철도 부설과 일본군 주둔 그리고 호남선 철도 공사를 거치면서 형성된 대전의 역사가 기술되어 있다. 일본인의 유입이 시작된 후 얼마 되지 않은 시점에서 인구가 약 5천 명에 달했다는 점과 일본인 인구 비율이 높은 점을 지역 특성으로 꼽고 있다.[36] 또한 단기간에 시가지가 형성된 탓에 판잣집 형태의 허술한 건물이 늘어선 대전의 모습이 묘사되어 있다.

마찬가지로 『신의주사(新義州史)』에서는 중국과 국경을 접한 접경 지역으로 새로운 시가지가 형성되는 형태로 성장한 신의주의 역사를 기술하고 있다. 도시가 형성되기 이전에는 "황량한 들판에 굴뚝 연기가 드문드문 피어오르고, 인가가 매우 드문" 지역이었으나 러일전쟁 후 임시 군용철도반과 함께 상인과 노동자 인구가 유입되면서 신의주가 형성되었다는 식의 기술이다.[37] 이어서 경의선 종착역의 건설과 안봉선 개축 그리고 압록강철교가 건설되었다. 이 과정에서 신의주는 급속히 발전했으며 시가지 구획이 정연하게 이루어진 도시로 성장했다. 그 결과 조선시대 재래 도시였던 의주가 쇠락하고 경제·행정의 중심이 신의주로 이동한 과정이 묘사되어 있다.

이러한 신시가지 형태의 식민지도시를 다룬 발전사에는 공통적인 기술이 보인다. 무엇보다 일본인들이 한반도로 이주하여 해당 지역을 건설했다는 '개척' 정신에 대한 표창을 찾아볼 수 있다. 『대전발전지』에는 "인적이 드문 한적한 마을"이었던 지역이 일본인들의 손에 의해 몰라보게 변하여 대전으로 성장한 과정을 강조하고 있다.[38] 신의주 발전사에도 "일본인 혼자 힘으로 풀로 뒤덮인 땅을 개척하고 노력한 끝에 도시가 형성"되었다는 식의 서술을

36 田中市之助(麗水)(1917), 『大田発展誌』, 8쪽.

37 신의주 부윤인 후카가와(深川)가 쓴 서문이다〔和田孝志(1911), 『新義州史 : 附人物月旦』, 島田叢文館〕.

38 田中市之助(麗水)(1917), 앞의 책, 4쪽.

볼 수 있다.[39] 이러한 서술 내용을 통해서는 초기 이주민들의 '개척' 정신을 기념하고 기리는 의미가 발전사 간행의 배경이 되었던 점을 알 수 있다.

4. 발전사 서술에 나타난 내러티브

1) 조선 · 조선인의 부재

발전사 기술과 관련해 먼저 주목해야 할 점은 '한국병합'에 대한 인식이다. 한반도의 식민지화에 대한 일본인 사회의 공통인식이 드러나는 부분이다. 『군산개항사(群山開港史)』에는 "러일강화조약이 맺어지면서 그 결과로 진구(神功)황후의 한반도 정벌 이래 약 2천 년간 현안이었던 한반도에 대한 일본의 종주권 문제가 해결"되었다는 기술이 보인다.[40] 이른바 삼한정벌(三韓征伐)로 일컬어지는 진구황후의 신라정벌 설화를 들면서 '한국병합'을 역사적 문제의 해결로 평가하는 역사관이 드러나 있다. 다른 발전사에서도 이와 비슷한 서술을 찾아볼 수 있다.

> 한국병합은 융성한 황위의 도움을 받아 시대의 좋은 기운을 얻어 성취한 것으로 전례가 없는 위업이며 태평성대의 경사이다. 이를 과거의 일한관계에 비추어 보면 태고 이래의 역사에 큰 결론을 지은 것으로 이를 현재에 비추어 말하면 동양 평화의 화근을 끊고 그 백성들을 고통에서 구한 것이며 언어와 풍습이 같은 민족과 연계하여 서로 이끌어 주며 먼 장래의 대륙경영에 착수한 것이다. ……한국병합은 자연적인 대세이며 필연적인 운명이고 당연한 결과이다.

39 和田孝志(1911), 앞의 책, 5쪽.

40 保高正記 · 村松祐之(1925), 『群山開港史』, 114~115쪽.

이야말로 실로 양국 국민의 복리를 증진하는 유일한 길이며 국제법이나 외교와 같은 인위적인 형식에 따른 것이 아니다.[41]

인용한 『원산발전사』에서 말하는 '태고 이래의 역사'는 앞에서 다룬 『군산개항사』의 기술과 마찬가지로 진구황후의 '삼한정벌'을 말하는 것이다. 여기에서 한국은 '동양 평화의 화근'으로 간주되고 있으며 '한국병합'은 지금까지의 한일관계를 둘러싼 문제를 해결한 위업으로 보는 논리가 펼쳐졌다. 또한 '언어와 풍습이 같은 민족'이란 구절에서는 '한국병합'을 전후하여 활발히 논의된 '일선동조론(日鮮同祖論)'의 영향을 찾아볼 수 있다. '한국병합'을 역사의 필연적 결과로 보고 한반도의 식민지화를 정당화하는 논리가 발전사 기술에도 녹아들어 있는 것이다. 이러한 시각은 재조일본인들이 간행한 발전사에 공통적으로 나타나는 역사 인식이다.

발전사 서술을 통해서는 역사인식과 함께 일본인의 타자인식을 엿볼 수 있다. 일본인의 조선 · 조선인에 대한 타자인식의 특징은 차별 의식과 멸시관에 있다고 할 수 있다. 그중에서도 익히 알려진 '요보'라는 차별어의 사용은 일본인의 이러한 의식을 상징한다. 재조일본인 사회 내에서 '요보'가 널리 사용되기 시작한 것은 거류민 인구가 급증한 러일전쟁 시기부터였던 것으로 보인다. 이는 조선인들이 빈번하게 사용하는 '여보', '여보시오'라는 말에서 따온 것으로 조선인을 지칭하는 차별어로 사용되었다. 일본어의 형용사 '요보요보시이(よぼよぼしい. 늙어서 노쇠한 모양새를 나타냄)'와 연관시키거나 '요보 군(君)', '요보화(化)', '요보스럽다' 등 여러 형태로 파생 · 사용되었으며 일본인 사회 내에서 하나의 유행어처럼 사용되었다.

아울러 발전사 서술에는 조선인을 묘사하는 단어로 '나태', '유치', '완고', '불결' 등의 표현이 자주 사용되었다. "조선의 풍속과 오래된 관습은 무척 야

---

41 高尾新右衛門 編(1916), 앞의 책, 625~626쪽.

만스럽고 조잡"하다는 설명이나 조선인들은 "본래 완고하여 자력이 부족하고 공리공상을 즐기며 살벌한 기풍"이 있다는 서술을 볼 수 있다.[42] 또한 "조선인들은 아직 유치한 사상을 지닌 자가 많아 도저히 내지인과 경쟁할 실력을 지니고 있지 못하다"는 평가를 비롯, 조선인에 대한 우월의식과 멸시관을 찾아볼 수 있다.[43]

여기에 조선인이 일본인을 대하는 방식은 '의심'과 '경멸'로 받아들여졌다. 예를 들어 조선인들은 일본인을 향해 '의심, 경멸, 반항의 태도'를 역력하게 보인다는 것이 발전사에 나타난 일반적인 시각이었다.[44] 이러한 조선인들의 태도와 사고방식에 대해 일본인들은 사대주의를 지적하는 경우가 많았다. 발전사에는 조선인들이 일본인들을 '왜놈'으로 부르면서 깔보거나 일본인들을 향해 돌을 던졌다는 서술을 심심치 않게 찾아볼 수 있는데, 일본인들은 이를 조선인의 뿌리 깊은 사대주의로 해석했다.[45] 대국 중국에 대한 추종이 일본에 대한 경멸의식을 낳았다는 논리이다. 이러한 내러티브 구조는 조선시대에 민중들이 겪은 가렴주구의 상황을 총독부 통치와 비교하는 서술로 이어진다. 조선시대를 노예사회로 평하면서 총독부 통치에 의해 조선인들의 생활이 개선된 점을 강조하는 기술 형태이다.[46]

---

42 三輪規・松岡琢磨 編(1907), 앞의 책, 71쪽 ; 酒井俊三郎(1915), 『鳥致院発展誌』, 朝鮮新聞忠清総支社, 10쪽.

43 平壤名勝旧跡保存会 編(1915), 『平壌之現在及将来』, 36쪽.

44 酒井俊三郎(1915), 앞의 책, 10쪽.

45 "한국인들은 너나 할 것 없이 큰 나라인 중국만 알 뿐 자기 나라를 독립국으로 인정하여 지도 및 개발하려는 일본의 존재를 모른다. 중국을 큰 나라로 받드는 사대주의사상으로 일본인을 왜놈으로 취급하며 멸시한다. 따라서 거류민이 거류지 밖으로 한발 내딛는 순간 왜놈 왔다고 야단치며 어떠한 경우에는 돌을 던지는 행위도 서슴지 않는다." 高尾新右衛門 編(1916), 앞의 책, 16~17쪽.

46 "일반적으로 한국은 양반, 중인, 노예 세 종류의 사람이 있으며 양반은 문부양반이란 의미로 우리나라로 치면 사족(士族)과 같다. 중인은 보통의 사람들로 평민이며 귀족주의인 한국에서 평민은 아무런 권력이 없이 관청의 명에 따라 살아갈 뿐이다. 노예의 경우 인간 취급을 받지 못하며 말이나 소와 같은 취급을 면하지 못한다. 다른 사람

이러한 발전사의 내러티브 구조를 통해서는 일본인들의 조선·조선인에 대한 차별의식과 우월의식을 확인할 수 있는데, 이는 발전사 특유의 기술 형태로 이어졌다. 그것은 바로 조선의 지역사를 다루면서도 조선의 역사가 제거된 일본인 중심의 역사관과 서술 구조이다. 『경성과 내지인』을 지은 가와바타 겐타로는 '재류내지인'에 한정하여 서술하는 이유에 대해 "경성의 오늘이 있는 것은 우리 내지인들이 노력한 결과로 (경성의) 번영은 우리 내지인의 발달"이기 때문이라고 밝혔다.[47] 그는 더 나아가 "경성발달사는 일본 거류민의 발달사로 일본 거류민을 떼어 놓으면 경성은 없다고 해도 과언이 아니다"라고 단언하기까지 했다.[48] 조선의 수도 한성의 남쪽 일각에 거류지를 이루고 다수의 조선인 사이에 둘러싸여 생활하면서도 경성의 발달은 일본인의 손에 의한 것이라고 당당히 기술했던 것이다.

동일하게 잡거지였던 평양의 발전사에도 비슷한 서술 구조가 보인다. 『평양발전사』에는 "평양의 오늘이 있는 것은 우리 재조일본인들의 자치 덕분"이라는 평가에 이어 일본인이 "사심을 버리고 공익을 추구하면서 신영토 개척에 임한 결과"라는 자부심 가득 찬 기술도 보인다.[49] 이러한 일본인 중심의 역사 인식은 더 나아가 "내선인이 같이 생활하게 되면 조선인은 생존경쟁에서 패배하여 산간벽지로 쫓겨날 것"이라는 서술로도 이어졌다.[50] 도시에서 조선인이 쫓겨난 자리를 일본인들이 차지하게 될 것이라는 미래상이 제시되었던 것이다. 이렇듯 발전사 기술에서 보이는 첫 번째 특징은 일본인 사회 중심의 역사인식과 서술이었다. 지역 연혁에서 조선의 역사와 조선인

을 위해 일하며 그날그날 입에 풀칠하며 연명하는 존재이다. 실로 가여운 존재인 것이다." 三輪規·松岡琢磨 編(1907), 앞의 책, 71쪽.

47 川端源太郎(1910), 『京城と内地人』, 日韓書房, 「例言」.

48 川端源太郎(1910), 앞의 책, 19~20쪽.

49 平壌民団役所 編(1914), 앞의 책, 「平壌発展史に題す」.

50 平壌名勝旧跡保存会 編(1915), 앞의 책, 36쪽.

의 궤적은 제거되고 일본인 이주 이후의 역사로 메꿔진 결과, 발전사는 조선의 지역사 간행을 표방했지만 조선 · 조선인이 부재하는 현상을 보인 것이다.

2) '고난', '분투'의 이주사

발전사를 통해서는 일본인의 타자인식과 더불어 자아인식을 엿볼 수 있다. 우선 주목되는 것은 '조선 개척의 선구자'라는 자아인식이다.[51] 발전사는 대개 "솔선해서" 조선으로 건너와 "온갖 괴로운 고생과 위험을 이겨 낸 건실하고 열성적인 노력이 큰 바위와 같은 기반을 만들었다"는 서술에서 확인할 수 있는 것처럼 초기 이주자의 공로를 기리는 서문으로 시작하는 경우가 많았다. 『목포지』 서문에서도 다음과 같은 기술이 보인다.

> 이곳에 새로운 문명 도시를 남선(南鮮)에 건설하고 장래에 더더욱 발전을 거듭하여 이상적 대(大)목포가 머지않아 형성될 것이다. 메이지 30년(1897) 개항 당시 벌판 초원이었던 목포에는 50여 호가 채 안 되는 조선인 초가집이 띄엄띄엄 보이는 정도였는데 과거를 되돌아보면 격세지감을 느끼지 않을 수 없다. 그리고 오늘날 목포의 발전은 결국 우리 시민들의 노력과 분투가 이루어 낸 결과물로 이를 사실에 기초하여 적고자 한다. 이는 우리 시민들의 십수 년

51 "우리가 기뻐하지 않을 수 없는 점은 우리 거류민이 조선개척의 선구자이자 전도자가 되었으며 그에 따라 일장기를 휘날렸다는 점이다. 지난 후 돌이켜보자면 반도의 오늘이 있게 된 것과 정치적인 성과가 많은 것은, 구름 속에 우뚝 선 누각도 분명 그 기초가 있었기에 가능했던 것처럼 솔선해서 반도에 깃발을 내걸고 모든 쓴맛과 고통을 감수하고 곤란과 위험을 무릅쓴 강인하고 열성적인 노력이 기반이 된 것은 두말할 것 없이 자명한 일이다. 따라서 2500년 이래 국시를 실현하고 오늘의 융성을 보인 것은 실로 우리 거류민이 이룬 공적 덕이 크다." 京城居留民団役所 編(1912), 앞의 책, 「序文」.

간 분투와 고난의 역사가 아닐 수 없다.[52]

여기에서 말하는 '우리 시민들'은 다름 아닌 목포 개항 후 이주한 일본인을 가리킨다. 서문에서는 목포가 큰 도시로 성장할 것이란 희망에 찬 미래상을 보여 주고 있는데 특히 주목되는 부분은 목포의 역사를 "개항 이래 시민들의 십수 년간에 걸친 고전(苦戰)과 분투(奮闘)의 역사"로 표현한 부분이다. 초기 이주민의 노력을 칭송하는 한편, 거류민이 핍박을 견뎌 내고 지역 발전을 이루어 냈다는 기술이다. 이러한 방식으로 거류지 형성 과정을 묘사하는 경향은 발전사에 나타난 공통적 특징이다.

『원산발전사』에도 동일한 경향을 찾아볼 수 있다. 예를 들어 "반도에서 우리 일본인이 겪은 분투의 역사"라는 구절이나 "메이지유신의 거대하고 개국 진취적인 국시(國是)에 따라 우리 국민이 겪은 분투의 역사"라는 서술이다.[53] 아울러 "우리 국권이 신장되고 점점 더 우리 천황의 권위가 빛을 발하게 되면서 그 덕분에 거류민이 전력을 다할 수 있었다"는 인식도 볼 수 있다.[54] 목포나 원산 등의 개항지뿐만 아니라 조선인과 잡거하는 지역의 발전사에서도 동일한 서술이 보인다. 『평양발전사』 서문에는 "20년간 시민들이 힘들게 경영하여 지금의 평양을 개척해 온 역사를 편찬"하는 것이 간행 취지임을 밝히고 있다.[55] 이렇듯 거류민 사회의 이주사를 '고난'과 '분투'의 역사로 보는 것이 발전사의 일반적인 역사인식이었다.

이러한 재조일본인들의 인식의 기원을 거슬러 올라가면 개항 후 거류지 형성 초기에 겪은 경험과 관련이 있다. 발전사 서술에는 임오군란과 갑신정변 시에 일본인들이 겪은 피해, 방곡령으로 인해 입은 손해, 동학농민운동

52 木浦誌編纂会 編(1914), 앞의 책, 「木浦誌刊行の由来」.
53 高尾新右衛門 編(1916), 앞의 책, 「序文」.
54 高尾新右衛門 編(1916), 앞의 책, 775~776쪽.
55 平壌民団役所 編(1914), 앞의 책, 「平壌発展史例言」.

시 받은 피해, 1900년대 중후반 의병에 의한 피해가 비교적 상세히 기술되어 있다. 이러한 일본인의 '피해' 경험은 "일본 세력이 매우 미약했던 탓에 재류일본인은 중국인과 조선인으로부터 압박과 모멸을 견디지 않으면 안 되었다"는 표현에 집약적으로 나타나있다.[56] 이러한 '피해'의 경험은 거류민 사회에서 '고난'과 '분투'의 역사로 공유되었던 것이다. 아울러 이러한 공유된 기억은 발전사 간행을 통해 후세에 전달되는 방식이 취해졌다. 일반적으로 일본의 지역사 간행물은 지역의 위인을 기리고 명승지를 소개하는 내용으로 시작하지만, 재조일본인들이 간행한 발전사는 초기 이주민들이 겪어야 했던 '고난'과 '분투'의 경험을 기억하고 기리는 것에서 시작했는데 바로 이러한 점에서 발전사 기술의 특징을 찾아볼 수 있다.

3) 창조된 '향토'

일본의 향토 연구는 러일전쟁 후 활발히 진행된 지방개량운동과 함께 성립되었다. 향토 연구는 일반적으로 "지방 출신자 혹은 지방 거주자가 스스로 향토라고 생각하는 지역에서 전개되는 역사적 사실을 연구하고 기술하려고 하는 행위"라고 정의된다.[57] 이 정의에 의하면 향토 연구는 "스스로 향토라고 생각하는 지역"과 그 지역에 대한 소속감이 전제 조건이 되어야 한다. 또한 향토 연구에는 다른 중요한 전제 조건이 필요하다. 지역 주민이 지닌 구체적인 역사인식과 지역 연혁에 대한 관심이다. 이러한 관점에서 보면 식민지 조선에서 발전사 간행이 가능했던 것은 일본인들의 지역 연혁에 관한 관심과 함께 향토 인식이 생겨났기 때문이었다.

---

56 藤村徳一 編(1927), 『居留民之昔物語』, 朝鮮二昔会事務所, 43쪽.

57 由谷裕哉(2010), 「草莽の学の再構築に向けて」, 由谷裕哉・時枝務 編, 『郷土史と近代日本』, 角川学芸出版, 7쪽.

일반적으로 일본의 향토사는 지역의 연혁, 명승고적, 지역 출신의 위인을 소개하는 내용으로 구성된다. 발전사 역시 유사한 내용으로 구성되었다. 『평양발전사』 제1편은 "평양의 유래"에서 시작하여 고대 기자조선과 위만조선, 낙랑군과 고구려의 역사가 기술되어 있다.[58] 이어서 임진왜란 시의 평양전투, 청일전쟁과 러일전쟁 시 전쟁터가 된 평양의 상황에 대한 묘사로 이어진다.[59] 평양의 명승고적과 관련해서는 고적 발굴에 참여한 세키노 다다시의 강연록이 게재되었다. 또한 평양천도론과 관련된 일화도 소개되어 있다. 평양천도론은 한반도를 여행한 아카기 가쿠도라는 인물이 『일본 및 일본인(日本及日本人)』이라는 잡지에 기고한 것으로, 독자들로부터 반향이 있었다. 아카기는 일본제국의 천도 후보지로 평양을 지목했는데 발전사는 이러한 천도론을 이용하여 평양의 지리적 가치를 강조하는 소재로 활용했다.

『대구민단사』에도 유사한 역사인식과 기술 경향이 확인된다. 무엇보다 눈길을 끄는 것은 신라 중심으로 지역 연혁을 소개하는 부분이다. 대구는 "경상북도의 수부(首府)"이고 경주는 "신라의 고도(古都)"라는 표현으로 두 지역을 관련 지으면서 신라의 역사는 "대구민단 이전의 최고 오래된 역사"라고 서술했다.[60] 또한 지역의 잠업 역사를 소개하는 부분에서는 "신라가 가장 발달했으며 이를 일본으로 전했다"라고 서술한 부분이나 소를 이용한 농사법과 관련해서 신라의 지증왕이 백성들에게 우경(牛耕)을 장려한 것을 기술하고 있는데, 조선과 고려시대를 뛰어넘어 삼국시대가 중점적으로 기술된 점 그리고 일본과 관련된 신라와 경주의 역사가 상당 부분을 차지하는 점 또한 특징적이다.

『군산개항사』의 서술 방식도 동일한 경향을 보인다. 군산의 역사는 백제

---

58 平壤民団役所 編(1914), 앞의 책, 1~14쪽.

59 平壤民団役所 編(1914), 앞의 책, 435~524쪽.

60 大邱府 編(1915), 앞의 책, 70쪽.

의 금강 지역 지배에서 시작하여 백제와 왜국 관계 그리고 왜구 침략의 역사로 이어진다. 신라의 토지제도, 고려의 과전제도, 조선시대의 공미제도, 조선의 화폐제도 설명에 지면을 상당히 할애하고 있다. 이를 통해서는 일본인들이 군산을 포함한 주변 지역 역사를 조사·연구한 대목으로 볼 수 있다. 또한 이는 미곡 무역이 활발했던 군산의 지역적 관심이 발전사 내용에 반영된 부분으로도 볼 수 있다. 다음은 "일본의 한반도 종주권과 금강"이라는 제목이 붙은 『군산개항사』의 일부분이다.

> 일본의 한반도 종주권이 국제법상 명실상부하게 확립된 것은 메이지 38년(1905) 미국 포츠머스항에서 맺어진 러일강화조약 체결 후이지만 실제로 일본이 조선에서 종주권을 행사하게 된 기원은 진구황후의 삼한정벌 후에 임라에 일본부(府)라고 하는 엄연한 정부를 수립하고 백제와 신라를 통치한 것은 러일전쟁 후 일본의 통감 정치와 전혀 다를 것이 없으며 실제로 종주권이 조선에 시행되었다고 할 수 있다. 신라는 그후 북방 세력과 영합하여 때때로 일본의 명령을 받들지 않았던 적이 있으나, 백제는 시종일관 일본의 종주권을 받아들였으며 충성을 다하며 보호를 받았던 것은 역사상 부정할 수 없는 사실이다.[61]

군산의 발전사는 주로 백제와 신라가 등장하는 삼국시기 관련 기술이 상당 부분을 차지한다. 그 내용은 진구황구의 '삼한정벌'과 '임라일본부' 시기 이미 한반도에 대한 일본의 종주권이 정립되었다는 것을 근거로 들면서 한반도의 식민지화를 정당화하려는 것이었다. 즉 발전사 간행사업은 지역 연혁에 대한 관심을 기초로 가능했던 것으로 이는 『고사기』나 『일본서기』에 기록된 고대 한일관계에 대한 관심으로 이어졌다. 이러한 과정 속에서 강하게 인식된 것은 고대사 속에 그려진 일본의 한반도 지배와 1910년 '한국병

---

61 保高正記·村松祐之(1925), 앞의 책, 17쪽.

합'을 역사적으로 연결시키는 접점을 찾는 것이었다. 결국 발전사 기술에서 확인할 수 있는 경향은 지역의 연혁이라고 해도 일본과 관련된 사실(史實)에 국한된 재조일본인들의 관심이었다.

향토 연구의 발전은 지역주민들의 향토 의식의 고양이 그 전제 조건으로 동반된다. 이러한 의미에서 재조일본인들의 발전사 편찬을 가능케 한 것은 현재 거주하고 있는 조선의 땅을 '향토'로 인식되었다는 것을 의미한다. 더 나아가 조선의 땅이 재조일본인들에 의해 '향토'로 창조되어 가는 과정을 의미하기도 한다. 지역사회에 '향토' 의식이 확산되는 과정을 통해 향토(사) 연구가 가능해지며 발전사 간행 사업도 비로소 가능해지기 때문이다. 식민지인 조선의 땅을 '향토'로 인식하기 위해서는 그 목적에 맞는 역사인식을 필요로 했으며 발전사 간행은 그 과정 속에서 탄생한 산물이었던 것이다.

5. 맺음말

이 글에서는 재조일본인이 간행한 조선지지 중에서 발전사를 중심으로 기술 내용에 나타난 의식구조에 대해 살펴보았다. 발전사는 거류민 사회의 형성사를 주요 내용으로 하는 간행물로, 그 기술을 통해서는 재조일본인들의 타자인식과 자아인식을 엿볼 수 있다. 발전사 간행 사업은 개항 기념, '한국병합', 거류민단의 해산을 계기로 이루어진 경우가 많았으며 거류민 사회의 역사를 역사로 남기려는 의식에 더하여 식민지 통치 권력의 지배 방침에 대한 반발이 간행을 뒷받침하고 있었다. 발전사에서 반복적으로 강조되는 것은 거류민 사회가 형성되는 시기에 겪었던 거류민들의 '고난'과 '분투'의 경험이었으며 이러한 피해자로서의 기억은 발전사 간행을 통해 재생산되고 공유되었다. 이렇게 재조일본인 사회에 배양된 피해자로서의 자아인식은 발전사 간행을 이루어 낸 사상적 기반이 되었다.

한편 재조일본인 사회의 발전사 간행은 일본의 향토 연구 동향과 동시대성을 가지고 있었다. 발전사 간행을 계기로 일본인 사회 내에서 지역사에 대한 관심이 커지면서 지역 연혁에 대한 조사·연구가 이루어졌다. 지역사라고 해도 이는 일본 열도와의 연결 고리를 찾는 작업이 우선시되었다. 이러한 측면에서 발전사 간행과 지역사에 대한 조사·연구는 일본인의 한반도 거주를 역사적으로 정당화하는 기능을 수행했다. 그 결과 발전사는 조선지지이면서도 조선인과 조선의 역사가 제거 및 배제되는 형태로 간행되었다.

아울러 발전사 기술 내용을 통해서는 재조일본인 사회에 생기기 시작한 '향토' 의식을 엿볼 수 있다. 길지 않은 거류 기간이지만 지역에 대한 '애착'과 '애향심'이 재조일본인들의 의식 속에 자리 잡기 시작한 것을 확인할 수 있다. 이러한 측면에서 보면 발전사 간행 사업은 재조일본인들에게 있어서 조선의 땅을 '향토'로 인식하고 '향토'로 창조해 나가는 과정이기도 했다. 지역사 간행을 통해 재조일본인들은 조선의 땅을 자신들의 '향토'로 내면화하는 과정을 거치게 되었던 것이다.

농촌개발운동의 기억

동원체제 속 농민들의 저항과 수용

이소희(李昭憙, Lee Sohee)

도쿄대학 국제사회과학 전공 박사과정.
한국과 일본의 경험을 통해 본 도상국의 농촌개발과 주민참여, 자조노력을 테마로 박사논문을 집필하고 있으며 새마을운동, 농촌진흥운동, 농산어촌경제갱생운동 등 농촌개발정책에 관심을 가지고 있다. 주요 논문으로는 「농촌개발에서의 소셜 네트워크의 기능 : 한국 새마을운동의 분석으로부터」(2012), 「지역주민의 『자조』가 농촌 경제발전에 미치는 영향 : 새마을운동에서의 『계』의 기능을 중심으로」(2019) 등이 있다.

1. 서론

본 연구는 1970년대 새마을운동과 그 기원으로도 지적되는[1] 식민지 조선의 농촌진흥운동을 그 행위 주체인 농민들의 기억을 통해 새롭게 고찰한다. 동원 체제하에서 이루어진 관주도 농촌개발운동 과정에서 보인 농민들의 전략적이고 선택적인 대응방식을 분석함으로써 제국과 탈제국 속 농촌 발전을 일구어 온 농민들의 '자조적인 삶과 생활'을 밝히는 것을 그 목적으로 한다. 두 운동은 서로 다른 시대 배경 속에서 추진된 것으로 그 주체와 성격은 다르지만 주민동원을 이용한 관주도 농촌개발운동으로서 한국 농촌사회와 주민들의 생활에 영향을 주었다.

두 운동은 농촌경제의 빈곤과 피폐의 원인으로 농민 개개인의 나태와 무지를 지적하고, 주민동원의 논리로서 '자조'를 강조했다. 총독부와 박정희 정권은 각각 '자력갱생'과 '자조정신'을 정책의 기치로 내걸고 동원 체제하에 주민들을 포섭하고자 했다. 그 논리는 관주도 농촌개발운동에 참여함으로써 무능하던 농민들의 자조정신이 계몽되고, 그렇게 '자조하게 된' 농민들이 피폐한 농촌의 생활개선과 부흥에 기여한다는 것이다. 또한 그 자조의 실태로서 농촌 마을 단위에 새롭게 정비된 관제 자조조직을 통해 실시된 마

1 신기욱 · 마이클 로빈슨 편(2006), 『한국의 식민지 근대성』, 도면회 옮김, 삼인, 160쪽 ; 지수걸(1999), 「일제의 군국주의 파시즘과 '조선농촌진흥운동'」, 『역사비평』 제47호, 17쪽 ; 崔吉城(1997), 「セマウル運動と農村振興運動」, 『国立歴史民俗博物館研究報告』 第70集, 162쪽.

을개발 사업들과 그 성과를 든다.

한편 관이 제시한 자조는 단순히 관의 정책과 요청에 협조하는 것을 의미했으며, 그것은 운동이 끝남과 동시에 효력을 잃는, 지속되지 않는 정신이자 노력이었다. 즉 '하늘은 스스로 돕는 자를 돕는다'라는 자조의 개념에서 하늘은 곧 조선총독부와 독재정권이 되고 정책에 참여하는 농민들에게 천조(天助)로서 관으로부터 원조가 돌아온다는 것이었다. 이는 당시 농촌 빈곤의 구조적 문제를 농민 개개인에게 전가함으로써 외향화된 농민들의 정치적 불만을 사사화(私事化)한 전략으로 평가되며,[2] '자조하게 된' 농민이란 체제에 대한 저항을 저지하고 체제 안정화를 도모하고자 했던 관이 규정한 왜곡된 농민들의 모습이었다. 실제 농민들은 위로부터 강요된 개발정책들에 대해 과거부터 축적해 온 자조 경험과 자원을 활용해 전략적으로 대응하며 스스로 삶을 발전시켜 왔다.

본 연구는 농민을 농촌개발의 자조적인 주체로서 규정하고 '왜 농촌 주민들은 관주도 농촌개발운동에 참여했는가'라는 문제의식을 설정한다. 그리고 마을 단위에 강요된 동원정책에 참여하는 농민들의 선택적이고 전략적인 대응을 분석함으로써 한국 농촌개발과정의 농민들의 조각난 기억들을 밝히고자 한다.

농민들의 참여 요인에 대한 선행연구는 주로 위로부터의 하향식 관점에 편중된 경향이 있다. 먼저 농촌진흥운동에 대한 연구는 식민지 정권의 주민동원을 일방적인 흡수 및 포섭으로 비판하며 그 구체적인 동원 요인으로 억압과 폭력에 의한 강제 동원,[3] 파시즘 및 제국주의 이데올로기의 주입,[4] 촌

---

2 김영미(2009), 『그들의 새마을운동』, 푸른역사, 236쪽 ; 지수걸(1999), 앞의 논문, 23쪽 ; 최희정(2012), 「1930년대 자력갱생론의 연원과 식민지 지배 이데올로기화」, 『한국근현대사연구』 제63집, 140쪽.

3 한도현(1985), 「1930년대 '농촌진흥운동'의 성격에 관한 연구」, 서울대학교 대학원 석사학위논문.

4 김영희(2003), 『일제시대 농촌통제정책 연구』, 경인문화사 ; 이윤갑(2009), 「조선농촌

락사회의 지배체제 재편,[5] '식민지 조합주의',[6] 중견인물[7] 등이 제시된다. 한편 한국 농촌과 촌락사회의 연구를 통해서도 농민들의 관점을 엿볼 수 있는데 전통적 자치질서, 촌락 내 자치기구를 통한 식민지배 대응 등을 주민들의 동원정책 참여 요인으로 볼 수 있다.[8]

새마을운동에 대한 연구에서는 정부의 평가를 바탕으로 농민들의 자조의식 결여를 전제하는 연구가 많다. 그리고 그러한 자조의식을 향상시킨 농민 참여 요인으로서 '박정희의 리더십, 행정체제 정비, 경쟁 인센티브, 선전과 교화, 새마을교육, 새마을지도자 육성'과[9] 같은 하향식 요인들을 제시한다.

진흥운동기(1932~1940) 경상북도 지역의 농업변동과 농민층 분해」, 『대구사학』 제95집 ; 지수걸(1999), 앞의 논문 ; 한도현(1985), 앞의 논문.

5 박섭(1994), 「1930년대 초반의 농업 불황과 농촌진흥운동」, 『인제논총』 제10권 제1호 ; 지수걸(1982), 「1932~35년간의 조선농촌진흥운동 : 운동의 체제안정화정책적 측면에 대한 연구」, 고려대학교 대학원 석사학위논문 ; 지수걸(1999), 앞의 논문.

6 신기욱 · 마이클 로빈슨 편(2006), 앞의 책.

7 富田晶子(1981), 「農村振興運動下の中堅人物の養成」, 『朝鮮史研究会論文集』 第18号 ; 金翼漢(1996), 「植民地期朝鮮における地方支配体制の構築過程と農村社会変動」, 東京大学博士学位論文.

8 김경일(1984), 「조선 말에서 일제하의 농촌사회의 『동계』에 관한 연구」, 서울대학교 대학원 석사학위논문 ; 김민철(2012), 『기로에 선 촌락 : 식민권력과 농촌사회』, 혜안 ; 이용기(2007), 「19세기 후반~20세기 중반 동계와 마을자치 : 전남 장흥군 용산면 어서리 사례를 중심으로」, 서울대학교 대학원 박사학위논문.

9 내무부(1980), 『새마을운동 10년사』, 내무부 ; 성태현(1978), 「경제발전과 새마을운동」, 『산업경영』 제3권 ; 이질현(1976), 「농촌새마을운동 발전방향설정에 관한 연구 : 새마을 소득증대계획 결과분석 중심」, 『농업경제연구』 제18권 ; Boyer, William W. and Byong-Man Ahn(1991), *Rural Development in South Korea : A Sociopolitical Analysis*, University of Delaware Press ; Park, Jin Hwan(1981), "The Work of Agricultural Economists at Community, Village and Local Governmental Levels : Accomplishment and Challenges," Rural Change : The Challenge to Agricultural Economists, Proceedings of the Seventeenth International Conference of Agricultural Economists ; Moore, Mick(1985), "Economic Growth and the Rise of Civil Society : Agriculture in Taiwan and South Korea," in Gordon White, ed., *Developmental States in East Asia*, pp.113~52 ; Brandt, V. and Man-Gap Lee(1977), *Community Develop- ment Program in Korea*, Korea National Commission for UNESCO.

즉 농민들을 위로부터 계획된 개발정책에 대한 소극적 수용자로 이해한다.

하지만 이러한 연구들은 농촌개발과정을 설명하는 데 한계를 가진다. 첫째 '농민 관점의 결여'라는 한계다. 요컨대 하향식 관점에서 새마을운동을 평가하기 때문에 마을 단위 개발사업에 직접 참여하고 성과를 낸 마을 주민에 대한 고찰이 간과되어 있다. 한편 '사회적 자본, 전통적 협동규범'처럼 상향식 요인을 지적하는 연구도 있다. 하지만 대부분이 전통적인 농촌사회에 존재한 여러 요소를 기술하는 데 그쳐 개발사업에 대한 농민참여와 그 성과에 어떤 영향을 주었는지 충분히 설명되지 않는다. 두 번째로 '종래의 농촌사회와의 단절'이라는 한계다. 새마을운동의 성과에 초점이 맞추어지면서 시간 축을 단순히 새마을운동의 전후로 설정하고 있는 연구가 많아 주민에 의한 자조노력 또한 새마을운동 이후의 변화로서 설명하고 있다. 하지만 무능한 농촌 주민들이 단순히 의식개혁을 통해 자조노력을 할 수 있게 되었다고 보기는 어렵다. 이에 관련해 브란트는[10] 한국 농촌에서의 현지조사를 통해 1950~1960년대에 이미 농민들의 농촌개발에 대한 의식이 변화하고 있었다고 지적하고 농촌 빈곤의 원인을 농민이 아닌 지방정부의 제도적 메커니즘에 있다고 밝혔다.

기존 연구들의 한계를 바탕으로 본 연구에서는 농촌 주민을 마을개발의 전략적 주체로 인식하고, 위로부터의 자조뿐만 아니라 동시에 주민들의 아래로부터의 자조노력이 존재했음을 지적한다. 구체적으로 '진흥위원회'와 '개발위원회' 등으로 대표되는 위로부터 계획된 관제 자조조직과, 정부의 통제가 이르지 못하는 자생적인 자조조직의 하나로서 '계'에 주목하며 마을 단위 개발사업에서의 각 조직의 기능, 조직 간 상호작용, 변화양상을 밝히고자 한다. 그때 종래의 농촌사회와의 '연속성'에 초점을 맞추어, 식민지 시기 농

---

10 Brandt, Vincent S. R.(1976 / 1977), "Rural Development and the New Community Movement in South Korea," *Korean Studies Forum*, 1, pp.32~9.

촌진흥운동과 독재 정권기의 새마을운동이라는 관주도 동원 체제하 농촌개발운동 과정에서 주민들이 마을 단위 개발사업에 어떻게 대응했으며, 그것이 실제 농민의 삶과 농촌사회에 어떤 영향을 주었는지 농민들의 기억으로 새롭게 고찰하고자 한다.

2. 위로부터의 자조와 아래로부터의 자조

관주도 농촌개발운동이라는 하향식 동원체제하에서 농촌개발을 위한 농민의 자조노력을 분석하기 위하여 우선 주민의 자조노력을 위로부터의 자조와 아래로부터의 자조로 구분할 필요가 있다. 이 장에서는 상부 지시[11]에 따라 마을 단위에서 계획되고 실시된 자조노력과 종래의 농촌사회에서 마을 개발을 위해 주민들이 자생적으로 계획하고 행해 온 자조노력이 공존하고 있었음을 지적하고, 두 운동 과정에서의 그 구체적인 실태를 밝히고자 한다.

1) 농촌개발과 자조

본 연구에서는 농촌진흥운동과 새마을운동을 관주도 농촌개발정책으로 규정한다. 농촌개발(rural development)이란 사람과 토지, 자본 등을 생산재 또는 생산수단으로 다루며 생물생산 및 증산을 주목적으로 하는 농업개발(agricultural development)과 구별된다. 농촌개발은 주요 생계수단인 농업 및 그 관련 산업 외에도 광범위한 보건위생, 교육, 환경, 사회인프라 정비, 커뮤니티 구성원의 임파워먼트(empowerment)를 포괄하는 '농촌지역의 개발'을

11 伊藤亜人(2013), 『珍島：韓国農村社会の民族誌』, 弘文堂, 379쪽.

가리킨다. 농촌개발의 궁극적인 목적은 농촌부 및 도시부 모든 주민을 위한 식료공급 안정과 농촌 빈곤의 감소 및 국가와 지역의 경제발전이다.[12] 또한 본 연구에서는 동원 체제에 대한 농촌 마을의 반응을 '참여'로 규정하는데 이는 '동원되다'와 같은 수동적 반응이 아닌 개발의 행위주체로서 농촌개발에 대한 마을 주민들의 저항과 수용 모두를 포함한 대응방식을 의미한다. 구체적인 주민참여의 유인과 형태는 강제에 의한 동원형, 편익에 근거한 유인형, 자립형으로 나눌 수 있다.[13]

농촌개발에 참여하는 주민들의 행위주체성과 자조노력에 대해서는 개발연구의 '주체능력' 개념을 차용하여 분석한다. 1980년대 이후 개발원조의 실천 및 정책에 있어 아마르티아 센의 이론적 공헌과[14] 함께 개발 당사자인 '주체의 의욕을 지원하는 모델'이 널리 채용되어 왔다. 여기에서 '의욕'은 학술적으로는 '행위주체성(agency)'으로 정의되는데 '일정의 동기와 가치에 의거하여 선택하고, 무언가를 달성하고자 하는 과제를 찾아내고, 시행착오를 거쳐 달성하려는 힘'을 뜻한다.[15] 본 연구에서는 분석의 편의를 위해 야나기하라를[16] 참고하여 agency를 행위주체성 대신 '주체능력'으로 바꾸어 사용한다.

먼저 개발정책의 행위주체(agent)란 상기한 '주체능력을 발휘하고, 실현하

---

12 国際協力機構国際協力総合研修所(2004), 『開発課題に対する効果的アプローチ：農業開発・農村開発』, 国際協力機構国際協力総合研修所, ix쪽.

13 佐藤寛(2003), 『参加型開発の再検討』, 日本貿易振興会アジア経済研究所, 96~97쪽.

14 Sen, Amartya(1985), "Well-Being, Agency and Freedom : The Dewey Lectures 1984," *The Journal of Philosophy*, 82(4), pp.169~221 ; Sen, Amartya(1999), *Development as Freedom*, Oxford University Press.

15 Kabeer, Naila(1999), "Resources, Agency, Achievements : Reflections on the Measurement of Women's Empowerment," *Development and Change*, 30(3), pp.435~64.

16 Yanagihara, Toru(2016), "User-Centered Approach to Service Quality and Outcome : Rationales, Accomplishments and Challenges," *Working Paper*, 123, JICA Research Institute.

며, 변화를 초래하는 자'를 의미한다.[17] 그리고 개발 정책하에서 행위주체로서 마을 주민들의 주체능력이 함양되고 발휘되는 원리는 다음과 같다.

먼저 야나기하라는[18] 주체능력에 대해 '개인에게 내재하는 자기결정과 자기관리에 대한 의욕과 능력(能力)'으로 파악하며, 그것은 다양한 활동과 문맥에서 주체'력(力)'으로서 발휘될 수 있는 공통의 잠재'능(能)'으로 이루어진다. 여기에서 주체'능'은 특정 동기부여(motivation)에 의해 활성화되고 방향 지어지며, 특정 활동에서 어느 정도의 주체'력'으로서 발휘된다. 또한 실현되는 주체'능'의 강도는 잠재하는 저량(stock)으로서의 주체'능'의 크기와 특정 활동에 대한 동기부여의 강도의 결합에 의해 결정된다.[19] 또한 주체'능' 크기의 시간에 따른 변화는, 초기 시점에서의 크기, 그 주체'력'으로의 활성화 이력, 그에 대한 외부로부터의 영향의 이력 세 가지 요인에 따라 결정된다.

개발정책의 추진과정에서 행위주체들의 주체능력의 변화는 단기적으로는 동기부여에 따라 기존의 주체능력이 활용되고, 장기적으로는 주체능력의 함양이 요구된다. 그때 주체능력으로서 함양되는 힘은 ① 내부로부터의 힘(power from within), ② 함께하는 힘(power with), ③ 추진하는 힘(power to), ④ 저항하는 힘(power over) 등 네 가지로 나눌 수 있다.[20]

본 연구에서는 관주도 농촌개발운동의 추진과정에서 개발의 행위주체인 마을 주민이 관으로부터 하향식으로 강요된 자조노력에 대해 어떻게 대응하며, 실제 주민들의 참여를 통해 단기적 혹은 장기적으로 그들의 주체능력이 어떻게 발휘되고 또 함양되는지 사례를 통해 분석하고자 한다. 그리고

---

17 Sen, Amartya(1985), 앞의 논문 ; Sen, Amartya(1999), 앞의 책.

18 Yanagihara, Toru(2016), 앞의 논문.

19 Yanagihara, Toru(2016), 앞의 논문, 9쪽.

20 佐藤峰(2017), 「『主体能力の涵養』は現場でどう行われているか：経験知と理論知の接合による段階的仮説モデルの形成」, 『国際開発研究』 第26巻 第1号, 53쪽.

주민들의 주체능력이 농촌 발전에 어떠한 영향을 주었는지 농민들의 자조와 한국 농촌의 개발과정을 새롭게 고찰하고자 한다.

2) '아래로부터의 자조'로서의 계

서론에서 지적한 것처럼 두 농촌개발운동 이전의 한국 농민들이 게으르고 무능했다고 보기는 어렵다. 이전부터 마을 주민들은 농촌개발의 행위주체로서 마을 단위의 자생적 자조조직을 형성하고 운용하며 스스로 마을 개발을 실천해 왔다. 본 연구에서는 그것을 '아래로부터의 자조'로 규정하고, 그 하나의 실체로서 자생적 자조조직인 '계'에 주목한다. 마을 단위 개발사업에 개인, 세대가 아닌 계 조직을 통해 참여하는 경우가 많았는데 그 다양한 참여 형태를 마을 사례를 통해 분석한다. 동원체제라는 불가피한 상황 속에서 주민들이 스스로의 생존과 발전을 위해, 그리고 마을의 유지와 안정을 위해 행한 노력과 그 영향을 밝히고자 한다.

계는 '특정한 목적을 수행, 달성하기 위하여 구성원들의 자발적인 참여와 합의(약속)에 의해 의도적으로 만들어지는 비교적 지속적이고 조직적인 모임(단체)'[21]으로 정의된다. 조선시대 이전부터 존재해 온 계는 농민사회에서 주민들의 생계유지를 위한 사회적 장치[22]로서 존재해 왔다. 특히 동계(洞契)

---

21 김필동(1992), 『한국사회조직사연구 : 계조직의 구조적 특성과 역사적 변동』, 일조각, 89쪽.

22 식량부족에 대한 걱정은 전 자본주의적 농민사회에서 '생계윤리'를 형성케 했다. 생계의 한계선상 근처에서 살아가는 농민 가구에게 전통적인 신고전주의 경제학에서 말하는 이윤의 극대화를 위한 계산의 여지는 거의 있을 수 없으며, 식량부족에 직면한 전형적인 농민 생산자의 의사결정 행위의 경향은 모험-혐오적이어서 크게 잃을 가능성을 최소화시키는 쪽으로 기운다. 그러한 환경에서 농민들은 가장 안정되고 확실한 소출을 올릴 수 있도록 수세기의 시행착오를 거쳐 종자의 다양화, 재배기술, 시기조절 등에 대한 지역적 전통(기술적 장치)과 사회적 장치(호혜성, 강요된 관대성, 토지의 공동체적 소유 및 공동노동 등)를 마련하여 생계유지를 해왔다{Scott, C. James(1976),

는 마을 내 각종 계조직들의 네트워크에서 중심적인 역할을 해왔다.[23] 농촌 마을 내에서는 목적계 다수가 중층적으로 생성되거나 소멸되었는데, 그것들은 동계를 중심으로 상호 연관되어 운영되거나 뒷받침하는 역할을 수행했고 또 동계를 강화할 필요가 있을 때에는 그에 통합되기도 했다.

본 연구는 계를 '주민들에게 내재하는 자기결정과 자기관리에 대한 의욕과 능력'으로서 한국 농촌 마을 '주체능력'의 하나의 실체로 인식한다. 계는 그 성립 과정과 조직체계, 운영에 있어 외부로부터의 간섭 없이 계원들의 자기결정에 의해 이루어진다. 따라서 계는 자연발생적인 조직형태가 아닌, 어떤 목적을 지향하여 의도적으로 만들어진 조직형태인 '자발적 결사체(voluntary association)'[24]로 평가되며, 그 조직원리는 계원들의 평등성 · 자율성 · 합리성에 기초한다.[25] 무엇보다 계의 근본적인 존재방식인 재물 추렴과 존본취리에 의한 계전(契錢) 마련과 증식은 계를 안정적으로 운영할 책임과 결정을 전 계원이 골고루 공유할 수 있게 한다. 또한 계는 비공식적 조직임에도 기금, 구성원, 규약 등을 비교적 명백하게 갖춘 '제도화된 조직체'로서 운영되었다. 다시 말해 구성원에 대한 나름의 규정을 통해 계원들에게 소속감을 부여하며, 원칙적으로 계원들의 자기결정에 따른 총의에 기반하여 운영한다.

또한 계는 계원들의 자기관리에 의해 운영된다. 모든 계는 계원들의 갹출을 통해 공동재산을 마련하고 공동으로 그 재산을 운용해 왔는데, 이는 계원 모두에게 공유재산의 사용권이 부여된 것이며 어느 시기에 어떻게 이용

The Moral Economy of the Peasant, Yale University Press, p.13].

23 이용기(2007), 앞의 논문, 149쪽.

24 '뜻이 같은 사람들이 공통의 목적을 이루기 위해 조직한 단체'를 뜻하며 김필동은 계를 다음의 요소로부터 자발적 결사체로 본다. ① 특정의 '이해관심'에 따른 형성, ② 성원자격의 자발성, ③ 국가로부터의 독립성, ④ 성원들의 경제활동과의 무관성[김필동(1992), 앞의 책, 267쪽].

25 김필동(1992), 앞의 책, 217쪽.

할 것인지, 누가 감독하고 통제할 것인지를 스스로 규제해야 했다. 예컨대 동계의 경우 마을의 자율적 운영을 물리적으로 뒷받침할 동유(洞有)·공유자산이 필요했는데 계원들의 갹출을 통해 전답이나 산 등의 부동산, 혼상구를 비롯한 공유기물, 갹출과 식리로 형성된 전곡으로 공동재산을 마련하고, 그 공동재산의 소유와 관리의 주체로서 주민들이 마을운영에 필요한 사업을 공동으로 시행한다.[26]

이처럼 한국 농촌 마을의 '주체능력'의 실체로서 계조직이 존재해 왔다. 외부로부터 간섭받지 않는 자기결정과 자기관리를 통해 마을의 개발 주체로서 농민들 스스로 마을을 개발해 온 것이다. 그러한 계조직이 관주도 농촌개발운동 과정에서 주민들의 참여에 어떤 기능을 했는지 제3장과 제4장에서 구체적으로 고찰한다.

3) '위로부터의 자조'로서의 농촌개발운동

관주도 농촌개발운동이 추진되는 가운데 행해진 마을 주민들의 자조노력은 앞에서 본 '아래로부터의 자조'와 상부지시에 의해 계획되고 하향식으로 추진된 '위로부터의 자조'로 나눌 수 있다. 여기에서는 '위로부터의 자조'의 실체로서 농촌진흥운동과 새마을운동의 집행조직으로서 마을에 새롭게 조직된 진흥위원회와 개발위원회와 같은 관제 자조조직에 주목한다.

(1) 농촌진흥운동

농촌진흥운동은 1930년대 총독부에 의해 실시된 농촌개발정책으로 식민지 지주-소작관계에 대한 수정 없이 정신계몽과 생활개선을 통해 조선의

---

26 이용기(2007), 앞의 논문, 156쪽.

농촌 안정화를 이루려는 전략이었다.[27] 당시 조선 농촌은 세계공황과 더불어 농산물 가격 하락으로 피폐해 있었는데, 총독부는 그 원인을 구조적 측면이 아닌 조선 농민 자체의 결함에 있다고 지적하며 정신적 각성을 구하는 자력갱생론을 주장했다.

자력갱생의 구호 아래 주민동원은 총독부에서 마을로 이어지는 계통적인 조직체계의 정비로 실천되었다. 1932년 10월 1일 '조선총독부 농촌진흥위원회 규정'이 공포되어 정무총감을 위원장으로 하는 조선총독부 농촌진흥위원회가 설치되었고 농촌진흥운동 방침이 발표되었다. 그에 따라 총독부→도→군·도→읍·면에 이르는 하향식 계통조직이 정비되었고 총독부의 '농촌진흥위원회'는 총독 권력과 밀접하게 연관을 맺고 전국적 수준의 운동을 지휘했다. 그와 동시에 마을 단위에는 농촌진흥회라는 운동의 실행조직을 결성하게 하고 면의 농촌진흥위원회가 직접 지도하게 함으로써 총독부의 지배와 동원의 역량을 마을 단위까지 관철시켜 나갔다. 또한 총독부는 1933년 3월 7일자 정무총감의 통첩(3월 통첩)을 각 도지사에 하달하고, 1933년 1차로 1개 면에 1개의 지도부락을 선정하고, 지도부락에서 '갱생'을 필요로 하는 지도농가에 대해 현황조사를 실시하게 했다. 현황조사서에 기초해 농가는 식량충실, 수지개선, 부채정리 등 3대 목표를 중심으로 농가갱생 5개년 계획을 작성하고 실행해야 했다.[28] 실제로는 마을 단위의 통제조직을 강화하여 농민 통제의 효율을 높이는 데 더욱 큰 목적이 있었다. 이 과정에서 일본은 재래 혹은 아래로부터의 자조조직을 흡수하고 이용하여 조합과 회(會)와 같은 관제조직을 설치해 나갔다.[29]

마을 내에서는 1920년대부터 부분적으로 설치된 기존의 진흥회, 갱생회,

27 김영미(2009), 앞의 책, 236쪽.

28 김영희(2003), 『일제시대 농촌통제정책 연구』, 경인문화사, 74~75쪽

29 김영희(2003), 앞의 책, 27~28쪽

교풍회 같은 관제조직을 재편하는 방식으로 조직체계가 빠르게 구축되어 갔다. 그와 동시에 지역 안에 존재하던 계와 같은 재래의 자생적 자조조직들을 철폐 혹은 통합해 가며 이들 단체의 사업을 농촌진흥회로 대체해 나갔다.[30]

(2) 새마을운동

농촌 새마을운동은 1972년 3월, 대통령령 제6104호에 의거하여 차관급 이상을 위원으로 하는 추진협의체를 구축하고 그것을 새마을운동의 운영체제로 삼았다. 요컨대 '중앙협의회→시 · 도협의회→시 · 군협의회→읍 · 면추진위원회→리 · 동개발위원회'의 체제 아래 중앙정부의 결정 사안이 상부지시의 형태로 각 마을(동 · 리)까지 내려오는 방식이었다.[31] 마을 단위에 설치된 '리 · 동개발위원회'는 마을 단위 새마을사업을 총괄하는 역할로 '위로부터의 자조'의 실행 조직이었다. 한편 정책 결정에 중요한 역할을 하던 중앙협의회부터 읍 · 면추진위원회에 이르는 일련의 체제 가운데 농촌 주민들이 주체적으로 참여할 수 있는 길은 없었다. 각 위원회의 구성을 보면 '중앙협의회'에는 농민의 자발적 · 자주적 대표 대신 정부의 농촌지도기관과 농협, 수협 등이 포함되었다. 또한 '읍 · 면추진위원회'에도 자생적인 농민조직 대표는 포함되지 않았다. 새마을지도자가 포함되어 있지만, 그들 다수가 상부 지시에 의해 임명되었기 때문에 농민대표로 보기는 어렵다.[32] 이와 같은 체제 아래에서 주민들의 새마을사업 참여는 한정적인 수준에 머물렀다. 새마을사업의 종류와 규모 등에 관한 의사결정은 마을 주민이 아닌 정부 관료가 결정하고, 그 결정된 목표의 달성 정도에 따라 지원이 이루어졌다. 즉 '위로부터의 자조' 조직이라 할 수 있는 개발위원회에 대한 주민참여의 실태

30 김영희(2003), 앞의 책, 84쪽.

31 李昭憙(2012), 「農村開発におけるソーシャル・ネットワークの機能：韓国セマウル運動の分析から」, 東京大学修士学位論文, 6쪽.

32 박진도 · 한도현(1999), 「새마을운동과 유신체제」, 『역사비평』 제47호.

는 정부의 의사로 결정된 개발사업에 대해 주민들이 그 실천에 필요한 자금, 노동력, 토지 등을 제공하는 형태로 이루어졌다.

그뿐만 아니라 '위로부터의 자조'는 정책 담당자들의 성과주의에 의한 경쟁과 효율성이 중시되면서 주민들의 의향과 수요보다도 목표의 달성이 우선시되고, 참여한 주민들에게는 강제적인 압력이 가해지게 되었다. 예컨대 새마을사업에 대한 노동력 참여 현장에서는 출석부가 기록되었는데 거기에 주민 각자의 노동 시간이 기록되고 계산되었다. 그리고 할당량이 채워지지 않을 경우, 그만큼 불이익을 받는 방식이 정착되어 있었다.[33] 결과적으로 이러한 한정적인 주민참여는 지속적인 유지가 어려웠다. 주민참여가 한정적인 범위에 그치고 있는 점에서도 의식개혁에 의한 주민들의 자조노력이 농촌 발전에 기여했다는 주장에는 한계가 있다.

3. 농촌진흥운동의 조각난 기억

이 연구에서는 위로부터의 자조뿐만 아니라 농촌 발전을 위한 주민들의 아래로부터의 자조노력이 공존했음을 지적하고, 두 번의 농촌개발운동 과정에서 불가피한 동원정책에 대해 마을 단위로 주민들이 어떻게 참여하고 농촌을 개발해 왔는지 분석한다. 구체적으로 마을 단위의 개발사업을 실행할 때 관제 자조조직(진흥위원회, 개발위원회 등)과 자생적 자조조직(계)의 기능과 상호작용, 그 변화를 사례를 통해 분석한다.

농촌진흥운동의 동원체제가 마을에 이르는 과정은 강제적이지만 그 과정이 반드시 주민들의 아래로부터의 자조와 대립적이지만은 않았다. 즉 관주

33 최인이(2014), 「1970년대 농촌 여성들의 자본주의적 개인되기 : 새마을 부녀지도자의 노동활동 경험을 중심으로」, 오유석 편, 『박정희 시대의 새마을운동 : 근대화, 전통 그리고 주체』, 한울아카데미, 86쪽.

도 농촌개발운동이 농촌의 변화를 초래했는데, 그 변화는 위로부터의 일방적인 변화가 아니라 주체능력을 가진 마을 주민들의 선택적이고 전략적인 반응이기도 했다. 제3장에서는 농촌진흥운동의 과정에서 재편되어 가는 마을 자조조직의 양상과 그 과정을 통해 함양되는 마을 주민들의 주체능력을 고찰한다.

1) 공동재산의 활용 : 단기적인 주체능력의 발휘

계의 주체'능'이 동원 체제의 동기부여를 통해 단기적인 주체'력'으로서 발휘될 수 있었다. 대표적인 예로 계가 소유하고 있던 공동재산은 동원 체제하의 빈농구제나 동원비용을 위해 활용되곤 했다. 황해도 곡산군 송항동[34]의 경우 종래부터 마을 전체가 공동정신을 발휘하며 동민의 생계 마련과 마을의 지속을 위해 노력해 왔는데, 식민지기에는 동유재산으로 소맥, 옥수수 등을 구비하여 춘궁기의 극빈자들에게 나누어 주어 빈농들을 주민들이 직접 구제할 수 있었다.[35] 일제는 이러한 계의 기능을 관제화하고자 시도했지만 성공하지 못했다. 경남 함양군 서상면[36]에서는 마을마다 공존(共存)계가 조직되어 세농민(細農民)의 장리곡보다 저리로 대부해 왔는데, 일제는 이에 대처하기 위해 행정력을 직접 동원하여 마을을 단위로 한 비황저축계를 설립하려 했지만 실패했다. 또한 일제는 1932년 이래 농촌진흥운동의 일환으로 사환미제도, 향창, 비황저축계, 절미계, 농업창고 등을 설치했는데 그 운용 자금이 영세하고, 이율이 고리화되어 있어 농민구제로서는 실효를 거두지 못했다.

---

34 김경일(1984), 앞의 논문, 70쪽.

35 지수걸(1984), 「1932~35년간의 조선농촌진흥운동 : 식민지 '체제유지정책'으로서의 기능에 관하여」, 『한국사연구』 제46호, 132쪽.

36 김경일(1984), 앞의 논문, 70쪽.

마을의 공동재산은 동원비용을 위해 활용되기도 했다. 어서리의[37] 동계는 부세에 대응하기 위한 응세 조직으로서 형성되었는데 일제 말기 전시총동원체제가 마을 단위까지 영향력을 행사하게 되면서 주민들은 각종 동원 비용을 부담하게 되었는데, 각 세대가 아닌 동계가 공동재산을 이용하여 공동으로 부담했다. 동원 비용은 주로 시국 관련 행사 비용, 각종 기부금 및 헌금, 통제경제 및 공출배급 관련 지출 등으로 구성되었다. 『정강일기(定岡日記)』[38] 속 관지리에서도 당시 마을 내에서 조사 및 독려 비용의 명목으로 실상 조사원과 독려원에 대한 접대비 부담이 상당히 컸음을 알 수 있다. 마을 주민들은 접대를 통해 마을의 위기를 모면하고자 한 것이다(『정강일기』 1944. 6. 15.자).[39]

이처럼 계가 소유한 마을의 공동재산은 주민들의 주체'능'으로서 농촌진흥운동의 동원 체제하에서 마을 주민의 주체'력'으로 발휘되었다. 이는 이전부터 마을 안의 약자에 대한 공동체적 지원을 하고 부세를 공동으로 대응해 오던 계가 그 잠재'능'(내부로부터의 힘)을 동원 체제라는 외부로부터의 위기에 공동으로 대응하며 더욱 활성화되고 그것은 계의 주체능(함께하는 힘, 추진하는 힘)을 더욱 함양시켰다.

2) 계와 진흥회의 이원구조 : 장기적인 주체능력의 함양

식민지 권력이 마을 내 관제 자조조직을 통해 마을 단위까지 침투하는 과정에서 마을 주민들은 행정적 조직과 질서에 일방적으로 해체되거나 포섭되지 않았다. 윤해동이 제시한 '동·리 운영의 이원구조' 안에서 다양한 방

---

37 이용기(2007), 앞의 논문.

38 전라도 장흥의 유생 정강 김주현(金胄現, 1890~1950)의 일기. 1938년 5월부터 1948년 12월까지 쓰인 이 일기를 통해 당시의 시대상, 생활상 등을 알 수 있다.

39 이용기(2007), 앞의 논문, 241쪽.

식으로 반응하며 행정조직과 병존해 왔다. 구체적인 사례로는 관제적 자조조직을 유명무실하게 하거나(수양리) 다른 목적으로 굴절시켜 수용하거나(금자리) 기존의 자생적 자조조직과 병립시키는(하금리) 등 각 마을의 대응은 기존의 총독부 조사나 보고 자료에서 수치로써 파악되는 것처럼 단순한 것이 아니었다.

마을 주민들은 이 과정에서 동계라는 주체'능'(함께하는 힘)을 활용하여 관제 자조조직에 전략적으로 대응했고, 그 과정을 통해 장기적으로 마을 주민들의 주체능력(함께하는 힘, 추진하는 힘)은 한층 더 함양되어 갔다.

(1) 전라남도 강진군 성전면 수양리[40]

수양리는 전국적으로도 유명한 모범부락이다. 공식적인 자료에 따르면 마을에 '민풍진흥회'가 조직되었는데, 1914년에 주민들이 설립한 적선계(積善契)가 1918년 농림회로 개명된 후 1923년 민풍진흥회로 발전하여 마을 개발을 주도했다고 한다. 진흥회 활동에는 식민당국자의 지원도 두드러져 도나 총독부로부터 사업보조금을 받으며 1931년에는 모범진흥회로 선정되기도 했다. 진흥회 외에도 구매조합(1922)과 산미개량조합(1926) 등 관제조직이 마을 내에 설립되어 있었다. 그 외에 산업계(1915), 부인계(1916), 동갑계, 노유계(駑幼契) 등 13개의 저축계와 진흥회저금 등이 있어 농가경제가 안정되어 있었다고 한다. 하지만 이용기에 따르면 진흥회가 활발히 활동하던 1920~1930년대 수양리에는 종래부터의 동계 또한 건재해 있었으며, 진흥회가 조직된 이후에도 동계는 동답(洞畓)을 운영하면서 진흥회의 재정을 상당 정도 뒷받침했다고 한다. 동령리의 동계책에는 1934년 '진흥회 연부금(年賦金)' 항목의 지출이 기록되어 있으며, 1936~1938년에는 그 액수가 150원 이상이어서 동계가 진흥회를 상당 정도 뒷받침하고 있었음을 알 수 있다.

---

40 김민철(2012), 앞의 책, 248~249쪽.

하지만 총독부의 공식적인 기록에는 동계에 대한 언급이 없어 동계의 실체를 무시하는 식민권력의 시선을 엿볼 수 있다. 수양리처럼 모범부락에서도 행정 동·리 단위로 조직된 관제적 진흥회와는 별도로 마을 단위의 동계가 독자적인 조직과 경제적 기반을 가지고 운영되고 있고, 외형적으로 동·리의 대표기관으로 알려진 진흥회를 어느 정도 뒷받침하고 있을 것이라는 점을 볼 때, 진흥회가 일방적으로 기존의 동계를 대체하거나 재편하는 것이 아니라 동계와 병존하면서 그 주체능력에 의존하거나 또는 사실상 동계 위에 진흥회라는 외피만 쓰고 있었을 가능성이 있다.[41]

(2) 전라남도 장흥군 부산면 금자리[42]

금자리 민풍진흥회는 1920년대 관제적 농촌정책을 수용하면서도 그 성격과 기능을 주민들의 방식으로 굴절시킨 사례다. 금자리 산하 세 개 마을은 각자 별도의 동계를 운영하고 있었는데 1927년 당시 면장의 지시로 행정 동·리 단위로 진흥회가 조직되었다. 금자리 민풍진흥회는 당초 관주도의 농촌개량사업의 일환으로 설치되었으나 실상은 총독부의 농촌개량 정책과 다른 방식으로 운영되었다. 사실상 주민들의 전통적 도덕의 확립(예속상교)을 위한 조직 수준으로 굴절시키고 그 운영도 자율적인 방식으로 전환시킨 것이다. 주민들에게 민풍진흥회는 행정과 무관하여 산업진흥, 생활개선, 부업장려 등의 사업은 하지 않았고 '조상으로부터 이어받은 예의도덕, 삼강오륜, 상부상조'를 장려했다고 기억된다. 실제 지출 내역 또한 대부분 부의와 강신 내용이며 농사개량이나 생활개선 관련 내용은 전혀 나타나지 않는다. 문서 형식 또한 주민들에게 더 익숙한 전통적인 고문서 기록방식을 줄곧 고수했다.

41 이용기(2007), 앞의 논문, 183~184쪽.

42 이용기(2007), 앞의 논문, 185쪽.

(3) 전라남도 장흥군 용산면 하금리[43]

하금리의 보항조합은 위로부터의 자조조직을 계 방식과 전통적인 가치관에 맞추어 마을 주민들의 방식으로 전유한 사례라 할 수 있다. 보항조합은 일제시기에 마을이 가난하여 공동재산을 조성하기 위해 만들어진 조직으로 초기에는 주로 대나무를 등짐으로 운반해 받은 태전(駄錢)을 모았다. 조합은 일제의 농촌개량정책의 흐름 속에서 '경제적' 처지의 개선을 목적으로 하는 근대적 조직이었지만 하금리 주민들은 조합을 계 방식으로 운영하며 그 목적 또한 근대적 지향보다 전통적인 유교적 질서를 지키는 것에 두었다. 구체적으로 보항조합이 항산(恒産)을 마련하기 위한 방법은 전통적인 계전의 증식방법인 식리와 계답 운영, 그리고 운역이라는 공동노동을 통해 이루어졌으며 이것은 당시 총독부가 추진하던 농사개량이나 생활개선과는 거리가 먼 것이었다. 즉 위로부터의 자조조직으로서 근대적 조합을 외면하지도, 그렇다고 일방적으로 수용하지도 않고 마을 주민들 나름의 논리와 방식으로 전유하고 있는 것이다.

3) 계와 진흥회의 상호작용: 주체능력의 단기적 발휘 및 장기적 함양

기존의 아래로부터의 자조를 유지, 발전시키기 위해 역으로 위로부터의 자조가 이용되기도 했다. 즉 종래부터 주체능력(내부로부터의 힘, 함께하는 힘, 추진하는 힘)을 가지고 마을 개발을 위해 활발하게 추진해 오던 마을이 그 자조노력을 평가받아 총독부로부터 모범부락으로 지정되고, 마을은 모범부락으로서 얻은 혜택을 다시 기존의 자조노력에 이용하며 아래로부터의 주체능력(내부로부터의 힘, 함께하는 힘, 추진하는 힘)을 한층 더 함양시키는 것이다.

---

43 이용기(2007), 앞의 책, 186쪽.

전라남도 강진군 성전면 도림리[44]에서는 수양리와 더불어 모범부락으로 유명하다. 1913년 7월에 모범동리로 지정되어 총독부의 지원을 받았는데, 하지만 그 선정은 농촌진흥운동의 성과가 아닌 기존의 계 조직을 통해 스스로 개발해 온 아래로부터의 자조의 성과들 때문이었다.

도림리는 일찍부터 다양한 계 조직이 존재해 왔다. 주민들은 각종 저축 조직을 만들어 영농 자금을 마련하거나 공동 경비를 부담하고, 납세에 공동으로 대응하였다. 이렇게 자조하던 마을을 총독부는 모범부락으로 선정하고 각종 포상금과 지원을 제공했다. 다시 말해 위로부터의 정신개혁을 통해 마을 주민들의 주체능력이 함양된 것이 아닌 이미 스스로 자조하던 마을을 모범부락으로 선정한 것이다. 나아가 마을 주민들은 '모범부락'이라는 동기부여를 적극적으로 활용하여 새로운 주체능력(함께하는 힘, 추진하는 힘)의 함양으로 이어갔다. 도림리 주민들은 종래의 조직을 활용하면서도 진흥회를 통한 행정지도도 충실히 이행하며 관의 지원을 최대한 활용하려 했다. 예컨대 1926년 농사개량으로 30원을 받은 진흥회는 이 돈에 500원을 추가하여 공동창고를 건축했다. 또한 품종부터 영농방법, 농사 조직까지 당국의 지도방침에 충실하다고 민풍진흥회 규약을 정했다.

위로부터의 자조가 마을 주민들에 의해 활용된 사례는 전라남도 진도군 임회면 상만리[45]에서도 확인할 수 있다. 상만리는 다른 마을에 앞서 저축장려에 힘쓴 결과 식민지 시기 모범갱생부락으로 지정되어 각종 보조금과 지원을 받았다. 상만리 주민들은 위로부터의 자조를 취사선택하여 마을 개발에 이용했다. 예컨대 관으로부터의 보조금과 지원을 활용해 마을 주민을 위한 공회당을 건설하고 마을 공동우물을 정비하기도 했다. 한편 식민진흥정책 하에서도 마을에는 여전히 동계, 수리계, 진흥계, 부인회, 청년회 등 종래

44 김민철(2012), 앞의 논문, 240쪽.

45 伊藤亜人(2013), 앞의 책, 383쪽.

의 자조조직이 활발하게 유지되고 있었다. 또한 1928년에 진흥회가 발족되었는데 진흥회의 재정 운영은 회원의 갹출로 공동자금을 마련하고 이를 이식하는 계 방식이 채용되었다. 1928년 발족 직후부터 '저축장려사업'을 실시하고 기본금을 마련하여 공동으로 운용하였다. 한편 해방 후에도 진흥회는 조직으로서 남아 있었지만 그 개발 활동들은 모두 해방과 동시에 중단되었고 다시 전통적인 것들로 회복되었다.

4) 진흥회의 무력화

마지막으로 위로부터의 관제 자조조직이 마을 안에서 무력화되어 거의 기능하지 않고 기존의 계조직을 통해 마을 발전을 위한 자조노력을 지속해 온 마을이 있다. 다시 말해 계 조직을 통해 함양되어 온 마을의 주체능력(내부로부터의 힘, 함께하는 힘, 추진하는 힘)이 위로부터의 침투에 저항하는 힘으로서 발휘되고, 동시에 그 과정을 통해 마을의 주체능력(저항하는 힘)이 함양되었다.

전라남도 장흥군 용산면 어서리는 동원체제에 일방적으로 포섭되지 않았으며, 오히려 마을의 동계는 그 위상이 강화되었다. 1930년대 중반까지도 관료적 질서에 거리를 두면서 동계를 중심으로 마을자치를 지속했다. 어서리에는 관제 자조조직인 갱생회의 기록이 거의 없으며 실제 주민들의 기억 속에도 존재감이 없었다. 식민지기에도 갱생회가 아닌 동계를 통해 공동노동 수입을 마련하거나 의연금, 기부금 같은 동원비용을 공동으로 대응하며 마을 개발을 지속했다. 어서리는 자체적으로 수입을 적극적으로 창출하면서 1920년대에는 마을 내적 운영(동 내 지출)을 활성화했으며, 1930년대에 가중되는 행정적 부담을 감당할 수 있는 대응력을 확보했다. 이를 통해 1930년대 이후 가중되는 행정적 압박과 부담에 대해서도 적극적으로 대처할 내적 대응력을 확보할 수 있었던 것이다.

이처럼 농촌진흥운동 과정에서 위로부터 강요된 관제 자조조직에 대해 마을 주민들은 계라는 주체능력을 활용하여 다양하게 대응했으며, 동시에 그 과정을 통해 마을의 주체능력(내부로부터의 힘, 함께하는 힘, 추진하는 힘, 저항하는 힘)이 더욱 함양되었다. 다시 말해 지금까지 공유된 기억처럼 무능했던 농민들이 농촌진흥운동에 참여함으로써 식민지 권력의 의도대로 '자조하게 된' 것이 아니라는 것이다. 농민들은 마을의 주체능력을 활용하여 마을개발을 위해 스스로 자조해 왔고, 불가피한 동원정책에 대해서도 주체적으로 대응하며 더욱 주체능력을 함양시켰다.

한편 그러한 주민들의 아래로부터의 자조는 역설적으로 식민지 권력이 의도했던 정책의 성과로 이어지기도 했다. 즉 목적과 방식은 서로 달랐지만 동원체제에 대한 마을의 공동대응은 주민들의 생존전략인 동시에 정책의 의도이기도 했기 때문에 결과적으로 주민들이 위로부터의 자조에 따라 '자조하게 된' 것처럼 보일 수 있었다는 것이다. 이와 관련하여 마쓰모토 다케노리(松本武祝)[46]는 마을 단위의 공동작업반 같은 공동대응이 결과적으로 총독부의 농업생산력 확충정책을 진척시키는 방향으로 구조화되는 딜레마를 지적하기도 했다. 하지만 이 연구는 동원의 결과보다 그 과정에서 마을 주민이 개발주체로서 주체능력을 발휘하고 또한 함양하여 온 것에 주목한다. 농촌진흥운동의 추진과정에서 주민들은 위로부터 계획된 자조가 아닌 자기 결정과 관리를 통해 스스로 마을 개발을 도모해 왔으며 그를 통해 주체능력은 더욱 함양되었다.

4. 새마을운동의 조각난 기억

본 연구는 "왜 농민들은 관주도 농촌개발운동에 참여했는가"라는 문제를

46 松本武祝(1998), 『植民地権力と朝鮮農民』, 社会評論社, 222~224쪽.

설정하고 마을 개발의 주체인 주민의 관점에서 참여과정을 분석한다. 그때 주민 주체능력의 실체로서 '계'를 주목하고 주민참여 과정에서 마을 개발을 위해 어떻게 기능하는지 분석한다. 제4장에서는 마을 내 새마을사업의 당사자인 농민들의 조각난 기억을 통해 새마을운동을 새롭게 고찰한다.

제3장에서 본 것처럼 '계'를 통해 농촌진흥운동에 참여하며 함양된 마을 주민들의 주체능력은 1970년대 새마을운동 실천과정에서도 주민들의 자조노력으로서 유의미하게 기능한다. 독재 권력에 의한 주민동원은 농촌진흥운동과 유사하게 마을 단위에 새롭게 조직된 관제 자조조직을 통해 이루어졌다. 즉 마을 단위에 개발위원회를 조직하여 관에서 계획된 숙원사업을 결정하게 하고, 주민의 참여로 사업을 실행하게 했다. 마을 주민들은 불가피한 동원 체제하에서 다시 한 번 '계'로 대표되는 기존의 자조조직을 활용하며 위로부터의 새마을사업에 참여하게 되었다. 여기에서는 분석을 위해 마을의 참여방식을 〈표 1〉과 같이 네 가지 유형으로 도식화하고, 기존에 충분히 설명되지 않았던 마을 II와 마을 III의 유형을 사례분석을 통해 설명하고자 한다.

〈표 1〉 새마을운동의 주민참여 유형

	계조직 참여 X2	새마을사업 참여 X1	마을 발전 Y
마을 I	○	○	○
마을 II	○	×	○
마을 III	×	○	×
마을 IV	×	×	×

먼저 X1은 위로부터 계획된 관제 자조조직을 통한 새마을사업에의 주민참여(위로부터의 자조), X2는 새마을운동 이전부터 존재해 온 자생적 자조조직을 통한 개발사업에의 주민참여(아래로부터의 자조), Y는 그 참여의 결과로

서 새마을운동의 성과 또는 마을의 발전을 가리킨다. 기존의 연구는 주로 마을 I과 IV에 대해 설명 해왔다. 즉 위로부터의 자조(X1)가 마을의 발전(Y)을 초래했다는 것이다. 한편 실제 사례에는 마을 II와 III의 유형이 존재함을 지적한다. 즉 새마을조직을 통한 새마을사업에 참여(X1)하지 않아도 마을의 발전(Y)을 이룬 사례(마을 II)와 새마을사업에 참여하더라도(X1) 마을의 발전(Y)으로 이어지지 않은 사례(마을 III)들이 존재하지만 충분히 설명되지 않았다. 한편 본 연구는 자생적 자조조직을 통한 개발사업 참여(X2)라는 새로운 요인을 제시함으로써 그 퍼즐을 설명하고자 한다. 요컨대 새마을조직을 통한 새마을사업 참여 외에도 계와 같은 자생적 자조조직의 개발사업을 통해 함양되어 온 주민들의 주체능력이, 새마을운동의 주민동원 과정에서도 유의미한 변수로 기능했음을 주장한다.

구체적인 주민들의 참여방식을 분석할 때 ① 아래로부터의 자조가 기능하는 경우(마을 II)와 ② 아래로부터의 자조가 기능하지 않는 경우(마을 III)로 나누어 주민참여 요인과 참여방식을 밝히고, 그 참여가 새마을운동의 성과 또는 마을의 발전에 어떤 영향을 주었는지 고찰한다.

1) 아래로부터의 자조가 기능하는 경우(마을 II)

마을 개발을 위한 자조노력은 그것을 계획하는 주체에 따라 지향성이 달라진다. 가령 절대빈곤 상황에 있는 농촌 주민들의 자조노력은 생계유지[47]를 위한 안전을 최우선으로 지향하는 한편, 관이 주도하는 위로부터의 자조노력은 특수한 경우로 외부로부터 계획된 목표가 정해져 있다. 그에 따라 위로부터의 자조노력은 그 결과로서 계획의 성과와 실제 마을 발전 사이에

47 스콧은 이러한 농민들의 지향성을 '생계윤리(subsistence ethic)'로서 설명한다[Scott, C. James(1976), 앞의 책, p.13].

차이가 발생할 수 있다. 결국 불가피한 주민동원 체제하에서 마을 주민들에게는, 관으로부터 강요된 자조노력(새마을사업 참여)에 대해 마을의 개발주체로서 종래의 아래로부터의 자조노력(계조직 참여)을 통해 어떻게 대응할 것인가라는 과제가 주어진다.

그때 중요한 것이 빈곤한 농촌 주민들은 위로부터의 자조가 지향하는 목표의 달성보다는 생계유지에 더 큰 지향성을 가진다는 것이다. 표면적으로는 위로부터의 자조를 추구할지라도 생계유지를 위해 종래부터 이어 오던 자조조직에 참여하며 마을발전을 도모하려 할 것이다. 주민들은 계라는 종래의 자조조직을 통해 스스로의 결정과 관리로 오랫동안 마을을 개발해 왔고, 그 경험을 통해 생계유지를 장기적으로 보장해 주는 아래로부터의 자조를 유지하는 것이 당연하다고 인식하기 때문이다. 그뿐만 아니라 주민들의 자기결정과 관리가 제한되는 관제 자조조직이 마을 주민들의 장기적인 생계유지를 보장해 줄지에 대한 신뢰가 없기 때문이기도 하다.

따라서 주민들이 선택은, 외부로부터의 자조를 배제(무시 또는 거부)하고, 아래로부터의 자조노력을 적극적으로 수행하면서 장래적인 불확실성을 감소시키고자 한다. 그 결과 외부로부터의 자조와 상관없이 종래부터 성공적으로 실시해 온 자조노력을 유지하면서 마을을 발전시킨다.

경기도 이천시 장호원읍 나래리[48]가 그 사례가 된다. 나래리는 새마을운동의 성공마을(자립마을)로 선정되지는 않았지만 정부 시책과는 무관하게 일제 강점기 때부터 자발적으로 소득증대사업을 추진해 왔다. 주민들은 스스로 지역 토질에 적합한 관상수를 연구하고 재배 기술을 배워 직접 재배했는데 1960년대부터 본격적으로 소득을 증대해 왔다. 동시에 새마을운동에서 강요되는 정부의 일률적인 농법에 주민들은 반발하거나 관의 지시사항이 마을 실정에 맞지 않는다고 판단하여 다양한 영농법 개발을 계속해서 추진

48 김영미(2009), 앞의 책.

했고 그 결과 마을 전체의 소득을 향상시킬 수 있었다.

한편 위로부터의 자조가 전제로서 존재하는 가운데 상부 지시는 피할 수 없다는 판단에서, 새마을사업에 일종의 '눈속임'으로 참여하면서 실제로는 기존의 자생적 자조조직을 통한 개발사업에 집중하며 마을 발전을 이루기도 했다. 나래리의 보리수매사건은 당시 농촌 마을에서 흔히 볼 수 있던 눈속임 참여다. 이천 지역에 지시된 보리 이모작은 지역의 실정에 맞지 않았는데, 마을 주민들은 관의 강압에 못 이겨 일단 보리를 심었지만, 검사가 끝난 후에는 밭을 갈아 버리고 고추 모종을 새로 심었다. 그리고 수확기가 되면 타 지역에 가서 비싼 값으로 보리를 사와 매상에 임했다. 이때 소요되는 경제적인 부담은 마을 전체에서 돈을 마련해 공동으로 대응했다. 이러한 눈속임 참여는 나래리만의 특수한 사례가 아니었다. 경기도 이천시 부발읍 아미리[49] 또한 정부가 제시한 퇴비증산 목표를 달성하기 위해 왕겨를 퇴비로 위장해서 눈속임을 하기도 했다. 관에서 계획된 새마을사업은 마을 실정에 맞지 않는 무리한 목표가 세워지기 쉬웠고, 그 추진 방법 또한 강압적으로 이루어지면서 주민들은 피할 수 없는 그 목표를 어떻게든 달성해야만 했기 때문에 속임수를 쓰며 참여할 수밖에 없었던 것이다.

다른 한편으로 위로부터의 자조를 피할 수 없다는 전제에서 마을의 발전을 도모하기 위해 기존의 자생적 자조조직이 역으로 새마을사업을 활용하는 경우도 있었다. 우선 새마을운동이 시작되기 이전에 이미 자생적인 자조조직이 마을 개발사업에 성공적으로 기능해 왔기 때문에 위로부터의 새마을사업들이 무력화되는 경우다. 가령 마을에 따라 새마을사업이 일제히 시작하기 이전에 이미 계조직과 같은 종래의 자조조직을 통해 개발사업들이 완료된 경우, 주민들의 새마을사업 참여는 기대하기 어렵다. 오히려 자조적인 주민들은 역으로 새마을사업을 기존의 마을 개발사업에 활용함으로써

---

49 김영미(2009), 앞의 책.

마을 발전을 도모하기도 했다. 가령 새마을운동 성공사례로 소개된 마을 다수는 새마을운동이 시작되기 이전에 이미 새마을숙원사업들을 스스로 완료하고, 그 성과를 토대로 성공마을로 지정되는 경우가 많았다. 이런 마을들은 우수마을 상금 혹은 새마을사업 관련 지원들을 이용해 독자적인 마을 개발에 사용하기도 했다. 가령 경기도 김포시 대곶면 신안2리 안행마을[50]도 새마을운동 이전에 의무계와 청년회 등의 자조조직을 통해 마을 개발을 성공적으로 추진해 왔다. 새마을운동이 시작되기 전인 1960년대에 마을의 공동사업으로 마을회관 건립과 우물 정비를 마쳤고 지역 유적인 손돌목 묘소를 치산하기도 했다. 그러한 자조노력들이 1970년대 새마을운동 당시 정부로부터 평가받아 자립마을 표창과 지원금을 받게 되었다.

아미리 청년회 또한 자생적 자조조직으로서 새마을사업을 주체적으로 활용한 좋은 사례다. 당시 시멘트 사용법을 몰라 정부로부터 지원받은 자재들이 많은 마을에서 버려지던 상황에서 아미리 청년회는 마을 부근의 공장을 찾아가 시멘트와 철근 사용 방법을 직접 배워 사용하였으며, 생계의 주체로서 새마을사업뿐만 아니라 영동고속도로 개통 시점에 사방공사를 수주하기도 했다. 그렇게 번 돈을 다시 청년회기금으로 적립하여 공동재산을 마련했는데[51] 이 사업으로 청년회는 1천만 원의 공동자금을 마련했으며, 도로공사와 아미리는 '자매결연'을 맺고 1972년 마을도로 확장, 포장공사, 정미소 건립공사, 앰프 설치 등을 도로공사의 무상 장비 협조로 진행되었다. 이와 같은 청년회의 성공적인 마을 개발이 이루어진 배경에는 동 세대 간 계조직을 통한 마을 개발사업의 추진 경험이 있었다. 즉 종래부터 활발한 아래로부터의 자조가 있었기에 가능한 것이었다.

---

50 李昭憙(2012), 앞의 논문.

51 김영미(2009), 앞의 책, 203쪽.

2) 아래로부터의 자조가 기능하지 않는 경우(마을 III)

한편 아래로부터의 자조가 기능하지 않는 경우도 있다. 주민 중에는 생계유지를 지향하기 때문에 기존의 자생적 자조조직을 견지하는 것보다 관에서 계획한 위로부터의 자조를 선호하는 경우가 있다. 왜냐하면 식민지 지배 등 과거의 동원체제 경험을 통해 위로부터의 자조를 계획하고 추진하는 관과의 관계성을 유지하는 편이 생계유지를 위해 더 효율적이라고 판단하기 때문이다. 당시 농민들의 생계유지를 위해 가장 중요했던 농업 관련 자원과 기술은 대부분 정부나 농촌지도소 등 위로부터의 자조 계획자들의 통제 아래 관리되고 있었다. 영세농민층은 농업을 영위하기 위한 자원을 확보하기 위해 그러한 농업관료기구에 의존할 수밖에 없었고, 위로부터의 자조를 배제하는 데 적극적일 수 없었다. 주민들에게 가장 중요한 것은 생계유지이며 그것을 위협할 가능성이 있는 정부와의 대립을 피하고, 위로부터의 자조에 의해 생계유지를 하고자 하는 것이다.

그런데 새마을사업의 실행조직으로서 강요된 관제 자조조직은 자생적 자조조직이 가진 주체능력이 충분하지 않았기 때문에 실제 마을단위의 숙원사업을 실행할 때 생기는 문제들을 주민 스스로 결정하고 관리하기 어려웠다. 그 결과 정부의 사업으로 추진된 사업들도 제대로 실행되지 못해 실패로 끝나는 경우가 있었다. 특히 주민들의 공동노동과 공동분배를 적극적으로 도모하던 새마을사업들은 아직 주체능력이 충분히 함양되지 못한 관제 자조조직 속에서 주민의 참여를 이끌어 내지 못했다.

하재훈[52]의 A 마을은 군청과의 협의에 의해 정부 지원을 받는 시범사업으로서 1974년 논두렁 정리와 1978년 상수도 사업을 추진했다. 논두렁 정리

52 하재훈(2014), 「1970년대 농촌새마을운동과 농촌사회의 집합적 참여」, 오유석 편, 『박정희 시대의 새마을운동 : 근대화, 전통 그리고 주체』, 한울아카데미, 265쪽.

는 농업 생산성 향상을 위해, 상수도 시설 확보는 주민의 건강과 편의를 제공하는 사업이었지만 두 사업 모두 실행 과정에서 주민들의 동의를 얻지 못했고 집합적 참여를 이끌어 내지 못한 채 실패했다. 논두렁 정리사업은 군청의 지원을 받았음에도 농지 소유주들의 개별적인 이해관계가 조정되지 못했고, 상수도사업은 시설 운영비를 마을 전체가 부담하게 되면서 주민들의 상수도 운영에 대한 무관심과 이용의 무절제가 심해진 것이 실패요인으로 지적된다.[53] 또 다른 사례로서 하재훈의 B 마을 또한 1971년 국가의 주요 사업이던 비육우 사업을 추진했다. 정부로부터 한우 1백 마리를 지원받아 마을 주민에게 분양하려 했으나 사료비 부담을 이유로 모든 주민이 분양을 거부하여 결국 마을지도자 개인 사업으로 추진되었다. 전체 마을의 소득증대에 기여할 수 있는 정부의 지원과 관심이 큰 사업이었음에도 마을의 공동대응, 주민참여를 이끌어 내지 못했고 사업은 무산됐다.

다른 한편으로 위로부터의 자조가 전제하는 가운데 아래로부터의 자조를 유지할 수 없는 경우도 있다. 다시 말해 관의 권력에 의한 제한 또는 행정담당자와의 관계성 때문에 위로부터의 자조노력 참여에 대한 자율성이 용인되지 않는 마을이 존재한다. 따라서 주민들은 위로부터의 자조를 배제하지 못한 채 기존의 자생적 자조조직이 관제 자조조직으로 대체되는 방식으로 참여가 이루어지고, 그럴수록 주민들은 그것을 계획하고 관리하는 정부에게 더욱 의존하게 된다.

한편 독재정권 아래에서 전국 농촌마을에 일률적으로 강요된 새마을사업들은 마을 발전을 위한 실효성보다는 권력에 대한 충성심을 표하기 위한 보여 주기식 사업이 주로 추진되었다. 동시에 그 추진방식도 행정기관 담당자들의 성과주의에 바탕한 강제적인 참여가 많았다. 정부에 의존할 수밖에 없는 주민들은 그러한 사업들을 의무로서 억지로라도 참여할 수밖에 없었고

---

53 하재훈(2014), 앞의 글, 266쪽.

그 목표 달성이 최우선 목적이 되었다. 그 결과 새마을사업의 목표는 달성되더라도 지속되지 못하거나 실제 마을의 발전으로는 이어지지 못하는 사업도 많았다.

대표적인 보여 주기식 새마을사업의 사례는 지붕개량사업이다. 1970년대 농촌마을의 초가지붕을 없애는 건 새마을운동에 대한 적극적인 참여를 평가하는 지표처럼 인식되었다. 상만리[54]에서도 지붕개량사업을 위한 지붕개량계가 조직되어 2년 동안 계원 전 세대의 지붕을 슬레이트 지붕으로 교체한 뒤 1971년 해산했다. 그런데 이러한 지붕개량사업은 표면적인 성과와는 달리 실상은 주민 생활을 더욱 피폐하게 만들기도 했다. 박진도[55]에 의하면 한 조사 마을은 1976년에 초가지붕을 슬레이트 지붕으로 교체하여 지붕은 빨간 페인트로 예쁘게 단장되어 있지만 처마 밑에 굵은 장대가 지붕을 받치고 있었다. 그 이유는 낡은 토담벽에 슬레이트 지붕을 얹으니 지붕 무게를 견디지 못해 집이 옆으로 기울어져 버렸기 때문이다. 그럼에도 지붕개량사업은 새마을운동의 핵심사업으로서, 초가지붕은 낙후한 농촌의 상징이라며 공무원들이 강제로 벗기고 다니는 상황이라 주민들은 지붕개량을 하지 않고는 버틸 수 없었을 것이다.

그 외에도 박진도는 무용지물이 된 새마을사업의 사례로서 새마을 창고와 새마을 방앗간을 소개한다. 협동 정신을 강조한 정부 지시에 따라 두 마을이 협동하여 새마을 창고를 건립했지만 이는 실효성이 없는 단지 관에게 보이기 위한 협동이었기 때문에 사업이 끝난 뒤 두 마을 중간에 놓인 채 아무도 이용하지 않는 창고가 되어 버렸다. 그뿐만 아니라 협동과 소득 증대를 목표로 정부의 융자를 받아 세워진 전국의 새마을 방앗간은 농민들에게

54 伊藤亜人(2013), 앞의 책, 462쪽.

55 박진도(1995), 「우리 동네 : '새마을' 바람에 황폐된 농촌」, 『역사비평』 제29호, 92~100쪽.

부채만 떠안긴 골칫덩어리로 변모하기도 했다.

이런 마을의 경우 새마을사업에 대한 결정이 상부 지시에 따라 강요되고 집행은 새로운 관제 자조조직이 수행하게 되면서 주민들의 주체능력이, 문제가 생겼을 때 자기결정이나 자기관리로 발휘되지 않는다. 실효성 없는 보여 주기식 사업들이 강요되고 불만과 문제가 생겨도 주민들은 주체능력을 발휘하지 못한 채 단기적으로 세워진 관제 자조조직 안에서 목표 달성을 위해 강압적으로 참여해야 했다. 그 결과 마을은 '외화내빈(外華內貧)'의 사업 성과는 달성하더라도 무용지물로 남기 쉬웠고, 근본적인 농촌경제의 구조는 개선에는 기여하지 못한 채 오히려 과중한 농민부담과 소비조장으로 농가경제를 더욱 압박하며 주민들의 삶은 더욱 피폐해지기도 했다.

4. 결론

본 연구는 1970년대 새마을운동과 그 기원으로 지적되는 농촌진흥운동을 농민들의 기억을 통해 새롭게 고찰했다. 즉 마을 단위의 주민동원 체제하에서 자생적 자조조직인 계를 통해 개발사업에 참여하는 주민들의 참여 유인과 방식을 분석함으로써 제국과 탈제국 속 스스로 농촌 발전을 일구어 온 농민들의 '자조적인 삶과 노력'을 밝혀냈다.

'게으르고 무능한 농민의 계몽과 개발'이라는 이데올로기가 문화권력으로 형성되어 농촌 마을을 동원할 때, 농민들은 '계 조직'으로 대표되는 자생적 자조조직과 진흥위원회, 개발위원회로 존재하는 새로운 지배체제 사이에서 그들만의 민중지(民衆知)를 바탕으로 전략적으로 대응하며 스스로 발전해 왔다. 즉 농민들은 '계'를 통해 쌓아 온 주체능력을 이용하여 농촌진흥운동에 참여했고, 동시에 그 참여를 통해 주체능력이 더욱 함양되었다. 그렇게 1970년대 새마을운동사업에서도 농민들은 위로부터 시키는 대로가 아닌 내재된 주체능력을 바탕으로 주체적으로 대응할 수 있었다.

본 연구는 지금까지 하향식 요인으로 설명되어 온 농촌개발 정책에서 주민참여 유인의 한계를 지적하고, '계'라는 마을 내부요인에 주목하여 상향식 관점에서 농촌개발운동을 분석함으로써 한국의 농촌개발과 발전을 이해하는 새로운 관점을 제시했다. 요컨대 단순히 위로부터 계획된 개발사업의 요인만이 아니라 그와 함께 농민들에게 개발 주체로서 내재하고 있는 주체능력이 중요한 요인이며, 그것이 개발의 과정과 결과를 통해 제대로 기능할 때 농촌이 자조적으로 발전할 수 있음을 시사한다. 나아가 이러한 한국 농촌의 개발경험은 도상국의 농촌개발과 지속 가능한 발전에도 유의미한 시사점을 줄 것이다.

후지코시 근로정신대의 기억과 오늘*

김경옥(金慶玉, Kim Kyung-Ok)

한림대학교 일본학연구소 HK연구교수. 일본 근현대사 전공.

전시기 일본여성의 노무동원정책과 인구정책을 비롯한 일본 근현대사를 중심으로 일본여성사와 노동과 보육 및 젠더에 관해 연구하고 있다. 주요 논문으로 「總力戰體制期における「戰時保育」と保育施設の変容」(2015), 「일본의 여성노동자의 동원과 보호에 관한 연구 : "보호직공"으로 동원된 여성노동자를 중심으로」(2019), 「전시기 일본여성의 광산노동과 보육 : 아키타현(秋田縣) 하나오카(花岡)광산을 중심으로」(2019) 등이 있다.

1. 들어가며

한일관계에서 갈등의 원인이 되는 것은 해결되지 않은 '과거사문제'이다. 과거사문제는 그 표현에서도 알 수 있듯이 전전(戰前)이라는 과거에 일어난 일이지만 전후 75년이 지난 지금도 우리의 의식 저편에 남아서 현재의 삶에 적지 않은 영향력을 미치며 해결을 필요로 한다. 특히 한일관계에 있어서 '강제징용배상문제'와 '위안부문제'는 과거사 문제의 핵심이라고도 할 수 있을 것이다. 2018년 10월 30일, 강제징용 피해자 4명이 신일철주금을 상대로 낸 손해배상청구소송의 재상고심 선거공판에서 피고(당시 신일본제철)가 원고(강제징용 피해자) 측에 1억 원씩을 지급하라는 원고 승소판결을 내렸다. 이 판결은 첫 소송 후 13년 8개월 만에 얻은 최종 결론으로 원고 4명 중 1명만이 생존한 상태에서 얻은 의미 있는 결과라고 볼 수 있다.[1] 그러나 이에 대한 일본의 반응은 1965년 한일청구권협정으로 피해자들의 청구권이 소멸되었다고 주장한다. 그후 한일관계는 작년의 지소미아(GSOMIA. 한일군사정보보호협정)와 일본 제품 불매운동까지 이어져 한일관계에서 유례를 찾아보기 힘들 정도로 험악한 기류를 걸어왔다.

위안부문제 또한 과거사문제로서 한일관계에 있어 갈등의 핵심이다.

---

* 이 논문은 2020년 2월 14일 독일 튀빙겐대학 한국학연구소와 한림대학교 일본학연구소가 주최한 워크숍에서 발표한 「강제동원과 그 기억 : 후지코시 근로정신대를 중심으로」를 가필 · 수정한 것이다.

1 https://news.joins.com/article/23078231.

1991년 김학순 할머니의 증언을 통해 '위안부'라는 존재가 비로소 세상에 실체를 드러내고 가시화되었다. 전전의 식민지에서 겪은 경험과 기억이 전후 고도경제성장 가운데 집단적으로 은폐되고 무시되었지만, 당사자들의 아픔은 치유되지 못한 채 과거의 기억을 의식의 저편에 가두어 두고 살아왔다. 그러나 시시각각 옥죄는 과거의 기억은 현재의 정체성을 혼란스럽게 하며 현재의 삶을 좌지우지한다. 강제징용 피해자나 위안부문제의 당사자들에게 있어 과거사문제는 결코 과거의 문제가 아닌 오늘, 바로 현재의 문제인 것이다.

일본은 1931년 만주사변 이래, 이른바 중일전쟁과 제2차 세계대전을 포함한 15년 기간에 달하는 '아시아 · 태평양전쟁'을 수행하기 위해 다수의 병력과 노동력, 물자를 동원하였다. 노동력 동원이 본격화된 것은 1937년 중일전쟁 발발 이후 1938년 공포된 국가총동원법에 근거한다. 일본은 국가총동원법을 제정하고 식민지 조선으로부터 남녀를 불문한 많은 조선인을 노동력으로 동원하기 위해 소위 '모집',[2] '관 알선',[3] '징용'[4] 등의 형식으로 강

---

2 모집이란, "조선인 모집을 할당받은 석탄, 광산, 광산, 토건 등 사업주가 먼저 일본에서 고용허가를 받은 다음에 조선총독부의 허가를 받아 총독부가 지정하는 지역에서 사업주의 책임 아래 노동자를 모집하는 방식이다. 사업주는 신체검사와 신원조사, 명부 작성 등을 행한다. 모집된 노무자는 고용주나 책임 있는 대리자의 인솔 아래 집단으로 도일하여 일을 하게 된다"〔한일민족문제학회 강제연행문제연구분과(2005), 『강제연행 · 강제노동 연구 길라잡이』, 선인, 18쪽〕.

3 "관 알선은 조선총독부가 사업주로부터 알선신청서를 받아 각 도에 통보하면, 각 도는 부 · 읍 · 면에 할당하여 노무자를 마련하는 방식이다. 즉 총독부라는 행정기구의 책임 아래 노무자를 모집하는 방식으로 노동자를 보낼 때에도 1조를 5명으로 구성하고 4조를 1반으로, 5반 내외를 1대로 구성하여 대장과 간부를 정하여 도주자 없이 완벽하게 이동시키도록 했다. 관 알선은 더욱더 많은 조선인을 노동력으로 수급하려는 목적에서 마련되었다"〔한일민족문제학회 강제연행문제연구분과(2005), 앞의 책, 18쪽〕.

4 "조선총독부는 1944년 9월부터 국민징용령에 의거하여 강제징용을 실시하였다. 이에 따라 모든 조선의 젊은이는 징용대상이 되었다. 길에서 청장년을 잡아가거나 한 마을을 습격하여 마을 주민 가운데 청장년 전원을 연행하는 방식을 취하는 등 폭력적인 방법이 더욱더 기승을 부린 시기였다. 조선인이 연행을 거부하면 국가총동원법에 의해 1년 이하의 징역이나 1천 원 이하의 벌금에 처하게 되어 있었다. 규정된 징용기간은

제동원하였다. 물론 식민지 조선에서의 노동력 동원은 여성도 예외는 아니었다. 여성에게 있어 '근로정신대'라는 이름으로 이루어진 노동력으로서의 동원 경험은 비록 1~2년이라는 짧은 기간이었지만, 아직도 그들의 삶에 영향력을 끼치고 있으며, 현재는 위안부문제와 강제징용·배상문제 등과 함께 한일 갈등의 핵심 쟁점이 되었다.

일제시대 근로정신대에 관한 연구로는 여순주의 「일제 말기 조선인 여성 근로정신대에 관한 연구」와 임인숙의 「일제 시기 근로정신대 여성들의 정신적 경험 해석과 의미화 과정에 관한 연구」를 들 수 있다. 본고는 이 연구들을 토대로 하여 군수기업으로서 조선인 여자근로정신대를 동원한 후지코시 강재공업주식회사(不二越鋼材工業株式会社. 이하 후지코시)와의 소송을 통해 식민지 조선과 일본에서의 경험과 기억이 할머니들의 의식과 정체성에 전후 어떠한 영향을 미치고 있는지 살펴보고자 한다. 본고가 후지코시에 주목하는 이유는 하나이다. 후지코시는 식민지시기 단일기업으로는 가장 많은 조선인 여성을 근로정신대로 동원하였기 때문이다. 그 수는 1,089명에 이른다. 1928년에 설립된 후지코시는 중일전쟁과 태평양전쟁 당시 군수기업으로서 베어링을 전문적으로 제조·생산하였다. 후지코시는 전시하에 밀려드는 군수물자에 대한 수요를 충족시키기 위해 국민학교를 갓 졸업한, 혹은 재학 중인 12~15세의 조선인 여자근로정신대를 동원하였다. 후지코시 사사(社史)에 따르면, 공장종업원은 1945년 5월 말 현재의 총원이 3만 6,253명이었는데, 이 중 조선인 여자근로정신대원은 1,089명, 조선인 남성노동자는 535명이었다. 후지코시는 조선인 노동자들을 징용과 근로정신대라는 명목으로 강제동원하여 열악한 환경과 가혹한 노동조건 아래에서 노동력을 착취했다.[5]

1년이었으나 노동자의 동의 없이 일방적인 통고에 의해 기간이 연장되는 것이 일반적이었다"〔한일민족문제학회 강제연행문제연구분과(2005), 앞의 책, 19쪽〕.

5 국사편찬위원회·한일역사공동연구위원회 한국측위원회(2005), 『후지코시 강제동원 소송기록 1』, 국사편찬위원회, xi쪽. 호쿠리쿠연락회(北陸連絡會) 측에서는 후지코시에

본고에서 다루고자 하는 강제동원은 노동력 동원을 뜻하며 "신체적인 구속이나 폭력 말고도 황민화교육에 따른 정신적 구속, 회유와 설득, 본인의 임의결정, 협박, 법적 강제 등에 의한 인력동원을 의미"한다.[6] 본고는 국사편찬위원회의 『후지코시 강제동원 소송기록 1~4』와 후지코시 근로정신대의 소송지원단체인 호쿠리쿠연락회(北陸連絡會)가 간행하는 『호쿠리쿠연락회뉴스』(https://fujisosho.exblog.jp/), 도쿄의 '재일한인역사자료관'에 보관되어 있는 소송 관련 자료를 통해 후지코시소송의 과정과 현재의 실상을 살펴보고자 한다.

2. 후지코시 근로정신대 관련 소송

후지코시 근로정신대 관련 소송은 조선인 전 근로정신대원 이모 씨와 최모 씨, 전 피징용자 고모 씨 등 3명에 의해 1992년 일본에서 최초로 시작되었다. 그들은 도야마(富山)의 공작기계 메이커 주식회사 후지코시를 피고로 하여 제2차 세계대전 중의 강제연행과 강제노동에 대한 미지불 임금의 지급과 손해배상 등을 청구하였다.[7] 그후 1998년 나고야(名古屋)고등재판소의 항소심 판결을 거쳐, 2000년 일본 최고재판소에서 원고 전원과 피고 사이에 화해가 성립되어 종결되었다.[8] 이 소송은 당시 일본 재판소에 제기된 80여 건에 이르는 대일 과거청산 소송 중 하나로, 일제 강제동원 문제와 관련해 '승리'의 기록으로 남아 있다. 소송 과정을 정리하면 〈표 1〉과 같다.

동원된 조선인 여자근로정신대를 1,090명으로 기록하고 있다(https://fujisosho.exblog.jp/24869217/).

6 한일민족문제학회 강제연행문제연구분과(2005), 앞의 책, 16쪽.

7 국사편찬위원회·한일역사공동연구위원회 한국측위원회(2005), 앞의 책, vii쪽.

8 국사편찬위원회·한일역사공동연구위원회 한국측위원회(2005), 앞의 책, vii쪽.

〈표 1〉 후지코시 강제동원과 1차 소송기록[9]

연도	내용
1934	후지코시 해군 지정공장이 되다
1938	국가총동원법에 의거하여 후지코시 육해군 공동 관리공장으로 지정
1939	'조선인 노동자 내지이주에 관한 방침'하에 '모집'방식으로 강제연행 확대
1942	'관 알선' 방식으로 강제연행 전환
1943	6월 최모 씨, 후지코시로 동원
1944	'징용'에 의한 강제연행 실시, 여자정신근로령 시행, 후지코시 군수회사로 지정 5월 조선에서 제1차 여자근로정신대 동원 7월 이모 씨 후지코시로 동원 10월 고모 씨 징용 11월 최모 씨 오른손 인지 절단사고 발생 12월 조선에서 제1차 남자보국대 동원
1945	3월 도야마공장 소개 7월 사리원공장 건설을 말하며 조선으로 일시 귀국시킴 8월 도야마 대공습, 일본 패전
1992	도야마지방재판소에 제소(이모, 최모, 고모 등 3명)
1993	1월 1회 공판(원고 의견 진술) 5월 2회 공판(원고는 의견진술서와 이모 씨의 근로수첩, 최모 씨의 학적부를 증거로 제출) 9월 3회 공판(호적등본, 주민표 등 제출) 12월 4회 공판〔원고가 후지코시에서 취로(就勞)하였던 것을 보여 주기 위한 자료로서 도야마사회보험사무소의 자료를 제출〕
1994	3월 5회 공판(원고는 후지코시가 국제법위반이라고 주장) 5월 6회 공판(후지코시는 시효성립, 한일협정에 의한 청구권 소멸을 주장) 6월 7회 공판(국제법, 시효 주장에 대한 견해 표명) 10월 8회 공판(원고 이모 씨 증언) 10월 9회 공판(원고 이모 씨 증언) 11월 10회 공판
1995	2월 11회 공판(원고 최모 씨 증언) 2월 12회 공판(원고 최모 씨 증언) 4월 13회 공판 6월 14회 공판(원고 고모 씨 증언) 6월 15회 공판(원고 고모 씨 증언)

9 https://fujisosho.exblog.jp/8988251/.

	8월 16회 공판(원고 측 4명의 증인 신청) 11월 17회 공판 12월 18회 공판(공탁을 둘러싼 논쟁)
1996	3월 19회 공판(원고의 증인 신청을 각하) 7월 제1심판결공판(원고의 주장을 사실관계에서는 인정하지만, 시효로 인해 기각. 원고단 '1백 년 소송을 선언'하는 성명 발표) 8월 나고야고등재판소 가나자와(金沢)지부에 제소
1997	1월 공소심 1회 공판(최모 씨, 이모 씨 참가) 4월 공소심 2회 공판 6월 공소심 3회 공판 9월 공소심 4회 공판(최모 씨 참가, 최모 씨에게 후생연금 탈퇴수당금 18엔 지급, 수취 유보) 12월 공소심 5회 공판
1998	2월 후지코시 주주총회에 원고단 전원출석(원고단 발언) 4월 기업의 전쟁책임을 묻는 전국집회와 시내데모(이모 씨, 최모 씨 참가) 6월 공소심 6회 공판(이모 씨에게 후생연금 탈퇴수당금 16엔 지급, 이모 씨는 항의의 의사로서 일본정부에 기부를 신청하고 엠네스티에 기부) 7월 공소심 7회 공판(이모 씨 증인 심문) 10월 공소심 8회 공판(최모 씨 참가, 최모 씨의 후생연금장해급부금에 관한 요망서를 도야마 사회보험사무소에 제출) 12월 소송심 판결 공판(제1심판결을 지지, 원고 주장 기각), 최고재판소에 상고
1999	2월 후지코시 주주총회
2000	2월 후지코시 주주총회 3월 강제노동 손해배상을 후지코시에 요구하는 소송을 미국 캘리포니아주 재판소에 제소하기 위해 기자회견 7월 후지코시소송, 최고재판소에서 화해 판결(승리)

후지코시는 1934년 해군 지정공장이 된 이후, 1938년에는 국가총동원법에 의거하여 육해군 공동관리공장으로 지정되었다. 이듬해 1939년부터는 전쟁에 필요한 군수물자를 생산하기 위해 '모집'과 '관 알선' 방식에 따라 노동력으로 조선인을 강제연행하고, 1944년부터는 '군수회사'로 지정되어 '조선인 여자근로정신대' 동원에 적극 나서게 된다. 1943년과 1944년경에 근로정신대와 징용으로 동원된 경험이 있는 원고 3명은 1992년 소송을 제기하여 8년이라는 지난한 소송기간을 거쳐 2000년, 원고 3명에 관계자 4명을 추가

하여 일정한 보상과 함께 후지코시 회사 구내에 비석[10]을 설치하도록 하는 재판 결과를 얻어 냈다. 후지코시소송은 "전후보상소송 중 최초로 최고재판소(한국의 '대법원')에서 내려진 화해이며, 절망적이라고 생각된 시효의 벽을 실질적으로 극복한 상태에서의 해결"이었다.[11]

후지코시소송을 계기로 2003년부터 도야마지방재판소에 후지코시를 상대로 손해배상을 청구하는 2차 소송이 이어졌다. 2007년 도야마지방재판소는 '한일청구권 협정으로 개인 청구권은 포기되었다'고 하며 원고 패소 판결을 내렸고 2011년 일본 최고재판소도 상고를 기각하였다. 원고 측은 2013년을 필두로 한국에서 후지코시를 제소하여, 그후 한국에서 2~3차 소송이 이어졌고, 결국 2019년 한국에서의 1~3차 소송은 모두 원고 승소 판결로 이어졌다. 또한 이 소송을 계기로 2019년 4월 서울과 광주에서 강제징용배상소송이 연이어 행해졌고, 5월에는 후지코시 한국 내 자산 매각명령을 신청하였다.

3. 식민지 조선에서의 경험

1) 내선일체와 황국신민

1910년 강제병합 이후 조선은 일본의 식민지가 되었다. 일본은 1931년 만주사변과 1937년 중일전쟁으로 이어지는 아시아·태평양전쟁을 수행하면서 식민지 조선의 인적·물적 자원을 철저하게 수탈하였다. 일본은 원활한 전쟁 수행을 위해 조선인의 협력을 강요하고 조선통치정책으로 '내선일체(內鮮

---

10 비석에는 "제2차세계대전하 근로의 비"라고 새겨져 있다.

11 국사편찬위원회·한일역사공동연구위원회 한국측위원회(2005), 앞의 책, xxvi쪽.

一體)'와 '황국신민(皇国臣民)' 양성을 내걸었다. 내선일체는 내지 일본과 식민지 조선이 일체라는 것으로 조선을 '대륙전진병참기지'로 삼아 대륙을 정복하는 데 이용하기 위한 전략적 통치정책이었다. 또한 모든 조선인에 대한 '황국신민'의 양성을 기치로 내걸고 '황국신민화'라는 명목 아래 천황에 대한 충성과 신사참배를 강요하였다. 1937년에는 '국민정신총동원운동'을, 1938년에는 조선어교육 폐지를 통해 일본어를 상용화하도록 강제하며, 급기야 1940년에는 자신의 정체성이라 할 수 있는 씨(氏)마저 일본식으로 개명하게 하는 '창씨개명'을 통해 민족말살정책을 행하였다.

1937년 10월 2일 조선총독부는 황국신민으로서의 자각을 촉구하기 위해 조선에서 황국신민의 서사(皇国臣民ノ誓詞)를 발포하였다. 황국신민의 서사는 "1. 우리는 황국신민이다. 충성으로 군국(君國)에 보답한다. 1. 우리 황국신민은 서로 신애(信愛)협력하여 단결을 굳건히 한다. 1. 우리 황국신민은 인고 단련의 힘을 길러 황도를 선양한다"는 문장으로 되어 있다. 그 내용은 조선인에게 황국신민으로서 지켜야 할 군국에 대한 충성과 황도 선양을 강조하고, 황국신민이 되기 위한 조건으로 신애협력을 통한 단결과 인고·단련의 힘을 갖출 것을 제시하고 있다.[12]

내선일체의 핵심은 조선인에게 천황제 이데올로기를 주입하는 것이었다. 즉 천황과 일본에 대한 경외심을 길러서 천황과 일본을 위해 멸사봉공의 정신으로 징용과 징병, 노동력을 바쳐 충성을 다하는 황국신민을 양성하는 것이 그 목적이었다. 1937년 고노에 후미마로(近衛文麿) 내각에서 시작된 국민정신총동원운동은 '진충보국', '거국일치', '견인지구'라는 표어를 내걸고 조선인의 희생을 강요하였다. 고마고메 다케시(駒込武)가 지적한 것처럼, 조선인이 일본어를 상용어로 사용하며 일본인처럼 일본어를 능숙하게 한다 할지라도 순수한 혈족(血族) 내셔널리즘 차원에서 조선인은 결코 일본인이 될

12 朝鮮総督府情報科(1942),『前進する朝鮮』, 38쪽.

수 없었다. 일본은 내선일체라는 통합을 위한 시도로서 조선인에게 일본어라는 언어 사용을 통한 동화정책을 추진하였지만, 혈족이라는 측면에서 조선인은 일본인에게 동화될 수 없는 타자였고 그것은 조선인에 대한 차별과 배제의 논리로 작용하였다.[13] 즉 조선인을 향한 황국신민의 양성이라고 하지만 조선인은 결코 일본인이 될 수 없었고 내선일체는 '내선평등'을 의미하는 것은 아니었다.[14]

그렇다면 내선일체와 황국신민화를 완성하기 위해 어떠한 방법이 취해졌을까. 그것은 교육이었다. 조선총독부의 미나미 지로(南次郎) 총독은 5대 정책 중 하나인 '교학(敎學)의 진작'에서 "훌륭한 일본인을 만드는 교육은 반도에서야말로 가장 절실하게 요청되고 이러한 교육의 보급으로 비로소 반도의 황국적 일체화는 달성"된다고 말하였다.[15] 미나미 총독은 일면일교(一面一敎)가 완성된 1937년부터 '초등교육확충배가 10개년계획'을 수립하고 조선인 아동에 대한 교육 보급에 한층 박차를 가하였다. 그러나 중일전쟁의 시작으로 인적 자원의 부족이 시급해짐에 따라 그 기간을 단축하여 1937~1942년 '6개년계획'으로 수행하였다. 일면일교가 한 개의 면에 한 개의 학교를 설치한다는 학교수의 증가를 도모한 것이라면, '6개년계획'은 학교의 신설에만 그치지 않고 학급의 증가 혹은 2부제 수업을 개설하여 실질적인 수용력을 증가시킨 것이다.[16] 1941년 5월 말 현재 조선에는 대학 1교, 관공사립전문학교 19교, 중등학교는 남녀 합해 384교, 국민학교에서 대학까지의 학생과 아동의 총수는 195만 명으로 이것은 당시 총인구의 약 10퍼센트에 해당하였다. 이와 같은 황국신민화 교육의 보급으로 1930년 160여만 명이었던 일본어 가능자는 10년 후인 1940년 357만 명이 되어 조선인 총인구의

13 駒込武(1996), 『植民地帝国日本の文化統合』, 岩波書店, 357~360쪽.

14 宮田節子(1985), 『朝鮮民衆と「皇民化」政策』, 未来社, 176쪽.

15 朝鮮総督府情報科(1942), 앞의 책, 35쪽.

16 朝鮮総督府情報科(1942), 앞의 책, 36쪽.

15.6퍼센트를 점하였다.[17] 〈표 2〉는 일본어 보급상황을 1932년부터 격년으로 나타낸 것이다.

〈표 2〉 일본어 보급상황 (단위 : 천 명)

	1932년	1934년	1936년	1938년	1940년
정해(精解)가 가능한 자	825	857	1,053	1,326	1.730
보통회화에 지장 없는 자	716	834	1,051	1,392	1,843
계	1,541	1,691	2,104	2,718	3,573

* 출전 : 朝鮮総督府情報科(1942), 『前進する朝鮮』, 38쪽.

1938년 일본어 상용화 정책과 함께 1940년에는 정해 가능자와 일반 생활에서의 보통회화에 지장이 없는 자가 큰 폭으로 증가하고 있는 것을 알 수 있다. 또한 1942년 말에는 일본어 해독 가능자가 약 5백만 명으로 늘어나게 됨으로써 총인구의 약 20퍼센트가 일본어를 말할 수 있게 되었다. 이것을 남녀별로 살펴보면 남성은 전체의 약 30퍼센트, 여성은 전체의 약 10퍼센트만이 일본어가 가능하였다.[18] 일본어를 모르면 조선인을 동원하여도 의사소통에 어려움을 겪게 되어 노동력으로서 원활한 일처리가 불가능하였으며, 이로 인해 여러 문제가 야기되었기 때문에 일본어 습득은 중요한 문제였다. 그러나 조선인 여성은 남성보다 교육을 받는 비율이 낮았기 때문에 단지 전체의 약 10퍼센트만이 일본어가 가능하였다.

2) 조선인의 동원과 여자근로정신대

일본은 1938년 4월 1일 인적 · 물적 자원의 통제와 동원을 위해 국가총

17 朝鮮総督府情報科(1942), 앞의 책, 37~38쪽.

18 大野学務局長(1944), 「昭和十九年七月四日, 於中枢院会議学務局主管事務の概況に就て」, 『文教の朝鮮』 第24号, 3쪽.

동원법을 제정하고 조선에서 5월 5일부터 실시하였다. 국가총동원법이 공포된 후, 조선에서도 노무업무를 당당하는 부서가 설치되었다. 사회과 노무계에서 시작되어 1941년에 노무과로 승격되었고, 소속국은 내무국·사정국·광공국 등을 거치게 되었다. 1939년 7월 28일, 후생성은 '조선인 노무자 내지 이주에 관한 건'을 발포하고 강제동원의 길을 열었다. 조선총독부가 9월 1일 각 도지사 앞으로 '조선인 노동자 모집 및 도항 취체요강(取締要綱)'을 통보하고 9월부터 시행하였다. 그 결과 조선인은 '노무동원계획'에 따라 노동력으로서 모집과 관 알선, 징용이라는 방법으로 일본에 보내지게 되었다.[19] 〈표 3〉은 1941년도 노무동원계획의 '일반노무자 신규수요수'이다.

〈표 3〉 1941년도 노무동원계획의 '일반노무자 신규수요수'(조선)[20]

(단위 : 명)

산업	남	여	합계
군수산업	7,800	400	8,200
생산확충계획산업	103,200	4,500	107,700
위의 부대산업	16,400	1,700	18,100
생활필수품산업	9,000	3,300	12,300
운수통신업	13,500	500	14,000
국방토목건축업	5,700	700	6,400
감모(減耗)보충요원수	61,700	61,200	122,900
일본내지·가라후토·남양이주노무자	100,000	0	100,000
만주개척민	20,000	10,000	30,000
합계	337,000	82,300	419,600

* 출전 : 企画院, 「昭和十六年度労務動員実施計画」 1941. 9. 12.

19 한일민족문제학회 강제연행문제연구분과(2005), 앞의 책, 18쪽.

20 外村大(2012), 『朝鮮人強制連行』, 岩波新書, 86쪽.

여성노동자에 대한 신규수요수는 전체 8만 2,300명으로 감모(減耗)보충요원수에 약 75퍼센트가 집중되어 있고, 그 외 만주개척민과 생산확충계획산업, 생활필수품산업 등에 집중적으로 배치되어 있다. 〈표 4〉는 이러한 일반노무자 신규수요를 어디에서 공급받을 것인지 그 공급지를 나타낸 것이다.

〈표 4〉 1941년도 노무동원계획의 '일반노무자공급수'(조선)[21]

(단위 : 명)

산업	남	여	합계
신규초등학교 및 중등학교 졸업자	72,300	8,800	81,100
농촌에서 공출 가능한 자	215,300	61,400	276,700
농촌 이외에서 공출 가능한 자	41,600	11,900	53,500
일본 내지에서 이주노무자	8,100	200	8,300
합계	337,300	82,300	419,600

* 출전 : 企画院, 「昭和十六年度労務動員実施計画」 1941. 9. 12.

여성노동자 신규수요수 전체 8만 2,300명 중 약 75퍼센트에 해당하는 6만 1,400명이 '농촌에서 공출 가능'으로 설정되어 있다. 또한 1만 1,900명은 '농촌 이외에서 공출 가능한 자'로 계획되어 있다. 남성노동자도 전체 33만 7,300명 중 21만 5,300명, 약 64퍼센트에 해당하는 신규노동력에 대한 수요를 농촌에서 확보하고 있다. 조선의 농촌은 일본의 전시 노동력 수급의 장(場)으로서 기능하였다. 특히 '근로정신대'라는 용어가 낯선 농촌에서는 '공출'이라는 용어가 사용되고는 하였다.

근로정신대의 법적 근거는 1944년 8월 일본에서 공포된 '여자정신근로령'이다. 일본에서는 1943년 9월 '여자근로동원 촉진에 관한 건'을 차관회의에서 결정하고 이에 따라 14~25세 미혼여성을 대상으로 거주지의 부락회나

21 外村大(2012), 앞의 책, 86쪽.

부인회 등을 자주적으로 '여자근로정신대'로 편성하도록 하였다. 1944년 3월에는 '여자정신대제도강화방책요강'을 각의 결정하고, 1944년 8월 '여자정신근로령'을 공포 · 시행하였다. 이 법령은 1943년 9월의 '여자근로동원 촉진에 관한 건'과 달리, 강제성을 기반으로 하여 만일 근무명령을 위반했을 때에는 국가총동원법에 따라 1년 이하의 징역 또는 1천 엔 이하의 벌금을 부과하였다.[22] 조선에서도 이 법령이 적용되어 많은 조선인 여성이 근로정신대로 동원되었다. 그러나 실제로는 '여자정신근로령'이 정식으로 공포된 1944년 8월 이전부터 모집과 관 알선 방식을 통해, 학교 및 단체에서 조선인 여자근로정신대원을 강제동원하였다. 당시 조선에서는 여자근로정신대원을 동원하는 것에 대해 '징용'이나 '공출' 등으로 알려져 있었고, 이에 대해 조선인들은 조혼이나 피신을 함으로써 위기를 벗어나고자 하였다. 또한 여자근로정신대원이 향하는 지역은 한반도 내에서 근무할 경우와 한반도 외에서 근무할 경우로 구별되었다. 한반도 내에서는 근로보국대나 학도근로대, 가정근로보국대, 도청근로보국대라는 이름으로 동원되었지만,[23] 한반도 외에서 근무할 경우는 주로 일본의 군수회사로 보내져 군수품 생산에 동원되었다.

3) 식민지 조선과 여성의 역할

1900년대부터 1930년대 후반까지의 식민지 조선에서의 여성의 역할은 남성을 적극적으로 보완하는 현모양처의 역할이었다. 1930년대 후반부터 이어지는 중일전쟁을 비롯한 아시아 · 태평양전쟁시기에 여성의 역할은 모성을 중심으로 한 황국신민을 양성하는 황국부인으로서의 역할과 노동력을 제공하는 역할, 그리고 성을 제공하는 역할로 구분할 수 있다. 여기에서는

22 「勤労動員の強化(女子挺身勤労令)」, 『週報』 第411號(1944. 9. 6.字).

23 한일민족문제학회 강제연행문제연구분과(2005), 앞의 책, 20쪽.

황국부인의 역할과 노동력의 역할이 어떠한 차이점이 있는지 간단히 살펴보고자 한다. 먼저 황국부인으로서의 역할에 관해 살펴보면, 총독부의 선전잡지였던 『총동원』에는 조선인 여성을 대상으로 한 「국가총력전과 부인의 책무」 등 여러 기사에서 조선인 여성에게 '현숙한 어머니'와 '좋은 아내'의 역할을 기대하는 내용을 볼 수 있다. 그것은 황국신민을 양성하는 황국부인으로서의 역할과 사명을 감당할 것을 요구한 내용이다.[24] 황국신민을 만들기 위해 중심적인 역할을 한 것이 1937년의 '교육령개정'과 '국민총력운동'이다. "1938년 3월에 공포된 '조선교육령개정'은 '내선공학(內鮮共學)'의 일원적 통제를 실현하기 위해 일본인과 똑같은 교육방침 아래 내선일체화 방침에 따라 황국신민의 훈련을 진행"하는 것이 그 목적이었다.[25] 그러나 전술한 바와 같이 내선일체는 결코 내선평등을 의미하는 것은 아니었다.

일본은 "여성의 역할이 천황을 위해 의심 없이 죽을 수 있는 황국신민을 만드는 곳, 곧 남자를 낳고 잘 키우는 장소인 가정"을 강조하고, 현모양처 사상을 이용하여 천황을 위해 멸사봉공할 수 있는 황국신민을 적극적으로 양성하고자 하였다.[26] 또한 식민지 조선에서 일본은 조선인 여성을 동원하기 위해 여러 여성단체를 조직하였고, 그 대표적인 것이 국방부인회와 애국부인회였다. 최말단 하부조직으로는 국민정신총동원운동 조선연맹의 행정단위로서 애국반(愛國班)을 조직하였다. 애국반은 세대수 10호를 표준으로 해서 조선인 전체를 그 대상으로 하였다. 애국반에서는 매월 1일을 애국일로 정하여 궁성요배와 근로저축을 반드시 하도록 강제하였다. 또한 황국민으로서 시국 인식 및 국체명징을 철저히 하여 내선일체를 강화하고, 국기게양과 신사참배, 궁성요배 및 황국신민의 서사를 제송하도록 하였다. 무엇보

24 武田誓藏(1940), 『総動員』, 朝鮮総督府, 24~27쪽.

25 가와모토 아야(2000), 「한국과 일본의 현모양처 사상」, 심영희 · 정진성 · 윤정로 편, 『모성의 담론과 현실』, 나남출판, 228쪽.

26 가와모토 아야(2000), 앞의 논문, 229쪽.

다도 "애국반의 활동을 통해 여성에게는 '좋은 아내 좋은 어머니'가 되어 '남자를 위해 가장 명랑(明朗)한 휴양위안소(休養慰安所)'로서의 가정을 만드는 역할"을 기대하였다.[27] 1944년 4월에는 조선인 여성을 대상으로 한 '조선여자특별연성소'를 조선 전체에 설치하고, 주로 일본인 유력 여성이나 교원이 정신훈련과 노동을 가르치도록 하였다. 이것은 조선인 여성이 추구해야 될 모델이 일본인 여성이라는 것을 뜻하며, "일본의 가정이나 여성을 흉내" 내는 것을 통해 "황국신민의 형성과 교화를 이루려는 것"이었다.[28]

노동력을 제공하는 여성의 역할 중 대표적인 것은 본고에서 다루고자 하는 여자근로정신대를 들 수 있다. 1944년 8월 일본에서 실시된 '여자정신근로령'은 조선에서도 동시에 시행되었으며, 조선에서는 실제로는 시행 전부터 많은 조선인 여성이 근로정신대로서 강제동원되고 있었다. 식민지 조선에서 여성들이 근로정신대를 지원하게 된 배경에는 식민지 조선의 현실과 여학교라는 근대적 배움에 대한 열망이 있었다. 학업과 진학에 대한 열정은 있었지만 집안 형편이 어렵거나 상급학교로의 진학이 좌절된 경우, '일본에 가면 돈도 벌고 공부도 할 수 있다'는 학교 선생의 말을 믿고 부모의 반대를 무릅쓰면서까지 근로정신대 모집에 응하였던 것이다.[29] 전술하였듯이 1942년 말 전체 남성 인구의 약 30퍼센트가 일본어를 말할 수 있었던 것에 대해 여성은 약 10퍼센트에 머물고 있었다. 유교적 가부장제의 사회에서 조선인 여성에게 요구된 것은 가정에서의 현모양처였고, 이것은 초등교육에서 여성교육률이 남성에 비해 낮은 근본적인 이유이기도 하였다. 본고에서 살펴보는 전 근로정신대원 이모 씨와 최모 씨 또한 가난과 싸우며 여학교와 근대교육에 대한 열망을 가지고 근로정신대원으로서 내지 일본으로 향하였다.

27 가와모토 아야(2000), 앞의 논문, 230쪽,

28 가와모토 아야(2000), 앞의 논문, 228쪽.

29 임인숙(2003), 「일제 시기 근로정신대 여성들의 정신대 경험 해석과 의미화 과정에 관한 연구」, 이화여자대학교 대학원 석사학위논문, 27쪽.

4. 내지 일본에서의 경험과 기억

여기에서는 당시 소송을 제기한 원고 이모 씨, 최모 씨, 고모 씨 등 3명이 1992년 9월 30일 도야마지방재판소에 제출한 진술서를 살펴보고자 한다. 진술서를 살펴보는 것은 원고 3명의 조선에서의 생활과 내지 일본에서의 경험이 응축되어 서술되어 있기에 이를 바탕으로 한 기억을 살펴보는 것에 있어서도 중요한 의의를 갖는다고 볼 수 있을 것이다. 먼저 〈사례 1〉로서 이모 씨의 진술서를 인용한다.

〈사례 1〉 이모 씨

1931년 10월 29일생으로, 소학교를 졸업하던 해인 1944년 6월 중순 당시 가정 사정으로 상급학교에 진학하지 못하고 있는 상태에서, "후지코시에 가면 여학교에도 갈 수 있다. 졸업증서를 받을 수 있다", 혹은 후지코시의 팸플릿을 보이면서 "여기에 가면 타이프라이터나 미싱, 꽃꽂이 등도 가르쳐 준다"는 등 후지코시 사원과 일본인 관리가 감언이설로 유인하였다. 아직 세상물정을 알지 못하는 14세의 소녀는 그 감언에 속아 후지코시에 응모했다. 이틀 후 후지코시 사원 2명, 관헌 1명에게 인솔되어 감시를 받으면서, 250명 정도의 정신대원이 부산, 시모노세키(下関), 도쿄를 경유하여 도야마로 끌려갔다. 1944년 7월 6일 후지코시에 입사하여 군대식의 엄격한 훈련을 1개월간 받고, 정기(精器) 4과(課)에 소속되어 연마작업에 종사했다. 노동시간은 1주일 사이클의 주야 2교대로 1일 9시간 정도였다. 숙소는 12조의 방을 둘로 나누어 각각 6명씩 잤다. 임금은 받은 적이 없으며, 단 한 번 용돈을 가불 받은 적이 있지만, 그 액수가 너무 작아 살 수 있는 것은 아무것도 없었다. 노동은 1945년 7월 중순까지 계속되었고, 7월 20일경에 돌연 니가타(新潟)로부터 청진을 경유하여 귀국조치되었다. 당시 후지코시의 직원 6~7명이 군인과 함께 인솔했다. 그후 사리원 공장이 생길 때까지 1개월간의 자택대기 명령을 받았으나 곧 종전이 되었다. 짐을 부쳐

주겠다고 하였으나 아무것도 돌려받지 못했다. 임금도 통장에 예금액을 기입했을 뿐 한 푼도 주지 않았다. 후지코시는 1개월의 자택대기를 명한 채로 퇴직처리를 본인에게 통지하지 않았다.[30]

〈사례 1〉의 이모 씨는 전술한 바와 같이 가정 사정으로 상급학교에 진학하지 못하는 상황에서 여학교와 배움에 대한 열망을 가지고 일본인 관리의 감언이설에 속아 근로정신대 모집에 응하였다. 그러나 내지 일본에서의 생활은 1개월간 군대식의 엄격한 훈련을 받은 후, 1일 9시간 정도의 무임금의 노동만이 기다리고 있을 뿐이었다.

〈사례 2〉 최모 씨

1930년 12월 1일생으로 1943년 5월경 초등학교 6학년 재학 중, 후지코시 직원 2명이 학교에서 후지코시에 관해 설명하고 모집을 했다. "돈은 많이 벌 수 있다. 중학교, 고등학교에도 보내 준다"는 등 감언이설을 듣고, 공부를 하고 싶어서 부모의 반대를 뿌리치고 속아 응모했다. 1943년 6월에 후지코시에 입사, 축수과(軸受課)에 배속되어 선반일에 종사했다. 노동시간과 근무형태는 1주일 사이클의 주야 2교대로 1일 9시간 정도 노동을 했다. 식사는 조악해서 언제나 부족한 상태였으며, 집에 편지를 보내 집으로부터 쌀가루를 받아 배고픔을 달랬다. 숙소는 2층 건물로 10조 정도의 방에 10명이 함께 잤다. 외출을 해서는 안 된다는 말을 들었으며, 임금은 단 한 번도 받은 적이 없다. 1944년 11월경 기계에 오른손 인지가 끼는 사고를 당했으나, 후지코시 측은 적절한 치료를 하지 않고, 부녀자로서 장래 불구의 몸이 될 것을 알면서 절단조치를 했다. 1944년 7월 20일경 니가타로부터 청진과 사리원을 경유하여 귀국조치되었다. 사리원에 후지코시 공장을 설립할 때까지 1개월의 자택대기 명령을 받았으나 그대로

30 국사편찬위원회 · 한일역사공동연구위원회 한국측위원회(2005), 앞의 책, xi~xii쪽.

종전이 되었다. 소지품을 돌려받지 못했으며, 임금도 전혀 받지 못했다. 자택 대기 명령을 받은 채 퇴직처리를 통지받지 못했다. 최○○은 그후 불구의 몸으로 일생을 심한 고통 속에 살았다.[31]

〈사례 2〉의 최모 씨도 이모 씨와 마찬가지로 돈도 벌 수 있고 중학교, 고등학교에도 보내 준다는 후지코시 직원의 감언이설에 속아 부모의 반대도 물리치고 근로정신대 모집에 응하였다. 1주일 사이클의 주야 2교대로 1일 9시간 정도의 노동과 조악한 식사로 인해 늘 배고픈 상태였고, 오히려 배고픔을 달래기 위해 조선의 고향으로부터 쌀가루를 보내와서 배고픔을 달랬다. 임금은 단 한 번도 받지 못한 상태로 도리어 오른손 인지를 절단하는 사고까지 생겨 불구의 몸이 되었다. 최모 씨는 사리원에 후지코시 공장을 설립할 때까지 1개월의 자택대기 명령을 받고 기다리던 중 8 · 15를 맞이하였고 정식으로 퇴직 통보를 받지 못한 상태였다.

〈사례 3〉 고모 씨

1923년 5월 10일생으로, 병원의 서무과에서 근무하면서 일본에 유학할 준비를 하고 있던 1944년 10월 경 징용영장을 받고 후지코시에 강제연행되었다. 부산과 시모노세키를 경유하여 도야마에 연행되어 1개월간 엄격한 훈련을 받았으며, 야간에는 군사교련도 받았다. 그후 선반작업, 베어링 검사 등을 했으며, 1945년부터는 기계설비의 소개작업에 종사하게 되어 트럭 운전조수 등을 했다. 노동시간과 형태는 다른 2명의 원고와 같다. 휴일도 없었고, 외출은 불가능했으며, 자유시간과 휴식시간도 없었고, 군대식 규칙 생활이 엄격하게 강요되었다. 임금은 징용 당초 본 직공과 같은 대우를 한다는 이야기를 들었으나 한 푼도 받지 못했다. 1945년 8월 15일의 종전과 함께 일은 없어졌지만, 이후에도

---

31 국사편찬위원회 · 한일역사공동연구위원회 한국측위원회(2005), 앞의 책, xii쪽.

엄격한 규율 아래 생활하면서 귀국을 기다렸다. 후지코시가 귀국선을 수배하는 것을 기다려 오사카, 히로시마, 하카타를 거쳐 부산으로 돌아왔다. 후지코시의 담당자는 하카타까지 동행했다. 8월 15일 이후에도 한국인 반장 등이 임금 지불 교섭을 여러 차례 했지만 한 푼도 지급받지 못했다.[32]

〈사례 3〉의 고모씨는 징용영장을 받고 후지코시에 강제동원된 경우이다. 휴일은커녕 자유시간도 휴식시간도 없이 엄격한 군대식의 규칙적인 생활이 강요되었고, 임금은 당초 들은 것과는 달리 단 한 푼도 받지 못한 채 1945년 8월 15일을 맞이하였다. 그러나 고모 씨는 8 · 15 이후에도 바로 귀국하지 못하고 후지코시의 엄중한 규율 아래 귀국을 기다렸다.[33] 후지코시 공장에서의 이들의 하루 일정은 〈표 5〉와 같다.

〈표 5〉 후지코시 공장의 1일 일과[34]

시간	일과
새벽 05 : 00	기상(방송 소리와 레코드 곡조를 틀어 기상시킴)
05 : 00 ~ 05 : 40	이불 개기, 작업복 입기, 방안 청소, 세면
05 : 40 ~ 06 : 30	방안에 모여 아침 경례, 아침 점호, 라디오체조
06 : 30 ~ 06 : 50	강당에 모여 아침 배례, 황국신민의 서사, 부모에게 아침인사, 식당에서 조반
06 : 50 ~ 07 : 00	기숙사 앞에서 정렬해서 공장까지 행진, 〈반도정신처녀대의 노래〉를 부름
07 : 00 ~ 17 : 00	근로, 점심시간과 오후 3시 휴게시간
17 : 00 ~ 17 : 20	기계와 도구를 정리
17 : 20 ~ 17 : 30	대오를 지어 기숙사로 행진

32 국사편찬위원회 · 한일역사공동연구위원회 한국측위원회(2005), 앞의 책, xii쪽.

33 국사편찬위원회 · 한일역사공동연구위원회 한국측위원회(2005), 앞의 책, 579쪽.

34 여순주(1993), 「일제 말기 조선인 여성근로정신대에 관한 연구」, 이화여자대학교 대학원 석사논문, 82~83쪽.

17 : 30 ~ 19 : 40	기숙사로 돌아와 옷을 갈아입고 목욕, 저녁식사, 자유시간
19 : 40 ~ 21 : 00	취침 전 청소, 점호, 석례(夕禮), 방에서 부모에게 인사
21 : 00	소등

* 출전 : 『매일신보』 1944. 10. 29.자.

후지코시는 새벽 5시 기상에 오전 7시부터 오후 5시까지 점심시간과 휴게시간을 제외한 1일 9시간의 노동을 강제하였다. 후지코시 여자근로정신대는 아침에는 황국신민의 서사와 함께 교육칙어를 읽고, 저녁에는 후지코시 십훈을 읽었다. 전시기의 연일 계속되는 공습 속에서도 기숙사 생활을 하며 아침 점호, 아침 배례, 황국신민의 서사, 저녁 점호와 석례를 통해 끊임없는 감시체제 속의 노동력 증진을 위한 정신교육을 받았다.[35]

〈사례 1〉의 이모 씨와 〈사례 2〉의 최모 씨는 사리원에 후지코시 공장을 설립하므로 공장 설립 때까지 자택에 대기하라는 명령을 받고 있다가 해방을 맞이하였다. "도야마 후지코시 공장의 경우 1945년 3월 군수성과 조선총독부에서 공구 공장과 제강소 일부를 조선으로 이설하라는 명령을 내렸다. 공구 공장을 평양 근처 사리원으로 옮기고 제강소를 역포에 세우기로 하여 6월 공구 공장에 필요한 기계의 일부를 보냈다. 사리원의 공구 공장에도 본사 공장에서 각종 기계 564대, 공구강 5백 톤을 보냈다. 7월 상순에는 종업원 일행 574명이 현지 사리원 공장에 도착하였다. 공장에 파견된 공원의 대부분은 전에 멀리 조선에서 정신대로 도야마 공장에 파견된 조선 출신의 여성 공원 420명이 주체였다."[36]

근로정신대원으로서 일본에서 보낸 시간은 1년에서 2년이라는 기간이지

35 이것은 아침저녁의 점호, 배례와 함께 감시체제하에서의 도망을 방지하고 근로를 강제하기 위한 정신교육의 일종으로 해석된다〔여순주(1993), 앞의 논문, 83쪽〕.

36 여순주(1993), 앞의 논문, 89~90쪽 : 不二越鋼材工業株式会社(1953), 『不二越二十五年史』, 71쪽.

만, 해방 후 약 2개월이 지난 1945년 10월 27일자 『매일신문』에서는 모집이나 관 알선 때의 "일본관청의 선전과는 전혀 달리", "모발이 전부 빠지고" "대부분 피부병으로" 건강하지 못한 상태로 돌아온 것을 전하고, "일본제국주의의 기만정책"과 착취에 근로정신대원의 부형이 분개하고 있는 것을 소개하고 있다.[37]

5. 결론을 대신하며 : 전후 경험과 기억

근로정신대원이 전후의 일상에서 겪었을 고통은 〈사례 2〉의 최모 씨의 진술에서도 추찰할 수 있다. 그는 근로정신대원으로 일하던 시절 사고로 오른쪽 인지를 절단하고, 귀국 후 20세의 이른 나이에 불구라는 이유로 불리한 조건하에 결혼을 한다. 최모 씨는 "어린 시절 정신대원으로 일본에 간 것을 남편도 알고 또 훗날에 자식도 알게 되고 이웃과 일반인도 모두 알게 되어 정말 부끄러워서 제대로 머리 들고 살 수가 없어 감옥 아닌 가정 안에서 감옥생활을 하는 수치스러운 생활을 육십 평생 눈물로써 울면서 억울하게 살아왔다"고 호소한다.[38]

오랜 기간 한국에서는 여자근로정신대와 위안부를 '공출'이나 '정신대'라는 용어로 혼용해서 사용해 왔다. 여기에서 발생하는 혼란으로 근로정신대의 경험은 감추어야 하는 사실로서 인지되어, 최모 씨는 어머니이자 아내라는 위치에서 자신의 근로정신대 경험을 은폐하고, 한평생 심적 고통 속에서 살아온 것이다. 실제로 1965년 한일기본조약과 경제적 고도성장에 가려 근

37 「여자정신대들 귀국, 대부분 피부병으로 불건강, 엄중 항의코저 27일 부형대회 개최」, 『매일신보』 1945. 10. 27.자.

38 국사편찬위원회 · 한일역사공동연구위원회 한국측위원회(2005), 앞의 책, 579쪽.

로정신대로서의 경험과 기억은 사회적으로도 공론화되지 못하고 인식되지 못한 채 오랫동안 은폐되어 왔다.

그러나 1991년 김학순 할머니의 증언을 통해 '일본군 위안부'라는 존재가 사회적으로 가시화되었고, 1993년 6월 한국정부는 '대한민국 일제하 일본군 위안부에 대한 생활안정지원법'(제4565호)을 시행하여, 할머니들의 생활안정을 지원하였다. 당시 보건사회부를 통해 생활안정지원 등록을 신고한 인원은 약 170명으로, 그중 근로정신대로 동원되었던 여성들이 소수 발견되면서 위안부와 여자근로정신대를 둘러싼 용어와 개념의 혼란이 사회적으로 드러나게 되었다.[39] 그후 근로정신대원은 자신들이 성적 착취를 당한 위안부가 아닌 노동력 착취를 당한 근로정신대임을 드러냄으로써 위안부와의 차별화를 통해 자신들의 정체성을 형성해 나가게 된 것이다.[40]

후지코시소송은 얼마 되지 않은 '승리'로 기억되는 한편으로 그 한계성도 드러냈다. 그것은 소송변호단이 지적한 것처럼 "원고들의 '목소리'의 근거는 인정했지만, '목소리' 그 자체는 인정하지 않"은 한계를 가지고 있었다. 근로정신대가 "역사적으로 존재하고 있었다는 사실은 인정했지만, 역사적으로 현존하고 있다는 사실은 인정하지 않았"던 것이다. 또한 근로정신대가 "입은 '상처'는 인정했지만, '상처'를 입은 존재의 '아픔'은 인정하지 않았"다. 이를 통해 전쟁책임이나 전후 보상에 대한 일본의 입장이 어떠한 것인지 분명히 알 수 있다.[41]

---

39 임인숙(2003), 앞의 논문, 1쪽.

40 임인숙(2003), 앞의 논문.

41 국사편찬위원회 · 한일역사공동연구위원회 한국측위원회(2005), 앞의 책, xvi쪽.

제4부

제국과 포스트제국의 기억의 경합(문화)

조선인 대중 연예인 배구자의 궤적

각광 속의 민족적 고투

도노무라 마사루(外村大, Tonomura Masaru)

도쿄대학 교양학부 교수. 일본사 전공.

20세기의 일본과 조선의 역사에 관심을 두고 연구하고 있다. 주요 논저로는 「戦後日本における朝鮮植民地支配の歴史認識」(2015), 「日本人は「在日朝鮮人問題」をどう考えてきたか?」(2015), 『在日朝鮮人社会の歴史学的研究』(2004), 『朝鮮人強制連行』(2012) 등이 있다.

1. 본 논문의 과제

본 논문은 식민지 지배하에 조선인으로 태어나 대중 연예계에서 활약한 배구자(裵亀子)의 활동에 초점을 맞추고자 한다. 배구자는 1910년대 말에서 1930년 말까지 조선과 일본 내지(현재 일본의 47개 광역자치단체)에서 노래와 춤, 촌극 등으로 구성된 쇼를 무대에서 공연하며 인기를 얻었던 여성이다.

그녀의 이름이 그리 널리 알려진 것은 아니다. 그 이유 중 하나는 학교 역사 수업에서 대중문화예술을 가르치지 않기 때문일 것이다. 또 배구자가 무대를 떠난 후 세월이 많이 흘렀고, 1930년대에는 음반이나 비디오가 보급되지 않았기 때문에 그 시기에 활동한 가수나 배우를 자세히 아는 사람이 적은 것은 당연하다.

하지만 근대 조선무용과 대중문화사에 관심이 있는 사람들에게는 그녀의 이름이 어느 정도 알려져 있다. 꽤 인기가 있었다는 사실, 조선에 처음 서양무용을 들여온 사람이 그녀였다는 사실, 유일한 조선 신극 전용 극장인 동양극장을 설립했다는 사실 등을 논문과 저서에서 확인할 수 있다.[1] 단 그

1 유민영(1990), 『우리시대 연극운동사』, 단국대학교 출판부 ; 유민영(2006), 『한국 인물 연극사』, 대학사 ; 송수남 편(1999), 『한국 근대 춤 인물사』, 현대미학사 ; 宋安鍾(2008), 「『忘れ去られた舞姫』裵亀子の足跡をたどる：帝国日本と植民地朝鮮の大衆演芸文化『交流』史の一事例衆演芸文化『交流』史の一事例」, 鶴園裕 他編, 『東アジア共生の歴史的基礎：日本・中国・南北コリアの対話』, お茶の水書房 등.

논문과 저서의 근거가 된 사료를 살펴보면, 한국 연구의 경우 조선어 신문이나 관계자들의 후일의 회상 등이 사용되었고, 일본어 논문의 경우 일본 신문 등도 일부 사용되었으나 제한적이다.

하지만 배구자의 인기가 절정에 이른 1930년대 중반에는 그녀의 활약 무대가 일본 내지로 옮겨 가면서, 일본인 기자와 독자가 대상인 일본어 신문과 잡지도 그녀를 다루게 된다. 선행 연구 중 이에 주목한 연구는 거의 없다. 또 배구자의 연예 활동은 춤과 노래, 연극 등이었으나 동작과 목소리를 기록한 사료와 연극 대본이 연구자 사이에 알려져 있지 않아서인지 검토된 적도 없다.

이와 같은 연구 현황 속에서 현재까지 알려지지 않은 사료까지 자세히 조사하여 배구자의 업적과 연예 활동 내용을 다시 한 번 파악해 보고자 한다. 이와 동시에 조선어 사료와 일본어 사료를 함께 검토하여 배구자 연예에 대한 조선인 관객과 일본인 관객의 반응, 수용 방식도 해명해 보고자 한다. 또 그를 통해 알게 된 사실을 토대로, 배구자가 현재까지 알려진 이상으로 조선 문화에 뿌리내린 연예를 구축하였고 일본 내지에서 활동한 의의가 동시대 사람들에게 큰 영향을 미쳤다는 사실을 밝힘으로써 그녀의 활동을 재평가해 보고자 한다.

2. 덴카쓰(天勝)공연단의 구자

1) 본명, 출생 연도 및 가족

배구자에 대해서는 수수께끼에 둘러싸인 부분이 많다. 여러 이야기가 있는데, 일단 배구자의 기본 프로필부터 정리해 보고자 한다. 우선 본명을 살펴보면 법적으로 신고된 이름은 배구이(裵亀伊)이다. 배구이라고 보도된 신문 기사도 있고,[2] 그녀가 소유·경영했던 동양극장 등기에 관한 『조선총독부 관보』에는 배구자라는 이름은 없고 배구이라는 이름[3]이 나와 있다.

출생 연도에 대해서는 여러 설이 존재한다. 그녀의 이야기를 토대로 작성된 「장편(掌篇) 자서전 누마즈(沼津) 어느 관리 그늘에 숨은 나」라는 신문 기사(『都新聞』 1936. 11. 16.字. 이하 「장편 자서전」)에서는 분명히 메이지(明治) 41년(1908) 태생이라고 하고 있다. 어린 소녀였던 그녀를 맡아 그녀의 기예 스승이 된 쇼쿄쿠사이 덴카쓰(松旭斎天勝)는 1926년 시점에 "저 아이(배구자)의 나이는 18세이라고들 하지만 사실은 21세입니다",[4] 또 남편이 전처와의 사이에서 얻은 자식과 같은 "20세(이미 보도된 21세는 잘못)"라고 했다는 신문 기사도 있다.[5] 배구자가 덴카쓰에게 맡겨진 나이에 대해서도 당시 9세였다는 사료와 11세였다는 사료 두 가지가 있다.[6] 이러한 사실로부터 그녀는 1905년이나 1906년에 태어났다고 생각된다.

그녀 가족에 대해서도 여러 이야기가 있다. 1910년대 말에서 1920년대의 신문 기사를 보면, 배석태(裵錫泰)라는 대한제국 정부 고관이던 인물과 그 처인 박왕순(朴王順) 사이에서 구자가 태어났으며, 배정자(裵貞子)는 구자의 숙모라고 기술된 내용이 있다.[7] 배정자는 대한제국 시절에 이씨왕가(李王家)를 섬기면서도 이토 히로부미(伊藤博文) 등 일본 정치가와 결탁하여 정치적

---

2 『경성일보』 1926. 6. 15.자 기사 「배구이의 이름으로 무대에 서다」에는 "본명인 배구이가 되어" 등의 말이 나온다.

3 『조선총독부 관보』 1937. 10. 7.자, 합명회사 동양극장 설립에 관한 기사.

4 「あくまで信じてゐる天勝」, 『都新聞』 1926. 6. 5.字.

5 「倅と亀子は似合の仲とふだんから思うてゐた」, 『都新聞』 1926. 6. 8.字.

6 『매일신보』 1918. 5. 14.자 「덴카쓰의 제자 배구자」에는 11세로 되어 있으나, 『동아일보』 1938. 8. 27.자 「배구자 악극 연구소」에는 9세에 덴카쓰공연단에 들어갔다고 되어 있다.

7 「朝鮮の小天勝」, 『釜山日報』, 1918. 5. 9.字 ; 「덴카쓰의 제자 배구자」, 『매일신보』 1918. 5. 14.자 ; 「野呂の息子と亀子の婚約」, 『京城日報』 1926. 6. 6.字 등.

으로 암약했다고 전해지는 인물로서 당시에도 유명했다.

그런데 배정자가 구자의 생모라는 신문 기사도 있다.[8] 전술한 「장편 자서전」에서 구자가 '어머니'라고 말한 인물도 이씨왕가의 궁녀장이며 이토 히로부미의 신세를 졌었다고 했는데, 이는 배정자를 가리키는 말이다. 또 배정자와 이토 히로부미 사이에서 생긴 아이가 배구자라는 설도 있다. 배구자의 여동생인 배한라(배구자와 함께 무대에 설 때의 이름은 배용자(裵龍子)였다)도 「언니, 배구자」라는 제목의 증언(『춤』 1977. 7.호 및 8.호)에서 그 이야기를 소개하였는데, 본인에게 그 진상을 들은 적은 없다고 했다. 연출가인 무라야마 도모요시(村山知義)가 그런 이야기가 있다고 소개한 바 있다. 무라야마는 또 배정자가 죽기 직전에 "내 아이는 너 하나"라고 말했으나 아버지가 누구인지는 "말하지 않았다"고 한 구자의 이야기를 전한 바 있다.[9] 지금으로서는 진짜 부모가 누구인지 알 수 없다. 하지만 후술하는 바와 같이 배정자는 틀림없이 구자의 사실상의 보호자처럼 행동하였다.

2) 덴카쓰공연단의 인기인

경성(서울)에 살던 배구이는 어린 소녀 시절, 일본인 연예인인 쇼쿄쿠사이 덴카쓰의 공연단에 들어간 후 구자라 불리게 된다. 일본 내지로 간 것은 아마 1916년일 것이다.[10] 그 경위에 대해 덴카쓰는, 이왕직(李王職) 차관이던

8 「美しき裵亀子に母となる日」, 『朝鮮新聞』 1927. 7. 27.字. 이 기사는 배구자가 임신했다고 전했으나 이는 오보였다.

9 村山知義(1959), 「博文の秘児? 天勝の養女裵亀子」, 『婦人公論』 1959. 11.号.

10 덴카쓰는 다이쇼(大正)천황 즉위식 전에 조선에서 공연했는데 그때 배구자를 만나 입문을 허락했다고 한다(松旭斎天勝(1991), 『魔術の女王一代記』, かのう出版, 140~141쪽). 다이쇼천황 즉위식은 1915년 11월에 있었고, 덴카쓰가 1915년 10월에 조선에 들어가 조선물산공진회박람회 연예관에서 공연했다는 사실을 신문에서 확인하였다(「연예관에 출연할 기술사 덴카쓰 일행」, 『매일신보』 1915. 10. 9.자 등). 그리고 『매일신

고미야 미호마쓰(小宮三保松)를 통해 배정자가 부탁했다고 증언하였다.[11] 배정자가 왜 다른 민족이 사는 사회에, 더구나 사회적 지위가 그다지 높다고 할 수 없는 연예인에게 어린 소녀를 보냈는지에 대해 납득할 만한 설명을 하고 있는 사료는 발견하지 못하였다. 그러나 노래와 춤을 좋아했고 덴카쓰 무대를 본 후 구자가 희망했기 때문이라는 이야기,[12] 정자 때문에 정치적 박해를 받을 가능성이 있어 이를 피하고자 그렇게 했다는 본인의 설명 등이 있다.[13]

쇼쿄쿠사이 덴카쓰는 당시 최고의 인기를 누리던 마술사였다. 하지만 덴카쓰공연단은 마술 공연만 한 것이 아니라 소녀들의 동요 가창과 아동극, 악기 연주, 일본무용과 서양무용 등으로 무대가 구성되어 있었다.[14]

배구자는 마술을 잘한 것 같지는 않으나,[15] 덴카쓰 아래에서 다양한 기예를 습득하였다. 성악과 일본무용을 배웠고 저명한 모던댄스와 발레 지도자에게 교습도 받았다.[16] 1918년에는 연극 배역이 주어져 무대에 섰으며[17] 주

보』 1918. 5. 26.자 「기술 배구자」에서는, 배구자가 공진회에 덴카쓰가 왔을 때 제자가 되기를 지원하였으나 허락받지 못했고, 나중에 덴카쓰가 조선에 왔을 때 가입했다고 하였다. 덴카쓰는 1916년 9월에도 경성에서 공연하였기 때문에 (「덴카쓰 일행의 개연」, 『매일신보』 1916. 9. 5.자), 이때 입문한 것으로 보아도 될 것이다. 또 앞의 『매일신보』 1918. 5. 14.자 기사에서도, 덴카쓰 이행이 경성에 왔을 때 구자가 공연단 가입을 간청하였고 그것이 인정된 해가 '재작년'이라 하고 있다.

11 松旭斎天勝(1991), 앞의 책, 140쪽.

12 『매일신보』 1918. 5. 14.자, 앞의 기사.

13 「장편 자서전」.

14 와세다(早稲田)대학 쓰보우치(坪内)박사기념 연극박물관이 소장한 쇼쿄쿠사이 덴카쓰공연단 공연 프로그램[1922. 1. 1~15. 유라쿠자(有楽座) 「쇼쿄쿠사이 덴카쓰공연단」; 1923. 1. 1~15. 유라쿠자 「쇼쿄쿠사이 덴카쓰공연단」; 1925. 6. 26~30. 데이코쿠(帝国)극장 「쇼쿄쿠사이 덴카쓰공연단 귀국 기념 공연」]에 의한다.

15 「장편 자서전」.

16 村山知義(1936), 「博文の秘児 天勝の養女裵亀子」, 『都新聞』 1936. 11. 16.字 ; 「장편 자서전」 ; 배한라, 「언니, 배구자」.

17 「기술의 배구자」, 『매일신보』 1918. 5. 28.자.

목받는 존재가 되었던 듯 같다. 덴카쓰 역시 구자를 특별히 예뻐하여 자신의 양녀로 삼았다고 한다.[18] 또 덴카쓰는 1923~1925년에 미국 공연을 하였는데 구자도 무대에 서서 쇼 비즈니스를 체험할 수 있었다.

이 시기에 그녀는 성장했고 미모로도 주목받았다. 덴카쓰공연단의 조선 공연 당시, 현지 신문 기사에서는 "구자는 덴카쓰에 이어 인기가 있다. 덴카쓰가 신기(神技)라면 구자는 염기(艶技)이다"라고 하였다.[19] 또 조선 사람들은 그녀가 조선인이라는 점에도 주목한 것 같다. 단 일본 내지에서 그녀는 덴카쓰공연단의 '가메코'였고 조선인임을 대대적으로 선전하지는 않았다. 또 조선 신문은 그녀가 조선인이라 전하면서도 이미 조선어를 잊어 일본인과 다르지 않다고 하였다.[20] 특히 일본어 매체 기사에서는 일본에 동화된 모습을 강조하기 위해서인지 일본 옷을 입은 그녀 사진을 게재하였다.[21]

3) 덴카쓰공연단 탈퇴와 민족의식

인기를 얻고 있던 구자는 덴카쓰공연단에서 탈퇴한다. 1926년 6월 3일 덴카쓰공연단 평양 공연이 끝난 후 그녀는 몰래 숙소를 빠져나가 경성의 배정자에게 갔으며, 공연단에서 빠지겠다는 의사를 표명하였다.[22] 그리고 6월 18일 근화(槿花)여학교 후원회에서 독창을 한 후[23] 한동안 무대에서 물러나

---

18 「天勝が育て上げた人々」, 『都新聞』 1937. 4. 26.字 ; 松旭斎天勝(1991), 앞의 책, 140쪽.

19 「덴카쓰공연단 신기 연일 만원 구자의 인기」, 『조선시보』 1923. 6. 28.자.

20 예를 들어 「조선의 덴카쓰」, 『釜山日報』 1918. 5. 9.字 ; 「마술 배구자」, 『매일신보』 1918. 5. 26.자 등.

21 예를 들어 전술한 『釜山日報』 1918. 5. 9.자 기사 등.

22 이 시기의 경위에 대해서는 『京城日報』 1926. 6. 5.字 「魔術の女かめ子天勝一座を脱走す」 등 일련의 신문 기사에 자세히 나와 있다.

23 「古巣에 帰한 小鳥」, 『매일신보』 1926. 6. 20.자.

있었다.

덴카쓰공연단을 탈퇴한 이유에 대해 덴카쓰 부부의 아들(덴카쓰의 남편이 데려온 자식)과의 결혼 이야기 때문이라거나 배정자 또는 구자의 부모가 계획했다는 보도가 있다.[24] 또 「장편 자서전」에서는 장쉐량(張學良)의 몇 번째 부인이 되라는 어머니(여기에서 어머니란 배정자를 가리키는 것으로 생각된다)의 강요가 관련이 있었던 것처럼 본인이 설명한 적도 있다.

그러나 이러한 내용들이 사실을 얼마나 반영한 것인지, 결정적 요인이 무엇이었는지는 알 수 없다. 사료를 통해 짐작하건대 조선 민족으로서의 그녀의 자각과 고뇌가 어떤 형태로든 영향을 미친 것으로 보인다.

덴카쓰 부부는 구자를 예뻐했다. 그러나 공연단 다른 멤버들은 그 때문에 구자를 힘들게 했을 것이고, 그렇게 할 때 구자가 조선인인 것도 문제 삼았다.[25] 공연단 재직 시절 구자를 소개한 신문 기사를 보면, "'하지만 구자는 조선인이야'라는 말을 들으면 너무 슬퍼 눈물이 나옵니다"라고 본인이 말했다는 내용이 있다.[26]

또 덴카쓰공연단을 탈퇴한 직후의 그녀의 언동에서도 민족성을 드러내며 조선인인 진정한 자기 모습으로 돌아가려는 의향이 엿보인다. 6월 18일에 출연한 근화여자학교 후원회가 주최한 연주회에서 그녀는 조선 복장을 입었으며,[27] 일본인 느낌이 나는 구자라는 이름이 아니라 본명 구이를 썼다는 보도가 있다.[28] 노래한 곡명도 〈내가 어찌할가?〉와 〈옛집으로 돌아가는 작은 새〉였는데 노래를 통해[29] 조선과의 관계를 되찾으려는 마음을 암시한 것

24 『京城日報』 1926. 6. 6.字, 앞의 기사.

25 배한라, 「언니, 배구자」.

26 「朝鮮出身の『亀ちゃん』」, 『京城日報』 1923. 5. 29.字.

27 『매일신보』 1926. 6. 20.자, 앞의 기사.

28 「裵亀伊の名で舞台に立つ」, 『京城日報』 1926. 6. 15.字.

29 「근화여교 후원」, 『조선일보』 1926. 6. 19.자.

일 수도 있다.

덴카쓰공연단의 일원으로 미국에 갔을 때 시카고에서 박 모라는 조선인 목사를 만나 새로운 생각을 갖게 되었고, 조선 춤을 현대무용화하여 세계에 널리 알리려고 결심했다고 후일 배구자가 말한 적이 있다.[30] 덴카쓰공연단 탈퇴 직후 배구자는 무대 생활로 돌아갈 생각이 없다고 하였기 때문에[31] 조선무용에 의욕을 갖기 시작한 시기는 실제로는 미국 공연 중이 아니었고, 덴카쓰를 떠난 것과도 무관하다고 생각된다. 그러나 미국에서 그녀는 일본인의 일원으로 여겨졌고, 재미 일본인 사회도 아마 구자를 일본인으로 받아들였을 것인데, 그런 구자가 다른 한편에서 조선인과 접촉했다는 것은 원래 자기가 귀속되어야 할 민족에 대해 뭔가를 생각하게 되었다고 보아도 이상할 것이 없다. 또는 덴카쓰공연단 탈퇴 직후가 아닌 무대 복귀 시에 이를 상기하고 의식했을 가능성도 있다.[32]

3. 조선인 스타의 탄생

1) 자립과 악단 조직의 준비

덴카쓰공연단을 탈퇴한 배구자는 배정자에게 간다. 하지만 "구자의 앞날

---

30 「배구자의 고심담」, 『동아일보』 1938. 8. 27.자.

31 「배구자의 만장 기염」, 『시대일보』 1926. 7. 25.자.

32 배구자의 민족성 자각과 관련하여, 생각해 보아야 할 부분은, 1923년 9월 관동대지진 당시의 경험이다. 조선인이 폭동을 일으켰다는 등의 유언비어가 떠돌면서 일본인 민중이 많은 조선인을 학살한 사건이 발생하였다. 구자는 이때 도쿄에 있었을 가능성이 높다〔松旭斎天勝(1991), 앞의 책에 따르면 덴카쓰는 도쿄에 있었다〕. 그 경험이 어떤 형태로든 영향을 미쳤을 가능성이 있는데, 이에 관한 사료는 발견되지 않았고 지금까지도 알 수 없는 상태이다.

에는 환락과 황금이 있다고 하며 여러 곳에 끌고 다닌" 배정자와 구자 사이의 의견차로 구자는 정자를 떠나 배석태 등 가족과 함께 살게 된다. 그리고 1926년 12월 신문 기자 인터뷰에서 무대로 돌아가지 않겠다고 한다.[33]

그러나 1928년 4월 21일 배구자는 경성부(京城府) 하세가와초(長谷川町, 현재 서울 소공동) 공회당 무대에 선다. 백장미사(白薔薇社) 이철(李哲)의 권유에 따른 것으로 구자는 독창과 무용을 선보였다. 무용 프로그램은, 서양무용인 〈유모레스크〉 등과 일본무용 〈벚꽃, 벚꽃(桜! 桜!)〉 외에 조선 노래를 토대로 자작한 〈아리랑〉 등이었다.[34]

이즈음 배구자는 무대예술을 연구하기 위해 미국으로 건너갈 생각도 했다.[35] 미국에 가지는 못했으나 무대예술에 다시 관심을 갖게 된 것만은 사실인 듯하다. 6월 10일 "조선 옷에 조선식 머리, 가족처럼 보이는 5~6명의 여자를 동반"하고 덴카쓰공연단의 경성 공연장에 나타났다.[36] 이듬해 조직된 배구자의 공연 그룹이 구자의 여동생 등의 소녀들로 구성되었는데, 구성원이 될 사람들의 문화예술활동 연구를 위해 덴카쓰공연단의 공연을 감상한 것일 수도 있다.

이듬해 3월 배구자는 무용연구소를 개설한다.[37] 8월에는 거기에서 연습을 거듭한 20명 정도의 구성원이 여자 가무단을 결성, 공연을 준비한다는 보도가 나왔다. 배구자는 데뷔 장소와 관련하여 경성 경복궁 행사장에서 9월에 개최되는 조선박람회에 출연하기 위해 조선총독부와 협상하였다.[38] 조선박람회에는 덴카쓰공연단도 출연할 예정이어서, 신문들은 자식의 숙명이라 크

---

33 이상 「그리든 両親을 차자」, 『매일신보』 1926. 12. 7.자.
34 이상 「배구자 양의 음악 무용회」, 『동아일보』 1928. 4. 21.자.
35 「백장미사 주최로 배구자 독연대회」, 『매일신보』 1928. 4. 18.자.
36 「天勝一座に観入る亀子の悩ましい眼」, 『朝鮮新聞』 1928. 6. 12.字.
37 「亀子一座の処女公演」, 『朝鮮新聞』 1929. 9. 21.字.
38 「배구자가 출연한다」, 『매일신보』 1929. 8. 20.자.

게 보도하였으나 실현되지는 않았고 결국 배구자 무용연구소의 첫 공연은 1929년 9월 19일 경성부 에이라쿠마치(永楽町. 현재 서울 중구 저동) 중앙관에서 이루어졌다.[39]

2) 각지에서 공연을 전개

중앙관 공연은 매일 밤 만석이었으며 좋은 평가를 받았다. 중앙관 공연은 23일 끝났고[40] 그후 배구자는 공연단을 이끌고 조선을 순회한다. 서울 이외의 조선 도시 공연은 1929년 10월 평양에서 시작하여 인천과 개성 등으로 이어졌다. 이듬해 1월 부산에서, 다음 달에는 대구에서 공연이 개최되었다.[41]

배구자 일행은 1930년 3월부터 일본 내지 순회공연을 시작한다. 같은 달 25일 후쿠오카(福岡)현 고쿠라(小倉)의 가쓰야마(勝山) 극장에 출연하였고,[42] 다음 달 5~6일에도 후쿠오카현 내 극장에서 공연하였다.[43] 일본 내지 공연은 나가사키(長崎), 히로시마(広島), 오카야마(岡山), 오노미치(尾道)로 이어졌다고 한다.[44] 도쿄나 오사카 등 대도시 무대에 섰는지는 확인할 수 없지만, 아마도 이 시기에 배구자는 일본 내지에서 인기가 그리 높지는 않았던 듯하다.[45]

---

39 「배구자 무용 연구소 제1회 공연」, 『동아일보』 1929. 9. 18.자.

40 「亀子一座の熱演」, 『朝鮮新聞』 1929. 9. 23.字.

41 이상 「배구자 일행 평양에서 공연」, 『동아일보』 1929. 10. 5.자 ; 「배구자 일좌 인천에서 공연」, 『동아일보』 1929. 10. 24.자 ; 「배구자 일행 공연」, 『동아일보』 1930. 1. 11.자 ; 「대구 독자 우대」, 『동아일보』 1930. 2. 7.자 등.

42 『九州日報』 1930. 3. 25.字.

43 『九州日報』 1930. 4. 3.字.

44 「장편 자서전」.

45 「장편 자서전」을 보면, 도쿄의 신바시 연무장에서 조선 무용을 공연하였다고 한다. 신바시 연무장은 도쿄 긴자(銀座)에 있는 대형 극장이며, 그 무대에 조선인이 섰다는 사실은 주목을 끌기에 충분했을 것이나, 이에 대한 신문 기사 등은 확인할 수 없었다.

5개월에 걸친 일본 내지 공연을 마치고 조선으로 돌아간 배구자는 1930년 11월 이후 다시 조선 각지의 공연을 계속하였다. 후술하는 바와 같이 배구자의 활동은 1932년부터 일본 내지가 중심이었으나, 1931년 4월 20일부터 3일간 청진에서 공연했다고 한 것을 보면[46] 적어도 이때까지 조선 각지를 순회했던 것 같다.

이 시기에 배구자는 첫 번째 결혼을 한다.[47] 결혼 상대인 홍순언(洪淳彦)은 구자가 평양에서 덴카쓰공연단을 탈출할 때 도와준 인물이다.[48]

3) 조선 민족 연예의 창조

배구자는 공연단의 소녀들과 함께 춤과 악기 연주, 가창, 촌극을 공연하였다. 쇼 스타일은 과거 구자가 소속했던 덴카쓰공연단의 스타일과 매우 비슷했다. 단 마술 공연은 하지 않았고(전술한 바와 같이 구자는 마술이 자기에게 맞지 않는다고 말했다), 조선의 독자적 문화를 연출에 도입하였다는 점이 다르다.

배구자는 덴카쓰공연단에 재직했던 시절 조선어를 잊어버린 상태였다. 하지만 공연단을 탈퇴한 그녀는 조선 옷을 입고 민족의 말을 되찾았다.[49]

『都新聞』 1933. 2. 19.字, 「天勝の魔術」에 의하면, 신바시 연무장에서 개최된 덴카쓰공연단의 무대에서 배구자도 조선 무용을 공연하였다고 하고 있어, 기억에 혼동이 있었던 것으로 생각된다.

46 「배구자 공연에 본보 독자 우대」, 『동아일보』 1931. 4. 28.자.

47 자신이 메이지 41년(1908)태생이라고 말한 글에서 구자는 23세에 결혼했다고 말했다(「장편 자서전」).

48 배한라, 「언니, 배구자」.

49 『매일신보』 1918. 5. 28.자 기사 「기술의 배구자」에서는, 덴카쓰공연단의 일원으로 조선에 온 구자가 어머니와 오랜만에 재회하였으나 통역을 사이에 두고 대화했다고 하였다. 그러나 전술한 『매일신보』 1926. 12. 7.자 기사에서는 신문 기자와 구자의 대화가 조선어 30퍼센트, 일본어 70퍼센트였다고 했다.

그리고 잠시 무대를 떠났던 시기에 아마도 조선 노래와 춤을 배웠을 것이다. 다시 무대에 선 1928년 4월 21일 음악 무용회 프로그램을 보면 대부분이 서양 노래와 춤, 일본무용이었지만 자작 무용 〈아리랑〉이 포함되어 있었다.

자기 제자들을 이끌고 공연을 준비하던 1929년 7월 잡지 기자 인터뷰에서 조선 춤에 서양식 댄스를 가미한 새로운 예술을 창조하고 싶다고 말했다.[50] 조선문화에 뿌리내린 작품 표현이 자신의 존재 의의이며 조선 관객에게 받아들여질 요소라는 것을 그녀는 의식하고 있었다. 전술한 바와 같이 이에 관해서는 첫 공연이 원래 덴카쓰공연단과 함께 조선박람회에서 있을 예정이어서 사람들의 관심을 모은 것과 관련하여 그녀가 이야기한 내용에서도 확인된다. 그녀는 자신이 덴카쓰에 대해 "인기 측면에서는 이길 수 없습니다"라며 겸손하게 말했다. 그러나 이어서 "저는 가극 등을 조선의 옛날 이야기와 내지의 것을 섞어 가능한 한 새로운 것을 선보일 생각입니다. 이 점에서 조금은 갈채를 받을 수 있을 것 같은데, 무희가 내지어를 잘 못하는 데다가 관객 중에 조선의 시골 사람들이 많아 조선어로 할 생각입니다"라고 말했다.[51]

배구자가 제자들과 함께한 초기 공연을 보면 조선문화에 뿌리내린 프로그램 비중이 그리 크지 않다. 경성 중앙관의 첫 공연 프로그램을 보면 '발레 무용시(舞踊詩), 세일러 댄스, 2부 합창, 댄스, 바이올린 독주, 재즈 등'이 있고, 신문에 실린 배구자 등의 사진을 보아도 조선 옷이 아니라 양장이었다.[52]

---

50 「배구자의 무용 전당, 신당리(新堂里) 문화촌의 무용 연구소 방문기」, 『삼천리』 제2호 (1929).

51 「奇しくも皮肉な天勝と亀子の顔合せ」, 『釜山日報』 1929. 8. 22.字.

52 「亀子更生の一歩」, 『朝鮮新聞』 1929. 9. 15.字 ; 「舞台に乗るアリランの唄」, 『朝鮮新聞』 1929. 9. 19.字 ; 「배구자 여사 무대에 재현」, 『동아일보』 1929. 8. 24.자 ; 「배구자 무용 연구소 제1회 공연」, 『동아일보』 1929. 9. 18.자 등.

그러나 조선문화를 소재로 한 춤이 공연되어 주목받았다. 중앙관 공연에서는 배구자가 자작한 조선무용 〈아리랑〉, 〈물긷기〉 춤이 호평을 받았는데, 특히 후자의 경우 "조선에게 가장 기쁜 로컬 컬러의 산물"이라고 평가받았다.[53]

배구자는 그후 조선 문화의 가치를 분명히 하며 조선 춤과 노래를 더 많이 다루게 된다. 1930년 일본 내지 공연을 마치고 조선으로 돌아간 배구자는 이듬해 1월 조선어 매체 기자 인터뷰에서 다음과 같이 말했다.

> 나는 처음에 생각하기를 조선이라는 곳에는 전혀 무용이라는 것이 업는줄 알엇섯서요. 그러치만 실지로 발을 벗고 일을 하여보니까 무용이 업기는고사하고 우리의 조상들은 벌서 어느 나라에게던지 지지를 안을만한 훌륭한 무용을 추고 잇섯던 것이 판명되엿습니다. 그럿□만 우리 무용은 왜 찬란하게 빗이 나지를 못 함니까? 무엇때문에 우리들은 우리의 훌륭한 춤을 기지고 잇스면서도 밤낫 남의 나라의 춤만 숭상을 하야 그것을 배호지 하야 애를 씀니까? 그야 말로 「다까라노모찌구사레」(보배를 썩히는 격) 가인니야요. 그래서 나는 생각하얏습니다. 세계적으로 유명한 「메리 · 딴칸」이나 「안나 · 봐부로바」 녀사의 춤이 아무리 가치 잇고 또 유명한 것이라 하도래도 결국 그것은 그들의 춤이요 결코 우리의 춤 되지 못 하니까 그 것을 숭상할 필요도 업거니와 또 그 것을 숭상한다 는 업는 일이니까 쓸데 업시 조흐나 그르나 남의 것만 맹목적으로 추종 해 갈 것이 안이라 우리는 어듸까지 우리의 고유한 춤을 연구해서 조선에 확고한 무용도(舞踊道)를 수립하는 것이 우선 급선무(急先務)가 안일까? 라고요. 그래서 나는 금년부터 특히 우리의 자랑인 조선 민요를 작고 무용화하야 무대에 올리는 동시에 우리의 조상이 남겨 준 검무 승무 가튼 것을 리용하야 가무극 가튼데에도 손을 대여 볼가 합니다.[54]

53 전술한 『朝鮮新聞』 1929. 9. 15.字 및 1929. 9. 21.字 기사.

54 「조선 민요의 무용화 특색 발휘에 전력」, 『매일신보』 1931. 1. 9.자.

배구자는 이 인터뷰에서 말한 내용을 이미 준비하고 실행에 옮기려 하고 있었다. 즉 1931년 1월에 경성 단성사의 배구자 예술연구소 공연에서 실제로 승무와 칼춤의 유래를 가무극으로 만든 〈파계〉, 〈복수의 검〉 외에 조선 민요 〈양산도〉, 〈오동나무〉, 〈도라지타령〉 등을 다루었다.[55] 물론 그 밖에도 재즈나 일본 역사 관련 촌극 등도 있었으나 프로그램과 연출 측면에서 조선 문화의 비중이 커졌다. 1935년에 발표된 수기에서 그녀는 "나는 오늘날까지 20여 년을 무대에 서서 하두 많이 춤을 춥니다마는 그중에서 가장 나의 마음에 드는 것은 朝鮮舞踊일쭐로 암니다. 조선무용 가운데서도 〈아리랑〉과 〈방아타령〉일 것임니다. 이러한 조선정서를 담은 춤을 춰보고 나는 결심하였음니다. 조선무용을 연구하지 않으면 안되겠다는 것을 더욱 깨달었음니다"라고 하였다.[56]

4. 본격적인 일본 내지 진출 및 성공

1) 일본 내지 대도시에서의 흥업(興業)

배구자는 1931년 가을에 조선을 떠나 일본 내지로 향한다. 언제 어느 도시에서 공연을 시작하였는지 분명하지 않으나 1932년 가을경에 교토 쇼치쿠자(松竹座) 무대에 섰고, "조선의 멋, 리듬이 우리들의 마음을 사로잡다"라며 현지 신문의 호평을 받았다고 한다.[57] 정확한 시기는 알 수 없으나 1930년대 중반에 일본의 대형 공연사인 요시모토코교(吉本興業) 합명회사와 계약

55 「배구자 예술 연구소 공연」, 『매일신보』 1931. 1. 22.자.

56 배구자(1935), 「만히 웃고, 만히 울든 지난날의 회상, 무대생활 20년」, 『삼천리』 제7권 제11호.

57 배구자(1932), 「오사카 공연기」, 『삼천리』 제4권 제10호.

을 맺은 후 교토와 도쿄에서 극장 출연을 계속하였다.[58]

요시모토코교는 당시 노래와 춤, 희극, 만담, 곡예 등으로 구성된 쇼(요시모토코교에서는 이를 '요시모토 쇼'라 하였다)를 공연하였다. 거기서 배구자 악극단의 조선무용과 촌극이 공연된 것이다. 요시모토 쇼는 입장료가 싸서[59] 임금이 많지 않은 노동자도 부담 없이 볼 수 있는 오락이었으며 손님을 많이 끌고 있었다.

간사이(關西)에서 사업을 전개하던 요시모토코교가 도쿄에 진출하기로 하고 1935년 11월에 아사쿠사카게쓰(浅草花月) 극장을 설치할 때도 배구자는 개업 기념 무대에 섰다. 아마 이즈음에 그녀는 손님을 끌 수 있는 연예인이었다고 보아도 무방할 것 같다. 함께 무대에 선 사람들이 가수인 쇼지 다로(東海林太郎. 요시모토코교 전속은 아니며 조연), 만담꾼 나가타 킹(永田キング), 하나비시 아차코(花菱アチャコ), 라쿠고가(落語家) 야나기야 미키마쓰(柳家三亀松) 등 모두 당시 일본의 톱스타들이다.[60]

이후 1937년 말까지 배구자의 무대 활동은 일본 내지 대도시를 중심으로 전개된다. 그 시기에 조선에서 이루어진 공연은, 자신과 남편이 경영하게 될 경성부 다케조에마치(竹添町. 현재 서울시 중구 충정로)의 동양극장 오픈 기념으로 1935년 11월 1~12일에 한 공연, 1936년 5월과 6월 그리고 1938년 2월에 서울에서, 1938년 3월에 개성에서 한 공연이 확인되었을 뿐이다.[61]

58 요시모토코교 주식회사에서 펴낸 『요시모토 80년의 발자취(吉本八十年の歩み)』(1992), 91쪽에는 배구자의 초상 사진이 나와 있다. 이 사진 오른쪽 아래에 한글로 배구자 서명이 있다.

59 예를 들어 1935년 12월 신주쿠 제국관 쇼 입장료는 30전이었다(『都新聞』 1935. 12. 10.字, 광고). 일용 노동자 하루 월급이 2엔 정도이므로 분명 고급 오락은 아니었다.

60 『都新聞』 1935. 11. 20.字, 광고 「東京浅草花月劇場」.

61 「배구자 악극단」, 『매일신보』 1935. 11. 11.자 ; 「배구자 악극단 고별 공연」, 『매일신보』 1936. 6. 13.자 ; 「배구자 고토 방문 공연」, 『동아일보』 1935. 11. 3.자 ; 「배구자 공연」, 『동아일보』 1936. 5. 1.자 ; 「배구자 극단」, 『동아일보』 1938. 3. 3.자 등에 의한다.

일본 내지 도시에는 다수의 관객을 수용할 수 있는 극장이 많았던 데다가 수익을 많이 올릴 수 있었던 점, 배구자의 인기가 일본인 사이에서 고조되고 있었다는 점 등이 그 이유일 것이다.

일본 내지에서 배구자가 제공한 문화예술공연은 마찬가지로 서양무용이나 재즈 연주, 촌극, 조선 민요, 조선무용 등이었다. 조선문화에 뿌리내린 프로그램으로 〈아리랑〉, 〈칼춤〉, 〈도라지〉 외에 〈춘향전〉이 있었다.[62] 또 가부키(歌舞伎)나 대중문학을 통해 일본인이 이미 잘 알고 있던 역사적 사실이 소재였던 것으로 여겨지는 〈곤도 이사미(近藤勇)〉, 〈쓰지키리 곤파치(辻斬権八)〉 등의 프로그램이 있었다.[63]

배구자는 극장 밖으로 활약의 장을 넓힌다. 그녀는 1936년 8월 개봉된 영화 〈노래의 세상〉에 출연한다. 이 영화는 당시 인기 코미디언이던 기시이 아키라(岸井明)와 후지와라노 가마타리(藤原鎌足)가 주연을 맡은 도타바타 희극[64]인데 극 중에 노래, 만담, 곡예, 춤 등을 편성하여 선보였다. 배구자는 이 영화 주인공의 연인이 일하는 아리랑 루즈 극장 장면에 등장하여 무대 위에서 〈아리랑〉을 선보였다.

이어서 1936년 12월 21일에는 배구자 악극단이 라디오에 출연한다. 도쿄방송국의 〈조선 여행〉이라는 프로그램은 오후 8시 20분부터 30분 동안 조선 민요 코러스, 재즈 연주, 배구자 독창을 제공하는 프로그램이었다. 가사는 일본어, 조선어 양쪽 모두 사용되었으며 마지막 〈아리랑〉은 조선어와 일본어로 불렀다.[65]

영화와 라디오 출연을 통해 배구자는 배구자 악극단의 연예를 더 많은 사

62 1934년 5월, 7월 교토 나카자(中座)의 공연 등〔国立劇場調査養成部調査資料課近代歌舞伎年表編纂室 編(2003), 『近代歌舞伎年表(京都篇) 第9巻』, 八木書店〕.

63 『都新聞』 1936. 2. 12.字 및 3. 4.字, 新宿帝国館 광고.

64 무대 위를 바쁘고 소란스럽게 왔다 갔다 하며 웃음을 자아내는 연극.

65 「裵亀子さんと其劇楽団の民謡バラエティ」, 『都新聞』 1936. 12. 21.字.

람들에게 알리게 된다. 영화 〈노래의 세상〉의 관객 동원 수를 알 수는 없으나, 중소 도시의 영화관에서도 상영되었을 것이므로 분명 요시모토 쇼의 관객보다 많았을 것이다. 또 1936년 당시 일본 내지의 라디오 수신 계약자는 290만 명 정도였는데[66] 도쿄의 방송만 보더라도, 그 시간대에 라디오를 켜지 않은 사람을 감안해도 라디오 한 대로 몇 사람이 함께 들었던 점을 고려할 때, 만 단위의 사람들이 배구자 등의 노랫소리에 귀를 기울였을 것이다.

2) 일본인 사이에서 인기가 고조

일본인들은 점차 배구자의 활동에 주목한다. 1930년대 초까지 일본 내지에서 배구자의 무대를 소개하는 신문 기사는 아주 짧은 내용이 가끔 나오는 정도였다. 그러나 1935년 이후부터 긴 비평 글이 실리게 된다. 1935년 4월 신바시엔부조(新橋演舞場) 공연에 대한 비평은 "너무 소녀 가극 티가 분분하다", "재즈 자체는 결코 잘한다고 할 수 없다" 등 호의적이지 않았으나 점차 호평을 받게 된다.[67] 같은 비평가가 이듬해 2월 신주쿠 제국관 공연에 대해 다음과 같이 평가했다.

> ……배구자는 순수무용을 발표하기보다 지금의 대중과 함께 걸어가려 한다. 극히 평민적인 일종의 쇼를 연출하려는 의도가 보인다.
>
> 이러한 견지에서 보면 꽤 즐길 거리가 있다.
>
> 쇼와 연출자 측면에서 우선 먼저 말하고 싶은 것은 공연단이 모든 측면에서 훈련이 잘되었다는 점이다.
>
> 다카라즈카(宝塚)나 쇼치쿠(松竹) 소녀 가극의 댄싱 팀을 제외하고, 이 공연

---

66 東洋経済新報社 編(1991), 『完結昭和国勢総覧 第1巻』, 東洋経済新報社, 528쪽.

67 石見為雄(1936), 「漫才と朝鮮歌舞劇」.

단은 인원이 적은 만큼 춤의 측면에서 연습을 거듭한 이색적인 팀을 구성하고 있다.[68]

또 다음 달에 아마도 동일한 신주쿠 제국관 공연에 대해 다른 인물이 한 비평도 있다. 제목이 「배구자 예찬」이라는 글인데, 다음과 같이 말하였다.

> 평판이 상당히 좋아서 본다 본다 하면서도 좀처럼 기회가 없었고, 이제 가볼까 하면 끝나 버리곤 하여 인연이 없나 하고 포기했던 배구자를 드디어 볼 수 있었다. 배구자의 평판이 좋은 것도 지당하다는 생각이 든다…….
>
> 전체적으로 월등히 뛰어나지는 않으나 왠지 기분 좋게 통일된 긴장감이 느껴지는 무대는 물랑루즈인가 여긴가라는 생각까지 들게 했다. 이제부터 매번 빼놓지 말고 배구자를 봐야겠다고 마음속으로 다짐하였다.[69]

물론 「배구자 예찬」이라는 제목의 비평에서도 매번 보다 보면 질린다는 사람도 있다고 하여 무조건 좋게만 본 것은 아니다. 그렇지만 배구자의 무대가 일본인 사이에서 호평을 받게 된 것은 사실이다.

3) 타향살이하는 사람들과 함께

배구자는 일본인만을 위해 공연하지는 않았다. 그녀의 활동은 조선인을 위해 이루어졌다. 극장에 오는 사람만이 아니라 민족 전체에 기여하는 성격의 것이었다.

일단 일본인들이 조선 노래와 춤에 접했다는 것에 의미가 있다. 일본인의

---

68 石井為雄(1936), 「裴亀子見物記」, 『キネマ旬報』 第568号.

69 岸松雄(1936), 「裴亀子礼讃」, 『キネマ旬報』 第570号.

차별적인 인식을 바꾸는 계기가 될 수도 있었기 때문이다. 배구자 자신도 이를 인식하였다. "'조선인도 가볍게 보아서는 안 되겠네'라는 일본인들의 반응을 보고 실망했지만, 내가 하는 일이 조선문화를 소개하는 첫 시도이므로 만족할 수밖에 없다"고 그녀는 적고 있다.[70]

그리고 일본 내지에서 배구자 무대를 보러 온 사람들은 일본인만이 아니었다. 1930년대 중반 재일 조선인 인구는 이미 수십만 명에 달했다. 요시모토 쇼 등 입장료가 싼 프로그램을 공연하는 극장에는 조선인 노동자와 그 가족들도 왔을 것이다. 실제로 배구자 악극단의 공연은 "오사카, 도쿄 등에서 조선인의 유일한 오락물로서 귀중한 역할을 하며", "무대 근처에 앉아 있던 조선의 나이 든 어머니들이 열심히 바라보며 앉아 있었다"고 전한 기사도 있다.[71]

배구자 자신도 타향에서 살아가는 조선인을 마음에 두고 다양한 협력을 하였다. 1934년 8월 18일 『조선일보』 오사카 지국이 주최한 조선 남부 수해 이재민 구호 자선 음악회에 원래 예정된 다른 극장 공연을 취소하고 출연하였다. 공연장인 오사카 나카노시마(中之島) 중앙공회당에 모여든 조선인 관중은 "조선 정서를 백 퍼센트 불러일으킨" 배구자의 민요와 무용에 넋을 빼앗기고 눈물을 흘렸다고 한다.[72] 또한 1936년 1월 28일 요코하마(横浜)시 쓰루미(鶴見)의 이와토(岩戸)관에서 개최된 조선인단체협의회가 주최한 모임에도 '배구자 소녀 가극단'이 출연하였다. '야학 기금 모금' 즉 재일 조선인 노동자의 학습 기관을 유지하기 위한 행사였는데, 좌익계 극단인 조선예술좌도 출연하였다.[73]

이 조선예술좌와 관련이 있었는지 배구자는 1938년 일본인 배우가 주로 배역을 맡아 온 신쿄(新協)극단의 〈춘향전〉 공연에도 관계하게 된다. 대사는

---

70 배구자(1932), 앞의 글.

71 오병년(1937), 「대중적인 배구자 씨」, 『동아일보』 1937. 9. 11.자.

72 「오사카 수해 구제 영화 무용 대성황」, 『조선일보』 1934. 8. 21.자.

73 金斗鎔(1936), 「朝鮮芸術座の近況」, 『テアトロ』 1936. 5.号.

일본어였으나 연출을 담당한 무라야마 도모요시는 의상, 음악 등 가능한 한 조선문화를 재현하려 했다. 배구자는 이에 협력하여 조선인 춤사위 등을 극단원에게 가르쳤다. 이런 준비 과정을 통해 1938년 3월부터 4월에 도쿄 쓰키지(築地) 소극장에서 개최된 신쿄극단의 〈춘향전〉 공연에는 많은 재일 조선인 관객들이 극장을 찾았다.[74]

4) 인기의 배경과 수용 양상

배구자의 연예는 어떠한 것이며 인기의 원천은 어디에 있었을까. 대중적이고 저속하다는 말까지 들었던[75] 그녀의 무대는 누구나 즐길 수 있는 것이었다. 또 조선의 정서를 전면에 내세운 연출, 배구자의 아름다운 자태, 귀여운 악극단 소녀들도 인기와 관련이 있었다는 사실을 당시 신문과 잡지 등을 통해 쉽게 추측해 볼 수 있고, 지금까지 나온 논문과 저서도 그 점을 지적한 바 있다. 그러나 프로그램 및 공연 관련 기사를 통해 추측하는 것 외에는 그녀의 문화예술활동에 관한 내용을 더 이상 파악할 수 없었고, 배구자의 문화예술활동을 일본인과 조선인이 각각 어떻게 받아들였는지도 충분히 밝혀진 바가 없다. 지금부터 그 점에 대해 검토해 보고자 한다.

우선 배구자가 인기를 얻은 것은 조선 옷을 입은 여성들이 조선 노래와 춤을 선보였기 때문임은 분명하다. 일본인 관객들의 이국정서를 만족시킨 것이다. 여기에서 주목할 점은 일본인 관객들이 〈아리랑〉을 보고 강한 인상을 받았다는 점이다.[76] 이는 일본인이 배구자의 문화예술활동으로부터 무

74 이상 신쿄극단의 〈춘향전〉 공연에 대해서는 나의 논문 「조선 민족에게 있어서의 1938년 신쿄극단 『춘향전』」, 『재일조선인사 연구』〔「朝鮮民族にとっての1938年・新協劇団『春香伝』」, 『在日朝鮮人史研究』 第48号(2018)〕.

75 오병년(1937), 앞의 글.

76 배구자(1932), 앞의 글. 배구자가 조선 연예를 일본 내지에서 공연하기 전에 〈아리랑〉

엇을 느꼈는지를 말해 주는 것이다.

영화 〈노래의 세상〉에 담긴 배구자의 〈아리랑〉은 다음과 같다. 버드나무 아래에 조선 옷을 입은 배구자가 서 있고 거기에서 〈아리랑〉 노래를 부르며 아리랑, 아리랑 후렴에 맞추어 춤을 춘다. 노래 가사에는 일본어와 조선어 부분이 있는데, 일본어로 'まってちょうだい、まってちょうだい、せめて月の出るまで〔기다려 주오, 기다려 주오, 하다못해 달이 뜰 때까지〕'라는 의미이다. 양손을 벌리고 어깨를 흔드는 조선식 춤이었으며 마지막 부분에서 헝겊을 물고 울며 쓰러지는 동작을 보여 준다. 여기에서 표현된 것은 어쩔 도리 없이 떠나가는 연인을 보내야 하는 여성의 슬픔이다.

〈아리랑〉을 통해 일본인 관객들은 약하고 순종적인 조선 민족을 보았던 것 같다. 어떤 잡지에서는 — 이는 조선 잡지에 실린 글인데 — 일본 내지 공연에서 인기를 끈 배구자의 〈아리랑〉은 '조선 처녀의 순진함과 약소민족의 애수'를 나타낸 것이라 하였다.[77] 또 그것을 본 어떤 일본인은 '배구자의 조선적인 취약함', '쓸쓸한 나라의, 새로이 살아가려는 사람들'이라 표현하였다.[78]

이에 반해 조선인 관객의 경우, 신기함을 바란 것이 아니라 오랜만에 그리운 고향 문화에 접하기 위해 배구자가 출연하는 극장을 찾았다. 그리고 〈아리랑〉을 통해 '약소민족의 애수'를 느낀 사람도 있었겠지만 그것만은 아니었을 것이다. 자신들 처지에서 슬픔을 보게 된 사람들은 그것을 초래한 지배와 억압도 의식했을 것이다.

배구자의 무대에는 슬픈 느낌의 조선 노래와 춤만이 아니라, 쾌활하고 아름다우며 화려한 것들도 있었다. 이런 연예에 접한 조선인 관객들은 격려받았을 것이고, 차별받고 힘든 환경 속에 있는 자신들에게도 자랑할 만한

이 일본인 사이에 알려져 있었던 것도 하나의 요인일 것이다.

77 「佳人春秋：裵龜子여사가 京都에서 歌劇 「아리랑」 올해」, 『삼천리』 제4권 제9호(1932).

78 森岩雄(1935), 「裵亀子一座」, 『政界往来』 1935. 6.号.

문화가 있다는 것을 새삼 의식했을 것이다. 더구나 배구자는 태극기를 흔들며 "백두산 벋어나려 반도 삼천리 무궁화 이 동산 역사 반만년"을 노래한 적도 있다(경찰이 문제시하여 유치당했다고 한다).[79] 무대 위에서 민족 해방의 바람을 시사한 것이다.

이 점과 관련하여 주목할 것은 현재 그 대본을 실제로 볼 수 있는 〈신기한 피리〉라는 공연이다. 가무희극이라 하여 노래와 춤이 섞인 극이며, 배구자 악극단 소녀들이 공연한 것으로 추정된다. 한 처녀와 서로 사랑하는 사이인 젊은이가 주인공인 이 이야기는 시시한 옛날이야기처럼 보인다. 스토리를 보면, 한 처녀가 다른 남자에게 시집갈 처지에 놓이는데, 젊은이가 예전에 친절을 베푼 스님에게 다른 사람을 자기 생각대로 움직일 수 있는 신기한 피리를 받고, 이를 이용하여 처녀가 억지로 시집가는 것을 방해하고 관리의 심판도 바꾸어 처녀와 젊은이가 결혼하게 된다는 내용이다. 일본인 비평가는 이를 "여학생을 대상으로 한 것"이라면서도, 극중에 "승려 차림의 4명의 춤은 일종의 이상한 감각을 발산하여 우리에게 재미있는 것"이라 평하였다.[80] 이야기에 깊이가 없기 때문에 흔히 볼 수 없는 조선 풍속의 춤에만 관심을 나타낸 것이다.

그러나 〈신기한 피리〉에는 일본인 비평가가 말하지 않은 중요한 점이 있다. 대본에는 이 이야기의 무대가 조선의 농촌이고 주인공은 소작농의 딸, 가난한 젊은이이며, 딸이 시집가는 대상은 지주이다. 그리고 마지막 장면에서 지주가 말하는 대로 관리가 심판하려는 것을 젊은이가 피리를 불어 저지하고 "피리다, 피리다, 신기한 피리다 / 정의를 도와주는 힘의 피리다"라고 모두가 노래 부르며 끝난다.[81] 이것은 단순한 옛날이야기 같은 〈신기한 피

79 배한라, 「언니, 배구자」.

80 石見為雄(1936), 앞의 글. 단 이와미는 1936년 2월 무대에 대해 평한 전술 「배구자 견물기」에서 〈신기한 피리〉가 꽤 재미있었다고도 하였다.

81 필자는 〈신기한 피리〉 대본을 옥션 사이트에서 구입하였다. 표지에는 "최영일의 가무

리〉 작품이 조선인 관객들의 마음을 움직인 요소였을 것이다.

배구자 무대가 공연되는 도시 극장에 모인 조선 민중, 특히 일본 내지에서 살아가는 대다수 사람은 생활고 때문에 조선 농촌을 떠난 사람들이다. 그리고 지배자의 불합리한 조치로 인해 생활고를 겪고 있었다. 그렇기 때문에 사람들은 부와 권력을 가진 자에 대해 불만과 분노를 느끼기도 하였다. 조선 예술좌 공연에 모인 조선인 관중들이 "우리는 가난하게 태어나 가난하게 죽는가", "우리 집에 쌀 한 톨이라도 나오나 찾아봐라. 최후 처리를 하겠다는 게 무슨 소리냐. 농지령이 무슨 소리냐"라는 대사에 박수를 쳤다는 에피소드만 보아도 이를 잘 알 수 있다. 〈신기한 피리〉를 보는 조선 민중 역시 자신이 경험한 지주와 관리의 횡포를 떠올리며 가난한 젊은이에게 감정 이입을 했다 해도 이상하지 않다.

더구나 배구자는 1935년 11월 경성부 동양극장의 공연 〈신기한 피리〉 마지막 장면에서 태극기를 흔들었다고 한다.[82] 불합리하게 지배당하고 억압받는 조선 민중이 일본의 부당한 지배를 뒤엎는 꿈을 그곳에 모인 사람들에게 품게 하였을 것이다.

5) 사생활의 변화와 은퇴

영화와 라디오에 출연하며 일본 내지에서 인기 연예인 대열에 접어들던 시기에 배구자에게 큰 변화가 찾아온다. 1937년 1월 31일 남편 홍순언이 급사한 것이다.[83] 홍순언은 경성부 서대문 동양극장의 소유자였는데 그가 죽

희극 〈신기한 피리〉"라 되어 있고 작품이 상연된 극장명으로 추정되는 신세계극장의 날인과 검열 지방 관청, 일시를 나타내는 것으로 생각되는 '오사카부 9. 10. 13. 쇼와 9년(1934. 10. 13)' 등의 날인이 찍혀 있다. 용지는 요시모토코교 합명회사의 것이다.

82 전술 송안종 논문이 인용한 유민영(1986), 「일제하 극장 문화와 슈퍼스타 배구자」, 『객석』 1986. 2.호에 의한다.

83 「홍순언 씨 영면」, 『매일신보』 1937. 2. 7.자.

은 직후 재산을 둘러싼 내분이 일어났다. 배구자는 정신적 충격을 받고 입원하였다고도 한다.[84] 이런 이유로 1937년 2월 하순부터 8월 중순까지 공연 활동이 확인되지 않았으며 은퇴 소문이 나돌았다.[85] 그러나 배구자는 1937년 8월 하순부터 12월까지 교토 가게쓰 극장, 1938년 2월 경성 부민회관에서 공연을 한다.[86] 그후 3월 4~5일에 개성에서도 공연하였다고 전해지나,[87] 그 뒤 배구자가 무대에 선 사실을 기록한 사료는 확인할 수 없었다.

그리고 아마도 1938년에 배구자는 두 번째 결혼을 한다. 상대는 실업가인 김계조(金桂祚)였다.[88] 그녀는 결혼 후에도 노래, 춤, 극을 조화시켜 조선 예술을 발전시킬 것을 주창하며, 배구자 악극 연구소를 도쿄 메구로(目黒)구 미도리가오카(緑が丘)에 만들었다. 그런데 이를 보도한 기사에 따르면, 이 시설 역시 "가정주부로 들어간 구자 여사는 후원만을 하게 되고 전 책임을 후계자인 배용자 양에게 맡기얐"다고 한다.[89] 배용자(배한라)는 자신이 후계자가 되어 고생했다고 증언한 적이 있으나, 그것도 그리 오래가지는 않은 듯하다. 1940년 인터뷰에서 배구자는 무대에 복귀할 생각은 없다고 하면서 배구자 악극단은 해산했다고 말했다.[90]

---

84 배한라, 「언니, 배구자」.

85 「풍문과 사실 동양극장」, 『동아일보』 1937. 6. 16.자. 단 이 기사에서는 동양극장 지배인이던 최상덕이 은퇴설을 부정하였다.

86 国立劇場調査養成部調査資料課近代歌舞伎年表編纂室 編(2003), 앞의 책 ; 「부민회관에서 상연 중인 배구자 악극단」, 『동아일보』 1938. 2. 3.자.

87 「배구자 악극단」, 『동아일보』 1938. 3. 3.자.

88 『동아일보』 1938. 8. 27.자 「배구자 악극 연구소」 중에 제국연료 주식회사 부사장인 김계조 씨와 화촉의 성전을 거행했다는 내용이 있다. 그런데 『동아일보』 1938. 1. 21.자 「동양극장 내분 내막 폭로의 선풍」에서는 홍순언 1주기에 배구자가 출석하지 않았다는 것과 배구자 임신설을 전하였으나 김계조와의 재혼에 대해서는 언급하지 않았다.

89 『동아일보』 1938. 8. 27.자 앞의 기사.

90 草兵丁(1940), 「百八念珠 만지는 裵龜子 女史」, 『삼천리』 제12권 제5호.

이리하여 배구자는 1938년 3월 이후 무대와 연이 없는 삶을 살아가게 된다. 하지만 그후 인생이 평탄하지는 않았다. 김계조와의 결혼도 지속되지 않았으며, 서울 거주 시절에 점령군의 일원으로 들어온 일본계 미군인 야마모토와 세 번째 결혼을 한다. 그녀는 일본에 건너가 잠시 거주한 후 미국 캘리포니아주로 이주, 1백 세 넘게 살고 사망하였다. 그 기간 동안 그녀는 자신의 무대 생활을 정리한 회고나 증언을 특별히 남기지 않았다.

5. 활동의 의의와 망각의 의미

본고에서는 1910년대 말에서 1930년대 말까지 활약한 조선인 대중 연예인 배구자의 업적을 정리해 보았다. 지금까지 살펴본 바와 같이 배구자는 어린 소녀 시절 일본에 건너가 쇼쿄쿠사이 덴카쓰공연단의 일원이 되었고, 거기에서 일본의 문화예술을 배운다. 그리고 공연단을 탈퇴한 후 자신의 민족성을 강하게 의식하며 조선문화의 긍지를 가지고 조선문화에 뿌리내린 노래와 춤, 연극 등으로 구성한 쇼를 공연하였다. 1930년대에 일본 내지에서 공연을 계속하며 인기를 얻었다. 1930년대 중반에는 당시 일본의 일류 연예인들과 공연하며 영화나 라디오에도 출연하였고 일본 잡지에서도 공연은 호평을 받았다.

그러나 현재 1938년에 은퇴한 그녀를 상기하는 사람은 많지 않으며, 그녀의 활동 의의를 분석한 것도 많지 않다. 여러 가지 이유가 있을 것이다.

우선 그녀의 활동이 대중문화예술에 머무르고 있어 예술성이 깊은 작품으로 여겨지지 않았다는 점이다. 또 그녀는 은퇴 후 오래 생존하기는 하였으나 자신의 무대 생활에 대해 거의 말한 바가 없다. 더구나 해방 후 한동안 조국을 떠나 일본계 미국인과 오랜 세월을 함께 보냈다. 배구자가 현재 대부분의 사람의 기억 속에 남아 있지 않은 이유는 이것만으로도 충분하다.

하지만 그 밖에 중요한 이유가 있다. 일본이나 한국 모두, 현재 그곳에 사는 사람들은 한 나라, 한 민족의 틀에 한정하여 역사를 인식한다. 일본인과 조선인이 경계를 넘어 이동하고 접촉했다는 사실, 그리고 그것이 문화 등에 다양한 영향을 미쳤다는 사실을 오늘날 망각해 버린 것이다. 이러한 환경 속에서 조선인이면서도 활약의 장이 주로 일본 내지였던 배구자는 일본과 한국 각 "국민들의 기억"에서 제외되어 버렸다.

또 배구자의 활동무대가 예술적이지 않고 비속하다고 평가되던 대중문화예술이었다는 점도 그 이유 중 하나일 것이다. 이는 사람들의 삶과 생활에 깊은 영향을 미치지 않았다고 생각되어 중시되지 않았다. 더구나 배구자가 무대에서 활약하던 당시에 조선 민족이 직면한 근본적 문제는 식민지 지배였는데, 이에 대해 그녀는 명확하게 반항하지 않았다. 오히려 그녀는 식민지가 된 조선을 받아들이며 무대 활동을 한 것처럼 보인다. 배구자는 일본인에게 문화예술을 배웠고 일본 옷을 입은 가메코로서 무대 생활을 시작하였으며 자신의 악극단을 이끌게 된 후에도 주로 일본 내지가 공연 무대였다. 더구나 그녀의 인생과 관계가 깊은 배정자는 이토 히로부미와 연결된 '친일파'로 유명했다.

하지만 지금까지 살펴본 바와 같이 배구자는 잃어버린 민족성을 회복하고, 조선 춤의 가치를 깨달았으며 조선 춤을 다른 민족에게 알리려 했던 인물이다. 일본 내지에서 힘든 타향살이를 하는 동포에게 고향의 노래와 춤을 선사하며 위안을 주었을 뿐만 아니라 그들의 다양한 활동에도 협력하였다. 그리고 조선 민중에게는 그들이 뛰어난 문화를 지녔다는 의식을 갖게 하였고, 무대를 통해 지배와 억압에서 해방되는 꿈을 보여 주었다. 조선인 대중연예인으로서 배구자의 활동이야 말로 식민지 지배가 무엇인지를 생각하는 데 있어 많은 사람이 기억해야 할 역사인 것이다.

朝鮮人大衆演芸人・裴亀子の軌跡

脚光のなかの民族的苦闘

1. 本稿の課題

本稿では、植民地支配をうける朝鮮人として生まれ、大衆演芸の世界で活躍した裴亀子の活動に焦点をあてる。裴亀子は、1910年代末から1930年末まで、朝鮮および日本内地(現在の日本の47都道府県)で、唄や踊り、寸劇などで構成されるショウを舞台で繰り広げ、人気を博した女性である。

彼女の名前はそれほど多くの人に知られているわけではない。学校教育での歴史の授業では、もともと大衆演芸に触れることは少ないことが理由の一つであろう。しかも、彼女が舞台生活をやめてから相当な年月が経ってしまっていて、1930年代まではレコードやビデオが普及していたわけではない。その時期の歌手や俳優をよく知る人が少ないのは当たり前である。

とは言え、彼女の名前は近代朝鮮の舞踊や大衆文化の歴史に関心を持つ人びとの間ではある程度知られている。その人気ぶりや、彼女が朝鮮ではじめて西洋舞踊を取入れたこと、朝鮮の新劇の唯一の専用劇場である東洋劇場をつくったことなどについて記述した論著も確認できる。[1] ただし、そこで依拠している史料

---

1 柳敏栄,『우리시대 연극운동사』, 단국대학교출판부, 1990；柳敏栄,『한국인물연극사』, 대학사, 2006；송수남 편,『한국 근대춤 인물사 I』, 현대미학사, 1999；宋安鍾,「『忘れ

は主に、韓国での研究の場合、朝鮮語新聞や後年の関係者の回想などであり、日本語の論文では一部、日本の新聞等も用いているが限定的である。

しかし、裵亀子の人気の絶頂期となる1930年代半ばには、その活躍の舞台は日本内地となり、彼女のことは、日本人が記者・読者となった日本語の新聞や雑誌にも取り上げられていた。先行研究ではこれらについてほとんど注目されていない。また、裵亀子の演芸は踊りと唄、演劇であるが、その動きや声を伝える史料や演劇の台本は、おそらく研究者の間で知られておらず、したがって検討されてこなかった。

以下では、そうした研究状況を踏まえ、これまで知られてこなかった史料も精査することで、あらためて裵亀子の事績や演芸の内容を把握することを試みる。同時に、朝鮮語史料と日本語史料とをともに検討することで、朝鮮人、日本人のそれぞれの観客の彼女への演芸への反応、受容のあり方についても解明を試みたい。さらに、そこから見えてくることをもとに、これまで考えられていた以上に、裵亀子が朝鮮文化に根差した演芸を築き上げ、日本内地で活動を繰り広げていた意義が、同時代の人びとに与えていた影響が大きいことを明らかにし、彼女の活動を再評価していく。

2. 天勝一座の亀子として

1) 本名、生年と家族

裵亀子については謎に包まれた点が多い。様々なことが語られているが、以下では、裵亀子の基本的なプロフィールを整理しておく。まず、彼女の本名、つまり法

去られた舞姫』裵亀子の足跡をたどる ― 帝国日本と植民地朝鮮の大衆演芸文化『交流』史の一事例衆演芸文化『交流』史の一事例」(鶴園裕ほか編、『東アジア共生の歴史的基礎：日本・中国・南北コリアの対話』、お茶の水書房, 2008)など。

的に届け出た名前は、裵亀伊である。そのように伝える新聞記事があるほか、[2] 彼女が所有し経営した、東洋劇場の登記についての『朝鮮総督府官報』での記載には、裵亀子の名はなく、代わりに裵亀伊の名前が確認できる[3]ことから裏付けられる。

生年については、諸説ある。彼女が語ったことをもとにした「掌篇自叙伝　沼津某大官の許にかくれた私」という新聞記事(『都新聞』1936年11月16日付、以下、「掌編自叙伝」と略)では、明治41年＝1908年生まれと明言している。しかし、幼い少女であった彼女の身を預かり、技芸の師匠となった松旭斎天勝は、1926年の時点で「あの子〔＝裵亀子〕の年は18だといはれていますがほんとうは21です」、[4] あるいは、夫の連れ子と同じ「20歳(既報21歳は誤り)」と語ったという新聞記事がある。[5] さらに、裵亀子が天勝のもとに預けられた年についても、9歳と伝えるものと11歳と記している史料の二つがある。[6] ここからは、1905年か1906年生まれということも考えられる。

彼女の家族についても様々なことが語られている。1910年代末から1920年代にかけての新聞記事では、亀子が裵錫泰という大韓帝国政府の高官であった人物とその妻の朴王順の間の子どもであり、裵貞子が亀子の叔母にあたると記述したものがある。[7] 裵貞子は大韓帝国期に李王家に仕えつつ、伊藤博文ら日本の政治家と結んで政治的に暗躍したと伝えられる人物として、当時から有名で

---

2 『京城日報』1926年6月15日付記事「裵亀伊の名で舞台に立つ」には「本名の裵亀伊となって」云々の語が見える。

3 『朝鮮総督府官報』1937年10月7日付における、合名会社東洋劇場の設立についての記事。

4 『都新聞』1926年6月5日付「あくまで信じてゐる天勝」。

5 『都新聞』1926年6月8日付「倅と亀子は似合の仲とふだんから思うてゐた」。

6 『毎日申報』1918年5月14日付「天勝の弟子裵亀子」では11歳と記載しているが、『東亜日報』1938年8月27日付「裵亀子楽劇研究所」では9歳の時に天勝一座に身を投じたとしている。

7 『釜山日報』1918年5月9日付「朝鮮の小天勝」、『毎日申報』1918年5月14日付「天勝の弟子裵亀子」、『京城日報』1926年6月6日付「野呂の息子と亀子の婚約」などによる。

あった。

ところが、裵貞子が亀子の生みの母であると記した新聞記事もある。[8] 前述の「掌編自叙伝」では、亀子が「母」としている人物も、李王家の女官長で伊藤博文に世話になったとしていることから、裵貞子のことを指している。さらに、 裵貞子と伊藤博文との間に出来た子が裵亀子であるという説もある。裵亀子の妹である裵ハルラ(裵亀子とともに舞台に立った際には裵龍子という名前であった)も、「オンニ、裵亀子」と題した証言(『チュム』1977年7月号および8月号)でその話を紹介しつつ、本人に真相を聞いてはいないと語っている。演出家の村山知義も、そうした話があることを紹介している。村山は同時に、裵貞子が死の直前「私の子供はあなた一人」と言ったが、父が誰であるかは「答えてくれなかった」という亀子の話を伝えている。[9] 実際のところ、誰が実の父母であるかは、いまとなってはわからない。ただ、裵貞子は、後述のように亀子の事実上の保護者のようにふるまっていることは間違いない。

2) 天勝一座での人気者

京城(＝ソウル)で暮らしていた裵亀伊は、幼い少女であった頃に、日本人演芸人松旭斎天勝の一座に加わり、亀子と呼ばれることとなる。日本内地に向かったのは、おそらく1916年であると推定される。[10] その経緯について天勝は、李王

---

8 『朝鮮新聞』1927年7月27日付「美しき裵亀子に 母となる日」。なお、この記事は裵亀子が妊娠したことを伝えたものであるが、それは誤報であった。

9 村山知義、「博文の秘児? 天勝の養女裵亀子」、『婦人公論』1959年11月号。

10 天勝は、大正天皇の即位礼の前に朝鮮で興行を行い、その際に裵亀子と会って入門を許したと記している(松旭斎天勝、『魔術の女王一代記』、かのう出版、1991年、140～141頁)。大正天皇の即位礼は1915年11月に行われおり、天勝が1915年10月に朝鮮入りし、朝鮮物産共進会博覧会の演芸館で公演していることは新聞で確認できる(『毎日申報』1915年10月9日付「演芸館に出演する奇術師天勝一行」など)。そして、『毎日申報』1918年5月26日付「奇術の裵亀子」は、裵亀子が、「共進会」で天勝が来た時に、弟子入り

職次官の小宮三保松を通じて裴貞子に頼まれたと証言している。[11] 裴貞子が、なぜ、異民族が暮らす社会に、しかもあまり社会的地位が高いと見なされていなかった演芸人のもとに幼い少女を送り込んだのかは、十分納得しうる説明を記した史料は見つからないが、歌や踊りが好きで天勝の舞台を見た亀子が望んだとする話や、[12] 貞子との関係で政治的迫害を受ける可能性がありそれを避けたといった本人の説明がある。[13]

松旭斎天勝は、当時、最高の人気を誇った手品師であった。ただし、天勝一座は手品のみを披露したのではなく、その舞台は少女たちによる童謡の歌唱や児童劇、楽器演奏、日本舞踊や西洋舞踊で構成されていた。[14]

裴亀子は、奇術については得意としなかったようであるが、[15] 天勝のもとで様々な芸を習得した。声楽や日本舞踊も習い、モダンダンスやバレエの著名な指導者の教授も受けた。[16]

そして、1918年にはすでに演劇の役を与えられ舞台に立つようになり、[17] 注目される存在になったようである。天勝も亀子を特別にかわいがり、自身の養女に

を志願したが、許されず、次に天勝が朝鮮に来た時に加入したと記している。天勝は1916年9月にも再び京城で公演を行っているので(『毎日申報』1916年9月5日付「天勝一行の開演」)、入門はこの時と見てよいだろう。また前掲『毎日申報』1918年5月14日付記事でも、天勝の一行が京城に来た時に、亀子が一座への加入を懇請し、それが認められた年を「一昨年」と記している。

11 前掲、『魔術の女王一代記』、140頁。

12 前掲、『毎日申報』1918年5月14日付記事。

13 前掲、「掌篇自叙伝」。

14 早稲田大学坪内博士記念演劇博物館所蔵の松旭斎天勝一座の興行プログラム(1922年1月1日～15日までの有楽座「松旭斎天勝一座」、1923年1月1日～15日までの有楽座「松旭斎天勝一座」、1925年6月26～30日迄の帝国劇場「松旭斎天勝一座帰朝記念興行」)による。

15 前述、「掌篇自叙伝」。

16 前掲、村山知義、「博文の秘児 天勝の養女裴亀子」、『都新聞』1936年11月16日付「掌編自叙伝」および裴ハルラ、「姉、裴亀子」。

17 『毎日申報』1918年5月28日付「奇術の裴亀子」。

したとされる。[18] また、天勝は1923年から1925年にアメリカ興行を行っており、亀子もそこでステージに立ち、ショウビジネスも見聞した。

なお、この間、成長を遂げた彼女は、美貌でも注目されるようになった。天勝一座が朝鮮に興行に来た時には、地元の新聞の記事は「天勝についでの人気をもってゐるのは亀子である、天勝が神技なら亀子のそれは艶技である」と記している。[19] そして、朝鮮の人びとは、彼女が朝鮮人であることにも注目していたようである。ただし、日本内地ではあくまで天勝一座の「カメコ」であり、朝鮮人として大々的に宣伝されていたわけではない。また、朝鮮の新聞では、彼女が朝鮮人であることも伝えたものの、同時に、すでに朝鮮語を忘れ、日本人と変わらないことも述べられていた。[20] 特に、日本語紙の記事で、日本への同化ぶりを強調するかのように和服を着た彼女の写真を載せていたことが確認できる。[21]

3) 天勝一座脱退と民族の意識

だが、人気を獲得していた亀子は天勝一座から脱退することになった。1926年6月3日、天勝一座が平壌での興行を終えた後、密かに宿から抜け出した彼女は、京城の裵貞子のところに身を寄せ、一座から抜ける意思を表明したのである。[22] そして、6月21日には、槿花女学校の後援会で独唱を行っているが、[23] その後、しばらく表舞台から退くこととなる。

---

18 『都新聞』1937年4月26日付「天勝が育て上げた人々」および前掲、松旭斎天勝、『魔術の女王一代記』、140頁。

19 『朝鮮時報』1923年6月28日付「天勝一座 神技 連日の満員 亀子の人気」。

20 例えば『釜山日報』1918年5月9日付「朝鮮の天勝」や『毎日申報』1918年5月26日付「奇術の裵亀子」など。

21 例えば前掲『釜山日報』1918年5月9日付記事など。

22 この間の経緯については、『京城日報』1926年6月5日付「魔術の女かめ子天勝一座を脱走す」ほかの一連の新聞記事が詳しい。

23 『毎日申報』1926年6月20日付「古巣に帰る小鳥 裵亀子嬢」。

天勝一座からの脱退の理由については、天勝夫妻の息子(天勝の夫の連れ子)との結婚の話に起因してのことであるとか、裵貞子や亀子の両親が計画したとの報道がある。[24] また、「掌篇自叙伝」では、「張学良の第何夫人になれといふ母〔ここでの母とは裵貞子を指すと思われる〕の強制」がそこに関係しているかのような説明を本人が語っている。

しかし、これらがどの程度、事実を反映しているのか、決定的な要因がなんであったかのなどは不明である。ただし、史料から推察するに、そこには彼女の朝鮮民族としての自覚や苦悩が何らかの形で影響を及ぼしていたと見られる。

天勝夫婦は亀子をかわいがっていた。だが、一座のほかのメンバーはおそらくそうであるがゆえに、亀子につらく当たっており、その際には亀子が朝鮮人であることも問題にしていた。[25] 一座在籍時の亀子について紹介した新聞記事でも「『でも亀子は朝鮮人だよ』など云はれると本当に悲しくなって泣けてしまいます」と本人が語ったことを紹介しているものがある。[26]

また、天勝一座脱退直後の彼女の言動は、民族性を表に出し、朝鮮人である本当の自分に戻りたいとの意向をうかがわせるものがある。6月20日に出演した槿花女子学校後援会主催の演奏会では、その服装は朝鮮服であり、[27] 日本人風の亀子という名前ではなく、本名の亀伊という名を使おうとしていたことも報じられている。[28] そこで歌った曲の名が「わたしはどうするか?」と「古巣に帰る小鳥」というものであったことも、[29] 朝鮮との結びつきを取り戻そうという思いを暗示しているかもしれない。

後年、裵亀子は、天勝一座の一員として渡米した際、シカゴで、朴某という

24 『京城日報』1926年1926年6月6日付「野呂の息子と亀子の婚約」。

25 前掲、裵ハルラ、「オンニ、裵亀子」。

26 『京城日報』1923年5月29日付記事「朝鮮出身の『亀ちゃん』」。

27 『毎日申報』1926年6月20日付「古巣に帰る小鳥」。

28 『京城日報』1926年6月15日付「裵亀伊の名で舞台に立つ」。

29 『朝鮮日報』1926年6月19日付「槿花女校後援」。

朝鮮人の牧師に出会い、新たな考えを持つようになり、朝鮮の踊りを現代の舞踊にして世界に誇るようにしようと決心した、と語っている。[30] 天勝一座からの脱退直後、裵亀子は舞台生活には戻るつもりはないと述べているので、[31] 朝鮮舞踊への意欲を持つようになったのは、実際にはアメリカ興行中ではなかったし、天勝のもとを離れたこととも無関係であったとも考えられる。だが、アメリカにおいて、日本人の一員として見られ、在米日本人のコミュニティではおそらく日本人として迎えられた亀子が、一方で朝鮮人と接触をもったとすれば、なにか本来の自分の帰属すべき民族について考えるようになったとしてもおかしくはない。あるいは、天勝一座脱退直後でなくても、舞台復帰の際にそのことを思い出して意識した可能性もあろう。[32]

3. 朝鮮人スターの誕生

1) 自立と楽団組織の準備

天勝一座から脱退した裵亀子が向かったのは、裵貞子のもとであった。しかし、「亀子の前途には歓楽と黄金があるとしてあちこち引き回した」裵貞子との間での意見の相違が生じた亀子は、貞子のもとを離れ、裵錫泰ら家族とともに暮らすようになった。そして、1926年12月時点の新聞記者へのインタビューで

30 『東亜日報』1938年8月27日付「裵亀子の苦心談」。

31 『時代日報』1926年7月25日付「裵亀子の万丈気炎」。

32 なお、裵亀子の民族性の自覚に関して考えるべきは、1923年9月の関東大震災時の体験がある。周知のようにこの時、朝鮮人が暴動を起こしているなどのデマが発生し、日本人民衆が朝鮮人を多数虐殺する事件が発生している。亀子はこの時に東京にいた可能性が高い(前述、『魔術の女王一代記』によれば天勝は東京にいた)。その経験がなんらかの影響を与えた可能性があるが、これについては史料が見当たらず、いまのところ、不明である。

は、舞台に戻らないとの考えを述べている。[33]

しかし、1928年4月21日、裴亀子は京城府長谷川町〔現在のソウル市小公洞〕公会堂の舞台に立つこととなった。これは白薔薇社の李哲の勧めに応じたもので、亀子は独唱や舞踊を披露している。舞踊の演目は、おそらく西洋舞踊の「ユーモレスク」などのほか、「日本舞踊 桜! 桜!」のほか、朝鮮の歌をもとにした自作の「アリラン」などであった。[34]

また この頃、裴亀子は、舞台芸術の研究のため渡米も考えていた。[35] 渡米は実現しなかったが、再び舞台芸術に関心を持ち始めていたことは事実のようである。6月10日には、「朝鮮服に朝鮮風の髪、家族達らしい5、6人の女連れ」で天勝一座の京城公演の場に現れている。[36] 翌年組織される裴亀子の興行グループが、亀子の妹ら少女たちで構成されていたことを考えれば、そのメンバーとなるべき者に演芸の研究をさせるべく、天勝一座の公演を鑑賞したとも考えられる。

そして翌年3月、裴亀子は舞踊の研究所を開設した。[37] 8月には、そこに集い練習を重ねた20名あまりのメンバーにより、女子歌舞団が結成され、公演を準備していることも報道された。裴亀子は、デビューの場として、京城の景福宮を会場で9月に行われる朝鮮博覧会に出演すべく、朝鮮総督府と交渉した。[38] 朝鮮博覧会には天勝一座も出演する予定であり、新聞は子弟の因縁を書き立てたが、実現せず、結局、「裴亀子舞踊研究所」の最初の公演は、1929年9月19日、京城府永楽町(現在のソウル市中区苧洞)の中央館で行われた。[39]

---

33 以上、『毎日申報』1926年12月7日付「懐かしい両親を訪ねて」。
34 以上、『東亜日報』1928年4月21日付「裴亀子嬢の音楽舞踊会」。
35 『毎日申報』1928年4月18日付「白薔薇社主催で裴亀子独演会」。
36 『朝鮮新聞』1928年6月12日付「天勝一座に観入る亀子の悩ましい眼」。
37 『朝鮮新聞』1929年9月21日付「亀子一座の処女公演」。
38 『毎日申報』1929年8月20日付「裴亀子が出演する」。
39 『東亜日報』1929年9月18日付「裴亀子舞踊研究所第一回公演」。

2) 各地での興行の展開

中央館での公演は、連夜の満員続きで好評を得た。そこでの興行は、23日で終了し、[40] その後、裴亀子は一座を率いて朝鮮内を回ることとなった。ソウル以外の朝鮮内の都市の公演は、1929年中には10月の平壌から始まり、仁川や開城などで続けられた。翌年には1月に釜山で、翌月には大邱での公演が行われた。[41]

そして、裴亀子一行は、1930年3月からは日本内地での巡業にむかった。同月25日、福岡県小倉の勝山劇場に出演、[42] 翌月5，6日にも福岡県内の劇場で公演を行っている。[43] 日本内地での興行は、長崎、広島、岡山、尾道で続けられたともいう。[44] 東京や大阪など大都市の舞台に立ったことは確認できず、この時点では裴亀子は日本内地においては、特に大きな人気を得ていたわけではなかったと言えるだろう。[45]

5か月にわたった日本内地での興行を終えて、朝鮮に戻った裴亀子は、1930年11月以降、さらに朝鮮各地で公演を続けた。裴亀子の活動は、後述のように1932年以降、日本内地が中心となるが、1931年4月20日から3日間、清津での公演を行っていることが確認できるので、[46] 少なくともこの頃までは朝鮮各地を回っ

---

40 『朝鮮新聞』1929年9月23日付「亀子一座の熱演」。

41 以上、『東亜日報』1929年10月5日付「裴亀子一行 平壌で公演」同24日付「裴亀子一行 仁川で公演」、同1930年1月11日「裴亀子一行公演」、同1930年2月7日付「大邱読者優待」など。

42 『九州日報』1930年3月25日付記事。

43 『九州日報』1930年4月3日付記事。

44 前述の裴亀子、「掌編自叙伝 某大官の許にかくれた私」。

45 前述の裴亀子、「掌編自叙伝 某大官の許にかくれた私」では、東京に向かい、新橋演舞場で朝鮮舞踊を演じたとしている。新橋演舞場は東京銀座にある大劇場であり、その舞台に朝鮮人が立ったことは、注目を集めるのに十分であったはずだが、これについての新聞記事等は確認できない。『都新聞』1933年2月19日付「天勝の魔術」によれば、新橋演舞場で行われた天勝一座の舞台で裴亀子も朝鮮舞踊を披露しているので、記憶の混同であろう。

46 『東亜日報』1931年4月28日付「裴亀子公演に本報読者優待」。

ていたのであろう。

なお、この頃までに、裵亀子は最初の結婚をしている。[47] 相手である洪淳彦は、亀子が平壌で天勝一座から脱出を図った際に、それを助けた人物であった。[48]

3) 朝鮮民族の演芸の創造

これらの興行での裵亀子、一座を構成する少女たちとともに、踊りや楽器の演奏、歌唱や寸劇を披露した。つまりショウのスタイルは、かつて亀子が所属していた天勝一座のそれとよく似ている。ただ、奇術が行われず(前述のように亀子は奇術が肌に合わないと語っていた)、演出において朝鮮の独自の文化を取り入れていた点で異なっていた。

裵亀子は天勝一座に在籍していた頃、朝鮮語を忘れていた状態であった。しかし、一座から脱退した、彼女は朝鮮の服を身に着け、民族の言葉を取り戻した。[49] そして表舞台から姿を消していた時期に、おそらくは朝鮮の唄や踊りを学んだ。再び舞台に立った1928年4月21日の音楽舞踊会での演目は、多くが西洋の唄や踊り、日本舞踊であったものの、自作の作品「舞踊アリラン」も含まれていた。

また、自分の弟子たちを率いての公演を準備しつつあった、1929年7月には、雑誌記者のインタビューに答えて、朝鮮の踊りに西洋式のダンスを加味して新しい芸術を作りたいという希望を述べていた。[50] そして、こうした朝鮮文化に根差

47 自身が明治41年(＝1908年)生まれであると述べている文章の中で、亀子は23の時に結婚したと語っている(前述の裵亀子「掌編自叙伝 沼津の某大官の許にかくれた私」)。

48 前述の裵ハルラ「オンニ、裵亀子」。

49 『毎日申報』1918年5月28日付記事「奇術の裵亀子」では、天勝一座の一員として朝鮮にやってきた亀子が母久しぶりに再会したものの、通訳を入れて会話していたことを伝えている。しかし、前掲『毎日申報』1926年12月7日付記事では、新聞記者と亀子との会話が、朝鮮語3割、日本語7割で行われたとされている。

50 「裵亀子の舞踊殿堂、新堂里文化村の舞踊研究所訪問記」、『三千里』第2号、1929年9月。

した作品を表現することが、自身の存在意義であり、朝鮮の観客に受入れられる要素になることを、彼女は意識していた。この点については、前述のように最初の公演が、当初、天勝一座と同じ朝鮮博覧会で行われるとの話から、人びとの関心をよんでいたことについて語った、彼女の言葉から確認できるだろう。まず、彼女は、自分など天勝には「人気の上では勝てる見込みはありません」と謙遜の言葉を述べる。だが、続けて「私は歌劇なんか朝鮮古来の物語りと内地物をつきまぜて成るべく新しい処を出す考へです、この点少しは喝采があるのと予期□てゐますか踊子か内地語をよくしませんのと観客は朝鮮の田舎の人が多い点から朝鮮語でやるつもりです」と語ったのである。[51]

もっとも、裵亀子が弟子たちを率いた初期の公演では、朝鮮文化に根差した演目の比重はそれほどでもない。京城・中央館での最初の公演の演目には「バレー舞踊詩セーラーダンス二部合唱ダンスヴァヰオリン独奏ジャズ等」で、新聞に掲載された裵亀子らの写真も、朝鮮服ではなく洋装であった。[52] しかし、もちろん、朝鮮文化に題材をとった踊りが披露され、注目を集めている。中央館の公演では、好評だったのは裵亀子自作の「朝鮮舞踊 アリラン」や「水汲み」の踊りであり、特に後者は「もっとも朝鮮として喜ばしいローカルカラの産物」と評された。[53]

しかしその後、裵亀子は朝鮮文化の価値を明確に語り、朝鮮の踊りや唄をより多く取り上げるようになった。1930年の日本内地興行を終えて朝鮮に戻った裵亀子は、翌年1月、朝鮮語紙記者のインタビューに答えて次のように述べている。

私は、最初、朝鮮というところにはまったく舞踊というものがないと思っていまし

51 『釜山日報』1929年8月22日付記事「奇しくも皮肉な天勝と亀子の顔合せ」。

52 『朝鮮新聞』1929年9月15日付記事「亀子更生の一歩」、同1929年9月19日付記事「舞台に乗るアリランの唄」、『東亜日報』1929年8月24日付「裵亀子女史 舞台に再現」、同1929年9月18日付「裵亀子舞踊研究所第一回公演」など。

53 前掲、『朝鮮新聞』1929年9月15日付および同1929年9月21日付記事。

た。しかし実地に足をのばし、仕事をしてみたところ、舞踊がないどころか、わたしたちの祖先たちは、すでにどこの国からであれ支持を受けるであろう、立派な舞踊を踊っていたことがわかりました。しかし私たちの踊りはなぜ、燦爛と光り輝かせられないのでしょうか? なぜわたしたちは私たちの立派な踊りを持っていながら、日夜、他の国の踊りだけを崇め尊び、それを学ぶことができずに、力を注いでいるのでしょうか? それこそ「タカラノモチグサレ」でしょう。それで、私は考えました。世界的に有名な「メリー・ダンカン」であれ「アンナ・バブロバ」女史の踊りが、どれだけ価値があり、有名だといっても、結局、それは彼らの踊りで、決して私たちの踊りにはなりませんから、それを崇め奉る必要もないですし、それを崇め奉るとしても私たちの短い脚と曲がった関節をもっては、どんなにしても彼女たちと渡り合うことはできないのですから、良かれ悪しかれ、他の人のものを盲目的に追従していくのではなく、私たちはどこまでも私たち固有の踊りを研究して、朝鮮に確固たる舞踊道を樹立することが、何よりも先に求められる仕事ではないでしょうか? それで、私は今年からは特に、私たちが誇る朝鮮民謡を舞踊化して舞台にのせると同時に、剣舞、僧舞のようなものを用いて歌舞劇にすることにも手を延ばそうかと思います。[54]

裴亀子はこのインタビューで述べていたことをすでに準備し、実行に移そうとしていた。すなわち、1931年1月に京城の団成社で行われた裴亀子芸術研究所の公演では、実際に、僧舞や剣舞の由来を歌舞劇化した「破戒」と「復讐の剣」のほか、朝鮮民謡の「ヤンサンド」、「梧桐ナム」、「トラジ打令」などを取り上げた。[55] もちろん、それ以外の演目、例えばジャズや日本の歴史に関連した寸劇なども扱ったものの、演目や演出における朝鮮文化の比重は高まった。1935年に発表された手記でも、彼女は「私は今日まで20年余り、舞台に立ち、ほんとうに多くの踊りを踊っているが、その中でももっとも気にいっているのは朝鮮舞踊でしょ

54 『毎日申報』1931年1月9日付「朝鮮民謡の舞台化 特色発揮に全力」。
55 『毎日申報』1931年1月22日付「裴亀子芸術研究所」。

う。…朝鮮情緒を盛り込んだ踊りを踊ってみて、私は決心しました。朝鮮舞踊を研究しなければならないことに一層、気が付きました」と記していた。[56]

4. 日本内地への本格進出と成功

1) 日本内地大都市での興業

裴亀子は、1931年秋に朝鮮を離れて、日本内地に向かった。いつ頃からどの都市で公演を開始したのかは不明な部分が多いが、1932年秋頃には、京都松竹座の舞台に立ち、地元の新聞でも「朝鮮らしい味、リズムが吾々の心持を捉へる」との好評を得たという。[57] 正確な時期は不明であるが、1930年代半ばには、日本の大手興行会社の吉本興行合名会社とも契約を結び、京都や東京での劇場で出演を続けた。[58]

吉本興業では、当時、唄や踊り、喜劇や、漫才、アクロバットなどで構成されたショウ(吉本興業ではこれに「吉本ショウ」という名称を与えていた)を行っていた。そのなかで裴亀子楽劇団の朝鮮舞踊や寸劇が披露されたのである。なお、吉本ショウは、入場料金も安く、[59] 高給取りではない労働者が手軽に見られる娯楽として、客を集めていた。

---

56 裴亀子、「만히 웃고, 만히 울든 지난날의 回想, 舞台生活 二十年」、『삼천리』第7巻 第11号、1935年12月。

57 裴亀子、「大阪公演記」、『三千里』1932年10月号。

58 吉本興業株式会社『吉本八十年の歩み』1992年、91頁には裴亀子の肖像写真が掲載されている。この写真の右下にはハングルでペグジャとのサインが記されていることも確認できる。

59 例えば1935年12月の新宿帝国館のショウの入場料金は30銭である(『都新聞』 1935年12月10日付の広告)。日雇労働者の日給が2円程度であり、高級娯楽ではなかったことは明白だろう。

そして、関西で事業展開していた吉本興業が、東京進出を決め、1935年11月に浅草花月劇場を設置した際にも、裴亀子は開業記念の舞台に立っている。この頃には集客が期待できる演芸人となっていたと見ていいだろう。その際、同じ舞台に立ったのは、歌手の東海林太郎(吉本興業専属ではなく助演)や、漫才師の永田キング、花菱アチャコ、落語家の柳家三亀松などは、いずれも当時の日本のトップスターたちである。[60]

以後、1937年末まで裴亀子の舞台活動は日本内地の大都市を中心に繰り広げられる。この間、朝鮮では、自身と夫が経営することになる京城府竹添町(現在のソウル市中区忠正路)の東洋劇場のオープン記念として1935年11月1~12日に公演を行っているほか、1936年5月と6月、1938年2月にソウルで、1938年3月に開城での興行が確認できる程度である。[61] これは、おそらく日本内地の各都市では、多くの観客を収容できる劇場も多く、多くの収益を上げることが出来たこと、そして裴亀子自身の人気が日本人の間でも高まっていったことが関係しているだろう。

日本内地での裴亀子が提供した演芸は、これまでと同様に、西洋舞踊やジャズ演奏、寸劇や、朝鮮の民謡、朝鮮の舞踊などであった。朝鮮文化に根差した演目としては、「アリラン」、「剣の舞」、「トラジ」などのほか、「春香伝」を取り上げている。[62] また、歌舞伎や大衆文学などで取り上げられ日本人がよく知る史実が題材となっていると思われる「近藤勇」、「辻斬権八」などの演目も確認できる。[63]

さらに裴亀子は、劇場以外にも活躍の場を広げた。まず、1936年8月に公開された、映画「唄の世の中」への出演を果している。この映画は、当時、人気だっ

---

60 『都新聞』1935年11月20日付広告「東京浅草花月劇場」。

61 『毎日申報』1935年11月11日付「裴亀子楽劇団」、1936年6月13日付「裴亀子楽劇団告別公演」、『東亜日報』1935年11月3日付「裴亀子故郷訪問公演」、同1936年5月1日付「裴亀子公演」、同1938年3月3日付「裴亀子劇団」などによる。

62 1934年5月、7月の京都中座での公演など(国立劇場調査養成部調査資料課近代歌舞伎年表編纂室編、『近代歌舞伎年表(京都篇)』第9巻、八木書店、2003年)。

63 『都新聞』1936年2月12日付および3月4日付の新宿帝国館の広告。

た、コメディアンの岸井明と藤原鎌足を主役にしたドタバタ喜劇で、劇中、唄や漫才、アクロバット、踊りなどを組み込んで見せていた。裵亀子は、この映画の主人公の恋人が働く「アリランルージュ」なる劇場でのシーンに表れ、舞台の上で、「アリラン」を披露している。

ついで、1936年12月21日には、裵亀子楽劇団がラジオ出演を果している。東京放送局による「朝鮮の旅」と題されたこのプログラムは、午後8時20分から30分間、朝鮮民謡のコーラスやジャズ演奏、裵亀子の独唱で構成されていた。歌詞は日本語、朝鮮語の双方が用いられており、最後の「アリラン」は朝鮮語と日本語で歌われた。[64]

映画やラジオ出演は、裵亀子楽劇団の演芸をより多くの人びとに知らしめた。映画「唄の世の中」の観客動員数は不明であるが、中小都市の映画館でも上映されたであろうから、吉本ショウの観客よりも多数であったことは間違いない。また、1936年時点の日本内地でのラジオの受信契約者は290万人程度であり、[65] 東京だけの放送で、その時間帯にラジオのスイッチを入れていなかった者もいるとしても、1台で何人も聞くことを考えれば、万単位の人びとが裵亀子らの歌声に耳を傾けたはずである。

2) 日本人の間での人気の高まり

こうしたなかで、裵亀子の活動は日本人の間でも、次第に注目されるようになっていった。日本内地では1930年代初めまで、裵亀子の舞台については、新聞記事でごく短い紹介がたまにある程度であった。しかし、1935年以降、長めの批評が載せられるようになる。しかも、1935年4月の新橋演舞場の公演についての批評は「余りに少女歌劇臭味粉々たるもの」「ジャズそのものは決して上手とは

---

64 『都新聞』1936年12月21日付「裵亀子さんと其劇楽団の民謡バラエティ」。

65 東洋経済新報社編、『完結昭和国勢総覧』第1巻、東洋経済新報社、528頁。

言へない」というもので、好意的ではなかったが、その後、好評を得るようになっていく。[66] まず、同じ評者は、翌年2月の新宿帝国館の公演について、次のように述べていた。

> …裴亀子は純粋舞踊を発表することよりも、今日の大衆と共に歩いて行かうとする、極平民的な一種のショウを演らうと意図してゐるものと見てゐるのである。
>
> そんな見地から云ふと仲々娯しめるものがある。
>
> ショウとしての演出者として、先ず第一に挙げたいことは、この一座の総ての点に訓練が行き届いてゐることである。
>
> 少なくとも宝塚や松竹少女歌劇のダンシング・チームを除いては、この一座は小人数であるだけに、踊りの点に於いては練習の積んだ異色あるチームを形造ってゐる。[67]

また、翌月のおそらく同じ新宿帝国館での公演について、別の人物による批評もあった。そのタイトルも「裴亀子礼讃」としている文章には次のような言葉が確認できる。

> あんまり評判がよいので一度見やう見やうと思ひながら仲々その機会がなく、さて出かけて見ると今終わったところだったりして、どうにも縁がないものと諦めてゐた裴亀子をやっと見ることが出来た。なるほど裴亀子の評判がよいのも尤だ、といふ気がした。…
>
> 全体的に、ズバ抜けて傑れたものを有ってゐないが、何かしら小気味よく統一された緊張した舞台は、ムーラン・ルージュか、ここかといふ気さへして、これからは毎回欠さず裴亀子を見ませうわいと心のうちに誓ったのである。[68]

---

66 前述、石見為雄、「漫才と朝鮮歌舞劇」。

67 石井為雄、「裴亀子見物記」、『キネマ旬報』第568号、1936年3月。

68 岸松雄、「裴亀子礼讃」、『キネマ旬報』第570号、1936年3月。

もちろん、「裴亀子礼讃」と題した批評でも、毎回見ると飽きてしまう、という人もいることに言及しており、手放しの評価ではない。とは言え、裴亀子の舞台が日本人の間で評判を呼びつつあったことは確認できる。

3) 異郷に生きる人びとともに

だが、裴亀子は、日本人のためにのみ演芸を披露したのではなかった。彼女の活動は、朝鮮人のために行われていた。それは劇場に足を運ぶ者だけではなく、民族全体に寄与するような性格のものであったとも言いうる。

まず、朝鮮の唄や踊りに日本人が接すること自体が意味を持っていた。そのことは、日本人の差別的な認識を変えるきっかけにもなり得たからである。そのことは裴亀子自身も認識していた。「朝鮮人もバカにならないね」という日本人の反応を聞いて失望しつつも、彼女は、自分の行っていることが朝鮮の文化を紹介する初めての試みであるので満足するしかないと記していたのである。[69]

そして、日本内地において裴亀子の舞台を見に来た人びとは、日本人だけではなかった。すでに1930年代半ばの在日朝鮮人人口は数十万人に達していた。吉本ショウなど入場料の安いプログラムを掲げた劇場には、朝鮮人労働者やその家族もやってきたであろう。実際、裴亀子楽劇団の公演は「大阪、東京などの地で唯一の朝鮮人の娯楽物として貴重な役割を果たし」「舞台の近くに座った朝鮮の年老いたオモニたちが熱心にながめて座って」いたと伝えられている。[70]

裴亀子自身も、異郷で暮らす朝鮮人に心を寄せ、様々な協力を行っていた。1934年8月18日には、朝鮮日報大阪支局主催の朝鮮南部の水害罹災者救済救援を目的とする慈善音楽会に、予定していたほかの劇場での公演を取りやめて出演している。会場となった大阪中之島中央公会堂に詰めかけた朝鮮人観衆は、

---

69 裴亀子、「大阪公演記」、『三千里』1932年10月。

70 『東亜日報』1937年9月11日付、呉炳年、「大衆的な裴亀子氏」。

「朝鮮情緒を百パーセント呼び起こす」裴亀子の民謡舞踊に恍惚とし涙を流したという。[71] また、1936年1月28日、横浜市鶴見の岩戸館で行われた、朝鮮人団体協議会主催での集まりにも「裴亀子少女歌劇団」が出演している。これは「夜学基金カンパ」、つまり在日朝鮮人労働者の学習機関の維持を目的とする催しで、左翼系劇団の朝鮮芸術座も出演していた。[72]

この朝鮮芸術座のつながりもあったのか、裴亀子は、1938年には、日本人俳優が主なキャストとなった新協劇団による「春香伝」公演にも関係している。これは台詞も日本語であったが、演出を担当した村山知義は、衣装や音楽などでできるだけ、朝鮮文化を再現することを企図した。裴亀子も、それに協力して朝鮮人の所作などを劇団員に教えたのである。こうして準備され、1938年3月から4月に東京の築地小劇場で行われた、新協劇団の「春香伝」の公演では多くの在日朝鮮人の観客を集めた。[73]

4) 人気の背景と受容の様相

では、このように裴亀子の演芸は、どのようなもので、その人気の源泉はどこにあったのだろうか。まず、大衆的、あるいは卑俗とすら言われた、[74] 彼女の舞台は、誰でも楽しめるものであった。また、朝鮮情緒を全面に出した演出、裴亀子の容姿の美しさや楽劇団の少女たちの可愛らしさが関係していたことは当時の新聞や雑誌などから容易に推測でき、これまでの論著でもその点は指摘されている。しかし、これまで、演目や公演についての記事から推測できる以上には彼女の演芸の内容は把握できず、日本人、朝鮮人がそれぞれどのように裴亀子の演芸

---

71 『朝鮮日報』1934年8月21日付「大阪水害救済映画舞踊大盛況」。

72 金斗鎔「朝鮮芸術座の近況」『テアトロ』1936年5月号。

73 以上、新協劇団の「春香伝」公演については、拙稿「朝鮮民族にとっての1938年・新協劇団『春香伝』」、『在日朝鮮人史研究』第48号、2018年10月号。

74 『東亜日報』1937年9月11日付、呉炳年、「艶麗な姿態が平凡ではない、大衆的な裴亀子氏」。

を受けとめていたのかについても十分明らかにされて来なかった。以下では、その点について検討しておく。

まず裴亀子の人気は、朝鮮の服を着た女性たちが朝鮮の唄や踊りを披露するという点にあったことは間違いない。それは、日本人観客のエキゾチシズムを満足させた。その際、注目されるのは、日本人観客の間では、「アリラン」に強い印象を受けていた事実がある。[75] そのことは、日本人が裴亀子の演芸に何を見出していたのかを表しているように思われる。

映画「唄の世の中」に収められている裴亀子の「アリラン」は次のようなものである。すなわち、柳の木の下に、朝鮮服姿の裴亀子が立ち、そこで「アリラン」の唄をうたい、アリラン、アリランというリフレインに合わせて踊っている。唄の歌詞は日本語と朝鮮語の部分があり、日本語では、「まってちょうだい、まってちょうだい、せめて月の出るまで」というものである。踊りは、両手を広げて肩を揺らす朝鮮風のものであり、最後の部分で、布をかみ、泣き崩れる動作を見せる。そこで表現されているのは、なすすべもなく去っていく恋人を見送る女性の悲しみである。

このような「アリラン」から、日本人の観客は、おそらく朝鮮民族の弱さや従順さを見出した。ある雑誌には—これは朝鮮の雑誌にのせられた文章であるが—日本内地の公演で人気となっている裴亀子の「アリラン」は、「朝鮮乙女の純真さと弱小民族の哀愁」を表していると記していた。[76] また、それを観たある日本人は、「裴亀子の朝鮮的な脆弱さ」、「さびしい国の、新しく生きやうとする人々」という語を記している。[77]

これに対して、朝鮮人観客は物珍しさを求めてではなく、懐かしい故郷の文化に久し振りに接するために裴亀子の出演する劇場に足を運んだ。そして、「ア

75 前掲の「大阪公演記」。これは、すでに裴亀子が朝鮮の演芸を日本内地で披露するようになる以前に、「アリラン」が日本人の間で知られていたという要因もあるだろう。

76 「佳人春秋 裴亀子女史が京都で『アリラン』を演じる」、『三千里』1932年9月号。

77 森岩雄、「裴亀子一座」、『政界往来』1935年6月号。

リラン」に「弱小民族の哀愁」を感じた者もいたであろうが、ただそれだけではなかった。自分たちの境遇に悲しみを見出した者は、それをもたらしている支配や抑圧をも意識したであろう。

そして、裵亀子の舞台では、悲しげな朝鮮の唄や踊りのみではなく、陽気なものも、美しくきらびやかなものもあった。それらも含めた演芸に接した朝鮮人観客は、励まされ、差別を受け厳しい環境にいる自分たちにも誇るべき文化があることをあらためて意識したことであろう。しかも、裵亀子は太極旗を振って「白頭山から広がる、半島三千里、無窮花の丘に歴史半万年」と歌ったことすらあった(警察が問題にし、留置されたという)。[78] 舞台の上から民族解放の願いを示唆したのである。

この点に関連して注目されるのが、現在、その台本を目にすることができる「不思議な笛」という演目である。これは「歌舞喜劇」とされ、唄や踊りを交えた劇で、裵亀子楽劇団の少女たちが演じたと推定される。ある娘と恋仲にある若者を主人公とするこの話は、他愛のない御伽噺のように見える。ストーリーは、娘が別な男に嫁がせられそうになるが、若者が、親切にしてあげた僧から授けられた、自分の思うように他人を動かす不思議な笛を使って、娘が強いられた嫁ぎ先に向かうことを妨げ、役人の裁きをも変えさせて、娘と若者が結婚する、というものである。日本人の批評家は、これを「女学生向け」とし、ただ劇中の「僧形の4人の踊りは一種不可思議なる感覚を発散して、吾等には面白きもの」とのみ評価した。[79] 話に深みはなく、物珍しい朝鮮風俗の踊りにのみ関心を示したのであろう。

だが、「不思議の笛」には日本人の批評家が触れていない重要な点がある。まず、台本によれば、この話の舞台は、朝鮮農村で、その主人公は小作人の娘と貧しい若者、娘が嫁がされそうになるのは地主であった。そして、最後の場面では、

78 前掲の裵ハルラ、「オンニ、裵亀子」。

79 前掲の石見為雄「漫才と朝鮮歌舞劇」。ただし石見は、1936年2月の舞台について述べた前掲の「裵亀子見物記」では、「不思議な笛」について「仲々面白い」とも記している。

役人が地主の思い通りの裁きをしようとするのを若者が笛を吹いて阻止し、「笛だ 笛だ 不思議な笛だ/正義を助ける 力の笛だ」という皆の唄で終わっていたのである。[80] これらのことは、単純な御伽噺の如き「不思議な笛」という作品が持つ、朝鮮人観客の心を動かす要素となり得たはずである。

裵亀子の舞台がかかる都市の劇場に足を運んだ朝鮮民衆、とりわけ日本内地で暮らしていた人びとの多くは生活難から朝鮮農村を離れざるを得なかった人びとであった。そして、その生活は支配者の理不尽な措置にも苦しめられていた。そうした彼らは、富と権力を持つ者に対する不満や怒りを抱くこともあった。朝鮮芸術座の公演に集まった朝鮮人観衆が「おれたちは貧乏に生れ貧乏に死ぬか」「おれの家に穀粒一つだってあるか調べてみろ、最後的断決を取ると云ふのは一体何事だ。農地令とは何だ」というセリフに拍手を送ったというエピソードは、そのことをよく示している。「不思議な笛」を観る朝鮮民衆もまた、自身も経験している地主や役人の横暴を思い、貧しい若者に感情移入したとしてもおかしくない。

しかも、裵亀子は、1935年11月の京城府東洋劇場における公演で、この「不思議な笛」の最後の場面で、太極旗を振ったとされる。[81] それは、理不尽な支配にあり、抑圧を受けている朝鮮民衆が、不正義な日本の支配をくつがえすという夢を、そこに集まった人びとに抱かせたであろう。

5) 私生活の変化と引退

だが、映画やラジオ出演も果たし、日本内地での人気演芸人の仲間入りをしつつあったと言えそうな時期、裵亀子の生活には大きな変化が訪れた。1937年1月

80 「不思議な笛」の台本は、筆者がオークションサイトを通じて購入した。表紙には「崔栄一案 歌舞喜劇 不思議な笛」とあり、上演した劇場名であると推定される新世界劇場のスタンプや検閲の地方官庁と日時を示すと思われる「大阪府 9.10.13〔昭和9年＝1934年10月13日〕」などのスタンプ等が押されている。用紙は吉本興業合名会社のものである。

81 前掲宋安鍾論文が引用している、ユミニョン、「日帝下の劇場文化とスーパースター裵亀子」、『客席』1986年2月号による。

31日、夫の洪淳彦が急死したのである。[82] 洪淳彦は京城府西大門の東洋劇場の所有者でもあり、彼の死の直後からその財産をめぐる内紛が勃発した。裴亀子はこれに精神的打撃を受け、入院したともいう。[83] その関係から、1937年2月下旬から8月中旬までは公演活動が確認されず、引退のうわさも出ていた。[84] しかし裴亀子は、1937年8月下旬から12月までは京都・花月劇場、1938年2月には京城・府民会館を行った。[85] その後、3月4，5日に開城で公演を行ことが伝えられているが、[86] これ以降、裴亀子が舞台に立ったことを伝える史料は確認できない。

そしておそらく1938年に入って、裴亀子は二度目の結婚をしている。相手は実業家の金桂祚であった。[87] もっとも、彼女は結婚後も、彼女は、歌、踊、劇を調和させつつ朝鮮の芸術を発展させることを主唱し、裴亀子楽劇研究所を東京目黒区緑が丘に建設していた。ただし、それについて伝える記事によれば、この施設についても「家庭主婦になった裴亀子女子は後援だけをして、全責任を後継者である裴龍子嬢に任せ」るとのことであった。[88] 裴龍子—裴ハルラは実際に、自分が後継者となり、苦労したとも証言しているが、それも長く続かなかったようである。1940年に行われたインタビューで、裴亀子は、自身が舞台に復帰する考えは示さず、裴亀子楽劇団は解散したと述べている。[89]

---

82 『毎日申報』1937年2月7日付「洪淳彦氏永眠」。

83 前掲の裴ハルラ、「オンニ、裴亀子」。

84 『東亜日報』1937年6月16日付「事実と風聞 東洋劇場」。ただし、この記事では、東洋劇場の支配人である崔象徳が、引退説を否定している。

85 前述の『歌舞伎年表(京都篇)』第9巻、および、『東亜日報』1938年2月3日付「府民会館で上演中の裴亀子楽劇団」。

86 『東亜日報』1938年3月3日付「裴亀子楽劇団 開城で開演」。

87 『東亜日報』1938年8月27日付「裴亀子楽劇研究所」中に、「帝国燃料株式会社副社長である金桂祚氏と華燭の宴を挙行した」の語が見える。なお、『東亜日報』1938年1月21日付「東劇内紛 内幕暴露の旋風」は洪淳彦の一周忌に裴亀子が出席しなかったことや裴亀子の妊娠説を伝えているが、金桂祚との再婚については触れていない。

88 前掲の『東亜日報』1938年8月27日付記事。

89 草兵丁、「百八念珠をいじる裴亀子女子」、『三千里』1940年5月号。

かくして裵亀子は、1938年3月以降、舞台とは縁のない生活を送ることとなった。ただし、その後の人生も平坦ではなかった。金桂祚との生活も持続せず、ソウルに住んでいた時期に、占領軍の一員としてやってきた日系人米兵であるヤマモトと三度目の結婚をすることになる。その後、彼女は日本にわたり、そこでしばらく暮らしたのち、米国カリフォルニア州に移住、100歳を越えて生きた後、亡くなった。この間、自身の舞台生活については特にまとまった回顧や証言は残していない。

5. 活動の意義とその忘却の意味

本稿では、1910年代末から1930年代末まで活躍した、朝鮮人大衆演芸人の裵亀子の事績を明らかにしてきた。これまで述べてきたように、裵亀子は、幼い少女の頃、日本に渡り、松旭斎天勝一座のメンバーとなり、そこで日本の演芸を学んだ。そして、一座脱退後、自身の民族性を強く意識し、朝鮮の文化に誇りをもって、それに根差した唄や踊り、演劇などで構成されるショウを始めた。1930年代には主に日本内地での興行を続け、人気を獲得していった。1930年代半ばには、当時の日本の一流演芸人と共演し、映画やラジオにも出演するようになり、日本の雑誌等でもその公演は好評を持って迎えらえるようになっていた。

しかし、1938年に引退した彼女について、今日、思い起こす人は少なく、その活動が持った意義についての分析は十分に行われていない。その理由は様々に考えられる。

まず、彼女の提供したのは大衆演芸であり、深い芸術作品とは見なされなかった。また、彼女は、引退後、長く生きたものの、自身の舞台生活についてはほとんど語っていない。しかも解放後、しばらくして祖国を離れ、日系アメリカ人とその後の長い人生を送った。裵亀子が、今日、ほとんどの人の記憶に残っていない理由としては、これだけでも十分であろう。

ただし、それ以外にも重要な理由はある。まず、日本にせよ、韓国にせよ、現在そこに暮らす人びとは、一国・一民族の枠組みで限定して歴史を捉えがちである。日本人と朝鮮人が境界を越えて移動して接触していたこと、そのことが文化も含めて様々な影響を及ぼしていたこと自体が、今日、忘れられている。そうしたなかで、朝鮮人でありながら活躍の場は主に日本内地であった、裵亀子は日本・韓国それぞれの"国民の記憶"から除外されてきたのである。

また、裵亀子の提供したのは、芸術的ではない、卑俗であると称された大衆演芸であったことも関係しているだろう。それは、人びとの生活や暮らしに深い影響を及ぼすものではないと見なされ、重要視されてこなかった。しかも、裵亀子が舞台で活躍した時期に、朝鮮民族が直面していた根本的な問題は植民地支配であったが、それに対して彼女は明確に反抗したわけではない、むしろ、彼女は植民地化された朝鮮を受入れて舞台生活を送ったようにも見える。裵亀子は、日本人から演芸を学び、和服を着たカメコとして舞台生活を開始し、自身の楽劇団を率いるようになった後も興行の舞台は主に日本内地であった。しかも、彼女の人生と深いかかわりをもった裵貞子は、伊藤博文と通じた「親日派」として著名な人物であった。

だが、これまで見て来たように、彼女は、失われた民族性を回復した後、朝鮮の踊りの価値に気付き、それをほかの民族にも知らしめようとした人物であった。日本内地では、異郷で困難な生活を続ける同胞に、故郷の唄や踊りをとどけて慰安を与えただけでなく、彼らの様々な活動に協力した。そして、朝鮮民衆に、自分たちが優れた文化を持つことを意識させ、舞台の上から、支配や抑圧からの解放の夢を与えていた。こうした朝鮮人大衆演芸人としての裵亀子の活動こそは、植民地支配とは何かを考えるうえで、多くの人びとが記憶すべき歴史である。

근대 일본 퀘이커리즘의 기억

니토베 이나조로부터 전후 일본으로의 계승

박윤정(朴輪貞, Park Yoon-Jung)

도쿄대학 총합문화연구과 지역문화연구전공 박사과정, 다이쇼대학 종합학수지원기구 DAC 코어튜터(상근). 일본사상사 전공.
현재 니토베 이나조의 사상을 중심으로 기독교와 동아시아의 관계에 관해 박사논문 집필 중이다. 주요 논문으로는 「니토베 이나조의 농업론과 그 종교성 : 『지방학』의 형성과 전개를 중심으로」(2018), 연구칼럼 「역사교과서 속의 『국가신도』」(2018) 등이 있다.

1. 서문

전후 일본 민주화에서 주체적 역할을 담당해 온 인물 중에 마에다 다몬(前田多門, 1884~1962)이 있다. 그는 패전 직후인 1945년 8월 17일 밤 사복경찰의 방문을 받고 상경해 다음 날인 18일부터 전후 초대 문부대신이 된다. 그리고 9월 15일에 「신일본건설교육방침」을 발표하여 약 한 달 만에 새로운 일본 교육의 근본을 제시했고, 그후 천황의 '인간선언' 초안 작성에도 관여했다.

민주화 교육의 첫발을 내딛는 역할을 담당한 마에다가 급작스러운 문부대신 취임요청을 수락한 이유는 다음과 같았다. "패전은 비극이지만, 앞으로 군국주의의 압박이 없는 상황에서 일찍이 니토베 선생님이 말씀하신 것과 같은 교육이상을 실행할 수 있다면 일하는 보람도 있을 것"[1]이라 생각했기 때문이다. 그가 밝히고 있는 것처럼, 마에다에게는 은사로부터 계승된 교육이상이 존재하고 있었던 것이다.

여기에서 말하는 마에다의 은사는 『무사도』(1900)[2]의 저자로 유명한 니토베 이나조(新渡戸稲造, 1862~1933)이다. 니토베는 현재의 국제연합(UN)의 전신인 국제연맹의 초대 사무차장을 지낸 근대 일본의 국제적인 지식인으로, 삿포로농학교 · 도쿄제국대학 · 교토제국대학 등의 교수, 타이완총독부의 식

1 堀切善次郎 編(1963), 『前田多門 : その文 · その人』, 三友社, 55쪽.

2 원제는 *Bushido : The Soul of Japan*이라는 영문판으로 미국에서 출판되었다.

민정책론자, 세계 각지에서의 강연 활동, 근로청년과 여성을 대상으로 신문과 잡지에의 기고 등 다방면에서 활동했다. 에도 말기에 태어나 메이지 · 다이쇼 · 쇼와 시대의 일본 근대기를 몸으로 살아내며 일본 국내와 세계를 무대로 활약한 인물이다.

위에서 말한 마에다가 니토베에게서 배운 교육이상이란 어떠한 것이었을까. 니토베는 다양한 교육활동을 통해 당시의 많은 청년에게 영향을 끼쳤는데, 그중에서도 제1고등학교 교장시기의 인격주의 교육이 특징적이다. 이 교육의 특징은 기독교신앙에 근거한 인격주의적 교양주의[3]로 평가되는데, 폭넓은 교양의 습득과 기독교신앙에 바탕한 이상주의적 교육을 통해 입신출세주의에 젖어 있던 종래의 관료상과는 다른 '사회파 관료'를 배출하게 된다. 마에다도 그러한 관료 중 한 명이었다.[4]

이와 같이 기독교신앙에 근거한 인격주의적 교양주의라는 니토베의 교육이 '사회파 관료'라는 새로운 인식을 소유한 지식인들을 길러 냈고, 그들이 일본의 근대사회 — 전전부터 전후 — 를 형성했다는 사실은 특별히 주목할 필요가 있다. 니토베의 교육과 신앙에 영향을 받은 문하생들의 삶과 활동의 의미를 통해 니토베의 사상이 어떤 형태로 일본사회 형성에 기여했는지를

---

3 러일전쟁 전후부터 다이쇼 말기에 청년층에서 유행한 이상주의적 사조를 '다이쇼교양주의'라 하는데, 그중 니토베와 우치무라 간조(内村鑑三)로부터 인격적 · 사상적 · 신앙적 영향을 받은 사회과학자와 관료들에 대해 '문화 · 사회의 혁신에 의해 적극적으로 관여해 가는 교양주의'로 평가하기도 한다[武田清子(1995), 『戦後デモクラシーの源流』, 岩波書店, 10~17쪽].

4 사회파 관료로 일컬어지는 이들은 다음과 같다. 마에다 다몬, 쓰루미 유스케(鶴見祐輔), 다지마 미치지(田島道治), 이와나가 유키치(岩永裕吉), 후지이 다케시(藤井武), 미타니 다카노부(三谷隆信), 다카기 야사카(高木八尺), 모리토 다쓰오(森戸辰男), 사와다 렌조(沢田廉三), 가와니시 지쓰조(川西実三), 구로사키 고키치(黒崎幸吉), 쓰카모토 도라지(塚本虎二), 난바라 시게루(南原繁), 가와이 에이지로(河合栄次郎), 에바라 반리(江原万里), 야나이하라 다다오(矢内原忠雄), 다나카 고타로(田中耕太郎) 등이 있다[松井慎一郎(2003), 「新渡戸 · 内村門下の社会派官僚について」, 『日本史研究』第495号].

찾아낼 수 있기 때문이다.

그러한 관점을 가지고 본고에서는 니토베의 기독교신앙인 퀘이커리즘과 그것에 바탕하여 이루어진 니토베의 인격주의적 교양주의가 이후의 세대에서 어떻게 계승되어 가는지를 살펴보고자 한다. 특히 니토베로부터 막대한 영향을 받았고 이후에 퀘이커신앙에 귀의한 마에다 다몬과 쓰루미 유스케(鶴見祐輔, 1885~1973)에게서 보이는 계승관계를 고찰함으로써 근대와 현대 일본에 있어서의 니토베사상의 의미에 대해 재고하는 기회를 제공하고 싶다.

물론 니토베의 퀘이커리즘에 관한 연구는 선행연구에서도 다루어져 왔지만 단편적인 것이 대부분이다. 그중 우누마 히로코(2004)[5]는 니토베의 미국 관련 활동을 통해 그의 퀘이커리즘을 분석하고 다양성 공존이라는 중요한 실마리를 제공했다. 모리가미 유코(2015)[6]는 니토베사상의 각 특징을 망라하며 특히 니토베의 기독교신앙으로서의 퀘이커에 대한 분석이 시사적이다. 하지만 이 연구들은 니토베 개인의 신앙에만 집중하여 니토베의 다양한 활동과 관련한 분석이 불충분하다.

그런 가운데 본고의 구상과 유사한 접근을 하고 있는 것으로서, 유아사 다쿠야(2019)[7]가 '기독교신앙에 뒷받침된 국제질서론'에 착목하고 니토베의 'sociality'에 초점을 맞추어 국제질서론을 고찰하고 있어 흥미롭다. 국제관계에 관한 연구이기는 하지만 니토베의 신앙을 중심으로 마에다와의 관계에 주목한 점이 본고의 문제의식과도 공통된다. 다만 검토대상이 국제질서로 한정되어 있다는 점에서 니토베의 국내 활동과 사상의 전체적인 특징을 아

5 鵜沼裕子(2004), 「新渡戸稲造のアメリカ観とクエーカー主義」, 『聖学院大学論叢』 第16巻 第2号.

6 森上優子(2015), 『新渡戸稲造―人と思想』, 桜美林大学北東アジア総合研究所.

7 湯浅拓也(2019), 「もうひとつのウィルソン主義：新渡戸稲造とキリスト教人格主義の思想的水脈」, 『青山国際政経論集』 第103号.

우르기에는 부족한 부분이 있다.

따라서 본고에서는 먼저 니토베의 퀘이커리즘의 기본적 특징을 그의 교육 안에서 찾아내고 그 영향을 받은 마에다와 쓰루미의 활동 속에 그것들이 존재하는지에 대해 소개하고자 한다. 그 과정에서 보이는 계승 관계의 양상을 통해 근대 일본의 퀘이커리즘이 전전과 전후 일본사회에 어떻게 공유되었는지를 살펴봄으로써, 전후 포스트콜로니얼 시대를 살아가는 현재에 시사하는 것이 무엇인지를 생각해 보겠다.

2. 니토베 이나조와 퀘이커리즘

1) 니토베와 '내면의 빛' 그리고 그 발현

무사 집안 출신의 니토베 이나조는 어린 시절부터 성서에 관심을 가지고 있었는데, 삿포로농학교 입학 후 세례를 받고 기독교 신앙을 가지게 된다. 하지만 다양한 지식과 접하며 품게 된 회의와 정신적 지주였던 어머니의 죽음을 통해 그의 우울감은 커져만 갔다. 근대적인 학문을 지향해 입학한 도쿄대학에서 만족을 느끼지 못한 니토베는 농정학 연구를 목표로 1884년 22세에 미국으로 유학하게 된다. 그곳에서 만나게 된 것이 퀘이커였고 그 후 1886년 12월 24세에 정식으로 일본인 최초의 퀘이커(프렌즈파)[8]가 된다. 퀘이커가 일본에 들어오기 전에 청년 니토베는 필라델피아에서 직접 퀘이커리즘(Quakerism)을 습득했고 그것이 니토베의 이후의 삶에 중요한 기반이 된다.[9]

---

8 퀘이커(Quaker), 정식명칭은 Religious Society of Friend이다. 프렌즈라고도 한다. 일본에서는 기독우회(基督友会)라고 불리고 있다.

9 프렌즈파의 최초 일본 선교사인 조지프 코샌드(Joseph Cosand) 부부가 파견된 계기

퀘이커는 17세기 중반에 조지 폭스(George Fox, 1624~1691) 등에 의해 창시되어 나중에 미국으로 전파된 프로테스탄트의 일파로서, '내면의 빛(inner light)'을 믿는 것이 특징이다. 하나님으로부터 받은 '내면의 빛'이 인종과 계급, 성별의 구별 없이 만인에게 깃들어 있기 때문에 지리적 차이에 의해 형성된 인간의 특수성보다 그 차이를 뛰어넘는 보편성을 중시하는 것이 퀘이커리즘의 특징이다.[10]

이러한 퀘이커리즘의 보편주의를 접하면서 니토베에게 있어 풀리지 않던 사상적 문제가 해결된다. 그것은 서양의 기독교와 동양사상이라는 상반된 두 사상의 조화 문제였다. 그에 대해 니토베는 64세 때인 1926년 12월의 강연에서 다음과 같이 밝히고 있다.

> 내가 소년시절에 기독교의 교설을 듣고 성서를 포함한 기독교 관계의 책을 읽기 시작했을 때, 솔직히 말해서 그것들은 모두 나를 납득시키지 못했다. 나는 퀘이커주의에서 비로소 기독교와 동양사상을 조화시킬 수 있었던 것이다.[11]

기독교와 동양사상의 '조화'[12]를 퀘이커리즘의 보편주의에 근거하여 발견함으로써, "과거 40년에 걸쳐서 이 가르침에 헌신해 왔다"고 니토베가 말한

자체가 1885년 6월 20일 니토베가 우치무라 간조와 함께 참석한 필라델피아 프렌드부인 외국전도협회의 집회에서 일본의 여성교육에 대해 발표한 것이었다.

10 湯浅拓也(2019), 앞의 논문, 114쪽.

11 新渡戸稲造(1985d), 「日本人のクエーカー観」, 新渡戸稲造全集編集委員会, 『新渡戸稲造全集 第19巻』, 教文館, 412쪽. 1926년 12월 6일 64세의 니토베가 약 6년 여간의 국제연맹 사무국의 직무를 마치고, 일본으로 귀국하기 전인 12월 14일 제네바대학에서 한 강연이다.

12 니토베는 '조화'라는 단어와 함께 '융화'·'융합'이라는 단어도 사용하고 있어, 단순히 균형을 이룬다는 조화라기보다 보편성과 공통성에 근거한 합일에 가깝게 인식하고 있었다고 볼 수 있다. 따라서 필자는 니토베가 말하는 '조화'는 동서문명조화론적 '조화'가 아니라고 본다.

것처럼 니토베의 삶과 사상의 근저에는 퀘이커리즘이 자리하게 된다.

니토베사상의 토대를 이루는 퀘이커리즘은 구체적으로 어떠한 것이었을까. 그의 퀘이커리즘 이해와 그 의미에 대해 간단히 살펴보자.

니토베는 퀘이커리즘의 출발점이 내면의 빛이라고 설명하면서 그것이 우리 안에 존재할 때 어떤 능력과 신격이 내재한다고 말한다.

> 퀘이커 교의의 출발점은 '내면의 빛'—그 '빛'은 이 세상에 태어나는 모든 자를 비추는 빛인데—의 존재를 믿는 것이다. 여기에는 다른 몇 가지의 명칭, 예를 들면 '씨앗(種子)', '음성', '그리스도' 등등이 부여되어 있다. 그 명칭이 무엇이든 그것이 의미하는 것은 우리 한 사람 한 사람 안에 있는 우리 자신이 아닌 한 '능력'의 존재와 인간이 아닌 한 '신격'의 내재이다.[13]

'내면의 빛'은 '이 세상에 태어나는 모든 자'에게 부여된 것으로 그것을 통해 우리 안에 신격의 능력이 존재하며, 이는 인간의 평등성을 보증하는 것이 된다. 또한 "인간에게는, 남자든 여자든 귀하든 천하든 또한 이미 아이들에게도…… 그 마음에 씨앗이 심겨져 있다. 양심, 본심에 그리스도의 씨앗이 있어 이를 성장시키면 즉 선을 좋아하고 악을 싫어하는 관념, 신을 경외하는 관념"이라고 한다.[14] 모든 인간에게 평등하게 깃든 '내면의 빛'은 '씨앗'이고 이는 성장시킬 수 있는 것이 종교라고 하며, 종교를 '생명'과 '능력'으로 보기도 한다.

동시에 종교—니토베에게는 기독교—란 하나님으로부터 받은 그러한 능력을 소화해 자기화한 후 '다른 것으로 나타내는 능력'이라고 정의한다.

---

13 新渡戸稲造(1985d), 앞의 글, 412쪽.

14 新渡戸稲造(1969b),「人生雑感」, 新渡戸稲造全集編集委員会,『新渡戸稲造全集 第10巻』, 教文館, 146~147쪽.

> 종교란 사람이 신의 능력을 받아 그것을 소화하고 자신의 성질로 동화시켜 자신의 것으로 만들고, 이것을 다른 것으로 나타내는 것을 말하는 것이다.[15]

다시 말해 나에게 내재된 능력으로서의 '내면의 빛=씨앗'을 성장시켜 자기화한 후에 다른 형태로 구현해 내는 것인데, 그러기 위해서는 '의지의 작용'이 필요하다. 내면의 능력을 의지적 실천을 통해 드러내는 것이 종교의 진정한 의미인 것이다. '내면의 빛'이라는 평등성의 존재와 그것을 성장시키는 자기화 과정, 그리고 새로운 형태로 발현시키는 것이 니토베가 생각하는 종교였고, 바꾸어 말하자면 니토베의 퀘이커리즘이라 할 수 있다. 특히나 자신의 능력을 생활 속에서 실천해 가는 것에 대한 그의 인식은 아마도 니토베 자신의 평생에 걸친 다양한 활동에도 적용되었다.

한편 이러한 니토베의 종교관은 기독교뿐만 아니라 다양한 종교와 도덕적 신념의 신성을 인정하는 것이 되기도 한다. 이에 대해 우누마(2004)는 니토베의 "신의 능력이 인간의 마음에 작용하고 나아가 이것이 외부로 나타나기까지의 모습은, 사람들의 개성에 따라 달라지지 않으면 안 될 것이다. 각 사람이 동일한 신으로부터 빛이 비추어지지만, 그 빛이 몸 밖으로 나타날 때는 각각 빛의 색깔이 다르게 보인다"는 서술을 언급하며, 이 빛 아래에서 세계의 모든 종교와 도덕적 신념이 사람들을 보다 고차원적인 정신으로 인도한다는 인식이 니토베에게 있었음을 지적한다.[16] 니토베의 이러한 관념은 자신과 입장과 신념을 달리하는 사람에 대한 관용으로 이어진다. 이 관용 역시 니토베퀘이커리즘의 하나의 특징이라고 할 수 있다.

---

15 新渡戸稲造(1969c), 「宗教とは何ぞや」, 新渡戸稲造全集編集委員会, 『新渡戸稲造全集 第10巻』, 教文館, 19쪽.

16 鵜沼裕子(2004), 앞의 논문.

2) 인격과 사회성 : 'to be'와 'sociality'

그러면 위와 같은 니토베의 퀘이커리즘은 어떻게 실천되었을까. 그것이 잘 드러난 것이 바로 니토베가 제1고등학교 교장으로서 실시한 인격주의 교육이다.

당시의 구제 고등학교는 도쿄제국대학에 입학해 국가관료가 되기 위한 정규 루트였다. 구제 고등학교 8개교 중에서도 제1고등학교의 경쟁률은 10대 1 이상으로, 제1고생은 엘리트 중의 엘리트였다. 그들은 국가관료가 되어 입신출세하는 것을 최대의 목표로 삼고 있었다.

1906년 9월 제1고등학교에 교장으로 취임한 니토베는 제1고등학교의 보수적·배타적이며 독선적 경향이 강한 '농성주의' 교육을 비판하고 "현재의 교육에 결여되어 있는 것은 실로 이 사회적 관념"이라고 하며 'sociality'를 교육방침으로 제시한다.[17] 입신출세를 위한 엘리트 교육이 아니라, 사회성을 가진 인격 형성이 교육의 최대 목적이라고 강조하며 인격 향상과 수양의 중요성을 역설한 것이다.

니토베가 인격 형성을 교육의 최대 목적으로 강조하고 'sociality'를 교육방침으로 제시한 이유는 무엇일까.

먼저 그는 인격의 의미에 대해 "서양인은 퍼스널리티를 중시한다. 퍼슨 즉 인격이다"[18]라고 말하는데, 'person＝인격'이라는 사고방식은 서양의 기독교문화의 삼위일체론에 근거하는 인식이다.[19] 또한 동서양의 사고방식 역

---

17 니토베가 교장취임피로식에서 학생들에게 자신의 교육방침을 제시했을 때 사용한 단어이다[新渡戸稲造(1906), 「新任披露式」, 『校友会雑誌』 第160号, 75~76쪽].

18 新渡戸稲造(1969a), 「西洋の事情と思想」, 新渡戸稲造全集編集委員会, 『新渡戸稲造全集』 第6巻, 教文館, 563쪽.

19 기독교의 삼위일체라는 교리에 대해 니토베도 언급하고 있다. 이와 관련해 미나토(2009)는 니토베의 'person＝인격'이라는 설명에 대해 다음과 같이 부연한다. "인격이라는 단어는 영어로는 person, 독일어로는 Person으로 라틴어의 persona에서 유래한

시 'person=인격'에 대한 사고방식의 차이로 보고 "퍼슨이라는 것을 깊이 인정하게 되면 타인의 권리도 인정하는 것"이라 하여, 나의 인격 인정이 타인의 권리 인정으로 이행되는 보편성 있는 인격개념을 생각했다.

이러한 인격개념은 니토베의 내면적 인격 완성(to be)에 대한 인식과 관계되어 있고,[20] 이는 곧 기독교의 신과 개인과의 수직적 관계(vertical relation)와 맞물려 있다. 니토베는 일반 사회에서의 사회적 관계를 수평적으로, 인간 이상의 존재와의 관계를 수직적인 것으로 규정하면서 초월적 존재와의 수직적 관계의 필요성을 설명한다.[21] 그리고 이러한 수직적 관계의 바탕 위에 다른 인간과의 수평적 관계(horizontal relation)를 형성해야 한다고 생각했다. 이 수평적 관계를 형성하는 데 없어서는 안 되는 것이 사교주의 또는 사회성으로서의 'sociality'이다.

'to be'로서의 인격 완성은 인간 모두에게 깃들어 있는 '내면의 빛'에 뒷받침되어 가능한 것이고 그러한 인격을 바탕으로 모든 이의 가치와 평등성이 인정된다. 그러한 전제 위에 'sociality'의 발휘를 통해 수평적 관계를 형성함으로써 사회적인 실천을 지향하는 것, 그러한 인재를 양성하는 것이 니토베가 생각한 근대 일본 교육의 목적이자 의미였으며 그의 퀘이커리즘적 사상

다. 기독교문화 속에서 역사를 기록해 온 서양에서는 three persons in one, 아버지 하나님, 아들 그리스도, 성령이라는 세 가지 persona를 가진다는 개념이 역사 속에 지하수처럼 흐르고 있다"〔湊晶子(2009), 「新渡戸稲造の人格論・Personality」の今日的意義」, 『東京女子大学比較文化研究所紀要』 第70号, 50쪽〕.

20 1904년 2월의 「성과 행(인격 형성인가 행위 업적인가)」, "사람의 행위는 주로 그 품성을 밖으로 드러내는 것이기 때문에 이를 존귀하다고 한다. 선인(善人)의 장난은 어리석은 사람의 현명한 일보다도 나에게 가르치는 것이 많다. 'to be'라는 것은 'to do'라는 것보다 훨씬 중시되어야 하는 것이다. 너는 선하여라. 그러면 네가 행하는 것 모두가 선해질 것이다"〔新渡戸稲造(1970a), 「性と行(人格形成か行為業績か)」, 新渡戸稲造全集編集委員会, 『新渡戸稲造全集 第5巻』, 教文館, 22~23쪽〕.

21 新渡戸稲造(1970b), 「修養」, 新渡戸稲造全集編集委員会, 『新渡戸稲造全集 第7巻』, 教文館, 57~58쪽. 원래 인용문 중의 horizontal과 vertical이라는 로마자 표기가 아니라 일본어 표기로 되어 있는 것을 필자가 영어표기로 바꾸었다.

에 기인하는 것이었다.

이와 같은 니토베의 교육은 많은 학생에게 영향을 주었다. 앞에서 언급한 마에다 다몬 역시 그 영향을 크게 받았는데, 다음과 같이 회고하고 있다.

> 니토베 선생님이 당시 일고 교장으로서뿐 아니라 그야말로 당대 제일의 사회교육가로서 기회가 있을 때마다 강조하셨던 것은, 수직의 관계 외에 수평의 관계를 중시해야 한다는 것 즉 수평적으로 각 사람이 서로 연대하여 좋은 사회를 만들어야 한다는 것이었다. 일본인의 교양이 지금까지 결여되어 있어 앞으로 함양이 급무임을 느끼는 것이 'sociality'이자 사회봉사라는 점이었다.[22]

이처럼 니토베의 제1고등학교에서 'sociality'에 대해 배운 많은 학생이 1920년대 이후 다양한 사회문제가 현재화되는 시기에 사회파 관료로서 각자의 역할을 담당하게 된다.[23] 니토베가 주장한 인격주의와 그에 근거한 'sociality'를 통해 그들에게 타자와 사회에 작용하는 사회적 연대를 중시하는 사고방식이 형성되었으며, 이것이 일본사회와 국제사회에 대한 그들의 인식의 사상적 바탕이 되었다고 볼 수 있다.[24]

한편 니토베가 엘리트 교육에서만 이러한 활동을 한 것은 아니었다. 주변 지식인들의 비난을 받으면서도 『실업의 일본(実業之日本)』과 같은 일반 근로청년들과 여성들을 위한 통속잡지에 기고하여 근대화·산업화되어 가는 당시 일본사회에서 여러 가지 문제로 허덕이고 있던 이들에게 큰 위로와 힘을 전달했다.[25] 많은 젊은이에게 인격 형성과 사회성의 함양의 필요성을

---

22 前田多門(1963), 「道草の跡」, 堀切善次郎 編, 『前田多門 その文・その人』, 三友社.

23 松井慎一郎(2003), 「新渡戸・内村門下の社会派官僚について」, 『日本史研究』 第495号, 37~39쪽.

24 湯浅拓也(2019), 앞의 논문.

25 森上優子(2015), 앞의 책.

강조함은 물론 여학교 건설 및 부녀자들을 위한 강연 활동의 실시 등 니토베의 실천적 교육 활동은 각계각층에서 매우 활발히 이루어졌음도 덧붙여 둔다.

3) 'sociality'의 국제성

니토베 퀘이커리즘에서 수평적 관계와 사회적 실천의 키워드인 'sociality'는 한 국가 내의 개인과 개인의 관계성에만 해당되는 것이 아니었다. 퀘이커리즘의 '내면의 빛'은 인간의 근원적인 가치의 동일성 즉 인류 평등성의 토대가 된다. 그러한 보편주의 입장에서 보면, 국가와 국가라는 국제관계에도 적용할 수 있다. 'sociality'의 실천은 국제성으로 발현된다고 할 수 있는데 그것이 나타난 것이 니토베의 국제적인 활동이다.

제1차 세계대전 이후 1920년에 창설된 국제연맹에서 니토베는 초대 사무차장을 맡게 된다. 니토베는 사회문제 협력을 통해 전쟁을 방지하는 것이 국제연맹의 최대 목적이라고 말하며, 전쟁의 원인이 되는 경제적 · 사회적 문제에 대해서도 협력해야 할 필요성을 언급한다. 그러면서 주로 문화적인 분야에서의 역할을 담당했는데, 그중 구체적인 성과로 1922년 5월 국제연합 교육 · 과학 · 문화기관(이하 유네스코)의 전신인 지적협력국제위원회(International Committee on Intellectual Cooperation, ICIC)의 설립이 있다.[26]

니토베는 국제연맹의 활동을 정치적인 것보다 사회적 · 경제적 · 도덕적인 것이라 하여 국제연맹의 역할을 '평화'로의 지향으로 규정한다. 또한 이것이 유럽뿐만 아니라 공간적으로 더 확대되어 갈 것을 예견하는 등[27] 국제

26 니토베 재임기간 중인 1924년에는 프랑스정부가 위원회 부속 학예협력소를 파리에 설치하는 등 지적국제협력국제위원회는 그 활동의 폭을 넓혀 갔다.

27 新渡戸稲造(1985c), 「連盟活動の拡大」(1931), 新渡戸稲造全集編集委員会, 『新渡戸稲造全集 第20巻』, 教文館, 229쪽.

협조가 조직화되어 전 세계로 확대되는 역할을 담당하는 보편적인 국제협력 기구로 파악했다.[28] 이러한 니토베의 이해는 국가 간 협력이라는 'sociality'의 발휘를 통해 국제사회적 실천의 필요성을 염두에 두고 있었다고 할 수 있다.

이는 니토베가 'sociality'의 중요성과 필요성을 국제협조 조직화의 중점에 두었음은 물론 국제사회를 '사회'답게 하기 위한 니토베의 신념 — 퀘이커리즘에 기초한 사회성과 국제성 — 의 발현이었다고 평가할 수 있다. 그러한 퀘이커리즘에 근거한 'sociality'의 수평적 관계성이 「애국심과 국제심」에서는 다음과 같이 설명된다.

> 애국심의 반대는 국제심이나 사해동포심이 아니라 광신적 애국주의이다. 국제심은 애국심을 확대한 것이다. 자신의 나라를 사랑한다면, 자국의 생존에 없어서는 안되는 나라, 그 나라가 없다면 자국이 그 존재이유를 잃어버리는 다른 나라들을 어떻게든 사랑하지 않을 수 없다. ……진정한 애국자이자 국제심을 가진 사람이란, 자국과 자국민의 위대함과 그 사명을 믿고, 또한 자신의 나라는 인류의 평화와 복지에 공헌할 수 있다고 믿는 사람이다(1930. 6. 7).[29]

애국심이 확대된 것이 국제심으로, 자국을 사랑하면 타국을 사랑할 수 있

---

28 이와 같이 국제연맹을 보편적인 국제협력기관으로 인식하고 있던 니토베는 1926년 국제연맹 사무차장의 직무를 마치고 다음 해 일본으로 귀국하는데, 그후의 일본에서 기다리고 있던 사건은 만주사변을 계기로 한 국제연명 탈퇴였다. 이 탈퇴에 대해 니토베는 다음과 같이 평가했다. "우리가 연맹을 떠나더라도 '국제가족'을 떠날 수는 없다. 우리를 연맹과 묶는 끈은 법적이고 계약적인 것이다. 우리를 '국제가족'과 묶는 것은 경제적 또한 도덕적이다"〔新渡戸稲造(1985a), 「国際民主主義」(1933), 新渡戸稲造全集編集委員会, 『新渡戸稲造全集 第20巻』, 教文館, 605쪽〕.

29 新渡戸稲造(1985b), 「愛国心と国際心」, 新渡戸稲造全集編集委員会, 『新渡戸稲造全集 第20巻』, 教文館, 56쪽.

다는 논리는 퀘이커리즘의 '내면의 빛'에 근거한 가치가 국가에까지도 적용된다는 것을 보여 준다. 그리하여 자국의 이익만을 추구하는 것이 아니라 상호공존을 위한 국가 간의 협조를 이루어 나가는 것이 수평적 사회성을 실천하는 방법이 되는 것이다.

3. 니토베 퀘이커리즘의 내재화: 계승과 단절

1) 마에다 다몬의 사회교육 지향

서문에서 언급한 전후 초대 문부대신 마에다 다몬은 1884년 오사카에서 태어나 릿쿄중학, 제1고등학교를 거쳐 1909년 7월 도쿄제국대학 법과대학을 졸업했다. 마에다는 중학 시절부터 사회문제에 흥미를 가지고 있었는데 그 관심은 당시에 일어난 아시오(足尾)광독사건에 대해 현지조사 동행과 조사보고연설회 보고를 했을 정도였다.

제1고등학교 시절에 니토베의 강연에 참석 후 완전히 매료된 마에다는 그를 평생의 은사로 삼게 된다.[30] 그리고 자신의 진로를 결정하는 데 있어서도 니토베의 영향을 크게 받았다. 대학 졸업을 앞두고 했던 니토베와의 진로상담에 대해 다음과 같이 전하고 있다.

---

30 니토베 사후에 발간된 『니토베박사 추억집』에 「기생충으로서의 감상」이라는 추도문을 기고했다. 또한 이에 대해 "나는 니토베 이나조 선생님에게 심취했고 경도했다. 제일고 시절 어쩌다 산책 김에 나간 혼고 하루키초의 회당에서 당시 타이완 근무 중에 잠깐 돌아오신 선생님의 강연을 들은 것을 계기로 완전히 빠져들어 그후로부터 계속해서 니토베광이 되었고 그후 3년이 지나 우연히 선생님이 모교인 제1고의 교장이 되셨기에 한층 더 신이 나서 내가 자진하여 제자로 되어 기생충처럼 선생님께 매달렸다"〔堀切善次郎 編(1963), 앞의 책, 11쪽〕고 서술하고 있듯이 니토베와의 만남이 그의 생애를 결정지었다.

> 일본에 결여되어 있는 것은 사회교육이네. 자네는 사회교육가가 되게. 하지만 그 준비로서 일단 관계(官界)에 들어가게나. 현재 일본에서는 뭐라 해도 관계가 사회를 전망하기에 가장 편리한 지위일세. 그리고 내무성이 좋겠군. 한동안 그곳에서 세상을 본 후에 민간에서 사회교육 일을 하면 어떤가.[31]

현재 일본에 필요한 것은 사회교육이지만 일본사회 전체를 관망하기 위해 먼저 관료가 되어 경험을 쌓으라는 니토베의 가르침에 따라 마에다는 1909년 8월에 내무성이 들어간다. 그후 군마현 도네군장(利根郡長)을 시작으로 가나가와현, 오카야마현, 나가사키현 등을 거쳐 다시 내무성 서기관으로 돌아간다. 그후 1920년 12월부터 1923년 6월까지는 도쿄시의 조역(助役. 현재의 부시장에 해당)을, 1923년 7월부터는 제네바의 국제노동사무국(International Labour Office, ILO) 일본정부대표로 약 3년 반을 역임 후 1928년부터 『아사히신문』 논설위원을 지냈고, 1945년 8월부터 다음 해 1월까지 패전 후 초대 문부대신을 역임한다. 이후에도 일본육영회 회장 및 일본 유네스코 국내위원회 초대회장 역임 등 일본의 지방자치와 교육에 진력한 인물이다.

위의 인용에서도 알 수 있듯이 니토베와의 만남이 마에다의 생애를 결정지었다고 해도 과언이 아니다. 마에다 자신도 "그때 니토베 선생님이라는 폭넓은 인격을 만난 것이었다. …… 그러면서 선생님에게 경도하는 마음이 더욱 커져서 선생님을 평생 따라가는 것이 인생의 가장 뜻깊은 일이라고 생각하게 되었다"[32]라는 회고하고 있어, 니토베가 그에게 미친 영향이 막대한 것임을 짐작할 수 있다.

청년 마에다는 니토베의 측근이 되어 그의 활동에 함께 참여한다. 예를 들면 니토베를 따라 퀘이커계 학교인 프렌드여학교(普連土女学校)를 자주 방

---

31 堀切善次郎 編(1963), 앞의 책, 14쪽.

32 前田多門(1963), 앞의 글.

문했다. 거기에서 니토베의 소개로 만난 퀘이커신앙을 가진 가나자와 후사코(金澤房子)와 결혼하게 되고, 이후에는 니토베 부부와 부부 동반으로 많은 교류를 갖게 된다. 또한 당시 마에다는 고토 신페이 내무대신의 비서관을 거쳐 도쿄시 제3조역, 도쿄시정조사회 창립이사를 맡은 시기였는데, 1923년 4월 15일에는 프렌드여학교에서 열린 총회에서 "사회사업에 대하여"라는 제목으로 강연을 했다. 그리고 전년도인 1922년 1월부터 프렌드여학교의 후원회 회장으로 취임하여 체육관건설사업계획을 세우는 등 프렌드여학교와 여러 관계를 맺고 있었다.

마에다의 활동에서 주목할 만한 것은, 그의 공민교육사상에 니토베정신 즉 퀘이커리즘이 계승되어 있는 점이다. 앞에서 인용한 바와 같이 마에다는 니토베의 수직적 · 수평적 관계에 대해 인식하고 있었는데, 공민이라는 개념을 확립함에 있어 이것이 이용되고 있었다. 예를 들면 다음과 같다.

> 한마디로 표현하자면, 국민은 수직의 관계에 중점을 둔 관념이고, 공민은 수평의 관계에 먼저 착목한 관념이다. 수평이라고 해도 절대적으로 수평이 아니라 결국은 수직으로 돌아가는 것인데, 수직의 관계를 강화하기 위해서는 그저 권력복종의 강요해서는 안 된다. ……국가에서 그 신민을 내려다볼 때는 국민이 되고 신민이 국가를 올려다보면 공민이 된다.[33]

여기에서는 니토베의 초월적 존재와의 수직 관계가 국가와의 관계로 치환되어 사용되는 점은 유의할 필요가 있다. 다만 일본의 국가주의적 경향이 강해지는 가운데 마에다는 공민이라는 수평적 관계에 착목하고 있음이 니토베의 퀘이커리즘과의 밀접한 관계를 떠올리게 한다. 이는 평소의 니토베와의 관계를 고려할 때 퀘이커리즘이 마에다에게 계승되어 있었다고 보는

33 前田多門(1937), 『公民の書』, 10~11쪽.

것이 타당할 것이다. 그러한 공민교육사상을 바탕으로 마에다의 사회교육과 활동이 이후에도 전개되어 간다.

2) 쓰루미 유스케의 자유주의 정치와 좌절

마에다 다몬과 친분이 두터우면서 니토베와도 밀접한 관계에 있던 또 한 명의 인물로 쓰루미 유스케가 있다. 그는 1885년 군마현에서 태어났는데 견사방적공장 소장이었던 아버지의 전근에 따라 군마, 도쿄, 오카야마를 전전했다. 쓰루미 역시 제1고등학교를 거쳐 입학한 도쿄제국대학 재학 중에 니토베와 만난 후 감화를 받아 '니토베종'이라 불리는 그룹의 핵심적 멤버였으며, 변론부의 활동을 비롯해 니토베의 영향을 받으며 대학생활을 보내고 나중에 '사회파 관료'가 된다.

집안의 몰락과 경제적인 이유로 장래 정치가를 꿈꾸던 쓰루미는 1910년 7월 도쿄제국대학 법과대학 정치학과를 졸업한 후 마에다와 마찬가지로 관계에 들어간다. 1911년에는 철도성으로 전근한 후 약 14년간에 걸쳐 관료로 지낸다. 그러면서도 1911년 8월 니토베 이나조가 일 · 미교환교수로 초빙되었을 때는 잠시 관료를 그만두고 니토베를 수행하여 동행한다. 그리하여 친미적인 사고를 포함해 자유주의 등 사상적으로 니토베의 영향을 크게 받았다.[34]

니토베와의 미국행을 선택하기도 한 쓰루미였지만 그의 정치 지향은 사

---

34 니토베와의 관계를 시사하는 것 중 하나가, 니토베가 편집위원으로 있던 『실업의 일본』에 쓰루미가 1912년 7월 이래로 전후인 1959년까지 매년 수차례의 기고를 했다는 것이다. 1912년 7월의 「니토베 박사 흰머리가 많다」를 시작으로 그해는 5회, 그후로는 10년 후인 1922년부터 1945년까지 거의 매년 수차례에 걸쳐 게재가 확인된다. 그리고 몇 년 지나 1951년에 1회였지만 1954년부터는 11회로 급격히 증가하였고, 다음 해인 1955년부터 1959년까지는 연 20회를 웃도는 기고를 했다. 그리고 쓰루미 역시 『니토베 박사 추억집』에 「일 · 미교환교수시대의 니토베 선생」이라는 글을 기고했다.

라지지 않았다. 니토베가 자신의 국제연맹의 사무차장의 후임으로 쓰루미에게 그 자리를 권했을 정도로 인정을 받았다. 하지만 정치가로서의 꿈을 품고 있던 쓰루미는 이를 거절하고 국내로 돌아와 정계로 들어간다.

쓰루미는 1928년 2월 제1회 보통선거에서 오카야마에서 중의원 의원에 당선되는데, 자유주의를 지향하는 정치가로서 출발한 그는 나가시마 류지(長嶋隆二), 후지와라 요네조(藤原米造) 외 중립의원들과 도모하여 오자키 유키오(尾崎行雄)의 지도하에 명정회(明政会)라는 소정당을 조직한다. 명정회의 강령[35]을 보면, "입헌정치의 발달에 의해 개인 인격의 완성을 가능하게 하는 사회의 건설을 서약한다"와 "국제정의 정신을 기조로 하는 세계평화의 달성을 서약한다"는 내용이 포함되어 있다. 개인 인격의 완성이라는 측면은 니토베의 퀘이커리즘에서도 중요한 특징으로, 초월자와의 수직적 관계에서 이루어지는 인간 내면의 문제였다. 쓰루미는 입헌정치라는 사회적 시스템을 통해 개인의 인격 완성이 실현 가능한 사회를 건설하고자 했던 것이다. 하지만 명정회는 약 2년 만에 해체된다. 당시의 2대 정당 사이에서 중립적인 정치의 필요성을 느끼고 명정회를 조직했음에도 불과하고 아무런 성과없이 해산되어 버림으로써 쓰루미의 자유주의 정치에 대한 지향이 좌절되는 계기가 되었다고 볼 수 있다.

쓰루미 유스케의 자유주의 정치에 대한 지향은, 전년인 1927년에 간행된 『중도를 걷는 마음 : 신자유주의』에도 드러나 있었다.[36] 쓰루미는 당시의 일본 정치에 '신자유주의'를 제창했다.[37] 그의 '신자유주의'는 19세기 영국

35 명정회는 1928년 4 월에 창립되어 1930월 1월에 해산되었다(「明政会綱領」, 『鶴見祐輔関係文書』 書類の部, 国会図書館憲政資料室).

36 鶴見祐輔(1927), 『中道を歩む心 : 新自由主義』, 大日本雄弁会講談社.

37 石田雄(1989)는 쇼와시기의 신자유주의론으로 우에다 데이지로(上田貞次郎), 사와다 겐(沢田謙)과 함께 쓰루미의 '신자유주의(New Liberalism)'를 소개하고 있다. 자유주의 정치를 희구한 쓰루미는 1928년에 니토베 등과 함께 신자유주의협회를 설립하고 잡지와 강연 등을 통해 당시 영국에서 유행하던 신자유주의 사상을 일본에 소개했다

의 자유방임주의와 구별되는 의미의 새로운 자유주의였다. 그는 몇 가지 자유주의의 정의를 거론하면서[38] 자유주의의 정의는 다양하지만, 거기에는 큰 공통의 사상적 개념으로 "인격, 즉 퍼스널리티를 존중한다는 마음가짐"이 존재한다고 말한다.[39] 쓰루미의 자유주의는 자신의 인격과 함께 타인의 인격을 존중하는 마음가짐이었다. 이와 같은 인격과 퍼스널리티를 존중하는 자유주의는 니토베의 인격주의를 연상시킨다.

그와 동시에 쓰루미가 '신자유주의'의 가장 중요한 과제 중 하나로 든 것이 '관용과 중용'이었다.

> 자유주의란 어떠한 것인가. 그것은 중도를 걷는 마음이다. 그것은 관용을 요지로 하는 마음이다. 그것은 중용을 사랑하는 마음이다. 그것은 자신을 존중하고 그리하여 타인을 존중하는 마음이다. 일체의 인문(人文)의 진보를 믿고 인류복지 증진을 이념으로 하는 마음이다.[40]

관용과 중용을 인격의 완성이라는 신자유주의자의 목표 달성을 위해 필요한 것으로 제시했고[41] 그것이 인류의 진보와 복지를 증진시키는 건전한

〔石田雄(1989), 『日本の政治と言葉』上, 東京大学出版会〕.

38 근대 자유주의자이자 정치가 존 몰리(John Morley)가 자유를 '마음의 틀(frame of mind)'로 파악한 것을 소개하고 있다. 다음으로 호프하우스의 정의, 즉 "자유주의란 사회와 인격(퍼스널리티)라고 칭하는 자기지도력을 기초로 할 때에는 안전하게 건설되고 또한 이 기초 위에서만 진실한 사회가 건설되어야 한다고 하는 신앙이다"라는 주장을 인용하고 있다.

39 鶴見祐輔(1927), 앞의 책, 190쪽.

40 鶴見祐輔(1927), 앞의 책, 24쪽.

41 쓰루미는 「자유주의와 신자유주의」(1929)에서 '신자유주의자는 인격 완성을 위해 필요한 입법을 인정한다'고 기록하면서도 그것이 어떠한 것이고 어떻게 가능한지에 대해 명확하게 거론하지 않았다〔鶴見祐輔(1929), 「自由主義と新自由主義」, 『太平洋時代と新自由主義外交の基調』, 自由主義協会, 93쪽〕.

사회건설을 지향했다. 여기에 니토베의 퀘이커리즘의 'to be'가 계승되고 있다고 보이지만, 수평적 관계의 확대를 위한 실천적 'sociality'가 포함되어 있지 않다. 수평적 관계성을 위한 개인의 노력과 실천보다는 정치라는 수단을 통한 국가와의 관계가 쓰루미의 자유주의에 내포되어 있었을 가능성이 있다. 그것은 사회정책에서의 국권의 발동을 인정하고 있는 부분이나, 적당한 국가의 통제를 인정하는 점에서 니토베의 퀘이커리즘과 성격을 달리하고 있다고 보인다.

근대 일본정치에 있어서의 자유주의를 제창한 쓰루미는 1936년 총선거에서 낙선하면서[42] 그때까지와는 다른 양상의 행보를 보인다. 낙선 이후 대정당으로 옮긴 쓰루미는 다음 해인 1937년 당선하여 중도노선이 아닌 대정당의 정치에 가담하였고 우가키(宇垣)내각에 참가함으로써 이전과는 다른 모습을 보인 것이었다.

1938년 5월에 창설된 태평양협회에서 쓰루미는 개전 이후 전면적으로 일본정부에 협력하여 육군의 요청에 따라 남방에 조사단을 파견했으며, 일・미 개전 후에는 요나이(米内)내각의 내무정무차관, 1944년 8월에는 익찬정치회(翼賛政治会) 총무, 1945년 4월에는 대일본정치회 총무에 취임하는 등 전쟁수행을 목적으로 하는 일본의 국내 체제에 협력하며 종전까지 전쟁에 협력적 자세를 취함으로써 1928년의 자유주의의 입장과는 명확히 다른 '변절'을 보여 준다.

이러한 쓰루미의 변절 행동에 대한 구체적인 검토는 생략하겠지만, 그가 많은 영향을 받고 따라왔던 니토베의 퀘이커리즘적 사고가 더 이상 작용하

42 낙선 이유에 대해 다음과 같이 기록하고 있다. "전년도의 총선거에서 쓰루미는 이와테2구에서 1만 9,915표를 얻어 2위 당선을 이루어 냈는데, 이번에는 1만 2,335표로 줄었다(3위 당선)." 선거의 성적이 좋지 않은 것에 대한 이유로 '지역적 인연의 부족함' 등을 들고 있는데 여기에서 대정당 지반을 중심으로 한 선거전에서의 당혹감이 드러난다(『鶴見祐輔関係文書』 書類の部180, 国会図書館憲政資料室).

지 않았다는 사실은 주목할 만하다. 쓰루미의 방향전환에 대한 하나의 견해로 우에시나(2011)는 쓰루미가 자유주의를 관철하기 위해 정치활동에서 물러나거나 침묵하는 행동을 취하지 않은 그의 모순된 행동을 지적하면서, 거기에는 제1고등학교 시절에 배운 실천이라는 신조가 오히려 해가 된 것이라고 추론하기도 한다.[43]

이러한 가설이 타당한지를 해명하기에는 자료가 충분하지 않아 결론지을 수는 없지만, 쓰루미의 정치활동에 니토베의 영향이 그 배경으로 언급되는 것 역시 쓰루미와 니토베의 관계를 방증하는 것이라 할 수 있다.

위에서 살펴본 바와 같이 마에다 다몬과 쓰루미 유스케가 니토베의 퀘이커리즘을 계승하고 있음은 분명한 사실임을 알 수 있는데, 그 양상에 차이가 있음도 알 수 있다. 마에다가 'sociality'라는 수평적 관계성에서의 실천이라는 요소를 이어받고 있었던 데 비해, 쓰루미는 'to be'의 인격 완성이라는 측면을 수용하고 있었다. 그러한 차이는 마에다가 공민교육이라는 사회교육을, 쓰루미가 정치를 통한 이상사회 실현을 추구하고자 하는 지향성의 차이를 초래했다. 그리고 일본사회가 국가주의와 군국주의를 향해 가는 시기에 두 사람을 통해 퀘이커리즘의 계승과 단절이라는 양상을 볼 수 있었다.

43 우에시나는 쓰루미가 익찬정치회에 참여하면서 자유주의에 기초한 의회정치를 기능하게 하고자 하는 방향으로 나아가면서도 육군의 요청에 따라 남방에 조사단을 파견하고 전쟁수행내각에 협력한 것은 모순된 행동이라고 지적한다. 쓰루미가 여기에서 자유주의를 관철하기 위해 정치활동에서 물러나거나 침묵하거나 하는 행동을 취하지 않은 것은, 자신이 정계에서 물러남으로써 의회정치가 기능하지 않게 되는 것보다는 자신이 개재함으로써 어떻게든 해보려고 하는 생각이었을 것이라고 추측한다. '내가 어떻게든 해보자, 내가 뭔가 할 수 있지 않을까'라고 생각했던 부분에 쓰루미의 약점이 있었다고 하며, 이는 그가 제1고등학교시절에 배운 연구실에 틀어박혀 있는 것이 아니라 실천한다고 하는 칼라일과 니토베로부터 배운 신조가 오히려 해롭게 나타났다고 할 수 있다고 본다〔上品和馬(2011), 『広報外交の先駆者鶴見祐輔 1885-1973』, 藤原書店, 78쪽〕.

4. 전후 민주주의와 되살아나는 퀘이커리즘

1) 민주주의 교육으로의 전환

패전 직후 초대 문부대신으로 취임한 마에다 다몬은 니토베로부터 계승한 교육이상의 실행을 목표를 가지고 당시의 히가시쿠니노미야(東久邇宮) 수상을 만난다. 그리고 전 문부대신 오타 고조(太田耕造)가 내놓았던 훈령에 대해 수정이 필요함을 이렇게 전한다.

> 국체호지는 물론이거니와 여기에 새로 시작함에 있어 지금까지의 잘못된 군국주의를 일소함과 동시에 새로운 목표를 내걸어, 지금 피폐절망의 밑바닥에 있는 민심을 일으켜 세우는 궁리가 중요하고, 적극적으로 민의창달(民意暢達)을 추천하는 정책을 수립함으로써 문교의 기조로 삼고 싶다.[44]

군국주의의 배제를 시작으로 새로운 '민의창달을 추천하는 정책'의 필요성을 강조한 것이다. 이 민의창달이라는 단어는 당시의 세간의 오해를 고려하여 민주주의라는 단어 대신 사용된 용어이다. 마에다는 전후에 있어 민주주의 교육을 상정하고 있었고 이것이 바로 니토베로부터 계승한 교육이상이었던 것이다.

그러한 교육이상의 실현에 대한 사명감을 가지고 최고책임자로서 가장 활약한 것이 8월 18일부터 9월 15일까지 약 한 달간이었다. 이 기간은 연합군의 감독이 이루어지기 전이어서 자발적이고 자율적인 업무처리가 가능했

---

44 黒沢英典(1978), 「前田多門の教育理念(1)：敗戦直後の文教正規人者として」, 経済学部学術研究委員会 編, 『流通経済大学論集』, 38쪽.

고, 자주적으로 새로운 일본의 교육근본을 제시한 시기라고 평가된다.[45] 따라서 마에다가 가지고 있던 교육이상을 유감없이 발휘할 수 있었다고 말할 수 있다.

1945년 9월 15일의 「신일본건설교육방침」이 나오기까지의 과정을 살펴보면, 먼저 8월 18일 오후에 발표된 담화에는 과학적 정신의 중시, 민주화 정신의 맹아가 보인다. 하지만 위에서 말한 것과 마찬가지로 여기에서는 아직 '민주주의'라는 단어는 사용되지 않았다. 실제로 '민주주의'를 정부에서 사용한 것은 시데하라(幣原)내각 탄생의 조각성명이 처음이었다.[46]

8월 18일 담화 이후에 마에다는 패전 후 허탈상태에 있는 인심을 되돌리고 새로운 용기를 불러일으키기 위해 다시 한 번 27일에 「소국민학도에 대하여」를 발표한다. 그리고 9월 9일에는 「청년학도에 고함」이라는 방송을 통해 문부대신으로서 포부를 서술함으로써 청년학도들에게 새롭게 떨치고 일어나기를 요청한다. 그 가운데에서 새 시대를 향한 평화적인 태도의 견지와 그것을 가능하게 하는 교육의 필요를 강조했다.

> 신시대란 어떠한 시대인가. 일본이 갈 길은 단 하나. 무력을 갖지 않는 대신 문화로 간다, 교양으로 간다, 진정한 도의일본으로서 세계의 진운에 기여한다. ……만약 앞으로 무력을 배경으로 우리에게 무력으로 나오는 나라가 있을 경우, 우리의 평화적인 태도에 그들이 스스로 부끄러워하지 않을 수 없도록 (그런 나라가) 되고 싶습니다. 그러기 위해서는 진정한 교육을 더욱 활성화하지 않으면 안 됩니다.[47]

---

45 黒沢英典(1978), 앞의 논문, 39쪽.

46 前田多門(1947), 『山荘静思』, 羽田書店, 9~11쪽.

47 黒沢英典(1982), 「前田多門「青年学徒に告ぐ」」, 『戦後教育の源流を求めて：前田多門の教育理念』, 内外出版, 183~188쪽.

새 시대에 필요한 것은 문화와 교양, 평화임을 설명하고 그러한 국가는 교육에 의해 만들어진다는 것을 역설한다. 그리고 이 한 달여간에 마련된 문부성의 교육방침은 이후의 정책과 큰 모순 없이 시행되었는데 GHQ도 이 새로운 교육방침에 호의를 가졌던 것으로 보아 마에다의 민주주의 교육으로의 전환은 이상적이었던 것으로 짐작할 수 있다. 패전 후의 분위기 속에서도 마에다는 자신이 그동안 배우고 그려 온 교육이상을 실현하기 위해 몸으로 실천하는 모습을 보여 주었던 것이다.

2) 유네스코 가맹 : 국제적 사회성의 회복

한편 마에다 다몬의 「청년학도에게 고함」에서 보이듯이 새로운 교육방침 배경에는 '문화국가'로서의 재출발이라는 문제의식이 있었다. 그와 관련한 구체적인 움직임이 유네스코 가맹 문제였다.

유네스코 가맹 가능성은 GHQ의 제안으로 파견된 미국인 전문가들에 의해 작성된 「미국교육사절단보고서」에 명기된 것에서 시작되었다.[48] 이 최종보고서에는 외교권 회복 전임에도 불구하고 유네스코에 대한 일본 가맹을 지지하는 내용이 표명되어 있어 문부성에서 본격적으로 유네스코에 관한 조사 · 연구가 개시되는 계기가 되었다. 이 사절단을 맞기 위해 조직된 일본인측교육가위원회를 중심으로 하여 일본의 유네스코 가맹 움직임이 가속화되었다.

이러한 문화국가로서의 재출발과 유네스코 가맹을 지향하는 움직임의 배경에는 민주주의를 철저화하여 점령기에 국제적 신용을 얻는 것이 일본의 국제사회 복귀에 무엇보다 중요하다는 판단이 널리 퍼져 있었다.[49] 예를 들

---

48 国際特信社編集局訳(1946), 『米国教育使節団報告書』, 国際特信社, 72쪽.

49 松村正義(2002), 『国際交流史』, 地人館, 342쪽.

어 가타야마 데쓰(片山哲) 수상은 1947년의 시정방침연설에서 민주주의국가로서 일본이 새로운 출발을 맞이한 것을 바탕으로 "우리나라의 성격을 지극히 솔직하고 명백하게 세계 각국에 표시하여 그 이해와 원조를 구함과 동시에 국제적 신용을 회복하는 것이 가장 필요한 것이라고 믿고 있다"고 서술했다. 또한 민간 유지들 사이에서 일어난 '유네스코운동'에 의해 전국 각지에 유네스코협력회가 조직되어, 1947년에는 제1회 일본유네스코운동 전국대회가 개최되고 유네스코 가맹을 위한 운동 촉진과 국내체제의 정비가 요구되었다. 이러한 운동의 영향으로 일본정부는 1950년 12월에 유네스코 가맹신청을 하여, 1951년에는 국제연합 경제사회이사회에서 승인을 얻어 파리에서 개최된 제6회 유네스코총회에서 가맹이 승인된다. 이때 정부대표를 맡고 있던 인물이 바로 마에다였다. 일본의 가맹승인 결의가 가결된 직후 마에다는 다음과 같은 인사말을 했다.

> 대전 이래의 혼란, 불안, 동요의 한가운데에서 깨어지고 자신을 잃은 일본인의 마음은 희망과 계시가 주어지는 구원을 찾고 있었는데, 그것을 오늘 유네스코에서 찾았습니다. 민주적 평화애호국민으로서 일본이 재건되는 데 취해야 할 이념은 유네스코정신이 아니면 안 됩니다.[50]

이와 같이 일본 재출발에 있어 '민주적 평화애호국민'으로서의 정신을 유네스코에서 찾고, 나아가 니토베가 유네스코의 전신인 지적협력국제위원회 설립에 관여하여 '국제정신' 육성에 노력해 온 점을 언급하면서 "인류의 마음속 평화의 요새를 통해 국제협력의 절대적 필요성"[51]을 강력하게 주장

50 黒沢英典(1978), 「前田多門の教育理念(1)：敗戦直後の文教正規人者として」, 『流通経済大学論集』 第13巻 第1号, 62쪽.

51 黒沢英典(1978), 앞의 논문 63쪽.

했다. 일본이 국제연맹을 탈퇴하고 국제협력과 평화주의를 벗어난 길을 걸으며 패전을 경험한 후, 니토베가 설립한 지적협력국제위원회를 계승한 유네스코에 다시 한 번 가입을 하게 됨으로써 니토베가 주장했던 국제적인 'sociality'가 비로소 실현되는 순간이었다고 할 수 있을 것이다. 이렇게 마에다는 일본의 국제사회 복귀의 계기에 중요한 역할을 담당했다.

3) 민주주의 정치의 지향

앞에서 보아 온 것처럼 마에다 다몬은 니토베 퀘이커리즘의 큰 단절현상 없이 전후의 민주주의 사회를 위한 활동에 참가했다. 그러면 '변절'을 보인 쓰루미 유스케는 어떠했는지를 마지막으로 살펴보도록 하겠다.

제2차 세계대전 패전 후 쓰루미는 태평양협회의 상무(전무)이사, 익찬정치회의 총무, 대일본정치회의 총무를 역임한 정치경력으로 인해 1946년 1월 4일에 공직추방처분을 받는다. 그리고 1950년 10월의 추방해제 시까지 정치가로서의 활동이 정지되었는데, 이 기간에 쓰루미는 평론가로서의 활동에 전념하여 왕성한 집필활동을 한다.[52] 그후 1953년 5월부터 1959년 5월까지 참의원의원으로 재차 정계에 복귀하고 그사이인 1954년 12월부터 1955년 3월까지 후생대신을 역임, 1973년 11월에 세상을 떠난다.

전전 일본 정부의 군국주의 정책에 동참했던 쓰루미의 공직추방처분기에 쓰인 에세이는 신변잡기적인 내용을 시작으로 하여 쓰루미의 생활과 감상들이 기록되어 있다. 그중 1948년 7월 8일자의 「어느 여름날 아침」이라는 글에서, "이 패전을 기회로 일본지상주의의 미몽에서 깨어나 겸허한 마음으로 자신들의 신변을 반성해 볼 필요가 있다"고 하며 전쟁을 반성하고 앞으

---

52 1948~1950년에 걸쳐 8권의 『成城だより』이라는 총서를 간행한다.

로 추구해야 할 가치들에 대해 기록한다.[53]

> 인간의 가치를 인정하는 것, 여기에 전 인류라는 사고가 생겨난다. 이 휴머니티라는 사고방식은 작은 국경이나 민족의 구별을 초월한다. 즉 세계인류가 하나라는 사고이다.

> 따라서 인간 개인의 존귀를 인정하는 사고는 당연한 결론으로 세계주의로의 사고로 향하지 않을 수 없다.

여기에는 쓰루미가 이전에 자유주의를 주장하던 당시의 사고방식이 되살아나 있음을 알 수 있다. '인간의 가치를 인정'하면서 '전 인류'라는 사고가 생겨나고 이는 '세계인류가 하나'라고 하는 퀘이커리즘의 '내면의 빛'에 근거한 니토베의 퀘이커리즘적 인식이 재등장하고 있다. 그러면서 국가들의 정치적 이상은 세계주의, 정신적 이상은 국제정신이지만, 현실적이고 실제적인 것은 국제정신이라고 말한다. 또한 일본이 전쟁으로 치닫게 된 것은 일본의 교육에 그러한 것들이 없었기 때문이라고 지적한다.

> 그것조차 지금까지의 일본의 교육에는 없었던 것이다. 모든 것은 국가를 최고지상의 것으로 가르쳐 온 것이기 때문에 그리고 국가의 존립은 결국 전쟁으로 결론…… 국제적 사고방식은 방해물이다.

여기에서의 '국제적 사고방식'이라는 쓰루미의 표현은, 니토베가 주장한 'sociality'의 국제성을 말한다고 볼 수 있을 것이다. 전시기 자신들이 믿어

---

53 鶴見祐輔(2010), 「ある夏の朝」(1948. 7. 8, 『成城だより 第3巻』, 『鶴見祐輔著作集 第3巻』, 学術出版会, 63~69쪽.

왔던 "국가지상주의 사고방식과 평화와 개인의 자유, 국제정신이 본질적으로는 모순되는 사상"임을 깨닫고 있음이 드러나 있다.

공직추방 해제 후에 쓰루미 유스케는 평론가로서의 면모를 잡지 기고를 통해 보여 준다. 1956년 1월『실업의 일본』의 쓰루미의 글에는 인류 생존을 위한 평화를 추구하는 정치에 대한 촉구가 나타나 있다.

> 인간은 살기 위해서라도 평화가 아니면 안 된다. …… 즉 인류는 필경 동일하기 때문에 국가나 민족이라는 틀 가운데에서 서로를 의심하고 서로를 증오하고서는, 다만 일시적 편의를 위해 평화를 유지해도 이는 결국 영속하지 않음을 깨달아야 한다. 우리는 국경을 초월하고 인종의 구별을 떠나 민족과 민족이 진심으로 하나 되는 세계를 만드는 수밖에 없다. …… 하지만 원자력시대에는 이것은 인류 생존을 위한 지상명령이다.[54]

또한 4월 1일자에서는 그러한 정치를 위해서 필요한 것이 올바른 지도자임을 강조하고, 민주주의의 위험성을 인지하면서도 민주주의의 진정한 가치는 "개인으로 하여금 그들이 가지고 태어난 재능을 십이분 발달하게 하는 점"이라고 서술하며 민주주의 정치의 필요성에 대해 강조한다.

> 민주주의는 일본에서 오랜 역사상 최초의 시도이다. 이것이 과연 성공할 것인지 아닌지는 일본의 민주주의가 위험한 국면에 처했을 때 올바른 지도자를 선출해 내는 힘을 가지고 있느냐 아니냐로 정해진다. ……이와 같은 논의는 언뜻 민주주의의 이념을 역행하는 것 같지만 실은 민주주의의 진정한 가치가 개인 한 사람 한 사람으로 하여금 그들이 가지고 태어난 재능을 십이분 발달하게

---

54 鶴見祐輔(1956),「感謝する心」,『実業之日本』第59巻 第1号, 22~24쪽.

> 한다는 점에 있다. 민주주의 사회에 있어서 개인의 지도성의 필요를 통절히 느낀다.[55]

쓰루미는 민주주의 정치에서 리더의 인간성을 중요시하여 새로운 영웅의 탄생을 기다리는 측면도 보여 준다. 그러면서도 민주주의의 가치를 개인이 가지고 태어나는 재능, 즉 퀘이커리즘에서 말하는 개개인의 '내면의 빛'을 발달시키는 것임을 인정한다. 그리고 그러한 개인을 길러 내는 것이 민주주의 사회에서 가능한 것임을 강조한다. 결국 쓰루미도 전후 사회의 민주화를 통해 개인의 역량을 발전시켜야 한다는 생각을 보여 주고 있다.

5. 마치면서 : 퀘이커리즘의 기억과 재생

지금까지 근대 일본의 퀘이커리즘의 기억에 대해 알아보기 위해, 니토베 이나조의 퀘이커리즘을 시작으로 그 계승과 단절 그리고 재생에 대하여 살펴보았다.

니토베의 기독교신앙에 근거한 이상주의적 교양주의는 퀘이커리즘의 '내면의 빛'이라는 평등성과 보편성에서 출발했다. 그것은 신과 인간의 관계에서 수직적 또는 수평적인 관계성으로 표출되는데, 'to be'로서의 인격 완성을 수직적 관계에서 획득하고, 그것을 바탕으로 한 'sociality'의 발휘를 통해 자신의 내면의 빛을 다른 행동으로 구현해 나가는 실천성이 수평적 관계의 특징임을 확인했다. 이러한 'sociality'야말로 사회 안에서는 물론, 국가 간의 국제협조에서도 실천되는 국제성으로서 니토베에게도 실현되어 있었다. 이

55 鶴見祐輔(1959), 「民主主義社会の自己保存本能」, 『実業之日本』 第62巻 第9号, 22~24쪽.

러한 요소들이 근대 일본의 니토베의 퀘이커리즘의 핵심이었다.

그러고 나서 니토베의 영향을 크게 받은 사회파 관료인 마에다 다몬과 쓰루미 유스케의 활동 안에서 퀘이커리즘이 어떻게 계승되었는지를 전전과 전후의 시점에서 간단히 다루었다. 그 결과 니토베의 삶과 활동을 가까이에서 지켜보고 함께해 온 두 사람이지만, 그들에게 계승된 퀘이커리즘의 요소에 차이가 있음을 알 수 있었다. 사회교육을 지향한 마에다는 자신의 공민교육사상 안에 니토베 퀘이커리즘의 'sociality'를 강조하고 있었고, 자유주의 정치를 지향했던 쓰루미는 인격의 완성이라는 'to be'를 계승하고 있음이 드러났다. 수평적 관계보다 수직적 관계에 주목하면서 정치를 통해 이상주의를 실현하고자 했던 쓰루미는 좌절을 맛보게 되고 또한 군국화되어 가는 정치에 가담하는 모습도 보여 주었다. 전전의 두사람의 활동에서 계승과 동시에 단절의 양상이 있었던 것이다.

그러나 전후에 이들에게 나타난 민주주의 사회 지향은 교육과 정치라는 차이가 존재하기는 하나 두 사람 모두에게 공유되어 있던 인식이었다. 이러한 민주화 지향이 단순히 퀘이커리즘의 영향이라고 단언할 수는 없다. 하지만 전시기를 경험하며 이전부터 내재되어 있던 퀘이커리즘의 보편주의적이고 평등성에 기초한 사회 인식이 표면화 및 구현화되었다고 보는 것이 전혀 불가능하지는 않을 것이다.

실제로 마에다는 전후에 기독우회동경월회(일본의 프렌즈파 명칭)에 입회하여 퀘이커가 된다. 니토베와 함께하던 청년시절 프렌드여학교 등 퀘이커와 관련한 많은 활동을 해왔음에도 불구하고 마에다는 퀘이커가 아니었다. 하지만 전시기를 보내고 민주주의 교육의 필요성을 누구보다도 일찍 인식하고 니토베의 교육이상을 실현하고자 한 마에다는 1947년 니토베와 같은 퀘이커신앙을 선택한다.

그리고 「나는 왜 우회에 들어왔는가」(1949. 6. 12)라는 글에서, 선택의 이유를 네 가지 들고 있다. 첫째 신앙의 단순솔직함, 둘째 가장 명료하고 가장 용감하게 평화를 제창함, 셋째 '내면의 빛'을 중시하고 하나님의 이상을 추구함, 넷째 친절과 관용이었다.[56] 추측건대 '내면의 빛'이라는 인간의 평등성과 평화추구라는 퀘이커리즘의 보편적 원리가 시대를 막론하고 적용 가능한 도덕적인 진리라는 것을 깨달았을 것이다. 그리고 퀘이커가 된 후 마에다는 한국전쟁 발발에 대해 전쟁을 반대하는 성명을 발표하는 등 평화운동에 가담했다.

한편 쓰루미의 경우는 니토베의 퀘이커리즘의 영향을 받았으면서도 인격완성을 목표로 하는 자유주의 정치의 좌절을 경험한 후 일정 기간의 단절이 보이기도 했다. 하지만 전후의 민주주의에 대한 주장에서 니토베에 대한 영향과 기억으로 보이는 언설들이 등장하는 사실로부터 퀘이커리즘의 재생을 떠올리게 한다. 이런 과정을 보여 주는 쓰루미는 실어증으로 만년을 보냈는데, 1973년 세상을 떠나기 직전에 퀘이커가 된다. 실어증 상태로의 퀘이커 입회였기 때문에 직접적인 행동으로 드러난 것은 없지만, 그의 입회 사실은 어떤 의미에서 약 반세기 후의 쓰루미 유스케에게 있어 니토베의 퀘이커리즘이 받아들여졌다고 말할 수 있을지도 모른다.

앞에서 설명해 온 계승과 단절의 양상을 통해 니토베의 퀘이커리즘이 근대 일본에서 시작되어 니토베 이후의 세대에 의해 기억되어 왔음을 밝혔다. 또한 근대 일본의 퀘이커리즘이 전전, 전후를 거쳐 개개인의 능력과 가치를 존중하는 민주주의라는 새로운 형태 속에 살아 있고, 그 속에는 니토베의 'to be'와 'sociality'라는 퀘이커리즘사상이 숨쉬고 있다고 정리할 수 있다.

현재 전후 포스트콜로니얼 시대의 민주주의의 한가운데에서 살아가는 우

---

56 『友』 第2号(1949. 8. 20). 한편 현재 한국의 연구 중, 정지석은 퀘이커리즘의 다섯 가지 영성 원리(spiritual principles)를 단순성(simplicity), 평등(equality), 정직(honesty), 공동체(community), 평화(peace)로 정리하고 있어 약 70년 전과 큰 차이가 없음을 보여 준다[정지석(2011), 「퀘이커리즘의 다섯 가지 영성원리(1)」, 『기독교사상』 제635호, 200~209쪽].

리 삶 속에서도 'to be'와 'sociality'를 기억할 필요가 있다. 왜냐하면 전후의 현대사회는 자본주의와 경제중심주의가 공존과 공생이 아닌 개인 및 자국 이기주의 경향을 심화시키고 있기 때문이다. 이러한 때야말로 니토베의 퀘이커리즘적 사상이 필요하다고 생각된다. 개인의 인격과 가치에 뒷받침된 사회적 · 국제적 관계를 구축하기 위해 우리는 수평적 실천을 해나가야 할 것이다.

마지막으로 본고에서 다루지 못한 마에다와 쓰루미의 양상의 차이점은 무엇이었는지를 비롯해 퀘이커리즘 계승과 수용과 변용에 관하여 한정된 지면상 다룰 수 없었던 부분들은 앞으로의 과제로 삼아, 니토베 사상 연구를 심화시켜 나가고자 한다.

1990년대 한국에서 일본영화 수용양상과 그에 대한 공포

정충실(鄭忠實, Jeong Choong-Sil)

한림대학교 일본학연구소 HK연구교수. 영화사, 문화사 전공

1945년 이후 동아시아 문화공간에서 권력 작동 방식과 일본·미국제국의 의미에 관해 연구하고 있다. 주요 논저로는 『경성과 도쿄에서 영화를 본다는 것 : 관객성 연구로 본 제국과 식민지의 문화사』(2018), 「춘천, 기지촌 : 1960, 70년대 캠프페이지와의 관계 속에서 형성된 주민의 삶과 문화」(2019) 등이 있다.

1. 머리말

냉전질서 아래 1965년 한일국교가 정상화되어 정치적 · 경제적 · 군사적 측면에서 한국과 일본은 밀접한 관계를 맺어 왔지만 유독 일본의 대중문화만은 1998년까지 개방되지 않았다. 1945년 이후 50년이 넘는 시간 동안 한국대중은 공식적으로는 일본 대중문화를 접할 수 없었던 것이다. 그러나 공식적으로 개방되지 않았을 뿐 전파월경, 불법복제, 표절 등을 통해 일본 대중문화는 한국사회에 암암리에 파고들어 가 있는 상황이기도 했다. 1990년대 새로운 미디어의 등장과 자유로워진 정치적 · 사회적 분위기로 인해 일본대중문화는 더욱 대중들에게 확산되었다. 일본영화 역시 젊은 층을 중심으로 불법복제 비디오테이프, 위성텔레비전, 영화제 등을 통해 확산되어 갔다. 이러한 상황에서 일본대중문화가 개방되기 시작해 1998년에는 4대 국제영화제 수상 작품을 중심으로 한 일본영화가 정식으로 수입되어 개방되고 1999년과 2000년에는 각각 공인된 국제영화제 수상작품, 12세와 15세 관람가 영화로 개방의 폭이 확대되었으며, 2004년에는 일본영화가 전면적으로 개방되는 것에 이른다.

1990년대는 다양한 경로를 통해 일본영화가 파급되어 젊은 대중 사이에서 상당한 인기를 끌었으며 일본영화가 처음으로 개방된 시기이기도 해서 일본영화를 둘러싼 논의와 담론들이 활발하게 생산되는 동시에 다양한 갈등이 발생한 시기이기도 했다. 영화는 음악, 미술, 그래픽기술, 각본 등 모든 장르의 문화와 예술이 종합되어 있어 한 나라의 문화 역량의 지표가 될 수 있으며 산업화되어 이윤 창출, 고용, 다른 분야 산업발전과 밀접하게 연관되어 있었기 때문에 당시 한국인들은 어떤 대중문화 분야보다 일본영화와 그 개방에 민감하게 반응할 수밖에 없었다.

1990년대 일본영화에 대한 수용과 그에 대한 담론을 다루는 대표적인 연구로 황달기의 논문[1]을 들 수 있다. 일본영화의 흥행양상과 작은 규모의 일본 청춘 멜로영화들이 한국에서 고정관객층을 확보해 나가는 과정을 설명하고 일본영화 개방을 둘러싼 찬반 논의를 소개하고 있지만 일본영화 개방 이전 일본영화의 수용양상, 일본영화 개방에 대한 일부 한국인의 적대감과 불안감, 일본영화 개방을 둘러싸고 행해진 갈등의 양상을 설명하고 있지는 못하다. 김성민의 연구[2]는 일본영화 개방에 집중한 논의는 아니지만 해방 이후부터 2000년대까지 한국에서 일본 대중문화의 수용양상, 그것의 변화 그리고 그 의미를 다루고 있다. 이 연구에서는 일본대중문화의 인기는 군사독재기 일본과 일본대중문화 부정을 통해 구성된 민족주의의 해체, 개인화된 주체의 탄생을 의미한다고 보고 있으며, 또한 일본대중문화 개방은 일본이라는 타자를 둘러싼 인식과 태도의 변화를 말하는 것이라 설명하고 있다. 김현미의 연구[3]는 1980～1990년대 일본대중문화 수용과정에서의 혼종화와 팬덤의 형성에 주목하여 수용양상을 획일화하지 않고 그 내부적 차이에 주목하고 있다. 김성민과 김현미의 연구는 일본대중문화 수용양상과 그것을 통한 한일 관계, 한국사회의 변화 문제를 다루고 있다는 점에서 의미 있지만 일본대중문화 수용과 개방을 둘러싼 한국사회의 불안감의 확대,

---

1 황달기(2007), 「한국의 일본대중문화 수용 : 1990년대 이후의 일본영화를 중심으로」, 『일본어문학』 第36호, 469～492쪽.

2 김성민(2017), 『일본을 금하다 : 금제와 욕망의 한국 대중문화사 1945-2004』, 글항아리, 193～228쪽.

3 김현미(2003), 「일본 대중문화의 소비와 팬덤의 형성」, 『한국문화인류학』 제36집 제1호, 149～186쪽.

여전히 강력하게 존재하는 일본 혹은 일본대중문화에 대한 부정적 태도는 포착하지는 못하고 있다.

반면 오대영 · 이완수, 장용걸의 연구[4]는 1990년대 일본대중문화 개방에 대한 한국사회의 불안감을 언론기사를 통해 다루고 있지만, 이를 당시 일본대중문화의 수용상황과의 관계 속에서 사고하지 못하며 그 불안감의 원인을 매스미디어의 내셔널리즘 표출 정도로만 다루고 있다.

김일림의 연구[5]는 한국사회에서 일본대중문화 수용양상과 이와 관련된 불안감의 증폭 문제를 다루고 있지는 않지만 1990년대 일본대중문화 수용을 통해 과거 침략자로서의 일본이 아닌 새로운 얼굴을 한 일본을 발견하며 한국의 획일적이고 권위적인 지배담론에 저항하려 한 논의들을 다룬다는 점에서 참고의 여지가 있다.

이상의 논의를 바탕으로 본 논문에서는 일본영화가 광범위하게 인기를 끌었고 일본영화가 개방되었던 1990년대의 일본영화 수용양상과 이와 연관해 표출되는 일본영화에 대한 불안감과 적대감, 그 이유에 대해 살펴볼 것이다. 이를 통해 1990년대 한국인에게 일본과 식민지 역사는 어떤 의미였는지를 엿볼 수도 있을 것이다.

2. 일본영화의 수용경로

일본영화 개방 이전의 1990년대 일본영화는 이미 은밀하게 많은 대중 사

4 오대영 · 이완수(2015), 「일본 대중문화 개방과 한국언론의 수용태도 변화 : 보도 태도, 프레임, 정보원을 중심으로」, 『언론과학연구』 제15권 제1호, 229～269쪽 ; 장용걸(2006), 「일본대중문화 수용과정에 나타난 미디어의 내셔널리즘에 관한 고찰」, 『일어교육』 제37호, 235～260쪽.

5 김일림(2014), 「1990년대 한국 대중문화 담론 속의 일본 : 긍정적 일본 이미지의 형성 구조」, 『일본연구』 제37호, 225～250쪽.

이에 퍼져 있는 상황이었다. 이것이 가능했던 이유는 당시의 미디어 상황에서 찾을 수 있을 것이다. 국내에서는 생산되지 않아 해외에서 수입해야 했고 가격도 상당히 비싸 부유층의 상징이었던 VTR[6]이 국내생산 이후 1985년에는 보급대수가 1백만 대에 육박할 정도로 대중화되었다. 이에 비디오테이프 대여업소가 1985년에는 전국에 4천여 개소에 이르러 일반 가정에서도 어렵지 않게 VTR을 통해 영화를 볼 수 있는 환경이 갖추어졌다.[7] VTR을 통한 영화의 복제도 은밀하고 용이하게 행해질 수 있었고 비디오테이프의 유통이나 재생은 개인에 의해 이루어지는 것이기에 모든 영화의 상영과 관람에 국가 권력이 개입하기 어렵게 되었다. 일본영화 수입이 금지된 상황에서도 VTR의 보급은 대중이 쉽게 일본영화를 접하게 하는 조건을 제공하는 것이었다. 반면 VTR 보급 전 영화관람은 영화관과 텔레비전방송을 통해서만 가능한 것이었기에 국가가 영화의 상영을 검열하고 통제할 수 있어서 대중음악 등의 다른 대중문화 분야와는 달리 일본영화는 개방이 금지된 상황에서는 대중이 접하기 쉽지 않았다. VTR이 보급된 1980년대 중반에는 〈7인의 사무라이(七人の侍)〉〔1954, 구로사와 아키라(黒澤明) 감독〕, 〈핫코다산(八甲田山)〉〔1977, 모리타니 시로(森谷司郎) 감독〕 등의 극영화를 비디오 대여업소에서 어렵지 않게 구할 수 있었다고 하며[8] 최신영화는 청계천과 회현동의 상가에서 혹은 해외여행 자유화 이후 일본에서 직접 구입할 수 있었다.[9] 또한 비디오테이프는 휴대가 간편하기에 한 사람이 구입한 비디오테이프는 여러 사람에게 전해져 영화관이 없는 곳에서도 광범위하게 일본영화 감상을 가능하

6 「VTR」, 『경향신문』 1980. 2. 28.자, 5면 ; 「늘어가는 비디오 이용」, 『동아일보』 1980. 4. 11.자, 8면.

7 「비디오테이프 대여업소 급증」, 『매일경제』 1985. 12. 2.자, 11면.

8 「극장가 초긴장, 상영 중인 외화 비디오테이프 나돌아」, 『경향신문』 1986. 1. 16.자, 16면 ; 「일본문화 뒷문으로 밀려온다」, 『동아일보』 1986. 8. 14.자, 11면.

9 「젊은 애니메이션 몰린다」, 『동아일보』 1997. 6. 6.자, 13면.

게 했다.[10]

가정집이 아닌 카페, 다방 등에서도 VTR을 구비하여 대중은 그곳에서도 일본영화를 관람할 수 있었다. 당시의 신문기사에 의하면 이곳에서 청소년들은 화면의 '일어'에 별 저항을 느끼지도 않은 채 일본영화에 몰두하기도 했다고 한다. 이러한 다방의 좌석은 영화관람을 위해 영화관처럼 한쪽 방향으로만 배치되는 경우도 있었다.[11] 1990년대 영화를 상영하는 카페는 주로 신촌과 홍대 부근, 성신여대 앞 등의 대학가에 집중되어 있었는데 상영 영화의 80퍼센트 정도를 일본영화가 차지하여 대학생들에게 공식적으로 접하기 힘든 일본영화의 인기가 상당히 높았음을 알 수 있다. 〈소나티네〉〔1993, 기타노 다케시(北野武) 감독〕나 〈러브레터〉〔1995, 이와이 슌지(岩井俊二) 감독〕 등의 극영화만이 아니라 〈신세기 에반게리온〉, 〈공각기동대〉의 애니메이션 영화도 상영되었다. 카페와 다방에서는 관객의 영화 이해를 돕기 위해 직접 화면에 자막을 넣는 작업을 하기도 하였다.[12]

당시 홍익대 주변에는 블랙마리아라는 영화를 상영하는 카페가 있었는데, 뒤 〈그림 1〉에서 볼 수 있듯이 VTR에 연결된 텔레비전 브라운관을 통해 영화를 관람할 수 있었다. 12평의 넓지 않은 면적에 입장 가능 인원은 30명 정도였으며 낮 12시에서 밤 12시까지 12시간 운영되었고 하루에 3~4편의 영화를 상영하였다.[13] 카페에서는 영화를 관람한 이후 다음 영화상영 전까지 그 자리에 그대로 머물 수 있었고 차를 마시면서 영화에 대한 이야기를 나누면서 영화관에서 보다 용이하게 서로의 감정을 공유할 수 있었을 것으로 보인다.

---

10 「일본음반과 영화구입 방법」, 『동아일보』 1999. 1. 5.자, 13면.

11 「늘어가는 비디오 이용」, 『동아일보』 1980. 4. 11.자, 8면 ; 「비디오공해 갈수록 범람」, 『동아일보』 1985. 3. 8.자, 7면.

12 「돈받고 금지영화 상영, 대학가 카페 불법 행위」, 『경향신문』 1997. 10. 10.자, 25면.

13 「영화카페 블랙마리아」, 『동아일보』 1998. 3. 18.자, 13면.

〈그림 1〉 영화카페 블랙마리아의 실내 모습

* 출전 : 「영화카페 블랙마리아」, 『동아일보』 1998. 3. 18.자, 13면.

일본영화는 대학 캠퍼스에서 상영되기도 하였다. 1992년 연세대학교에서는 미야자키 하야오 감독의 대표작들이 상영되었고, 1996년에는 서울대학교 한 연구소에서 〈할복(腹切り)〉〔1962, 고바야시 마사키(小林正樹) 감독〕이라는 영화가 상영되기도 했다.[14] 각 대학의 영화동아리는 일본영화 비디오테이프를 소장하고 있어 공개상영이라는 경로 외에도 동아리방 등에서 일본영화를 볼 수 있었다.[15] 당시의 한 기사는 대학 캠퍼스에서 일본영화를 비롯한 상업영화가 상영되고 학생들의 많은 관심과 인기를 끄는 현상은 이전 캠퍼스에서 노동영화 등 사회성이 짙은 영화 상영만을 고집하던 상황과는 큰 차이를 보이는 것이라고 설명하면서 동구권 몰락 등으로 대학가에서 이념, 이데올로기에 대한 관심이 퇴조했기 때문이라고 지적하였다. 이는 1990년대 이후 사회주의에 대한 관심 약화 등으로 대학생활에서 생긴 공백의 일정 부분을 일본영화가 채워 주었음을 의미하는 것이기도 했다. 또한

14 「캠퍼스에도 대중영화 바람」, 『경향신문』 1992. 10. 29.자, 9면 ; 「서울대서 첫 일본영화 상영」, 『동아일보』 1996. 3. 30.자, 37면.

15 「한 마니아의 일본문화 편력기」, 『동아일보』 1998. 10. 13.자, 31면.

1990년대 이전 노동영화 관람은 필름 탈취와 영화 상영 방해를 경계하는 삼엄한 분위기 속에서 행해졌고 영화 상영이 끝난 후에는 노동가를 함께 합창하는 등 집단적인 것이었다면,[16] 1990년대 일본영화 관람은 민주화 이후 대학의 집단 문화가 쇠퇴한 상황에서 영화관과 동아리방에서 각각의 취향에 따라 자유로운 분위기 속에서 영화를 보았다는 점에서 개인적인 것이라 할 수 있다.

부산국제영화제를 비롯한 영화제에서도 쉽게 일본영화를 접할 수 있었다. 부산국제영화제 관객 중에는 20대의 비중이 압도적으로 높다는 점에서[17] 역시 영화제에서 일본영화의 주된 관객층은 젊은 층이었음을 알 수 있다. 부산국제영화제에서 일본영화의 인기는 상당해서 내용과 관계없이 매진되는 경우가 보통이었고 〈러브레터〉, 〈4월 이야기〉(1998) 등으로 유명한 이와이 슌지는 영화제에서 가장 각광받는 감독이었다.[18] 이외에도 서울국제독립영화제 등의 다른 영화제에서도 일본영화가 집중적으로 소개되어 관객의 인기를 끌기도 했다.[19]

일본문화원, 일본어학원에서도 쉽게 일본영화를 관람할 수 있었다.[20] 문화원이나 어학원도 젊은 층이 주로 출입하는 곳이었기에[21] 이곳에서의 주된 관객 역시 젊은 층임을 알 수 있다.

---

16 「관객 수십만, 심의거친 파업전야」, 『한겨레신문』 1990. 4. 22.자, 5면.

17 「부산영화제 이모저모」, 『동아일보』 1990. 10. 22.자, 17면.

18 「부산은 일본영화 상륙 교두보?」, 『경향신문』 1998. 9. 30.자, 25면.

19 「IMF 된소리 속 국제영화제 명암」, 『한겨레신문』 1998. 3. 4.자, 14면.

20 「한국 속의 해외문화 창구」, 『경향신문』 1990. 2. 19.자, 9면 ; 「일본영화 수입 신중기해야」, 『한겨레신문』 1992. 7. 15.자, 11면 ; 「무료랍니다」, 『동아일보』 1998. 5. 25.자, 3면.

21 「대학생 외국문화원에 몰린다」, 『매일경제』 1999. 5. 11.자, 37면.

3. 일본영화의 수용양상

1990년대 경제력 향상으로 인한 대중문화 산업 발전, 해외여행 자유화는 일본문화에 대한 수요를 증대시키는 요인으로 작동했다. 이에 당시의 신문 기사는 과거 부유층에 국한해 경험할 수 있었던 일본영화를 비롯한 일본의 대중문화가 1990년대부터 보편화되기 시작해 젊은 층 사이에서는 일본영화 등의 대중문화를 모르면 대화에 참여하기도 어렵게 된 상황임을 언급하고 있다.[22] 1990년대의 일본영화는 VTR 등의 여러 경로를 통해 수용되고 각종 동아리나 팬클럽 등 네트워크를 통해 그에 대한 정보가 수평적으로 확산되는 형태를 취한다는 점에서는 과거 부유층에 국한한 일본대중문화 수용양상과 차이를 보이는 것이기도 했다.[23]

일본영화에 대한 정보, 수요가 널리 확산될 수 있었던 것에서는 1990년대부터 본격화되기 시작한 PC통신의 영향력을 무시할 수 없다. 고속 PC통신의 등장과 모뎀의 가격하락으로 가입자는 1994년 78만, 1995년 150만에 달해 이용자가 급격히 증가하게 된다.[24] 1998년 한 업체에서는 새로 개설되는 PC통신상 동호회의 30~40퍼센트가 일본영화 등 일본문화에 관련될 정도여서[25] 일본영화의 정보가 확산되고 이에 대한 수요를 낳는 데 PC통신이 중요한 역할을 했음을 알 수 있다. PC통신을 통한 소통과 교류의 공간은 발신자/수신자가 고정되어 일방적이며 위계적으로 정보가 전달되는 것이 아니라 누구든 정보를 발신/수신할 수 있는 자유로운 공간이라는 것도 반일정

---

22 「일본문화홍수」, 『매일경제』 1999. 5. 11.자, 37면.

23 「21세기 우리문화를 생각한다(8) : 일본문화의 전파자들」, 『경향신문』 1999. 11. 15.자, 23면.

24 「PC통신 가입자 연내 150만 돌파 종합 미디어 부상」, 『매일경제』 1995. 3. 19.자, 1면; 「속도 기존의 4~6배 고속 PC통신 확산」, 『동아일보』 1994. 6. 14.자, 17면.

25 「어느 만큼 들어와 있나 빗장 푼 적 없지만 신세대들 알음알음 다 알아요」, 『동아일보』 1998. 10. 13.자, 31면.

서 속에서 일본영화에 대한 정보를 널리 확산시킬 수 있는 중요한 요인이 되었다. 또한 정보 발신자의 신원이 공개되지 않고 익명 속에서 자유롭게 정보를 유포할 수 있었던 것도 한국사회의 강한 반일 분위기 속에서 일본영화에 대한 정보와 의견을 쉽게 유통시키게 하는 요인이었다.

1980년대 이후 VTR의 보급으로 비디오 프로그램의 수요가 급증했으나 공급이 이에 미치지 못한 당시의 상황은[26] 비디오테이프로 복제된 일본영화의 인기를 증대시킨 이유였다.

일본영화 중 청년을 주인공으로 하여 그들의 성장담을 담은 청춘 멜로물이 인기가 많았다. 이에 이와이 슌지 감독의 인기가 상당히 높아 그의 상영회가 일본문화원에서 개최되기도 하였다. 이외 〈비밀의 화원〉〔1996, 야구치 시노부(矢口史靖)〕, 〈환상의 빛〉〔1995, 고레에다 히로카즈(是枝裕和) 감독〕 등의 멜로 영화도 인기를 끌었다.[27]

일본에서는 주류영화가 힘을 잃은 1990년대부터 이를 극복해 나가는 방법의 하나로 저예산 인디영화 제작에 주목하게 된다. 인디영화 중에는 무겁고 어려운 주제의 예술영화도 있지만, 그동안 주목되지 않은 참신한 주제를 다루며 등장인물의 감정을 섬세하게 포착하여 대중의 흥미를 유발하는 영화도 많았는데, 청춘 멜로물이 이에 해당하였다. 이러한 영화에 출연할 수 있는 10대 후반에서 20대의 어린 배우층도 일본에는 상당히 폭넓게 존재하였다. 반면 동시기 한국에서는 〈쉬리〉, 〈투캅스〉 등의 한국영화가 흥행에 성공하기는 했지만 청춘 멜로물 제작은 드물었다.[28] 이러한 상황에서 일본영화의 주된 수용층이던 젊은 세대는 한국영화가 아닌 일본 청춘 멜로영화에

---

26 김금동 · 정태수(2017), 「비디오를 통한 관람 공간의 재편(1987-1997)」, 『영화연구』 제73호, 57~58쪽.

27 「부산은 일본영화 상륙 교두보?」, 『경향신문』 1998. 9. 30.자, 25면 ; 「일본영화감독연구 회원모집」, 『경향신문』 1998. 6. 30.자, 25면.

28 박혜영(2006), 「일본 젊은 영화의 힘!」, 『씨네21』(2006. 8).

공감하여 '지금, 여기'를 느낄 수 있었던 것이다.

당시 배우 조용원은 자신이 운영하던 PC통신에 이와이 슌지의 〈4월 이야기〉에 대해 다음과 같은 감상평을 기재했다.

> 이와이 슌지 감독의 〈4월 이야기〉는 신학기에 신입생이 느낄 법한 정서를 무리하지 않으면서 담담하게 수채화처럼 그려 낸 영화이다. 벚꽃이 휘날리는 가운데 트럭을 타고 이사하던 장면과 마쓰 다카코의 자취방, 유독 이 장면이 기억에 남는 것은 유학시절 나의 막막함이 떠올랐기 때문이다.[29]

조용원뿐만 아니라 고향을 떠나 대학 생활을 하는 한국의 청년들은 한국영화에서는 찾을 수 없는 청춘의 불안정함, 첫사랑의 설렘을 이 일본영화를 보면서 혹은 영화를 본 이후의 PC통신상에서 공유할 수 있었을 것이다. 불법 복제된 비디오테이프를 소장하여 영화를 관람한 청년들은 영화관람 이후에도 자신의 경험과 연관된 장면만을 여러 번 재생하여 설렘이나 '지금, 여기'의 감정을 반복적으로 소환하여 영화에 대한 애정을 강화할 수 있었을 것이다. 여러 사람과 함께 반복적으로 감상하여 특정 감각과 깊은 애정을 공유할 때는 일본영화 팬덤이 만들어질 수도 있었다.

청춘 멜로물 이외 세기말의 어두운 분위기에서 인간이라는 존재를 철학적으로 고민하게 하는 〈공각기동대〉, 〈신세기 에반게리온〉 등의 애니메이션 영화들도 VTR을 통해 가정과 카페에서 쉽게 볼 수 있었으며 이 애니메이션들을 일본에서 직접 관람한 팬들이 상당수 존재했다.[30] 또한 당시 케이블방

29 「일본문화 체험 갈무리한 영화 사랑방 PC통신 시네마 천국 개설 조용원」, 『경향신문』 1999. 6. 8.자, 26면.

30 「세기말 현상 맞물려 국내외서 큰 파장 SF공포물 2편 대중문화 흔든다」, 『경향신문』 1997. 4. 11.자, 30면 ; 「한 마니아의 일본문화 편력기」, 『동아일보』 1998. 10. 13.자, 31면.

송에서는 오즈 야스지로 감독의 영화세계를 소개하는 프로그램이 제작되고 일본 작가주의 영화에 대해 이야기하는 PC통신 동호회도 개설되는 등 일본 고전영화를 즐기는 마니아도 존재했음을 알 수 있다.[31] 당시 영화관객은 한국영화로는 채울 수 없는 욕구와 취향을 일본 애니메이션과 고전영화 등을 통해서도 충족할 수 있었던 것이다. 이에 당시의 한 고등학생은 한국의 대중문화만으로 젊은 층은 자신들의 다양한 취향과 욕구를 충족할 수 없어 일본문화를 적극적으로 받아들일 수밖에 없다고 이야기한다.[32]

일본영화를 수용한 대중은 단순히 취향 충족과 감정 공유 등 수동적 수용에 그치지 않고 자신이 좋아하는 영화나 애니메이션의 내용, 캐릭터의 일부 내용을 수정하여 PC통신상에서 새로운 작품으로 재창조해 유통시키기도 하였다. 이전에는 불가능했지만 VTR의 보급으로 전문가가 아닌 대학생, 일본영화 마니아 등도 일본영화 감상회, 강연회 등을 적극적으로 기획·조직하여 일본영화를 분석할 수도 있었다.[33] 일본영화를 분석하는 감상회나 강연회가 활성화되었던 것은 영화관에서와는 달리 VTR을 통한 영화관람에서는 되감기와 일시정지가 가능해 영화의 미장센, 편집, 조명, 배우의 연기, 카메라 움직임 등을 집단적으로 자세히 관찰해 학습할 수 있었기 때문이었다. VTR을 통한 집단적 분석과 학습은 일본영화 동호회와 일본고전영화 관객이 출현할 수 있게 한 중요한 원인이기도 했다.

일본영화 팬들은 PC통신 등을 통해 한국영화의 일본영화 표절을 문제화하기도 하고 일본영화 개방을 두고 토론을 행하기도 하는 등[34] 일본영화를

31 「일본문화 꿰뚫는 날카로운 눈」, 『경향신문』 1998. 11. 6.자, 27면 ; 「21세기 우리문화를 생각한다(8) : 일본문화의 전파자들」, 『경향신문』 1999. 11. 15.자, 23면.

32 「10대가 본 10대 문화 맨날 규제, 검열」, 『한겨레신문』 1997. 8. 12.자, 11면.

33 「문화개방 새로울 것도 없어요」, 『한겨레신문』 1998. 11. 9.자, 13면.

34 「영혼 훔치는 표절 관객 불신 초래」, 『한겨레신문』 1997. 11. 22.자, 33면 ; 「지금 PC통신에선 일본영화 수입」, 『동아일보』 1997. 3. 31.자, 31면.

둘러싼 한국영화, 한국대중문화와 그 산업에 관련한 다양한 담론을 생산하기도 하였다.

나아가 일본영화 팬들은 집이나 카페에서 수입이 금지된 영화를 관람하는 행위 자체를 당시 국가 심의와 검열에 항의하는 것이며, 그들이 즐기는 일본영화는 일본에서도 주류의 것이 아닌 비주류의 것이기에 일본영화의 상영과 관람행위는 주류의 가치와 질서를 문제시하는 것이라 여겨 일본영화 관람을 저항으로 연결시키기도 하였다.[35] 또한 '근엄함'을 강조하는 사회 분위기 속에서 '자유를 만끽'할 수 있는 일본 애니메이션을 보는 것은 한국사회의 권위주의에 대한 저항이라 여기기도 했다. 한편으로는 일본은 침략적이고 저질문화를 생산하기에 그곳에서 만들어진 모든 영화나 상품도 나쁘고 저질이라는 인식에 맞서 일본영화를 판단하는 기준은 오로지 작품성이라 주장해 기존 대중문화 판단 기준에 저항하기도 하였다.[36]

앞에서 언급한 권력에 대한 저항을 직접적으로 말하는 노동영화를 집단적으로 관람하며 노동가를 합창하는 1990년대 이전의 대학생 관객처럼 가시적인 형태로 저항하지는 않았지만 1990년대 일본영화 관객은 획일화, 권력의 간섭과 통제를 피해 나가는 방식으로 일상에서의 작은 저항을 행해 나갔다고 할 수 있다.

4. 일본영화 인기와 개방에 대한 공포의 양상

1990년대 일본영화가 젊은 층을 중심으로 이미 널리 확산되고 일본 대중

---

35 「돈 받고 금지영화 상영 대학가 카페 불법 행위」, 『경향신문』 1997. 10. 10.자, 25면 ; 「문화는 밤에도 피어난다」, 『한겨레신문』 1998. 6. 25.자, 11면.

36 「'애니메이션족' 떴다」, 『조선일보』 1997. 5. 17.자, 33면.

문화 개방마저 앞둔 상황에서 다른 편에서는 일본영화 개방에 대한 우려, 공포가 급속히 증대했다. 대중음악, 만화 등 다른 분야의 대중문화보다 일본영화 개방에 대한 우려, 공포가 더욱 강했는데 이는 전문가와 일반대중이 영화를 다른 대중문화 분야보다 늦게 개방해야 한다고 생각한 것에서도 확인할 수 있다.[37]

어떠한 대중문화 분야보다 영화의 개방 시기를 최대한 늦추어야 한다고 생각하여 일본영화의 개방을 더욱 두려워한 것은 서론에서 언급했지만 영화는 한 국가의 문화 지표가 되며 다른 산업과 밀접한 연관을 맺기 때문이다. 또한 영화는 관객으로 하여금 영화 속에 재현된 질서를 실제적이고 중립적인 것으로 받아들이게 할 '여지'가 크다는 것도 일본영화 개방을 두려워한 이유였다. 영화관에서 관객을 고립시키는 객석의 어두움, 관객 머리 뒤에 위치한 영사기, 연속적 편집, 관객을 시각의 중심에 위치시키는 원근법, 카메라의 유동성 등 영화 텍스트의 특성, 관람환경의 특성으로 인해 관객은 고립감 속에서 영화에 집중해 스크린의 영상을 만들어 내는 상영장비나 영화제작 기술을 인식할 수 없게 된다. 이에 관객은 자신의 눈앞에 드러나는 영화 속 세계가 장비, 기술에 의해 만들어진 것임에도 이를 잊고 마치 자신이 현실에서 직접 경험한 것인 듯, 중립적인 것으로 받아들이게 될 '여지'가 크다.[38] 물론 능동적인 관객, 특별한 관람환경 등의 이유로 그렇지 않은 가능성도 존재한다.

이에 한 PC통신 이용자는 일본영화의 개방 이후 일본영화 관람을 통해

---

37 「일본대중문화 개방시기 논란」, 『한겨레신문』 1994. 8. 11.자, 11면 ; 「日문화 점진적 수입을 48.8퍼센트」, 『경향신문』 1994. 3. 24.자, 3면 ; 「日문화 5~10년 후에 개방적절 KBS 설문조사」, 『동아일보』 1995. 8. 8.자, 15면.

38 이에 대한 자세한 내용은 Baudry, J. L.(1974), "Ideological Effect of the Basic Cinematographic Apparatus," *Film Quaterly*, 28(2), pp.39~47 ; Metz, Cristian(1976), "The Fiction Film and Its Spectator," *New Literary History*, 8(1), pp.75~105.

영화 속 일본의 "생활양식과 정신"을 한국 관객이 문제시하지 않고 실제적이고 중립적인 것으로 받아들일 것을 우려하였다.[39] 같은 맥락에서 당시의 신문 기사는 영화는 "문화적 · 정서적 침투력"이 강하기에 일본영화를 관람한 한국인은 "혼"을 빼앗기고 한국의 "고유정서"를 잃게 될 것이라고 걱정한다.[40] 이에 그치지 않고 이것은 한국이 일본에게 문화적 침략을 당하여 정신적으로 식민지가 되는 것이라고 말하기도 한다.[41] 자신을 기성세대로 밝힌 한 독자는 일본영화 개방 이전에 일본영화를 접하고 있는 젊은 층을 이미 한국의 혼을 잃은 피식민자로 설정하기까지 한다.[42] 영화는 그 속의 세계를 실제적인 것으로 받아들이게 하기에 일본 사회, 질서를 재현하고 있는 일본영화 관람은 한국인의 정체성을 약화시키고 한국인을 일본인으로 동화시킨다는 논리이다. 이와 함께 일본영화 인기와 개방에 대한 공포와 적대감을 표출하면서 일본에 대한 식민지배의 역사를 소환하고 현재에도 지속되고 있는 일본 침략의 의도를 강조하기도 한다. 식민지배의 역사와 현재 일본의 침략적 태도를 일본영화 상영금지의 이유로 연결시키기도 하였다.[43]

일본영화 개방은 단순히 한국 사람의 혼과 정체성을 빼앗는 것에 그치지 않고, 일본은 자신들의 영화를 확산시켜 해외에서 일본의 이미지를 향상시키고 아시아에서 자신들의 영향력을 강화시키려는 '문화대국화'의 의도가 강한 것이라고 지적되기도 한다. 구체적으로 일본은 일본영화, 일본대중문

39 「지금 PC통신에선 일본영화 수입」, 『동아일보』 1997. 3. 31.자, 31면.

40 「日대중문화 개방론을 경계한다」, 『매일경제』 1992. 10. 24.자, 3면.

41 「일본영화 외설, 폭력 우리정서 좀 먹는다」, 『한겨레신문』 1990. 4. 24.자, 7면 ; 「8 · 15 46돌 다시 부는 일본바람(3)」, 『동아일보』 1991. 8. 14.자, 5면 ; 「일본대중문화 개방론 경계한다」, 『매일경제』 1992. 10. 24.자, 3면.

42 「일본영화 수입허용 때는 문화식민지 전락 자초」, 『동아일보』 1992. 12. 9.자, 15면.

43 「일본영화개방 아직 안 된다」, 『동아일보』 1992. 10. 12.자, 3면 ; 「지금 PC통신에선 일본영화 수입」, 『동아일보』 1997. 3. 31.자, 31면 ; 「日문화개방 누가 덕 보나」, 『동아일보』 1998. 4. 21.자, 7면.

화 진출과 확산을 위해 세계 각국의 일본문화원, 국제교류기금 등을 통해 각국의 정치인, 문화정책 담당자와 영화인 등을 포섭하고 각국에서 여론 작업을 펼치고 있다고 우려한다.[44] 이러한 일본의 문화대국화 움직임을 "신대동아공영권" 구상이라고까지 표현한다.[45] 이는 일본의 문화대국화와 제국주의의 부활 움직임을 저지하기 위해서라도 한국에서 일본영화는 개방되어서는 안 된다는 주장으로 연결되는 것이다.

과거의 식민지 경험을 소환함으로써 일본영화 관람과 개방을 한국에 대한 식민지화와 아시아에서 문화대국화 의도로 연결하는 것 이외 일본영화 개방, 관람의 반대 이유로 일본영화의 주종은 노골적인 성을 소재로 한 외설영화와 군국주의 정신과 연관을 맺고 있는 폭력적인 사무라이 영화라는 것을 들기도 한다. 이러한 주장들에서는 일본 영화는 청소년의 정서를 병들게 하며 우리의 안방에 왜색 저질문화를 확산시킬 것이라고 우려하고 있다.[46] 일본영화 개방 전인 1994년 『동아일보』는 일본영화를 소개하는 기사에 뒤 〈그림 2〉와 같은 일본영화 포스터를 싣고 있다. 붉은 조명 아래 다리가 잘 보이게 앉아 있는 여성이 등장하는 포스터, 한자로 "정사", "폭행치사사건", "부인" 등의 큰 글자를 넣은 포스터도 있다.

영화 한 편에는 여러 개의 포스터가 존재할 수 있는데 이 기사에서 선택한 포스터들은 마치 일본영화는 외설과 폭력을 주로 다룬다는 인식을 주는 것이 많다. 붉은 조명 아래 한 여성의 다리가 노출되어 있는 것은 1963년작 〈일본곤충기(日本昆蟲記)〉의 포스터이다. 이 영화의 감독은 칸영화제 황금종려상을 2회 수상한 이마무라 쇼헤이(今村昌平)이며, 전후 일본사회에서 한 하류층 여성이 겪어야 했던 좌절과 고통, 이에 굴하지 않는 그녀의 강한 생

44 「일본영화 수입 문화예속 부채질」, 『한겨레신문』 1990. 4. 27.자, 7면 ; 『서울미디어』 1995. 2. 15.자.

45 「日製로 부활하는 日帝」, 『동아일보』 1995. 8. 12.자, 15면.

46 「日대중문화수입 문화예속화 우려」, 『매일경제』 1994. 2. 21.자, 25면.

〈그림 2〉 당시 신문에 소개된 일본영화 포스터

＊출전 :「日영화 비디오」,『동아일보』 1994. 2. 2.자, 3면.

명력을 주된 내용으로 해 외설을 다루는 영화로 평가할 수 없는 작품이다. 그럼에도 이 영화에 대해 잘 모르는 사람들은 이 영화를 외설적 영화라 판단할 수 있는 포스터를 선택해 이용하고 있는 것이다.

일본영화 개방에 대한 공포는 일본배우를 출연시키거나 사무라이를 주인공으로 한 미국영화를 일본영화라 단정하고 그 영화들에 대한 상영 반대로 연결되기도 했다. 일본영화 개방 전인 1995년에 개봉된 〈가정교사(Private Lessons II)〉〔1993, 이즈미 세이지(Seiji Izumi) 감독〕는 미모의 프랑스인 프랑스어 가정교사가 거액을 뜯어내기 위해 10대 일본인 소년을 유혹하지만 이내 양심의 가책을 느끼고 학생 곁을 떠난다는 내용이다. 감독이 일본계이고 주인공인 일본인 소년 역을 당시 일본의 인기 보이그룹 멤버가 맡았다는 이유로 한국에서 영화개봉 허가에 대한 논란이 일었다. 당시 어느 신문의 기사에서 이 영화는 미국 탈을 쓴 일본영화라 단정하여 10대 소년이 “성관계를 통해

〈그림 3〉 〈가정교사〉의 공식 포스터

* 출전 : 『경향신문』 1995. 2. 19.자, 17면.

〈그림 4〉 국적 논란 기사에 실린 〈가정교사〉 속 스틸컷

* 출전 : 『경향신문』 1995. 2. 14.자, 15면.

성인으로 성장해 간다"는 영화라고 설명해 외설성을 부각시키기도 한다.[47]

〈그림 3〉은 이 영화의 한국 공식 포스터인데, 포스터 속에는 남자의 정면 얼굴과 그를 바라보는 여자의 옆모습만이 있어 한국 배급사는 남녀 간의 사랑을 주제로 한 멜로영화 정도로 이 영화를 홍보하고 싶어 했음을 알 수 있다. 반면 국적논란을 다루고 있는 기사에서는 〈그림 4〉와 같이 옷을 입지 않은 두 주인공을 비추는 스틸컷을 실어 이 영화를 외설적인 영화로 다루고 있다.

역시 일본영화 개방 전인 1996년 개봉된 〈장군 마에다(Kabuto)〉〔1991, 고든 헤슬러(Gordon Hessler) 감독〕는 마에다라는 사무라이가 전 세계를 모험하면서 수많은 어려움 속에서도 군주가 내린 임무를 수행해 나가는 것을 주된 내용으로 하고 있다. 미국 영화사가 제작하고 미국인이 감독을 맡았지만 사무라이를 주인공으로 하고 있고 일본인 배우가 출연한다는 이유로 당시의

47 「외화나 왜화냐 가정교사 개봉결정」, 『경향신문』 1995. 2. 14.자, 15면 ; 「가정교사」, 『경향신문』 1995. 3. 31.자, 39면 ; 「횡설수설」, 『동아일보』 1995. 2. 23.자, 1면.

한 기사는 일본영화라 단정한다.[48] 주인공인 사무라이가 군주를 위해 목숨을 바치기에 이 영화는 일본정신을 주된 내용으로 하고 있다고 소개하면서 폭력적 장면이 많다고 설명한다.[49] 이 영화를 개봉하는 영화관 측에 일본영화를 상영하지 말라는 협박 전화가 걸려 오기도 했으며, 영화인 150여 명은 〈가정교사〉와 함께 이 영화를 미국영화로 포장된 왜색 영화라 단정 짓고 "일본영화 수입 금지"를 외치며 가두시위를 벌이기도 했다.[50]

이상 일본영화와 이것의 개방을 둘러싼 논란들은 당시 일본영화 개방에 대한 우려, 공포가 상당했음을 알 수 있게 한다. 또한 이 논란들은 공포의 단순한 '표현'을 넘어 일본영화 개방에 대한 공포를 '확산'시켰다고도 할 것이다.

그러나 이미 공식적으로 개방되어 있지 않을 뿐 일본영화는 젊은 층 사이에 이미 광범위하게 확산되어 있었고 수입개방 이전과 이후 한국에서 인기를 끈 청춘 멜로물, 애니메이션 영화는 일본색이 짙지 않아 한국관객의 일본화를 우려할 만한 내용의 영화가 아니었다. 또한 한국관객은 일본영화 관람만을 통해 쉽게 혼과 정체성을 잃어 일본화될 리 없기에 일본영화 개방을 두고 과도한 공포를 가질 필요가 없었다. 이와부치 고이치는 동아시아의 젊은 층들이 일본 대중문화를 즐긴 이유는 단순히 대중문화 속 일본과 일본문화가 매혹적이고 일본을 모방하고 싶어서라기보다, 생활방식과 인간관계 양상이 유사한 동아시아 지역에서 근대화와 도시화로 1990년대 들어 타이베이, 도쿄, 홍콩이 더욱 동질화됨에 따라 그들이 일본 대중문화를 통해 서구의 대중문화에서는 느낄 수 없는 "지금, 여기"를 감각하고 공감할 수 있었기

---

48 「日영화 장군 마에다 16일 개봉 강행」, 『경향신문』 1995. 9. 13.자, 15면.

49 「日사무라이 영화 첫 상륙」, 『동아일보』 1995. 2. 22.자, 31면.

50 「사무라이 영화 상영관 협박전화」, 『한겨레신문』 1996. 6. 30.자, 19면 ; 「영화인 "日」 영화 반대" 행진」, 『동아일보』 1995. 3. 8.자, 19면.

때문이라고 보고 있다.[51] 앞에서도 살펴보았지만 한국 젊은 층들이 일본영화를 좋아하고 즐긴 중요한 이유는 일본영화를 통해 1990년대를 살아간 청춘의 불안함과 첫사랑의 설렘의 감정을 공감할 수 있었기 때문이다.

일본영화 개방을 반대하고 공포감을 표출하여 이를 부추긴 논의들은 일본영화의 내용을 왜곡했을 뿐만 아니라 관객을 영화의 내용을 쉽게 믿어 버리는 수동적이고 무기력한 존재로 설정하고 있다고 할 수 있다. 또한 영화는 관객을 사고하게 하고 생산적 논의를 끌어내며 관객 상호 간에 감정을 공유하게 하는 예술이 아니라 관객을 현혹하고 선동하는 프로파간다 정도로 보고 있다고도 할 수 있다.

일본영화 개방 반대의 또 다른 이유로 일본영화는 외설적 · 폭력적이라는 점을 내세웠지만, 한국에 확산된 일본영화는 청춘 멜로물이어서 이와는 거리가 멀었고 〈공각기동대〉나 〈신세기 에반게리온〉 등의 애니메이션 영화는 인간이라는 존재의 의미를 생각해 보게 하는 철학적인 내용이며 기존의 장르 법칙을 허무는 혁신적 스타일을 갖춘 것이었다. 일본영화라 단정 짓고 외설적인 영화라 평가한 〈가정교사〉에서는 여배우의 뒷모습 이외 신체노출이 없고 남녀 배우의 직접적 성애 장면은 거의 등장하지 않아 외설적인 영화로 보기 어렵다. 남자 배우가 당시 최고 인기 아이돌 그룹의 멤버인 상황에서 애초에 외설적인 장면들을 촬영하기도 어려웠을 것이다. 〈장군 마에다〉는 사무라이를 주인공으로 하고 있지만 군주의 임무를 수행하기 위해 일본, 스페인, 모로코 등 다양한 나라를 배경으로 한 모험영화라 할 수 있다. 모험 중 펼쳐지는 액션과 로맨스 장면도 많아 동시기에 만들어진 〈인디애나 존스〉와 유사한데, 액션 장면들은 비슷한 시기에 인기를 끌었던 홍콩, 할리우드 액션영화보다 폭력적이지도 않다. 일본배우가 등장하고 감독이 일본

51 이와부치 고이치(2004), 『아시아를 잇는 대중문화 : 일본, 그 초국가적 욕망』, 히타라 유키에 · 전오경 옮김, 또하나의문화.

계라는 이유로 일본영화라 단정 지어진 영화들은 특별히 외설적 · 폭력적이지도 않아 과도하게 비난받았음을 알 수 있다.

5. 일본영화 인기와 개방에 대한 공포의 이유

해방 이후 민족을 구성해 내고 민족 내부의 결속을 강화하기 위해, 공적 공간에서 일본이라는 존재는 식민지 침략자였고 현재에도 침략의 역사를 전혀 반성하지 않는 혹은 침략의 의도를 여전히 보이면서 대동아공영권의 부활을 꿈꾸는 사악한 적으로만 소환되었다. 실제로는 냉전질서 아래 정치권력과 지배층을 중심으로 한국과 일본은 상호이해 관계 속에서 긴밀히 연결되어 있었고[52] 제도적 · 인적 측면에서 제국일본의 유제를 극복하지 못했으며, 사적 공간에서는 은밀히 일본상품을 애용하고 일본문화를 즐기면서도 적이 아닌 다른 존재로서의 일본은 한국의 공식적인 담론 공간에서 존재하기 어려웠던 것이다. 일본이 적이 아닌 다른 존재로 발화되는 순간 발화자는 민족, 국민으로서의 자격이 박탈되고는 했다.[53] 냉전기 독재로 인한 엄혹한 분위기와 경직된 문화는 적이 아닌 다른 존재로서의 일본을 논하거나 그에 대한 정보를 유통시키는 것을 더욱 어렵게 했다. 그러나 1990년대 이

---

52 군사적 · 경제적으로 당시 한국과 일본의 국가권력과 지배층이 긴밀히 협력한 것은 藤井治夫(1975), 「アメリカの核戦略と日韓軍事関係」, 『季刊三千里』 第4号, 122~129쪽 ; 「座談会 : 四 · 一九と今日の韓国」, 『季刊三千里』 第22号(1980), 68~78쪽에서도 확인할 수 있다.

53 이봉범(2015), 「일본, 적대와 연대의 이중주 : 1950년대 한국지식인들의 대일인식과 한국문화(학)」, 『현대문학의 연구』 제55호, 68~78쪽에 의하면 1950년대 김소운은 도쿄에서 일본 신문사와의 인터뷰에서 한국의 궁핍한 상황과 대비시켜 일본의 전후 발전상을 긍정적으로 평가했다는 이유로 인터뷰 후 한국에서 매국노로 비난당해 한국으로의 입국을 금지당하여 4년간 일본 구치소에 구금되어야 했다.

후 민주화된 정치 상황과 VTR, PC통신 등 국가권력과 지배층에 의해 이용과정과 유통정보 등을 완전히 통제할 수 없게 하는 미디어의 도입과 발전은 대중에게 적으로서 동질적이고 획일적인 일본만을 강요하기 어렵게 했다. 이는 일본을 적으로 배제함으로써 윤리적 정당성을 획득하게 하는 기존의 민족 정체성을 훼손하고 불안정하게 하는 것일 수밖에 없다. 이러한 상황에서 기존의 민족개념으로 대중을 동원하여 지배질서를 유지해 온 측에서는 적이 아닌 현대사회에서 희로애락을 가진 다양한 일본의 모습을 다수의 관객에게 감각하게 하여 동일시하게 할 여지가 있는 일본영화의 수용과 개방은 받아들일 수 없는 것이며 두려운 것일 수밖에 없는 것이다. 이에 앞에서 살펴보았듯이 신문기사를 통해 볼 수 있는 당시의 주장들은 일본영화를 깎아내리면서 일본영화 개방을 통한 민족 정체성의 혼란, 훼손을 극도로 경계하기도 했다.

반면 당시 리영희 선생은 자주의식이 있다면 미국영화에 비해 유달리 폭력적이고 퇴폐적일 것 없는 일본영화를 한국대중이 관람하는 것을 걱정할 필요가 없다고 말하고 있다. 뒤집어 말하면 이는 해방 이후 일본이라는 존재의 의미를 진지하게 고민하지 못한 채 식민지배자와 침략자로서의 일본이라는 타자와의 관계에 기대어 국민, 민족 정체성을 수립해 온 것이 대중의 일본영화 관람에 대한 두려움의 원인임을 말하고 있는 것이다. 즉 해방 후 40～50여 년의 시간이 흘렀음에도 탈식민화하여 전후 일본과의 관계 속에서 국가·민족 정체성을 제대로 고민할 기회를 가지지 못한 채, 일본영화를 비롯한 대중문화의 유행과 개방으로 그 정체성이 흔들리지도 모르는 상황에서 일본 영화개방은 너무나도 두려운 것이었고 이에 대한 강한 공포감이 일본영화·일본대중문화 개방논의를 계기로 표면화한 것이라고 할 수 있다. 이에 리영희 선생은 대중의 일본영화 수용과 개방을 걱정하고 반대하기보다 기성세대들이 제국일본의 유제를 청산하지 못하고 사회제도적으로 일본을 무분별하게 모방해 온 것을 반성하는 토대 위에서 민족과 국가의 자

주적 정체성을 정립해 나가는 것이 더 중요하다고 덧붙이고 있다.[54]

또한 1990년대 대중문화산업이 본격적으로 발전하고 다양한 방식으로 이를 즐길 수 있게 하는 새로운 미디어의 등장과 이를 통한 하위문화의 생성은, 대중문화 수용과정에서 국가권력과 지배층에 의한 대중에 대한 통제와 감시를 근본적으로 불가능하게 하는 것이었다.

앞에서 살펴보았듯이 일본영화가 개방되지 않은 상황에서도 대중은 감시와 통제를 피해, VTR을 통해 집과 카페에서 일본영화를 보고 PC통신 동호회를 조직해 여러 장르의 일본영화에 대한 다양한 의견과 정보를 교환할 수 있었다. 자신이 좋아하는 일본영화를 일본에서 관람하기 위한 단체여행을 기획하기도 하고 특정 작품을 개작해 팬들 사이에서 유통시키기도 하였다. VTR 등장 이전 영화는 영화관에서만 볼 수 있는 것이었기에 상영될 영화만을 검열하는 것으로 손쉽게 대중의 수용양상을 통제할 여지가 컸다. PC통신 등장 이전 영화에 대한 정보는 주로 출판물을 통해 유통되는 것이었기 때문에 역시 출판물의 검열 등을 통해 정보유통을 통제할 수 있었다. 대중문화는 저급하기에 통제·검열받아야 한다고 생각하는 엘리트, 지배층은 VTR, PC통신의 등장으로 대중이 수입 금지된 대중문화를 수용하고 이에 대한 정보를 유통해 자신들만의 하위문화를 형성하면서 감시망에서 벗어나는 것에 상당한 불안감을 느낄 수밖에 없었다.

이러한 상황에서 대중이 더 이상 공식적으로는 개방이 금지된 일본영화를 보지 않게 하며 불안에 떨지 않기 위해서라도 엘리트, 지배계층은 일본영화, 대중문화를 비난하고 공격할 수밖에 없었던 것이다. 그 불안과 공포에 기인한 일본영화, 대중문화에 대한 비난은 일본영화와 대중문화 개방 논의를 계기로 더욱 극대화되었다고 할 수 있다. 어느 토론장에서 한 영화감독은 청소년들의 문화가 통제에서 벗어나 "지하화"되어 "왜색화"되는 상황

---

54 리영희, 「일본대중문화의 수용과 적극적 사고」, 『한겨레신문』 1994. 2. 5.자, 1면.

에서 일본영화 개방은 "불난 데 휘발유를 끼얹는" 격일 것이라고 발언하여 일본영화, 일본대중문화 개방을 즈음해 통제받아야 할 대중이 감시망에서 벗어나 있는 상황을 심각하게 우려하고 있다.[55] 어느 신문의 독자는 독자투고란에 요즘 젊은이들이 일본 대중문화를 즐기고 모방하여 "일본 아이들"이 아닌지 의심할 지경이라며, 일본영화까지 정식으로 개봉된다면 사태는 매우 심각해질 것이라고 말하고 있다. 이어 이러한 "기성세대"의 간절한 걱정을 "젊은 세대"들이 다시 한 번 깊이 생각해 주기 바란다고 읍소하며 글을 끝맺고 있다.[56] 이러한 읍소는 기성세대의 통제를 벗어나 당시 일본영화를 비롯한 일본대중문화가 젊은 층 사이에 폭넓게 받아들여지는 것, 이러한 상황에서 일본영화가 정식으로 개방되어 통제가 더욱 어려워질지도 모르는 상황이 기성세대에게는 큰 공포로 받아들여지고 있음을 엿볼 수 있게 한다.

한편으로 어느 인터뷰에서 보듯, 한 고등학생은 기성세대가 통제에서 벗어나 일본 애니메이션 영화를 관람하는 젊은 사람들을 무시하고 일본 애니메이션 영화를 저질로 단정 짓는 것에 반발하기도 한다. 오히려 한국문화의 수준이 일본이나 미국보다 낮은 것은 이러한 통제와 규제 때문이라고 하면서 기성세대의 통제와 규제에도 일본 애니메이션 영화 등을 계속해서 즐기면서 기성세대의 뜻을 거스를 것이라고 말하고 있다.[57] 이는 일본영화 등의 대중문화와 이를 즐기는 대중을 저질이라 단정 짓는 것 외에는 마땅히 젊은 대중이 기성세대의 감시망에서 벗어나는 것을 막을 수 없는 상황에서, 일본영화와 이를 즐기는 것을 저질스럽다고 규제하고 통제하는 것이 오히려 저질스러운 것이라 공격하여 기성세대의 통제와 감시의 수단을 무력화하고 있는 것이다. 이어 일본영화 등의 대중문화를 즐기면서 통제망에서 벗어날

55 「日 영화수입은 시기상조」, 『경향신문』 1990. 5. 25.자, 9면.

56 「일본영화 수입허용 땐 문화식민지 전락자초」, 『동아일보』 1992. 10. 9.자, 15면.

57 「10대가 본 10대 문화 맨날 규제, 검열」, 『한겨레신문』 1997. 8. 12.자, 11면.

것임을 선언해 기성세대와 싸워 나갈 것임을 말하고 있다. 이를 통해 일본영화를 저질이라 싸잡아 비난하고 일본영화 관람을 규제하려는 기성세대와 일본영화를 즐기는 젊은 층 사이에는 '세대 간' 갈등이 존재했음도 알 수 있다.

6. 결론

VTR 등의 수용 경로와 PC통신 등의 정보교환 경로를 통해 정식 개방 전에도 한국에서는 1990년대 이미 일본영화가 젊은 층을 중심으로 확산되어 있었다. 한국의 관객들은 한국영화로는 채울 수 없는 욕구와 취향을 일본영화를 통해 충족하고 그 감정을 공유할 수 있었다. 수동적 감상에 그치지 않고 감상회나 영화제를 직접 기획하기도 하고 일본영화 관람을, 획일화와 국가 권력의 간섭으로부터의 회피로 연결시켜 저항의 수단으로 전유하기도 하였다. 한편으로 기성세대를 중심으로 한 상당수의 한국인들은 일본영화의 인기와 일본영화의 개방에 상당한 불안감과 적대감을 갖게 된다. 특히 그들은 영화는 관객으로 하여금 영화 속에서 재현되고 있는 세계와 질서를 실제적이고 중립적인 것으로 믿게 한다고 여겼기에, 일본영화를 통해 한국인의 정신이 식민화되고 일본은 영화를 비롯한 대중문화를 동아시아에 확산시켜 문화대국화하여 대동아공영권을 부활하고자 한다고 주장했다. 또한 일본영화는 외설적이고 폭력적이기에 청소년을 비롯한 젊은 층을 타락시킬 것이라고 강변하였다. 그러나 한국에서 인기를 얻은 영화의 내용이나 관객의 능동적 수용양상을 볼 때 한국관객이 쉽게 일본화될 리 없으며, 일본영화는 다른 국가의 영화보다 외설적이고 폭력적이라 볼 수도 없었다. 이러한 일본영화의 인기와 개방에 대한 불안감과 적대감은 해방 이후 50년간 다양한 얼굴을 한 일본, 그러한 일본과의 관계 속에서 민족과 국가 정체성을 정립하지 못한 채 일본을 침략자로만 타자화하여 민족정체성을 형성하여 일본영화 인기와 개방으로 인해 민족, 국가 정체성이 흔들릴 것을 우려했기 때문이다. 또한 대중이 공개가 금지된 일본영화를 관람하고 이를 통해 하위문화를 형성하면서 국가권력과 지배층의 통제와 감시망에서 벗어나는 것도 일본영화에 대한 불안감과 적대감의 이유였다.

1990년대 한국에서 일본영화란 세대 간 갈등의 지점이며 엘리트의 통제욕구와 대중의 저항이 충돌하는 지점이었던 것이다. 또한 한국사회가 탈식민화하지 못해 불안한 민족정체성이 표출되는 지점이기도 했다.

만연했던 공포와 적대감에도 불구하고 일본영화는 해외영화제 수상작을 중심으로 정식으로 수입되어 1998년부터 영화관에서 상영된다. 베니스영화제 황금사자상 수장작인 기타노 다케시 감독의 〈하나비〉(1997), 칸영화제 황금종려상 수상작인 구로사와 아키라 감독의 〈가게무샤〉(1980)가 처음으로 상영되었다. 그러나 두 영화의 전국 관객수는 10만 명에 미치지 못해 흥행에 성공하지는 못했다.[58] 2000년대 중반까지 관객 수 1백 만을 넘어 흥행에 성공했다고 볼 수 있는 일본영화는 〈러브레터〉, 〈센과 치히로의 행방불명〉〔2001, 미야자키 하야오(宮崎駿) 감독〕, 〈하울의 움직이는 성〉(2004, 미야자키 하야오 감독), 〈주온〉〔2002, 시미즈 다카시(清水崇) 감독〕 네 작품에 불과했다.[59] 일본 상업영화의 흥행 실패는 당시 한국에서 불법복제 비디오나 카페에서의 불법상영, 영화제에서 상영에서는 인기를 끌 만큼 비교적 작은 규모의 일본영화 마니아는 존재했으나 영화관에서의 상업영화 상영에 성공할 만큼 광범위한 일본영화 수요는 존재하지 않았기 때문일 것이다.

이러한 상황에서 일본영화 개방 직전과는 달리 한국에서 일본영화 상영과 관람에 대한 불안은 눈에 띄게 감소한다. 한 연구에 의하면 일본 대중문

---

58 「일본영화 흥행성적 신통치 않다」, 『매일경제』 1998. 12. 24.자, 25면.

59 박혜영(2006), 앞의 글.

화 개방 이후 일본영화에 대한 부정적 태도는 감소하고 긍정적 태도가 증가했으며 전반적으로 기사량도 줄어 일본영화를 비롯한 일본대중문화에 대한 관심 자체가 줄어들었다고 설명한다.[60] 문화평론가인 김지룡은 〈하나비〉와 〈가게무샤〉 흥행 실패 이후 국내에서는 한국영화가 승리했다는 인식이 많아졌다고 하면서 이로 인해 일본영화 개방에 대한 불안감이 줄어들었다고 언급하고 있다.[61] 그러나 일본대중문화, 일본영화, 일본에 대한 불안감과 적의가 완전히 사라진 것은 아니었다. 새로운 미디어의 도입과 개방적인 젊은 세대의 등장에도 불구하고 한국사회 전체적으로는 일본과 일본문화의 다양한 모습이 활발히 논의되지 못한 채 '일본=(과거 혹은 현재의) 침략자=적'이라는 획일적인 도식은 한국사회 곳곳에 그리고 개인의 무의식 속에 여전히 강고하게 자리 잡고 있었기 때문이다. 물론 이는 한국사회 내부의 문제만이 아니라 식민지 역사를 제대로 반성하지 않고 여타 아시아 국가를 무시해 온 일본 측의 태도도 중요한 이유이다. 따라서 누그러들었지만 잠재해 있던 불안감과 적대감은 일본 정치인들의 행동, 국제 정세 등 상황 변화에 따라 불쑥불쑥 솟아나고는 했다. 2001년 일본의 일선 학교에서의 채택률은 극히 낮았지만 극우 성향의 후쇼사(扶桑社) 역사교과서의 검정 통과 이후 한국사회에서는 일본에 대한 반감으로 들끓었고 이에 후쇼사 교과서와 별다른 연관도 없는 이와이 슌지의 영화 개봉도 어려워져, 수입되고 4~5년 후에나 그의 영화가 개봉될 수 있었다.[62] 극영화 가운데는 이와이 슌지를 제외하고는 거의 흥행작이 없던 당시의 상황에서도 역사교과서 문제로 인해 고조된 일본에 대한 적대감에 혹시라도 있을지 모를 일본영화, 일본대중문화 유행에 대한 불안감이 합해져 이와이 슌지 영화마저 국내개봉을 어렵게 한 것이었다.

---

60 오대영 · 이완수(2015), 앞의 논문, 232쪽, 248쪽, 261쪽.

61 「한일대중문화 동반시대(8)」, 『동아일보』 1999. 1. 25.자, 13면.

62 황달기(2007), 앞의 논문, 478쪽.

한편으로 일본에 대한 적대감과 불안감이 여전히 상존한 상황에서도 〈조제, 호랑이와 물고기들〉 같은 일본의 청춘 멜로영화들에 대한 고정 관객층이 형성되어 2000년대 이러한 영화를 주로 상영하는 영화관이 등장하게 된다. 이는 1990년대 일본영화를 비롯한 대중문화 개방 직전의 시기처럼 일본영화와 대중문화가 큰 인기를 끌지는 못했지만 획일화되지 않은 다양한 얼굴을 한 일본을 받아들이고 일본영화를 통해 '지금, 여기'를 공감하는 한국인들이 공식적 공간에서 안정적으로 존재할 수 있었음을 의미한다. 그러나 일본영화 개방 이후에도 일본을 획일화하고 적대화하는 분위기는 강력하고 때로는 폭발적인 힘을 발휘하는 것이어서 영화관이라는 공적 공간에서 일본영화를 마음 편하게만 관람하기가 쉽지만은 않은 사람도 있었을 것이다. 이에 일본영화를 관람하는 대중 중 일부는 일본대중문화를 무시하거나 적대시하는 주장에 항의하기도 했지만, 다른 일부는 일본영화를 즐기면서도 그 영화의 국적은 신경 쓰지 않는다거나 일본영화는 좋아하지만 일본에 대한 반감은 가지고 있다는 반응을 보여야 했다.[63]

일본영화 개방 이후 그에 대한 불안감과 적대감은 상당히 감소하였음에도 교과서 파동으로 당시 한국에서 가장 많은 팬을 보유한 감독의 영화개봉조차 쉽지 않고 일본영화 관객은 내부 갈등 속에서 일본영화를 보면서도 애써 국적을 신경 쓰지 않는다는 태도를 취해야 했다. 이는 해방 후 반세기가 지난 시점에도 한국에서 여전히 식민지 침략자로서만이 아닌 일본의 모습, 한국과 일본 사이에 맺어져 있는 복잡다단한 관계에 대해 진지하게 고민되지 못했음을 다시 한 번 확인하게 한다.

---

63 「한 마니아의 일본문화 편력기」, 『동아일보』 1998. 10. 13.자, 31면.

참고문헌

1. 한국어

1) 논문

강상중(1997), 「'동양'의 발견과 오리엔탈리즘」, 『오리엔탈리즘을 넘어서』, 이경덕 · 임성모 옮김, 서울 : 이산.

강성현(2006), 「'죽음'으로의 동원과 이에 대한 저항 가능성 : 오키나와 '집단자결'의 사례를 중심으로」, 『민주주의와 인권』 제6권 제1호.

김경일(1984), 「조선 말에서 일제하의 농촌사회의 『동계』에 관한 연구」, 서울대학교 대학원 석사학위논문.

김범수(2016), 「박정희 정권 시기 "국민"의 경계와 재일교포 : 5 · 16 쿠데타 이후 10월유신 이전까지 신문 기사 분석을 중심으로」, 『국제정치논총』 제56집 제2호.

김봉섭(2010), 「이승만 정부 시기의 재외동포정책」, 한국학중앙연구원 한국학대학원 박사학위 논문.

김사량(2016), 「재일조선인 연극운동의 전개과정과 공연방식 연구」, 서울대학교 대학원 박사학위논문.

김예림(2012), 「종단한 자, 횡단한 텍스트 : 후지와라 데이의 인양서사, 그 생산과 수용의 정신지」, 『상허학보』 제34집.

김웅기(2018), 「조선적자의 다양성과 문재인 정부의 입국 허용정책을 둘러싼 쟁점」, 『일본학보』 제114집.

김일림(2014), 「1990년대 한국 대중문화 담론 속의 일본 : 긍정적 일본 이미지의 형성구조」, 『일본연구』 제37호.

김태기(2016), 「일본회의의 성장과 종교단체의 역할 : 세이초노이에(成長の家)를 중심으로」, 『한일관계사연구』 제54호.

김현미(2003), 「일본 대중문화의 소비와 팬덤의 형성」, 『한국문화인류학』 제36집 제1호.

남기정(2008), 「일본 '전후 평화주의'의 원류」, 『일본연구』 제24호.

문경연(2010), 「1930년대 말 "신협"의 〈춘향전〉 공연 관련 좌담회 연구」, 『우리어문연구』 제36호.
박상현 · 미네자키 도모코(2018), 「후지와라 데이 연구의 문제점 : 서지학적 측면에서」, 『일본근대학연구』 제60집.
박상현 · 미네자키 도모코(2019), 「진명인 번역본 『35도선』의 저본 연구 : 저본 확정의 의미」, 『일본근대학연구』 제64집.
박섭(1994), 「1930년대 초반의 농업 불황과 농촌진흥운동」, 『인제논총』 제10권 제1호.
박일우(1993), 「모리스의 미학기호학」, 『한국프랑스학논집』 제19호.
박일우(1994), 「현대기호학 시각 기호학이란 무엇인가」, 『작가세계』 제23호.
박진도(1995), 「우리 동네 : '새마을' 바람에 황폐된 농촌」, 『역사비평』 제29호.
박진도 · 한도현(1999), 「새마을운동과 유신체제」, 『역사비평』 제47호.
석주희(2019), 「일본 정치사회의 동학과 우익의 복원 : 정치자본과 결사체를 중심으로」, 이화여자대학교 대학원 박사학위 논문.
성태현(1978), 「경제발전과 새마을운동」, 『산업경영』 제3권.
송석원(2003), 「사쿠마 쇼잔(佐久間象山)의 해방론(海防論)과 대서양관 : 막말(幕末)에 있어서의 '양이를 위한 개국'의 정치사상」, 『한국정치학회보』 제37권 제5호.
여순주(1993), 「일제 말기 조선인 여자근로정신대에 관한 연구」, 이화여자대학교 대학원 석사논문.
오대영 · 이완수(2015), 「일본 대중문화 개방과 한국언론의 수용태도 변화 : 보도 태도, 프레임, 정보원을 중심으로」, 『언론과학연구』 제15권 제1호.
유민영(1986), 「일제하 극장 문화와 슈퍼스타 배구자」, 『객석』 1986. 2.호.
이봉범(2015), 「일본, 적대와 연대의 이중주 : 1950년대 한국지식인들의 대일인식과 한국문화(학)」, 『현대문학의 연구』 제55호.
이성환(2010), 「식민지의 기억과 일본 대중문화의 유입 그리고 한일관계」, 『한일역사공동연구보고서』 제5권.
이용기(2007), 「19세기 후반~20세기 중반 동계와 마을자치 : 전남 장흥군 용산면 어서리 사례를 중심으로」, 서울대학교 대학원 박사학위논문.
이웅현(2017), 「전후 일본 보수인맥의 태동 : 역코스기를 중심으로」, 『동북아역사논총』 제57호.
이윤갑(2009), 「조선농촌진흥운동기(1932~1940) 경상북도 지역의 농업변동과 농민층 분해」, 『대구사학』 제95집.

이준식(2009), 「무라야마 도모요시의 진보적 연극운동과 조선문화 사랑」, 『역사비평』 제88호.
이질현(1976), 「농촌새마을운동 발전방향설정에 관한 연구 : 새마을 소득증대계획 결과분석 중심」, 『농업경제연구』 제18권.
임인숙(2003), 「일제 시기 근로정신대 여성들의 정신대 경험 해석과 의미화 과정에 관한 연구」, 이화여자대학교 대학원 석사학위논문.
장용걸(2006), 「일본대중문화 수용과정에 나타난 미디어의 내셔널리즘에 관한 고찰」, 『일어교육』 제37호.
정갑진(2009), 「1970년대 한국 새마을운동의 정책경험과 활용」, 한국개발연구원.
정지석(2011), 「퀘이커리즘의 다섯 가지 영성원리(1)」, 『기독교사상』 제635호.
지수걸(1982), 「1932~35년간의 조선농촌진흥운동 : 운동의 체제안정화정책적 측면에 대한 연구」, 고려대학교 대학원 석사학위논문.
지수걸(1984), 「1932~35년간의 조선농촌진흥운동 : 식민지 '체제유지정책'으로서의 기능에 관하여」, 『한국사연구』 제46호.
지수걸(1999), 「일제의 군국주의 파시즘과 '조선농촌진흥운동'」, 『역사비평』 제47호.
최인이(2014), 「1970년대 농촌 여성들의 자본주의적 개인되기 : 새마을 부녀지도자의 노동활동 경험을 중심으로」, 오유석 편, 『박정희 시대의 새마을운동 : 근대화, 전통 그리고 주체』, 파주 : 한울아카데미.
최혜주(2011), 「일제강점기 재조일본인의 지방사 편찬활동과 조선인식」, 『사학연구』 제103호.
최혜주(2012), 「개항 이후 일본인의 조선사정 조서와 안내서 간행」, 『한국민족운동사연구』 제73호.
최혜주(2013), 「1900년대 일본인의 조선이주 안내서 간행과 조선인식」, 『한국민족운동사연구』 제75호.
최혜주(2014), 「1900년대 일본인의 조선사정 안내서 간행과 조선인식」, 『한국민족운동사연구』 제81호.
최희정(2012), 「1930년대 자력갱생론의 연원과 식민지 지배 이데올로기화」, 『한국근현대사연구』 제63집.
하재훈(2014), 「1970년대 농촌새마을운동과 농촌사회의 집합적 참여」, 오유석 편, 『박정희 시대의 새마을운동 : 근대화, 전통 그리고 주체』, 파주 : 한울아카데미.
한도현(1985), 「1930년대 '농촌진흥운동'의 성격에 관한 연구」, 서울대학교 대학원 석사학위논문.
함동주(2009), 「1900년대 초 일본의 조선관련 서적 출판과 식민지 조선상」, 『근현대 일본의 한국인식』, 서울 : 동북아역사재단.
황달기(2007), 「한국의 일본대중문화 수용 : 1990년대 이후의 일본영화를 중심으로」, 『일본어문학』 제36호.
가와모토 아야(2002), 「한국과 일본의 현모양처 사상」, 심영희 · 정진성 · 윤정로 편, 『모성의 담론과 현실』, 서울 : 나남출판.
시미즈 미사토(2018), 「식민지연구의 논점 : 인프라와 공공」, '포스트제국의 문화권력과 동아시아' 강연회(2018. 12. 7).

2) 서적

국사편찬위원회 · 한일역사공동연구위원회 한국측위원회(2005), 『후지코시 강제동원 소송기록 1』, 과천 : 국사편찬위원회.
금장태(2005), 『심과 성 : 다산의 『맹자』 해석』, 서울 : 서울대학교출판부.
김민철(2012), 『기로에 선 촌락 : 식민권력과 농촌사회』, 서울 : 혜안.
김성민(2017), 『일본을 금하다 : 금제와 욕망의 한국 대중문화사 1945-2004』, 파주 : 글항아리.
김영미(2009), 『그들의 새마을운동』, 서울 : 푸른역사.
김영희(2003), 『일제시대 농촌통제정책 연구』, 서울 : 경인문화사.
김채수(2008), 『일본우익의 활동과 사상연구』, 서울 : 고려대학교출판부.
김필동(1992), 『한국사회조직사연구 : 계조직의 구조적 특성과 역사적 변동』, 서울 : 일조각.
김호섭 외(2000), 『일본우익연구』, 서울 : 중심.
내무부(1980), 『새마을운동 10년사』, 서울 : 내무부.
문화공보부(1973), 『새마을운동』, 서울 : 문화공보부.
박진우(2013), 『천황의 전쟁책임』, 서울 : 제이엔씨.
서정완 · 송석원 · 임성모 편(2011), 『제국일본의 문화권력』, 서울 : 소화.
송수남 편(1999), 『한국 근대 춤 인물사』, 서울 : 현대미학사.
유민영(1990), 『우리시대 연극운동사』, 서울 : 단국대학교출판부.
유민영(2006), 『한국 인물연극사』, 파주 : 태학사.
정광현(1949), 『내가 넘은 삼팔선』, 서울 : 수도문화사.

조창연 · 이주영(2016), 『기호학과 미학』, 서울 : 커뮤니케이션북스.

조택원(1973), 『가사호접 : 창작무용 반세기』, 서울 : 서문당.

한상일(1988), 『日本의 國家主義 : 昭和維新과 國家改造運動』, 서울 : 까치.

한일민족문제학회 강제연행문제연구분과(2005), 『강제연행 · 강제노동 연구 길라잡이』, 서울 : 선인.

나카야마 시게루 · 요시오카 히토시(2000), 『일본 과학 기술의 사회사 : 종전에서 1980년대까지』, 박영일 · 정경택 옮김, 서울 : 한일미디어.

신기욱 · 마이클 로빈슨 편(2006), 『한국의 식민지 근대성』, 도면회 옮김, 서울 : 삼인.

오쿠 다케노리(2011), 『논단의 전후사 1945~1970』, 송석원 옮김, 서울 : 소화.

유이 마사오미(2016), 『대일본제국의 시대』, 서정완 옮김, 서울 : 소화.

이와부치 고이치(2004), 『아시아를 잇는 대중문화 : 일본, 그 초국가적 욕망』, 히타라 유키에 · 전오경 옮김, 서울 : 또하나의문화.

2 외국어

1) 논문

Baudry, J. L.(1974), "Ideological Effect of the Basic Cinematographic Apparatus," *Film Quaterly*, 28(2).

Brandt, Vincent S. R.(1976 / 1977), "Rural Development and the New Community Movement in South Korea," *Korean Studies Forum*, 1.

Doucette, Jamie(2013), "The Korean Themidor : On Political Space and Conservative Reactions," *Transactions of the Institute of British Geographers*, 38(2).

Huang, C. Julia(2006), "Globally Engaged Buddhism : The Buddhist Compassion Relief Foundation from Taiwan," 『臺灣宗教研究』 第42卷 第1號.

Kabeer, Naila(1999), "Resources, Agency, Achievements : Reflections on the Measurement of Women's Empowerment," *Development and Change*, 30(3).

Maruyama, Masao(1969), "Nationalism in Japan : Its Theoretical Background and Prospects," in *Thought and Behanviour in Modern Japanese Politics*, London ; New York : Oxford University Press.

Metz, Cristian(1976), "The Fiction Film and Its Spectator," *New Literary History*, 8(1).

Moore, Mick(1985), "Economic Growth and the Rise of Civil Society : Agriculture in

Taiwan and South Korea," in Gordon White, ed., *Developmental States in East Asia*, London：Palgrave Macmillan Limited.

Park, Jin Hwan(1981), "The Work of Agricultural Economists at Community, Village and Local Governmental Levels：Accomplishment and Challenges," Rural Change：The Challenge to Agricultural Economists, Proceedings of the Seventeenth International Conference of Agricultural Economists.

Queen, Christopher S.(1996), "Introduction：The Shapes and Sources of Engaged Buddhism," in Christopher S. Queen and Sallie B King, eds., *Engaged Buddhism：Buddhist Liberation Movements in Asia*, Albany：State University of New York Press.

Sen, Amartya(1985), "Well-Being, Agency and Freedom：The Dewey Lectures 1984," *The Journal of Philosophy*, 82(4).

Yanagihara, Toru(2016), "User-Centered Approach to Service Quality and Outcome：Rationales, Accomplishments and Challenges," *Working Papers*, 123, Tokyo：JICA Research Institute.

歷史種子教師團隊(2018), 「日本統治時期社會文化的變遷」, 『歷史 · 臺灣史』, 信望愛文教基金會.

林思玲 · 丁澈士(2014), 「日治時期屏東伏流水灌漑工程與文化資產保存」, 『臺灣水利』 第62卷 第3期.

楊選華(2008), 「關于日據台灣時期"皇民化運動"若幹問題的探討」, 『福建師範大學學報』(哲學社會科學版) 第2期.

吳文星(2000), 「八田與一對臺灣土地改良之看法」, 『臺灣師大歷史學報』 第28期.

姚村雄(2008), 「日治時期美術設計的'台灣圖像'符號分析」, 『設計學報』 第1卷.

姚村雄(2009), 「植民觀點的視覺符號建構」, 雲林科技大學 設計學硏究所博士論文.

林淑慧(2012), 「留日徐事的自我建構：臺灣日治時期回憶錄的跨界意識」, 『臺灣國際硏究季刊』 第8卷 第4期.

張家綸(2009), 「評介≪折射的現代性：日治時期臺灣的視覺文化與認同≫」, 『臺灣師範大學歷史學報』 第41期.

曾令毅(2007), 「日治時期臺灣的學生航空教育」, 『臺灣文獻』 第58卷 第3期.

陳其澎(2003), 「"框架"台灣：日治時期殖民現代性的硏究」, 文化硏究學會2003年年會 · 「靠文化 · By Culture」學術硏討會.

陳正美(2011),「嘉南大圳設計者八田技師」,『嘉南大圳與八田與一』, 臺南市政府.
蔡錦堂(2007),「跨越日本與國民黨統治年代的臺灣人之日本觀」,『臺灣文獻』第58卷 第3期.
黃智慧(2010),「臺灣的日本觀解析」,『思想』第14期.
加藤典弘(1995),「敗戦後論」,『群像』第50巻 第1號.
警察庁(2005),「国内外の情勢に敏感に反応した右翼」,『焦点警備警察50年：現行警察法施行50周年記念特集号』.
高倉輝(1951),「人民につける文学」,『新文学入門』, 東京：理論社.
鮫島慶章(2015),「GHQの宗教政策：靖国神社改革を中心に」,『史学論集』第45号.
亀ヶ谷雅彦(1993),「自粛現象の社会心理」,『学習院大学政治学研究科政治学論集』第6号.
堀田善衛・伊藤整・竹内好・花田清輝・平野謙(1953),「日本の近代と国民文学」,『新日本文学』第8巻 第12号.
金達寿(1976),「玄海灘について, あるサークルへの答え」,『わが文学』, 東京：筑摩書房.
金翼漢(1996),「植民地期朝鮮における地方支配体制の構築過程と農村社会変動」, 東京大学博士学位論文.
金子昭(2011),「東日本大震災における台湾・仏教慈済基金会の救援活動：釜石市での義援金配布の取材と意見交換から」,『宗教と社会貢献』第1巻 第2号.
稲木哲郎(1990),「天皇報道の内容分析」,『東洋大学社会学部紀要』第27巻 第1号.
梁仁實(2013),「1930年代日本帝国内における文化「交流」：映画『春香伝』の受容を中心に」,『立命館言語文化研究』第24巻 第2号.
李昭憙(2012),「農村開発におけるソ：シャル・ネットワークの機能：韓国セマウル運動の分析から」, 東京大学修士学位論文.
網島聖(2010),「明治後期地方都市における商工名鑑的「繁昌記」の出版：山内實太郎編『松本繁昌記』を事例に」,『史林』第93巻 第6号.
武井昭夫(1954),「虚構性と記録性」,『新日本文学』第9巻 第3号.
門奈直樹(1989),「天皇死去報道の思想：民衆にとって戦後の天皇制は何だったのか」, 岩波新書編集部 編,『昭和の終焉』, 東京：岩波書店.
白鳥令(2015),「第二次大戦後日本における国家形成モデルの変遷と台湾の安全保障政策」, 中華民国国際関係学会,『2015日本新防衛政策与東亜情勢国際研討会論文集』.
富田晶子(1981),「農村振興運動下の中堅人物の養成」,『朝鮮史研究会論文集』第18号.

北岡伸一(2011),「日本外交の座標軸：外交三原則再考」,『外交』第6号.
北山晴一(1992),「国際化社会と＜天皇の死＞」, 栗原彬・吉見俊哉・杉山光信 編,『記録・天皇の死』, 東京：筑摩書房.
渋川謙一(1967),「占領下の靖国神社」,『神道史研究』第15巻 第5・6号.
成恩暎(2010),「終戦直後における在日朝鮮人の文化活動：在日本朝鮮人連盟によるオペラ『春香』の企画を中心に」,『年報地域文化研究』第14号.
松井慎一郎(2003),「新渡戸・内村門下の社会派官僚について」,『日本史研究』第495号.
新稲法子(1999),「繁昌記物の研究序説」,『兵庫大学短期大学部研究集録』第32号.
新渡戸稲造(1969a),「西洋の事情と思想」, 新渡戸稲造全集編集委員会,『新渡戸稲造全集 第6巻』, 東京：教文館.
新渡戸稲造(1969b),「人生雑感」, 新渡戸稲造全集編集委員会,『新渡戸稲造全集 第10巻』, 東京：教文館.
新渡戸稲造(1969c),「宗教とは何ぞや」, 新渡戸稲造全集編集委員会,『新渡戸稲造全集 第10巻』, 東京：教文館.
新渡戸稲造(1970a),「性と行(人格形成か行為業績か)」, 新渡戸稲造全集編集委員会,『新渡戸稲造全集 第5巻』, 東京：教文館.
新渡戸稲造(1970b),「修養」, 新渡戸稲造全集編集委員会,『新渡戸稲造全集 第7巻』, 東京：教文館.
新渡戸稲造(1985a),「国際民主主義」(1933), 新渡戸稲造全集編集委員会,『新渡戸稲造全集 第20巻』, 東京：教文館.
新渡戸稲造(1985b),「愛国心と国際心」, 新渡戸稲造全集編集委員会,『新渡戸稲造全集 第20巻』, 東京：教文館.
新渡戸稲造(1985c),「連盟活動の拡大」, 新渡戸稲造全集編集委員会,『新渡戸稲造全集 第20巻』, 東京：教文館,
新渡戸稲造(1985d), 新渡戸稲造全集編集委員会,「日本人のクエーカー観」,『新渡戸稲造全集 第19巻』, 東京：教文館.
新渡戸稲造(2007),「太平洋問題京都会議開会の辞」(1929), 鈴木範久 編,『新渡戸稲造論集』, 東京：岩波書店.
安部公房・梅崎春生・新島繁・猪野謙二・西郷信岡(1952),「日本文学の中心課題は何か」,『人民文学』第3巻 第10号.
永積安明(1952),「文学遺産の受け付きについて」,『文学』第20巻 第3号.

奥健太郎(2008),「『写真週報』にみる労務動員」, 玉井清 編,『戦時日本の国民意識：国策グラフ誌『写真週報』とその時代』, 東京：慶應義塾大学出版会.
外村大(2018),「朝鮮民族にとっての一九三八年·新協劇団『春香伝』」,『在日朝鮮人史研究』第48号.
熊倉功夫(1990),「解説」,『日本近代思想大系 23 風俗・性』, 東京：岩波書店.
遠藤貢(2013),「「反応」から「理念」へ：対アフリカ外交」, 国分良成 編,『日本の外交 第4巻：対外政策 地域編』, 東京：岩波書店.
仁木愛子(1983),「1920～30年代在日朝鮮人の演劇運動」,『在日朝鮮人史研究』第12号.
赤沢史朗(2000),「戦後日本の戦争責任論の動向」,『立命館法学』第274号.
前田多門(1963),「道草の跡」, 堀切善次郎 編,『前田多門 その文・その人』, 東京：三友社.
前田愛(1978),「国民文学の行方」,『思想の科学』第6次.
鵜沼裕子(2000),「新渡戸稲造の信仰：その神秘主義的宗教観をめぐって」,『近代日本のキリスト教思想家たち』, 上尾：聖学院大学出版会.
鵜沼裕子(2004),「新渡戸稲造のアメリカ観とクエーカー主義」,『聖学院大学論叢』第16巻 第2号.
趙正民(2003),「戦後日本の「国民文学論」と金達寿『玄海灘』連帯づけられた「弱者」像と戦後ナショナリズム」,『日語日文学』第19巻 第5号.
佐藤峰(2017),「「主体能力の涵養」は現場でどう行われているか：経験知と理論知の接合による段階的仮説モデルの形成」,『国際開発研究』第26巻 第1号.
湊晶子(2009),「新渡戸稲造の人格論・Personality」の今日的意義」,『東京女子大学比較文化研究所紀要』第70号.
竹内好(1972),「近代主義と民族の問題」,『戦後文学論争 下巻』, 東京：番町書房.
清水美里(2019),「映像作品における八田與一表象」,『翰林日本學』第35輯.
村山知義(1932),「プロットの新方針と新組織の其後の展開」,『プロット』1932. 1.号.
村山知義(1934),「朝鮮の演劇のために」,『テアトロ』1934. 12.号.
村山知義(1938a),「演出者の言葉」,『テアトロ・パンフレット第7輯：春香伝』.
村山知義(1938b),「朝鮮との交流」,『東京朝日新聞』1938. 9. 15.字.
村山知義(1938c),『春香伝』余談」,『京城日報』1938. 5. 31.字.
村山知義(1939a),「朝鮮のわが友へ」,『京城日報』1939. 1. 13.字.
村山知義(1939b),「春香伝(シナリオ)：朝鮮映画株式会社のために」,『文學界』1939. 1.号.

村山知義(1940a),「芸能祭に魁けて・新春1月の賑わい」,『朝日新聞』1940. 1. 9.字.
村山知義(1940b),「朝鮮文学に就て」,『文學界』1940. 5.号.
村山知義(1941),「手記(1)」, 司法省刑事局,『思想資料パンフレット特輯極秘・新協劇団関係者手記』, 東京:司法省刑事局.
村山知義(1947a),「去年のけふ」,『亡き妻に』, 東京:櫻井書店.
村山知義(1947b),「朝鮮・終戦前夜」,『亡き妻に』, 東京:櫻井書店.
村山知義(1947c),「朝鮮の文化人へ」,『亡き妻に』, 東京:櫻井書店.
村山知義(1947d),「朝鮮の婦人:東京放送局からの放送原稿」,『亡き妻に』, 東京:櫻井書店.
村山知義(1947e),「風俗時評(その一)」,『亡き妻に』, 東京:櫻井書店.
村山知義(1948a),「丹青」,『明姫』, 東京:郷土書房.
村山知義(1948b),「『春香伝』随想」,『歌劇「春香」パンフレット』.
村山知義(1949),「『春香伝』演出手帳」,『音楽藝術』1949. 2.号.
村山知義(1950),「朝鮮での八・一五」,『世界』1950. 8.号.
村山知義(1972),「演劇的自叙伝・59」,『テアトロ』1972. 6.号.
崔吉城(1997),「セマウル運動と農村振興運動」,『国立歴史民俗博物館研究報告』第70集.
湯浅拓也(2018),「『ソシアリチー』と近代日本の国際協力:新渡戸稲造におけるキリスト教人格主義形成とその系譜」,『青山国際政経論集』第100号.
湯浅拓也(2018a),「キリスト者知識人にとっての国際連盟:新渡戸稲造のデモクラシー論を手がかりに」,『青山国際政経論集』第101号.
湯浅拓也(2019b),「もうひとつのウィルソン主義:新渡戸稲造とキリスト教人格主義の思想的水脈」,『青山国際政経論集』第103号.
坂口安吾(1946),「堕落論」,『新潮』第43号.
平林一(1955),「国民文学の課題, 玄海灘をめぐって」,『国民文学の課題』, 東京:岩波書店.
鶴見祐輔(1928),「新自由主義の立場より」,『改造』1928. 5.号.
鶴見祐輔(2010),「ある夏の朝」(1948. 7. 8,『成城だより 第3巻』,『鶴見祐輔著作集 第3巻』, 学術出版会.
丸山真男(1946),「超国家主義の論理と心理」,『世界』第5号.
丸山真男(1955),「国民文学の課題」,『国民文学の課題』, 東京:岩波書店.
黒沢英典(1978),「前田多門の教育理念(1):敗戦直後の文教正規人者として」,『流通経

済大学論集』, 第13巻 第1号, 62쪽.

2) 서적

Anderson, Benedict(1983), *Imagined Communities : Reflections on the Origin and Spread of Nationalism*, London : Verso.

Boyer, William W. and Byong-Man Ahn(1991), *Rural Development in South Korea : A Sociopolitical Analysis*, Newark : University of Delaware Press.

Brandt, V. and Man-Gap Lee(1977), *Community Development Program in Korea*, Korea National Commission for UNESCO.

Gellner, Ernest(1983), *Nations and Nationalism*, New York : Cornell University Press.

Harootunian, Harry(2000), *Overcome by Modernity : History, Culture, and Community in Interwar Japan*, Princeton : Princeton University Press.

Husserl, Edmund(1969), *Cartesian Meditations*, Hague : Martinus Nijhoff.

Igarashi, Yoshikuni(2000), *Bodies of Memory*, Princeton : Princeton University Press.

Kapur, Nick(2018), *Japan at the Crossroads : Conflict and Compromise after Anpo*, Cambridge : Harvard University Press.

Kim, Chung-Yum(2011), *From Despair to Hope : Economic Policymaking in Korea 1945-1979*, Seoul : Korea Development Institute.

Koschmann, J. Victor(1996), *Revolution and Subjectivity in Postwar Japan*, Chicago : University of Chicago.

Levinas, Emmanuel(1969), *Totality and Infinity*, Pittsburgh : Duquesne University Press.

Perry, Samuel(2014), *Recasting Red Culture in Proletarian Japan : Childhood, Korea, and the Historical Avant-Garde*, Honolulu : University of Hawai'i Press.

Scott, C. James(1976), *The Moral Economy of the Peasant*, New Haven : Yale University Press.

Sen, Amartya(1999), *Development as Freedom*, Oxford : Oxford University Press.

Smith, A. D.(2003), *Husserl and the Cartesian Meditations*, London : Routledge.

Turner, John E.(1982), *Community Development and Rational Choice : A Korean Study*(Monograph Series in World Affairs, v.20, bk.1), Denver : Graduate School of International Studies, University of Denver.

宮添鬱雄(2011), 『八田與一』, 臺南 : 南一書局.

張勝彦 外(1996),『臺灣開發史』, 臺北：國立空中大學印行.
加藤悦郎(1946),『漫画・贈られた革命』, 東京：コバルト社.
加瀬和三郎(1908),『仁川開港二十五年史』, 玉鳴館.
岡追助(1915),『京城繁昌記』, 博文社.
岡本恵徳(1996),『現代文学にみる沖縄の自画像』, 東京：高文研.
警備実務研究会(1989),『右翼運動の思想と行動』, 東京：立花書房.
徑書房編集部(1989),『長崎市長への七三〇〇通の手紙』, 東京：徑書房.
京城居留民団役所 編(1912),『京城発達史』.
高橋正衛(1967),『昭和の軍閥』, 東京：講談社.
高木正幸(1996),『右翼：活動と団体』, 土曜美術社.
高尾新右衛門 編(1916),『元山発展史』, 啓文社.
高坂正堯(1965),『海洋国家日本の構想』, 東京：中央公論社.
高坂正堯(1968),『宰相吉田茂』, 東京：中央公論社.
高坂正堯(1981),『文明が衰亡するとき』, 東京：新潮社.
菅野完(2016),『日本会議の研究』, 東京：扶桑社.
広川貞秀・山田敬男 編(2012),『戦後社会運動史論』, 東京：大月書店.
駒込武(1996),『植民地帝国日本の文化統合』, 東京：岩波書店.
国立国会図書館調査及び立法考査局(2007),『新編靖国神社問題資料集』, 東京：国立国会図書館.
国立国会図書館調査立法考査局(1976),『靖国神社問題資料集』, 東京：国立国会図書館.
国立劇場調査養成部調査資料課近代歌舞伎年表編纂室 編(2003),『近代歌舞伎年表(京都篇) 第9巻』, 東京：八木書店.
国井天波(1916),『大清津港』, 元山毎日新聞社.
国際協力機構国際協力総合研修所(2004),『開発課題に対する効果的アプローチ：農業開発・農村開発』, 国際協力機構国際協力総合研修所.
堀切善次郎 編(1963),『前田多門：その文・その人』, 東京：三友社.
堀幸雄(1991),『右翼辞典』, 東京：三嶺書房.
堀幸雄(1999),『戦前の国家主義運動史』, 東京：中央公論新社.
堀幸雄(2006),『最新右翼辞典』, 東京：柏書房.
堀幸雄(2017),『戦後の右翼勢力』, 東京：勁草書房.

宮本盛太郎(1975),『北一輝研究』, 東京：有斐閣.
宮田節子(1985),『朝鮮民衆と「皇民化」政策』, 東京：未来社.
宮澤喜一(1991),『戦後政治の証言』, 東京：読売新聞社.
吉本興業株式会社(1992),『吉本八十年の歩み』, 大阪：吉本興業.
吉田茂(1957),『回想十年 第一巻』, 東京：新潮社.
金達寿(1980),『玄海灘』, 東京：筑摩書房.
内田健三(1969),『戦後日本の保守政治』, 東京：岩波新書.
内田雅敏(2014),『靖国参拝の何が問題か』, 東京：平凡社.
大岳秀夫(1996),『戦後日本のイデオロギー対立』, 東京：三一書房.
大野達三(1981),『「昭和維新」と右翼テロ』, 東京：新日本出版社.
渡辺洋三(1991),『戦後日本の民主主義』, 東京：労働旬報社.
渡辺治(1990),『「豊かな社会」日本の構造』, 東京：労働旬報社.
渡辺治(1996),『現代日本の帝国主義化：形成と構造』, 東京：大月書店.
読売新聞戦争責任検証委員会 編(2006),『検証・戦争責任Ⅰ・Ⅱ』, 東京：中央公論新社.
東洋経済新報社 編(1991),『完結昭和国勢総覧 第1巻』, 東京：東洋経済新報社.
藤生明(2017),『ドキュメント日本会議』, 東京：筑摩書房.
藤原てい(1949),『流れる星は生きている』, 東京：日比谷出版社.
藤原帰一(2001),『戦争を記憶する：広島・ホロコーストと現在』, 東京：講談社.
藤原彰(2001),『餓死した英霊たち』, 東京：青木書店.
藤村徳一 編(1927),『居留民之昔物語』, 朝鮮二昔会事務所.
歴史科学協議会(1989),『資料集天皇死去前後：1988. 9. 19～1989. 1. 31』.
歴史学研究会(1990),『日本同時代史：55年体制と安保闘争』, 東京：青木書店.
鈴木邦男(1988),『新右翼：民族派の歴史と現在』, 東京：彩流社.
鈴木邦男(2000),『右翼・公安用語の基礎知識：知ってトクする!?』, 東京：アートブック本の森.
鈴木邦男(2016),『愛国心に気をつけろ!』, 東京：岩波書店.
林浩治(1997),『戦後非日文学論』, 東京：新幹社.
木浦誌編纂会 編(1914),『木浦誌』.
木下半治(1977)『日本右翼の研究』, 東京：現代評論社.
木下半治(1996),『日本のファシズム』, 国書刊行会.
武田誓藏(1940),『総動員』, 朝鮮総督府.

閔智焄(2019),『韓国政府の在日コリアン政策：包摂と排除のはざまで』, 武蔵野：クレイン.
白川豊(1995),『植民地期朝鮮の作家と日本』, 東京：大学教育出版.
保阪正康(2001),『三島由紀夫と盾の会事件』, 東京：角川書店.
歩平・王希亮(2015),『日本の右翼：歴史的視座からみた思潮と思想』, 東京：明石書店.
本康宏史(2002),『軍都の慰霊空間』, 東京：吉川弘文館.
本田修吾(1992),『物語戦後文学史(中)』, 東京：新潮社.
釜山甲寅会(1915),『日鮮通交史：附釜山史』 古代記.
北岡寿逸 編(1975),『友情の人鶴見祐輔先生』(私家版).
社会問題研究会 編(1976),『右翼・民族派辞典』, 国書刊行会.
山本次郎(1976),『右翼武闘派宣言』, 東京：講談社.
山平重樹(2018),『ドキュメント新右翼：何と闘ってきたのか』, 東京：祥伝社.
山下英爾 編(1915),『湖南寶庫裡里案内：附近接地事情』, 恵美須屋書店.
三谷太一郎(2017),『日本の近代とは何であったか』, 東京：岩波書店.
三輪規・松岡琢磨 編(1907),『富之群山』, 群山新報社.
三輪如鉄(1911),『朝鮮大邱一斑』, 大阪：杉本梁江堂.
森上優子(2015),『新渡戸稲造：人と思想』, 相模原：桜美林大学北東アジア総合研究所.
上品和馬(2011),『広報外交の先駆者鶴見祐輔 1885-1973』, 東京：藤原書店.
徐京植(2002),『半難民の位置から：戦後責任論争と在日朝鮮人』, 影書房.
石原慎太郎・中川一郎(1973),『青嵐会：血判と憂国の論理』, 東京：浪曼.
石塚義夫(2010),『鶴見祐輔資料」, 東京：講談社出版サービスセンター.
成澤宗男 編(2016),『日本会議と神社本庁』, 東京：金曜日.
小熊英二(2002),『民主と愛国』, 東京：新曜社.
小熊英二(2009),『1968』, 東京：岩波書店.
小田切進(1984),『日本近代文学大辞典』(机上版), 東京：講談社.
小川雄三 編(1903),『仁川繁昌記』, 朝鮮新報社.
松本健一(2007),『思想としての右翼』, 東京：論創社.
松本武祝(1998),『植民地権力と朝鮮農民』, 東京：社会評論社.
松旭斎天勝(1991),『魔術の女王一代記』, 東京：かのう出版.
村山知義(1947),『亡き妻に』, 東京：櫻井書店.
村山知義(1948),『明姫』, 東京：郷土書房.
松下圭一(2004),『戦後政党の発想と文脈』, 東京：東京大学出版会.

水谷三公(1999),『シリーズ日本の近代・官僚の風貌』, 東京：中央公論社.
袖井林二郎・竹前栄治(1992),『戦後日本の原点(上)』, 東京：悠思社.
升味準之輔(1985),『現代政治上：1955年以後』, 東京：東京大学出版会.
柿崎明二(2015),『検証安倍イズム：胎動する新国家主義』, 東京：岩波書店.
安田浩一(2015),『ネットと愛国』, 東京：講談社.
安田浩一(2018),『右翼の戦後史』, 東京：講談社.
薬師寺知朧・小川雄三 編(1898),『新撰仁川事情』, 朝鮮新報社.
魚住昭(2007),『我, 国に裏切られようとも証言村上正邦』, 東京：講談社.
外務省(1957),『わが外交の近況(外交青書)』第1号.
外村大(2012),『朝鮮人強制連行』, 東京：岩波新書.
月刊社会党編集周(1974),『日本社会党の30年』, 東京：日本社会党中央本部機関紙局.
伊東光晴(1976),『保守と革新の日本的構造』, 東京：筑摩書房.
伊藤亜人(2013),『珍島：韓国農村社会の民族誌』, 東京：弘文堂.
仁川開港二十五年記念会 編(1908),『仁川開港二十五年史』.
一ノ瀬俊也(2005),『銃後の社会史』, 東京：吉川弘文館.
日暮吉延(2008),『東京裁判』, 東京：講談社.
日本文学協会(1955),『国民文学の課題』, 東京：岩波書店.
日本遺族会(1962),『日本遺族通信縮刷版(第一号～第三〇〇号)』, 日本遺族會.
自由民主党(1987),『自由民主党史：資料編』, 東京：自由民主党.
蔵原惟人(1967～1976),『蔵原惟人評論集』全十巻, 東京：新日本出版社.
猪口孝(1988),『国家と社会』, 東京：東京大学出版会.
猪野健治(1973),『日本の右翼：その系譜と展望』, 東京：日新報道.
猪野健治(2005),『日本の右翼』, 東京：筑摩書房.
猪野健治(2006),『右翼・行動の論理』, 東京：筑摩書房.
赤澤史朗(2005),『戦没者合祀と靖国神社』, 東京：吉川弘文館.
赤澤史郎(2005),『靖国神社』, 東京：岩波書店.
赤澤史朗,(2017)『靖国神社：'殉国'と'平和'をめぐる戦後史』, 東京：岩波現代文庫.
前田多門(1937),『公民の書』, 東京：社会教育協会.
前田多門(1947),『山荘静思』, 東京：羽田出版.
前田多門・高木八尺(1937),『新渡戸博士追憶集』, 東京：大日本印刷株式会社.
田中宏(1994),『戦争責任・戦後責任：日本とドイツはどう違うか』, 東京：朝日選書.

田中市之助(麗水)(1917),『大田発展誌』.
田中伸尚(2002),『靖国の戦後史』, 東京：岩波新書.
田中伸尚他(2000),『日の丸・君が代の戦後史』, 東京：岩波書店.
靖国神社(1983),『靖国神社百年史 資料編 上』, 東京：靖国神社.
靖国神社(1987),『靖国神社百年史：事歴年表』, 東京：靖国神社.
靖国神社やすくにの祈り編集委員会(1999),『やすくにの祈り』, 東京：産経新聞ニュースサービス.
井門富二夫(1993),『占領と日本宗教』, 東京：未来社.
朝鮮総督府情報科(1942),『前進する朝鮮』, 京城：朝鮮総督府情報科.
朝日新聞取材班(2006),『歴史と向き合う 1：戦争責任と追悼』, 東京：朝日新聞社.
佐藤寛(2003),『参加型開発の再検討』, 東京：日本貿易振興会アジア経済研究所.
佐藤全弘(1985),『新渡戸稲造の信仰と理想』, 東京：教文館.
佐伯啓思(2008),『日本の愛国心』, 東京：NTT出版.
竹前栄治(2007),『占領戦後史』, 東京：岩波書店.
中根千枝(1967),『タテ社会の人間関係』, 東京：講談社.
中野敏夫(2001),『大塚久雄と丸山真男』, 東京：青土社.
中野重治(1997),『中野重治全集』 全二十九巻, 東京：筑摩書房.
中野晃一(2013),『戦後日本の国家保守主義：内務・自治官僚の軌跡』, 東京：岩波書店.
中村一成(2017),『思想としての朝鮮籍』, 東京：岩波書店.
池田諭(1985),『日本の右翼』, 東京：大和書房.
鎮南浦新報編輯部 編(1910),『鎮南浦案内記』, 鎮南：鎮南浦新報社.
川口暁弘(2017),『ふたつの憲法と日本人：戦前・戦後の憲法観』, 東京：吉川弘文館.
川端源太郎(1910),『京城と内地人』, 京城：日韓書房.
川島武宜(1957),『イデオロギーとしての家族制度』, 東京：岩波書店.
天野恵一(1997),『全共闘経験の現在』, 東京：インパクト出版社.
浅羽通明(2006),『右翼と左翼』, 東京：幻冬舎.
添谷芳秀(2005), 『日本の「ミドルパワー」外交：戦後日本の選択と構想』, 東京：筑摩書房.
青山好恵(1892),『仁川事情』, 朝鮮新報社.
清水美里(2015),『帝国日本の「開発」と植民地台湾』, 東京：有志舎.
村山知義(1948),『明姫』, 東京：郷土書房.

村上泰亮・公文俊平・佐藤誠三郎(1979),『文明としてのイエ社会』, 東京：中央公論社.
塚田穂高(2017),『徹底検証：日本の右傾化』, 東京：筑摩書房.
諏方武骨(1908),『馬山繁昌記：慶南志稿』, 耕浦堂.
坂田聡・吉岡拓(2014),『民衆と天皇』, 東京：高志書院.
平壌民団役所 編(1914),『平壌発展史』, 民友社.
蒲島郁夫・竹中佳彦(2012),『イデオロギー』, 東京：東京大学出版会.
豊下楢彦(2009),『昭和天皇・マッカーサー会見』, 東京：岩波現代文庫.
河内孝(2009),『血の政治：青嵐会という物語』, 東京：新潮社.
鶴見祐輔(1927),『中道を歩む心：新自由主義』, 東京：大日本雄弁会講談社.
鶴園裕 編(2008),『東アジア共生の歴史的基礎：日本・中国・南北コリアの対話』, 東京：お茶の水書房.
戸坂康二(1961),『対談日本新劇史』, 青蛙房.
和田政宗外(2015),『村山談話20年目の真実』, 東京：講談社.
和田孝志(1911),『新義州史：附人物月旦』, 新義州：島田叢文館.
黒沢英典(1982),『戦後教育の源流を求めて：前田多門の教育理念』, 東京：内外出版.
アジア民衆法廷準備会 編(1988～1989),『海外紙誌に見る天皇報道 1～3』, 東京：凱風社.
ジョージ・オーシロ(1992),『新渡戸稲造：国際主義の開拓者』, 八王子：中央大学出版会.
ジョン・ダワー(2001),『敗北を抱きしめて』, 三浦陽一・高杉忠明 訳, 東京：岩波書店.
みやぞえ郁雄 まんが・平良隆久 シナリオ・許光輝 監修(2011),『小学館版学習まんが・八田與一』, 東京：小学館.
『成城だより』 全8巻(1948～1950), 東京：太平洋出版社.
『韓国併合史研究資料』(1995～2015), 東京：龍渓書舎.

3. 신문, 잡지, 자료

공보처(1949),『관보』 제119호(단기 4282. 6. 25.자).
길윤형(2016),「조선적도 한국 입국도 끝내 포기할 수 없는 이유는」,『한겨레』(2016. 7. 6.자, http://www.hani.co.kr/arti/politics/defense/751112.html, 검색：2020. 5. 17).
리정애・임소희(2008),「재일동포 리정애의 서울 체류기：'우리학교'를 보셨나요?」,『민족21』.

박현정(2013), 「그들의 시간은 1945년에 멈춰 있다」, 『한겨레 21』 제986호.
조갑제(2018), 「조총련 母國방문 기획 趙一濟 전 정보부 차장보 별세」(2018. 10. 21, www.chogabje.com/board/view.asp?C_IDX=80387&C_CC=BB, 검색 : 2020. 5. 17).
홍정규(2015), 「'신동빈 청문회' '박원순 공방'…… 포털 독과점 논란도(종합)」, 『연합뉴스』(2015. 9. 17.자, https://www.yna.co.kr/view/AKR20150917097151001, 검색 : 2020. 5. 17).
「휘문, 대만 다롄상업과 고시엔서 첫 대결, 그 결과는?」, 『뉴스톱』 2018. 9. 5.자.
『경향신문』
『동아일보』
『매일신보』
『부산일보』
『三千里』
『서울미디어』
『시대일보』
『씨네21』
『연합뉴스』
『월간 춤』
『제주도민일보』
『조선신문』
『조선일보』
『중앙일보』
『한겨레』
『한겨레신문』
『한국지리역사풍속지총서』(1989~2005), 서울 : 경인문화사.
『자유신문』
李文生(2019), 「感念八田與一水利建設造福民眾 嘉南農田水利會辦追思會」, 『臺灣好新聞』 2019. 5. 9.字.
林金源(2014), 「時論 : KANO腐蝕台灣主體性」, 『中時電子報』 2014. 2. 12.字.
謝岱穎(2018), 「傳奇片 : 農校橫掃甲子園 金足農重現87年前KANO奇蹟」, 『蘋果日報』 2018. 8. 21.字.
楊思瑞(2009), 「紀念嘉南大圳之父 馬英九盛讚貢獻」, 『大紀元』 2009. 11. 4.字.

王敏(2017), 「八田与一追思会前发生推挤冲突群众痛斥台当局媚日」, 『环球网』 2017. 5. 8.字.
任孤行(2012), 「達人專欄：嘉南大圳之父, 電影動畫八田與一」, 『巴哈姆特電玩資訊』 2012. 8. 28.字.
鄭仲嵐(2017), 「台水庫技師銅像遭砍頭仇日仇中對抗延續?」, BBC中文 2017. 4. 17.字.
「台灣歷史動畫電影≪八田與一≫本週五在台上映」, 『GNN新聞』 2009. 11. 10.字.
共同通信社外信部(1989), 「海外主要紙の見出しにみる天皇報道」, 『新聞研究』 第454号.
公安調査庁(1953), 『在日本朝鮮人の概況』.
企画院(1941), 「昭和十六年度労務動員実施計画」.
金斗鎔(1936), 「朝鮮芸術座の近況」, 『テアトロ』 1936. 5.号.
大野学務局長(1944), 「昭和十九年七月四日、於中枢院会議学務局主管事務の概況に就て」, 『文教の朝鮮』.
大川週名(1998), 「君国の使命」, 『大川週名関係文書』, 東京：芙蓉書房出.
藤高明(1989), 「集団的な戦争責任隠しと指摘：海外での天皇報道と市民の反応④イギリス」, 『新聞研究』 第452号.
服部健司(1989), 「昭和天皇に強い嫌悪感を示す」, 『新聞研究』 第452号.
司法省刑事局(1941), 『思想資料パンフレット特輯極秘・新協劇団関係者手記』.
山口正紀(2019), 「天皇報道と記者立ち：メディアの自殺状況から抜け出すために」, 『週間アエラ』 第1215号.
山田敬男(1989), 「新聞報道における天皇キャンペーンの特徴と問題点」, 『歴史評論』.
森岩雄(1935), 「裴亀子一座」, 『政界往来』 1935. 6.号.
徐京植(1989), 「第4の好機：昭和の終りと朝鮮」, 『世界』.
石巻靖次(1989), 「天皇戦争責任発言が示したもの一本島発言の経過と反響」, 『マスコミ市民』.
石井為雄(1936), 「裴亀子見物記」, 『キネマ旬報』 第568号.
新協劇団(未詳), 『新協劇団二十年：舞台写真と劇団小史1934-1954』, 新協劇団.
岸松雄(1936), 「裴亀子礼讃」, 『キネマ旬報』 第570号.
在留外国人統計(2018), 「国籍・地域別 在留資格(在留目的)別 在留外国人」.
鄭栄桓(2017), 「在日朝鮮人の「国籍」と朝鮮戦争(1947～1952年)：「朝鮮籍」はいかにして生まれたか」, 『PRIME』 第40巻.
丁章(2016), 「詩 南の領事館へ」, 『抗路』 第2号.

丁章(2019),「韓国国民のみなさまへ：在外同胞の定義を改正するよう請願します」, 国民申聞鼓.
村山知義(1959),「博文の秘児? 天勝の養女裴亀子」,『婦人公論』1959年 11号.
鶴見祐輔(1956),「感謝する心」,『実業之日本』第59巻 第1号.
鶴見祐輔(1959),「民主主義社会の自己保存本能」,『実業之日本』第62巻 第9号.
後藤文康(1989),「社説・論説にみる天皇報道」,『新聞研究』第454号.
「国の存立を全うし, 国民を守るための切れ目のない安全保障法制の整備について」,『国家安全保障会議決定 閣議決定』2014. 7. 1.
「蘇る『神格化』の回路 / 一億総自粛を『強制』したのは誰か」,『朝日ジャーナル』 1988. 10. 14.字.
「資料：天皇報道を振り返る / 天皇報道日誌」,『新聞研究』第451号(1989).
「出入国管理及び難民認定法」(政令第319号), 昭和26年10月4日.
「八田與一を描いた漫画が日台で発売」, 日本李登輝友の会 台北事務所(2011. 6. 29).
「ロンドンの天皇報道：あの頃のヒロヒトを忘れるな」,『朝日ジャーナル』1988. 10. 27.字.
『歌劇「春香」パンフレット』
『九州日報』
『都新聞』
『東京朝日新聞』
『文學界』
『世界』
『月刊新協劇団』
『音楽藝術』
『在日朝鮮人史研究』
『朝連中央時報』
『朝鮮』
『朝鮮公論』
『朝鮮総督府官報』
『朝日新聞』
『オペラ「春香」ピアノ・スコア』(1947)
『テアトロ』
『プロット』

『モダン日本』

4. 인터넷

일본 국회회의록 검색 시스템 http://kokkai.ndl.go.jp

國會會議錄 https://kokkai.ndl.go.jp/

https://fujisosho.exblog.jp/24869217/

찾아보기

〈사항〉

ㄱ

ㄴ

ㄷ/ㄹ/ㅁ

ㅂ

ㅅ

ㅊ / ㅋ / ㅌ / ㅍ

기타

〈인명〉

ㅅ / ㅇ

ㅈ / ㅎ

〈작품〉

한림일본학연구총서 II 포스트제국의 문화권력 시리즈 3
제국과 포스트제국을 넘어서
공유된 기억과 조각난 기억

초판 발행 2020년 7월 15일

지은이 한림대학교 일본학연구소 편
펴낸이 한림대학교 일본학연구소
펴낸곳 도서출판 소화
등록 제13-412호
주소 서울시 영등포구 버드나루로 69
전화 02-2677-5890
팩스 02-2636-6393
홈페이지 www.sowha.com

ISBN 978-89-8410-503-4 94080
978-89-8410-496-9 (세트)

값 29,000원